于荣金文集

燕山大学知名学者学术文库

于荣金 著

学术专著

燕山大学出版社

2018 · 秦皇岛

图书在版编目(CIP)数据

于荣金文集/于荣金著. —秦皇岛:燕山大学出版社,2018.3
(燕山大学知名学者学术文库)
ISBN 978-7-81142-470-6

Ⅰ. ①于… Ⅱ. ①于… Ⅲ. ①于荣金-文集②集成光学-文集 Ⅳ. ①TN25-53

中国版本图书馆 CIP 数据核字(2017)第 252992 号

于荣金文集

于荣金 著

总 策 划:唐志国
责任编辑:朱红波 唐志国
封面设计:吴 波
出版发行:燕山大学出版社 YANSHAN UNIVERSITY PRESS
地 址:河北省秦皇岛市河北大街西段 438 号
邮政编码:066004
电 话:0335-8387555
印 刷:中国标准出版社秦皇岛印刷厂
经 销:全国新华书店

开 本:787 mm×1092 mm 1/16 **印 张**:27.5 **字 数**:536 千字
版 次:2018 年 3 月第 1 版 **印 次**:2018 年 3 月第 1 次印刷
书 号:ISBN 978-7-81142-470-6
定 价:140.00 元

作 者 简 介

于荣金，男，汉族，1935 年 11 月 29 日出生，江苏无锡人，教授，博士生导师。我国集成光学的主要创始人和学术带头人，是国内著名的集成光学和塑料光纤专家。曾任中国光学会理事，中国光学会纤维光学与集成光学专业委员会主任，中国通信学会光通信委员会委员，中国科学院激发态物理开放实验室特邀客座教授，应用光学国家重点实验室学术委员，国家自然科学基金委第三届、四届、五届信息科学部光学与光电子学科评审组成员，中国科学院长春分院学术委员会委员，原国家科委光学及应用光学学科组激光分组成员，中国光计算机研究促进会负责人，OSA 和 SPIE 会员，《光子学报》和《光电子·激光》副主编，《光学学报》常务编委，《激光杂志》编委，《网络电信》编委，Chinese Physics Letters 2004—2008 年度特约评审，全国光纤通信暨集成光学会议副主席或主席，全国光子学大会副主席或主席，全国塑料光纤会议主席或名誉主席，1991 年国际光纤传感器会议国际指导委员会成员，2005 年第十四届聚合物光纤国际会议学术程序委员会成员，长春地质学院和中国计量学院兼职教授等。1992 年获国务院发给的政府特殊津贴和证书，1993 年获中共吉林省委和省人民政府颁发的“吉林英才奖章”。1985 年被编入美国出版的《光学科学与工程世界名人录》（第一版），1991 年被编入美国出版的《世界名人录》，2001 年 10 月获全国光纤通信与集成光学杰出贡献奖。

总　　序

这是一所底蕴深厚的高等学府，在全国各类大学排行榜中均名列百强，学府的工程学、材料科学两个学科进入 ESI 全球排名前 1%。她出身名门，历经九十余载的风风雨雨，两次白手起家，从荆棘中走出了一条属于自己的高水平大学建设之路。她，就是燕山大学。

燕山大学源于哈尔滨工业大学，始建于 1920 年。1958 年哈尔滨工业大学重型机械系及相关专业成建制迁至工业重镇齐齐哈尔市富拉尔基区，组建了哈尔滨工业大学重型机械学院。1960 年独立办学，定名为东北重型机械学院，1978 年被确定为全国重点高等院校。1985 年开始在河北省秦皇岛市创办分校，1997 年学校整体南迁到秦皇岛。1997 年1 月经国家教委批准，更名为燕山大学。1998 年，由机械工业部划转到河北省，实行中央与地方共建，以河北省管理为主。2006 年，国防科工委和河北省共建燕山大学。2010 年，国家国防科工局和河北省共建燕山大学。2014 年，河北省、教育部、工信部和国家国防科工局四方共建燕山大学。

不论是在松花江畔的哈尔滨，嫩江红岸的齐齐哈尔，还是在渤海之滨的秦皇岛，燕大人一直用自己的勤劳和智慧践行着“厚德、博学、求是”的校训精神，推动学校实现了跨越式发展。艰苦奋斗、知难而上、不畏艰辛、勇于创新的拓荒精神在燕大人中代代相传，这是学校历经九十余载而生生不息、发展壮大的根本原因，是燕大人倍感骄傲、弥足珍贵的精神财富，是学校各项事业快速发展的力量源泉。

大学之大，不在于大楼，而在于大师。燕大严谨治学品格的养成，依赖于我校知名学者的身体力行、言传身教。他们崇尚学术、追求真理、潜心育人的敬业精神，对科学孜孜以求的探索历程，已成为燕大人宝贵的精神财富，对青年师生的成长极具启迪意义，并将永远激励着一代又一代的燕大人为建设特色鲜明的一流大学奋勇前进。

鉴往知新。为了牢记传承，弘扬燕大精神，展现成果，燕山大学出版社策划了《燕山大学知名学者学术文库》系列图书，作为燕山大学建设一流大学文化的重要组成部分，先期邀请了我校十余位知名学者将他们几十年来厚积薄发的学术思想及人生感悟、代表性学术论文编撰成系列文集，付梓出版，冀望以此启迪来者，激励后人，在学术与人生道路上立志向学，诚意为学，孜孜拳拳，奋进有成。

燕山大学校长

2017 年 3 月 12 日

序

我与于荣金的相识要追溯到上世纪七十年代。当年，我们一同参加中国科学院和吉林省的光学与激光科学规划。我们之中他年龄最小，大家都叫他小于。我记得他想把集成光学列为专项，多次向科学院基础局的领导和专家们宣传发展集成光学的重要性和前景。近五十年来，他一直在集成光学及其相关领域从事科研和教学工作，做出了成绩，我非常佩服他对科学研究的执着。如今，他已到杖朝之年，我得知他的文集即将出版，作为昔日的老朋友，非常高兴。

于荣金教授是我国集成光学方面的主要开拓者，在中国科学院长春物理所工作期间是集成光学研究室主任；后来调到燕山大学，在塑料光纤方面，带领团队攻克了损耗大的世界性难题。长期担任全国纤维光学与集成光学专业委员会主任，对促进该领域的学术交流发挥了积极作用，这些贡献得到业内人士的赞赏。

于荣金教授之所以能在广泛的科研领域取得成就，除了集体的力量外，重要的是个人的努力。他从小学毕业后就步入社会，在当时社会可能提供的条件下，经过本人奋斗，从读大学一直到研究生。这个求学过程所付出的艰辛，是可想而知的。他终身不懈学习，积累知识，永不满足，在人生的道路上不断树立新的前进目标，是他取得多方面科研成果的主要原因。

我祝贺他的文集出版。我相信这一文集对相关领域的在校青年学生和正步入工作的科研工作者，是有参考价值的。希望读者能从中吸取有用的东西，认真思考人生之路、奋斗之路，增长才干，为社会和科学事业多做贡献。

中国科学院院士 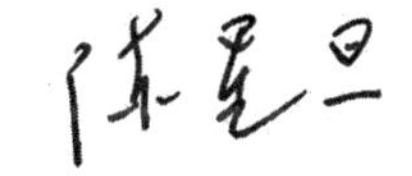

2015 年 12 月于中科院长春光机所

前　言

本文集是作者在吉林大学、中国科学院长春物理研究所(现为中国科学院长春光学精密机械与物理研究所)和燕山大学期间所做的工作,工作都是在课题组同事和研究生们的共同努力下完成的。整个研究工作,先后得到了中国科学院重点项目、国家"七五"攻关重点项目、吉林省科委、河北省科委科技专项资金、国家自然基金等资助。

研究工作没有经费和研究条件是很难进行的;有了物质基础,没有一个团队,也是很难完成研究目标和重要任务的。一个由不同专业、特长和个性人员组成的集体,在集体中充分发扬学术民主、百家争鸣,具有探索创新、努力奋斗、百折不挠的精神,是取得科研成果最重要的保证,尤其在当今,要攻克科学技术的难关,组成一个优秀的团队显得尤为重要。

在此,要向我成长和工作过程中所有培养、教导和帮助过我的老师、父母和家人、亲友、同事和研究生们表示最真挚的感谢!尤其是唐敖庆(院士)老师,大学期间的"物理化学"和研究生期间的"现代统计力学"课程,都是他亲自给我们讲授的,他的教导、系统而深入的讲课,以及他的许多言行,对我有深刻和重要的影响。

本文集的出版,特别要对燕山大学出版社"燕山大学知名学者学术文库"策划组表示最衷心的感谢!正是由于他们的大力支持和鼓励才得以实现。在准备本书的过程中,得到李炳新的大力帮助,在此一并致谢!

于荣金

2017 年 8 月于燕山大学

目　　录

第一部分
工作经历和成就

一、科研工作

从20世纪60年代开始，进行超高真空条件下表面吸附态的研究，1970年在国内率先成立研究组，开展了液晶及其显示显像的研究。1973年建立了我国第一个集成光学研究室，一直从事集成光学的研究，包括各种光波导，用于光纤通信、光计算、光传感的光波导器件，以及导波光学和量子光学等。参加了1977年在北京召开的全国自然科学学科规划会议，以及多次全国集成光学发展规划的制定。1981年在旧金山参加第三届国际集成光学与光纤通信会议(IOOC)，并对美国贝尔实验室等一些公司和大学进行了访问和考察。承担过国家“七五”攻关重点项目“光纤通信用的集成光波导无源器件”研究，取得了国内先进的成果。1984年3月为中国科学院、国防科工委等部门起草了上呈国务院总理的《建议把光纤通信作为战略重点——加速实现四个现代化的进程》的报告。“八五”期间，承担并完成了中科院重点项目“光子技术的基础和应用研究”、吉林省科委的项目“石油化工用光纤液位传感器系列产品研究”。“九五”开始，承担中科院“九五”预研项目“微腔激光器的基础研究”，之后这个项目又被中科院专家组推荐申报国家攀登项目，最后落实为中科院重大项目。1997年以后，从事塑料光纤的研究，重点是新型塑料光纤(包括光子晶体光纤、微结构光纤)及其功能开发，涉及梯度折射率塑料光纤、新型聚合物光纤放大器、纳米材料在塑料光缆护套中的应用，塑料光纤的制作工艺、设备、测量、切割、连接和耦合，塑料光纤传输系统及相关研究；并寻找新型塑料光纤的各种功能和应用。1998年以来，承担河北省科技专项资金资助1项、国家自然科学基金资助4项。“新型蜘蛛网状空芯塑料光纤”2011年被专家组鉴定为“国际先进”成果。最后是关心能源问题，尤其是太阳能的利用。

二、人才培养

从1980年开始招收和培养研究生，共培养硕士和博士研究生50余名。其中，博士生王晓光1998年毕业，毕业时获得中科院长春物理所横山明聪奖学金和中科院院长奖学金优秀奖。之后六年中，他先后在中科院物理所、丹麦奥胡斯大学、意大利国际交流学院、澳大利亚麦考里大学从事博士后研究，2004年回国至今任浙江大学物理系教授、博士生导师，2010年获得国家杰出青年科学基金。博士生陈明阳2004年8月毕业，博士论文被评为2006年全国优秀博士学位论文提名论文。

为硕士和博士研究生开设过“光电子学”“导波光学”“光子学”“集成光学”“集成光电子学”“光电子信息系统”等课程，以及“太赫兹(THz)波”等专题讲座。

三、获奖及专利

获中国科学院重大成果奖、自然科学奖等省部级成果6项。

在塑料光纤方面，获下面8项发明专利：

1. 肖文辉，**于荣金**. ZL03145056.3　塑料光纤连接器.
2. **于荣金**，李炳新. ZL02142342.3　双包层塑料放大器光纤.
3. **于荣金**. ZL200410054838.5　单一材料的塑料(聚合物)光纤及其制造方法.
4. **于荣金**. ZL03108794.9　塑料(聚合物)

光子晶体光纤的连续制造方法.
5. 陈明阳，**于荣金**. ZL200410100958.4 高双折射矩形结构光子晶体光纤.
6. **于荣金**，陈明阳. ZL200510060031.7 蜘蛛网状空芯光纤.
7. **于荣金**，张冰. ZL200610102215.X 一种保持圆偏振态的低损耗单模空芯光纤.
8. **于荣金**，张冰. ZL200610102211.1 一种实现太赫兹波的低损耗光纤.

四、专著

1. **于荣金**，金锋. Selected Papers on Optical Fiber Sensors[M]. 上海：上海光华出版社，1984.
2. **于荣金**. Selected Papers on Optical Computers[M]. 上海：上海光华出版社，1985.
3. **于荣金**. 半导体分布反馈激光器[M]//中国大百科全书出版社编辑部. 中国大百科全书：电子学与计算机Ⅰ. 北京. 上海：中国大百科全书出版社，1986：13-14.
4. **于荣金**. 集成光学[M]//中国大百科全书出版社编辑部. 中国大百科全书：物理学Ⅰ. 北京. 上海：中国大百科全书出版社，1987：605-606.
5. **于荣金**，袁一方. 集成光学[M]//王之江. 光学技术手册：上册. 北京：机械工业出版社，1987：437-459.
6. T P Pearsall. GaInAsP 合金半导体[M]. **于荣金**，译. 北京：人民邮电出版社，1990.
7. 亚里夫 A，叶 P. 晶体中的光波——激光的传播与控制[M]. **于荣金**，金锋，译. 北京：科学出版社，1991.
8. **于荣金**. 光波导及集成光学器件的研究[M]//中国发光学编委会. 中国发光学进展. 北京：科学出版社，1992：256-261.
9. **于荣金**. 集成光学用材料和光信息处理与光计算器件材料[M]//曾汉民. 高技术新材料要览. 北京：中国科学技术出版社，1993：749-757.
10. 孔梅影，**于荣金**. 半导体光电集成材料[M]//《材料科学技术百科全书》编辑委员会. 材料科学技术百科全书：上册. 北京：中国大百科全书出版社，1995：28-30.
11. **于荣金**，孔梅影. 导波光学集成材料[M]//《材料科学技术百科全书》编辑委员会. 材料科学技术百科全书：上册. 北京：中国大百科全书出版社，1995：196-198.
12. **于荣金**. 光电技术[M]. 长春：长春科技大学出版社，1997.
13. **于荣金**. 光子器件的发展趋向[M]//刘颂豪. 光电子世界——从电子学到光子学. 湖北：湖北教育出版社，1998：88-106.
14. **于荣金**. 光纤、传感光纤和集成光学材料[M]//王大珩. 高技术辞典. 北京：科学出版社，2000.
15. 何晓东，**于荣金**. 光通信物理导论[M]. 北京：科学出版社，2000.
16. **Yu Rongjin**, Chen Xiangjun. A new Generation of Polymer Optical Fibers[M]//J. C. Schlesinger. Optical Fibers Research Advances. New York: Nova Science Publishers, 2007.

五、论文

1. 液晶显示研制小组. 液晶显示屏的制作工艺[J]. 固体发光及其应用，1970，(12)：18-23.

2. **于荣金**，郑作光. 在超高真空下，氢在过渡金属（铬，铁，镍）薄膜上的吸附热和吸附熵测定[J]. 吉林大学学报（自然科学版），1973，19(2)：71-84.

3. 液晶组. 液晶矩阵显示[J]. 固体发光及其应用，1973，(3)：8-21.

4. **于荣金**，郑作光. 在超高真空下，氢在过渡金属（铬，铁，镍）薄膜上的吸附热和吸附熵测定[J]. 科学通报，1974，19(4)：176-180.

5. **于荣金**. 集成光学[J]. 科学通报，1974，19(6)：244-256.

6. 中国科学院吉林物理研究所平板光波导题目组. 玻璃平板光波导及棱镜耦合器的研究[J]. 激光，1978，5(5-6)：97.

7. **于荣金**. 一门正在迅速发展中的科学——集成光学[J]. 中国自然辩证法研究会通信，1978，3. 15.

8. **于荣金**. 集成光学与光通讯[C]//中国电子学会. 半导体激光会议文集. 长春：1978.

9. **于荣金**. 集成光学与计算机[C]//中国科学院. 光学会议文集. 成都：1978.

10. 于荣金. 集成光学[N]. 光明日报，1979-9-14.

11. 李玉善，刘洪举，任秉复，**于荣金**. 低损耗 Ti 扩散 LiNbO3 光波导[J]. 科学通报，1980，25(15)：685-687.

12. Li Yushan，Liu Hongju，Ren Bingfu，**Yu Rongjin**. Ti-diffused LiNbO3 optical waveguides with low loss[C]//Proceedings of an International Conference on Lasers，Beijing/Shanghai：China Academic Publishers and John Wiley & sons，1980：865-870.

13. 洪佩智，**于荣金**. 负胶-玻璃复合平面光导传播特性的研究[J]. 长春光学精密机械学院学报，1982，(4)：43-50.

14. 郑建和，李玉善，王淑荣，黄宽，**于荣金**. 氩离子蚀刻对 LiNbO3 波导性能的影响[C]//吉林省光学学会年会论文集. 延吉：1983.

15. **于荣金**. 集成光学[C]//全国高等院校暑期光学教学讨论会论文集. 长春：1983.

16. 郑建和，李玉善，王淑荣，黄宽，**于荣金**. Ti：LiNbO3 质子交换光波导[C]//第二届全国集成光学学术会议论文集. 长春：1983：48-53.

17. **于荣金**. 我国光纤通信现状及我省对策[C]//世界新的技术革命与吉林省对策研讨会论文集. 长春：1984：47-48.

18. 洪佩智，**于荣金**. 负胶-玻璃复合平面光导传播特性的研究[J]. 中国激光，1983，10(4)：235-237.

19. **于荣金**. 新型光计算机的崛起[N]. 中国科学报，1984-11-29.

20. **于荣金**. 我国集成光学过去十年的回顾与今后的展望[C]//中国光学学会纤维光学与集成光学专业委员会成立暨学术交流大会论文集. 西安：1984：27-35.

21. 郑建和，李玉善，王淑荣，黄宽，**于荣金**. Ti：LiNbO3 质子交换光波导[J]. 中国激光，1985，12(1)：32-36.

22. **于荣金**. 我国集成光学过去十年的回顾与今后的展望[J]. 中国激光，1985，12(4)：193-196.

23. **于荣金**. 集成光学研究中的材料问题[C]//第三届集成光学会议论文集. 上海：1985：68-71.

24. **于荣金**. 光计算机与通信光纤[C]//通信光纤学术讨论会论文集. 杭州：

1985:15-17.

25. **于荣金**. 谈谈光纤传感技术[N]. 中国科学报,1985-4-7.

26. **于荣金**. 集成光学[J]. 光的世界,1985,(1):6-7.

27. 夏普(**于荣金**,夏剑明). 光纤通信的现状与未来[J]. 光的世界,1985,(1):9.

28. **于荣金**. 化学束外延[N]. 国际电子报,1986-4-2.

29. **于荣金**. 应尽快建立光电集成实验基地[N]. 中国科学报,1986-8-23.

30. 夏普(**于荣金**,夏剑明). 半导体激光器[J]. 光的世界,1986,(2):17.

31. **于荣金**. 光纤通信的现状与发展[C]//吉林省光纤通信专业委员会成立大会(优秀论文). 长春:1986.

32. **于荣金**. 光电集成的研究[C]//中国科学院信息科学讨论会文件汇编. 青岛:1986:12-14.

33. 赵伟,**于荣金**. 集成光学波导混合双稳态[C]//第九届全国激光学术报告会论文摘要. 激光与红外,1988,18(5):15.

34. 赵伟,**于荣金**. 质子交换单模条波导截止调制器[J]. 应用激光联刊,1988,7(4):219-221.

35. 刘利杰,**于荣金**,赵伟. 掺半导体玻璃的本征光学双稳态研究[C]//第三届全国纤维光学与集成光学学术交流会. 第二届全国光计算技术研讨会论文集. 湖南大庸:1988:292-293.

36. 赵安平,**于荣金**. 具有任意折射率分布圆光纤的近似标量有限元分析[C]//第三届全国纤维光学与集成光学学术交流会. 第二届全国光计算技术研讨会论文集. 湖南大庸:1988:292-293.

37. **于荣金**. 集成光学二十年[N]. 中国科学报,1989-5-19.

38. **于荣金**. 集成光学的进展[N]. (上)国际电子报,1989-7-17;(中)国际电子报1989-7-24;(下)国际电子报1989-7-31.

39. 赵安平,**于荣金**. 改进的光波导标量近似有限元分析[J]. 光学学报,1989,9(2):175-180.

40. 赵伟,**于荣金**,赵安平,刘立杰. 集成光学波导混合型双稳器件[J]. 量子电子学,1989,6(2):162-166.

41. 李振民,**于荣金**,张自芬. 退火质子交换 MgO:LiNbO3 平板光波导中切伦科夫辐射形式的二次谐波产生[C]//中国光学学会青年工作委员会第三届学术年会论文摘要. 武汉:1989:57-58.

42. 刘立杰,**于荣金**,赵伟. 利用掺半导体玻璃-银膜界面的 SPW 的本征光学双稳态研究[J]. 应用激光联刊,1989,8(5):237-239.

43. **于荣金**. 集成光学的进展与现状——纪念集成光学诞生二十周年[C]//第五届全国集成光学学术讨论会(CCIO'89)论文集. 上海:1989:1-3.

44. 马少杰,**于荣金**,赵伟,李振民. 非线性波导光学双稳态[C]//第五届全国集成光学学术讨论会 CCIO'89 论文集. 上海:1989:65-66.

45. **于荣金**. 掺稀土光纤的制备、器件以及在光纤通信中的应用[J]. 通信技术,1990,(4):16-21.

46. 李振民,**于荣金**,张自芬. 利用掺镁铌酸锂条形光波导中的二次谐波产生445nm 的激光[J]. 发光学报,1990,11(2):158-159.

47. 李振民,**于荣金**,张自芬. 在铌酸锂条形光波导中产生42%转换效率的二次谐波[J]. 吉林大学自然科学学报，1990：259.

48. 刘立杰，**于荣金**，马少杰. 双轴晶体LiB3O5倍频与和频相位匹配特性及有效非线性系数的计算[J]. 吉林大学自然科学学报，1990：251-252.

49. 马少杰，**于荣金**，刘立杰. 棱镜非线性波导耦合光学双稳理论[J]. 吉林大学自然科学学报，1990：252-253.

50. 孟静波，**于荣金**，马少杰，赵安平. 质子交换LiNbO3无间距方向耦合器传输特性的研究[J]. 吉林大学自然科学学报，1990：196-197.

51. **于荣金**，赵安平，刘立杰. 多量子阱平面光波导的有限元分析[J]. 吉林大学自然科学学报，1990：110-111.

52. 赵安平，**于荣金**. 多量子阱条形光波导的有限元分析[J]. 吉林大学自然科学学报，1990：105-107.

53. 朴志圣，李淳飞，张雷，**于荣金**，赵伟. 掺PbSe半导体微晶玻璃的热致色散光学双稳态[J]. 光电子·激光，1990，1(6)：315-318.

54. **于荣金**. 集成光学的进展与现状——纪念集成光学诞生二十周年[J]. 高速摄影与光子学，1990，19(2)：97-102.

55. 马少杰，**于荣金**，赵伟. 棱镜非线性波导耦合光学双稳器件[J]. 高速摄影与光子学，1990，19(2)：177-180.

56. 赵安平，**于荣金**. 用有效折射率法和有限元法分析多量子阱条形光波导[J]. 光学学报，1991，11(8)：720-726.

57. 刘立杰，**于荣金**，马少杰. 双轴晶体LiB3O5和频与倍频转换特性的研究[J]. 发光学报，1991，12(2)：89-97.

58. 赵安平，**于荣金**，赵伟，刘立杰. 具有任意折射率分布圆光纤的标量近似有限元分析. 吉林大学自然科学学报，1991，(1)：32-36.

59. 马少杰，**于荣金**，刘立杰. 棱镜非线性波导耦合光学双稳理论[J]. 发光学报，1991，12(2)：134-138.

60. **于荣金**. 集成光学器件在光纤通信系统中的应用[C]//第五届全国光纤通信学术会议论文集. 天津：1991：18-21.

61. 马少杰，李玉善，王晓华，**于荣金**. LiTaO3电感应光波导[C]//第六届全国集成光学学术讨论会(CCIO'91)论文集. 烟台：1991：64-65.

62. 赵安平，**于荣金**，刘立杰. 多量子阱光波导中势阱与势垒不同厚度比对传播特性的影响[C]// 第六届全国集成光学学术讨论会(CCIO'91)论文集. 烟台：1991：7-8.

63. 赵安平，**于荣金**. 半导体激光器列阵的有限元分析[C]//第六届全国集成光学学术讨论会(CCIO'91)论文集. 烟台：1991：188-189.

64. 赵安平，**于荣金**. 基膜强度均匀分布的多量子阱光波导[C]//第六届全国集成光学学术讨论会(CCIO'91)论文集. 烟台：1991：5-6.

65. 刘立杰，**于荣金**，赵安平，矩形介质光波导的有效折射率/标量有限元分析法[C]//第六届全国集成光学学术讨论会(CCIO'91)论文集. 烟台：1991：9-10.

66. 马少杰，**于荣金**，李玉善，刘立杰，王树田，王晓华，刘云. 利用双模干涉的玻璃光波导波分复用器[C]//第六届全国集成光学学术讨论会(CCIO'91)论文集. 烟台：1991：136-137.

67. 李玉善，马少杰，王晓华，张长青，多田邦雄，**于荣金**. 质子交换光波导层的热退火特性[C]//第六届全国集成光学学术讨论会(CCIO'91)论文集. 烟台：1991：62-63.

68. 李玉善，马少杰，王晓华，多田邦雄，**于荣金**. H^+ 离子注入光波导[C]//第六届全国集成光学学术讨论会(CCIO'91)论文集. 烟台：1991：66-67.

69. **于荣金**. 光子学的战略地位[N]. 中国科学报，1991-7-23.

70. 赵安平，**于荣金**. 半导体激光器列阵的有限元分析[J]. 发光学报，1992，13(2)：102-106.

71. 赵安平，**于荣金**. 多量子阱平面光波导的有限元分析[J]. 发光学报，1992，13(2)：107-110.

72. **于荣金**. 信息领域的光学和光电材料[J]. 吉林大学自然科学学报，1992：18-21.

73. **于荣金**. 电子学与光子学[C]//第五届全国纤维光学与集成光学学术讨论会、第四届光计算学术讨论会(CCFIO&OC'92)论文集. 厦门：1992：2-6.

74. 张长青，马少杰，**于荣金**. 有机非线性材料 MNA/POM 晶体芯光纤及倍频研究[C]//第五届全国纤维光学与集成光学学术讨论会、第四届光计算学术讨论会(CCFIO&OC'92)论文集. 厦门：1992：134-135.

75. 刘立杰，**于荣金**，赵安平. Ti：LiNbO3 条波导的有效折射率/有限元分析法[C]//第五届全国纤维光学与集成光学学术讨论会、第四届光计算学术讨论会(CCFIO&OC'92)论文集. 厦门：1992：167-168.

76. 朱庆，**于荣金**，马少杰，张长青，王晓华. 定点式光纤液位传感器[J]. 光学机械，1992(4)：105.

77. **于荣金**. 电子学与光子学[J]. 光的世界，1992，(5)：3-6；1992，(6)：11-12.

78. 赵安平，**于荣金**. 多量子阱光波导中非线性 TM 波的有限元解[J]. 光子学报，1993，22(3)：221-225.

79. **于荣金**. 光子学[J]. 物理，1993，22(11)：645-649.

80. Z Q Xu，Y X Chen，**R J Yu**. The Status of Research on Integrated Optics in China[J]. Fiber and Integrated Optics，1993(12)：11-19.

81. **于荣金**. 电子学与光子学[J]. 光电子·激光，1993，4(2)：82-86.

82. 刘立杰，**于荣金**. 用有效折射率/有限元法分析介质光波导的模式传播特性[C]//第七届全国集成光学学术讨论会(CCIO'93)论文集. 杭州：1993：30-31.

83. 侯韶华，**于荣金**. 平面波导切伦柯夫光学二次谐波的场分布[C]//第七届全国集成光学学术讨论会(CCIO'93)论文集. 杭州：1993：32-34.

84. 侯韶华，刘立杰，**于荣金**. 准相位匹配二次谐波转换效率理论分析[C]//第七届全国集成光学学术讨论会(CCIO'93)论文集. 杭州：1993：167-168.

85. 侯韶华，**于荣金**，张玉书. LiNbO3 光波导准相位匹配光学二次谐波转换效率理论分析[J]. 光子学报，1993，22(Z2)：93-97.

86. 赵安平，**于荣金**. 多量子阱光波导中非线性 TE 波的有限元解[J]. 半导体学报，1994，15(3)：199-203.

87. 刘立杰，**于荣金**. 介质光波导模式传播特性的有效折射率/有限元分析法[J]. 光子学报，1994，23(1)：25-32.

88. 赵安平，**于荣金**，Srba R. Cvetkovic. 分析各向异性光波导的一种新系统[J]. 光学学报，1994，14(7)：729-735.

89. **于荣金**. 光子学及其进展[C]//第六届纤维光学集成光学学术会议论文集. 成都：1994.

90. **于荣金**. 光子学及其发展[J]. 物理，1995，24(1)：20-26.

91. **于荣金**. 光子学与电子学的比较[J]. 物理，1995，24(9)：513-517.

92. **于荣金**，王玉堂. 微腔激光器及其列阵的发展[J]. 科技导报，1995(11)：16-18.

93. 刘立杰，**于荣金**，马少杰. 用有效折射率/有限元法设计 1.55 m Ti：LiNbO3 单模条波导及其方向耦合器[J]. 发光学报，1995，16(3)：265-272.

94. **Yu Rongjin**, Ma Shaojie, Hou Shaohua, Hong Peizhi. Electric Field Sensor Using Optical-Waveguide Fabry-Perot Interferometer [C]//Proceedings of the 10th International Conference on Integrated Optics and Optical Fibre Communication (IOOC-95), 1995, Thp20.

95. **于荣金**，武胜利，王玉堂. 集成光学取得突破性进展——微腔激光器及其列阵的诞生和发展[C]//第八届全国集成光学、第五届全国纤维光学、第三届全国光孤子通信与非线性导波、全国光纤传感学术交流会摘要集. 连云港：1995：10.

96. 赵安平，**于荣金**. 有损耗介质中非线性光导波的数值模拟[J]. 光学学报，1995，15(10)：1432-1436.

97. 赵安平，**于荣金**，洪佩智. 有损耗波导中非线性 TE 波的数值模拟[J]. 发光学报，1995，16(4)：321-324.

98. **于荣金**. 光子学——诞生、发展和前景[J]. 世界电子快讯，1995(1-2).

99. **于荣金**. 光子学及其进展[J]. 光子学报，1995，24(Z1)：3-10.

100. **于荣金**. 光子学及其发展[J]. 激光与光电子学进展，1995，32(4)：16-22.

101. 洪佩智，马少杰，侯韶华，李丽娜，**于荣金**. 光波导 Fabry-Perot 型电光模数转换器[J]. 光电子·激光，1995，6(5)：263-266.

102. Hou Shaohua, Gao Fubin Ma, Shaojie, **Yu Rongjin**, Li Yudong, Zhang Yushu. First order Quasi phase Matching second Harmonic Generation in LiNbO3 Waveguide [C]//Proceedings of the International Conference on Nonlinear Optical Physics and Applications (ICNOPA'95), Harbin: 1995, (AP-11): 122.

103. Shaohua Hou, Fubin Gao, Gongyu Li, **Rongjin Yu**, Yushu Zhang, Yudong Li. Cherenkov Configuration Second Harmonic Generation (CSHG) in Proton Exchanged LiNbO3 Channel waveguide [C]//Proceedings of the International Conference on Nonlinear Optical Physics and Applications (ICNOPA'95), Harbin: 1995, (AP-12): 123.

104. **于荣金**. 集成光学与光子学[C]//第一届全国光子学学术会议论文摘要集. 深圳：1996：5-11.

105. 王晓光，**于荣金**. 微腔量子阱激光器的稳态与动态特性分析. 第一届全国光子学学术会议论文摘要集. 深圳: 1996:258.

106. 武胜利,**于荣金**,王立军,付德惠,刘云,李丽娜,刘育梅. InGaAs/InGaAsP 多量子阱微碟激光器[C]//第一届全国光子学学术会议论文摘要集. 深圳:1996:250.

107. 刘立杰,**于荣金**,洪佩智. 用有效折射率/有限元法分析脊形光波导及其方向耦合器特性[J]. 半导体学报, 1996,17(6):428-434.

108. **于荣金**,武胜利,王玉堂. 集成光学取得突破性进展——微腔激光器及其列阵的诞生和发展. 光子学报,1996, 25(Z1):1-9.

109. 刘立杰,**于荣金**,洪佩智. 用有限元法分析多波导耦合系统本征模的模式特性[J]. 光子学报,1996,25(4): 347-352.

110. **于荣金**. 通信发展的需求、趋势和对策[C]//吉林省通信学会通信网委员会. 通信网资料汇编. 吉林省通信学会,1996(1):141-146.

111. 洪佩智,马少杰,侯韶华,**于荣金**. 光波导 F-P 干涉型电场和电压传感器[J]. 光子学报,1996,25(3):230-234.

112. Hou Shaohua, Shi Wenxiao, Jing Tao, Xiang Yang, Yang Wenying, Ma Shaojie, Hong Peizhi, **Yu Rongjin**. A 4-bit electrooptic analog-to-digital converter using APE LiNbO3 waveguide modulator array[J]. SPIE,1996,2891:239-243.

113. 武胜利,**于荣金**,王立军,D Y Chu,S T HO. 铒(Er3+)掺杂 GaP 碟形微腔振荡器[J]. 光子学报,1996,25 (Z1): 445-447.

114. **于荣金**. 现代通信发展的需求、趋势和对策[J]. 吉林通信技术,1996(3): 2-7.

115. 赵安平,**于荣金**,刘立杰,王晓光. 用二维时域有限差分法分析条形多层波导[J]. 光学学报,1997,17(4): 482-488.

116. Wang Xiaoguang, **Yu Rongjin**, Xie Chengjun. On the Eigenvalue Problem in One-dimensional Mesoscopic Rings with Electron-phonon Coupling[J]. Chinese Physics Letters, 1997,14(6):401-404.

117. 王晓光,**于荣金**. 微腔量子阱激光器的稳态与动态特性分析[J]. 光子学报,1997,26(Zl):83-88.

118. 王晓光,**于荣金**. 原子空间分布对光子反聚束效应的影响[J]. 量子光学学报,1997,3(3):158-162.

119. 王晓光,**于荣金**,靳学辉. 囚陷离子奇偶相干态的产生以及梳形崩塌与复苏想象[J]. 光子学报,1997,26(11): 961-964.

120. **于荣金**. 光子学和光子技术[J]. 燕山大学学报,1998,22(1): 18-22.

121. 赵安平,**于荣金**,刘立杰. 一种用于时域有限差分分析波导和微带电路的源激励技术[J]. 电子学报,1998,26 (2):57-64.

122. **于荣金**. 集成光学与光子学[J]. 光电子·激光,1998,9(2):162-165.

123. 王晓光,**于荣金**. 薛定谔猫态的激发态[J]. 光子学报,1998,27(4): 300-303.

124. 王晓光,**于荣金**,于桦. 依赖于时间的 Jaynes-Cummings 模型中的反聚束效应[J]. 光子学报,1998,27(4):304-308.

125. **于荣金**. 光纤通信系统中若干集成光学器件的研究[C]//第二届全国光子学学术会议论文摘要集. 西安:1998:8-14.

126. Wang Xiaoguang, **Yu Rongjin**, Fu Jianzheng. Construction of general unitary transformation for conditional quantum dynamics and realization of quantum controlled gates[J]. Chinese Physics Letters, 1998, 15(6): 395-397.

127. 王晓光,**于荣金**. 原子与单模场相互作用中克尔效应与斯塔克效应的统一处理[J]. 光学学报,1998,18(9):1160-1164.

128. 王晓光,**于荣金**. 多分量光场量子叠加态的产生[C]//第二届光子学学术会议论文摘要集. 西安:1998:274.

129. 赵安平,何晓东,**于荣金**,王晓光. 一种可用于分析任意介电常数张量的各向异性波导导模的二维时域有限差分模型[J]. 光子学报,1998,27(10):880-885.

130. 何晓东,赵安平,**于荣金**,王晓光. 用二维时域有限差分法分析微带线和光波导[J]. 光电子·激光,1998,9(5):292-295.

131. 王晓光,**于荣金**,李文. 位移二项式态与位移负二项式态的性质及其与二能级原子的相互作用[J]. 物理学报,1998,47(11):1798-1803.

132. 王晓光,**于荣金**. 压缩粒子数态在克尔介质中的相位特性[J]. 量子光学学报,1998,4(2):63-68.

133. 王晓光,**于荣金**,武胜利. 二项式叠加态与激发相干叠加态的产生[J]. 光电子·激光,1998,9(6):509-510.

134. 王晓光,**于荣金**,金燕. 激发相干态及其叠加态与二能级原子的相互作用研究[J]. 量子电子学报,1998,15(6):529-533.

135. Wang Xiaoguang, **Yu Rongjin**. Multiphoton Interaction of a two-level atom with a large period quantized standing wave field beyond the Raman-Nath regime[J]. ACTA PHYSICA SINICA (Overseas Edition), 1999,8(2):89-96.

136. 王晓光,**于荣金**,金燕. 玻利亚态与二能级原子的强度耦合相互作用[J]. 光电子·激光,1999,10(1):76-78.

137. 吴东江,刘云,王淑梅,武胜利,王立军,赵家民,刘星元,何晓东,**于荣金**,马东阁,王利祥,王岱珂,景遐斌,王佛松. 掺杂聚合物微腔激射行为的研究[C]//全国第九次光纤通信暨第十届集成光学学术会议(OFCIO'99)论文集. 秦皇岛:1999:336-337.

138. 何晓东,刘大力,吴东江,唐方江,**于荣金**. 一维时域有限差分法计算一维光子晶体的带隙结构[C]//全国第九次光纤通信暨第十届集成光学学术会议(OFCIO'99)论文集. 秦皇岛:1999:292-293.

139. 王晓光,**于荣金**. Peremolov SU(1,1)相干叠加态[C]//全国第九次光纤通信暨第十届集成光学学术会议(OFCIO'99)论文集. 秦皇岛:1999:532.

140. 王晓光,**于荣金**. Peremolov SU 相干叠加态的二阶量子关联特性研究[J]. 光子学报, 1999, 28(10): 865-868.

141. **于荣金**. 光纤通信系统中若干集成光学器件的研究[J]. 光子学报, 1999, 28(Zl): 7-13.

142. Xiaoguang Wang, **Rongjin Yu**, Unified approach for the Kerr effect, Stark effect and Doppler effect in the atom-field interaction[J]. Communication Theory Physics, 1999, 32(3): 463-466.

143. 王晓光, **于荣金**, 金燕. 光场初态为超几何态时强度耦合 J-C 模型的动力学演化[J]. 发光学报, 1999, 20(4): 285-289.

144. 吴东江, **于荣金**, 等. PVK: Alq: DCM1 混合物的微腔激射行为[J]. 光子学报, 1999, 28(Z3): 236-237.

145. 何晓东, **于荣金**, 等. 一维时域有限差分法计算一维光子晶体的带隙结构[J]. 光子学报, 1999, 28(Z3): 173-176.

146. 陈明阳, 黄丽芳, **于荣金**. 基于 Liao 氏吸收边界条件的四阶 FDTD 算法[J]. 光子学报, 2000, 29(9): 814-818.

147. 何晓东, 董岩, 刘大力, 吴东江, **于荣金**. 一维光子晶体带隙结构的研究[C]//第三届全国光子学学术会议论文摘要集. 昆明: 2000: 209.

148. **于荣金**. 光子晶体的研究发展与我们关心的问题[C]//第二届光子晶体研讨会. 北京: 2000.

149. He Xiaodong, Zhao Anping, Liu Dali, Hou Shaohua, Wu Dongjiang, **Yu Rongjin**. Analysis of microstrip line and optical waveguide with the two-dimensional finite difference time domain method[C]//2000 International Conference on Communication Technology Proceedings. 2000, I&II: 1565-1570.

150. 陈明阳, **于荣金**. PML 吸收边界的时域有限差分法的数值色散研究[J]. 光电子・激光, 2001, 12(2): 204-206.

151. **Yu Rongjin**. The prospects of polymer optical fibers and the lasers at 650nm wavelength for optical access network[C]//The 5th Chinese Symposium on Optoelectronics Proceedings. Xiamen: 2001: 201-204.

152. 刘凯, **于荣金**. 多模阶跃折射率塑料光纤带宽与数值孔径的分析[J]. 光电子・激光, 2001, 12(6): 572-574.

153. 张宁, **于荣金**. 基于光码分多址技术的塑料光纤接入网探讨[J]. 光子学报, 2001, 30(7): 827-831.

154. 黄丽芳, 陈明阳, **于荣金**. 多色散媒质中辅助差分方程的分析与研究[J]. 光子学报, 2001, 30(8): 961-965.

155. 张宁, 张吉月, **于荣金**. 一种 FDDI 局域网性能的数值分析方法[J]. 光电子技术与信息, 2001, 14(4): 20-24.

156. **于荣金**. 塑料通信光纤的研究发展和应用[C]//全国第十次光纤通信暨第十一届集成光学学术会议(OFCIO' 2001)论文集. 上海: 2001.

157. Ning Zhang, **Rongjin Yu**. Analysis and simulation of a plastic optical fiber access network based on OCDMA technology[J]. Proceedings of SPIE, 2001, 4583: 211-219.

158. Bingxin Li, **Rongjin Yu**, Hongyin Shi, Jianwu Hu, Shaozhe Lu, Jiahua Zhang. Cladding pumping organic dye-doped polymer optical fiber am-

plifiers [J]. Proceedings of SPIE, 2001, 4581: 158-163.

159. 陈明阳，**于荣金**. 波导和点缺陷直接耦合构成的波分复用器件[C]//第三届光子晶体研讨会. 北京:2001.

160. He Xiaodong, Liu Xingyuan, Liu Dali, **Yu Rongjin**. Transmissive properties of ZrO2/SiO2 photonic band gap materials [J]. SPIE, 2001, 4600: 208-210.

161. 张宁，黄丽芳，**于荣金**. 基于光码分多址技术的塑料光纤局域网动态控制协议设计与仿真[J]. 光子学报, 2002, 31(1): 39-43.

162. **于荣金**. 塑料通信光纤[J]. 光电子·激光, 2002, 13(3): 315-320.

163. 陈明阳，**于荣金**. 色散媒质中的理想匹配层吸收边界及其误差分析[J]. 光学学报, 2002, 22(4): 410-412.

164. 张宁，**于荣金**. 基于 HOP 的可调光编码/解码器的研究[J]. 光电子·激光, 2002, 13(4): 365-367.

165. 张宁，**于荣金**. 一种基于全息光处理器的可调光编码/解码器设计[J]. 光子学报, 2002, 31(6): 765-767.

166. 刘凯，**于荣金**. 多模梯度折射率塑料光纤带宽的分析[J]. 光子学报, 2002, 31(7): 819-823.

167. 史洪印，**于荣金**，李炳新，胡建武，刘焰发，丘志仁，汪河洲. 双包层塑料光纤放大器热漂白现象的研究[J]. 光电子·激光, 2002, 13(7): 657-660.

168. Ning Zhang, **Rongjin Yu**. A new scheme of tunable optical encoder/decoder based on holographic optical processor [J]. SPIE, 2002, 4924: 277-281.

169. 张永强，**于荣金**. 塑料光纤[J]. 燕山大学学报, 2003, 27(1): 58-64.

170. 陈明阳，**于荣金**. 一维光子晶体的时域有限差分法分析[J]. 中国光电, 2003(1): 27-30.

171. 李江昊，李炳新，**于荣金**. 塑料光纤直径测量系统[J]. 光学技术, 2003, 29(5): 568-574.

172. 张宁，**于荣金**. 一种用于塑料光纤接入网的多优先级控制协议设计[J]. 光子学报, 2003, 32(10): 1192-1195.

173. Ning Zhang, **Rongjin Yu**. Analysis and simulation of a plastic optical fiber access network based on OCDMA technology [J]. Photonic Network Communications, 2003, 6(2): 179-185.

174. Ning Zhang, **Rongjin Yu**. A novel multipriority reservation protocol for plastic optical fiber access network [J]. Chinese Optics Letters, 2003, 1(7): 388-391.

175. 张宝荣，**于荣金**. GI-POF 制造过程中气泡的消除[J]. 光纤与电缆及其应用技术, 2004, (1): 22-24.

176. Ming-yang Chen, **Rong-jin Yu**. Analysis of Photonic Bandgaps in Modified Honeycomb Structures [J]. IEEE Photonics Technology Letters, 2004, 16(3): 819-821.

177. Chen Mingyang, **Yu Rongjin**. Square-structured photonic bandgap fibers [J]. Optics Communications, 2004, 235(1-3): 63-67.

178. 陈明阳，**于荣金**. 高双折射矩形结构光子晶体光纤[C]//中国光学学会，中国光学学会 2004 年学术大会论文集. 杭州:2004.

179. 陈明阳,**于荣金**. 用空芯塑料光子晶体光纤获得极紫外波段光源的研究[C]//中国光学学会,中国光学学会2004年学术大会论文集. 杭州:2004.

180. Xia Keyu, **Yu Rongjin**, Meng Huamao. Realization of tapered waveguide by stretching the rod waveguide[J]. Semiconductor Photonics and Technology, 2004, 10(2): 82-85.

181. 张辉,王飞,**于荣金**. 塑料光纤拉丝塔控制系统设计[J]. 光学技术,2004,30(3):292-295.

182. 徐文艳,李炳新,王飞,张辉,**于荣金**. 高双折射微结构聚合物光纤研究[J]. 天津通信技术,2004,(2):14-16.

183. Chen Mingyang, **Yu Rongjin**. Polarization properties of elliptical-hole rectangular lattice photonic crystal fibres[J]. Journal of Optics A: Pure and Applied Optics, 2004, 6(6): 512-515.

184. Ming-yang Chen, **Rong-jin Yu**. Coupling characteristics of dual-core rectangular lattice photonic crystal fibres[J]. Journal of Optics A: Pure and Applied Optics, 2004, 6(8): 805-808.

185. Ming-yang Chen, **Rong-jin Yu**, An-ping Zhao. Polarization properties of rectangular lattice photonic crystal fibers[J]. Optics Communications, 2004, 241(4-6): 365-370.

186. 陈明阳,**于荣金**. 高双折射矩形孔光子晶体光纤[C]//全国光子-光电子学系列主题学术会议(1):光子晶体及其应用论文集. 天津:2004.

187. Li Bingxin, Chen Mingyang, Wang Fei, Zhang Hui, Xu Wenyan, **Yu Rongjin**, Li Shichen. Highly birefringent plastic holey fibers[J]. Proceedings of SPIE, 2004, 5279: 632-635.

188. **于荣金**,向阳,陈明阳,贾俊明. 双芯光子晶体光纤耦合长度研究[J]. 光电子·激光,2004,15(7):775-777.

189. 夏可宇,**于荣金**,孟华茂. 1×7锥形混合棒塑料光纤耦合器[J]. 光子学报,2004,33(8):908-911.

190. Ming-yang Chen, **Rong-jin Yu**. An-ping Zhao. Highly birefringent rectangular lattice photonic crystal fibres[J]. Journal of Optics A: Pure and Applied Optics, 2004, 6(10): 997-1000.

191. 黄震,吴长奇,李炳新,**于荣金**. 塑料光纤通信链路的实验研究[J]. 光电子·激光,2004,15(12): 1431-1434.

192. 李炳新,王巍,张宝荣,**于荣金**. 塑料光纤预制棒折射率分布的测量[J]. 光纤与电缆及其应用技术,2004,(5):25-27.

193. 李炳新,**于荣金**. 双包层掺染料聚合物光纤放大器的增益性能分析[J]. 光子学报,2005,34(10):1466-1472.

194. T S Guan, M Y Chen, Z L zhang, **R J Yu**. Numerical simulation and analysis of losses in air-core plastic photonic bandgap fibers[J]. Chinese Optics Letters, 2005, 3(6): 313-315.

195. 杨峰,李葵英,蒲源,**于荣金**. 纳米晶La0. 8Sr0. 2FeO3和-Fe2O3的光声/表面光伏特性[J]. 中国材料科技与设备,2005,(2):32-35.

196. 张志龙，陈明阳，关铁山，**于荣金**. 环形结构塑料光子晶体光纤色散特性分析[J]. 光电子技术，2005，25(3)：154-158.

197. 王铮，肖文辉，刘祥洪，**于荣金**. 基于微控制器的塑料光子晶体光纤拉丝塔加热炉的新型设计[J]. 光电子技术，2005，25(2)：97-99.

198. Ming-yang Chen, **Rong-jin Yu**, An-ping Zhao. Confinement losses and optimization in rectangular- lattice photonic crystal fibers[J]. Journal of Lightwave Technology，2005，23(9)：2707-2712.

199. 初凤红，**于荣金**，张永强，李葵英. 聚乙烯/蒙脱土纳米复合材料光缆护套的研究[J]. 光电子·激光，2005，16(10)：1163-1166.

200. 部英男，刘学君，**于荣金**. 塑料光纤直径控制系统[J]. 光纤与电缆及其应用技术，2005(3)：28-32.

201. 关铁山，陈明阳，**于荣金**. 低折射率芯PCF基模损耗的数值模拟与分析[J]. 光纤与电缆及其应用技术，2005(4)：1-4.

202. 刘祥洪，肖文辉，王铮，**于荣金**. MPOF用拉丝塔分区加热系统的设计[J]. 光纤与电缆及其应用技术，2005(4)：28-32.

203. **于荣金**. 抓住机遇，加快我国塑料光纤产业化进程[C]//全国第一届塑料光纤研究、生产和应用会议论文集. 秦皇岛：2005：1-5.

204. 李炳新，**于荣金**. 塑料通信光纤元器件及其系统研究[C]//全国第一届塑料光纤研究、生产和应用会议论文集. 秦皇岛：2005：17-21.

205. **于荣金**. 降低光纤传输损耗的一种新结构——蜘蛛网包层空芯光纤[C]//全国第十二次光纤通信暨第十三届集成光学学术会议(OFCIO′2005)论文集. 四会：2005：29-34.

206. 刘学君，张永强，**于荣金**. Smith-Fuzzy自整定PID聚合反应釜温度控制系统[J]. 聚氯乙烯，2005，(1)：31-32，38.

207. 贾俊明，陈明阳，向阳，**于荣金**. 光子晶体光纤的纤芯等效半径分析[J]. 光子学报，2005，34(1)：102-105.

208. 张志龙，李曙光，**于荣金**. PPCF宏弯损耗特性的分析[J]. 光纤与电缆及其应用技术，2005，(6)：11-14.

209. 缪卫平，张永强，**于荣金**. 微结构聚合物光纤制备材料的聚合工艺[J]. 光纤与电缆及其应用技术，2005，(5)：15-17.

210. 初凤红，王志伟，**于荣金**，张永强. 聚乙烯/蒙脱土纳米复合材料的研制[J]. 光纤与电缆及其应用技术，2005，(5)：12-14.

211. 胡建武，李炳新，**于荣金**，徐大雄. 双包层塑料光纤放大器增益特性的研究[J]. 半导体光电，2005，26(5)：390-393.

212. M Y Chen, **R J Yu**, Z G Tian, X Z Bai. Optical and mechanical properties of hollow-core fibers with cobweb cladding structure[J]. Chinese Optics Letters，2006，4(2)：63-65.

213. L Huo, **R J Yu**, B Zhang, M Y Chen, B X Li. Design guideline of hollow-core fibres with cobweb cladding structure[J]. Chinese Physics Letters，2006，23(8)：2121-2124.

214. **Yu Rongjin**, Zhang Bing, Chen Mingyang, Huo Liang, Tian Zhenguo, Bai Xiangzhong. A new solution of reducing polymer optical fiber losses [J]. Optics Communications, 2006, 266(2): 536-540.

215. Mingyang Chen, **Rongjin Yu**. Design of defect-core in highly birefringent photonic crystal fibers with anisotropic claddings[J]. Optics Communications, 2006, 258(2): 164-169.

216. **于荣金**,张永强,张冰,王超然. 一种新型布拉格光纤[J]. 光电子·激光, 2006, 17(S1): 93-96.

217. 王铮,肖文辉,刘祥洪,**于荣金**. MPOF的制备[J]. 光纤与电缆及其应用技术, 2006, (2): 16-18.

218. 王朝颖,肖文辉,**于荣金**. MPOF切割机温度控制系统的设计[J]. 光纤与电缆及其应用技术, 2006, (4): 29-32.

219. 缪卫平,刘学君,**于荣金**. 微结构聚合物光纤直径在线检测技术的研究[J]. 微处理机, 2006, (5): 74-76.

220. 王超然,张永强,**于荣金**,刘静波. 挤出法制备微结构聚合物光纤牵伸控制系统的研究[J]. 工业仪表与自动化装置, 2006, (6): 29-32.

221. 翟亚芳,肖文辉,王朝颖,**于荣金**. 塑料微结构光纤拉丝塔分区加热系统的设计[J]. 光通信技术, 2006, (3): 58-59.

222. Li Bingxin, Hu Dongmei, Zhang Baorong, **Yu Rongjin**. A novel microstructured optical fiber with high birefringence [J]. Proceedings of SPIE, 2007, 6279: PART 3.

223. Zhang Baorong, Hu Dongmei, Li Bingxin, **Yu Rongjin**. The evolution of polarization state in two-mode microstructured optical fibers[J]. Proceedings of SPIE, 2007, 6279: PART 3.

224. 张永强,**于荣金**,张冰. 单偏振圆对称模光纤[C]//中国光学学会2006年论文摘要集. 广州: 2006: 315-316.

225. **于荣金**. 全面解决塑料光纤损耗大的世界性难题[C]//全国第二届塑料光纤、聚合物光子器件研究、生产和应用会议论文集. 秦皇岛: 2006: 1-6.

226. 肖文辉,翟亚芳,王朝颖,张宝荣,李炳新,**于荣金**. 聚合物微结构光纤制作的关键技术研究[C]//全国第二届塑料光纤、聚合物光子器件研究、生产和应用会议论文集. 秦皇岛: 2006: 30-32.

227. 张永强,王超然,姜洋,王志伟,曲涛,张颖,**于荣金**. 微结构聚合物光纤制造系统开发[C]//全国第二届塑料光纤、聚合物光子器件研究、生产和应用会议论文集. 秦皇岛: 2006: 33-37.

228. **Yu Rongjin**, Zhang Yongqiang, Zhang Bing, Wang Chaoran, Wu Changqi. New cobweb-structure hollow Bragg optical fibers[J]. Optoelectronics Letters, 2007, 3(1): 10-13.

229. Bing Zhang, **Rong-Jin Yu**. Hollow-core optical fiber for terahertz wave propagation [J]. Proceedings of SPIE, 2007, 6279 (PART 3).

230. **Yu Rong-jin**, Zhang Bing. Lowloss hollow-core plastic Bragg fibers with cobweb-structured cladding for com-

munications[J]. Acta Photonica Sinica,2007,36(6):1040-1043.

231. 王志伟,张永强,李葵英,**于荣金**. 聚乙烯阻燃光缆护套的制备工艺研究[J]. 光电子·激光,2007,18(9):1082-1084.

232. **于荣金**,张冰,张永强,吴长奇,陈明阳,李炳新. 一种全新的保持圆偏振态低损耗单模空芯光纤[J]. 光电子·激光,2007,18(11):1283-1285.

233. **Rong-jin Yu**, Bing Zhang, Yong-qiang Zhang, Chang-qi Wu, Zhen-guo Tian, Xiang-zhong Bai. Proposal for ultralow loss hollow-core plastic Bragg fiber with cobweb-structured cladding for terahertz waveguiding [J]. IEEE Photonics Technology Letters,2007,19(12):910-912.

234. **于荣金**,陈向军. 开创新一代塑料光纤产业[C]//全国第三届塑料光纤与聚合物光子学会议论文集. 大连:2007:1-4.

235. Chen Mingyang, **Yu Rongjin**, Zhou Jun. Polarization and leakage properties of rectangular lattice photonic crystal fibres with doped cores[J]. Journal of Optics A: Pure and Applied Optics,2007,9(7):577-580.

236. 张宁,刘荣华,张爱香,**于荣金**,曹泽莼. 一种基于塑料光纤的计算机网络的研制与开发[J]. 光电子·激光,2007,18(9):1071-1073.

237. 陈向军,潘宇,**于荣金**. 太阳能自动跟踪系统的研究[J]. 电子技术,2007,(9-10):121-122.

238. 孙灵芝,吴文奎,景秋双,**于荣金**. PPCF 切割机控制系统[J]. 光纤与电缆及其应用技术,2007,(6):29-32.

239. 张颖,张永强,**于荣金**. HDPE-POF 的选材与制作[J]. 光纤与电缆及其应用技术,2007,(2):22-24.

240. **于荣金**,张冰. 新一代塑料光纤及其功能开发[J]. 中国科学(E 辑:技术科学),2008,38(5):807-816.

241. 刘天保,张永强,**于荣金**. 用堆积法制备 MPOF[J]. 光纤与电缆及其应用技术,2008,(1):32-34.

242. 陈明霞,王春艳,**于荣金**. 一种新型的塑料光纤连接器[J]. 光纤与电缆及其应用技术,2008(2):27-30.

243. 高辉,孙灵芝,李炳新,**于荣金**. 聚碳酸酯 POF 的拉制[J]. 光纤与电缆及其应用技术,2008(2):37-40.

244. 高伟霞,孙长伟,常晶晶,**于荣金**. 光纤太阳光照明系统中聚光装置的设计[J]. 应用光学,2008,29(5):808-811.

245. 常晶晶,高伟霞,**于荣金**. 用于太阳能光纤照明系统的空心反共振反射光纤[J]. 光纤与电缆及其应用技术,2008(4):29-30,36.

246. 王春艳,陈明霞,**于荣金**. 微结构空心 POF 与单模石英光纤的耦合[J]. 光纤与电缆及其应用技术,2008(3):33-35.

247. 张永强,**于荣金**,宋建争,王丽琴,张伟,王久量,杨曦东. 塑料光子晶体光纤连续挤出制造系统开发[J]. 塑料工业,2008,36(7):69-71,45.

248. **Yu RongJin**, Zhang Bing. A new generation of plastic optical fibers and its functional exploiting[J]. Science in China (Series E: Technological Science),2008,51(12):2207-2217.

249. **于荣金**. 光纤——从全内反射到布拉格反射[C]//全国第四届塑料光纤、聚合物光子学会议论文集. 秦皇岛：2008:1-4.
250. 孙灵芝，**于荣金**. 微结构塑料光纤切割研究[C]//全国第四届塑料光纤、聚合物光子学会议论文集. 秦皇岛：2008:46-49.
251. **于荣金**. 能源开发——太阳能的进一步利用.[C]//全国第四届塑料光纤、聚合物光子学会议论文集. 秦皇岛：2008:70-78.
252. **于荣金**. 光纤的发展[C]//光学前沿——2008 全国信息光学与光子器件学术会议论文集. 南京:2008.
253. **于荣金**. 能源光子技术开发——太阳能利用技术[C]//第六届全国光子学学术会议论文摘要集. 重庆北碚：2008:20-21.
254. **于荣金**. 光学与能源[C]//中国光学学会 2008 年学术年会. 泉州:2008.
255. **于荣金**. 光学与太阳能[J]. 光学学报,2009,29(7):1751-1755.
256. 李炳新，**于荣金**. Noise characteristic of dye-doped polymer optical fiber amplifiers[J]. Optoelectronics Letters,2009,5(5):365-367.
257. 张宝荣，郑德忠，孙长伟，**于荣金**. 基于伪随机序列的微弱光信号检测[J]. 电子学报，2009，37(9)：2082-2084.
258. **于荣金**. 我国塑料光纤的重要发展[C]//全国第五届塑料光纤与聚合物光子学会议论文集. 长春:2009:1-4.
259. 张庆辉，**于荣金**，陈宏志. 新型空芯塑料光纤的力学性能[C]//全国第十四次光纤通信暨第十五届集成光学学术会议(OFCIO'99)论文集. 天津：2009:50-52.
260. 张宝荣，郑德忠，**于荣金**. 扩频原理在聚合物光纤性能测量中的应用[J]. 光子学报，2010，39(4):714-717.
261. 陈宏志，**于荣金**，张庆辉. 新型低损耗塑料光纤结构优化的数值分析[J]. 光学学报，2010，30(9):2519-2523.
262. 陈明阳，张永康，**于荣金**. Wavelength-selective coupling of dual-core photonic crystal fiber and its application[J]. Chinese Optics Letters,2010,7(5):390-392.
263. 孙兵，陈明阳，周骏，余学权，张永康，**于荣金**. 非对称双芯光子晶体光纤宽带模式转换器研究[J]. 光学学报，2010,30(6):1581-1585.
264. **于荣金**，成明. 塑料光纤在接入网中面临的挑战[C]//全国第六届塑料光纤与聚合物光子学会议论文集. 广东东莞:2010:1-4.
265. **于荣金**. 抓住机遇大力发展新型塑料光纤和聚合物光子器件[C]//全国第七届塑料光纤与聚合物光子学会议论文集. 合肥:2011:4-5.
266. 王学忠，邢浩晖，**于荣金**，方胜，庞方亮. 微结构 Bragg 塑料光纤连续拉丝设备研发[C]//2012 国际光纤通信发展论坛. 呼和浩特:2012.
267. **于荣金**. 新一代高性能塑料光纤[C]// 2013 国际光纤通信发展论坛. 广州:2013.
268. **于荣金**. 齐心协力把塑料光纤和聚合物光子学推向一个发展新阶段[C]//全国第九届塑料光纤与聚合物光子学会议论文集. 江苏常州:2013.

六、媒体报道

塑料光纤及塑料光纤通信

——访燕山大学特种光纤与光纤传感实验室

王伟之

1　引言

塑料光纤是一种用透明聚合物制成的光纤，在国际上经历了 40 年的发展历史，与石英光纤大致相同。但其研发和应用的现状远不如石英光纤。目前，通信光缆所用的光纤，很多是采用石英光纤，它由高纯度二氧化硅(俗称石英玻璃)加入适量掺杂剂组成。而塑料光纤凭借着利用聚合物成熟的简单拉制工艺，故成本比较低，且比较柔软、坚固，力学性能好，易弯曲，可以制成大芯径等；但是目前占市场主流、以聚甲基丙烯酸甲酯(PMMA)为纤芯的塑料光纤在 650 nm 波长处的损耗要比石英光纤在 1.55 μm 波长处的损耗大 3 个数量级因此只能用于装饰、照明、传感和短距离数据传输系统。

为解决塑料光纤传输损耗大的问题，燕山大学特种光纤与光纤传感实验室在掌握和分析国际上已有的各种空芯光纤结构的基础上，自主研发了一种蜘蛛网结构包层空芯布拉格光纤，将构成光纤材料的吸收损耗压缩至约 $1/10^4$～$1/10^6$，从根本上解决了塑料光纤损耗大的问题。实验室在于荣金教授的带领下，先后承担了 4 项国家自然科学基金课题，1 项省重点攻关项目，并得到了学校科研平台专项基金的资助。200 m^2 实验室拥有总价值约 200 万元、比较完善的各种塑料光纤制作设备和测试仪器。他们先后研制了高带宽梯度折射率塑料光纤、掺有机染料塑料光纤放大器、塑料光纤连接器和耦合器，高双折射塑料微结构光纤等塑料光纤通信元器件，获得国家发明专利 4 项。目前，研究工作重点是研制低损耗塑料微结构光纤，这项研究对于塑料光纤实现低损耗和多功能有着极其重要的意义。

在此基础上，充分利用塑料光纤柔软、易弯曲的优点，可以实现从可见光至太赫兹波(0.4～1000 μm)所有波段信息和能量的低损耗传输。采用蜘蛛网结构包层的新一代空芯低损耗塑料光纤有可能成为普遍和大量应用的光纤。

2　实验室研究方向及主要工作

2.1　梯度折射率塑料光纤

塑料光纤虽然具备诸多优点，但是由于阶跃折射率塑料光纤的数值孔径较大，因此带宽只能达到几十兆赫兹。为此人们开发了梯度折射率塑料光纤(GI-POF)(如图 1)。GI－POF 纤芯折射率近似为抛物线分布，有效地减小了模式间色散，抑制了信号的脉冲展宽，是高速局域网(如汽车、飞机、办公室、住宅和工业控制等网络)以及大的电信系统与计算机之间互连的首选传输介质。

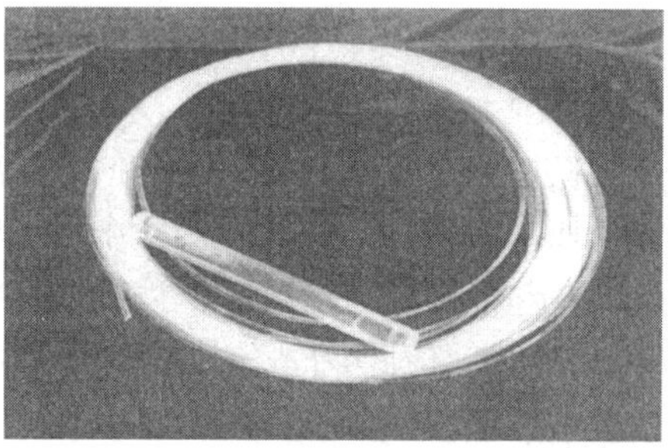

图 1　梯度折射率塑料光纤预制棒和光纤

燕山大学特种光纤与光纤传感实验室使用界面凝胶法制作了最大传输距离 100～200 m(波长 650nm)、带宽为 0.5～1 GHz 的聚甲基丙烯酸甲酯材料的梯度折射率塑料光纤。图 2 为两种折射率分布的塑料光纤传输性能的比较。由此又研制了塑料光纤耦合器和连接器(如图 3),并开展了塑料光纤局域网的理论和实验研究。

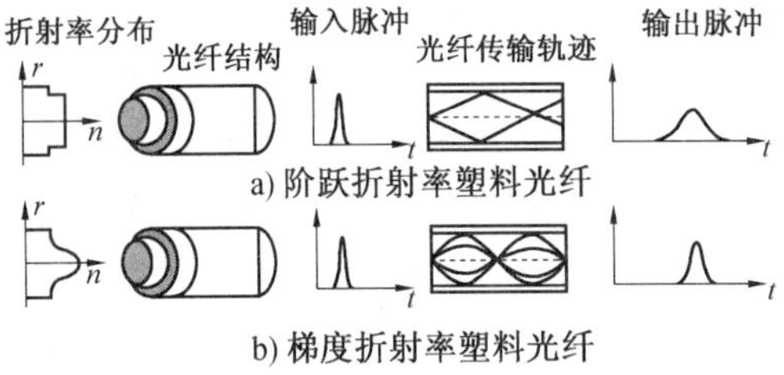

图 2　两种折射率分布的塑料光纤传输性能的比较

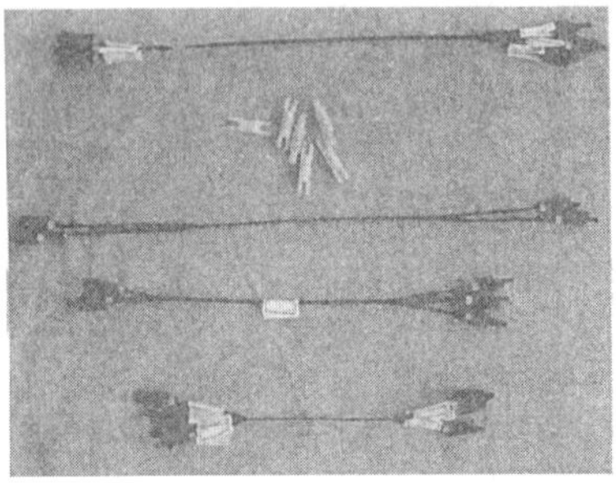

图 3　用熔融拉锥法制作的塑料光纤耦合器

2.2　塑料光纤放大器

在塑料光纤中掺入增益介质,就有可能制备出具有信号放大作用的塑料光纤放大器。根据掺增益介质的不同,目前塑料光纤放大器主要有掺有机染料和掺稀土化合物两类。

有机染料具有很大的吸收和发射截面。例如,罗丹明 B 在聚甲基丙烯酸甲酯中的吸收和发射截面比 Er^{3+} 在石英中的大10000倍,而且种类很多,其荧光光谱可以覆盖整个可见光区域。其荧光和吸收光谱适当分开,再结合塑料光纤芯直径较大的特点,有可能使用相当低的掺杂浓度制备出掺有机染料的塑料光纤放大器,其在可见光区域任何波长处都具有高效的放大作用。而在塑料光纤放大器这样的固态介质中,有机染料不能循环流动,因此染料的稳定性是一个严重的问题,其表现是有机染料的热漂白。为了解决该问题,燕山大学特种光纤与光纤传感实验室研制了双包层塑料光纤放大器(DC－POFA),其工作原理如图 4 所示。双包层塑料光纤放大器纤芯为掺有有机染料的增益介质,内包层是 PMMA,外包层为有机硅树脂,采用双包层结构可以有效减小有机染料的热漂白现象,提高了光纤放大器的增益和工作寿命。图 5 为应用界面凝胶法制作的双包层塑料光纤放大器预制棒和光纤。

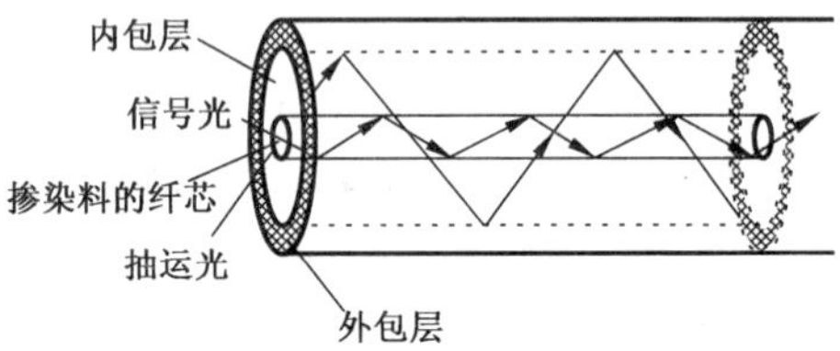

图 4　双包层塑料光纤放大器的工作原理

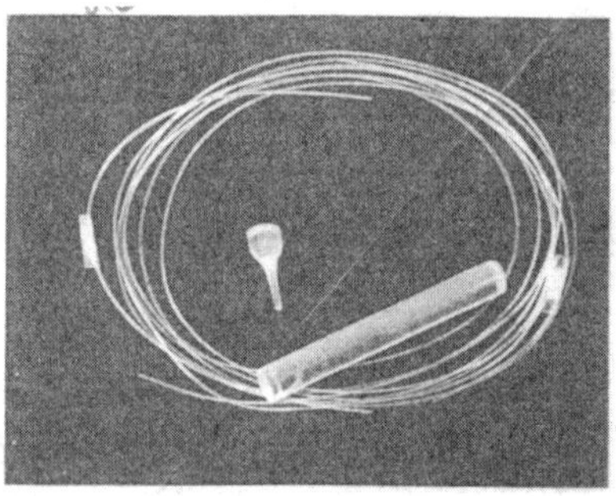

图 5　应用界面凝胶法制作的双包层塑料光纤放大器预制棒和光纤

2.3　塑料微结构光纤

塑料微结构光纤又称为塑料光子晶体光纤。这种光纤用单一塑料材料做成,沿光纤轴向存在空气孔,从光纤端面看存在二维的微结构(如图 6)。与石英光子晶体光纤相比,塑料微结构光纤在制作方法、工艺以及材料选择上都具有更大的灵活性。它具有与许多普通光纤完全不同的特性,如无截止单模特性、大的反常色散、高的非线性等，在光纤功能器件等领域有着极其重要的应用前景。燕山大学特种光纤与光纤传感实验室研制出一种新型结构的塑料光纤，这种光纤具有蜘蛛网状的微结构，由单一塑料材料制成，利用一种横向束缚机理（布拉格反射）来束缚导光的漏泄，这样可以使光在空气芯中传输（如图 7），从而极大地降低了塑料光纤的损耗。这对于塑料光纤而言是极其重要的，该结构通过使用支撑条，可以解决介质层之间的结构支撑问题。支撑条总是在圆截面上对称分布的，并且使用与交替层相同的介质材料。研究表明，由于支撑结构的引入，场分布略有变形，虽然支撑结构的引入有很小一部分功率会漏泄出去，但只要支撑结构的参数选取适当，损耗就会保持在一个很低的水平上并可以忽略支撑条的存在。支撑条的数目和宽度应该尽可能小，一般支撑条数目为 6～12，支撑条宽度范围在 $\lambda/3 \sim \lambda/30$，其中 λ 是光纤的传输波长。设计蜘蛛网结构包层空芯布拉格光纤时，与 TE_{01} 模（最低损耗模）允许的归一化频率范围有关的一些重要结构参数及其变化规律，采用平面波展开法作了分析。这为蜘蛛网结构包层空芯布拉格光纤的设计，提供了一般规律和基本依据。该结构的光纤折射率分布和光纤芯内的电场分布分别见图 8、图 9 所示。研究开发的连续制作工艺是挤出法，可用于大规模制作这种光纤。

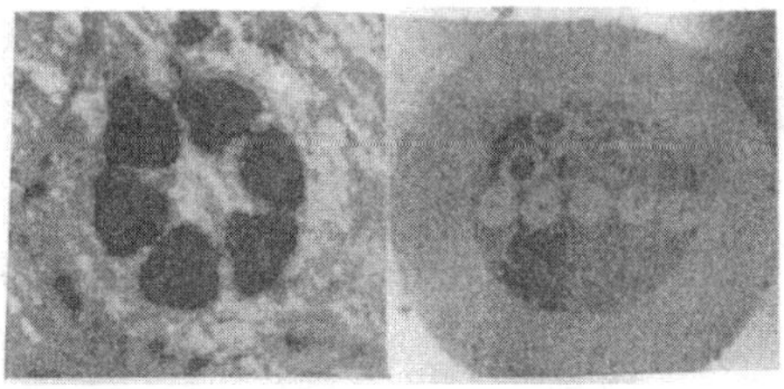

图 6　两种微结构塑料光纤

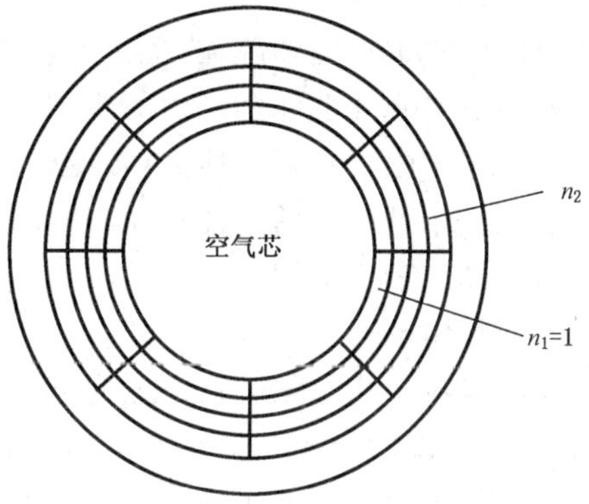

图 7　蜘蛛网包层空芯光纤结构

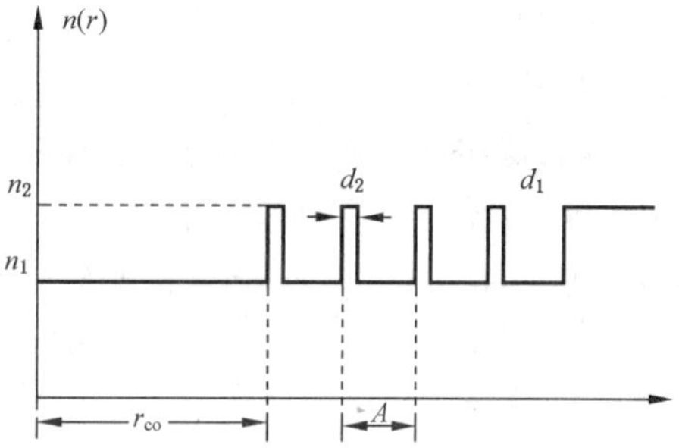

图 8　光纤折射率分布

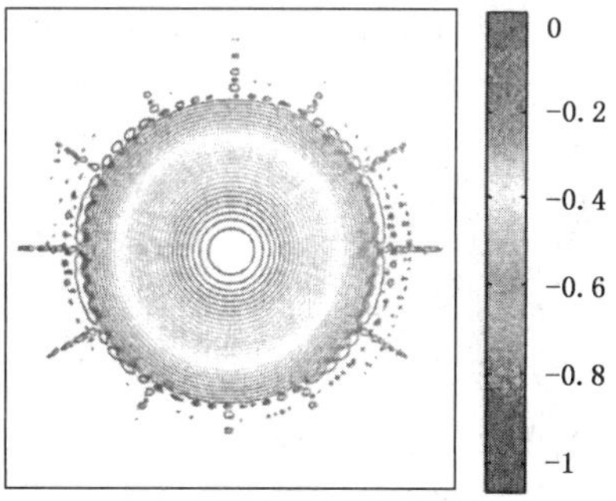

图 9　光纤芯内的电场分布

3　产学研相结合，开创新一代光纤产业

任何一项科学研究成果都是科研工作者经过长期科研攻关获得的，这些优秀成果最终将为人类生产生活服务，生产出更安全、更完善、更高效的产品，推动社会的进步。为此，正确处理好研究、生产、应

用三者之间的关系十分重要。2006 年 1 月 26 日，中共中央国务院在《关于实施科技规划纲要增强自主创新能力的决定》中明确指出："增强自主创新能力，关键是强化企业在技术创新中的主体地位，建立以企业为主体、市场为导向、产学研相结合的技术创新体系。"

国内塑料光纤同样面临产业化问题，国内研发的用蜘蛛网结构包层空芯塑料光纤构成的各种传输波长和各种用途的光纤，可以满足国民经济和国防发展的全面需要，并且产品有很广阔的市场空间，但是，要实现真正意义的市场化、产业化，不仅要有高技术人才、良好的设备条件，更需要有实力的优秀企业和高瞻远瞩的决策人来支持。目前是我国在塑料光纤领域发展的战略机遇期，形势迫人。然而，目前国内还没有大型的有实力的企业主动投资开发新一代塑料光纤产品，这令我国科研工作者十分忧虑。我国的科研水平在不断提高，但是科学技术的产业化却进展缓慢。如果失去了时间和发展机遇，就极有可能被其他国家率先夺得该领域的市场主动权。

4　总结

燕山大学特种光纤与光纤传感实验室多年来在于荣金教授的带领下致力于塑料光纤通信系统及其元器件的研发，设计了蜘蛛网状空芯光纤并拥有我国自主知识产权，解决了塑料光纤损耗大这一关键性世界难题。此外，他们还积极倡导塑料光纤产业化，大力支持我国民族工业的发展。相信在未来的科研道路中，他们会取得更大的进步。

（载于 2008 年 9 月《激光与光电子学进展》）

"2001 年全国光纤通信与集成光学杰出贡献奖"隆重颁奖

为表彰和奖励从事中国光纤通信和集成光学科学研究及组织国内外光通信学术交流工作有突出贡献的中国光通信科技工作者，由中国电子学会通信学分会、中国通信学会光通信专业委员会和中国光学学会纤维光学与集成光学专业委员会特此设立"全国光纤通信与集成光学杰出贡献奖"。此奖在每二年一次的全国光纤通信暨集成光学学术会议上颁发，每次表彰与奖励有突出贡献的科技工作者 5 人及组织工作有突出贡献的学会领导 1 人（共 6 人）。本次获奖名单如下：

突出贡献的科技工作者：叶培大、王启明、赵梓森、简水生、于荣金

组织工作突出贡献者：来国柱

于荣金教授对今后光通信行业的看法

今后的光通信业，一方面向更高密集度的波分复用和全光网络方向发展，另一方面要从干线向城域网、局域网和接入网方向延伸，一个庞大而完善的光纤通信网的建立、运行、管理和安全，对集成光学元件提出了多方位、高标准的需求，并且集成光学（集成光电子）器件的品种、性能和成本，对未来光纤通信技术的发展和推广应用起到关键性作用。过去的光纤通信

系统，除一根光纤（光缆）外，就是一个光源（半导体激光器）和接收器（光电探测器），而今后还需要高速可调谐稳频激光器，波分复用/解复用器、波长分插复用器、波长转换器、光交叉连接器（大规模光开关矩阵）、全光放大器、可调谐窄带响应集成光电子探测器等。发展需要创新。技术创新，必然会出现技术的多元化，出现满足不同用途、不同功能和特点的各类产品和系统，这给我国的科研和产业带来了新的发展机遇，对集成光学而言，创新就要发展和应用新的材料、新的工艺技术、新的物理效应和新的器件结构。如采用量子尺寸（量子阱、量子线和量子点）半导体材料、纳米复合材料、有机聚合物材料、光折变材料和光子晶体等，以及使用低成本的压膜技术，适合批量制作低成本的垂直腔面发射激光器（VCSEL）等。发展适合干线的高端产品一直到符合广大用户需求的产品，有一个共同之点是都要不断改善和提升性能价格比，这样的高新技术和产品才会受到消费市场的欢迎。

在传输方面，石英光纤与塑料光纤结合，长距离、大容量的石英单模光纤与短距离、中小容量的塑料多模光纤相结合，发挥各自的长处，为全光网构成完整的光信息有线传输系统；有线（固定）与无线（移动）结合，固定的有线长途干线，与例如“各种无线接入技术可综合接入到统一的全 IP 移动通信网络方案”结合，使人们的通信更方便快捷。

真正做到既满足人们日益增长的需求，又让人们用得起，用起来方便，这是今后光通信业发展的长期目标。

（载于 2001 年 11 月《网络电信》）

燕　归　来

——燕山大学吸纳人才纪实

屈维英　李新彦

前身是东北重型机械学院的燕山大学，在短短 10 余年间，不仅完成了从齐齐哈尔到秦皇岛的搬迁，而且从原来的单科类学院变成以工科为主，文、理、经、法、管理并存的万人大学，呈现勃勃生机与活力。

这所老学校何以发生嬗变、焕发出新的青春呢？关键是人才。10 多年来，仅从国外留学归来和从国内外引进的博士、博士生导师就达 70 多人，占全校高级教学、科研人员的 1/5。

再引“头燕”带“群燕”

送出去的“燕子”回归了，素不相识的“新燕”飞来了，燕山大学出现了后继有人的新局面。然而，燕大的决策者并不以此为满足。在他们看来，要办好一所面向新世纪的重点工科大学，光有一批出类拔萃的中青年学者还不够，还必须再引进一批资深、才高的专家和学者做“人梯”，当“头燕”。基于这一共识，近两年来，燕大又从中国科学院、吉林大学和哈尔滨工业大学引进了 6 名博士生导师，使全校的博士点由 1 个增加到 5 个。去年年初，中科院长春物理所“博导”于荣金教授到来后，仅仅 8 个多月，燕大就申报成功了“电路与系统”博士点，增补了 3 位博士生导师，并成立了光电技术研究所。现在，以于荣金为“头燕”，燕大一批年富力强的学者，正在微电子、微光子领域展翅高飞。

……

（载于 1998 年 9 月 23 日《人民日报》）

第二部分
代表性论文

在超高真空下，氢在过渡金属（铬、铁、镍）薄膜上的吸附热和吸附熵测定①

于荣金　郑作光
（吉林大学化学系）

前　言

在固体催化剂上的催化反应过程，吸附是其中必经的基本阶段。因此要彻底了解多相催化机理，必须研究吸附问题。吸附态是多种多样的。在某一指定催化剂上，进行某一催化反应，究竟是怎么样的吸附态起催化作用，以及如何产生这样的吸附态，是当代催化理论中的一个核心问题。创用场发射仪、离子发射仪、红外光谱仪等等现代方法，从微观方面探测，都是为这一目的服务的。

用直接或间接方法测出的吸附热和吸附熵，与经验公式或理论公式计算的吸附热、吸附熵进行比较，也有助于对吸附力性质、吸附键类型和吸附态等的了解。这样，就可以在这些宏观物理量的研究基础上，深入对微观本质的了解。

至今，文献上报道吸附热和吸附熵的研究是相当多的，但是不同工作者测出的数据往往相差较大，尤其是在 1960 年以前。就金属来说，除实验者的偶然误差外，原因在于：(1) 样品的问题。不同形状的样品（粉末、薄膜、丝、箔），吸附数据可能相差很多，一般地说，粉末的吸附数据较低，其主要原因是测量前已有一部分表面被覆盖；另外，可能与金属表面结构有关。表面吸附气体引起的沾污，系统真空度不高是其中一个很重要原因，即使刚从金属蒸发出来的清洁表面，在一般的高真空系统中，部分表面也会很快被系统残留气体所覆盖。(2)实验测定的温度范围不同。在某一温度下为不可动层的吸附，而在另一较高温度下，会变成可动；在不同温度下，不同的化学吸附机理可能占优势。这些都会影响吸附热数据。(3)与实验方法有关，特别对起始吸附热而言。超高真空条件下的实验，覆盖度能测得很低，很接近实际的起始吸附热；而一般则是采用外推方法，推出的结果不一定真实。鉴于上述原因，过去文献有很多数据是不可靠的，在引进数据进行分析时要注意实验条件；另一方面，则要求我们在实验上加以改进，测出比较可靠的数据。使用超高真空技术就是一个重要的改进。

大多数的过渡金属都对氢有吸附能力，对加氢反应、脱氢反应、氢和重氢交换、正仲氢的转换也都有一定的催化活性。因此，若对一系列的过渡金属，测出在各种条件下氢的吸附态，对照它们的催化活性，从这递变的现象中找出相关的规

① 科学通报，1974(4)：176-180.

律，能够深入了解何种的吸附态起催化作用，以及从一系列过渡金属的结构来探讨特定吸附态产生原因，这对催化理论的发展会有所裨益。我们曾在超高真空下，蒸发沉积铬、铁、镍薄膜，进行氢的吸附。在不同温度下用 BA 规测量氢的平衡压力。实验温度范围从 200 ℃到 −30℃。最低覆盖度到 $\theta=0.003$(Fe)和 0.008(Cr、Ni)。从等量吸附线算出等量吸附热和 25 ℃的积分吸附熵。现将实验结果和结论报告如下。

一、实验部分

我们采用油扩散泵加二个活性炭管，获得超高真空，活性炭用液氮冷却，可抽至压力低于 10^{-10} mmHg。实验系统，经充分脱气后，抽至超高真空，关上金属镓开关，多次升降温，重复性很好，几天之内系统真空度保持不变。BA 规和 Pirani 规都是自制的，事先都在氢气下校准。

这个系统与文献[1,2]相比，具有以下几个特点：(1) 本系统可在继续抽空下做膜，这样即使金属中有少量气体放出，也能被抽走，不至于影响真空度，吸附管的管壁也就不一定要用液氮冷却；(2) 获得超高真空的整个过程，可以间断进行；(3) 用金属镓开关代替了水银封，不需要冷阱，可节省很多液氮；由于系统没有水银，实验人员比较安全；(4) 在 BA 规和吸附管之间的通道上设置高电压金属丝螺旋极，防止了金属薄膜吸附离子规产生的原子氢。

我们是在真空度 10^{-10} mmHg 以下，继续抽空制备薄膜样品。金属蒸发期间，吸附管外保持 0 ℃。蒸发时间约 1 小时。薄膜做成后，分别在 203～205 ℃(铁)，206 ℃(镍)，207～208 ℃(铬)稳定半小时。有关样品的条件和数据列如下表：

元素	纯度	形状	蒸发方式	薄膜重量(mg)
Fe	G. R.	金属丝 长 23 cm 直径 0.4 mm	直接通电加热 (～3A)	10.51
Ni	99.5%以上	金属丝 长 22 cm 直径 0.5 mm	直接通电加热 (～5.5A)	49.07
Cr	光谱标准试剂	小球 (～ϕ5 mm)	小球装在圆锥形钨篮里，用电子轰击它 (灯丝～6.5 A 电子电流 20～30 mA)	56.64

氢气经钯管纯化。剂量由钯管的加热温度和活塞控制，并用 Pirani 规测量，然后才通到超高真空系统中。(此时薄膜温度不高于 100 ℃，以免吸附热引起膜的熔结。)吸附管加热至 200 ℃，待平衡后，以每分钟 0.5 ℃速度均匀降温。每5～10 分钟读一次温度和压力。考虑了热流逸现象，对读出的压力做了校正。

1. 吸附热。我们的实验是在非常低的压力下做的。所以测量过程可以认为是符合 Clausius-Clapeyron 方程里的偏微商条件。

$$\left[\frac{\partial \ln P}{\partial\left(\frac{1}{T}\right)}\right]_{\theta}=-\frac{\widetilde{H}_g-\overline{H}_a}{R}。\quad(1)$$

从实验数据，以 $\ln P$ 对 $\frac{1}{T}$ 作图(图 1～图 3)得到的等量吸附热($\widetilde{H}_g-\overline{H}_a$)，是微分吸附热，从

$$\widetilde{H}_g-\overline{H}_a=\frac{1}{\theta}\int_0^{\theta}(\widetilde{H}_g-\overline{H}_a)\mathrm{d}\theta,\quad(2)$$

即可求出积分吸附热($\widetilde{H}_g - \overline{H}_a$)，结果都表示在图 4～图 6 中①。

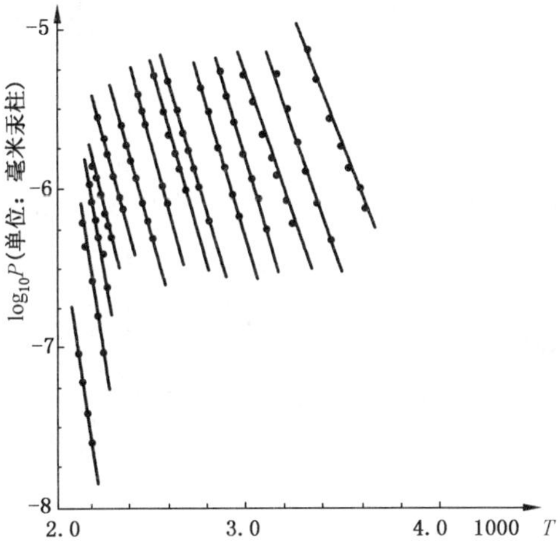

图 1　氢在镍上的等量吸附线

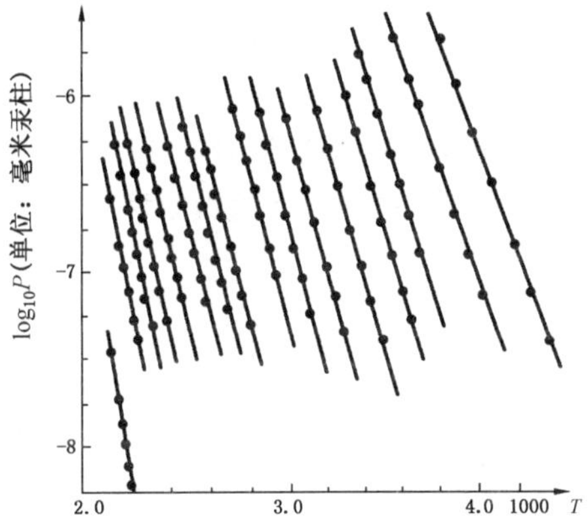

图 2　氢在铁上的等量吸附线

2. 吸附熵。从等温吸附的标准克分子自由能差，可得到克分子微分吸附熵和克分子积分吸附熵：

$$\overline{S}_a = \widetilde{S}_g - R\ln P - \frac{\widetilde{H}_g - \overline{H}_a}{T}, \quad (3)$$

$$\widetilde{S}_a = \widetilde{S}_g - \frac{R}{\theta}\int_0^\theta \ln P \mathrm{d}\theta - \frac{\widetilde{H}_g - \widetilde{H}_a}{T}, \quad (4)$$

已知氢气在 1 atm，25 ℃下的克分子熵为 31.211 卡/度·克分子。于是从实验数据就能得到氢在 25 ℃下的克分子积分吸附熵(图 7～图 9)。又因

$$\overline{S}_a = \widetilde{S}_a + \theta\frac{\partial \widetilde{S}_a}{\partial \theta}, \quad (5)$$

从 $\widetilde{S}_a$ 的图解微熵，可以得出图中的连续曲线 $\overline{S}_a$。另一方面，从公式(3)可以看出，由

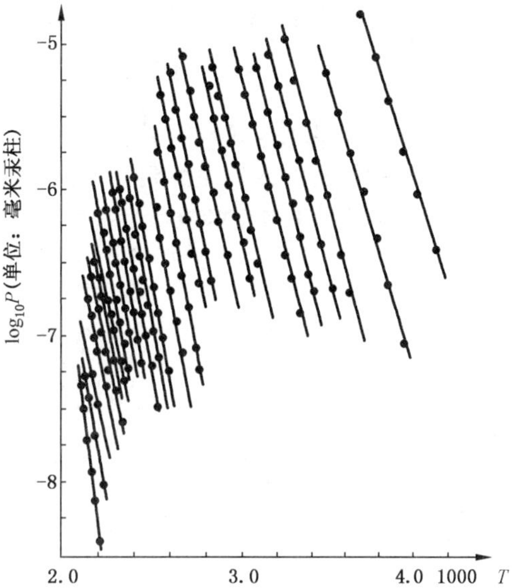

图 3　氢在铬上的等量吸附线

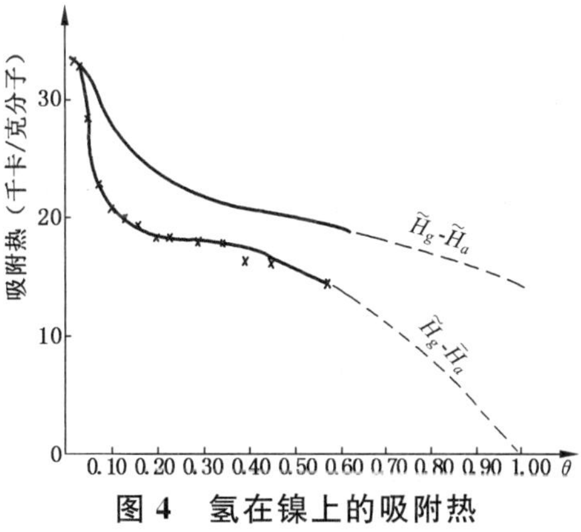

图 4　氢在镍上的吸附热

① 根据吸附管的尺寸和薄膜的重量，$\theta=1$ 分别选择 8×10^{-4} 克分子/克(Cr)，2.1×10^{-4} 克分子/克(Fe)，1.5×10^{-4} 克分子/克(Ni)。这相当于每克金属暴露表面的原子数为 9.64×10^{20}(Cr)，2.53×10^{20}(Fe)，1.81×10^{20}(Ni)。这和文献[3]用 B. E. T. 法测得数据很接近。

lnP 对 1/T 作图的等量吸附线在 lnP 轴上的截距，就能够算出 $\overline{S}_a$；在图中用圆点表示。这二套数据的一致，可以说是满意的。因为等量吸附热有 0.3354 千卡的误差时，就可以引起在25 ℃微分熵的数值有 1 卡/度·克分子的误差。由于其一致性，显然，在这些体系中的吸附热基本上与温度无关。

一般都认为氢在 Ni、Fe、Cr 上的吸附是离解吸附。由此，从统计力学推出的理想二维气体移动熵（${}_2\widetilde{S}_{trans}$）和均匀表面上理想定位吸附的构型熵（$\widetilde{S}_c$），都列在图 7～图 9中。在比较时，我们注意到：(1)积分熵才是直接统计力学意义的量。过去文献上把统计力学的克分子熵定性或定量地解释从实验等量吸附热得到的微分熵，是不正确的。(2)统计力学处理的是理想状态，而且把吸附剂看成惰性的。实验上用

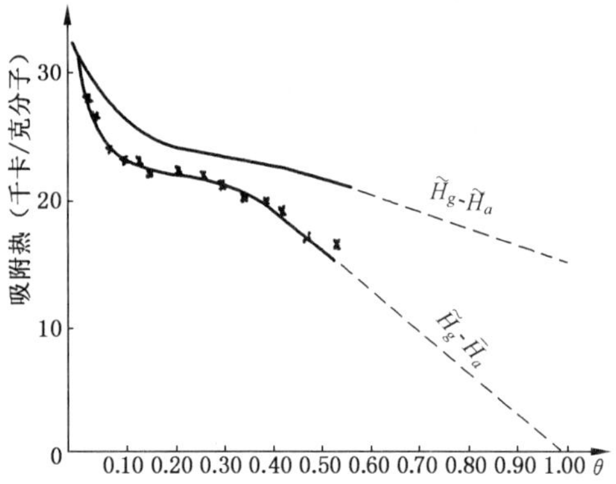

图 5　氢在铁上的吸附热

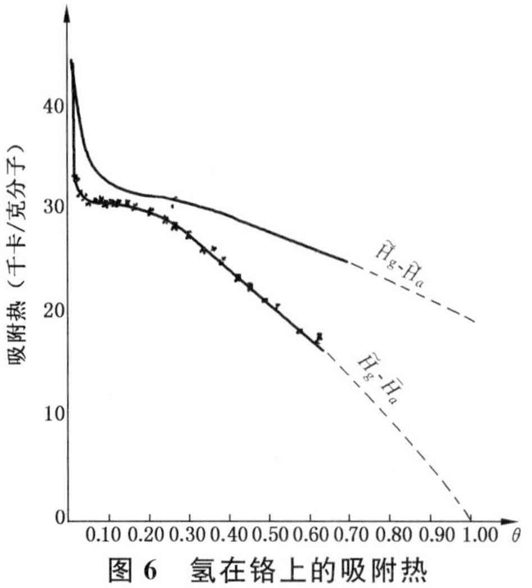

图 6　氢在铬上的吸附热

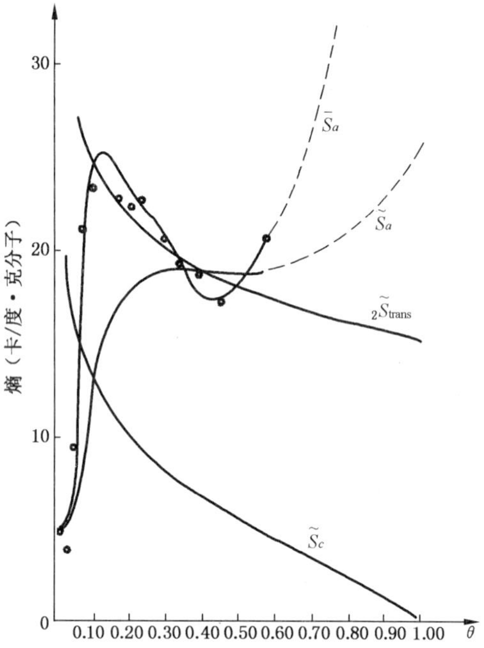

图 7　氢在镍上的吸附熵

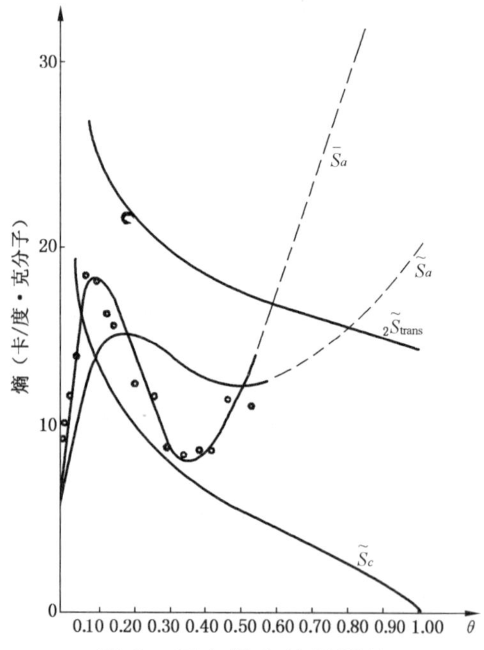

图 8　氢在铁上的吸附熵

公式(1)算出的 $\overline{H}_a$，实际上是包含了吸附物与金属之间的相互影响因素，从而由它算出的熵也是包含了相互影响因素的。

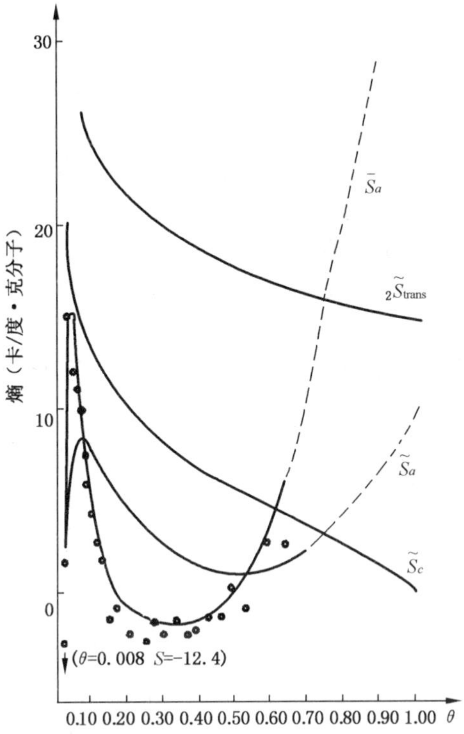

图 9　氢在铬上的吸附熵

二、结论

根据我们测得的 Ni、Fe、Cr 金属薄膜上的吸附热和吸附熵数据，可得出如下结论：

(1) 每种金属表面可能都有一小部分高吸附势的吸附位，占总的吸附位的 10% 以内（Ni：$\theta<0.1$，Fe：$\theta<0.08$，Cr：$\theta<0.06$），起着定位的强吸附作用。这类的吸附位的不饱和程度最大，需要的活化能最低，吸附热最大，吸附熵小于定位吸附氢原子的构型熵。这和 Wortman 等的场发射实验结果一致[4]。他们发现 $\theta<0.1$ 时，吸附热很高，存在少量紧束缚位。按 Horiuti 和 Toya[6,7] 的看法，这些位置是由晶格的不完全性（缺陷、晶界等）所提供。对 Cr 来说，这类吸附更是强烈，对吸附剂发生很大影响，甚至使得微分吸附熵趋向负值。

余下的由不同晶面组成的大部分表面，就吸附热来说，基本上是均匀的。

(2) Ni 在 $\theta<0.4$，Fe 在 $\theta<0.8$，Cr 在整个 θ 值，基本上都是定位吸附。每个吸附氢原子有三个振动自由度（二个平行于表面，一个垂直于表面）。按 Takaishi[8] 估算，氢吸附在过渡金属上的振动频率为：

$$\nu_{/\!/} = \text{几百 cm}^{-1} = 4 \sim 14 \times 10^{12}\ \text{秒}^{-1},$$

$$\nu_{\perp} = 2000\ \text{cm}^{-1} = 6 \times 10^{13}\ \text{秒}^{-1},$$

由此，可算得 $\tilde{S}_{vib} = 11.6 \sim 3.0$ 卡/度·克分子。对 Ni 在 $0.1<\theta<0.4$，Fe 在 $0.08<\theta<0.8$，Cr 在 $\theta>0.73$，定位吸附构型熵，加上这些振动熵，再考虑若干移动熵，就与实验熵相近。在这范围内的吸附，可说是介于定位和非定位之间，是有一定移动和振动自由度的定位吸附。

(3) Ni 在 $\theta>0.4$，Fe 在 $\theta>0.8$，实验熵在二维移动熵之上，但小于三维移动熵。表明：除移动熵外，还有垂直于表面的振动。Kemball[10] 称这样的吸附为"Supermobile"吸附。我们用实验数据估算了这个振动频率。表明：θ 增大时，吸附原子与金属原子的结合逐渐减弱，垂直于表面的振动熵逐渐增加。

(4) Fe、Ni：$\theta>0.4$，Cr：$\theta>0.3$，微分吸附热的下降和微分熵的增大，不仅由一种吸附态的键强改变（减小），以及吸附物间相互排斥作用加剧所引起，也可能由不同质的吸附态存在而引起。

这些结论和 Horiuti 等[6,7] 发展的晶面模型基本一致。

致谢：实验过程中得到吹玻璃室柴永贵等同志的协助，表示衷心感谢。

参考文献

[1] Rideal E and Sweet F. Proc. Roy. Soc. ,1960(257):291.

[2] Sweet F and Rideal E. Act. Deux. Congr. Int. Catatysis, Paris, 1960:175.

[3] Brennan D, Hayward D O, Trapnell BMW. The calorimetric determination of the heats of adsorption of oxygen on evaporated metal films[J]. Proc. Roy. Soc. ,1960(256):81.

[4] Gomer R, Workmen R, Lundy R. Mobility and adsorption of hydrogen on tungsten[J]. J. Chem. Phys. ,1957(26):1147.

[5] Wortman R, Gomer R, Lundy R. Adsorption and diffusion of hydrogen on nickel[J]. Journal of Chemical Physics, 1957(27):1099.

[6] Horiuti J, Toya T. Entropy of hydrogen adatom on nicke[J]. J. Res. Inst. Catal. , 1963(11):84.

[7] Horiuti J, Toya T. Entropy of hydrogen adatom on nicke[J]. J. Res. Inst. Catal. , 1964(11):174.

[8] Takaishi T. On the Evaluation of the vibrational contribution to the entropy of adsorption[J]. Journal of Chemical Physics, 1957(61):1449.

[9] Takaishi T, Kobayashi A. Entropy of chemisorbed hydrogen [J]. Journal of Chemical Physics, 1957(26):1542.

[10] Kemball C. Entropy of adsorption[J]. Adv. Catalysis, 1950(2):233.

液晶显示屏的制作工艺①

我们从今年三月以来，经过几个月的奋战和探索，试制了 x-y 矩阵式的一万个像元的黑白液晶显示屏。但时间短促，几方面性能尚未完全过关，有待于进一步解决。

液晶显示屏是基于向列型液晶的电光效应（动态散射模型）的被动式显示屏。屏结构是在两块透明条状电极之间夹着非线性电阻层和液晶而组成的。参看图 1。

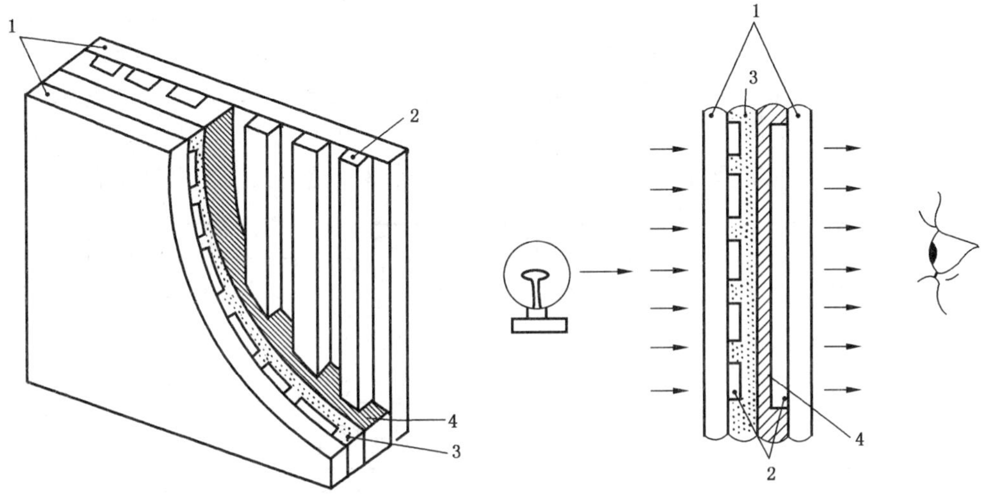

1—玻璃板；2—条状透明电极；3—液晶层；4—非线性电阻层。

图 1　液晶屏结构示意图

工 艺 过 程

一、透明导电玻璃板的制作和光刻腐蚀

1. 透明导电玻璃的制作：结晶四氯化锡（二级）100 克和三氯化锑（二级）1～1.5 克，加入 100 毫升乙醇，加热完全溶解。

普通平板玻璃清洁处理，然后放入 450～480 ℃高温炉中，预热 2～3 分钟后，用压缩空气喷入（或熏涂）四氯化锡乙醇溶液。过 3～5 分钟后取出冷却。导电率为 300 Ω·cm 以下可用，透明度为 90%以上。

注：现在，透明导电玻璃已由沈阳钢化玻璃厂试制生产。

2. 光刻腐蚀

① 感光胶的配制——聚乙烯醇 30 克、重铬酸铵 4 克，蒸馏水 400～500 毫升。先把 30 克聚乙烯醇泡在 400 毫升蒸馏水中，约 10 多小时，然后在水浴中加热（胶液温度达 65～70 ℃），约 2～3 小时，成透明胶体。将 4 克重铬酸铵加少量蒸馏水

① 固体发光及其应用，1970 年 12 月.

溶解，再倒入胶体中。在充分混合后过滤。过滤出的感光胶存放在棕色瓶中，置阴凉处。有效期一般 20 天。

② 制膜——在暗室（红光照明）中把清洗好的导电玻璃板（带水）置于离心机转盘上。在导电玻璃板中间倒上少量感光胶，开动转盘，过 1～2 分钟后，在玻璃板上形成一层均匀的感光胶，再用热吹风机吹1～2 分钟，使胶膜迅速干燥。

③ 曝光和显影——把模具放在带感光胶的导电玻璃上，用高压汞灯（或用碳弧光、日光灯）曝光几分钟，然后在 40 ℃温水中显影 1～2 分钟，这时出现模具的图像。为了便于修版，显影之后，放入染液里着色，后取出冲洗，滴干。

④ 坚膜——酪酸酐（CrO_3）5 克加入 100 毫升蒸馏水中而配成坚膜液。经过修版的玻璃板在坚膜液里放置 3 分钟；取出冲洗，滴干。再放入 200 ℃烘箱里烘烤 3～5 分钟，冷却。再修版。

⑤ 腐蚀——把锌粉置于要腐蚀的地方，用磷酸或稀盐酸在上面抹一次，没有胶膜地方透明电极被腐蚀掉。

⑥ 去膜——把腐蚀好的导电玻璃，置于浓硫酸里，加热半小时左右，见导电玻璃上的胶膜被碳化发黑就可以了。取出洗掉胶膜，得到透明条状电极的玻璃板，其条状的宽度为 0.82～0.85 毫米，间隔为 0.18～0.15 毫米，电阻为 $1\sim3\times10^3$ 欧姆·厘米。这一段工艺程序如下：

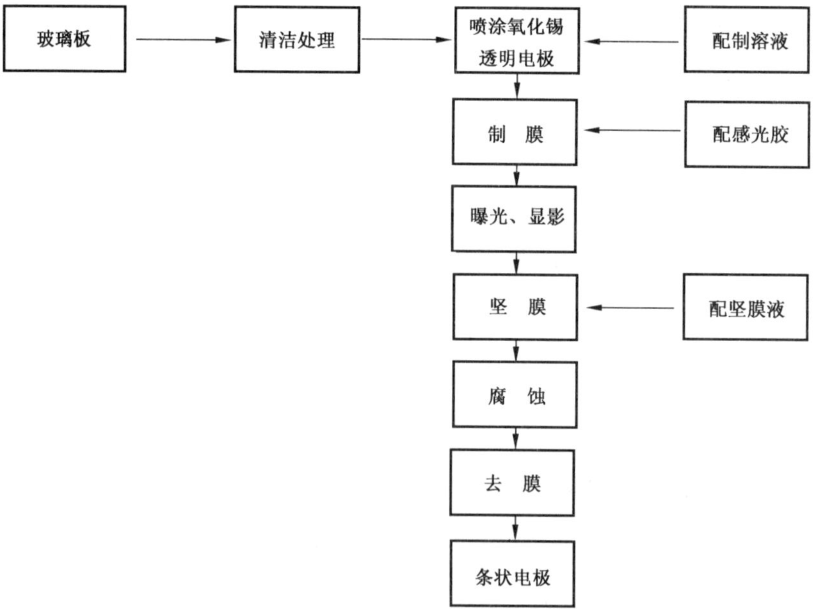

二、非线性电阻层的制作

1. 材料成分：基质为 ZnS（萤光纯），杂质为 Mn 7×10^{-2}，Cu 7×10^{-3}。在基质 ZnS 中配入杂质 Mn、Cu 之后，用硫气氛在 1200～1250 ℃恒温下烧 1 小时。

2. 非线性电阻膜的制作：把上述烧结好的材料放入真空镀膜机的蒸发舟中进行蒸发。蒸发前，在真空度达 10^{-5} mmHg情况下，把试料在 800 ℃下预热（20 分钟左右），蒸发温度在 1230 ℃左右，蒸发时间约 4 分钟，蒸发时真空度高

于 7×10^{-5} mmHg。被镀物(透明导电玻璃)加热温度达 175 ℃左右。非线性电阻膜的厚度大约 4 微米,其伏安曲线如图 2。

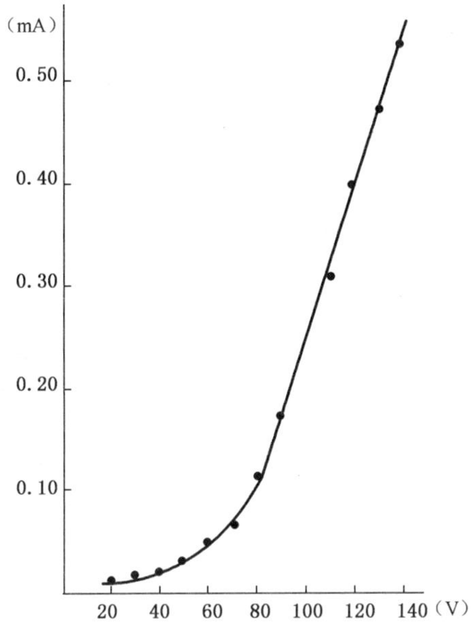

图 2　ZnS 薄膜——非线性电阻层的伏安曲线

由图 2 表明,ZnS 薄膜电阻的非线性出现于 40～120 伏之间,根据液晶层的电阻(～10^6 欧姆),从 80 伏左右工作电压开始匹配电阻,液晶开始显示,150～160 伏之前为正常的工作电压,即不出现交叉效应。但硫化锌薄膜的非线性电阻取决于材料和镀膜技术中许多因素,因此不容易得到满意的非线性电阻和重复结果。在工作中必须寻找最合适的镀膜条件。

影响膜性质的因素很多,有材料成份;材料的烧结条件;蒸发时的真空度;蒸发温度;蒸发时间;被镀物的清洁度及温度;蒸发时从预热温度到蒸发温度后,打开挡板时间(由于开始蒸发出来的成分,一般是杂质相对含量低,后来的相对含量高)。要获得一定工作电压范围内既能使液晶很好显示,又不出现交叉效应的膜,根据我们的一些实验,主要矛盾在于控制膜的杂质含量。因此,在制作非线性电阻层工作中,必须严格控制材料的成分,蒸发温度及蒸发时打开挡板的时间。

三、液晶材料和屏的制作

1. 液晶材料的合成。

① 茴香叉对氨基苯丙酸酯的合成。分二步进行:第一步是缩合反应。在三口瓶中加入 40 毫升茴香醛(0.3 克分子),36 克对氢基酚(0.36 克分子),200 毫升乙醇。回流加热,搅拌三个小时,抽滤,用乙醇反复抽洗到抽液无色为止,产物是黄白色的粒状。收率为 87%。熔点范围为 186～190 ℃。第二步是酯化反应。在三口瓶中加入 11.5 克第一步产物(0.05 克分子),9.6 毫升丙酸酐(0.075 克分子),100 毫升吡啶。40 ℃回流加热搅拌六个小时。减压蒸馏吡啶,蒸干吡啶后,用己烷萃取产物,并用己烷复结晶,得到黄白色晶粒的茴香叉对氨基苯丙酸酯。收率为 20%,其液晶态温度范围为 62～86 ℃。

② 胆固醇芥子酸酯的合成。在三口瓶中加 7.7 克胆固醇(0.02 克分子),40 毫升吡啶。溶解完后,滴入芥子酸酰氯 7.2 克(0.021 克分子),在油浴(浴温 143 ℃)中搅拌回流加热六个小时,减压蒸馏吡啶,反应物在丁醇中溶解,又加入乙醇降低溶解度,收集下层油状物,冷却凝固成腊状物,收率为 40%。

向列型液晶的各种材料称取重量后放入烧杯中,搅拌加热熔融成透明液体,冷却得到低共熔点混合液晶。在显示屏中选用的低共熔点混合液晶配方如下:

编号	材料名称	液晶态温度范围(℃)	混合重量比	混合液晶的液晶态温度范围(℃)
Ⅰ	※茴香叉对氨基苯乙酸酯 茴香叉对氨基苯丙酸酯 ※茴香叉对氨基苯丁酸酯 ※正丁氧基苄叉对氨基苯乙酸酯	79～100 62～86 48～101 82～113	1 1 1.3 1.3	<−6～90
Ⅱ	茴香叉对氨基苯乙酸酯 茴香叉对氨基苯丙酸酯 茴香叉对氨基苯丁酸酯 正丁氧基苄叉对氨基苯乙酸酯 胆甾烯芥子酸酯	79～100 62～86 48～101 82～113 44～50	1 1 1.3 1.3 8%(总量)	<4～60

注：※者为由吉林化工研究院合成的液晶。Ⅱ——具有记忆性液晶。

2. 屏的制作。把已镀好非线性电阻的透明条状电极玻璃板和透明条状电极玻璃板，烘烤温热，然后在两块玻璃板上加液晶，两块条状电极交叉方向慢慢搓动，搓动过程中挤出气泡并控制液晶层的厚度(单方向搓动促进液晶分子的长轴平行于透明电极的排列)。之后，把四边上过量的液晶擦去，清洁四边后，用502胶粘住二块玻璃板，再用环氧树脂(二乙烯三胺作固化剂)密封四边得到液晶屏。在四边留出条状电极的地方，用导电胶粘住小铜片，然后在小铜片上焊导线，接电源。

四、性能的测量

1. 液晶的伏安特性：用直流稳压电源和毫安表，直接测量配方——Ⅰ的混合液晶的伏安特性。液晶样品盒的厚度为33±1微米。测量结果由图3表示，由图可知液晶伏安特性基本上符合于欧姆定律，电阻率为10^{9}～10^{10}欧姆·厘米。由此看到液晶的纯度较差。

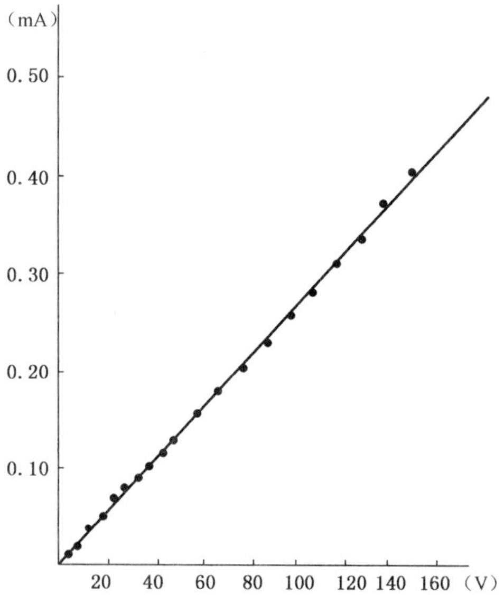

图3　向列型混合液晶的伏安曲线

2. 液晶电光特性：用直流电源、检流计、硒光电池、恒定照明光源就可测量电光特性。用恒定光源的光透过液晶屏的光通量来测定在不同电压下液晶的不透明度。不透明度为S：

$$S=\lg\frac{I_0}{I}。$$

其中，I_0表示没有工作电压时，液晶的光通量；I表示加工作电压下液晶的光通量。

图 4a 和 4b 分别表示没有非线电阻层和有非线电阻层的液晶屏不透明度和工作电压之间关系（液晶屏厚度为 33±1 微米）。

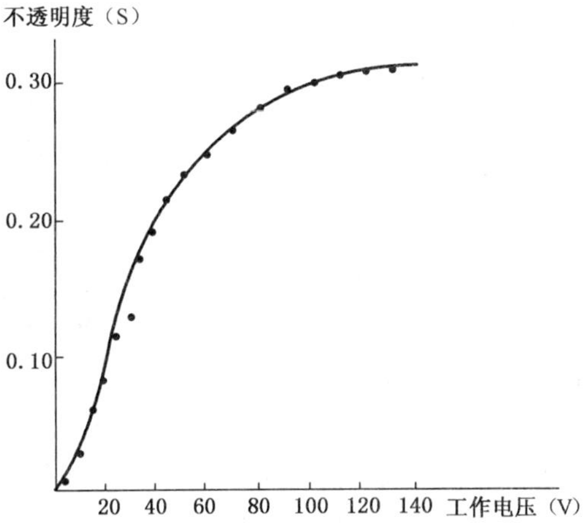

图 4a　向列型混合液晶屏的电光特性曲线

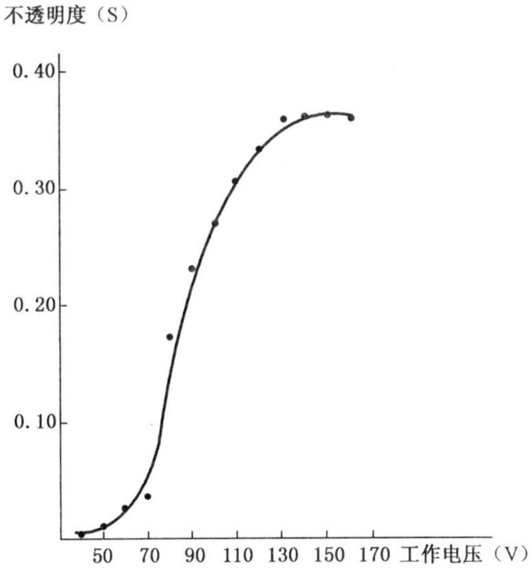

图 4b　有非线性电阻层的液晶屏的电光特性曲线

五、小结

x-y 矩阵式的一万个像元的液晶显示屏，在常温下，一定的直流电压下能够显示轨迹（也能够存贮轨迹），穿过每像元的电流量为 0.3 微安。液晶屏的控制电路可以采用集成电路。但这项工作刚开展，需要解决如下几方面的问题。

1. 提高对比度。无论显示、显像，都要求较高的对比度。一般要求 30∶1 左右，但屏幕越大要求更高。当前，液晶屏最佳的工作条件下，对比度能达到 20∶1。提高对比度有两个途径，其一是寻找新的液晶材料；其二是工艺和控制电路，即克服交叉效应程度、电极材料、环境光线等情况有关。

2. 寿命。向列型液晶达到一定的纯度，密封好的情况下能连续工作 3000 小时。但我们工作中遇到一些问题。

① 屏的四边慢慢失去液晶性能，没有电光效应；

② 直流电压下液晶屏容易出气泡，尤其是以非线性电阻层为负极时。

③ 防止与空气接触，在空气中容易氧化成黄褐色，失去电光效应。

3. 响应时间。向列型液晶响应时间大约 1 毫秒，有些显示屏指标能满足，但高标准来讲，速度不够。必须从材料和工艺上改进提高响应速度。

4. 工作温度。液晶态只存在于一定的温度范围。当前，混合液晶工作温度在零上几度是正常的。今后必须寻找在低温下（－50 ℃左右）正常工作的液晶。

液晶矩阵显示①

本文叙述了向列型液晶动态散射的电光效应和电光存贮效应，测量了电光性能，利用这些效应研制了液晶矩阵显示屏，提出了克服交叉效应的途径。

一、引言

液态晶体（简称液晶）是介于液体和晶体之间的物质。在80多年前人们认识了液晶，但液晶的应用研究才是最近几年的事。液晶具有液体的流动性和晶体的光学性质，这些性能对电场、磁场、声场、温度、气氛以及机械力等外界条件的变化很灵敏，并能把上述外界条件的信息转变成可视的信号。液晶的这些特性提供了它广泛应用的前景，尤其是液晶的电光效应在显示领域里受到很大的注意。最近固体电路的液晶数字手表[1]试制成功，表明液晶的集成化数字显示器件不久就可广泛地应用，但液晶大屏幕显示显像工作正在研制阶段。当前液晶大屏幕显示有三种扫描方式：1）电子束扫描方式[2,3]；2）光扫描方式[4]；3）x-y 矩阵扫描方式[5,6]。前两种扫描方式适合于大屏幕显像，后一种扫描方式适合于多路接受信号的大屏幕显示，可以随机地显示各种图像和符号。液晶显示是一种被动式显示，可采用投影光阀式显示，用平板化的小屏投影得到大屏幕，同时还有具有低功耗、低电压、光存贮等特性。我们利用向列型液晶动态散射和光存贮性能研制了投影大屏幕，同时利用ZnS薄膜非线性和两种不同频率的电压同时供电方法克服了矩阵屏的交叉效应，下面介绍有关这几方面工作。

二、向列型液晶动态散射和电光存贮效应

1. 动态散射原理：Heilmeier等[7]提出了动态散射模型，用这种模型初步地解释了有些向列型液晶光散射的现象，Frank[8]等用连续理论来定量地解释液晶的电光效应。但基本机理，尤其是带电粒子（或离子）的来源尚需进一步研究。

通过正的和负的介电各向异性液晶的动态散射实验及其过程的显微镜观察，动态散射过程可简略地归纳为两个过程，其一是液晶分子在电场中定向排列的过程，其二是带电粒子迁移的过程。这两种动态过程中第二过程是慢过程，所以液晶响应速度主要取决于带电粒子的产生和迁移的速度。向列型液晶是细长的棒状分子组成的。在分子中有极性基团，所以向列型液晶分子具有偶极矩。当偶极矩方向与分子长轴平行时，例如：

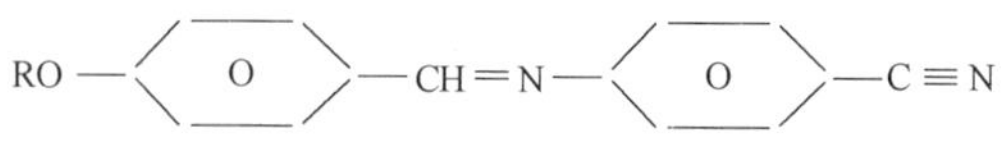

（$R=C_nH_{2n+1}$；$C_2H_{2n+1}CO$）

这一类液晶中腈基是强极性基团，其方向与分子长轴平行，其有正的介电各向异性 $\epsilon_{\parallel} > \epsilon_{\perp}$。$\epsilon_{\parallel}$ 和 $\epsilon_{\perp}$ 分别表示平行于分子长轴和垂直于分子长轴的介电常数。在直流或交变电场下，分子排列成平行于电场方向，同时也平行于带电粒子运动方

① 固体发光及其应用，1973年3月.

向，结果粒子的运动不能破坏分子的取向，因而不产生动态散射（产生静态散射）。当偶极矩方向与分子长轴有一定角度（具有负的介电各向异性）时，在直流或低频交变电场（~10^4 V/cm）下有动态散射。例如：

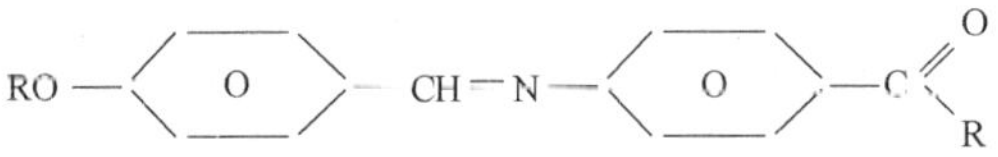

（$R=C_nH_{2n+1}$）

这一类液晶中羰基是强极性基团，其方向与分子长轴成一定角度，有负的介电各向异性。$\epsilon_{\parallel}<\epsilon_{\perp}$这种液晶在直流或低频交变电场中主要受两种力，其一是分子偶极矩与电场之间的力F_e，F_e作用下液晶分子长轴与电场方向之间有一定的夹角。其二是在液晶中微量的带电粒子（或离子）沿场强方向迁移时，在液晶分子上的横切力F_s。当离子与液晶分子碰撞时，破坏了在电场中分子取向的稳定状态，同时F_e的作用下液晶分子又要恢复原来取向，这种过程反复的结果，液晶分子不断地摇摆，使得光散射。也就是说，离子迁移引起液晶分子的有序排列变成无序排列，形成了许多小区域，同时液晶分子具有双折射，在区域界面上强烈地散射光。小区域界面远远大于可见光波长，所以看到白光散射。

2. 动态散射实验

a）在负的介电各向异性向列型液晶中控制杂质浓度，结果证明液晶中带电粒子的主要来源不是液晶分子的电解或肖脱基发射引起的，而是液晶中包含的微量离子或易电解的杂质引起的。用电渗析法除去液晶中的离子，然后掺入一定浓度的有机离子。电渗析装置如图1表示。732# 阳离子交换树脂和717# 阴离子交换树脂研细，用110目尼龙布过筛，然后84号胶的丙酮液和交换树脂粉混合均匀，涂到导电玻璃板上成离子半透膜。阳离子膜的电极为负极，阴离子膜的电极为正极，接通到直流电源。这时液晶中离子通过离子半透膜到电极中和，在电极表面离子不能注入到液晶中来，这样达到液晶中除去离子的目的。把戊氧基苄叉戊基苯胺液晶装入电渗析槽，加热到40 ℃，直流电压为222 V，开始电流为2.2 μA，经过14小时的电渗析后电流降至0.1 μA。图2曲线表示电渗析前，电渗析后以及掺入四乙基溴化铵样品的电光特性。由图2曲线表明，电渗析后液晶中没有动态散射。可见，一定的离子浓度是动态散射的不可缺少的条件，同时证明了离子的来源不是液晶分子的电解或肖脱基发射电子效

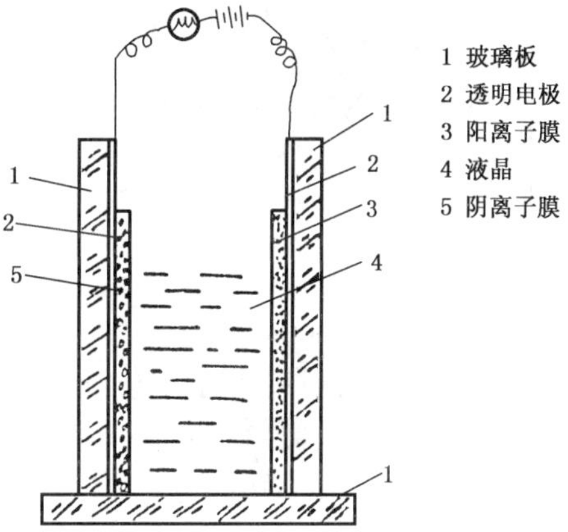

图1 电渗析装置

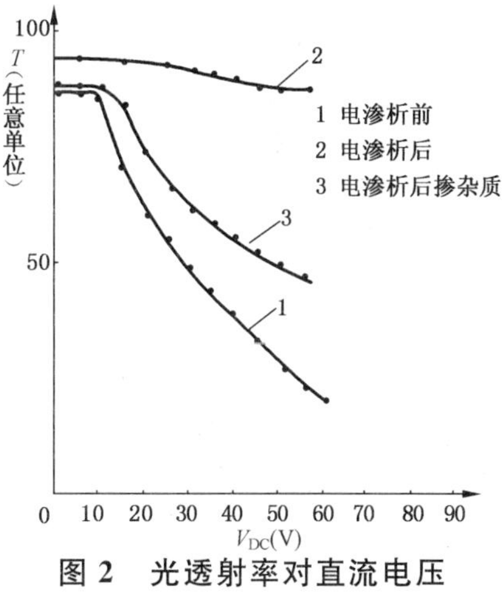

图2 光透射率对直流电压

应。图 3 表明纯的希佛硷混合液晶（其电阻率$>10^{11}\,\Omega\cdot cm$）中掺入不同浓度杂质的电光特性，随着杂质浓度的增加，对比度提高，但杂质浓度过高（电阻率为$\sim10^{8}\,\Omega\cdot cm$）时，液晶温度范围变窄，寿命变短。上述实验结果表明，负的介电各向异性的向列型液晶要具备动态散射的电光效应，必须含有一定浓度的杂质离子。但离子浓度过高时，液晶性能变坏。实验结果与动态散射原理是一致的。

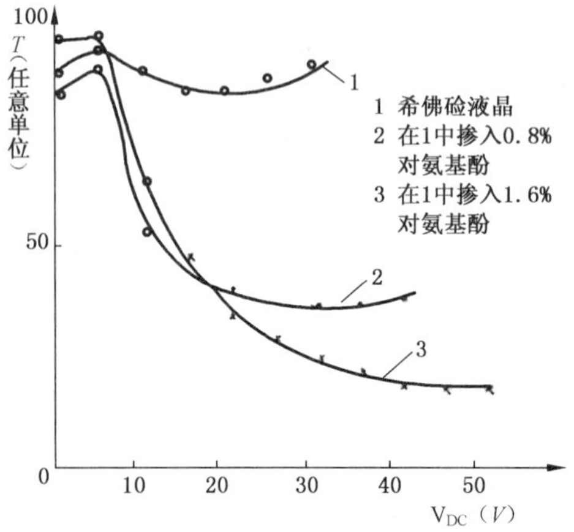

图 3　光透射率对直流电压

b）液晶电光效应的频率特性：图 4 表示希佛硷混合液晶（APAPA：BPAPA：APAPB：APAPV＝1：1.5：1.5：1 重量比）动态散射阈值电压与频率关系。由图 4 的曲线表明液晶动态散射的阈值电压（V_{th}）随着频率很快上升，尤其是 500～700 周附近 V_{th} 突然上升。基本上满足如下关系：

$$V_{th}\propto\exp(f2\pi\rho\epsilon)。\qquad(1)$$

其中 f 是激励电源的频率，ρ 是电阻率，ϵ 是介电常数。这些实验结果进一步证明，液晶动态散射时，激励电压频率必须保持在带电粒子弛豫频率 $1/2\pi RC$ 以下。动态散射的临界频率

$$f_c=1/2\pi RC,\qquad(2)$$

如果激励电压频率 $f>f_c$ 时，液晶不产生动态散射，而是抑制动态散射。

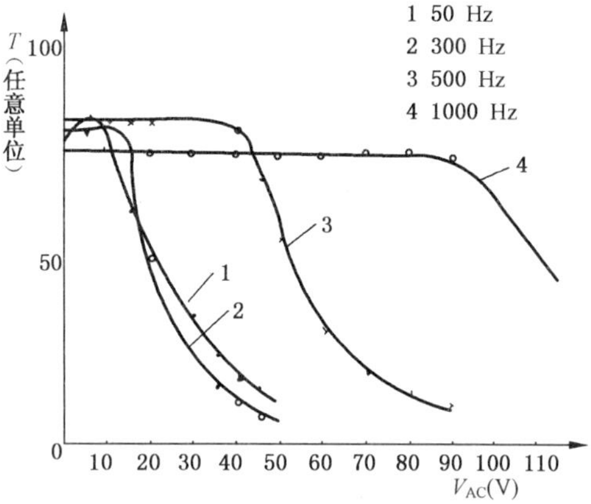

图 4　光透射率对交流电压

图 5 表示高频电压和直流电压同时加到液晶屏时，阈值电压的变化。高频电压升高时，也能抑制直流电压下产生的动态散射。从这些实验结果说明，以两种不同频率电压来克服交叉效应的可能性。

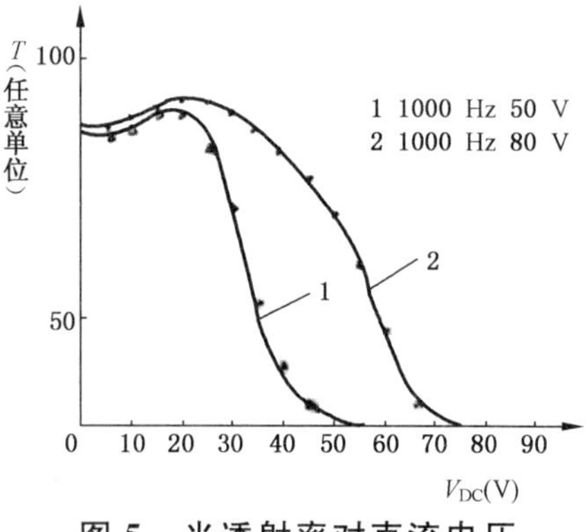

图 5　光透射率对直流电压
（同时加高频电压）

图 6 表示含有 8%胆甾醇芥子酸酯的希佛硷混合液晶光存贮和高频信号擦除特性。在直流电压激励下出现动态散射，去掉直流电压仍保持动态散射，1 分钟后加 6 千周、60 伏高频信号时，液晶立即停止动态散射并比原来还透明一点。这些现象说明，在高频电场中带电粒子定向运动跟不上，即带电粒子的弛豫频率小于 6

千周，但分子定向排列能跟上，结果分子排列整齐而透明。频率实验结果证明了动态散射的第一个过程速度大于第二个过程的速度。由此得知，液晶动态散射的响应速度主要取决于带电粒子的弛豫时间。

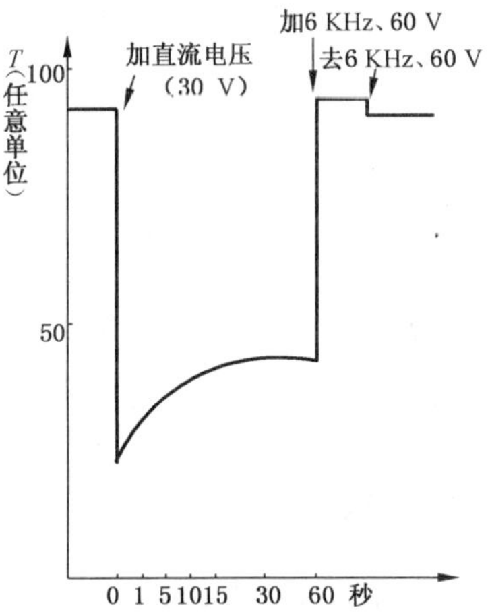

图 6　光透射率对存贮时间

3. 电光存贮效应：胆甾型液晶具有电光存贮性能[9]，但向列型液晶没有电光存贮性能，胆甾型和向列型液晶分子排列取向极相似，差别在于前者有一定的螺距。人们很自然提出问题，能否把向列型液晶分子排列改变成胆甾型液晶分子排列呢？首先用向列型和胆甾型混合法[10]实现了光存贮的目的。后来认识到当向列型液晶中掺入少量旋光性材料时，向列型分子取向也变成胆甾型分子的螺旋性取向。但存贮机理不清楚。我们把少量胆甾醇介子酸酯掺入到希佛碱混合液晶，得到室温存贮液晶。显微镜观察结果表明，存贮液晶具有胆甾型的平面结构，在直流或低频交变电压下平面结构很快变成焦锥结构，能存贮光信号。存贮时间与在向列型液晶中胆甾型液晶含量有关，能存贮几秒到几个月。但高频（～7 kHz）电压下能很快擦除，这时焦锥结构变成平面结构，可逆地恢复到原来状态。在显微镜下能观察到这种结构变化。图 6 表示含有 8%胆甾醇芥予酸酯的希佛碱混合液晶光存贮和高频信号擦除过程。

三、向列型液晶电光参数的测定

为了控制和应用液晶的电光效应，必须测量液晶的电光参数。液晶的电光效应与液晶的温度、电场强度等密切相关，因此在测量过程中必须控制温度和液晶层的厚度。图 7 测量装置，既能控制温度和厚度，又能方便地换样品。

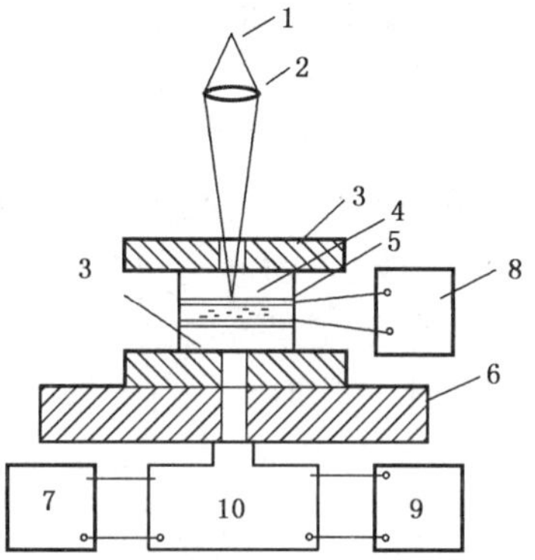

1—光源；2—透镜；3—铜块；4—导电玻璃；
5—液晶；6—加热器；7—负高压电流；
8—激励电流；9—示波器；10—光电倍增管。

图 7　测量装置

在两块抛光玻璃上喷上透明电极并光刻成 1 cm^2 的电极面积。液晶厚度以聚四氟乙烯薄膜和铜块重量来控制。用 CM-202 型精密电容测量器测量空盒电容量。以公式(3)算出液晶层厚度

$$d=\frac{\varepsilon_0 S}{C}(\mathrm{cm}), \tag{3}$$

其中 $\varepsilon_0=0.886\times10^{-13}$（法拉/厘米），是真空介电常数，$S$ 是电极面积，C 是电容量。经 10 次反复测量的结果，平均厚度为 14.5 μ，均方根误差为 ±0.46 μ。这种方法重复性较好，换样品时清洁处理方便，不污染样品。

在希佛碱混合液晶（电阻率大于

10^{11} Ω·cm)中掺入对氨基酚(0.8%)的测量结果如下:液晶层厚度为14.8 μ,相对介电常数为4.2,电阻率为3.4×10^{9} Ω·cm。

a) 电光特性的测定:负的介电各向异性的向列型液晶在直流或低频交变电压下,出现动态散射的电光效应。随着电压(V)升高液晶透射光强度(T)的变化,这种T-V关系曲线叫做液晶电光特性曲线。通过T-V曲线能确定液晶电光效应的阈值电压(V_{th})、对比度以及饱和电压V_s等。图8表示不同桥链液晶的电光特性曲线。酯桥链液晶具有较明显的V_{th}值,邻羟基希佛硷桥链液晶有较高的对比度并且饱和电压低一些。矩阵显示用液晶需要具有V_{th}值高,V_s值低,对比度高。

b) 响应时间的测定:用方波电压来激励液晶屏,测定了不同温度和不同电压下动态散射上升时间(或响应时间)t_r。图9表示方波电压和希佛硷混合液晶响应波形的示波照片。由照片中看到延迟时间t_d和上升时间t_r与温度、场强之间基本上符合如下关系式

$$t_r = A\frac{\eta(T)}{\varepsilon E^2}。\qquad (4)$$

其中A是常数,η(T)是黏度,与温度有关;ε是介电常数,E是电场强度。表1列出上升时间的测量结果。

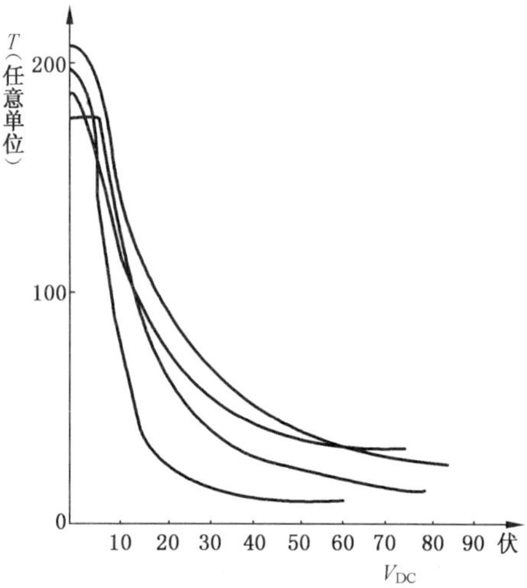

图8　不同桥链液晶的电光特性曲线

表1

温度＼时间＼电压	20V		30V		40V		50V	
	t_d(ms)	t_r(ms)	t_d(ms)	t_r(ms)	t_d(ms)	t_r(ms)	t_d(ms)	t_r(ms)
20 ℃	—	—	24	39	9	41	6	42
40 ℃	20	33	6	32		32	—	24
60 ℃	2	27	—	27	—	19	—	13

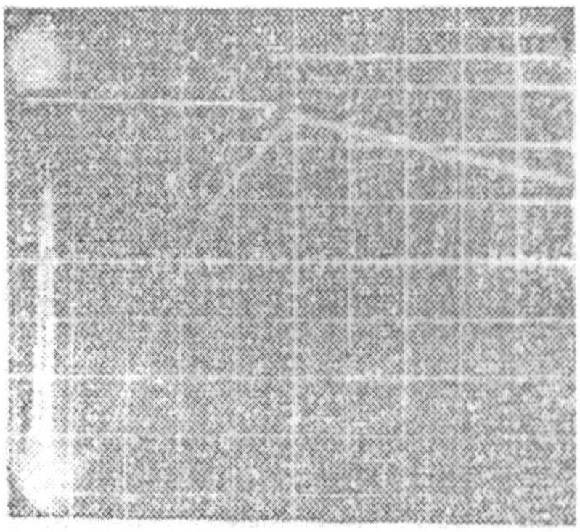

20 ℃　40 V

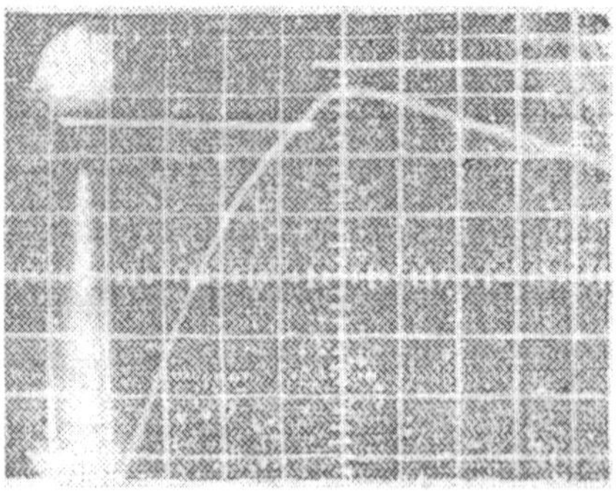

20 ℃　50 V

图9　液晶动态散射响应波形

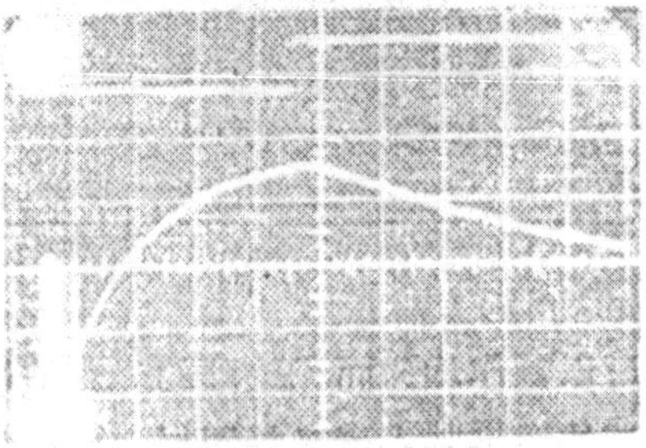

40 ℃　40 V

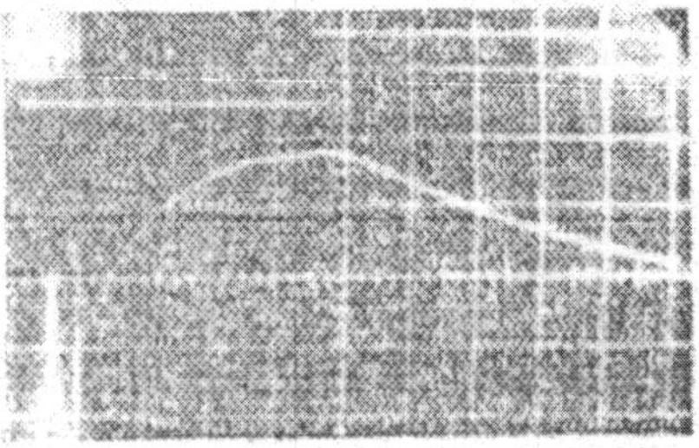

40 ℃　50 V

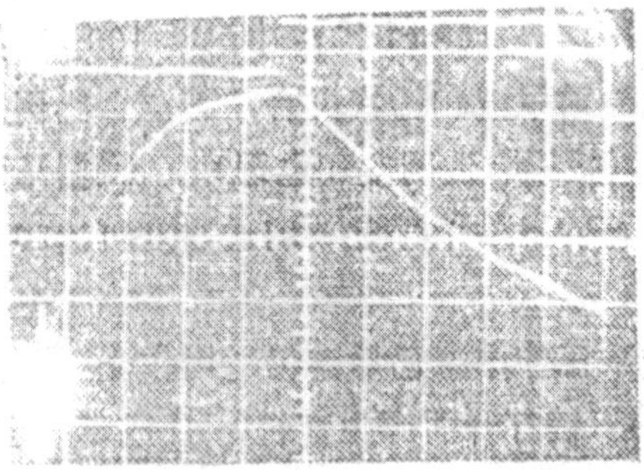

60 ℃　40 V

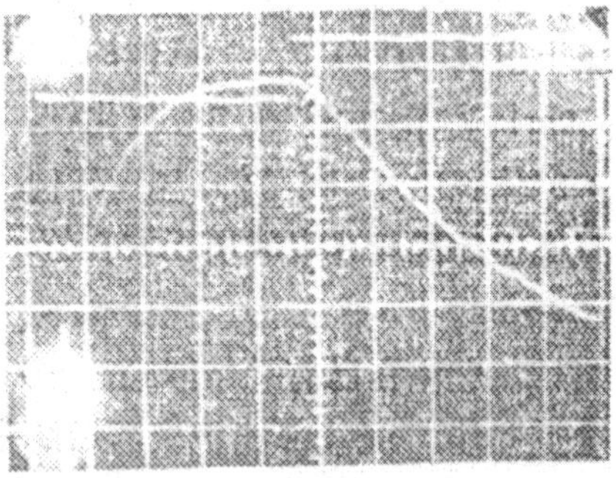

60 ℃　50 V

续图 9

四、液晶屏的制作

投影光阀液晶矩阵屏的特点是屏的面积小，像元密度较高。在 100 mm×100 mm 的面积内像元数为 25 万点，即 500×500 矩阵式投影屏。液晶矩阵屏是光刻成 500 条电极的两块导电玻璃之间夹着液晶而组成的。制屏工艺分三个部分。

1）制版：每毫米 5 对电极（电极宽为 0.14 mm，间距为 0.06 mm），因此要设计引出电极部分，同时解决光刻掩模。引电极部分不进入投影系统，因而尺寸稍微大一些，便于引出导线。把 20 条条状电极组成一组，偶数和奇数电极分两边，如图 10 的形状。

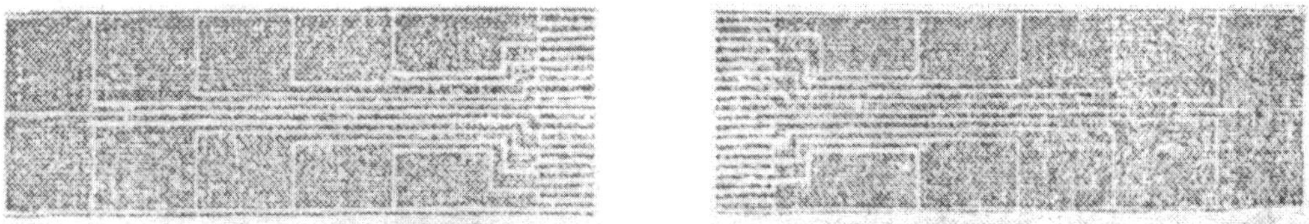

图 10　引电极的图样（×6）

光刻掩模质量的优劣直接关系到图像的质量，所以制作均匀而无缺陷的光刻掩模，是不可忽略的环节。用绘地图的 2∶1网线版照相放大，然后再画入引电极图样，再照样缩小三分之一。用自制的照相干板，比湿板针孔少，但乳剂层较厚，影响分辨率和不易修板。

2）透明电极的制备和光刻：条状电极

（长 100 mm，宽 0.14 mm）的电阻不能太大，否则在电极上出现电压分布。导电液的配方——甲溶液是 100 ml 乙醇中溶解 100 g 四氯化锡；乙溶液是 50 ml 蒸馏水中溶解 5 g 氟化铵。在熏涂前甲液和乙液混合，其混合比例是甲液∶乙液＝10∶3（体积比）。在马佛炉中玻璃板位置直接影响透明度和电阻率，根据马佛炉恒温区位置和气流运动情况选定玻璃板的位置，比较好的条件下导电玻璃透明度可达 90%，电阻率达到 10 Ω·cm。

光刻腐蚀工艺流程已有总结[11]。在本项工作中聚乙烯醇仍适用作光致抗蚀剂。在实践中体会到热能、光能都能把聚乙烯醇分子的双键打开而产生交链，变成不溶于显影液（即温水）的网状高分子化合物。所以选好曝光时间和光源距离，同时在甩胶过程中尽量控制烘烤温度，以提高光刻质量和成品率。

腐蚀导电层采用慢过程。慢腐蚀易控制且胶膜不易破坏。先把锌粉用 450 目筛子筛到被腐蚀的导电层表面，然后平放入浓度为 1% 的稀盐酸液中，过十几分钟后逐步滴加少量盐酸，切勿过量，保持一定的反应速度。约 30 分钟后导电层变成疏松的黑色锡时，取出用水冲洗，在显微镜下仔细观察，若没有腐蚀彻底，再重复进行。

3）屏的封接工艺：一块导电玻璃板对角位置上挖两个小槽，放入注射器针头，四边放 84 号胶膜的细条，在 90 ℃加热贴接。然后用环氧树脂密封。用注射器打入液晶。这种工艺优点：环氧树脂固化后不易与液晶作用，若屏中先放入液晶，再环氧树脂封接，因没有固化的环氧树脂（尤其是胺类固化剂）会与液晶发生作用，影响液晶的寿命。

五、非线性薄膜

向列型液晶动态散射的非线性程度不太高（参看图 8），在矩阵屏中交叉效应很重，必须采取其他措施。加一层非线性薄膜也是克服交叉效应的方法之一。非线性材料必须满足下列条件：

（1）具有良好的透明度（反射式显示不一定需要透明度）。

（2）具有良好的非线性电阻，即阻抗随电压增加迅速减小。非线性程度愈高愈好。

（3）阻抗必须与液晶阻抗相匹配。

1）矩阵屏的电学分析

在多路接受信息的平板显示中用矩阵选通形式较适合，但液晶矩阵屏的交叉效应较严重。从电学分析法可了解在矩阵屏中电压分布情况和阻抗匹配等问题。

a）电压分布情况：矩阵屏的等效电路可以表示如图 11。

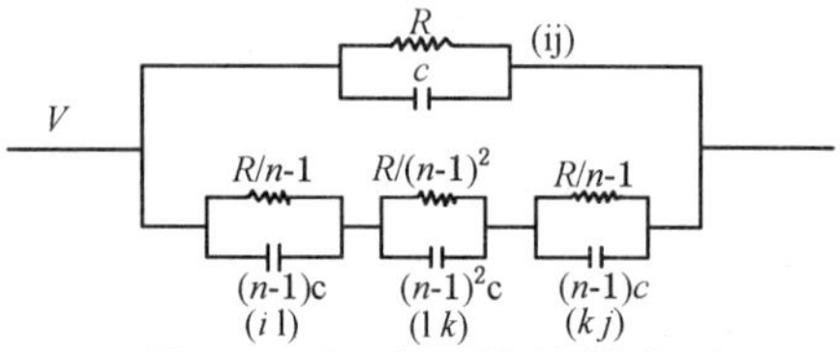

图 11　矩阵异的等效电路

当 ij 点为选通点时，选通电压为 V。在交叉线上其余各点（如 $il, kj, \cdots$）的电压为

$$V_1=\frac{n-1}{2n-1}V, \qquad (5)$$

行和列数均为 n。当 $n\gg1$ 时，可简化成

$$V_1=\frac{1}{2}V。$$

非交叉线上的其余各点（如 $lk, \cdots$）电压为：

$$V_2=\frac{1}{2n-1}V。$$

当 $n\gg1$ 时，$V_2\to0$。

由(5)式看到，在矩阵屏中选通点和选通线上各点电压之差为$\frac{1}{2}V$，电光曲线非线性程度不够高时，交叉效应很重，影响对比度。

b) ZnS薄膜与液晶阻抗匹配问题。可以认为每个象元ZnS膜与液晶相串联。令液晶象元阻抗为R_{LC}，ZnS膜象元阻抗为$R(V)$，它是电压V的函数；液晶阈值电压为V_{th}，加ZnS膜后液晶开始动态散射时，屏上电压为V_0，有下列表示式

$$V_0=V_{th}(1+\frac{R(V)}{R_{LC}})。\tag{6}$$

由(5)式可知，不出现交叉效应时，选通点上所能加的最大电压V_{max}应是$2V$。不出现交叉效应的允许电压范围为：

$$\Delta V=V_{max}-V_0=V_0。\tag{7}$$

从(6)式可知，非线性膜的存在，使液晶屏阈值电压提高了，从(7)式可知，液晶从开始动态散射到出现交叉效应之间所允许的电压范围ΔV就是屏的阈值电压。下面表2列出五种不同ZnS膜制成液晶屏的实验数据。从表中可以看出，实验结果和上述分析基本相符合，液晶屏阈值电压由5～7伏提高到十几伏，并且允许电压范围基本上等于屏的阈值电压。

表 2

ZnS膜 \ 电压	屏阈值电压 V_0(伏)	最大电压 V_{max}(伏)
L—8	16	34
L—10	10	26
L—10	12	28
L—25	10	22
L—26	18	30
L—31	13	26

令外加电压为V，分配到液晶上的电压为V_{LC}，则：

$$\frac{V_{LC}}{V}=\frac{1}{1+\frac{R(V)}{R_{LC}}},\tag{8}$$

分配到液晶上的电压V_{LC}取决于$R(V)/R_{LC}$，其中R_{LC}是不变的，因此主要取决于非线性电阻$R(V)$。当外加电压为V'并且$V'<V_0$时，若$R(V')<R_{LC}$；或者当外加电压为V''并且$V_0<V''<V_{max}$时，若$R(V'')>R_{LC}$，则由(8)式可知，都与液晶阻抗不匹配。可见，非线性膜的阻抗变化必须满足$R(V')>R_{LC}$和$R(V'')<R_{LC}$两个不等式，并且不等式两边差愈大愈好。为了提高对比度，V_0～V_{max}范围应选到液晶电光特性曲线斜率变化的最大区域。以上分析是寻找非线性材料的基础。

2) ZnS膜的制备

目前，关于薄膜的制备，有许多方法，如气相反应、反应溅射、阴极溅射、电子束轰击、真空蒸发等，ZnS膜多半用真空蒸发，其激活(掺杂)方法，一是预先灼烧激活，一是蒸发后扩散激活，我们采用前者，即先将ZnS掺以所需杂质如Mn，Cu，Cl高温灼烧，然后将这种烧好的料在真空中蒸发成膜。

a) 原材料制备：称100 g ZnS粉(光谱纯)加入10 mL 5×10^{-2} g/mL Cu^{2+}，再加10 mL 5×10^{-1} g/mL Mn^{2+}混合，并加少许去离子水调成糊状，放入球磨瓶中，研磨34小时左右，然后在100～120 ℃下烘烤12小时，再研磨后待烧。烧前要在红外灯下烘烤1小时左右。每克ZnS中含Cu^{2+} 5×10^{-3} g，Mn^{2+} 5×10^{-2} g。把料装入刚玉舟内，上层放少许NH_4Br(三次提纯)，舟放入刚玉管中，送入炉内，升温到1 300 ℃恒温1小时，然后再随炉降温至室温时取出料。把舟中结晶不好的部分去掉，其余放入玛瑙研钵中研磨即可用

于镀膜。

b）蒸发过程各个阶段的非线性：ZnS掺杂Mn和Cu之后，经过高温灼烧得到的料，不是均匀的。因为高温灼烧时间的限制，不可能扩散得均匀，在退火冷却之际，一些杂质还会分凝出来，掺杂的量远远超过常温下的熔解度，尤其晶格缺陷的存在，使得晶体中的杂质分布极不均匀。这样一个不均匀的多组分体系，加上在真空蒸发时，由于舟内温度分布有一个梯度，在蒸发过程不同阶段就得到不同的非线性膜。为此，设计了一种挡板，其形状如图12：在实验中使挡板贴近衬底，在蒸发过程中挡板从左至右依次移动一个距离。A在衬底上就获得了蒸发不同阶段的膜1，2，3，…；而B则获得1，1＋2，1＋2＋3，1＋2＋3＋4，…的膜。L22各阶段的镀膜条件列于表3。实验结果由X-Y记录仪记录，1和5阻抗很高，未作记录。从图13中看到1＋2＋3＋4＋5阻抗较高，非线性好，不同阶段阻抗和非线性大不一样。

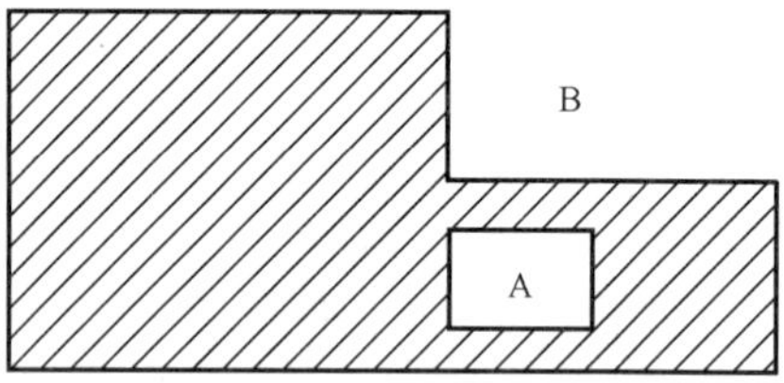

图12　挡板

表3

膜的序号	热电偶的指示电压（mV）	镀膜时间（min）	真空度（乇）
1	8→13.2	3	8×10^{-5}
2	13.2	1.5	8×10^{-5}
3	13.2	2.5	5×10^{-5}
4	13.2	4	4×10^{-5}
5	13.2	6	5×10^{-5}

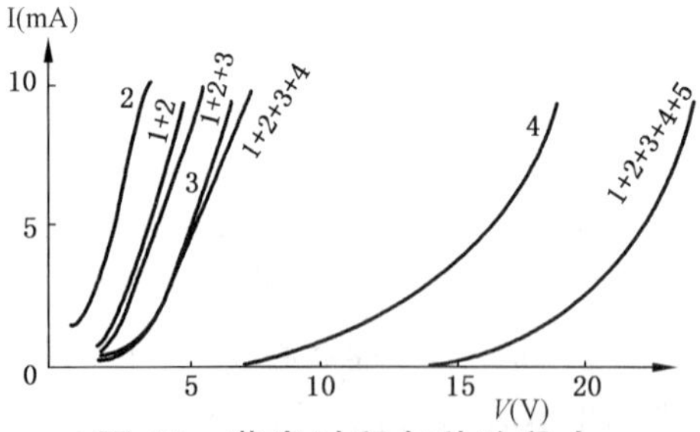

图13　蒸发过程各种阶段中ZnS膜的V-Ⅰ曲线

c）衬底温度对非线性的影响：衬底的温度主要取决于底板的温度和蒸发源的热辐射。在实验中衬底的温度低于底板的温度，而蒸发到最后，由于热源的热辐射使衬底的温度接近于底板的温度。

衬底的温度是影响成膜的重要因素。衬底温度高，蒸发粒子“打”上以后容易发生反射，这样温度不同膜厚度就不同，更重要的是造成膜的组分和结晶不同。一般说来，衬底温度越低阻抗变高，非线性变差。实验结果见图14。

六、控制电路

设计合理的控制电路可以克服矩阵屏的交叉效应，提高对比度并能延长液晶屏的寿命。

从图4、5可以看到向列型液晶有临界频率f_c。$f_1<f_c<f_2$，f_1为显示频率，

f_2 为擦除频率。利用负的介电各向异性的向列型液晶具有的频率特性可克服交叉效应。

另一方面从寿命实验结果看，液晶屏在直流电压下连续工作几十到几百小时出现气泡，或者性能变坏。但交流电压连续工作几千小时也不变坏。所以交流供电对寿命非常有利。有的报道，寿命可达到 10 万小时。

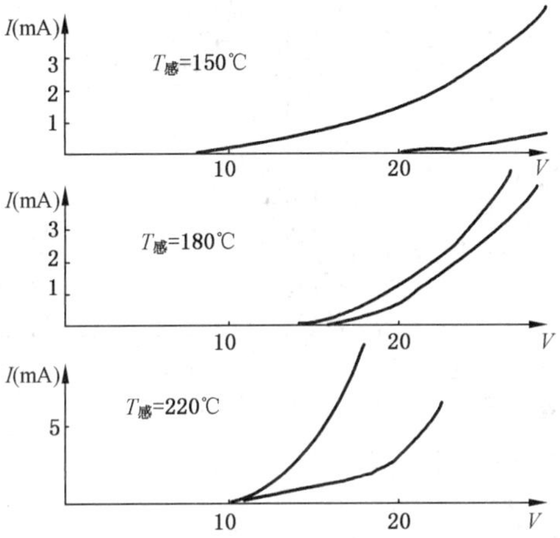

图 14　不同衬底的温度下 ZnS 膜的 V-Ⅰ曲线

a）控制线路：低频和高额电源同时接到液晶矩阵屏，以周边电路来控制低频和高频电源“开”和“闭”。选通点是导通 80 周电压，其余点导通 6 千周电压。图 15、16、17 分别表示整机方框图、计数器和译码器的单元。图 18、19 表示 Y 周边和 X 周边交流开关单元。在图 18 中 BG_1、BG_2 分别为耐高压的 PnP 与 nPn 晶体管，其集电极上两个二极管是为防止交流半周时对晶体管的破坏。BG_3 为倒相管。当 BG_3 的基极无信号输入时，BG_1、BG_2 的基极通过 8.2 K，4.7 K～1 K 电阻供电，分别有 +0.1 V-0.6 V 左右的反向偏压，BG_1、BG_2 都处于截止状态。在“H”端上输出6 kHz的交流擦除信号，而无 80 Hz 的低频显示信号。当 BG_3 的基极有信号输入时，BG_s 导通，其 C、E 极接近于半电位（−4.5 V），BG_1、BG_2 基极分别为 −0.2 V 与 +0.65 V的正向偏压，BG_1、BG_2 两管均导通。

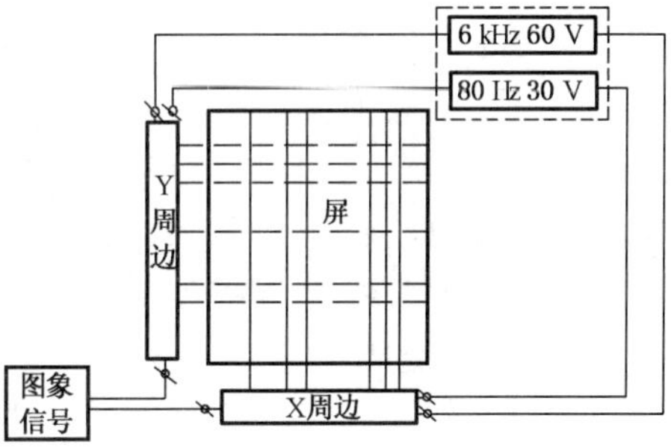

图 15　整机方框图

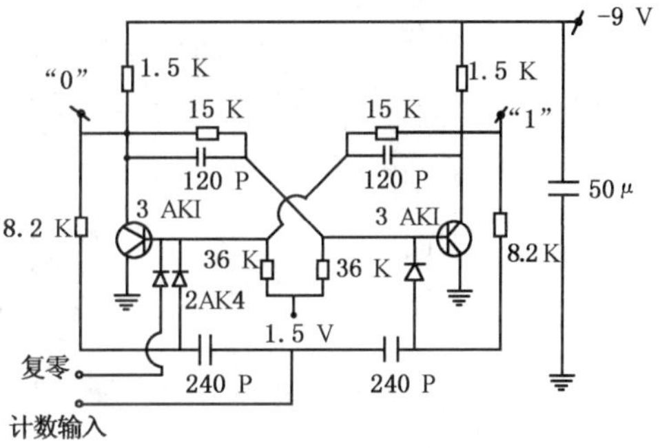

图 16　计数器单元

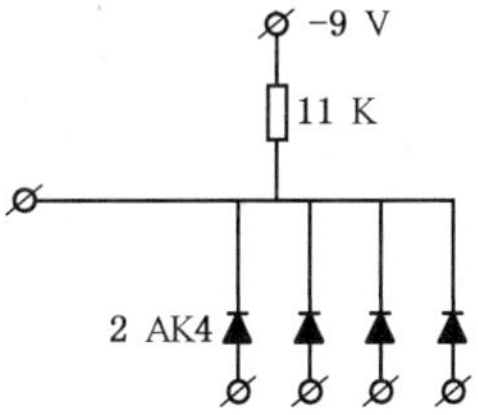

图 17　译码器单元

图 19 与图 18 相反，当 BG_3 的基极无信号输入时，BG_1、BG_2 都导通；有信号输入时，BG_1、BG_2 均截止。

XY 周边交流开关的作用如图 20 所示。图中把交流开关简化成普通开关

“—∟”，在无信号输入时，X 周边均处于导通状态，Y 周边均处于截止状态，在液晶屏上只有 6 kHz 擦除信号，而无 80 Hz 显示信号，低频 80 Hz 显示信号自成回路；当有信号输入时，X 周边若加在 D 线上，Y 周边若加在 D′线，则 D 线处于截止状态，D′线处于导通状态，80 Hz 低频信号通过 D 线、D′线加在液晶屏上，而高频信号在 Y 周边 D′线上自成回路，被滤去。这样在 D 线和 D′线的交叉点上就出现显示点，而其他各条线上都有 6 kHz 高频源，因而抑制了交叉效应。

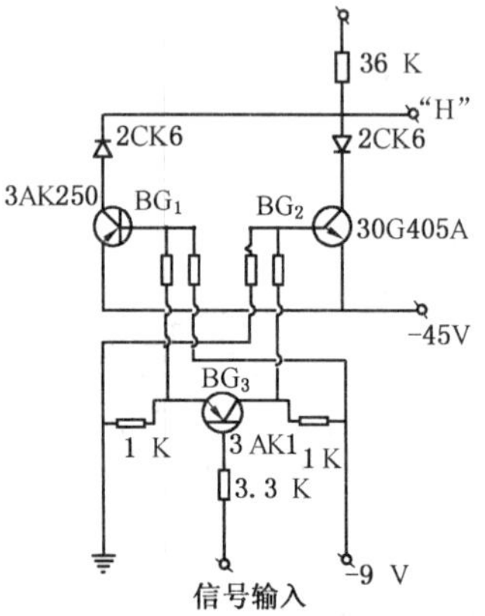

图 18　Y 周边交流开关单元

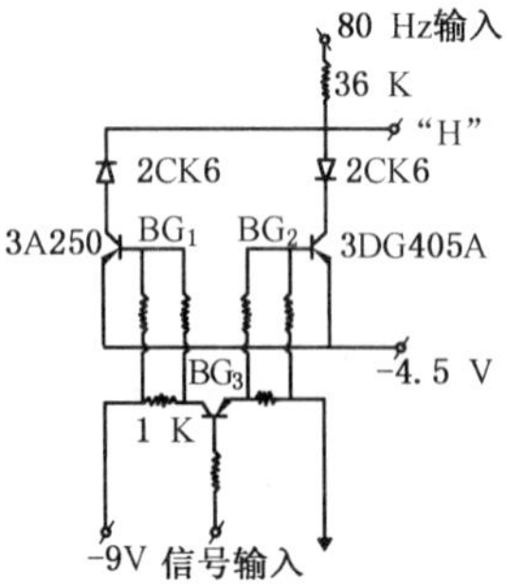

图 19　X 周边交流开关单元

在显示信号为 80 Hz，擦除信号为 6 kHz的情况下，擦除电压幅度约为显示电压幅度的 1.5～2 倍。

b) 交流电源：6 kHz，80 Hz 两个都用振荡源升压，线路如图 21，22。

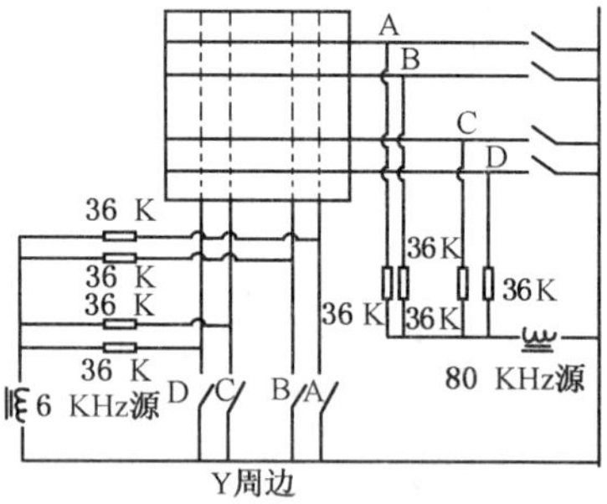

图 20　X、Y 周边交流开关

屏上供电情况列于表 4。

表 4

频率 / 象元	6 kHz	80 Hz
显示点	无(双线)	有(双线)
交叉线点	有(单线)	有(单线)
其他点	有(双线)	无(双线)

c) 图象信号装置：利用二组可逆计数器实现三种扫描方式：口型轨迹扫描、对角线扫描、和逐行扫描，如方框图 23。门控部分见图 24。

控制电路性能：

象元：16×16＝256 点

上升速度：～7 ms

余辉：＞100 ms

擦除：整屏擦除

交叉效应：基本克服。

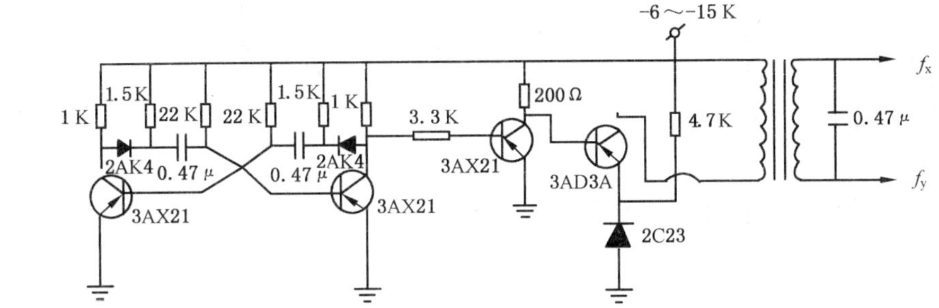

图 21　80 Hz 低频源

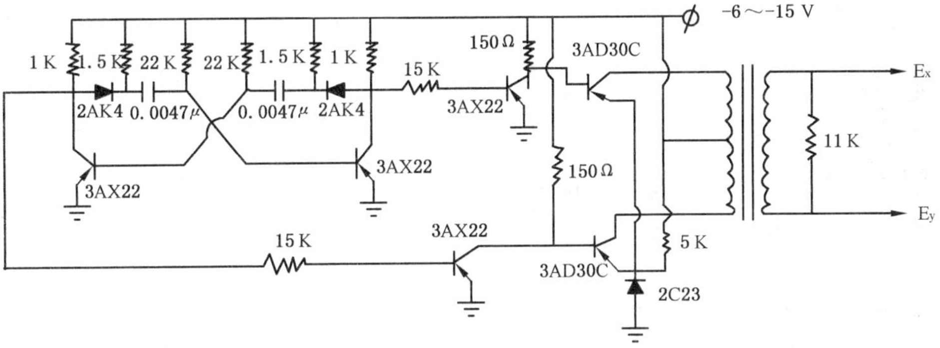

图 22　6 kHz 高频源

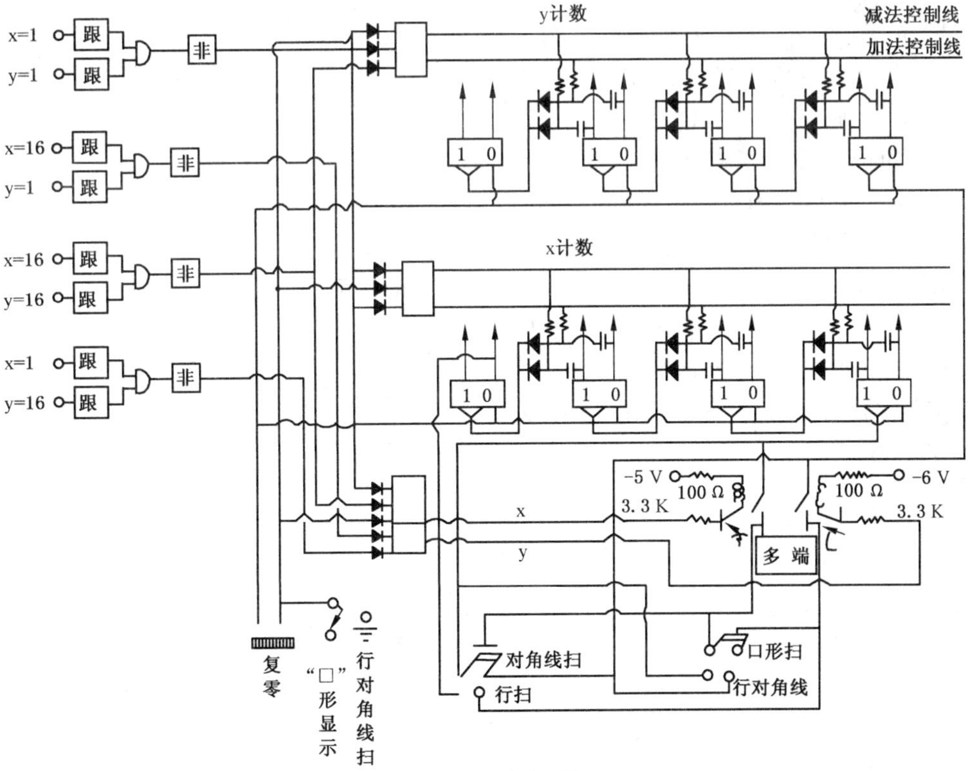

图 23　方框图

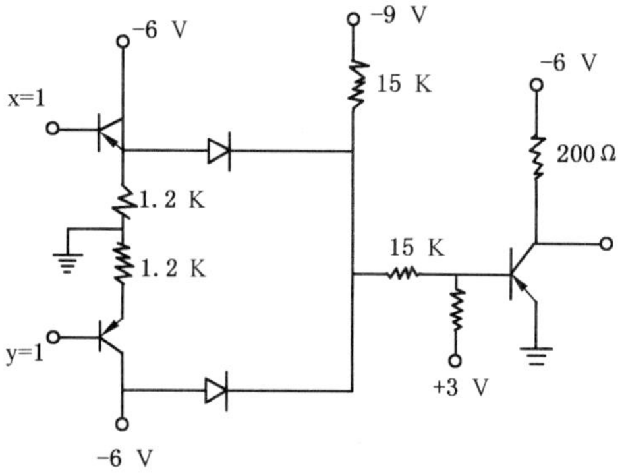

图 24　门控部分

七、结束语

1）液晶矩阵显示耗电量少，工作电压低，可以实现集成化显示。液晶显示是被动式显示，可以由小屏幕投影得到大屏幕显示，并且对比度主要取决于外光源。还有屏本身具有存贮性能。交变电压下液晶屏寿命可达到几千小时以上。

2）非线性层和高频供电法都能克服交叉效应，尤其是高频电压抑制交叉效应很理想，但高频电压对存贮屏的存贮性能也有影响，因而克服交叉效应和存贮之间存在一定的矛盾。今后有待研究解决。

3）通过前一段的科学实验初步认识了液晶动态散射的电光效应和光存贮效应。以电渗析法提纯、掺杂，液晶的某性能有所控制。由图 2、3 表明阈值电压（V_{th}）与杂质种类无关，都在 7～8 V 左右。这结果与 Helfrich[12] 电导感应排列的理论结果一致。

$$V_{th}=2\pi\times\left(\frac{K_{33}\pi}{\frac{K_1\ \epsilon_1}{\eta_1}\left(\frac{\epsilon_\perp}{\epsilon_1}-\frac{\sigma_\perp}{\sigma_1}\right)+(\epsilon_1-\epsilon_\perp)\frac{\sigma_\perp}{\sigma_1}}\right)^{\frac{1}{2}},\quad(9)$$

其中 K_{33} 是弯曲弹性系数，K_1 是剪切转矩系数，η_1 是黏度系数，$\sigma_\perp$ 和 σ_1 分别表示垂直于分子长轴和平行分子长轴的电导率。

当前液晶屏的响应速度只能达到～7 ms。今后采用新的电光效应（电控制双析射和扭转效应）来改进响应速度，预期能达到几十微秒。

我们工作还是处于摸索阶段，有些性能需要进一步研究和提高。

在文中酯桥键液晶是上海化工学院和染料涂料研究所提供的。其余的液晶都是上海有机化学研究所提供的。

参考文献

[1] Electronics, 1972, 45-1; Ibid, 1972, 45(9):42.

[2] Realte J A. Proceeding of the IEEE, 1968(56):2146.

[3] Hansen J R, et al. Liquid crystal media for electron beam recording[J]. IEEE Transactions on Electron Devices, 1968(15):896.

[4] Assouline G, et al. Liquid crystal and photoconductor image converter[J]. Proceeding of the IEEE, 1971, 59(9):1355.

[5] Grabmaier J G, et al. Liquid crystal matrix displays using additional solid layers for suppression of parasite currents[J]. Mol. Cryst. Liq. Cryst., 1971(15):95.

[6] Lechner B J, et al. Liquid crystal matrix displays[J]. Proceeding of the IEEE, 1971(59):1566.

集成光学①

于荣金
（中国科学院吉林物理研究所）

集成光学是激光领域里一门新的学科，出现于1969年前后[1,2]。时间不长，但发展极其迅速，已成为光信息处理方面十分活跃的部分。

集成光学发展迅速的原因，是因为电子学和通信工业中需要光学系统，而光学系统中需要集成光学。正如恩格斯早就指出的："社会一旦有技术上的需要，则这种需要就会比十所大学更能把科学推向前进。"

光波和无线电波一样，也是一种电磁波。利用各种电磁振荡产生出来的无线电波，都具有较好的相干性，而一般光源发出的光是非相干的。自从1960年激光出现之后，这一重要差别就不存在了。既然这些电磁波在本质上是完全相同的，光和电、光信息和电信息，就有一一对应的关系，并且二者正在互相渗透，形成一个新的领域——光电电子学。光波的特点是波长要比无线电波短得多，它比波长最短的无线电波还要短大约四个数量级。用于通信时，有巨大的传递信息的能力。因而利用光波作成与无线电波技术可比拟的各种手段，有它潜在的各种新应用的可能性。

通信一直是电子技术发展的主流方面，一百多年来，经历了从有线到无线，从长波到微波，从传送信号、声音到图片和活动影象，从地面通信到卫星通信、深空间通信等发展过程。当前，通信技术正在向大容量、远距离、小型化发展。集成光学系统为实现这些目标提供了一种可能的途径。它可在尺寸小、重量轻、保密性较好、对环境反应较弱、价格比较便宜的设备中大大增加信息处理的能力。

自从1946年第一台电子管计算机出现之后，电子计算机经历了电子管、晶体管、集成电路、大面积集成电路四个发展阶段。这些计算机，尽管在不同阶段，运算速度不断提高，体积不断缩小，但本质上都是属于电子学的，都是用电信号工作的。从六十年代激光出现后，人们就想利用光信号进行演算、传输和信息处理，全部用光学逻辑系统做成光计算机；或者在电子计算机中，采用光存储器，用光学方法解决电子计算机的互连和输入与输出等问题，做成光电混合式计算机，改进和提高电子计算机的性能。光计算机可以获得更大的存储容量，更高的运算速度。要做成工作可靠、体积较小的实用化光计算机或光电混合式计算机，显然需要集成光学系统。

集成光学系统，对于信息显示来说，也能提供一种比较先进的显示装置。现有的激光大屏幕显示系统，体积大而笨重，易受环境影响，而把激光源、调制器和扫描器集合成微小的显示系统之后，可达到小型、可靠、高效、方便、经济等目的。

---

① 科学通报，1974(6)：244-256.

器件的固体化、小型化、集成化可以说是一个总的趋势。电子学之所以在工程上提供愈来愈多的应用，特别是在空间技术和大型高速计算机等应用方面，与实现了集成化有密切关系。微波电路也都在考虑集成化，使用微波集成电路。原有光学系统在稳定性和大型化等方面，还不能适应光电电子技术发展的需要，而集成光学正朝着解决这些问题的方向前进。和集成电路类似，集成光路的实现，可提供一种尺寸小、轻量、效率高、避免电磁干扰等的光学系统，为光学在军事和工业等各方面提供更多的应用。

一、集成光学的基本内容

集成光学是光电子学的一个分支。它是研究集成光路的理论及其制造的一门科学，涉及材料、薄膜制作、集成工艺、电子学和物理光学等，因此是一门边缘科学。

集成光路是采用类似于半导体集成电路的那些技术，把某些有源或无源光学元件集成在同一衬底上，构成一个具有独立功能的光学系统。集成光路的基本结构是平面状的薄膜光波导(图1)。光在折射率大的介质中靠满足相干加强条件的全反射进行传输。集成光学的各种元件，包括发光元件、光放大元件、光传输元件、光的各种调节控制元件、光耦合元件和光接收元件，一般均为薄膜形式。把这些元件集成在同一衬底上的光路——集成光路，具有体积小、性能稳定可靠、效率高、功耗低、价格便宜、使用方便等优点。另外，利用集成光路光强度的集中，在低功率下就可研究各种非线性效应，并使非线性光学领域元件化。

自从集成光学出现之后，几年来的工作主要集中在下列几个方面：

1. 研究光波在薄膜介质波导中的传输、损耗理论，波导间的耦合理论及有关非线性效应；

2. 寻找低损耗、多功能介质光波导材料，研究各种成膜工艺和掩模蚀刻技术，进行光学参数的测试；

3. 研制薄膜中光的产生、放大、控制、探测元件。如激光器、光放大器、振荡器、耦合器、逻辑元件、选频滤波器、开关、调制、偏转和探测器等；

4. 设想一些具有某种功能的回路。

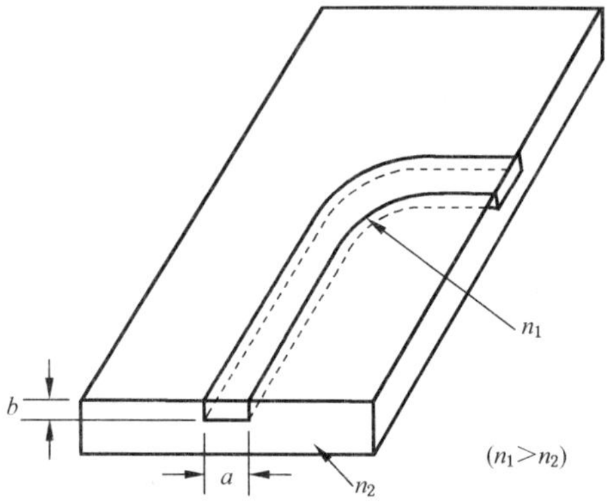

图1　薄膜光波导

二、光源

在集成光学的研究中，光源大都采用6328埃的He-Ne激光，少部分还采用10.6微米和其他的光。以10.6微米激光作为光源，光波导和元件的尺寸可以做得比较大，边缘的平整度要求较可见光也可相应地低一个多数量级，并且在可见光实验中由于散射产生的损耗，在10.6微米波长可减小。

作为集成光路的光源，波段还没有选定。从光学纤维的研究情况以及现在试做的一些小型激光器来看，很可能在可见和近红外波段。10.6微米对激光通信是比较重要的波段，但对这一波段一般的光学纤维吸收太大，目前已有人开始研制10.6微米的光学纤维。

集成光路的光源，输出功率不一定要大，但必须做成小型化。3×5微米^{2}的波导能量截面，150毫瓦的绝对功率水平，可得到10^6瓦/厘米^{2}的功率密度。

正在研究的结型半导体激光器，在已经获得的室温连续工作的基础上，进一步解决发热问题，有可能获得高效率、低功耗、长寿命、单模的超小型双异质结器件。

为了满足集成光学光源的需要，还研究了表面激光器。例如，真空淀积$PrCl_3$和$PrBr_3$，可做成表面激光器，每平方寸内可有10^6只以上的独立激光器，用染料可调激光泵浦，在室温可见激光作用[3]。

自从1971年Kogelnik和Shank把周期结构加到薄膜增益介质中，提供振荡需要的反馈，构成分布反馈激光器(Distributed-feedback Laser)之后，因为这类激光有高度的频率选择性，尺寸又小，受到了人们的重视。这类有机染料薄膜激光器是选择折射率比基板高的塑料(聚甲基丙烯酸甲酯、聚苯乙烯、聚氨基甲酸酯等)，把染料(若丹明6G)溶在上述塑料单体中，然后进行固化，做成薄膜光波导回路。然后利用两束激光相干，形成衍射光栅。这样形成的周期结构就提供了分布反馈激光器的反馈。激光振荡出现在满足Bragg条件的波长，对于第一级分布反馈振荡，激射波长是衍射光栅间隙的两倍。在反馈方面，有人不用衍射光栅，而是在有机染料薄膜光波导中直接用两束光激励。改变入射光束的角度θ，可实现调频[4]。还有人研究了漏波薄膜激光器，即由一个波导壁为铝膜刻制的衍射光栅，提供反馈[5]。利用周期层波导结构，即把薄膜(激光介质)夹在衬底和上面介质层之间，也可提供反馈[6]。这种方式不仅适用于染料激光器，还适用于半导体和固态薄膜激光器。采用这种结构，在熔融石英衬底上形成了0.635×4.34微米周期的二维光栅，增益介质用的是掺若丹明6G的聚氨基甲酸酯薄膜[7]。现在采用的染料，容易分解，寿命不长，因此有人采用流动的染料溶液放在波导结构的外部，看来这并不是一个好办法，需要寻求更稳定的染料。已有人把分布反馈激光器这种结构用于GaAs，用Q开关红宝石激光泵浦，在0.83微米附近得到了窄的受激光谱，在液氮温度下，泵浦功率阈值约2×10^5瓦/厘米^2[8]。采用更薄的外延层以及第一级耦合，阈值还可大大降低，甚至可用电泵浦，这方面的工作正在进行中。

用染料、半导体、固体材料做成的薄膜激光器，有可能成为一种便宜、细小结实、稳定、高效的相干辐射源。具有注入式激光器的许多特点，而且由于膜可以做得很薄，可比注入式激光器得到更好的模式控制，实现单模振荡。若选择散热好的材料作为衬底，从冷却方面来看，则比现有的一些激光元件也更为有利。现在薄膜激光器研究的基本问题，是在薄膜器件中要求提供足够的增益，以克服薄膜中单模传输出现的损耗。故要寻找单位长度有高增益的材料，也就是薄膜中激励中心浓度要大的材料。

把染料薄膜涂到圆筒上面，就可做成薄膜环形激光器[9]。

光激励薄膜的光放大问题正在进行研究。在7059玻璃上溅射钕玻璃薄膜，用氙闪光泵浦，观察到了薄膜中传播的1.06微米激光的放大[10]。在掺染料的薄膜中也观察到了光放大，由掺若丹明B的聚氨基甲酸酯做成的光波导薄膜中，用 N_2 激光泵浦，6328 埃的 He-Ne 激光得到了放大，估计增益是 19 分贝/厘米[11]。

三、介质光波导

1. 介质光波导理论

早在 1961 年就已观察到了介质光波导现象[12]。介质波导，对于一块无限大的平板，或者圆形、椭圆形横截面的问题，早已从理论上得出了严格的解。而矩形介质波导，由于边界问题比较复杂，很难在矩形分界面上将电磁场加以匹配，理论上还没有严格的解。Marcatili[13] 对矩形介质波导作了这样的近似假定：绝大部分能量被限制在光波导的心线内，在每一区域内都存在着单模。波导心线内正弦变化的场与外部介质的指数衰减场匹配，利用简单的正弦函数和指数函数得到了闭合形式的近似解析解。Schlosser 和 Unger[14] 用高速数字计算机研究了矩形介质波导主模的特性。把横截面分成若干区域，同时假定每个区域中的直角坐标解，然后调节纵向传播常数，使得沿边界的离散点可实现场匹配。理论上，这一数值解要比 Marcatili 的结果在更大的范围内有效，不过在计算上增加了不少的困难。Goell[15] 把模式纵向电磁场的径向变化在光波导心线内表示成贝塞尔函数之和，在光波导心线外表示成变异贝塞尔函数之和。将波导心线内的电磁场和心线外的电磁场在边界适当的点进行匹配，得到方程，然后用计算机求解。匹配边界不是光波导参数的函数，计算复杂性不随波长而增加，这是比 Schlosser 和 Unger 方法优越的地方。以上都是通过场匹配方法求解特征方程。另外，Shaw 等对矩形波导还用变分法作过处理。他们假定在光波导心线内有两个或三个可变参数的试探解，然后从这个试探解出发，推出光波导心线外面的场；改变参数，得到一致解。这个方法，和 Schlosser 的方法一样，需要较多的计算，并且必须预先假定试探函数。

这些方法所获得的近似解，也有助于理解矩形波导的一般特性。对于介质传输回路的设计和制作，具有指导意义。在制作集成光路中，有几个参数是重要的：单模传输容许的最大波导尺寸（波导的高度和宽度）；容许弯曲的曲率半径；耦合线路的最大耦合长度；边缘缺陷引起的散射损耗；波导和衬底的折射率差。这些参数都可以从理论上算出。

(1) 单模传输容许的最大波导尺寸　折射率为 n_1 的介质板，如果它两边的材料的折射率均为 n_2，则可从平板波导理论推导出各种模式的截止波长 λ 与介质板厚度 b 的关系式为：

$$\lambda=\left(\frac{2b}{q}\right)(n_1^2-n_2^2)^{1/2},$$

其中，q 是模式的阶数。只要令 $q=1$，就可得到只传输主模条件下薄膜的最大厚度：

$$b\cong 2^{-3/2}\Delta^{-1/2}\left(\frac{\lambda}{n_1}\right),$$

其中，$\Delta=1-n_2/n_1$。例如，对于玻璃基板（$n_2=1.5$），如果膜的折射率比它高 1%，那么只传输主模的最大波导厚度大约是 2.5 个波长。

(2) 耦合线路的最大耦合长度　定向耦合器的设计曲线已由 Marcatili 的图 10 和 11 给出。两个波导之间的耦合系数为：

$$K=\frac{\pi}{2L}=2\frac{K_x^2}{K_z}\frac{\xi}{a}\frac{\exp(-c/\xi)}{1+K_x^2\xi^2},$$

$$\xi=\frac{1}{\left[\left(\frac{\pi}{A_5}\right)^2-K_x^2\right]^{1/2}},$$

其中，c 是波导间距，L 是从一个波导把功率完全转移至另一个波导的耦合区长度，K_z 是轴向传播常数，K_x 是在 x 方向的横向传播常数。例如，对于 $n_1=1.5$，$n_2=1.5/1.01$，$a=2b$，$\left.\begin{matrix}b=1.77\lambda_0\\a=3.54\lambda_0\end{matrix}\right\}$（单模波导），若波导间距等于波导宽度（$c=a$），从 Marcatili 的图 10，可得到功率的完全转移在长度为 6 540λ_0 的情况下出现；若 $c=a/4$，完全耦合的相互作用长度是 262λ_0。

(3) 容许弯曲的曲率半径　Marcatili 研究了介质光波导的弯曲[16]。如果每弧度产生的辐射损耗为：

$$\alpha_c R=0.087\text{ 分贝},$$

R 是弯波导的曲率半径，α_c 是弯波导的损耗系数；波导的宽度 a 是在无限高的平板（$b=\infty$）中适合单模传输的最大值，即：

$$\frac{a}{A}=\frac{2a}{\lambda}(n_1^2-n_2^2)^{1/2}=1,$$

假定 $b=\infty$，$n_1=1.5$，$\Delta=1-n_2/n_1\ll 1$，则从 Marcatili 的图 4 可推出下列数值：

Δ	a/λ	R/λ
0.1	0.745	30
0.01	2.36	1060
0.001	7.45	37000

从这些数值可以看出，n_1-n_2 愈小，曲率半径愈大。$\lambda=0.63$ 微米时，如果希望 R 维持在 1 毫米以下，则折射率之间的差必须大于 0.01。而且，若 b 是有限的，传播常数 K_y 不再是零，半径 R 还要比上面的数值大$[1-(K_y/K_2)^2]^{-1}$倍。

(4) 边缘缺陷引起的散射损耗　波导内由于表面缺陷或体缺陷，会引起给定的传输模与所有传输模之间的耦合，以及与辐射模的耦合。这样产生的损耗高于介质的吸收损耗。边缘缺陷造成的损耗情况，不仅与壁的粗糙度有关，还与波导和衬底材料的折射率、波导尺寸以及波长等因素有关。Marcuse[17] 计算了平板波导壁的粗糙度引起的损耗，可用它估计矩形波导的损耗。

假定一个壁是完全平滑的，另一个壁有正弦状缺陷。当 $n_2=1.5$，$n_1/n_2=1.01$ 时，一个壁缺陷为 364 埃、厚为 3.19 微米的平板介质波导，对 1 微米波长将产生 0.69 分贝/厘米的辐射损耗。

对于一个壁是不规则的缺陷，在单模波导的情况下，假定 $n_1/n_2=1.01$，$n_2=1.5$，波导壁约 3%的偏差，就有 0.5 分贝/厘米的损耗。要是 $n_1/n_2=1.5$，则损耗高一个数量级。

(5) 波导和衬底的折射率差　上述参数与折射率差（Δ）的关系，已由文献[18]给出。折射率差愈小，则单模波导的尺寸愈大，容许弯曲的曲率半径愈大，耦合线路的耦合长度愈长，一定边缘平整度下的损耗愈小。考虑到兼顾各方面的要求，折射率差一般选为千分之几到百分之几比较适宜。若 $\Delta=(n_1-n_2)/n_1=1\%$，则单模波导的最大厚度约为 2 微米，曲率半径和耦合长度均为 1 毫米左右。

2. 介质光波导材料

做成薄膜光波导，首先要有合适的材料，因而在前几年，材料方面投入的力量较大，进展也较显著。

光波导所用的材料，最好能满足下列要求：(1) 传输损耗小（低于 1 分贝/厘米）。要求在某一工作波段内是透明的，并且具有良好的光学质量；(2) 具有多种功能。它不仅能传输光，而且应具有产生光、接收光、调制光等功能，以便于在衬底上用同一材料做成多种元件；(3) 具有一定的折射率，以便与衬底之间有一定的折射率差；(4) 具有力学上和时间上的稳定性，以保证可靠地工作。

在微波频率的半导体集成电路中，采用金属波导结构，但金属对光的吸收太大，每厘米约几百分贝的数量级，因此集成光路都采用介质光波导材料。作为光波导材料，已研究过的有光学玻璃、熔融石英、硅酸钡、SiO_2-Si_3N_4 混合物、Ta_2O_5、Ⅲ-Ⅴ族半导体及其有关的混合合金体系（如 GaAs，GaP，$Ga_{1-x}Al_xAs$）、Ⅱ-Ⅵ族化合物（如 CdS，ZnS，ZnSe，ZnO）、元素半导体（Ge，Si）、有机聚合物（有机硅、聚甲基丙烯酸甲酯、聚苯乙烯）以及某些非线性材料（石榴石，$LiNbO_3$，$LiTaO_3$，$(NH_4)_xK_{1-x}H_2PO_4$）等。

光波导的损耗，不仅与材料品种、质量有关，也与成膜工艺、光路的尺寸、几何形状、传输光的波长、模式的多少等因素有关。目前损耗较低的是有机硅膜，已低于 0.04 分贝/厘米[19]。光学玻璃和石英的损耗也比较低，用 7059 玻璃做成的薄膜光波导，损耗每厘米不到几分之一分贝。Ta_2O_5 膜对 6328 埃的红光，损耗为 0.9 分贝/厘米，对绿光为 2.5 分贝/厘米，对 4880 埃的蓝光为 4.1 分贝/厘米。ZnO 膜采用溅射方法，损耗大于 20 分贝/厘米，改用在 Al_2O_3 上外延 ZnO 膜后，对 6328 埃的光，损耗已低于 5 分贝/厘米。SiO_2-Si_3N_4 混合介质膜，损耗小于 0.4 分贝/厘米。在较重掺杂的硅衬底上外延硅膜，构成红外光波导，使用 3.39 微米激光，对零级模式估计损耗为 10 分贝/厘米，对于较高电阻率的衬底，估计损耗可低到 0.01 分贝/厘米。在密封的安培瓶中，把 Cd、Se 扩散到 ZnS 中，把 Cd 扩散到 ZnSe 中，做成的光波导，损耗小于 3 分贝/厘米。用新的外扩散技术，在 $LiNbO_3$ 和 $LiTaO_3$ 上获得高的折射率层，光波导的损耗≤1 分贝/厘米。在玻璃衬底上制作双折射聚合物薄膜（聚苯乙烯、聚甲基丙烯酸甲酯），损耗为 0.1 分贝/厘米。随着工艺技术的不断改进，这些材料的损耗还会进一步降低；而且满足光波导损耗要求的新材料还会不断出现。

从多功能来看，Ⅲ-Ⅴ族半导体以及有关的混合合金体系是比较合适的材料，它可把开关、耦合、调制与波导结合在一起，因此也是有源集成光路方面研究得最多的一种材料。经过研究，这类材料的损耗已降到 5 分贝/厘米，Ⅱ-Ⅵ族化合物，因为它们在大部分可见和近红外区是透明的，在光学上是活性半导体，具有激射、电-光、声-光和光导性能，因此在有源集成光路方面也受到相当的重视. ZnO 在 0.4～2微米是透明的，呈现普克尔电-光效应，有稳定的非线性极化系数，可成为极好的光电导体。另有一些非线性材料，具有调制、偏转、开关作用，近几年也以薄膜形式做了光波导实验，目的也是想利用这些材料的多功能，既可做成光波导，又可做成其他元件。

3. 集成光路的制作技术

制作集成光路，必须得到具有一定的折射率和厚度，且平滑、均匀、结实的薄膜。过去已采用的成膜方法有：真空蒸发、高频溅射、离子注入、离子交换、扩散以及外延生长等。其中，离子注入、离子交换、扩散等都是改变衬底材料的表面层，以获得所要的折射率变化；而蒸发、溅射、外延等都是直接在衬底表面上制成高折射率的膜。这些技术现在还无法评价它们的优劣，不同的技术可能适用于不同的材料。值得一提的是外延生长（包括气相、液相外延，分子束外延），对Ⅲ-Ⅴ族及其他一些半导体材料比较合适。尤其是分子束外延值得重视[20,21]。高频溅射对许多材料均可应用，是薄膜工艺中的基本手段。

上述成膜工艺，在有掩模的条件下，可直接加工成具有一定几何形状和尺寸的薄膜光波导；在无掩模的条件下，要对薄膜进行蚀刻。这是薄膜光波导制作的关键一步。蚀刻要求有很高的分辨率和边缘平整度，工艺上比半导体集成电路要高得多。边缘的不规则性，使传输模转换成其他模或辐射模，引起的散射损耗要比介质的吸收损耗大得多，是光损耗的重要来源。在单波型波导内，如果波导材料与衬底材料之间的折射率差为1%，壁的不平整度应小于波长的百分之几，即几百埃，才能保证波导损耗低于约0.5分贝/厘米。因此把平板状一维波导加工成二维波导，损耗就增大不少。利用掩模制作光波导回路，其加工精度决定于掩模的精度。采用一般的曝光法和化学腐蚀法，得到的波导边缘凹凸度超过了光路所允许的范围。现在一般采用扫描电子显微镜，边缘凹凸度基本可以满足要求。另外，采用高频溅射几乎能垂直地对样品进行蚀刻。所以，现在把扫描电子显微镜和反溅射结合起来进行。首先利用扫描电子显微镜，使电子抗蚀剂"曝光"，然后对不希望要的薄膜进行反溅射[22,23]。一个典型的蚀刻过程示于图2。图中(a)——在玻璃基板上涂以0.3微米厚的7059玻璃、0.6微米厚的聚甲基丙酸甲酯；(b)——电子束曝光和显影；(c)——淀积2000埃厚的Mn；(d)——在丙酮中除去留下的聚甲基丙烯酸甲酯以及不需要的Mn；(e)——样品在氩中溅射蚀刻；(f)——用盐酸除去Mn。用这种方法制作波导，对于电子抗蚀剂和薄膜的相容性都有一定的要求，并要求电子抗蚀剂能承受反溅射时的温度升高。

另外，也采用了其他一些技术。如在热塑衬底上浮雕一些槽，装入液体，然后让其固化，也做成了光波导[24]。

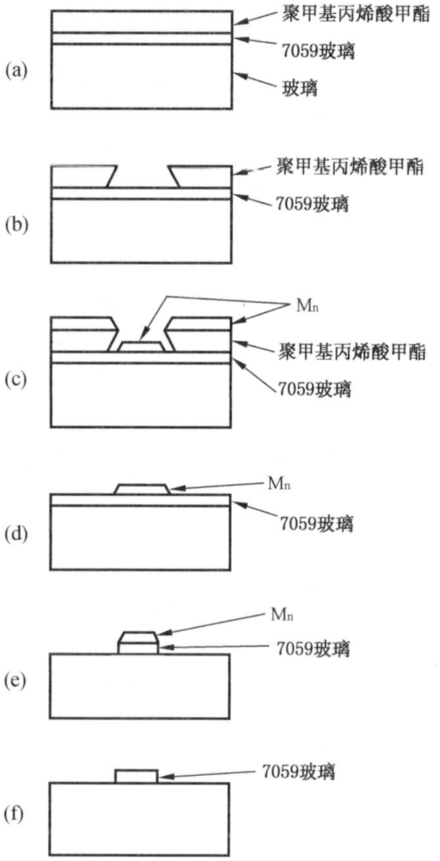

图2　蚀刻过程

4. 传输回路参数的测量

这里所说的参数是指损耗、膜厚和折射率。

测量传输损耗的方法有好几种。最简单的，也是比较粗糙的方法是拍摄薄膜的散射光，以不同的持续时间曝光，便能估计薄膜的损耗。另一种方法是变更激励棱镜的位置，并测量到达薄膜边缘的功率，或者测量借助第二个棱镜从薄膜耦合出来的光强。第三种方法是利用纤维光学探示器测量与薄膜成直角的散射光强，已得到较好的精度。如果散射中心在薄膜内是均匀分散开的，那么根据散射功率与激励器距离的关系曲线，便能确定薄膜的损耗。最近报道，采用滑动棱镜损耗测量装置，棱镜放在沿波导的液体膜上，把光从波导中耦合出来，损耗测量的准确度达0.02分贝/厘米，空间分辨率～0.5毫米[25]。

薄膜厚度可用探针法或干涉显微镜等进行测量。膜的折射率用椭圆测微器等测量。用棱镜耦合器测量的精度高，由光束的入射角和模式可以测量膜厚及折射率，测量误差前者是1%，后者是0.1%。

四、非线性效应和导波之间的相位匹配

由于集成光路的膜厚与光波长度差不多，即使中等的激光功率，膜内光强可以很大。例如1瓦的激光，在0.46微米厚、10微米宽的ZnS膜内，功率密度为22兆瓦/厘米^2。且由于薄膜波导损耗很低，可在很长一段距离上保持着高的功率密度。这就在低的绝对功率水平下，提供了进行非线性光学实验的途径。

薄膜波导中光波的相速度依赖于膜的厚度和传播模式。这在实验和器件设计中提供了一些新的可能性。例如参量振荡器中的信号波、空闲波以及泵浦波，用不同的波导模式，可不依赖于晶体的双折射，而得到相位匹配条件。这样，有大的非线性系数，而无双折射的晶体（如GaAs，GaP，ZnS，ZnTe等），就可用于非线性实验。

非线性相互作用，在光波导的薄膜或衬底中都能发生。

例如介质波导中的光学参量相互作用，与平常的一些方法相比，有它的优点——利用导波结构，相位匹配的新的可能性、调谐性、能量集中，以及稳定的工作。

实验上，在光波导中已观察到二次谐波产生、混频、受激布里渊散射、受激喇曼发射等非线性效应。

在单晶ZnO衬底上真空淀积的ZnS薄膜光波导中，观察到了契连科夫辐射形式的二次谐波产生[26]。用空气-玻璃-石英波导结构，得到了1.06微米的二次谐波[27]。

对玻璃光波导也进行了各种非线性效应的研究。利用装进CS_2的空心玻璃纤维，在小于5瓦的入射泵浦功率下，得到了准连续波受激喇曼发射[28]。虽然玻璃的喇曼增益一般比晶体或液体低两个数量级，喇曼横截面很小，但由于在很长一段低损耗纤维波导中保持着高的功率密度，达到了比较低的阈值。基于同样的原因，在低功率下在玻璃光波导中观察到了光的克尔效应（感应双折射）[29]。在玻璃光学纤维中，还观察到了受激布里渊散射，阈值很低，在5355埃下输入功率低于1瓦[30]。

利用玻璃光波导中的宽带增益，可构成宽带纤维放大器和波长可调的喇曼振荡器。玻璃光波导中的克尔效应，有可能用作宽带脉冲调制器，或用作开关、测量微微秒脉冲长度的器件。利用薄膜波导形式，还便于研究某些材料的喇曼光谱。有人在Al_2O_3上外延生长GaN单晶膜，测量了偏振喇曼光谱[31]。光学纤维中各种非线性效应的研究，对于了解光学纤维通信系统所能允许的传输功率，也极为重要。

GaAs是CO_2激光二次谐波产生的一种很好的材料，它有高的非线性系数，

在这些波长范围内有低的吸收系数。因为 GaAs 是各向同性的，用双折射相位匹配技术不能进行相位匹配。

Anderson 等通过使用介质波导色散实现了相位匹配[32]。在 GaAs 薄膜波导中观察到了相位匹配的 CO_2 激光二次谐波产生。相位匹配的带宽在 9.2～10.8 微米之间，这样大的带宽是由于波导相位匹配的性质以及波导厚度递减所致。

尽管利用固有的波导色散，可以进行相位匹配，并使一大类很少或没有双折射的非线性材料可用于相位匹配的参量过程，但这种相位匹配要求严格的波导宽度，而实际的波导，由于技术水平所限，可能有递变或起伏的表面。波导厚度的这些变化，减少了有效相互作用长度。有人从理论上指出：由两种线性介质不对称地夹着的非线性平板组成的导波结构中，改变一种线性介质的折射率，有可能改变相位匹配条件，实现可调参量振荡器[33]。也有人提出了光波导中的"非临界"相位匹配[34]。这种相位匹配法降低了波导制作要求，可用于只有零级 TE 和 TM 模式的场合。它适用于大多数非线性材料，适用于任何三个波相互作用。Somekh 等提出了非线性光学相互作用中相位匹配的另一种方法[35]。它是利用薄膜波导表面的周期变化，产生具有新的传播常数的空间谐波，进行相位匹配。这种方法可使非线性光学系数高、而用常规的双折射技术不能相位匹配的那些光学上各向同性的半导体（如 GaAs，GaP 等），成为一类薄膜非线性器件。结合 GaAlAs 外延技术，可以利用薄膜发展可调谐光学参量振荡器，上转换，以及二次谐波产生。

五、集成光路元件

1. 耦合器

无源集成光路与外部回路的耦合（包括怎样有效地把光耦合进去和耦合出来，是一个重要的问题。几年来，在这方面做了不少工作。现在普遍采用两种办法：棱镜耦合法和光栅耦合法。棱镜耦合法如图 3(a)所示。调节光束入射角，使光通过很小的空气隙（约 1/4～1/8 波长）进入薄膜。理论上这种耦合效率几乎可达 100%，实际上已达 88%。光栅耦合器是在薄膜上做一个光栅[图 3(b)]，当激光照到它上面，不仅有反射或透射，还有一级衍射、二级衍射，调节适当的角度，使一级衍射波正好符合所需的平面波角度，就可以高效率地把外面的激光耦合到薄膜中去。这种耦合器的效率，实验上已达到 40%[36]，理论分析为 81%[37]。

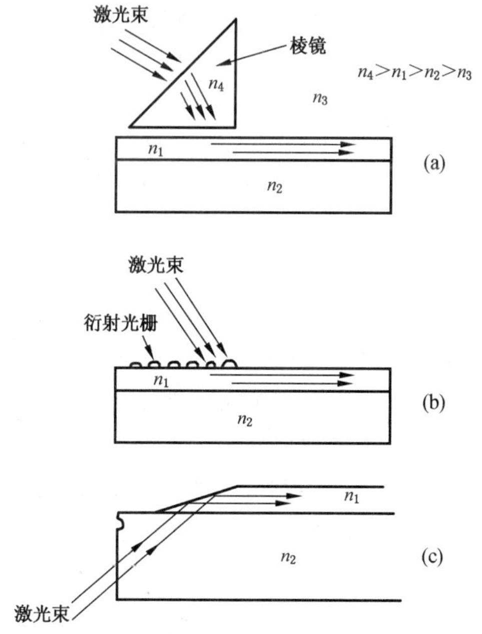

图 3　耦合器

一般来说，棱镜比光栅有效，但棱镜做起来，要比光栅困难，且棱镜与薄膜之间有空隙，因此对集成光路来说，采用光栅耦合器在结构上更合理。

有人建议采用直接激励的一种形式，预期效率可达 90%以上[38]。

利用隧道区把光束耦合到薄膜中去，原则上，全部功率都可耦合进去[39]。

实验上，也有人做成楔形边缘的薄膜[图 3(c)]，利用全反射，把光耦合进去或从薄膜耦合出来[40]。最近报道了在玻璃中用离子交换制作这种楔形边缘耦合器的一种简便办法[41]。

2. 调制器、偏转器和开关

已利用电-光、声-光、磁-光效应，在薄膜波导中实现了光波的调制、偏转和开关作用。集成光路中的这些元件，因为是小尺寸(几个微米宽)的薄膜形式，其突出的优点是低功耗。例如，利用稀土铁石榴石的法拉第效应，在几高斯磁场下就可调制红外光百分之几；在 KDP 衬底上外延均匀的 KDP＋ADP 混晶薄膜，调制电压只要几十伏甚至几伏。

用低阻 GaAs 衬底和铝膜之间一层 12 微米厚的高阻 GaAs 作为光波导，进行了截止调制。光波导层加一电场，通过电光效应控制光的截止；还利用 GaAs 薄膜波导，对 CO_2 激光实现了脉冲幅度调制。总的作用长度为 0.5 厘米、厚为 20 微米的 GaAs 薄膜波导，只用 50 伏就可对 CO_2 激光得到大于 12%的幅度调制。

利用 $LiNbO_3$ 薄膜光波导，得到了宽频带电-光相位调制器(图 4)。调制指数 η 与电压之比是 0.13 伏$^{-1}$，负载为 50 欧时，最大基带宽度是 3.2 千兆赫，对于 $\eta=1$ 拉德，每单位带宽的调制功率是 0.2 毫瓦/兆赫；另外，在电光晶体 $LiNbO_3$ 的薄片上淀积电极图案，产生电压控制的光相位光栅或偏振光栅，可做成数字式电-光光栅偏转器和调制器。所用功率比较低，衍射效率比较高。

利用向列型液晶的电光性质，实现了在波导结构中的幅度调制和开关作用。使用向列型液晶 MBBA，在光波导中实现了光的 100%调制，在 60 赫连续波激发下，调制电压约 35 伏(有效值)。

利用硝基苯作波导材料，做成了交叉指状电-光薄膜调制器，调制深度达 50%，信号电压为 200 伏，调制频率为 8000 赫。进一步研究还可降低信号电压，提高调制频率。

采用 CdS 膜和玻璃膜组成的多层结构，得到了 6328 埃的光强调制，电压为 10～50 伏时，调制度是 0.1～0.36。

外延生长的单晶铁石榴石膜，可以做调制器和光开关。利用含有镨(或钕)的铁石榴石晶体做成的 1.064 微米磁光调制器，每单位带宽的驱动功率很小，～0.01 毫瓦/兆赫。在钆镓石榴石衬底上生长钇镓钪铁石榴石磁性薄膜(厚约 2.5 微米)，用通常集成电路技术做上电子线路，当小电流通过线路时，产生磁场，磁场使进入薄膜的光束改变它的偏振，由此改变光的方向，实现光开关作用。

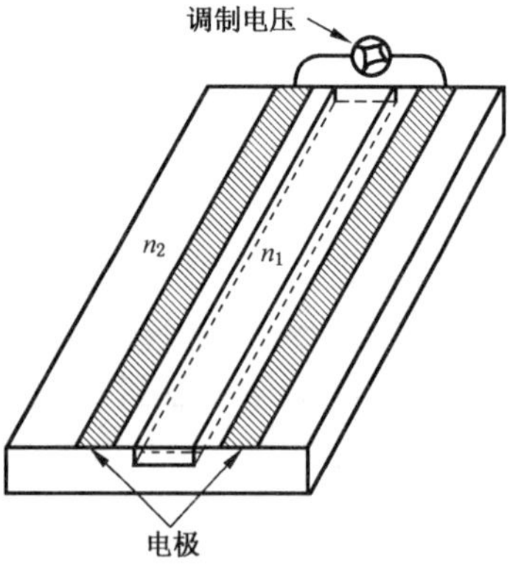

图 4　调制器

利用表面声波实现了声光偏转(图 5)。在水晶衬底上溅射一层 0.8 微米厚的玻璃膜($n\cong1.73$)，由交叉指状换能器发射出来的声波($f\cong191$ 兆赫)在薄膜中形成一个声波光栅，当进入薄膜的光波和声波之间的角度满足 Bragg 条件时，在离原来光束二倍 Bragg 角($2\theta_B=1.36°$)的薄膜中，出现偏转光束。偏转效率是 66%。

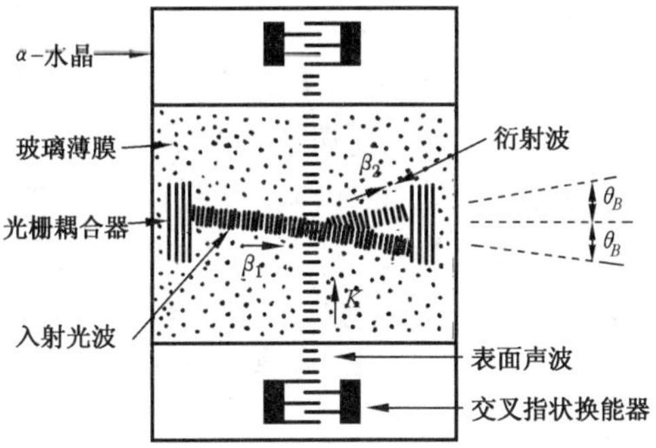

图 5　偏转器

3. 无源元件

无源元件很多，但这方面的实验结果还少，有的正处在方案设想阶段。

图 6 表示一种定向耦合器。将一波导段置于另一波导段的耦合场中，就能制成定向耦合器。它同用于微波的装置在外表上和原理上十分相似。现在已有人做出光波导定向耦合器[42]。靠得很近的信道波导管是用质子注入的办法在 GaAs 中制成的。波导管与衬底的折射率差为 $\Delta n\cong0.0058$，信道宽度为 2.5 微米，信道之间的间距为 3.9 微米，光从原来信道完全转移到邻近信道的长度一般为 2 毫米。

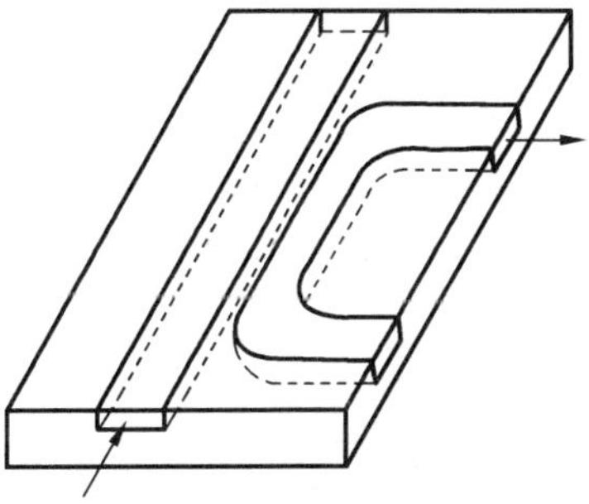

图 6　定向耦合器

把桥接岔路和谐振回路结合，可构成选频滤波器。图 7 是选频滤波器的一种结构形式，它是在两个平行波导间置放环形共振腔。共振腔的尺寸决定其共振频率，它将在所要选取的通道的中心频率处产生共振。

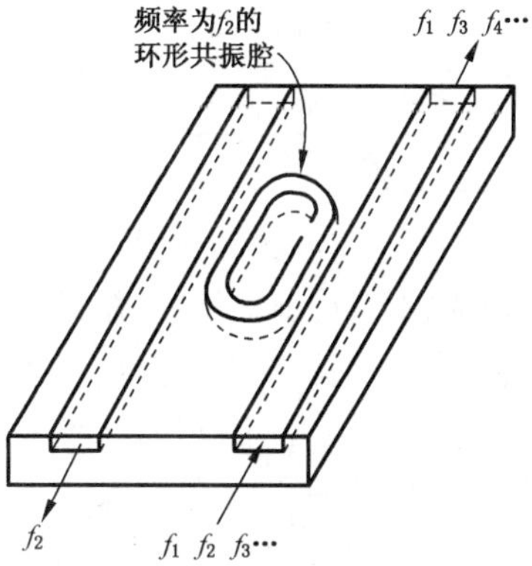

图 7　选频滤波器

如果在直线波导两端配置反射线，并将它们处在相距为波长的 1/4 的奇数倍的位置上，就能构成谐振器(图 8)。

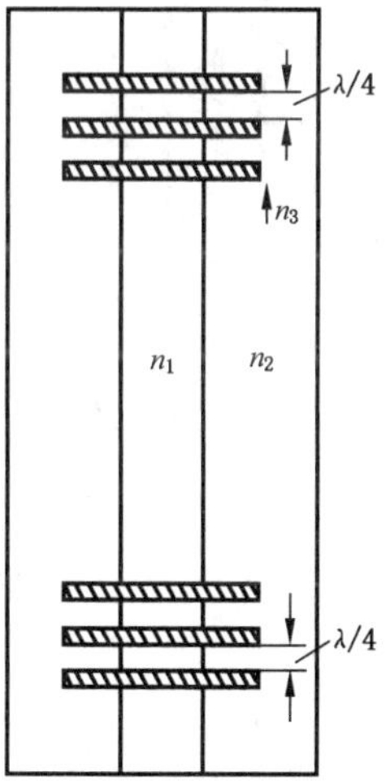

图 8　谐振器

有人用溅射法制作了玻璃薄膜分路光波导(图 9)。发现这种介质分路有波型滤波和波型转换的功能[43]。利用介质分路波导，在集成光学中有可能做成波型滤波器、波型选择器、波型转换器、分路滤波器等各种元件。电光晶体和分路波导结合，还可实现光开关和波型开关元件。在技术上也比较简单，不需要制作多层膜结构的精巧技术。

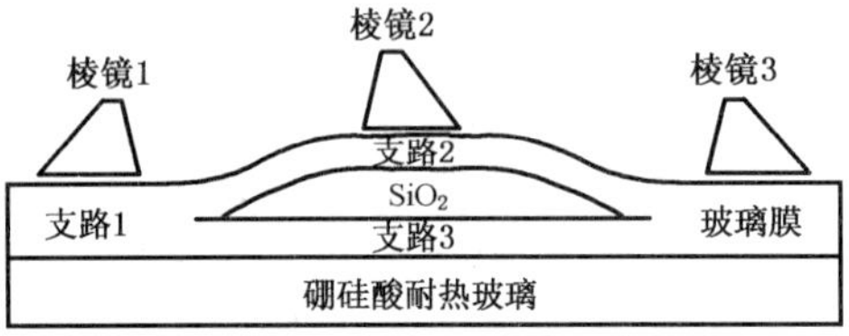

图 9　薄膜分路光波导

集成光路的其他元件也在设计和试制中。例如为了实现光计算机的逻辑运算，设计了如图 10 的倒相器。倒相器右边的激光振荡器只在没有输入信号时给出输出信号；当输入端有信号时，输入信号通过一段活性介质的放大，使激光振荡停止，就没有输出信号。以倒相器原理为基础，可构成其他光逻辑元件[44]。

近来，已有人做成了电光集成的光电探测器(图 11)[45]。在含有光电二极管的 $Si\text{-}SiO_2$ 衬底上淀积玻璃波导，把入射光束导入光电二极管。在 6328 埃下波导和探测器之间的耦合效率约 80%。在这样一个结构中，还可在波导结构内制作无源光学元件(如光束分配器、滤波器等)以及在衬底内制作其他的电学元件(探测器、放大器、逻辑等)。

远距离的大容量激光通信，由于传播损耗而减弱的信号，需要放大和再生，于是人们就设想了如图 12 的光中继放大系统。

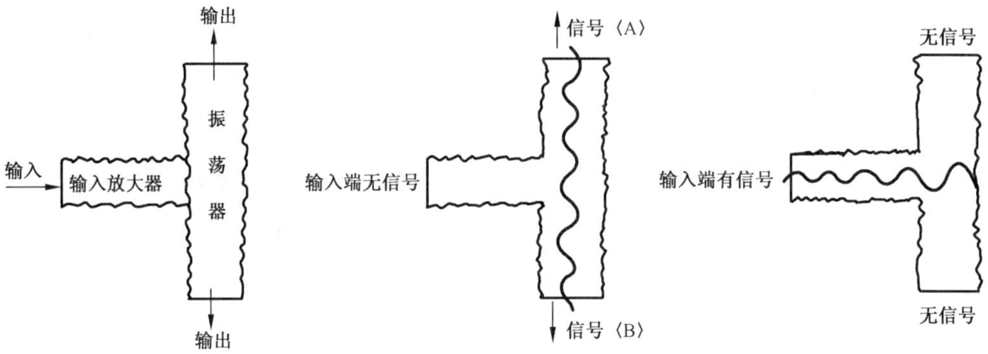

(a) 倒相器结构　　(b) 倒相器工作情况

图 10　倒相器

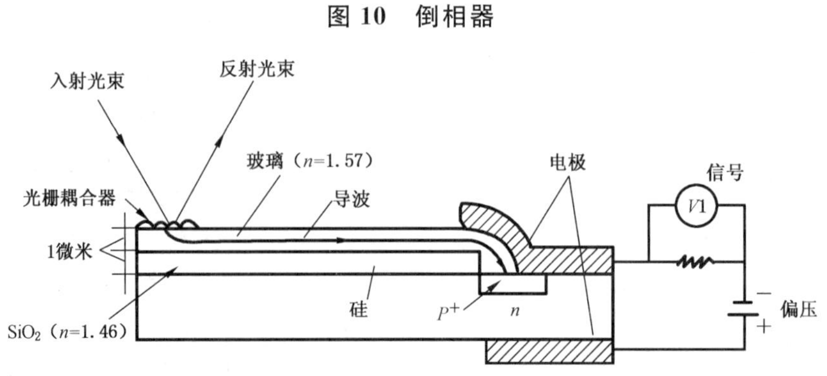

图 11　光电探测器

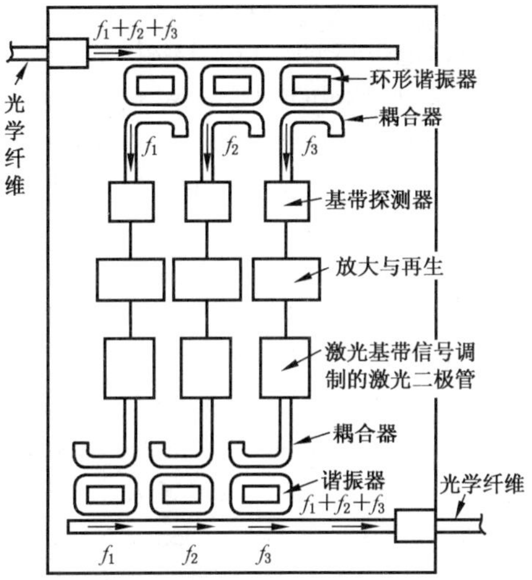

图 12　光中继放大系统

六、结语

综上所述，集成光学已取得了一些初步的成果，一些原理、器件和技术都成功地得到证实，但整个说来，还处在多途径探索阶段。过去的工作着重在光波导方面，元件方面虽然也做了一些，但还只是开始，今后元件的研究工作必然日益增多。至于具有某种功能的集成光路，还处在设想阶段。

现在进行集成光学这一基本技术的研究，可借助于已发展起来的集成电路技术。当然，集成光学的研究，反过来对它也有促进作用。估计实现功能庞杂、体积小、结构牢靠、性能稳定、高效率、低功耗的集成光路，也还要若干年的努力。而比较简单的一些器件，则可能很快会实现。

集成光学的研究，关系到今后信息处理的重大革新。现在看来，首先在大容量光通信、数据处理、显示系统等领域可发挥它的作用。集成光路的实现，肯定会给电子学领域带来新的手段，会给光学装置开辟新的途径，革新通信和计算技术，并对其他学科产生新的影响。

参考文献

[1] Miller S E. Integrated optics: an introduction [J]. Bell Labs Syst. Tech. J., 1969, 48 (7): 2059.

[2] Shubert R and Harris J H. Optical surface waves on thin films and their application to integrated data processors[J]. IEEE Transactions on Microwave Theory & Techniques, 1968, 16(12): 1048.

[3] Varsanyi F. Surface lasers[J]. Appl. Phys. Lett, 1971, 19(6): 169.

[4] Shank C V, Bjorkholm J E, Kogelnik H. Tunable distributed-feedback dye laser [J]. Appl. Phys. Lett, 1971, 18(9): 395.

[5] Zory P. Topical Meeting on Integrated Optics-Guided Waves, Materials, and Devices, Las Vegas, Nevada, 1972.

[6] Wang S. J. Appl. Phys., 1973, 44(2): 767.

[7] Wang S and Sheem S. Two-dimensional distributed-feedback lasers and their applications[J]. Appl. Phys. Lett, 1973, 22(9): 460.

[8] Nakamura M, Yariv A, Yen HW, et al. Optically pumped GaAs surface laser with corrugation feedback[J]. Appl. Phys. Lett, 1973, 22(10): 515.

[9] Weber H P, Ulrich R. A thin-film ring laser [J]. Appl. Phys. Lett, 1971, 19(2): 38; 1972, 20(1): 38.

[10] Yajima H, Kawase S, Sekimoto Y. Amplification at 1.06 μm using a Nd : glass thin-film waveguide[J]. Appl. Phys. Lett, 1972, 21(9): 407.

[11] Chang M S, Burlamacchi P, Hu C, et al. Light amplification in a thin film[J]. Appl. Phys. Lett, 1972, 20(8): 313.

[12] Snitzer E, Osterberg H. Observed Dielectric Waveguide Modes in the Visible Spectrum [J]. J. Opt. Soc. Amer, 1961, 51(5): 499.

[13] Marcatili E A J. Dielectric Rectangular Waveguide and Directional Coupler for Inte-

grated Optics[J]. Bell System Technical Journal,1969,48(7):2071.

[14] Schlosser W, Unger H G. Advances in Microwaves[M]. New York: Academic Press, 1966:319-387.

[15] Goell J E. A circular-harmonic computer analysis of rectangular dielectric waveguides [J]. Bell System Technical Journal,1969,48(7):2133.

[16] Marcatili E A J. Bends in optical dielectric guides[J]. Bell Labs Tech. J., 1969, 48(7):2103.

[17] Marcuse D. Mode Conversion Caused by Surface Imperfections of a Dielectric Slab Waveguide[J]. Bell Labs Tech. J.,1969,48(10):3187.

[18] 末松安晴. 电子材料,1972:109;电子通信学会志,1972,55(9):1201.

[19] Tien P K, Smolinsky G, Martin R J. Thin Organosilicon Films for Integrated Optics [J]. Applied Optics,1972,11(3):637.

[20] Cho A Y, Reinhart F K. Growth of three-dimensional dielectric waveguides for integrated optics by molecular-beam-epitaxy method[J]. Appl. Phys. Lett., 1972, 21(8):355.

[21] Tracy J C, Wiegman W, Logan R A, et al. Three-Dimensional Light Guides In Single-Crystal Gaas Alx Ga1 -Xas[J]. Appl. Phys. Lett.,1973,22(10):511.

[22] Ostrowsky D B, Dubois J C. Topical Meeting on Integrated Optics-Guided Waves, Materials, and Devices, Las Vegas, Nevada, 1972.

[23] Goell J E. Electron-resist fabrication of bends and couplers for integrated optical circuits [J]. Applied Optics, 1973, 12(4):729.

[24] Ulrich R, Weber H P, Chandross E A, et al. Embossed Optical waveguides [J]. Appl. Phys. Lett.,1972,20(6):213.

[25] Weber H P, Dunn F A, Leibol W N. Loss measurements in thin-film optical waveguides [J]. Applied Optics,1973,12(4):755.

[26] Tien P K, Ulrich R, Martin R J. Optical second harmonic generation in form of coherent cerenkov radiation from a thin-film waveguide[J]. Appl. Phys. Lett.,1970,17(10):447.

[27] Suematsu Y. Topical Meeting on Integrated Optics-Guided Waves, Materials, and Devices, Llas Vegas, Nevada, 1972.

[28] Ippen E P. Low-power quasi-cw raman oscillator[J]. Appl. Phys. Lett., 1970, 16(8):303.

[29] Stolen R H, Ashkin A. Optical Kerr effect in glass waveguide[J]. Appl. Phys. Lett., 1973,22(6):294.

[30] Ippen E P, Stolen R H. Stimulated Brillouin scattering in optical fibers[J]. Appl. Phys. Lett.,1972,21(11):539.

[31] Burns G, Dacol F, Marinace J C, et al. Raman scattering in thin-film waveguides[J]. Appl. Phys. Lett.,1973,22(8):356.

[32] Anderson D B, Boyd J T. Wideband CO2 laser second harmonic generation phase matched in gaas thin-film waveguides[J]. Appl. Phys. Lett.,1971,19(8):266.

[33] Suematsu Y. Tunable parametric oscillator using a guided wave structure[J]. Japanese Journal of Applied Physics, 1970, 9(7):798.

[34] Burns W K, Andrews R A. "Noncritical" phase matching in optical waveguides[J]. Appl. Phys. Lett.,1973,22(4):143.

[35] Somekh S, Yariv A. Phase-matchable nonlinear optical interactions in periodic thin films [J]. Appl. Phys. Lett., 1972, 21(4):140.

[36] Dakss M L, Kuhn L, Heidrich P F, Scott B A. Errata: grating coupler for efficient excitation of optical guided waves in thin films [J]. Appl. Phys. Lett.,1970,16(12):523.

[37] Ogawa K, Chang W S C, Sopori B L, et al. A

theoretical analysis of etched grating couplers for integrated optics[J]. IEEE Journal of Quantum Electronics, 1973, 9(1): 29.

[38] Marcuse D, Marcatili E A J. Excitation of waveguides for integrated optics with laser beams[J]. Bell System Technical Journal, 1971, 50(1): 43.

[39] Harris J H, Shubert R. Variable tunneling excitation of optical surface waves[J]. IEEE Transactions on Microwave Theory & Techniques, 1971, 19(3): 269.

[40] Tien P K, Martin R J. Experiments on light waves in a thin tapered film and a new light-wave coupler[J]. Appl. Phys. Lett., 1971, 18(9): 398.

[41] Giallorenzi T G, West E J, Kirk R, et al. Optical waveguides formed by thermal migration of ions in glass[J]. Applied Optics, 1973, 12(6): 1240.

[42] Somekh S, Garmire E, Yariv A, et al. Channel optical waveguide directional couplers [J]. Appl. Phys. Lett., 1973, 22(2): 46.

[43] Yajima H. Dielectric thin-film optical branching waveguide [J]. Appl. Phys. Lett., 1973, 22(12): 647.

[44] 国外电子工程, 1972, 4, 21.

[45] Ostrowsky D B, Poirier R, Reiber L M, er al. Integrated optical photodetector[J]. Appl. Phys. Lett., 1973, 22(9): 463.

负胶-玻璃复合平面光波导传播特性的研究①

洪佩智　　　　于荣金
（长春光机学院）　（中国科学院长春物理所）

摘　要：本文报道了负胶-玻璃复合平面光波导传播特性的实验研究。测量并归纳了负胶介质薄层对银离子交换玻璃平面波导传播特性影响的实验趋势。介绍了弯曲条载波导的实验研究。

Research on Propagation Characteristics of Modes in Photoresist-glass Planar Optical Waveguides

Hong Peizhi
(Changchun Institute of Optics and Fine Mechanics)
Yu Rongjin
(Changchun Institute of Physics, Academia Sinica)

Abstract: The experimental studies on the propagation characteristics of modes in the photoresist-glass planar optical waveguides are reported. The effects of the photoresist film overlays on the propagation of modes in glass planar optical waveguides by silver-ion exchange are measured. The experiments of the strip-loaded curved waveguides are described.

一、引言

复合波导是集成光学器件中经常采用的波导结构。近年来，渐变折射率波导正愈来愈多地被用来制作各种集成光学器件，研究金属或介质覆盖的渐变折射率复合波导的模式特性是具有实际意义的。

从 G. Stewart 等人的研究可知，银离子交换玻璃平面波导的折射率是二次多项式分布[1]：

$$n^2(x)=\begin{cases} n_b^2+(n_s^2-n_b^2)[1-(x/d)-\alpha(x/d)^2] \\ \quad (0\leqslant x<d), \\ n_l^2 \quad (x<0)。\end{cases} \tag{1}$$

式中 n_s、n_b、n_l 分别为表面、衬底和包层的折射率；d 为扩散深度；α 为二次项系数。波导的模方程为：

$$\frac{kd}{4\alpha}\left[\frac{1}{A_\nu^2}\left(\frac{\pi}{2}-\sin^{-1}A_\nu\right)\sqrt{\frac{n_s^2-n_b^2}{4\alpha}}-\sqrt{n_s^2-N_\nu^2}\right]=\left(\nu+\frac{1}{4}\right)\pi+\operatorname{tg}^{-1}\xi\left(\frac{N_\nu^2-1}{n_s^2-N_\nu^2}\right)^{1/2}。 \tag{2}$$

---

① 中国激光，1983，10(4)：235-237.

其中：$A_\nu^2=\dfrac{n_s^2-n_b^2}{(n_s^2-n_b^2)+4\alpha(n_s^2-N_\nu^2)}$，

$$\xi=\begin{cases}1 & \text{TE 模，}\\ n_s^2 & \text{TM 模。}\end{cases}$$

式中，ν 为模阶数，取从零开始的有限个正整数；$k=2\pi/\lambda$ 为光波在真空中的传播常数；N_ν 为波导的模折射率，定义为 $N_\nu=\beta_\nu/k$，β_ν 为光波沿 z 方向的传播常数。

本实验所用的硝酸银是工业纯，样品为洁净的照相干版玻片，扩散温度恒定在 300 ℃。对所制备的三个波导样品（1^#^，2^#^，3^#^）进行了模式测量与复合波导的实验。用电子计算机解得波导参数为 $n_s=1.6081$、$n_b=1.5123$，$\alpha=0.649$，1^#^、2^#^、3^#^样品的扩散深度 d 分别为 0.8、4.7 和 5.8 微米。

二、负胶对传播特性的影响

实验所用的 103-B 负性光致抗蚀剂（简称负胶）的折射率是用波导的双模测量法确定的，其值 $n_0=1.6153$。故负胶-玻璃复合平面光波导的折射率分布和波导中的光线模型如图 1 所示。复合平面波导的模方程为：

$$(n_c^2-N_\nu^2)^{1/2}kt+k\int_0^{x_t}[n^2(x)-N_\nu^2]^{1/2}\mathrm{d}x=\left(v+\frac{1}{4}\right)\pi+\mathrm{tg}^{-1}\xi\left(\frac{N_v^2-1}{n_c^2-N_\nu^2}\right)^{1/2},\quad(3)$$

$$\xi=\begin{cases}1 & \text{TE 模，}\\ n_c^2 & \text{TM 模。}\end{cases}$$

用甩胶机在洁净的离子交换玻璃平面波导样品上甩一层负胶，在 80 ℃恒温箱里前烘 20 分钟。测量并计算了上述三个样品分别在两种厚度负胶覆盖下，复合波导各阶 TE、TM 模折射率及其增量，结果见表 1。从表 1 归纳出负胶对玻璃平面波导模折射率的影响趋势为：

（1）负胶具有增加波导模折射率的作用。在我们的实验范围内（胶层厚约为 0.2～0.6 微米），样品各阶模折射率增量均随胶厚的增加而增大。

（2）当两块样品所覆盖的胶层厚度相接近时，扩散深度大的样品各阶模折射率增量均大于扩散深度小的样品相应阶模折射率的增量。

（3）以上两点对 TE、TM 均适用，且无论在甩胶前后，同块样品中总是 TE 模折射率大于 TM 模；而甩胶后模折射率的增量却总是 TM 模大于 TE 模。

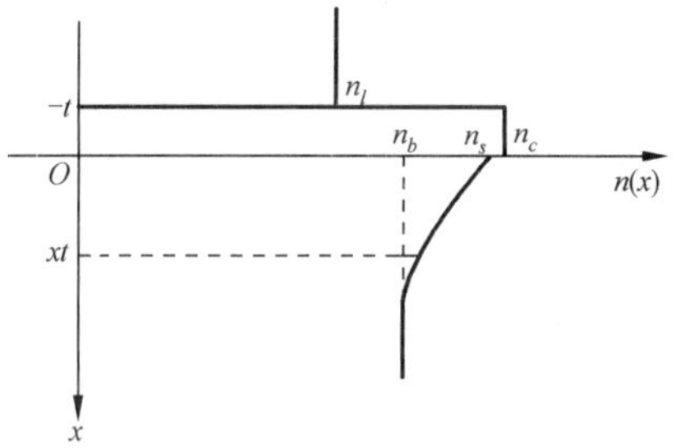

（a）折射率分布

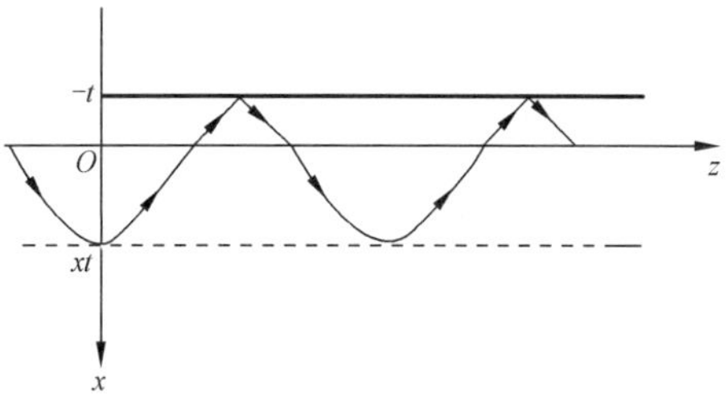

（b）波导中的光线模型

图 1　复合平面波导

三、条载波导

我们用常规光刻法在银离子交换玻璃

表 1

样品号	扩散时间(分)	扩散深度(微米)	模阶数 ν	甩胶前		甩胶Ⅰ					甩胶Ⅱ				
				N_ν		t_1(微米)	N_ν		ΔN_ν		t_2(微米)	N_ν		ΔN_ν	
				TE_ν	TM_ν		TE_ν	TM_ν	TE_ν	TM_ν		TE_ν	TM_ν	TE_ν	TM_ν
1#	2	0.8	0	1.5181	1.5166	0.21	1.5213	1.5200	0.0032	0.0034	0.38	1.5236	1.5223	0.0055	0.0057
2#	5	4.7	0	1.5827	1.5824	0.24	1.5908	1.5906	0.0081	0.0082	0.61	1.6017	1.6015	0.0190	0.0191
			1	1.5594	1.5590		1.5661	1.5658	0.0067	0.0068		1.5776	1.5774	0.0182	0.0184
			2	1.5386	1.5372		1.5433	1.5425	0.0047	0.0053		1.5557	1.5552	0.0171	0.0181
			3	1.5189	1.5162		1.5211	1.5200	0.0022	0.0038		1.5345	1.5339	0.0156	0.0177
3#	8	5.8	0	1.5862	1.5860	0.36	1.5963	0.5962	0.0101	0.0102	0.44	1.5989	1.5988	0.0127	0.0128
			1	1.5665	1.5655		1.5749	1.5744	0.0084	0.0089		1.5771	1.5769	0.0106	0.0114
			2	1.5491	1.5467		1.5547	1.5542	0.0056	0.0075		1.5569	1.5566	0.0078	0.0099
			3	1.5327	1.5284		1.5355	1.5343	0.0028	0.0059		1.5373	1.5369	0.0046	0.0085
			4	1.5169	1.5127		1.5178	1.5147	0.0009	0.0020		1.5181	1.5171	0.0012	0.0044

平面波导表面制备了负胶载条。所用掩膜图形是条宽为 10 微米、半径为 $R=4.5$ 毫米的 90°圆弧线，负胶型号为 103-B，胶层厚约为 0.4 微米，甩胶后在 800 ℃恒温箱中前烘 20 分钟；接着套掩膜板子紫外光下曝光 50 秒；在丁酮溶液中显影 1 分～1 分 15 秒，在丙酮中漂洗，然后在 180 ℃恒温箱中坚膜 20 分钟，即制备成条载弯曲波导片子，用直角棱镜耦合器把 6328Å 的 He-Ne 激光激励到弯曲条载波导中，实验清晰地观察到大约有 45°圆弧长的弯曲传输线。

四、讨论

1. 本实验所确定的 1#、2#、3# 波导样品的波导参数 n_s、n_b、α 的结果是令人满意的，与国外文献所报道的结果基本一致[1,2]，这就证明了 G. Stewart 等人提出的二次多项式模型能够精确地模拟本工艺条件下的折射率分布。其中，$n_s=1.6081$ 略大于 G. Stewart 所报道的 $n_s=1.605$[1]，位于 G. Griffiths 所报道的 $n_s=1.6050\pm0.0050$ 范围内[2]；$n_b=1.5123$ 略小于 G. Stewart 的 $n_b=1.5125$；$\alpha=0.649$ 略大于 G. Stewart 的 $\alpha=0.64$，这里除测量误差外，玻璃衬底组分和扩散工艺条件的小差异也是其原因之一。

2. 测量并归纳了负胶介质薄层对折射率为二次多项式分布下的玻璃平面波导模折射率影响的实验趋势，得到了与 Talal Findakly 等人在假定折射率为指数分布下 Nb_2O_5 介质对 $LiNbO_3$ 平面波导模折射率影响的理论规律[3]相一致的结论。

本工作得到长春光机学院杨先敏教授的关心和指导，长春物理所李玉善、林盛强、郑建和、王淑荣同志的大力协助，在此表示感谢。

参考文献

[1] Stewart G, Millar C A, Laybourn P J R, et al. Planar optical waveguides fabricated by silver-ion migration in glass[J]. IEEE Jour-

nal of Quantum Electronics, 1977, 13 (4):192.

[2] Griffiths G,Khan P J. Analysis of planar optical waveguide fabrication by ion exchange in glass[J]. IEEE Journal of Quantum Electronics,1981,17(4):529.

[3] T Findakly, Chen C L. Diffused optical waveguides with exponential profile: effects of metal-clad and dielectric overlay[J]. Applied Optics,1978,17(3):469.

Ti:$LiNbO_3$ 质子交换光波导①

郑建和　李玉善　王淑荣　黄　宽　于荣金
（中国科学院长春物理所）

摘　要：本文研究了在 Ti 扩散 $LiNbO_3$ 衬底上用苯甲酸质子交换制备光波导的方法，以及单模条件、折射率分布、交换系数、表面状态和热稳定性等问题。

Proton-exchanged Optical Waveguides in Ti:$LiNbO_3$

Zheng Jianhe　Li Yushan　Wang Shurong　Huang Kuan　Yu Rongjin
(Changchun Institute of Physics, Academia Sinica)

Abstract: We report the method, condition for the single-mode waveguide, index profile, exchange coefficient, surface state and thermal stability of optical waveguides formed in Ti:$LiNbO_3$ substrate by proton exchange in benzoic acid.

一、引言

1982 年，报道了在 x 切 $LiNbO_3$ 衬底上采用苯甲酸进行质子交换的波导工艺[1]。这种波导工艺的特点是对非寻常偏振的表面折射率增量大（$\Delta n_e \simeq 0.12$）；折射率分布呈准阶跃形；抗光损伤性能优于 Ti 内扩散 $LiNbO_3$ 波导，且对某些集成光学元件的制作带来了方便，因此引起了人们的注意。之后相继又报道了一些有关工作[2~4]。本文对 Ti 扩散 $LiNbO_3$ 衬底用苯甲酸进行质子交换光波导的制备及有关问题作了进一步研究。

二、波导制备方法和条件

Ti:$LiNbO_3$ 质子交换光波导的制备可分为两步，首先是在 $LiNbO_3$ 片子上溅射上一层 Ti，进行高温扩散[5]（扩散时没有采取补 Li_2O 措施）；然后用苯甲酸对 Ti:$LiNbO_3$ 衬底进行质子交换，形成光波导。

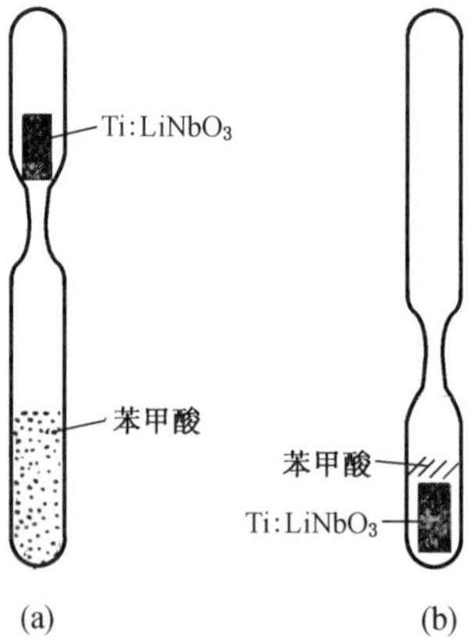

图 1　用苯甲酸制备质子交换 $LiNbO_3$ 光波导的密封石英管

① 中国激光，1985，12(1)：32-36.

由于苯甲酸在到达熔点前就能升华，因而我们采用图 1 所示的密封石英管，把它放入转体扩散炉内。交换前，石英管的位置如图 1(a)；当炉温到达预定值后，倾斜炉子使石英管的位置如图 1(b)；待到达所要的时间后，石英管又回到图 1(a)的状态。这样做的优点是能精确控制交换时间且 $LiNbO_3$ 片子不会由于温度的突变而炸裂。

原则上讲，在苯甲酸的熔点 (121.7 ℃) 以上，沸点 (249.2 ℃) 以下，都能制备出质子交换的 $LiNbO_3$ 光波导。但随着温度的下降，质子交换速度显著减慢。因此，我们的实验是在 160～250 ℃ 范围内进行的。

用金红石棱镜将 He-Ne (6328Å) 激光耦合入波导测出各模式所对应的同步角，然后算出各 TE 模的有效折射率 N。用上述方法制得的某些光波导结果列于表 1 和 2。

表 1　Ti:$LiNbO_3$ 质子交换光波导的制备条件

样品号	Ti:$LiNbO_3$ 制备条件（无补 Li_2O 措施）			苯甲酸质子交换波导制备条件			有效折射率
	Ti 膜厚度 (Å)	扩散温度 (℃)	扩散时间 (小时)	交换温度 (℃)	交换时间 (分)	模式数	
No. y-33	60	950	2	160	60	1(TE)	$N_0=2.216$
No. y-34	60	950	2	205	18	1(TE)	$N_0=2.265$
No. y-32	60	950	2	225	4	1(TE)	$N_0=2.269$
No. y-3	480	1050	6	188	25	1(TE)	$N_0=2.326$
No. y-31	60	950	2	240	4	2(TE)	$N_0=2.306$, $N_1=2.226$
No. x-23	60	950	2	160	60	1(TE)	$N_0=2.216$
No. x-23′	无	950	2	160	60	1(TE)	$N_0=2.216$
No. x-22	60	950	2	225	4	1(TE)	$N_0=2.253$
No. x-22′	无	950	2	225	4	1(TE)	$N_0=2.257$
No. x-24	60	950	2	205	18	1(TE)	$N_0=2.280$
No. x-24′	无	950	2	205	18	1(TE)	$N_0=2.280$
No. x-21	60	950	2	240	4	2(TE)	$N_0=2.300$, $N_1=2.215$
No. x-21′	无	950	2	240	4	2(TE)	$N_0=2.299$, $N_1=2.216$

表 2　某些多模波导的制备条件和交换系数

样品号	Ti 扩散 $LiNbO_3$ 制备条件（无补 Li_2O 措施）				苯甲酸质子交换波导制备条件					备注
	Ti 膜厚度 (Å)	扩散温度 (℃)	扩散时间 (小时)	模式数	交换温度 (℃)	交换时间 (分)	模式数	d(微米)	D(微米^2/小时)	
No. y-10	720	960	5	3(TE)	200	180	3(TE)	1.78	0.26	
No. y-18	520	1000	10	2(TE)	225	180	3(TE)	1.95	0.32	
No. y-12	440	1000	10	2(TE)	240	420	5(TE)	3.74	0.50	

续表 2

样品号	Ti 扩散 $LiNbO_3$ 制备条件(无补 Li_2O 措施)				苯甲酸质子交换波导制备条件					备注
	Ti 膜厚度(Å)	扩散温度(℃)	扩散时间(小时)	模式数	交换温度(℃)	交换时间(分)	模式数	d(微米)	D(微米^2/小时)	
No. x-5	520	1000	10	2(TE)	200	180	3(TE)	1.82	0.28	为同一衬底的两面
No. x-5′	无	1000	10	/	200	180	3(TE)	1.90	0.30	
No. x-25	120	1000	10	/	225	1320	10(TE)	6.93	0.55	
No. x-26	/	/	/	/	190	1320	3(TE)	2.21	0.056	

从上表可知，通过对交换温度和交换时间的控制，可以在 x 切、y 切 $LiNbO_3$ 上制得单模与多模的光波导，且得到的波导折射率增量也可在一定范围内变化。

三、折射率分布和交换系数

我们对表 2 中多模波导测量的有效折射率，用直线段 WKB 拟合法[6]，得到了各样品的折射率分布如图 2、图 3 所示。从图中结果来看，对于交换比较充分的样品，分布是接近阶跃型的。从图 4 的 m 线照片上也可看到同样结果。而对于交换时间较短，且交换前表面已扩散一层 Ti 的样品(如 No. y-10 和 No. x-5)，折射率分布还带有 Ti 扩散波导的尾巴。

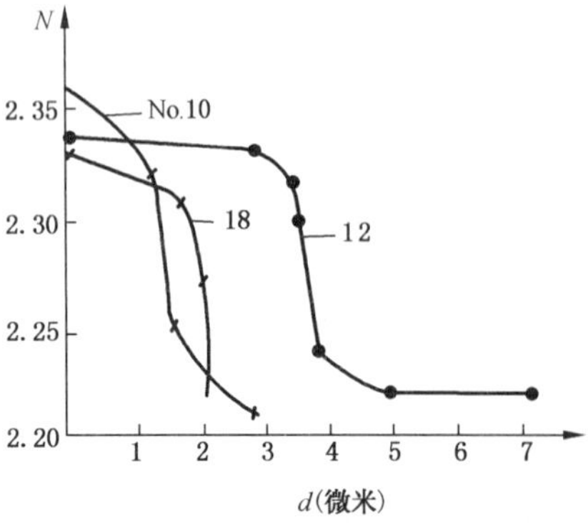

图 2　*y*-切 $LiNbO_3$ 的折射率分布

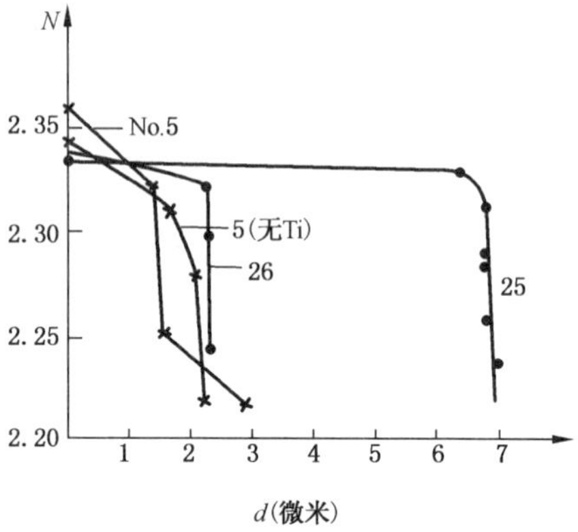

图 3　*x*-切 $LiNbO_3$ 的折射率分布

图 4　No. *y*-12 样品的 *m* 线照片

质子交换系数 D 由 $D=\frac{d^2}{4t}$ 决定，其中 d 是质子交换深度，t 是质子交换时间。d 和 D 的数据列于表 2。随着温度升高，质子交换系数增大；而在同样温度下，样品表面有 Ti 层时质子交换系数就比无 Ti 时要小。

四、波导表面态的观察

我们用金相显微镜及扫描电镜，对 $LiNbO_3$ 衬底表面、用苯甲酸交换后的 $LiNbO_3$ 衬底表面、Ti 扩散 $LiNbO_3$ 波导表面、Ti 扩散 $LiNbO_3$ 衬底用苯甲酸交换后的表面以及无 Ti 层而经过高温处理（无补 Li_2O 措施）的 $LiNbO_3$ 用苯甲酸质子交换后的表面进行了观察。其典型照片表示在图 5 。

实验结果表明，$LiNbO_3$ 表面无 Ti 层时，只有 x 切 $LiNbO_3$ 衬底制备的单模和少量模式的质子交换波导，表面才无腐蚀，而其他情况下表面均有不同程度的腐蚀。从表面腐蚀程度看，y 切 $LiNbO_3$ 比 x 切的严重；$LiNbO_3$ 衬底经高温处理（无补 Li_2O 措施）后比没有高温处理的严重，并且交换温度愈高，交换时间愈长，波导模式越多，表面腐蚀程度就越严重。由于 Ti 扩散层的存在显著改善了波导表面状态，有 Ti 层的质子交换波导表面与交换前的 $LiNbO_3$ 表面基本一样。

Bell 实验室 J. L. Jackel 等人认为：苯甲酸只对 y 切 $LiNbO_3$ 表面有腐蚀作用。但从我们的实验结果来看，这是不够全面的。x 切样品的表面也有轻度腐蚀，而用 Ti 扩散 $LiNbO_3$ 衬底进行质子交换不仅能制备 x 切和 y 切 $LiNbO_3$ 的质子交换波导，而且减轻了波导表面的腐蚀，有利于提高质子交换波导的质量，降低波导损耗。

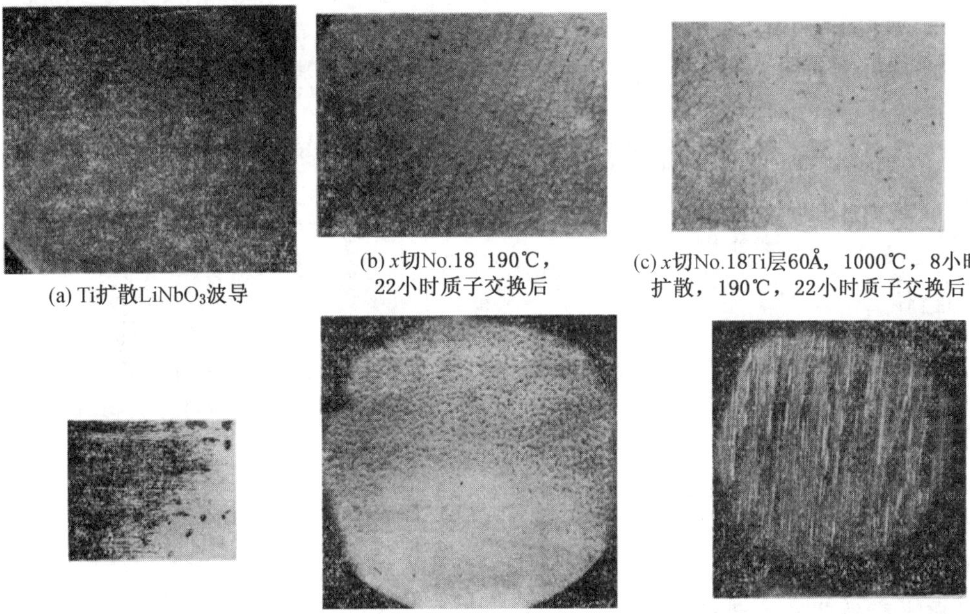

(a) Ti扩散$LiNbO_3$波导

(b) x切No.18 190℃，22小时质子交换后

(c) x切No.18Ti层60Å，1000℃，8小时扩散，190℃，22小时质子交换后

(d) x切No.18无Ti层1000℃ 8小时处理，190℃，22小时质子交换后

(e) y切No.12Ti层440 Å，1000℃10小时扩散，240℃，7小时质子交换后

(f) y切No.12无Ti层1000℃，10小时处理，240℃，7小时质子交换后

（b）、（c）、（d）样品为同一 $LiNbO_3$ 衬底，经切割成两片，其中一片的一个面蒸 Ti（c），此片的另一面为（d）；另一片为（b），两片在一起质子交换，（e）、（f）也为同一片 $LiNbO_3$ 衬底的两个面

图 5　波导表面的显微观察（×110）

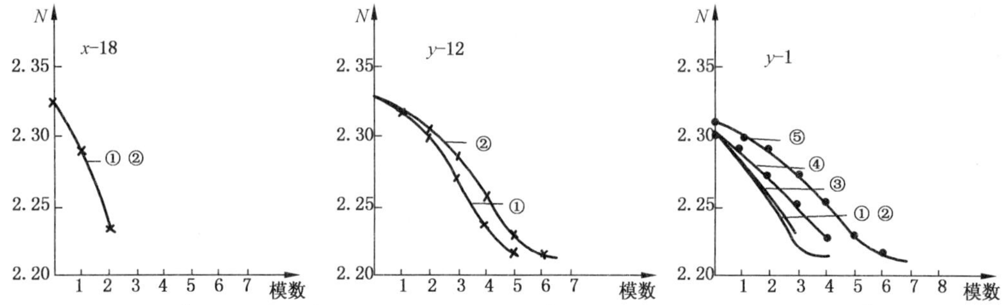

(a) No.x-18, Ti层60Å，1000℃，8小时扩散，190℃，22小时质子交换 ①—热处理前；②—100℃，2小时后

(b) No.y-12, Ti层440Å，1000℃，10小时扩散，240℃，7小时质子交换 ①—热处理前；②—150℃，2小时后

(c) No.y-1Ti层，440Å，1050℃，10小时扩散，250℃，3小时质子交换 ①—热处理前；②—80 ℃，0.5小时；③—240 ℃，1小时；④—300 ℃，1小时；⑤—300 ℃，3小时

图6　波导热稳定性实验结果

五、热稳定性

我们对 Ti 扩散 $LiNbO_3$ 衬底上制备的质子交换波导进行了热稳定性研究。从图 6 可以看出波导样品经低温短时间处理没有什么变化，而较高温度或较长时间的热处理会引起有效折射率数值和分布的改变，以及模式数量的增加。

六、结论

用 Ti 扩散 $LiNbO_3$ 衬底在苯甲酸中进行质子交换制备波导具有以下优点：一是不仅能制备 x 切、y 切的 $LiNbO_3$ 质子交换波导，且由于 Ti 扩散层的存在，改善了质子交换波导的表面态，降低了损耗。二是此种波导的制备条件与 Ti 扩散和苯甲酸质子交换两种工艺都有关系。在采用弱的 Ti 扩散条件（即 Ti 膜薄、扩散温度低和扩散时间短）时主要显示质子交换特征。相反，采用弱的质子交换条件（即质子交换时间短和温度低）时则样品继续保留 Ti 扩散 $LiNbO_3$ 波导的某些特征。将此两种工艺适当结合，就可在 x 切、y 切割的 $LiNbO_3$ 片子上，根据每个器件的要求，制备出不同折射率增量、模式数等的样品，为器件制备提供更灵活的途径。

对本工作给予协助的吕安德、孟晋、张志林、刘乃康等同志，表示感谢。

参考文献

[1] Jackel J L, Rice C E, Veselka J J. Proton exchange for high-index waveguides in $LiNbO_3$ [J]. Appl. Phys. Lett., 1982, 41(7): 607.

[2] Micheli M D, Botineau J, Sibillot P, et al. Fabrication and characterization of Titanium Indiffused Proton Exchanged (TIPE) waveguides in lithium niobate [J]. Optics Communications, 1982, 42(2): 101.

[3] Pun E Y B, Wong K K, et al. Efficient waveguide Bragg-deflection grating on $LiNbO_3$ [J]. Electronics Letters, 1982, 18(17): 740.

[4] Wong K K, De R M, Wright S. Electro-optic-waveguide frequency translator in LiNbO3 fabricated by proton exchange [J]. Optics Letters, 1982, 7(11): 546.

[5] 李玉善，等. Ti-diffused $LiNbO_3$ optical waveguides with low loss[J]. 科学通报（英文版），1980, 25(10): 824.

[6] White J M, Heidrich P F. Optical waveguide refractive index profiles determined from measurement of mode indices: a simple analysis[J]. Applied Optics, 1976, 15(1): 151.

利用掺镁铌酸锂条形光波导中的二次谐波产生 445 nm 的激光①

李振民　于荣金　张自芬
(中国科学院长春物理研究所)

445nm Radiation by Second Harmonic Generation in Mg-doped $LiNbO_3$ Channel Waveguide

Li Zhenmin　Yu Rongjin　Zhang Zifen
(Changchun Institute of Physics, Academia Sinica)

Abstract: Emission at 445 nm was generated by continuous-wave frequency-doubling in a annealed proton-exchanged Mg:$LiNbO_3$ channel waveguide using a channeled twin-ridge substrate, three-segmented large optical cavity structure GaA1As/GaAs laser ($\lambda=890$ nm) as pumping source. The conversion efficiency is $\sim 4\times10^{-4}$.

由于光盘、显示技术等各种应用的需要，可见光波段的半导体激光器成为一个重要研究课题。但目前要直接做成短波长的可见光半导体激光器，还有很大困难；而利用非线性光波导器件，却可获得短波段的激光，并满足小型、高功率密度的要求。

我们使用的光源是吉林大学电子科学系集成光学研究室提供的沟道双脊衬底三段大光腔 GaAlAs/GaAs 激光器，该器件具有低阈值、连续输出功率高、模式特性好等优点。用 Z-切掺镁铌酸锂作为光波导衬底，镀铝膜、光刻出 6 μm 宽的条，放在温度为 240 ℃的苯甲酸中，交换 30 分钟，然后在 350 ℃退火 2 小时，把波导两端面严格抛光，波导长度为 6 mm。用波长为 890 nm 的连续激光为泵浦光源，实验装置如图 1 所示。445 nm 的倍频光由切伦科夫辐射形式输出，当泵浦光的功率为 3. 54 mW 时，倍频光功率为 140 nW，扣除光耦合时的各种损耗，倍频光的转换效率约为 4×10^{-4}。图 2 为泵浦光和倍频光的光谱。缩小泵浦光的光斑尺寸、减小端面菲涅耳反射、优化波导工艺参数，还可大幅度提高耦合效率和转换效率。

---

① 发光学报，1990，11(2)：158-159.

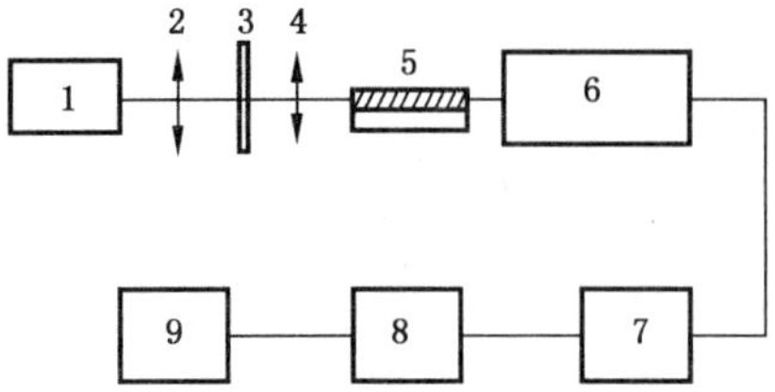

图 1　实验装置图

1. 激光器；2，4. 透镜；3. 偏振片；5. 光波导器件；6. 单色仪；7. 光电倍增管；8. 放大器；9. X-Y 记录仪

Fig. 1　Experimental setup

1. Laser，2，4. Lens，3. Polarizer，5. Optical waveguide，6. Monochrometer，7. Photomultiplier，8. Amplifier，9. X-Y recorder.

图 2　基波和谐波的光谱

Fig. 2　Spectra of fundamental and harmonic waves

棱镜非线性波导耦合光学双稳器件①

马少杰　于荣金　赵　伟
（中科院长春物理所）

摘　要：通过 K/Na 离子交换方法在掺 CdS_xSe_{1-x} 玻璃表面制成单模光波导，采用三种不同的光束耦合方式观测到了棱镜非线性波导耦合本征光学双稳态。

关键词：非线性波导；光学双稳态

Optical Bistable Devices in Prism Nonlinear Waveguide Coupler

Ma Shaojie　Yu Rongjin　Zhao Wei
(Changchun Institute of Physics, Academia Sinica)

Abstract: We report exprimental observations of the intrinsic optical bistability using three different prism coupling methods and the nonlinear monomode optical waveguides by potassium/sodium ion-exchange in $CdS_x\ Se_1$-x-doped glasses.

Keywords: Nonlinear waveguides; Optical bistability

一、引言

光学双稳器件在光通信、光计算机、光集成等领域的应用引起了人们极大的兴趣，使得人们不断寻求改善双稳器件性能的方法。本征光学双稳器件性能的提高需要解决两个问题——寻找三阶非线性系数高、响应时间快的光学材料；选用好的光反馈方式。围绕这两个问题人们做了大量工作。近些年，发现掺半导体玻璃[1]，超晶格量子阱[2]、有机高分子[3]材料是三阶非线性系数高、响应时间快的光学材料。在双稳器件的结构方面，人们采用了表面等离子体激元波衰减全反射[4,5]、非线性分布耦合（棱镜、光栅等）[6]、非线性光波导之间耦合[7]等一些好的结构。由于这些新材料新结构的发现和应用，提高了双稳器件的性能。

掺 CdS_xSe_{1-x} 玻璃（简称 SDG）是一种短波长截止吸收滤光片。它随 CdS 和 CdSe 的配比不同吸收限的位置发生移动。人们在实验中发现，在吸收限附近 SDG 具有很高的三阶非线性系数（$n_{2E}=10^{-4}\sim10^{-5}\ cm^2/mW$）和极快的响应时间（小于 16 ps）[8]。随 CdS 和 CdSe 配比的改变，它可以在可见光的很宽波段内获得三阶非线性，是一种理想的非线性材料。

本文报道用 SDG 作非线性光波导材料，采用棱镜非线性波导耦合，通过三种不同的光束耦合方式观测了光学双稳态。

① 高速摄影与光子学，1990，19(2)：177-180.

二、原理简述

光束在棱镜光波导之间可通过三种方式耦合(如图 1 所示)。它们分别是光束由棱镜输入、波导端面输出;由棱镜输入,经波导后再由棱镜输出;波导面输入,棱镜输出。由于棱镜非线性波导耦合具有光反馈和光调制作用,使得这三种不同的耦合方式都可以产生光双稳现象。下面以棱镜输入、波导端面输出的情况为例,简述本征光学双稳态的产生。

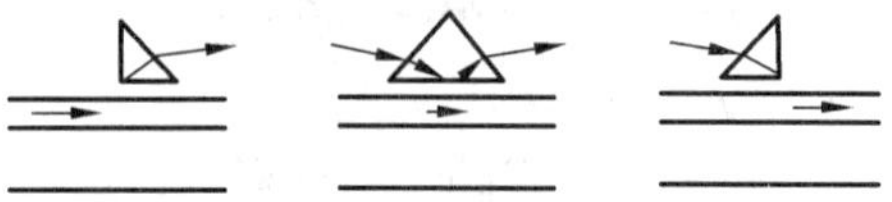

图 1　棱镜光波导间光束的耦合方式

Fig. 1　Coupling methods of beam between prism and optical waveguide

对线性光波导,如果入射到棱镜底的光束其位相与波导中传播光束的位相匹配,即 $n_p\sin\theta_p=n_w$,耦合效率最高。但对非线性光波导,耦合效率是入射角和入射光强的二元函数。非线性光波导折射率可写为 $n_w=n_0+n_{2E}|E|^2$,n_{2E}是非线性系数(设 $n_{2E}>0$,此时光束在空间产生自聚焦)。当光束以同步角入射,随入射光强的增加改变了非线性波导的折射率,导致了位相失配,耦合效率下降。如果入射角与线性波导同步入射角 θ_p(即入射光在低功率入射时的最佳入射角)之间有一小的偏置角 $\Delta\theta>0$。当入射光强很小时 $n_p\cdot\sin(\theta_p+\Delta\theta)>n_w$。但当入射光强增加时,$n_w\rightarrow n_p\sin(\theta_p+\Delta\theta)$,耦合效率也随之增加。当入射光强增加到 $n_p\sin(\theta_p+\Delta\theta)=n_0+n_{2E}|E|^2$ 时,满足位相匹配条件,耦合效率最佳。此时入射光强继续增加,则耦合效率开始下降。

以上分析可得,由于光在波导中的正反馈和波导折射率改变对耦合效率的调制作用,产生输出光强的双稳跳跃。同理可分析其他二种方式。对于 $n_{2E}<0$(光束在空间产生自散焦),则令 $\Delta\theta<0$,可获得类似的现象。

本文根据以上原理,分别作了三种耦合方式的观察,并成功地测得了双稳曲线。

三、实验装置以及实验结果

将表面抛光好的 SDG 片置入 350 ℃的硝酸钾熔盐中进行 K/Na 离子交换,交换时间一小时。这时在 SDG 片的表面产生非线性单模平面光波导。该材料经离子交换后,其非线性系数并没有明显改变[9]。

图 2 是棱镜非线性波导耦合光双稳测试实验装置。实验用 He-Ne 激光器 6328Å波长作光源。利用二个偏振片 P_1、P_2 形成 TE 偏振光的三角波。TE 偏振光经过 50 cm 焦距的透镜聚焦到双稳器件。光信号经光电管接收后用 X-Y 记录仪记录。

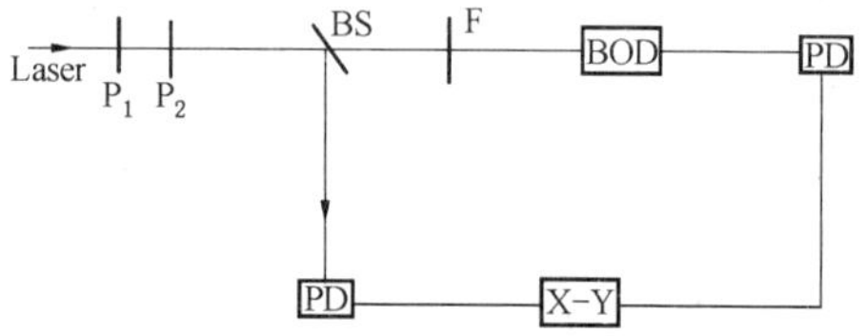

图 2　光学双稳实验装置

Fig. 2　Schematic of the setup for the optical bistability

采用端面输入、棱镜输出耦合方式时,在棱镜接收端放置一固定狭缝,在狭缝后接收光强信号。由于波导折射率的改变导致输出光束方向的改变。在狭缝后面可接收到光双稳信号。

图 3 是实验中采用三种不同的耦合方式测得的实验曲线。横坐标表示入射

光强，纵坐标表示经双稳器件的输出光强。图3(a)是偏置角$\Delta\theta=1.78'$时测得由棱镜输入、波导端面输出的光双稳曲线。图3(b)是偏置角$\Delta\theta=2.30'$时测得由棱镜输入经波导后再由棱镜输出的光双稳曲线。图3(c)是经波导端输入由棱镜输出时测得的光双稳曲线。

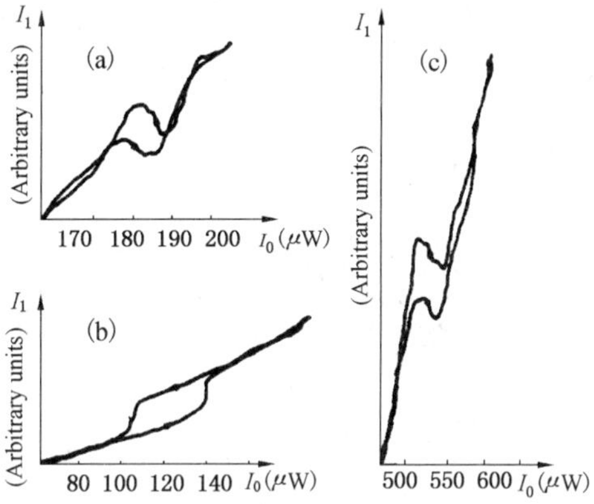

(a) 棱镜输入、波导输出；(b) 棱镜输入经波导再由棱镜输出；(c) 波导输入、棱镜输出。

图3　由棱镜非线性光波导之间三种光束耦合方式得到的光双稳实验曲线

Fig. 3　Measured curve of optical bistability by three beam coupling methods between prism and nonlinear waveguide:
(a) Prism input and waveguide output;
(b) Prism input through waveguide and then prism output;
(c) Waveguide input and prism output

四、讨论

棱镜非线性波导耦合本征光学双稳器件，由于光能被束缚在微米量级的波导内，在低的光功率下，可以得到很高的光功率密度，并且不需要FP腔的光场建立时间，它的响应时间完全由材料本身的特性所决定。所以双稳器件的阈值功率低，响应时间快。在本实验中已证明该器件的阈值功率分别约为190、140和550 μW。一般来说，这种双稳态都有热效应参与，为了进一步弄清这些器件的双稳机制，我们正在用超快速光源和探测系统研究这些器件的响应时间。

参考文献

[1] Roussignol P, Ricard D, Flytzanis C. Nonlinear optical properties of commercial semiconductor-doped glasses[J]. Applied Physics A, 1987, 44(4): 285-292.

[2] Chemlia D S, Miller D A B, Smith P W. Nonlinear optical properties of GaAs/GaAlAs multiple quantum well material-Phenomena and applications [J]. Optical Engineering, 1985, 24(4): 556-564.

[3] Ho P P, Yang N L, Jimbo T. Ultrafast resonant optical Kerr effect in 4-butoxycarbonylmethylurethane polydiacetylene[J]. Journal of the Optical Society of America B, 1987, 4(6): 1025-1029.

[4] Martinot P, Koster A, Laval S. Experimental observation of optical bistability by excitation of a surface plasmon wave[J]. IEEE Journal of Quantum Electronics, 1985, 21(8): 1140-1143.

[5] 刘立杰，于荣金，赵伟. 第三届全国纤维光学与集成光学学术交流会、第二届全国光计算技术研讨会论文集E1, 1988: 292-293.

[6] Fortenberry R E F, et al. In: Laser optics of condensed matter edited by Birman J L, et al. 1988: 137-145.

[7] Sarid D. Analysis of bistability in a ring-channel waveguide. [J]. Optics Letters, 1981, 6(11): 552-553.

[8] Yao S S, Karaguleff C, Gabel A, et al. Ultrafast carrier and grating lifetimes in semiconductor-doped glasses[J]. Appl. Phys. Lett., 1985, 46(9): 801-802.

[9] Ironside C N, Cullen T J, Bhumbra B S, et al. Nonlinear-optical effects in ion-exchanged semiconductor-doped glass waveguides[J]. Journal of the Optical Society of America B, 1988, 5(2): 492-495.

集成光学波导混合型双稳器件①

赵　伟　于荣金　赵安平　刘立杰
（中国科学院长春物理研究所）

摘　要：本文报道了由质子交换工艺在铌酸锂衬底上制作的单模条波导截止调制器和非线性电反馈组成的混合光学双稳态器件。条波导的宽度和长度分别为 4 μm 和 3.5 mm。在适当的偏置电压下，观察到了双稳特性。开关时间约为 10^{-5} 秒。实验结果和由微机模拟结果是一致的。

Integrated Optical Waveguide Hybrid Bistable Device

Zhao Wei　Yu Rongjin　Zhao Anping　Liu Lijie
(Changchun Institute of Physics, Academia Sinica)

Abstract: The paper reports the hybrid optical bistable device made of cutoff single mode-channel waveguide modulator in a X-cut Y-propagating $LiNbO_3$ substrate and nonlinear electric feedback. The waveguide width and length of the modulator are 4 μm and 3.5 mm, resepectively. The optical bistability with an appropriate bias voltage has been observed. The switching time is about 10^{-5} s. The experimental results agree with the analoguos ones by micro-computer.

一、引言

光学双稳态的研究是一个较新的研究领域。许多实验室对这一非线性器件进行了研究。这些器件具有滞后性以及与输入性能有关的光功率输出限制性。这些器件可望能够成为未来光信号处理系统的主要元件。已构成了几种以电光效应为基础的集成光学双稳元件[1-6]。

本文介绍了在 x 切、y 切传播的 $LiNbO_3$ 衬底上，利用质子交换工艺制作的单模条波导截止调制器[7]和非线性电反馈组成的混合双稳态器件。条波导宽度和电极间隔为 4 μm，长度为 3.5 mm。采用端面耦合时，利用 2 mW 的 He-Ne 激光器（λ=0.6328 μm）进行 TE 模式的激励，测得调制器的调制特性如图 1 所示。

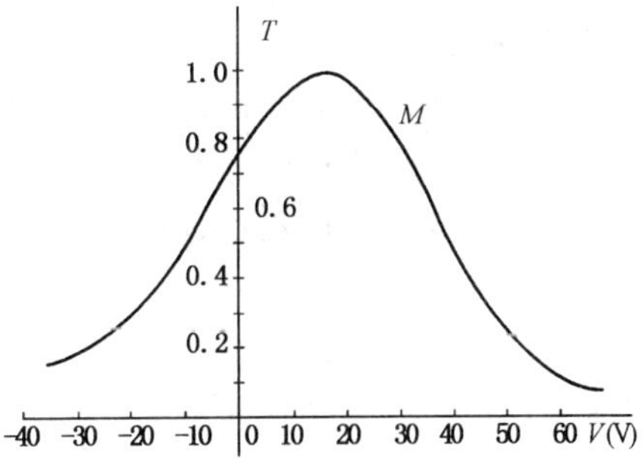

图 1　调制器调制特性

① 量子电子学，1989，6(2)：162-166，161.

从图中可以看出，在调制深度为90%时，驱动电压为30 V。调制器电极电容$C=1.44$ pF，电极匹配电阻$R=50\ \Omega$，带宽为$\Delta f=4.4$ GHz。

二、双稳态实验装置以及实验结果

混合双稳态的实验装置如图2所示。由2 mW的He-Ne激光器（$\lambda=0.6328\ \mu$m）入射；P_2为固定的偏振器，用以产生TE模式的光场，P_1为可转动的偏振器，P_1相对于P_2转动可以对输入光强进行扫描；S为分束器，反射的光束输入给探测器D_1，用以记录输入光强的变化；透过的光束由聚光镜L聚焦以后，对调制器进行端面激励耦合；出射光场经光电探测器D_2转变为电信号，经过非线性放大器A放大以后，得到一个与光强变化呈非线性变化的电压信号并反馈到调制器电极上。施加适当的偏置电压，构成混合光学双稳器件。在转动P_1偏振器对输入光强进行扫描时，由光电探测器D_1和D_2输出的电信号记录在X-Y记录仪上，得到如图3(b)所示的双稳实验结果。采用适当的偏置电压，双稳性很好。实验中，在双稳的输入光强范围内，当器件处于低输出态时，继续增加输入光强，器件则由低输出态跃迁到高输出态；在器件处于高输出态时，逐渐减小输入光强，则输出态跃迁到低态。上述两种状态在保持输入光强不变的条件下，是稳定的。如果改变偏置电压，可以得到不同的双稳特性。从图3(b)中可以看到，器件呈现双稳性的“临界”偏置电压为$V_B=-50$ V。在偏置电压的数值小于50 V时，仅有非线性的输出；而偏置电压的数值大于50 V时，输出相对于输入呈现双稳性。偏置电压数值进一步增大，双稳性就愈加明显，但电压值的增加要损耗较多的功率。

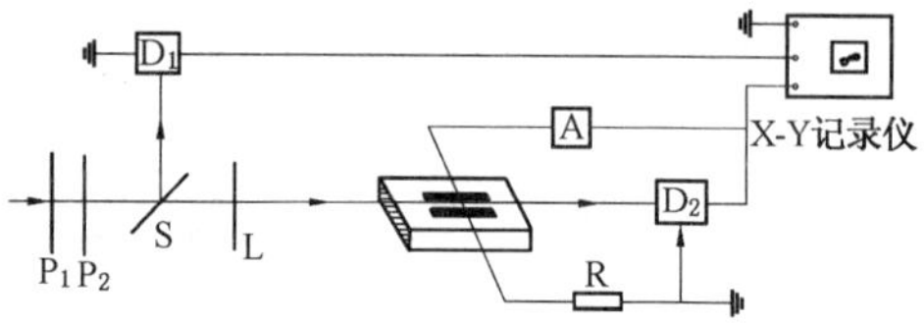

图2　双稳实验装置

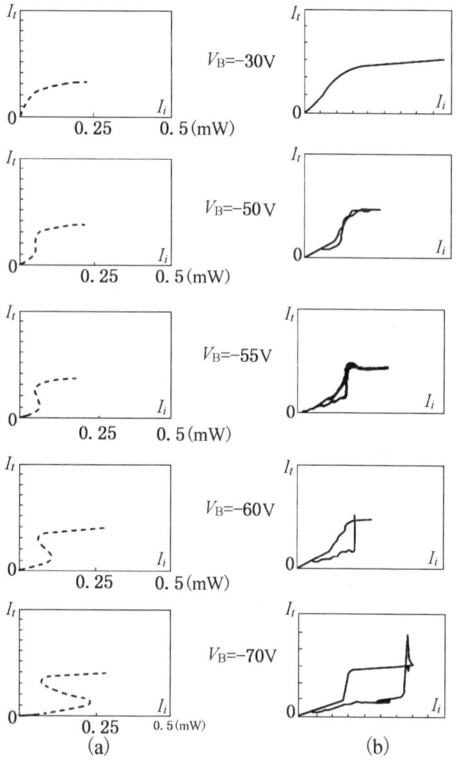

图3　双稳态模拟结果(a)与实验结果(b)

三、讨论与分析

根据混合光学双稳态的动态理论[8]，可以写出双稳器件的输入和输出的动态方程：

$$\tau_1 \dot{I}_t=-I_t+M(\varphi)I_i, \qquad (1)$$

$$\tau_2\dot{\varphi}=-(\varphi-\varphi_0)+F(I_t), \qquad (2)$$

其中τ_1和τ_2为传输和反馈系统的时间常数，F为反馈系统的传输函数，其形式由反馈的特性而定；I_t和I_i分别代表输出光强和输入光强，$M(\varphi)$为调制器的透过率函数。在实验中，φ和φ_0分别对应于调制电压和偏置电压V_B值。从这组方程可以对光学双稳态进行分析。

在平衡态时，$\dot{I}_t=0$，$\dot{\varphi}=0$。从(1)和(2)式可以得到

$$I_t = M(\varphi)I_i, \tag{3}$$

$$\varphi = \varphi_0 + F(I_t), \tag{4}$$

从而有如下结果：

$$I_t = I_i M[\varphi_0 + F(I_t)]。 \tag{5}$$

从此式可以看出，I_i、φ_0 和 F 的变化都能引起 I_t 的变化。其中，最主要还是 I_t 随 I_i 的变化，在适当的反馈和偏置电压情况下可以形成双稳态。

此外，从(3)和(4)式可以得出

$$M(\varphi) = \frac{1}{I_i} \times F^{-1}(\varphi - \varphi_0), \tag{6}$$

F^{-1}代表 F 的反函数。$F(I_t)$函数可以是 I_t 的线性函数或者非线性函数，它反映了电反馈的性质。非线性反馈比线性反馈能够得到更好的双稳性[9]。在实验中，我们利用了非线性的反馈。

非线性反馈电路是利用三极管的伏-安特性。P-N结的伏-安特性满足如下关系

$$i_e = I_s[\exp(-qV_{eb})/kT) - 1], \tag{7}$$

式中 I_s 为饱和电流，i_e 为经过发射极的电流，V_{eb} 为发射极-基极电压，q 为电子电荷，k 为波尔兹曼常数，T 为 P-N 结的绝对温度。合理设计电子线路，可以使非线性放大器具有如下形式的输出：

$$V_{out} = a_1[\exp(a_2 I_t) - 1], \tag{8}$$

其中 a_1 和 a_2 由元件参数所确定，$a_1<0$。非线性反馈放大器的输出特性如图 4 所示。图中 $V_x \propto I_t$。如果调制器的初始量(偏置电压)为 V_B 时，则施加于调制器电极的电压为

$$V = V_{out} - V_B。 \tag{9}$$

利用(6)、(8)和(9)式，调制器有反馈时的透过率可以表达为

$$T = M'(V)$$
$$= \frac{1}{a_2 I_i}\ln[(V + V_B + a_1)/a_1]。 \tag{10}$$

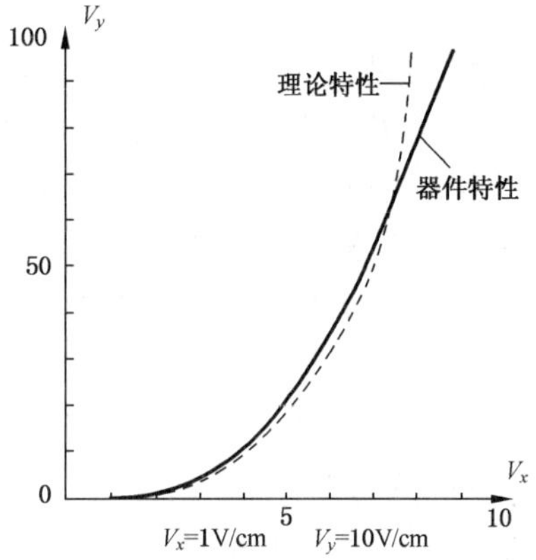

图 4　非线性放大器的输出特性

在 I_i 取不同的值时，以 V 作变量，可以把(10)式和调制特性 $M'(V)$ 利用图示法表明双稳态的形成过程，如图 5 所示。图中 $V_B=-60$V 时有一族反馈曲线，它们从上至下分别对应着 I_i 的增加过程。反馈曲线和调制曲线相交点则是双稳点，相切点则对应着两态跃迁的光强位置。从(5)式可以看出，一个 I_t 值对应着一个 I_i 值。而从图 5 中可以看出，I_t 为 I_i 的多值函数。这样，取 I_t 的不同值，根据(8)、(9)和(10)式可以求得 T 值。再求 $I_i=I_t/T$ 值。

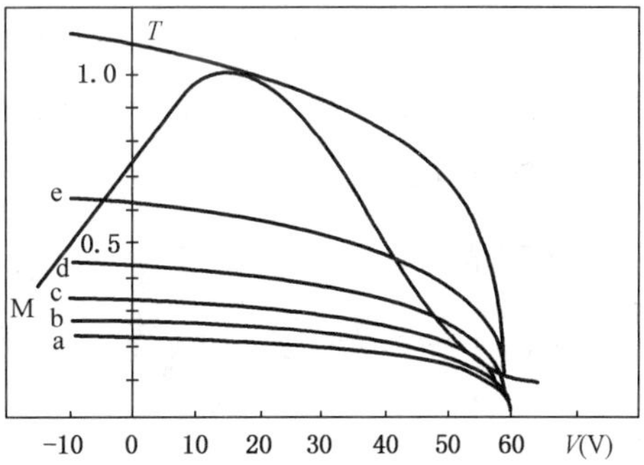

a. $I_i=0.5$ mW，b. $I_i=0.4$ mW，

c. $I_i=0.3$ mW，d. $I_i=0.2$ mW，

e. $I_i=0.1$ mW　$V_B=-60$ V，

$a_1=-9.04\times10^{-4}$ V $a_2=1.3\times10^4$ 1/W。

图 5　双稳态形成的图示

由此可以模拟具有不同的偏置电压时的双稳特性，其结果如图3(a)所示。从中可以看出，与实验结果是一致的。模拟的结果由于是从平衡态方程出发，双稳性为"S"形，有别于实验中的"□"形结果。这一区别可以从动态方程加以说明[3]。

在平衡点处对(1)和(2)式展开，取其一次项，列出其特征方程并求其本征值，可以得到稳定性判定条件。稳定条件：

$$\mathrm{d}I_t/\mathrm{d}I_i>0, \tag{11}$$

不稳定条件：

$$\mathrm{d}I_t/\mathrm{d}I_i<0。 \tag{12}$$

由此可以得出结论：在平衡态的输入输出曲线上，斜率大于零所对应的状态为稳定的，斜率小于零所对应的状态为不稳定的。因而在实验中看不到"S"形的负斜率段，而呈现"□"形。另一方面，实验结果中上跃迁处的点具有"过冲"现象。这是由于输出从低态到高态的过程中，先经过透过率曲线峰值时引起的。

由于此混合双稳器件的光学非线性是利用条波导电光调制效应产生的，器件所需的光功率较低(一般在毫瓦以下)。此双稳器件的开关时间主要受系统中电子元件的总响应时间的限制，开关时间约在10^{-5}秒量级。

五、结束语

利用质子交换单模条波导截止调制器和非线性电反馈组成的混合器件，具有器件尺寸小、工艺简便、双稳特性好等优点。如果进一步改善条波导调制器的工艺条件，还可使双稳器件的偏置电压大幅度下降。

参考文献

[1] Smith P W, Kaminow I P, Maloney P J, et al. Self-contained integrated bistable optical devices[J]. Appl. Phys. Lett., 1979, 34(1): 62-65.

[2] Cross P, Schmidt R, Thornton R, et al. Optically controlled two channel integrated-optical switch[J]. IEEE Journal of Quantum Electronics, 1978, 14(8): 577-580.

[3] Sohler W. Optical bistable device as electro-optical multivibrator[J]. Appl. Phys. Lett., 1980, 36(5): 351-353.

[4] Schnapper A, Papuchon M, Puech C. Optical bistability using an integrated two arm interferometer[J]. Optics Communications, 1979, 29(3): 364.

[5] 李玉善，林盛强，金锋等. 导波光束偏转器的双稳态特性[J]. 光学学报，1983，3(8)：685.

[6] 邹立勋，等. 光波导TE-TM模干涉调制光学双稳态装置[J]. 中国激光，1984，11(5)：290.

[7] 赵伟，于荣金. 质子交换单模条波导截止调制器[J]. 应用激光联刊，1988，7(4)：219.

[8] 李永贵，张洪钧. 混合型光学双稳特性分析[J]. 物理学报，1983(3)：301.

[9] 李淳飞. 具有非线性反馈的光学双稳态装置[J]. 物理，1980，9(20)：99.

利用掺半导体玻璃-银膜界面的SPW的本征光学双稳态研究①

刘立杰　于荣金　赵　伟
（中国科学院长春物理研究所）

摘　要：本文利用表面等离子体激元波（SPW）和非线性介质——掺半导体玻璃，得到了本征光学双稳态。临界开关功率约为3.5 mW。

Observation of Intrinsic Optical Bistability in Semiconductor-doped Glasses

Liu Lijie　Yu Rongjin　Zhao Wei
(Changchun Institute of Physics, Academia Sinica)

Abstract: We report experimental observations of intrinsic optical bistability from attenuated total reflection (ATR) excitation of a surface plasmon wave (SPW), using semiconductor-doped glasses as the nonlinear medium. A critical switching power is about 3.5 mW.

一、引言

近几年来，SPW引起了人们的重视。人们已用它来产生二次谐波、双稳、四波混频等非线性光学效应，以及作为探测界面或表面各种性质的一种有效手段。Martinot等人指出，用衰减全反射(ATR)法激励SPW，可获得无法布里-珀罗腔的光学双稳态，并用CS_2作为非线性介质，在实验上观察到了光学双稳态[1]。本文第一次以掺半导体玻璃为非线性材料，利用SPW，得了到本征光学双稳态。

二、SPW和ATR谱

SPW是一种TM迅衰电磁波，它沿具有负介电常数的介质（金属）和具有正介电常数的介质之间的界面传播，在界面法线方向，其振幅是指数衰减的。当入射光束平行于界面的波矢分量κ_{11}等于等离子体波的波矢κ_p时，得到共振激发。即共振激发的条件为

$$\kappa_{11}=\frac{\omega}{c}n_1\sin\theta_1=\frac{\omega}{c}\sqrt{\frac{\varepsilon_a\varepsilon_b}{\varepsilon_a+\varepsilon_b}}=\kappa_p, \quad (1)$$

其中n_1为耦合棱镜的折射率，θ_1为入射光的入射角，ω为角频率，c为光速，ε_a和ε_b分别为界面二边介质的介电常数。

产生SPW最常用的方法是ATR。用一个高折射率棱镜，在入射角大于全反射临界角的条件下，把一束TM偏振光入射到棱镜底部，如果入射光束的波矢沿金属薄膜表面的分量与界面上的SPW波矢相匹配，迅衰场就可激励SPW而使入射的光能耦合到沿界面传播的SPW中去。

① 应用激光联刊，1989，8(5)：237-239.

全反射的光强急剧衰减，从而得到ATR谱。

到目前为止，激发SPW已有四种不同的配置[2]：Otto配置、Kretschmann配置、Sarid配置（LRSPW）、以及Kou和Tamir配置（ERSPW），如图1所示。我们对其中的Kretschmann配置和Sarid配置进行了详细的研究。

已经证明，在各种配置的介质中的波可按平面波处理。根据菲涅耳公式对Kretschmann配置，棱镜-金属-介质的反射系数为：

$$R_{123}=\frac{r_{12}+r_{23}\exp(i2\kappa_2 d_2)}{1+r_{12}r_{23}\exp(i2\kappa_2 d_2)},\quad(2)$$

对Sarid配置，棱镜-介质-金属-衬底系统的反射系数为：

$$R_{1234}=\frac{r_{12}+R_{234}\exp(i2k_2 d_2)}{1+r_{12}R_{234}\exp(i2k_2 d_2)}。\quad(3)$$

其中，$R_{234}=\dfrac{r_{23}+r_{34}\exp(i2\kappa_2 d_3)}{1+r_{23}r_{34}\exp(i2\kappa_2 d_3)}$，

$$r_{ij}=\frac{\sqrt{\varepsilon_j}\cos\theta_i-\sqrt{\varepsilon_i}\cos\theta_i}{\sqrt{\varepsilon_j}\cos\theta_i+\sqrt{\varepsilon_i}\cos\theta_i},$$

$$\kappa_i=\frac{\omega}{c}(\varepsilon_i-\varepsilon_1\sin^2\theta_1)^{1/2},$$

下标$i,j=1,2,3,4$分别代表棱镜、介质、金属和衬底，κ_i是波矢的法线分量，r_{ij}是TM偏振光的菲涅耳反射系数，ε是介电常数，d是薄膜厚度，θ是波矢在每种介质中的角度。利用公式(2)和(3)算出的ATR谱示于图2。由图2(a)看出，对于Kretschmann配置，银膜厚度$d_2\approx550$ Å为最佳。随着波长的增加，最佳银膜厚度减小；波长减小，则最佳银膜厚度增加。例如，$\lambda=1.06$ μm时，$d_2\approx450$ Å；$\lambda=4880$ Å时，$d_2\approx600$ Å。对于Sarid配置，银膜厚度取更薄一些好。银膜愈薄，ATR共振峰愈窄，传播距离愈长。但是银膜厚度小于150 Å，出现孤岛状态，不容易制作；并且这时随着金属膜厚度的进一步减小，介电常数的虚部将近似随厚度的倒数而增加。对于一定的银膜厚度d_3，匹配液厚度d_2有个最佳值[4]，它可通过关系式$d_2=\dfrac{0.366\lambda}{(\beta^2-n_2^2)^{1/2}}$找出。例如，$n_1=1.7497$，$n_2=n_4=1.52$，$d_3=160$ Å，200 Å，250 Å，400 Å和500 Å时，d_2的最佳值分别为12500 Å，10000 Å，8500 Å，6000 Å和5000 Å。实验上，通过调节夹具的压力，可控制匹配液的厚度d_2。图2(b)为$d_3=100$ Å，160 Å和220 Å时的ATR谱。比较这两种配置，各有优缺点，Kretschmann配置结构简单，只要控制银膜厚度，但ATR共振峰没有Sarid配置的共振峰窄；Sarid配置则可以达到比Kretschmann配置窄一个数量级左右的ATR共振峰，但除了要控制银膜度厚度外，还要控制匹配液的厚度，实验上做到这一点不容易。

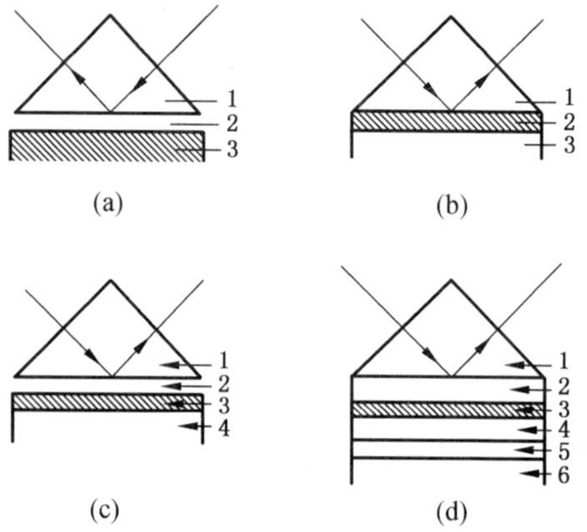

(a) Otto配置；(b) Kretschmann配置；(c) Sarid配置；(d) Kou和Tamir配置。

图1　激发SPW的四种配置

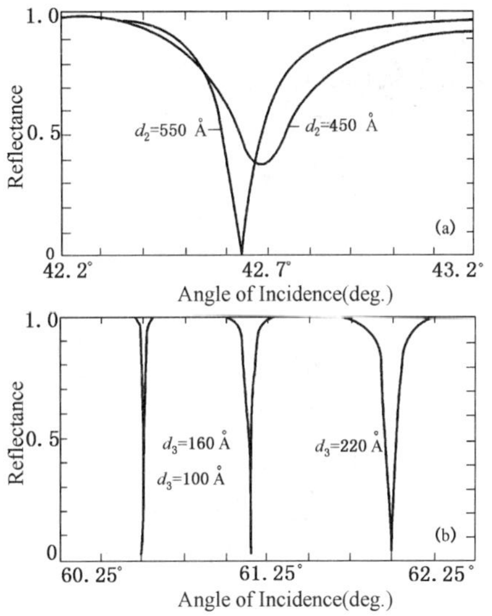

(a) Kretschmann 配置，$n_1=1.52$，$n_3=1$；

(b) Sarid 配置，$n_1=1.7497$，$n_2=n_4=1.52$。

图 2　典型的 ATR 谱。$\lambda \approx 6328\text{Å}$，$\varepsilon(\text{Ag})=-18+\text{i}0.47$[3]

三、光学双稳实验结果

利用各种配置激发 SPW，观察光学双稳态，主要是因为这个系统有两种稳定的状态：全内反射(TIR)和 ATR。在金属与非线性介质之间的界面处，用某一种配置激励 SPW，令 θ_i 大于 θ_P，其中 θ_i 是使等离子体场最佳的入射角，θ_P 是相当于相位匹配条件的角度。开始时，入射功率很小，系统处于 TIR 状态；当入射功率增加时，接近表面等离子体共振，非线性介质中的迅衰场共振增强，产生正反馈效应，引起反射曲线的工作点由 TIR 向 ATR 转移；此时，若减小入射功率，工作点移向 ATR 最小值，非线性介质内的场将不能维持 SPW，工作点又从表面等离子体共振的 ATR 回到 TIR。

在利用 SPW 得到光学双稳态时，为了降低双稳的临界开关功率，需要具有 ATR 共振峰很窄的长程 SPW。从满足这一点来看，在已有的四种配置中，Kou 和 Tamir 配置优于 Sarid 配置，而 Sarid 配置又优于 Kretschmann 配置和 Otto 配置。但配置的复杂程度是按这个次序减小，这从图 1 可以看出。

考虑到材料加工的现实性，结构的简单性，我们把掺半导体 CdS_xSe_{1-x} 玻璃直接加工成棱镜，镀上银膜，采用 Kretschmann 配置，利用 He-Ne 激光器 6328Å 的 TM 偏振光作为光源，实验装置如图 3 所示。选择合理的偏置角，使 $\Delta\theta=\theta_i-\theta_P\approx 0.1°$，就得到如图 4 所示的双稳曲线。光斑直径～0.5 mm，临界开关功率～3.5 mW。由于掺半导体玻璃的非线性系数较大，$n_2=10^{-4}\sim10^{-5}\ \text{cm}^2/\text{MW}$，这有利于降低光学双稳态的临界开关功率，又有利于防止银膜的光损伤。如果减小光斑直径，进一步优化实验条件，开关功率还可大幅度下降。

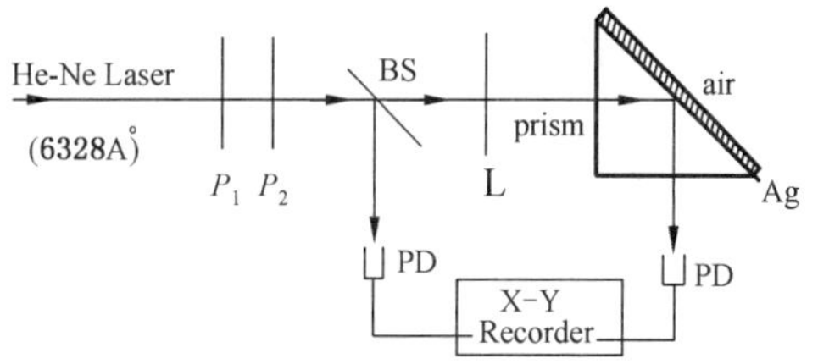

图 3　实验装置示意图

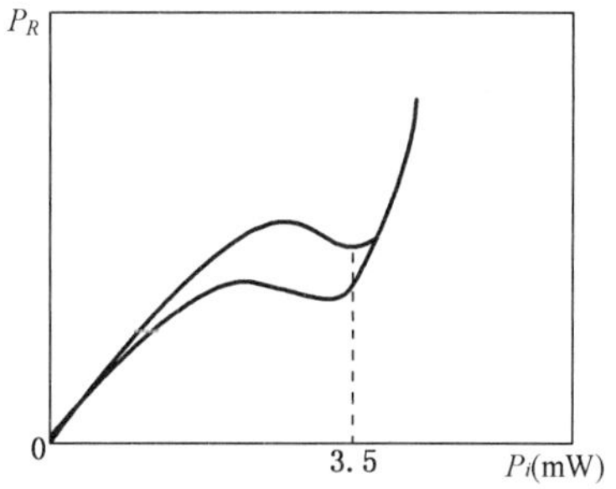

图 4　双稳曲线

参考文献

[1] Martinet P, Koster A, Laval S. Experimental observation of optical bistability by excitation of a surface plasmon wave[J]. IEEE Journal of Quantum Electronics, 1985, 21(8): 1140.

[2] Kou E F, Tamir T. Incidence angles for optimized ATR excitation of surface plasmons [J]. Applied Optics, 1988, 27(19): 4098.

[3] Christy R W, Johnson P B. Optical Contstants of Noble Metal[J]. Physical Review B, 1972, 6(12): 4370.

[4] Sarid D, Deck R T, Craig A E, et al. Optical field enhancement by long-range surface-plasma waves[J]. Applied Optics, 1982, 21(22): 3993.

棱镜非线性波导耦合光学双稳理论①

马少杰　于荣金　刘立杰
（中国科学院长春物理研究所）

摘　要：利用菲涅耳公式计算了棱镜非线性光波导耦合。从理论上分析了该双稳器件的调制和反馈特性，模拟出不同偏置角的光学双稳曲线，能定量地分析双稳最小偏置角，双稳阈值功率等。

Theory of Optical Bistability of Prism Nonlinear Waveguide Coupling

Ma Shaojie　Yu Rongjin　Liu Lijie
(Changchun Institute of Physics, Academia Sinica)

Abstract: The bistable behavior originating from optical nonlinear coupling between a prism and a nonlinear waveguide by using Fresnel formulas is described. Modulation and feedback curves of the optical bistable device are analyzed. Optical bistable curves at different offset angles are calculated. The results show that the smallest offset angle and threshold of the device can be determined by using this method.

In prism nonlinear waveguide coupling system, as shown in Fig. 2, assuming prism the index of refraction $n_0 = 1.751$, gap(air) $s = 100$ nm and its index of refraction $n_1 = 1.000$, waveguide thickness $w = 1400$ nm and its index of refraction $n_2 = n_{20} + n_{2E} I_g = 1.527 + 10^{-14}\ \mathrm{m}^2/\mathrm{W}$, substrate index of refraction offset angles (values of the angle shift from the incidence coupling angle) are calculated. If the offset angle $\Delta\theta < 0.18'$, optical switch occurs. If the offset angle $\Delta\theta > 0.18'$, optical bistable operation occurs. And the hysteresis cycle width and threshlod power increase with the increase of offset angle.

一、引言

光学双稳思想最先是根据FP腔结构提出的[1,2]。但是因为高Q值FP腔有关的渡越时间限制了光学双稳的响应时间，所以人们又不断地寻找新结构来提高光学双稳器件的性能。最近几年，人们先后发现表面等离子体激元波衰减全反射[3,4]、非线性分布耦合（棱镜、光栅等）[5]、非线性波导之间耦合[6]等新结构具有良好的光学反馈和调制特性，是理想的光学双稳器件，利用这些新结构可使光双稳态的性能得到很大改进。

棱镜耦合光学双稳器件是近几年提出的新结构之一。实验中发现，当光波导、衬底或覆盖层是非线性介质时，可产生光开关和光双稳[5,7,8]。并且从理论上分析了当衬底或（和）覆盖层是非线性介

① 发光学报，1991，12(2)：134-138.

质时器件的双稳特性[9,10]，但是还没有完满解释当波导为非线性介质时的光学双稳态。

本文利用菲涅耳公式计算棱镜非线性光波导耦合问题，分别讨论了棱镜非线性波导耦合的光调制和光反馈，偏置角对光双稳理论曲线的影响，并定量地给出产生光学双稳的最小偏置角和双稳阈值。

二、理论分析

当一束 TE 偏振光照射到界面上时，被界面反射一部分光。反射光的振幅可由菲涅耳公式求出[11]：

$$\frac{E^{(r)}}{E^{(i)}}=r_{ij}=\frac{n_i\cos\theta_i-n_j\cos\theta_j}{n_i\cos\theta_i+n_j\cos\theta_j}。\quad(1)$$

式中 r_{ij} 是界面 $i-j$ 的反射系数，n_i 是介质的折射率，θ_i 是光线与界面法线之间的夹角。

当光线照射到一均匀介质薄膜（如图 1 所示），膜层可等效为界面的反射，等效的反射系数为：

$$r=\frac{r_{12}+r_{23}\exp(i2K_2h)}{1+r_{12}r_{23}\exp(i2K_2h)}。\quad(2)$$

式中，$K_2=\frac{2\pi}{\lambda_0}n_2\cos\theta_2$。多层介质的反射系数可用递推法求出。

图 2 所示为棱镜非线性光波导耦合示意图。设 $n_0>n_2>n_3>n_1$，其中 n_2 是非线性介质，$n_2=n_{20}+n_{2E}I_g$，I_g 是波导中的传输光强。其他材料为线性光学材料。当一束低功率入射光照射到棱镜底面时，$n_2\approx n_{20}$，可用菲涅耳反射系数递推法求出整个系统的反射系数：

$$r_{0123}=\frac{r_{01}+r_{123}\exp(i2K_1s)}{1+r_{01}r_{123}\exp(i2K_1s)}。\quad(3)$$

式中 $r_{123}=[r_{12}+r_{23}\exp(i2K_2w)]/[1+r_{12}r_{23}\exp(i2K_2w)]$，$r_{01}$，$r_{12}$，$r_{23}$ 是单层界面 TE 偏振光的菲涅耳反射系数，K_1，K_2 是波矢量的垂直分量：$K_1=\frac{2\pi}{\lambda_0}n_1\cos\theta_1$，$K_2=\frac{2\pi}{\lambda_0}n_2\cos\theta_2$，$s$，$w$ 分别为间隙和波导厚度。光束由棱镜底面反射的反射率为：

$$R=|r_{0123}|^2。\quad(4)$$

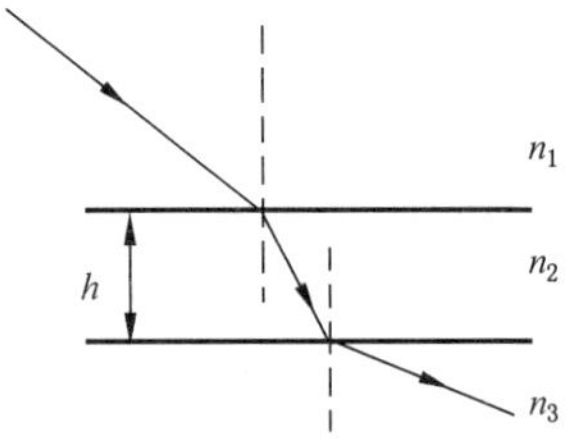

图 1　光束通过单层均匀介质薄膜的传播

Fig. 1　Propagation of a light beam through a homogeneous dielectric film

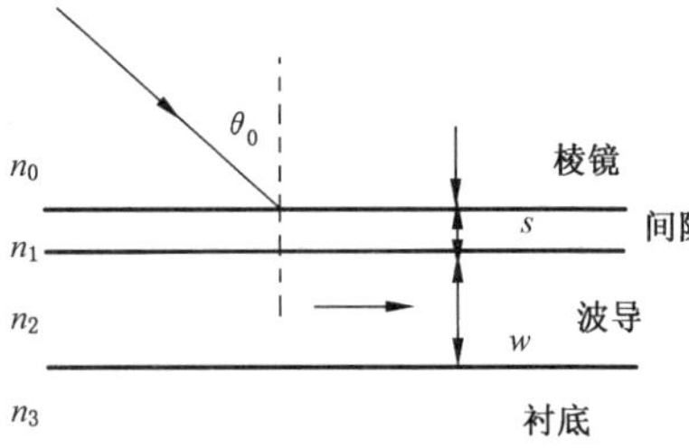

图 2　棱镜非线性波导耦合器示意图

Fig. 2　Schematic diagram of prism nonlinear waveguide coupler

用计算机绘出低功率入射时的反射率曲线如图 3 所示。表 1 给出计算中代入的参量。由反射定律可知：当入射角 θ_0 大于临界角$[\theta_c=\sin^{-1}(n_1/n_0)=34.8°]$时，入射光被全部反射，但由于消失场的作用，总有一些光漏泄到光波导。当入射角 $\theta_0\sim60.424°$时，大部分入射光通过消失场耦合进入光波导。由能量守恒定律可得：当 $\theta_0>\theta_c$ 时，棱镜波导间的光束耦合效率为：

$$\eta=1-R=1-|r_{0123}|^2。\quad(5)$$

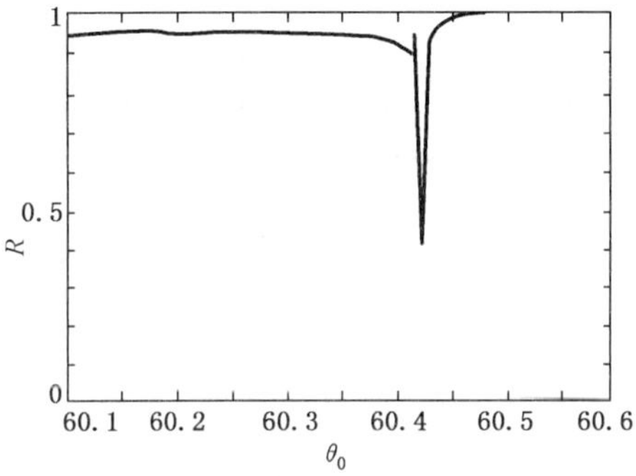

图 3　由棱镜底面反射的反射率曲线

Fig. 3　Reflectivity curve from bottom surface of the prism

表 1　棱镜非线性波导耦合器件参数

Table 1　Device parameters of prism nonlinear waveguide coupler

$n_0=1.751$	$n_3=1.523$
$n_1=1.000$	$s=100$ nm
$n_{20}=1.527$	$w=140$ nm
$n_{2E}=10^{-14}\ \mathrm{m^2/W}$	$\lambda_0=600$ nm

以上讨论低功率入射光入射情况。当入射光强增加时，波导中的光强也随之增加。因为波导是非线性介质，其折射率是波导中光强的函数，所以当入射光强增加时引起波导折射率变化，导致耦合效率的改变。可见棱镜非线性光波导间耦合具有光学反馈和调制作用，调制和反馈函数分别为：

$$\eta=1-|r_{0123}(I_g)|^2,$$

$$\eta=I_g/I_i, \tag{6}$$

该系统是线性反馈系统。

三、计算结果

图 4 是偏置角为 0.76′时，由计算机绘出的调制和反馈曲线(其他参数由表 1 给出)。由图 4 可以看到，当入射光强增加时反馈曲线的斜率由大变小。最初反馈曲线与调制曲线有一个交点 A，交点的反馈曲线斜率大于调制曲线斜率，所以是稳定的。但当入射光强增加到一定值时，反馈曲线与调制曲线有三个交点 C、I、G，其中 I 点反馈曲线斜率小于调制曲线的斜率，因此该点不稳定，其他两点 C、G 是稳定的，此时为对应一定入射光强的两个稳态输出光强。

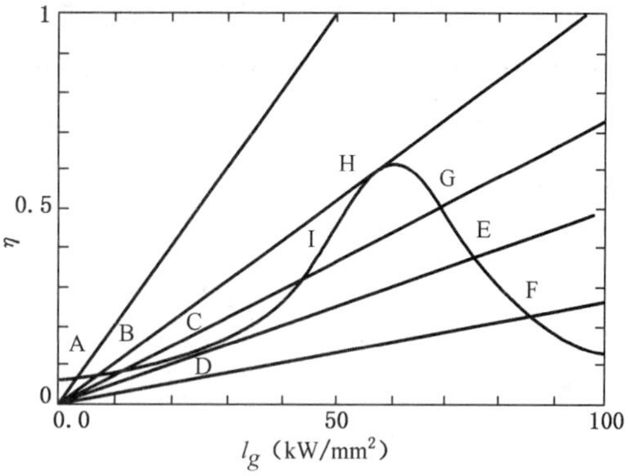

图 4　棱镜非线性波导耦合的调制和反馈曲线

Fig. 4　Modulation and feedback curves of the prism nonlinear waveguide coupler

当连续增加入射光强 I_i，工作点将沿 A→B→C→D→E→F 变化，在 D→E 处发生由低态向高态的跳跃。反之，若连续减小输入光强 I_i，工作点沿 F→E→G→H→B→A 变化，在 H→B 处发生由高态向低态的跳跃。

图 5 是计算机模拟出在各种不同偏置角下 I_0 随 I_i 变化的曲线。当偏置角 $\Delta\theta$ 小于 0.18′时，输出光强产生光学开关效应；当 $\Delta\theta$ 大于 0.18′时，输出光强产生光学双稳态。双稳阈值可由图 5 坐标求出。随偏置角增加双稳曲线变宽，双稳阈值也相应增加。

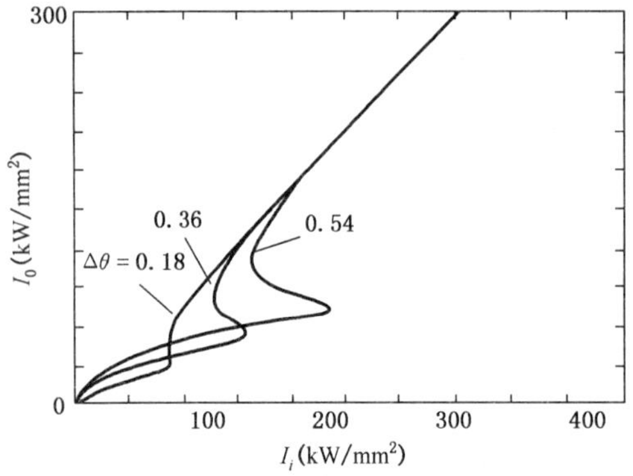

图 5　棱镜非线性波导耦合双稳理论曲线

Fig. 5　Theoretical curves of optical bistability of the prism nonlinear waveguide coupler

四、结论

由以上的计算可知，利用菲涅耳公式可以求解棱镜非线性波导之间光束耦合问题。并且可以分析棱镜非线性波导耦合的光学调制和光学反馈，可模拟出双稳理论曲线，定量地讨论在不同偏置角下产生的光开关和光学双稳态现象，以及产生光双稳的阈值功率和最小偏置角。

参考文献

[1] Szoke A, Daneu V, Goldhar J, et al. Bistable optical element and its applications[J]. Appl. Phys. Lett., 1969, 15(11): 376.

[2] Mccall S L, Gibbs H M, Venkatesan T N C. Optical transistor and bistability (A) [J]. Journal of the Optical Society of America, 1975, 65: 1184.

[3] Martinot P, Koster A, Laval S. Experimental observation of optical bistability by excitation of a surface plasmon wave[J]. IEEE Journal of Quantum Electronics, 1985, 21(8): 1140.

[4] 刘立杰，于荣金，赵伟. 第三届全国纤维光学与集成光学学术交流会、第二届全国光计算技术研讨会论文集 E1, 1988: 292.

[5] Assanto G, Svensson B, Kuchibhatla D, et al. Prism coupling into ZnS waveguides: a classic example of a nonlinear coupler[J]. Optics Letters, 1986, 11(10): 644.

[6] Sarid D. Analysis of bistability in a ring-channel waveguide[J]. Optics Letters, 1981, 6(11): 552.

[7] Dannberg P, Broese E. Observation of optical bistability by prism excitation of a nonlinear film-guided wave[J]. Appl Opt, 1988, 27(8): 1612.

[8] Valera J D, Svensson B, Seaton C T, et al. Bistability and switching in thin-film waveguides with liquid-crystal cladding[J]. Appl. Phys. Lett., 1986, 48(9): 573.

[9] Montemayor V J, Deck R T. Optical bistability with the waveguide mode: the case of a finite-width incident beam[J]. Journal of the Optical Society of America B, 1986, 3(9): 1211.

[10] 李敏英，李淳飞. 第四届集成光学学术交流会论文集, 1987: 102.

[11] M 玻恩，E 沃耳夫. 光学原理(上)[M]. 北京：科学出版社, 1978: 62.

双轴晶体 LiB_3O_5 和频与倍频转换特性的研究①

刘立杰　于荣金　马少杰

（中国科学院长春物理研究所）

摘　要：本文在光学主轴坐标系下对双轴晶体 LiB_3O_5 共线和频与倍频特性进行了计算与分析。给出了 xy 面应用 type Ⅰ 相位匹配及 yz 面应用 typeⅡ相位匹配情况下，基波波长与相位匹配角、有效非线性系数、离散角、容承角及基波频谱带宽的关系曲线，对 LiB_3O_5 晶体的实验与应用提供了有指导意义的理论结果。

Research on the Characteristics of Sumfrequency Generation and Frequency Doubling in Biaxial Crystal LiB_3O_5

Liu Lijie　Yu Rongjin　Ma Shaojie

(Changchun Institute of Physics, Academia Sinica)

Abstract: According to Sellmeier equation, the calculation and analysis on the collinear sum-frequence generation and frequency doubling in biaxial crystal LiB_3O_5 (LBO) are made in terms of principle axes. The results demonstrate that sum-frequency mixing of a Nd:YAG laser(1.064 μm) and a dry laser(from 0.56 μm to 0.85 μm) radiation can be realized in both of the two types of phase-matching(PM) process. Type Ⅱ PM is generally more efficient than that of type Ⅰ, while type Ⅰ is phase matchable over a larger wavelength range. As mentioned in the latter, 0.266 μm UV radiation can be generated by sum-frequency mixing of the Nd:YAG laser with 1.064 μm radiation and its third-harmonic generation with 0.355 μm radiation by type Ⅰ PM process in LBO crystal.

An interesting feature of sum-frequency generation and frequency doubling in LBO is that non-critical phase matching(NCPM) can be obtained in x-y plane(type Ⅰ PM) and in y-z plane (type Ⅱ PM) at room temperature, while the nonlinear coefficient d_{eff} reaches its maximum. NCPM ensures the advantage of both a large acceptance angle and a small walkoff angle, thus makes LBO with a longer coherent length and higher efficiency in frequency conversion. The curves of the phase matching angle, effective nonlinear coefficient, walkoff angle, acceptance angle and spectral bandwidth versus the fundamental wavelength are plotted according to the formulas we derived in type Ⅰ PM in x-y plane and type Ⅱ PM in y-z plane, respectively. The theoretical guiding to experiments and applications in LBO is presented.

① 发光学报，1991，12(2)：89-97.

一、引言

新型负双轴晶体 LiB_3O_5(LBO)，由于它具有优良的非线性光学特性[1]，已受到人们的广泛重视。其突出的优点是：光损伤阈值高，在 0.1 ns 脉冲宽度的 Nd：YAG 激光波长下，光损伤阈值达 25 GW/cm^2，为相同条件下 BBO 晶体的 1.6 倍；透光范围宽，从 160 nm 到 3200 nm 是近于透明的，紫外边缘比 BBO 晶体还短 30 nm；而且具有化学性能稳定、不潮解、机械性能好、易切割和抛光等优良性能。已利用 LBO 晶体把 Nd：YAG 1.064 μm 光波、与由 BBO 晶体对 1.064 μm 倍频得到的 0.532 μm 光波混频，实现了 0.355 μm 的紫外输出[2]。为了对 LBO 晶体的实验及应用提供理论指导，我们对其共线和频与倍频转换特性进行了计算与分析。

二、和频与倍频的产生

频率为 ω_1 和 ω_2 的激光束在非线性晶体中相互作用，产生非线性极化强度 $\boldsymbol{P}^{(2)}$。在和频产生中，应满足能量守恒($\omega_3=\omega_1+\omega_2$)和动量守恒($\boldsymbol{k}_3=\boldsymbol{k}_1+\boldsymbol{k}_2$)。和频辐射在由 $\boldsymbol{k}_3=\boldsymbol{k}_1+\boldsymbol{k}_2$ 所确定的相位匹配方向上能得到最有效的产生。高转换效率的和频通常采用共线相位匹配[3]，$\boldsymbol{k}_1 /\!/ \boldsymbol{k}_2 /\!/ \boldsymbol{k}_3$，$k_3=k_1+k_2$。双轴晶体和频产生中，设 $\omega_3>\omega_2\geqslant\omega_1$，$\frac{dn}{d\omega}>0$。共线相位匹配有下列两种类型。

第一类相位匹配(type Ⅰ)，两个基频光 ω_1、ω_2 均为慢光，和频光 ω_3 为快光，相位匹配要满足方程：

$$n_3^{(\mathrm{II})}\cdot\omega_3=n_1^{(\mathrm{I})}\cdot\omega_1+n_2^{(\mathrm{I})}\cdot w_2,\tag{1}$$

上角标(Ⅰ)代表慢光，(Ⅱ)代表快光。

第二类相位匹配(typeⅡ)，两个基频光 ω_1、ω_2 的偏振方向互相正交，ω_1 为快光，ω_2 为慢光；和频光 ω_3 为快光，相位匹配时满足方程：

$$n_3^{(\mathrm{II})}\cdot\omega_3=n_1^{(\mathrm{II})}\cdot\omega_1+n_2^{(\mathrm{I})}\cdot\omega_2。\tag{2}$$

共线和频时，有效非线性系数表达式为[4]

$$d_{\mathrm{eff}}=\sum_{il}e_i^{(3)}d_{il}(\omega_3;\omega_1,\omega_2)\left(1-\frac{1}{2}\delta_{ik}\right)(e_i^{(1)}e_k^{(2)}+e_k^{(1)}e_i^{(2)}),\tag{3}$$

其中 d_{il} 为非线性系数矩阵，$\boldsymbol{e}^{(1)}$ 和 $\boldsymbol{e}^{(2)}$ 分别为基频光电场强度矢量 $\boldsymbol{E}_1(\omega_1)$ 和 $\boldsymbol{E}_2(\omega_2)$ 的单位矢量。$\boldsymbol{e}^{(3)}$ 为极化波电场强度矢量 $\boldsymbol{E}_3(\omega_3)$ 的单位矢量。忽略 $\boldsymbol{D}$ 与 $\boldsymbol{E}$ 之间夹角，利用文献[5]中的结果，可知慢光与快光电场强度的单位矢量近似表达式为

$$\boldsymbol{e}^{(\mathrm{I})}\approx\begin{pmatrix}\cos\theta\cos\phi\cos\delta-\sin\phi\sin\delta\\ \cos\theta\sin\phi\cos\delta+\cos\phi\sin\delta\\ -\sin\theta\sin\delta\end{pmatrix}=\begin{pmatrix}a_1\\ b_1\\ c_1\end{pmatrix},\tag{4}$$

$$\boldsymbol{e}^{(\mathrm{II})}\approx\begin{pmatrix}-\cos\theta\cos\phi\sin\delta-\sin\phi\cos\delta\\ -\cos\theta\sin\phi\sin\delta+\cos\phi\cos\delta\\ \sin\theta\sin\delta\end{pmatrix}=\begin{pmatrix}a_2\\ b_2\\ c_2\end{pmatrix}。\tag{5}$$

其中，θ 为波矢量 $\boldsymbol{k}$ 与 z 轴之间夹角，ϕ 为 $\boldsymbol{k}$ 与 x 轴之间夹角，δ 为 $\boldsymbol{e}^{(1)}$ 与 $\boldsymbol{k}_2$ 轴和 $\boldsymbol{k}$ 组成的平面之间夹角。在 θ、ϕ 给定时，有：

$$\cot2\delta=\frac{\cot^2\Omega\sin^2\theta-\cos^2\theta\cos^2\phi+\sin^2\phi}{\cos\theta\sin2\phi},\tag{6}$$

Ω 为频率 ω_1、ω_2、ω_3 的光所对应的晶体光轴与 z 轴夹角 Ω_1、Ω_2、Ω_3 的平均值。

LBO 晶体属于正交晶系，mm2 点群，在光学主轴坐标系下，用 Maker 条纹法测得的

非线性系数为：$d_{21}=d_{16}=\mp 2.75$，$d_{22}=\pm 0.15$，$d_{23}=d_{34}=\pm 2.97(\times 10^{-9}\,\mathrm{esu})$[2]。

忽略泵光源损耗，在长度为 L 的晶体中，和频输出功率为

$$P_3=\frac{2\omega_3^2 L^2 |d_{\mathrm{eff}}|^2}{n_1(\omega_1)n_2(\omega_2)n_3(\omega_3)}\left(\frac{\mu_0}{\varepsilon_0}\right)^{3/2}\frac{P_1P_2}{A},\quad(7)$$

A 为相互作用区的光束横截面积。由(7)式可知，为获得高转换效率，$\frac{|d_{\mathrm{eff}}|^2}{n_1(\omega_1)n_2(\omega_2)n_3(\omega_3)}$ 和 $\frac{P_1P_2}{A}$ 越大越好，但它通常受到光损伤阈值的限制。同一种晶体，其长度 L 越大越好，但它受到孔径相干长度的限制，孔径相干长度与晶体的离散角成反比。在非磁性各向异性介质中，$\boldsymbol{K}\perp\boldsymbol{D}$，$\boldsymbol{S}\perp\boldsymbol{E}$，如图 1 所示。$\boldsymbol{D}$ 与 $\boldsymbol{E}$ 之间夹角即为 $\boldsymbol{k}$ 与 $\boldsymbol{s}$ 之间夹角(离散角)。双轴晶体的离散角 ρ 可由 $\boldsymbol{D}\cdot\boldsymbol{E}=|\boldsymbol{D}|\cdot|\boldsymbol{E}|\cdot\cos\rho$、主光轴坐标下 D_i 与 E_i 之间关系式 $E_i=\frac{D_i}{\varepsilon_0 n_i^2(\omega)}(i=x,y,z)$ 推出。

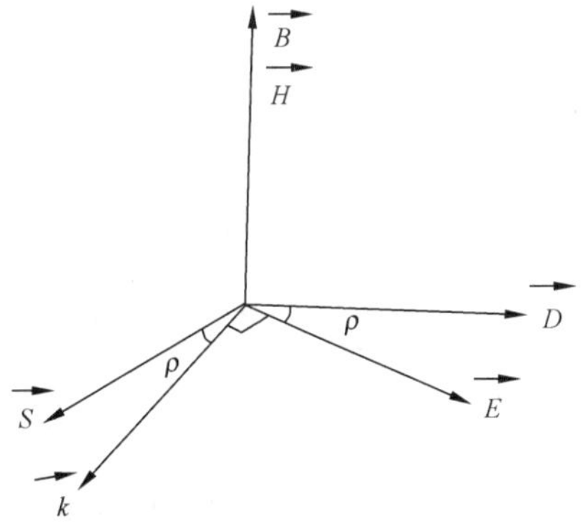

图 1　非磁性各向异性介质中，波矢量 *K*、场矢量 *E* 和能流 *S* 方向

Fig. 1　Directions of the wave normal, the field vectors and the energy flow in a nonmagnetic electrically anisotropic medium

当基波偏离相位匹配方向时，产生相位失配 $\Delta k=k_3-k_2-k_1$，令 Δk 在相位匹配角 α_m(α 为 θ 角或 ϕ 角)处对偏离 δ_α 按泰勒级数展开：

$$\Delta k=\Delta k(\alpha=\alpha_m)+\left(\frac{\partial\Delta k}{\partial\alpha}\right)\Bigg|_{\bar{\alpha}=\bar{\alpha}_m}\delta\alpha+\frac{1}{2}\left(\frac{\partial^2\Delta k}{\partial\alpha^2}\right)\Bigg|_{\bar{\alpha}=\bar{\alpha}_m}(\delta\alpha)^2+\cdots,\quad(8)$$

取 $\frac{\Delta k\cdot L}{2}=\pi$，即可推出容承角 $\delta\theta$ 和 $\delta\phi$。

由于基波非单色性亦可引起相位失配，同样令 Δk 在 λ_m 处对偏离波长 $\delta\lambda$ 按泰勒级数展开：

$$\Delta k=\Delta k(\lambda=\lambda_m)+\left(\frac{\partial\Delta k}{\partial\lambda}\right)\Bigg|_{\lambda=\lambda_m}\delta\lambda+\cdots,\quad(9)$$

取 $\frac{\Delta K\cdot L}{2}=\pi$，可推出基波的频谱带宽 $\delta\lambda$。

上面推导的结果在 $\omega_1=\omega_2=\omega$、$\omega_3=2\omega$ 时，即为倍频(或称二次谐波产生"SHG")的情况。

三、*xy* 面应用 type Ⅰ 相位匹配时的和频与倍频转换

利用 LBO 晶体的 Sellmeier 公式[2]，对其 type Ⅰ 相位匹配的 SFG 与 SHG 计算结果表明，在 $\theta=90°$，即 xy 面应用时，有最大的有效非线性系数 $d_{\mathrm{eff}}(\mathrm{I})=d_{23}\cos\phi$，及较高的品质因数。此时基频光偏振 $\boldsymbol{E}_1(\omega_1)$、$\boldsymbol{E}_2(\omega_2)$ 平行于 z 轴，和频光偏振 $\boldsymbol{E}_3(\omega_3)$ 在 xy 面内，离散角为：

$$\rho-\cos^{-1}\left[\frac{\frac{a_2^2}{n_{x,3}^2}+\frac{b_2^2}{n_{y,3}^2}}{\left(\frac{a_2^2}{n_{x,3}^4}+\frac{b_2^2}{n_{y,3}^4}\right)^{1/2}}\right],\quad(10)$$

$n_{x,v}$、$n_{y,v}$、$n_{z,v}$ 是频率为 ω_v 的 x、y、z 轴的主轴折射率，$v=1,2,3$。由公式(8)可推出容承角 $\delta\theta$ 和 $\delta\phi$：

$$\delta\theta \cdot L^{1/2}=\left[\frac{n_{3,xy}^{3}}{2\lambda_3}\left(\frac{1}{n_{3,xy}^{2}}-\frac{1}{n_{x,3}^{2}}\right)\right]^{-1/2}, \quad (11)$$

$$\delta\phi \cdot L=\left[\frac{n_{3,xy}^{3}\sin 2\phi}{2\lambda_3}\left(\frac{1}{n_{x,3}^{2}}-\frac{1}{n_{y,3}^{2}}\right)\right]^{-1}, \quad (12)$$

其中 $\frac{1}{n_{3,xy}^{2}}=\frac{\cos^2\phi}{n_{y,3}^{2}}+\frac{\sin^2\phi}{n_{x,3}^{2}}$。LBO 在 xy 面应用 type Ⅰ 相位匹配 SFG 过程中，$\frac{1}{\lambda_3}=\frac{1}{\lambda_1}+\frac{1}{\lambda_2}$。$\lambda_1$ 取 1064 nm，λ_2 从 350 nm 变化到 850 nm 时，λ_2 与相位匹配角 ϕ、d_{eff}(Ⅰ)及离散角 ρ 之间关系曲线示于图 2(a)，λ_2 与 $\delta\phi \cdot L^{1/2}$、$\delta\phi \cdot L$ 之间关系曲线示于图 2(b)。

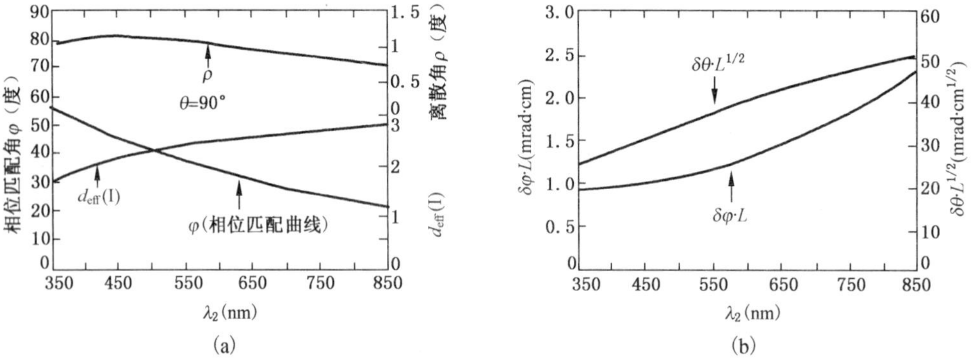

图 2(a)　λ_2 与 d_{eff}(Ⅰ)、ρ 的关系曲线；(b)　λ_2 与 $\delta\theta \cdot L^{1/2}$、$\delta\phi \cdot L$ 的关系曲线

[type Ⅰ，xy 面应用，SFG。d_{eff}(Ⅰ)的单位为 10^{-9} esu]

Fig. 2　(a) Curves of ϕ, d_{eff}(Ⅰ) and ρ versus λ_2; (b) $\delta\theta \cdot L^{1/2}$, $\delta\phi \cdot L$ versus λ_2

[Type Ⅰ, PM in x-y plane, SFG. The unit of d_{eff}(Ⅰ) is 10^{-9} esu]

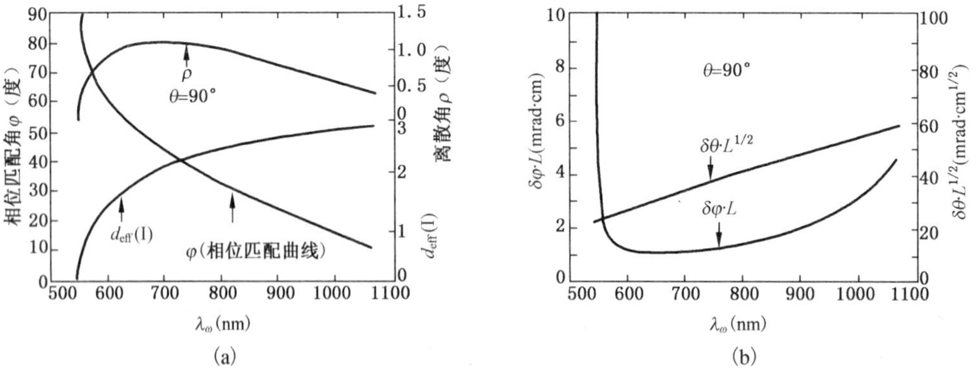

图 3(a)　λ_ω 与 ϕ、d_{eff}(Ⅰ)、ρ 的关系曲线；(b)　λ_ω 与 $\delta\theta \cdot L^{1/2}$、$\delta\phi \cdot L$ 的关系曲线

[type Ⅰ，xy 面应用，SHG。d_{eff}(Ⅰ)的单位为 10^{-9} esu]

Fig. 3　(a) Curves of ϕ, d_{eff}(Ⅰ) and ρ versus λ_ω; (b) $\delta\theta \cdot L^{1/2}$, $\delta\phi \cdot L$ versus λ_ω

[Type Ⅰ, PM in x-y plane, SHG. The unit of d_{eff}(Ⅰ) is 10^{-9} esu]

LBO 在 xy 面应用 type Ⅰ 相位匹配 SHG 过程中，基波波长 λ_ω 与相位匹配角 ϕ、d_{eff}(Ⅰ)及 ρ 之间关系曲线示于图 3(a)、λ_ω 与 $\delta\theta \cdot L^{1/2}$、$\delta\theta \cdot L$ 之间关系曲线示于

图 3(b)。由公式(9)可推出基波非单色性产生的频谱带宽为

$$\delta\lambda_{\omega}\cdot L=\left[\frac{1}{\lambda_{\omega}}\left(\frac{\partial n_{2\omega,xy}}{\partial\lambda_{2\omega}}-2\frac{\partial n_{z,\omega}}{\partial\lambda_{\omega}}\right)\right]^{-1}, \quad (13)$$

λ_w 与 $\delta\lambda_w\cdot L$ 之间关系曲线示于图 4。

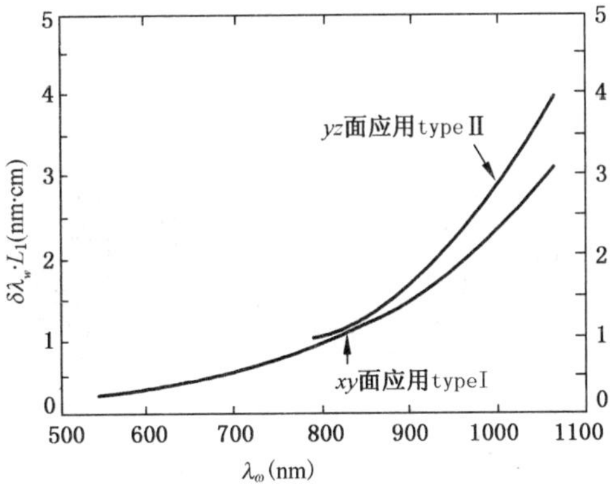

图 4　λ_{ω} 与 $\delta\lambda_{\omega}\cdot L$ 的关系曲线

Fig. 4　Curves of $\delta\lambda_{\omega}\cdot L$ versus λ_{ω}

四、yz 面应用 type Ⅱ 相位匹配时的和频与倍频转换

对 LBO 晶体 typeⅡ相位匹配的 SFG 与 SHG 计算结果表明，在 $\phi=90°$，即 yz 面应用时，有最大的有效非线性系数 d_{eff}(Ⅱ) $=d_{21}\cos\theta$，及较高的品质因数。此时快光偏振 $\boldsymbol{E}_1(\omega_1)$、$\boldsymbol{E}_3(\omega_3)$ 平行于 x 轴，慢光偏振 $\boldsymbol{E}_2(\omega_2)$ 在 yz 面内，离散角为

$$\rho=\cos^{-1}\left[\frac{\dfrac{b_1^2}{n_{y,2}^2}+\dfrac{c_1^2}{n_{z,2}^2}}{\left(\dfrac{b_1^2}{n_{y,2}^4}+\dfrac{c_1^2}{n_{z,2}^4}\right)^{1/2}}\right], \quad (14)$$

由公式(8)可推出容承角 $\delta\theta$ 和 $\delta\phi$：

$$\delta\theta\cdot L=\left[\frac{n_{2,yz}^3\sin2\theta}{2\lambda_2}\left(\frac{1}{n_{y,2}^2}-\frac{1}{n_{z,2}^2}\right)\right]^{-1}, \quad (15)$$

$$\delta\phi\cdot L^{1/2}=\left[\frac{n_{2,yz}^3\sin^2\theta}{2\lambda_2}\left(\frac{1}{n_{x,2}^2}-\frac{1}{n_{y,2}^2}\right)\right]^{-1/2}, \quad (16)$$

其中 $\dfrac{1}{n_{2,yz}^2}=\dfrac{\cos^2\theta}{n_{y,2}^2}+\dfrac{\sin^2\theta}{n_{z,2}^2}$。LBO 在 yz 面应用 typeⅡ相位匹配 SFG 过程中，$\dfrac{1}{\lambda_3}=\dfrac{1}{\lambda_1}+\dfrac{1}{\lambda_2}$。$\lambda_1$ 取 1064 nm，λ_2 从 350 nm 变化到 850 nm 时，λ_2 与相匹配角 θ、d_{eff}(Ⅱ)及离散角 ρ 之间关系曲线示于图 5(a)，λ_2 与 $\delta\theta\cdot L$、$\delta\phi\cdot L^{1/2}$ 之间关系曲线示于图 5(b)。

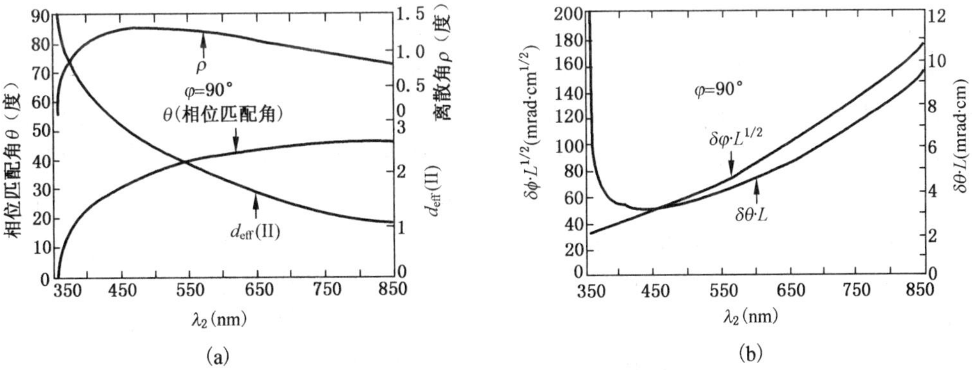

图 5(a)　λ_2 与 θ、d_{eff}(Ⅱ)、ρ 的关系曲线；(b)　λ_2 与 $\delta\theta\cdot L$、$\delta\phi\cdot L^{1/2}$ 的关系曲线

[typeⅡ，yz 面应用，SFG。d_{eff}(Ⅱ)的单位为 10^{-9} esu]

Fig. 5　(a) Curves of θ, d_{eff}(Ⅱ) and ρ versus λ_2; (b) $\delta\theta\cdot L$, $\delta\phi\cdot L^{1/2}$ versus λ_2

[Type Ⅱ, PM in y-z plane, SFG. The unit of d_{eff}(Ⅱ) is 10^{-9} esu]

LBO 在 yz 面应用 typeⅡ相位匹配倍频时，基波波长 λ_ω 与相位匹配角 θ、d_{eff}(Ⅱ)及 ρ 之间关系曲线示于图 6(a)，λ_ω 与 $\delta\theta \cdot L$、$\delta\phi \cdot L^{1/2}$ 之间关系曲线示于图 6(b)。由公式(9)可推出基波非单色性产生的频谱带宽为

$$\delta\lambda_\omega \cdot L=\left[\frac{1}{\lambda_\omega}\left(\frac{\partial n_{x,2\omega}}{\partial\lambda_{2\omega}}-\frac{\partial n_{x,\omega}}{\partial\lambda_\omega}-\frac{\partial n_{\omega,yz}}{\partial\lambda_\omega}\right)\right]^{-1}, \tag{17}$$

为便于与 xy 面应用 typeⅠ相位匹配倍频的情况比较，此时的 λ_ω 与 $\delta\lambda_\omega \cdot L$ 关系曲线也示于图 4。

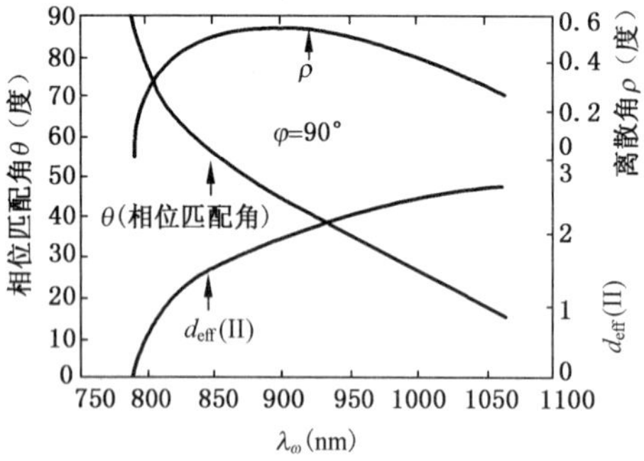

(a)

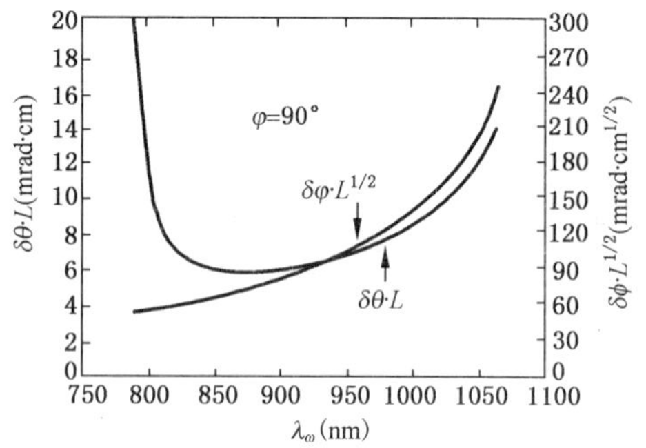

(b)

图 6(a)　λ_ω 与 θ、d_{eff}(Ⅱ)、ρ 的关系曲线；(b)　λ_ω 与 $\delta\theta \cdot L$、$\delta\phi \cdot L^{1/2}$ 的关系曲线 [typeⅡ，yz 面应用，SHG。d_{eff}(Ⅱ)的单位为 10^{-9} esu]

Fig. 6　(a) Curves of ϕ, d_{eff}(Ⅱ) and ρ versus λ_ω; (b) $\delta\theta \cdot L$, $\delta\phi \cdot L^{1/2}$ versus λ_ω [Type Ⅱ, PM in y-z plane, SHG. The unit of d_{eff}(Ⅱ) is 10^{-9} esu]

五、结论

根据目前所给出的 Sellmeier 公式范围，对 LBO typeⅠ与 typeⅡ相位匹配 SFG 计算表明，两种匹配类型都可实现 Nd:YAG 激光器(1.064 μm)与染料激光器输出波长(0.56 μm 到 0.85 μm)的和频转换，而得到 0.367 μm 到 0.473 μm 的连续输出。由于 LBO 的双折射较小，使 LBO SFG、SHG 两种匹配类型的相位匹配范围受到限制，而不能充分利用 LBO 的紫外边缘。由计算结果知，在 LBO 的 SFG、SHG 中，typeⅠ的相位匹配范围比 typeⅡ的宽，如用 typeⅠ相位匹配 SFG，可实现 1.064 μm 与 0.355 μm 的和频转换，而得到0.266μm的紫外输出，即 Nd:YAG 1.064 μm 的四倍频。

LBO 晶体 SFG、SHG 两类相位匹配的一个特点，是室温下在 xy 面(typeⅠ)上和 yz 面(typeⅡ)上可实现非临界相位匹配(NCPM)；而且在实现 NCPM 的同时，有效非线性系数 d_{eff} 达到最大。由于实现 NCPM 时有较小的离散角和较大的容承角，使 LBO 有较长的孔径相干长度，从而获得较高的转换效率。两种匹配类型在实现 NCPM 时，随基波波长变短，以及相位匹配角 ϕ 或 θ 增加，最佳有效非线性系数变小。对于 LBO 晶体，在相同条件下，typeⅠ的品质因数大于 typeⅡ的品质因数，而 typeⅡ的相干长度比 typeⅠ的长。

参考文献

[1] Chen C, Wu Y, Jiang A, et al. New nonlinear-optical crystal: LiB_3O_5 [J]. Journal of the Optical Society of America B, 1989, 6(4):616.

[2] Wu B, Chen N, Chen C, et al. Highly efficient ultraviolct generation at 355 nm in LiB_3O_5 [J]. Optics Letters, 1989, 14(19):1080.

[3] 沈元壤. 非线性光学原理[M]. 北京:科学出版社, 1987.

[4] Kaschke M, Wilhelmi B. Nonlinear Optics and Quantum Electronics[M]. New York: Wiley, 1986.

[5] 谢绳武, 郭嘉荣, 赵家驹. 双轴晶体倍频相位匹配角及有效二阶非线性系数的数值计算[J]. 上海交通大学学报, 1982(1):37.

改进的光波导标量近似有限元分析①

赵安平　于荣金
（中国科学院长春物理研究所）

摘　要：本文首次将波矢量的匹配条件应用于标量近似有限元法求解条形波导，从而将二维问题简化成两个一维问题。其结果除了具有标量近似有限元法的一切优点外，还为节省计算机的存储和时间提供了一条新的途径。

关键词：光波导；传播常数；有限元法

Improved Approximate Scalar Finite-element Analysis of Optical Waveguides

Zhao Anping　Yu Rongjin
(Changchun Institute of Physics, Academia Sinica)

Abstract: The match conditions of wave vector is firstly used for solving the strip waveguide problems by approximate scalar finite-element method in this paper. Thus the two-dimensional problems are simplified into two one-dimensional ones. This may provide a new approach for less computer memory and time, and retains all the advantages of approximate scalar finite-element method.

Key words: Optical waveguide; Propagation constant; Finite-element method

一、引言

有限元法是处理具有任意形状不均匀折射率分布介质光波导的一种有效数值方法。迄今为止，用于求解介质光波导的有限元方程有许多不同形式，其中标量近似有限元法在分析各向同性和各向异性介质光波导方面有一些显著的优点。如无伪解、易于求高阶模、较小的矩阵维数（内存空间）和较少的计算时间等[1,2]。

本文提出了改进的标量近似有限元法。把波矢量 $\boldsymbol{k}$ 在介质分界面上的匹配条件应用于标量近似有限元法中，对各向同性均匀介质的各种条形波导以及介电张量只具有对角线元素的各向异性（以下简称各向异性）均匀介质的条形波导进行了计算。由于 k_x 与 k_y 具有相互独立性，因此将二维问题简化成了两个一维问题。

二、基本方程

已经证明，在条形波导中，存在两类满足边界条件的基本模式：E_{pq}^x 模和 E_{pq}^y

① 发光学报，1989，9(2)：175-180.

模，其中 p、q 分别表示电磁场沿 x 和 y 方向的极值数目。如图 1 所示，矩形波导由五种各向异性均匀介质（无损耗非磁性介质）组成，其介电张量为：

$$\boldsymbol{\epsilon}_s=\epsilon_0\begin{pmatrix} n_{x,s}^2 & 0 & 0 \\ 0 & n_{y,s}^2 & 0 \\ 0 & 0 & n_{z,s}^2 \end{pmatrix},s=1,2,3,4,5。$$

式中 $n_{x,s}$、$n_{y,s}$、$n_{z,s}$ 为第 s 种介质折射率在 x、y、z 轴的分量。由介质波导的电磁场理论，可推得波导中的 E_{pq}^x 模和 E_{pq}^y 模的场方程为：

$$E_{pq}^x\text{模}:\frac{n_{x,s}^2}{n_{z,s}^2}\cdot\frac{\partial^2 E_{x,s}}{\partial x^2}+\frac{\partial^2 E_{x,s}}{\partial y^2}+(k_0^2 n_{x,s}^2-\beta^2)E_{x,s}=0, \tag{1}$$

$$E_{pq}^y\text{模}:\frac{\partial^2 E_{y,s}}{\partial x^2}+\frac{n_{y,s}^2}{n_{z,s}^2}\cdot\frac{\partial^2 E_{y,s}}{\partial y^2}+(k_0^2 n_{y,s}^2-\beta^2)E_{y,s}=0, \tag{2}$$

式中 k_0 为真空中的波数，β 为沿 z 方向的传播常数。设 $\boldsymbol{k}_s$ 为第 s 种介质中的波矢，k_{sx} 和 k_{sy} 为 $\boldsymbol{k}_s$ 的 x、y 分量，那么对于沿 z 方向传播的 E_{pq}^x 模有：

$$|\boldsymbol{k}_s|^2=\boldsymbol{k}_s^2=k_0^2 n_{x,s}^2=k_{sx}^2+k_{sy}^2+\beta^2。\tag{3}$$

而且在介质分界面上存在如下的匹配条件：

$$\begin{cases} k_{1x}=k_{2x}=k_{4x}=k_x, \\ k_{1y}=k_{3y}=k_{5y}=k_y, \end{cases} \tag{4}$$

式中 k_x 和 k_y 为波导芯区的波矢量 $\boldsymbol{k}_1$ 在 x、y 方向上的分量，即有：

$$k_0^2 n_{x,1}^2=k_x^2+k_y^2+\beta^2。\tag{5}$$

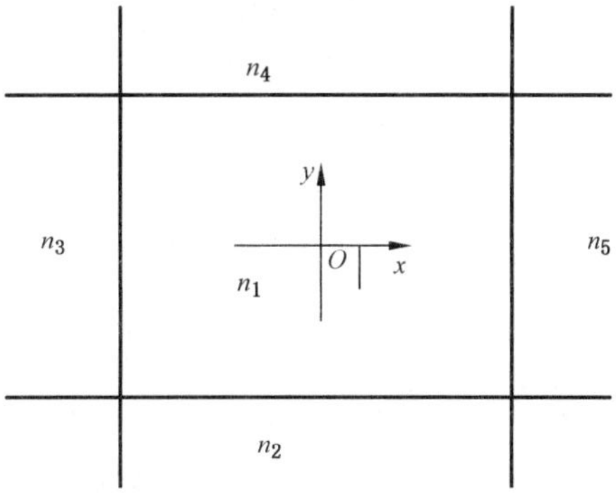

Fig. 1　Rectangular dielectric waveguide

根据有限元法中的伽辽金近似方程，并联立(1)、(3)、(4)和(5)式，可推得改进后的标量近似有限元法 E_{pq}^x 模所满足的矩阵方程：

$$\sum_e\int_{l_e}\left\{\frac{n_{x,s,e}^2}{n_{z,s,e}^2}\left[\frac{\partial N_s}{\partial x}\right]_e^{\mathrm{T}}\left[\frac{\partial N_s}{\partial x}\right]_e-(k_0^2 n_{x,s,e}^2-k_0^2 n_{x,1,e}^2+k_x^2)[N_s]_e^{\mathrm{T}}[N_s]_e\right\}\cdot [E_{x,s}]_e\mathrm{d}x=[0],(s=1,2,4), \tag{6a}$$

$$\sum_e\int_{l_e}\left\{\frac{n_{z,s,e}^2}{n_{y,s,e}^2}\left[\frac{\partial N_s}{\partial y}\right]_e^{\mathrm{T}}\left[\frac{\partial N_s}{\partial y}\right]_e-\frac{n_{z,s,e}^2}{n_{x,s,e}^2}(k_0^2 n_{x,s,e}^2-k_0^2 n_{x,1,e}^2+k_y^2)[N_s]_e^{\mathrm{T}}[N_s]_e\right\}\cdot [E_{x,s}]_e\mathrm{d}y=[0],(s=1,3,5)。\tag{6b}$$

类似地，可得到改进后的标量近似有限元法 E_{pq}^y 模所满足的矩阵方程：

$$\sum_e\int_{l_e}\left\{\frac{n_{z,s,e}^2}{n_{y,s,e}^2}\left[\frac{\partial N_s}{\partial x}\right]_e^{\mathrm{T}}\left[\frac{\partial N_s}{\partial x}\right]_e-\frac{n_{z,s,e}^2}{n_{y,s,e}^2}(k_0^2 n_{y,s,e}^2-k_0^2 n_{y,1,e}^2+k_x^2)[N_s]_e^{\mathrm{T}}[N_s]_e\right\}\cdot [E_{y,s}]_e\mathrm{d}x=[0],(s=1,2,4), \tag{7a}$$

$$\sum_e\int_{l_e}\left\{\frac{n_{y,s,e}^2}{n_{x,s,e}^2}\left[\frac{\partial N_s}{\partial y}\right]_e^{\mathrm{T}}\left[\frac{\partial N_s}{\partial y}\right]_e-(k_0^2 n_{y,s,e}^2-k_0^2 n_{y,1,e}^2+k_y^2)[N_s]_e^{\mathrm{T}}[N_s]_e\right\}\cdot [E_{y,s}]_e\mathrm{d}y=[0],(s=1,3,5)。\tag{7b}$$

式中 $\sum\limits_e$ 表示对线性元 l_e 求和，N_s 为第 s 种介质中的形状函数，T 角标表示矩阵的转置，[0]表示零矩阵。

对(6)和(7)式进行整理，可得到如下有限元方程：

$$E_{pq}^{x}\text{模}:\begin{cases}[A][E_x]=\lambda^2[B][E_x],\lambda^2=k_x^2 & (8a)\\ [A][E_x]=\lambda^2[B][E_x],\lambda^2=k_y^2 & (8b)\end{cases},$$

$$E_{pq}^{y}\text{模}:\begin{cases}[A][E_y]=\lambda^2[B][E_y],\lambda^2=k_x^2 & (9a)\\ [A][E_y]=\lambda^2[B][E_y],\lambda^2=k_y^2 & (9b)\end{cases}。$$

对于 E_{pq}^{x} 模，分别对本征值方程(8a)和(8b)进行计算，就可得到对应于 k_0 值的本征值 k_x 和 k_y，然后将 k_x 和 k_y 的值代入(5)式，得出 E_{pq}^{x} 模的色散曲线。

以上讨论的都是各向异性介质。对于各向同性介质，利用式 $n_x=n_y=n_z=n$，即可得到相应的有限元方程。

三、数值计算

我们用 FORTRAN IV 程序，在一台 PDP-11/24 小型机上，取矩阵 **A**(41,41)，计算了各种条形波导的色散曲线。线元总数为 40，波导芯区内含 20 个线元。

1. 各向同性均匀介质条形波导

图 2 表示矩形波导的色散曲线，其中归一化频率 υ 和归一化波导折射率 b 为

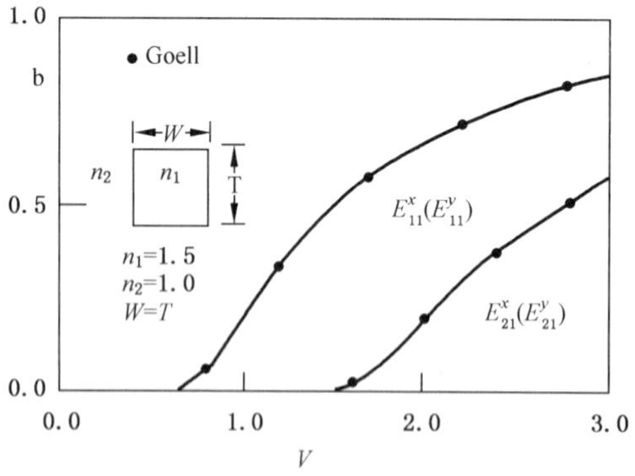

Fig. 2　Dispersion characteristics of the dielectric waveguide

$$\upsilon=k_0T\sqrt{n_1^2-n_2^2}/\pi,\quad b=[(\beta/k_0)^2-n_2^2]/(n_1^2-n_2^2),\tag{10}$$

式中 $k_0=9.92918$，亦即所用的激光波长 $\lambda_0=0.6328\ \mu\text{m}$。在图 2 中，实点为 Goell 的结果[3]。由于这种波导具有特殊的对称性，所以 E_{pq}^{x} 模与 E_{pq}^{y} 模的曲线相同。

图 3 和图 4 分别给出了 $W/T=2$ 的凸条形和掩埋形条形波导的色散曲线。从图中可以看出，我们的结果与其他有限元法[4]的结果一致。

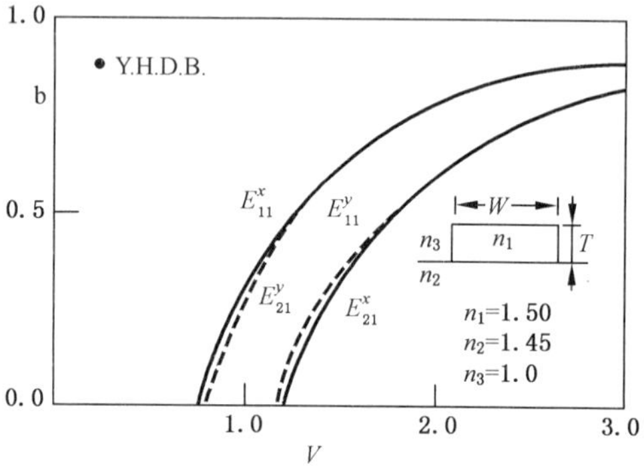

Fig. 3　Dispersion characteristics of the raised waveguide

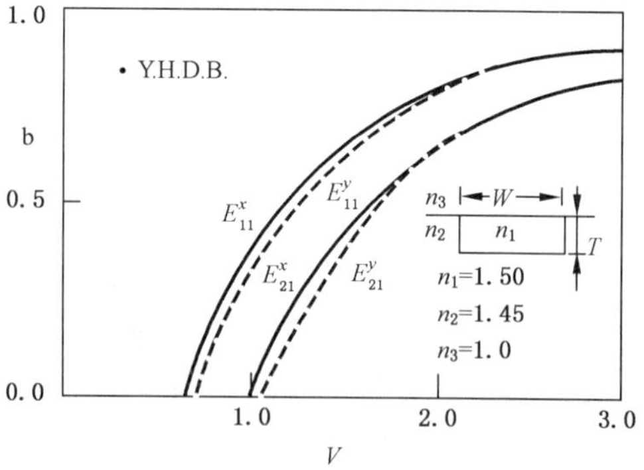

Fig. 4　Dispersion characteristics of the embeded waveguide

图 5 为脊形波导的色散曲线。实点为 Y. S. M 利用模匹配法所得的结果[5]。

图 6 为条载波导的色散曲线。实点为 Y. H. D. B 有限元法的结果[4]。我们

取矩阵 **A**(41,41),线元总数为 40,所用的计算机时间约为 40 秒。而 Y. H. D. B 取矩阵 **A**(928,928),三角元总数为 900。所得结果具有同样的精度,我们的计算机时间可以比 Y. H. D. B 有限元法所需计算机时间缩短两个数量级。

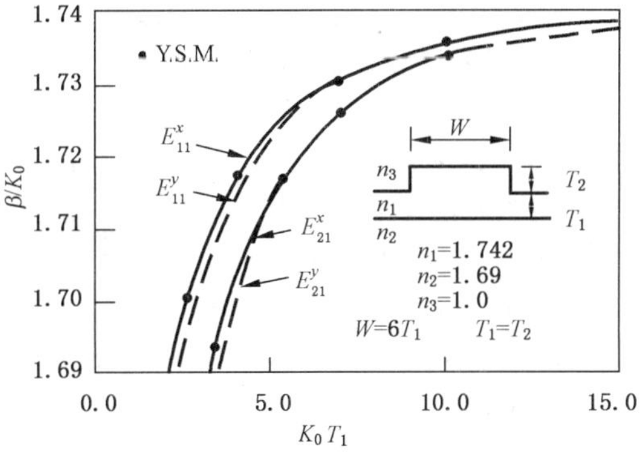

Fig. 5　Dispersion characteristics of the rib waveguide

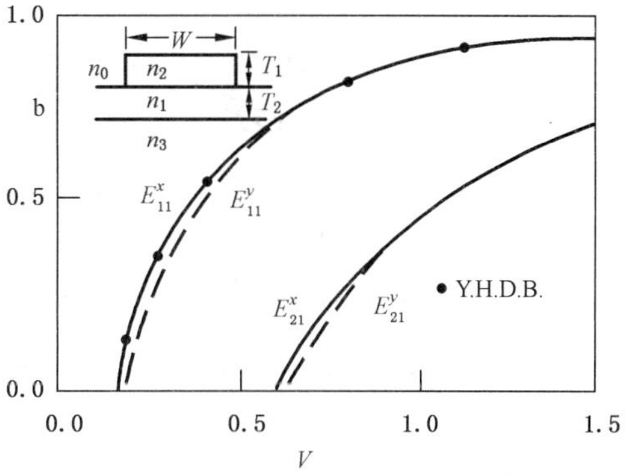

Fig. 6　Dispersion characteristics of the stripline waveguide

($n_0=1.0, n_1=\sqrt{2.5}, n_2=\sqrt{2.375}=n_3$, $T_1=T_2, W=8T_2$)

表 1 是图 6 中我们的数值结果与有效折射率法、Marcatili 法、变分法及其他有限元法的比较,除 Marcatili 法以外,本文的结果与其他方法有很好的一致性。

Table 1　Numerical examples for the optical stripline waveguide[4]

Mode	$\frac{T_2}{\lambda_0}\sqrt{n_1^2-n_2^2}$	$[(\beta/k_0)^2-n_2^2]/(n_1^2-n_2^2)$				
		Finite element method	Vari meth	Effective index method	Mareatili method	Our result
E^x_{11}	0. 250	0. 270	0. 256	0. 278	0. 167	0. 270

2. 各向异性均匀介质条形波导

利用(6)式和(7)式可以对光轴沿三个不同方向(x,y,z)的情况进行计算,本文在图 7 和图 8 中给出了光轴沿 x 方向的结果。

四、结论

从数值计算的结果中可以看出,改进后的标量近似有限元法在处理各向同性和各向异性均匀介质的条形波导时,大大减少了所用的矩阵维数与计算机时间,而且具有很好的精度。因此本方法是计算这类波导的一种实用而简便的方法。

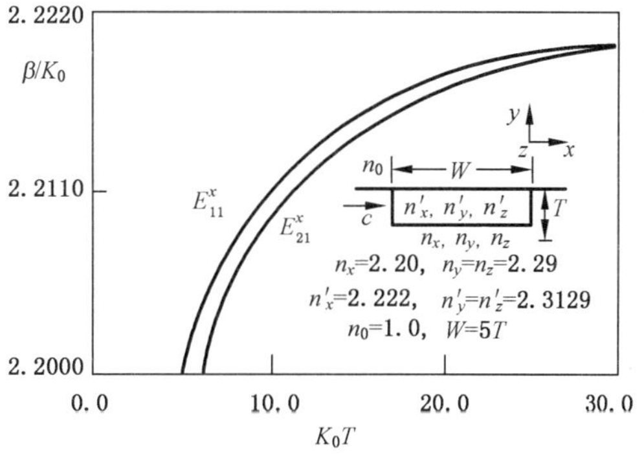

Fig. 7　E^x_{pq} modes dispersion characteristics of the LiNbO$_3$ waveguide

(*C*-axis is oriented along the *x*-axis)

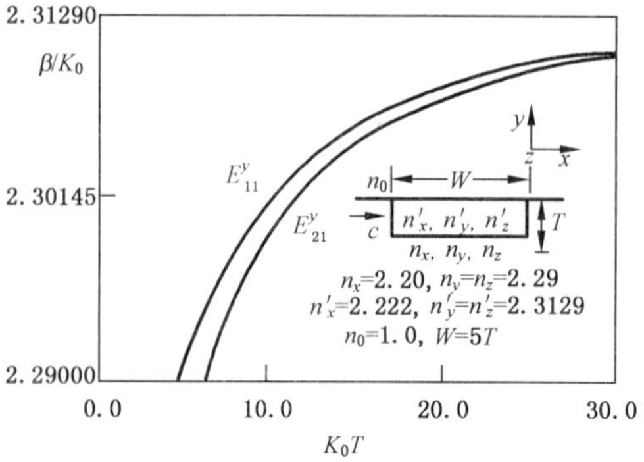

Fig. 8 E^y_{pq} modes dispersion characteristics of the $LiNbO_3$ waveguide (*C*-axis is oriented along the *x*-axis)

参考文献

[1] Koshiba M, Hayata K, Suzuki M. Approximate scalar finite-element analysis of anisotropic optical waveguides [J]. Electronics Letters, 1982, 18(10): 411.

[2] Mabaya N, Lagasse P E, Vandenbulcke P. Finite element analysis waveguides of optical [J]. IEEE Transactions on Microwave Theory Techniques, 1981, 29(6): 600.

[3] Goell J E. A circular-harmonic computer analysis of rectangular dielectric waveguides [J]. Bell Labs Technical Journal, 2014, 48 (7): 2133-2160.

[4] Yeh C, Ha K, Dong S B, et al. Single-mode optical waveguides [J]. Applied Optics, 1979, 18(10): 1490-1504.

[5] Yasuura K, Shimohara K, Miyamoto T. Numerical analysis of a thin-film waveguide by mode-matching method [J]. Journal of the Optical Society of America, 1980, 70 (2): 183-191.

用有效折射率法和有限元法分析多量子阱条形光波导①

赵安平　于荣金

（中国科学院长春物理研究所，长春 130021）

摘　要：本文提出了一种快速和精确分析多量子阱（MQW）条形光波导的新算法。它基于有效折射率法和有限元法的结合。首先，由等效的平面波导替换多量子阱条形结构，用有效折射率法从原来问题得到平面波导的折射率分布；然后，用有限元法计算等效结构中 E_{mn}^{x} 模和 E_{mn}^{y} 模的传播常数和场强分布。文中给出了任意阱数和不同宽度多量子阱的对称结构和不对称结构的结果。

关键词：多量子阱条形光波导；有限元法；有效折射率法

Analysis of Stripe MQW Waveguides with Effective Index and Finite Element Methods

Zhao Anping　Yu Rongjin

(Changchun Institute of Physics, Academia Sinica, Changchun 130021)

Abstract: This paper presents a new algorithm for fast and accurate analysis of stripe Multiple Quantum Well (MQW) waveguides. The technique is based on the combination of effective index and finite element methods. First, the stripe MQW structure is replaced by an equivalent planar waveguide, using the effective index method to derive the refractive index profile of the planar guide from the original problem. The propagation constants and field intensity profiles of E_{mn}^{x} and E_{mn}^{y} modes for the equivalent structure are then calculated with the finite element method. The results obtained with this technique are given for both the symmetric as well as asymmetric stripe MQW structures with an arbitrary number of wells and different values of the width.

Key words: Stripe multiple quantum well waveguides; Finite element method; Effective index method

一、引言

最近几年，对多量子阱结构的集成光波导产生了很大的兴趣。这是由于量子阱结构不仅显著降低了半导体激光器的阈值[1,2]，而且许多实验工作已表明，采用多量子阱结构，可以使定向耦合器[3]、电光器件[4,5]，以及光-光器件[6]等性能得到很大改善。另一方面，理论工作大都集中分析多量子阱一维平面光波导[7~11]，而实

① 光学学报，1991，11(8)：720-726.

际的器件设计经常涉及多量子阱条形光波导。

有效折射率法[12,13]和有限元法在分析许多光波导问题中起着重要的作用。有限元法由于具有很好的适应性、精度和通用性，此法已成功地用于分析大量集成光学结构[14~18]。最近，Zhao（赵安平）等人在研究多量子阱平面光波导[10,11]中，用有限元法来验证 Skinner 等人[8]的模型，其数值结果与解析近似很一致。虽然有限元法常用作一些近似方法之间比较的基准，但是它的实现要大的计算机存储和（或）处理能力，因而某些问题用其他的方法处理起来可能是更有效的。

多量子阱条形波导是一个二维问题，只用有限元法来求解比较困难，特别是当波导区由很多阱构成时。为克服有限元法的这种局限性，需要开辟新途径。本文首先利用有效折射率法降低维数，把原来的二维（条形波导）问题降为一维（平面波导）问题。在用等效的平面结构替代了原来问题之后，再用有限元法处理这类问题。而且，阱的数目对有限元法分析一维问题并没有任何限制，因而阱的数目几乎可以是任意的，从而对分析这类问题提供了一种快速和精确的方法。

二、数值方法

为了引入数值方法，如图 1 所示，以笛卡儿坐标（x-y）系表示典型的这种条形光波导结构。波导区由 6 个势阱（5 个势垒）构成，其总的厚度和宽度分别用 T 和 W 表示，n_1 和 t_W 分别代表每个势阱的折射率和厚度，n_2 和 t_b 分别代表每个势垒的折射率和厚度，波导芯由包层（n_3）、表面（n_c）和衬底（n_s）区包围。为便于分析，这些区域在 x 和 y 方向延伸至无穷远；而当 $n_c=n_s$ 时，即为对称结构。这种结构所维持的模式（即 E^x_{mn} 模和 E^y_{mn} 模）满足二维标量波动方程

$$\frac{\partial^2\phi(x,y)}{\partial x^2}+\frac{\partial^2\phi(x,y)}{\partial y^2}+[n^2(x,y)K_0^2-\beta^2]\phi(x,y)=0, \tag{1}$$

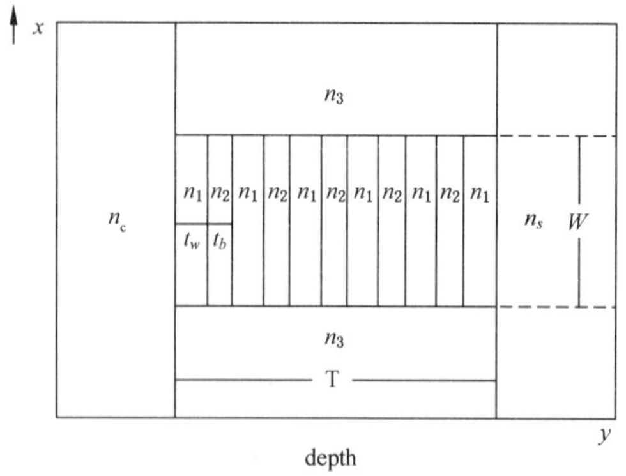

Fig. 1　Cross-section geometry of a stripe MQW waveguide with 6 wells (5 barriers)

式中 $n(x,y)$ 为波导截面的折射率，β 为 z 方向的传播常数，K_0 为光波在真空中的传播常数，波函数 $\phi(x,y)$ 代表

（a）电场在 x 方向的分量 E_x（对 E^x_{mn} 模），或

（b）电场在 y 方向的分量 E_y（对 E^y_{mn} 模）。

1. 有效折射率法

对于条形光波导，波函数 $\phi(x,y)$ 可分解为

$$\phi(x,y)=\phi(x)\phi(y), \tag{2}$$

定义有效折射率 N_{eff}，它满足波动方程

$$\frac{d^2\phi(x)}{dx^2}+[n^2(x,y)K_0^2-N_{\text{eff}}^2K_0^2]\phi(x)=0。 \tag{3}$$

将(2)式、(3)式代入(1)式得

$$\frac{d^2\phi(y)}{dy^2}+(N_{\text{eff}}^2K_0^2-\beta^2)\phi(y)=0。 \tag{4}$$

显然，(3)式是平面波导的标量波动方程，平面波导的芯区折射率分布如图 2 所示，

势阱和势垒的有效折射率分别为 $N_{1\text{eff}}$ 和 $N_{2\text{eff}}$，传播常数为 $N_{\text{eff}}K_0$。在这种平面波导中，波函数 $\phi(x)$ 在任何两个子区域之间必须满足下列边界条件：

(a) E^x_{mn} 模：

$$n_i^2(x)\phi_i(x)=n_j^2(x)\phi_j(x), \quad (5)$$

(b) E^y_{mn} 模：

$$\phi_i(x)=\phi_j(x)。 \quad (6)$$

而且，(4)式是多量子阱等效平面波导的标量波动方程，这种波导在芯区有固定的折射率分布(N_{eff})和传播常数 β。在多量子阱等效平面波导中，波函数 $\phi(y)$ 的边界条件(包括"半无限"介质界面的边界条件)是

(a) E^x_{mn} 模：

$$\phi_i(y)=\phi_j(y), \quad (7)$$

(b) E^y_{mn} 模：

$$n_i^2(y)\phi_i(y)=n_j^2(y)\phi_j(y)。 \quad (8)$$

总之，利用有效折射率法从原来的二维几何形状得到一维问题的分布，条形波导被等效的多量子阱平面结构所替代(图 2)。只要从(3)式得到参数 N_{eff}，就可从(4)式得到多量子阱条形波导的传播常数 β。

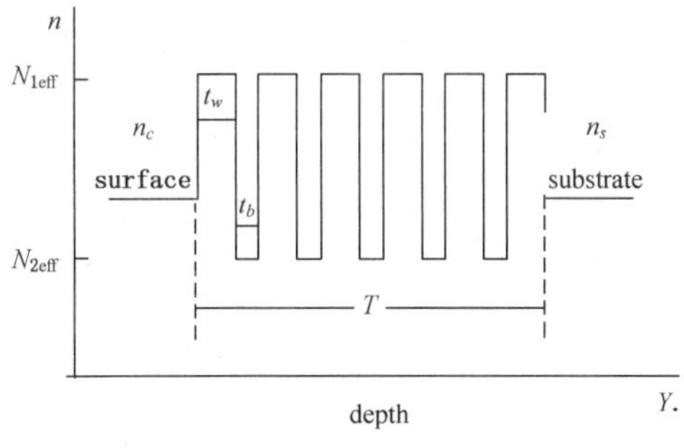

Fig. 2　Refractive index profile of the equivalent (one-dimensional) planar waveguide

这里没有对无限远处沿边界的试验场进行限制(即利用的是"自然"边界条件，而不是精度较差的场切断)，而"半无限"区就足以估计从波导层一直到这些区域的指数衰减常数(例如为了比较对称结构和非对称结构中的传播)。

2. 有限元法

如同在参考文献[10，11，18]中讨论过的那样，平面波导的解是把标准有限元技术(以及变分原理)应用于(3)式和(4)式。这个方法得到网格中每个线元(用下标"e"表示)的下列方程组：

$$[K_1]_e\{\phi(x)\}_e=N_{\text{eff}}^2K_0^2[M_1]_e\{\phi(x)\}_e, \quad (9)$$

$$[K_1]_e=\int_e\left\{\left[\frac{\partial N_1}{\partial x}\right]_e^{\mathrm{T}}\left[\frac{\partial N_1}{\partial x}\right]_e - n^2K_0^2[N_1]_e^{\mathrm{T}}[N_1]_e\right\}\mathrm{d}x, \quad (10)$$

$$[M_1]_e=-\int_e\{[N_1]_e^{\mathrm{T}}[N_1]_e\}\mathrm{d}x。 \quad (11)$$

相似地，在 y 方向有

$$[K_2]_e\{\phi(y)\}_e=\beta^2[M_2]_e\{\phi(y)\}_e, \quad (12)$$

$$[K_2]_e=\int_e\left\{\left[\frac{\partial N_2}{\partial y}\right]_e^{\mathrm{T}}\left[\frac{\partial N_2}{\partial y}\right]_e - N_{\text{eff}}^2K_0^2[N_2]_e^{\mathrm{T}}[N_2]_e\right\}\mathrm{d}y, \quad (13)$$

$$[M_2]_e=-\int_e\{[N_2]_e^{\mathrm{T}}[N_2]_e\}\mathrm{d}y。 \quad (14)$$

$\{\phi(x)\}_e$ 和 $\{\phi(y)\}_e$ 代表波函数矢量，而 $[N_1]_e$ 和 $[N_2]_e$ 是形状函数矢量，T 代表矩阵的转置，$\int_e$ 代表对每个线元"e"进行积分。

将(5)式或(6)式代入(9)式，可得到平面波导的元矩阵，然后用来集合成总的矩阵方程。总的方程解以传播常数 $N_{\text{eff}}K_0$ 形式表示，并分别对 TM(E^x_{mn})模或 TE(E^y_{mn})模在有限元网格中所有节点求出场分布 $\phi(x)$。相似地，(7)式或(8)式与(12)式结合，在每个节点处对 TE(E^x_{mn})模或 TM(E^y_{mn})模可得到传播常数 β 和场分布 $\phi(y)$。在多量子阱条形波导中，β 是 E^x_{mn} 模或 E^y_{mn} 模的传播常数。最后，从(2)式就可得到任意网格点的 $\phi(x,y)$ 值。

三、数值计算的执行程序

图 3 是用于多量子阱条形波导解的数值算法的程序框图。程序是以标准 Fortran77 写的，计算传播常数和(或)模

态分布时，主处理机并不依靠任何外部子程序。主程序的输出是美国信息交换标准码（ASCII）数据文件形式，从而可用最新的"实用"软件包把主程序的输出变成图形、表面图和轮廓线图，本文的图4～图12就是用后两种图来说明研究结果的。

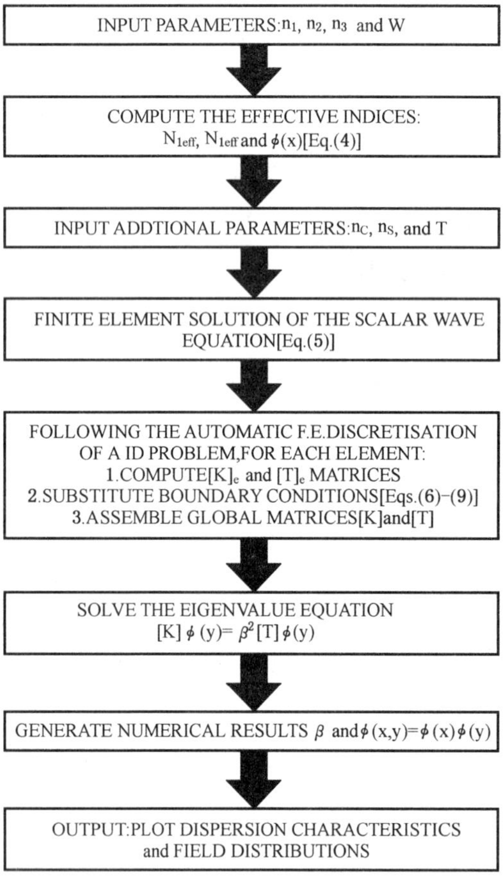

Fig. 3　Flowchart of the numerical algorithm used for the solution of stripe MQW guides

最后，这种算法要对给定波导中实际传播的所有模式给出 β 值和场强分布。模式的数目主要由折射率值（实际上，经常就是 n_1 和 n_3）所决定。正如 Koshiba 等人[17]所指出的那样，标量有限元分析和矢量有限元法[14,15]不同，它没有伪模。因此，用第二部分描述的技术所得到的全部本征值将代表实际的有物理意义的解。

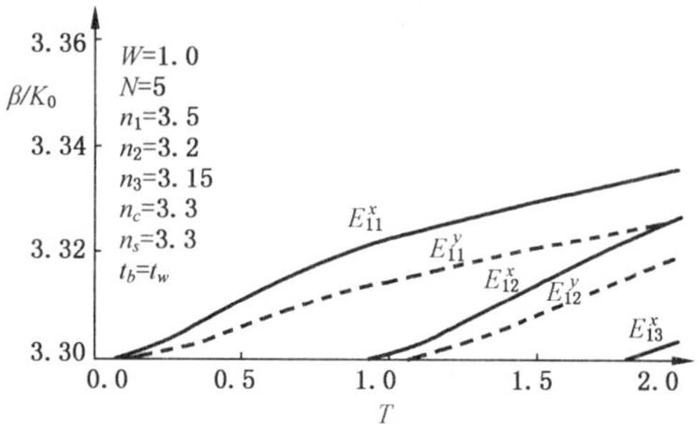

Fig. 4　Modal dispersion characteristics for a symmetric 6-well stripe guide, with $W=1$ μm

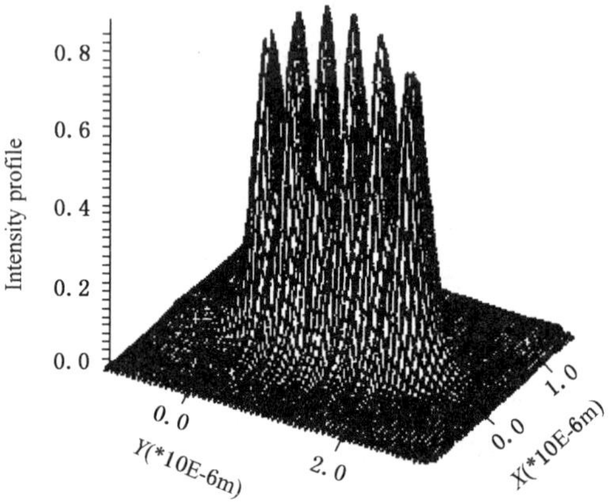

Fig. 5　Surface plot of the E_x component intensity for an E_{11}^x mode, shown in Fig. 4

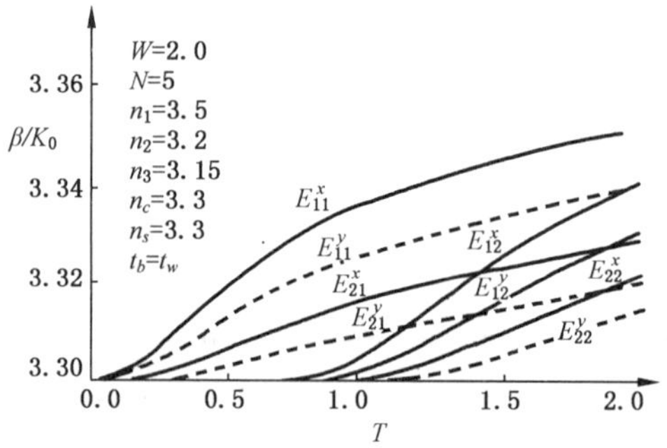

Fig. 6　Modal dispersion characteristics for a symmetric 6-well stripe guide, with $W=2$ μm

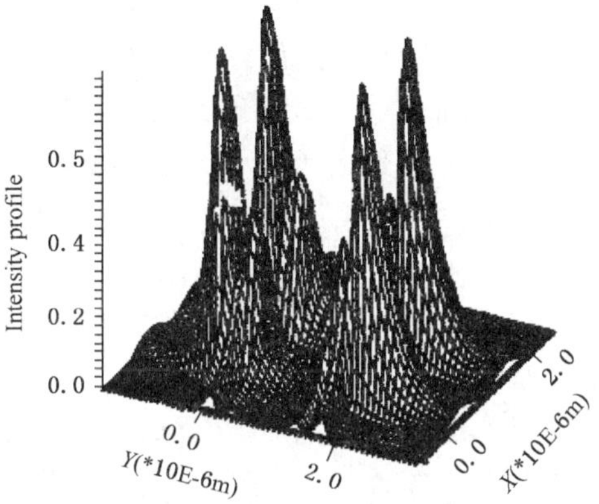

Fig. 7　Surface plot of the E_x component intensity for an E_{22}^x mode, shown in Fig. 6

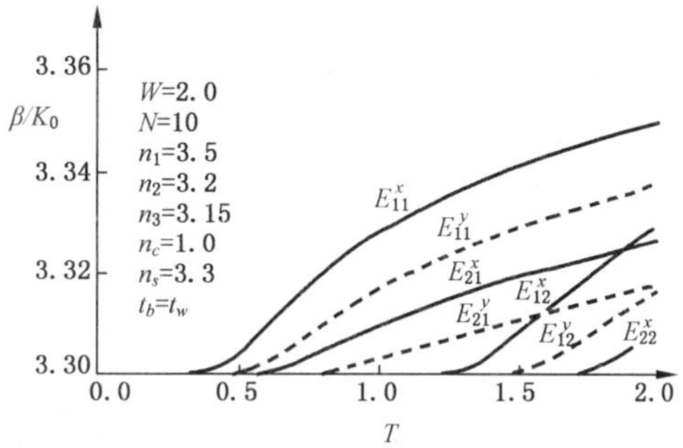

Fig. 10　Modal dispersion characteristics for an asymmetric 6-well stripe guide, with $W=2$ μm

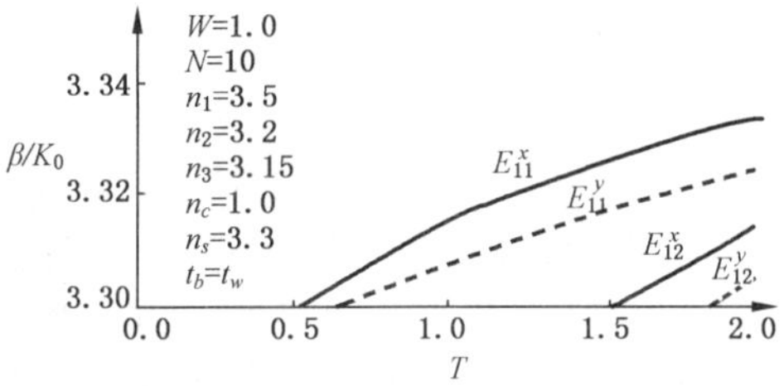

Fig. 8　Modal dispersion characteristics for an asymmetric 6-well stripe guide, with $W=1$ μm

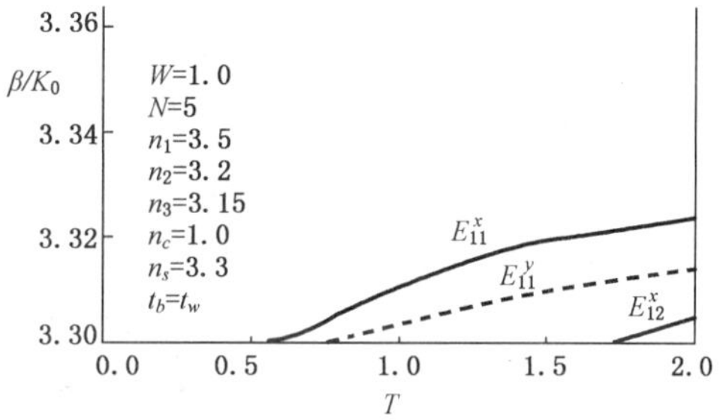

Fig. 11　Modal dispersion characteristics for a symmetric 11-well stripe guide, with $W=1$ μm

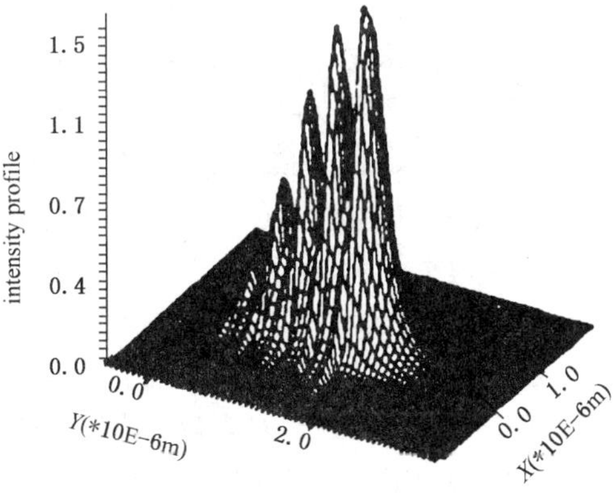

Fig. 9　Surface plot of the E_x component intensity for an E_{11}^x mode, shown in Fig. 8

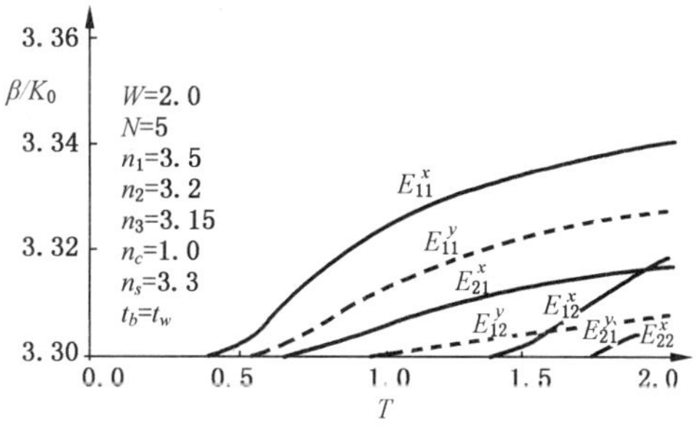

Fig. 12　Modal dispersion characteristics for a symmetric 11-well stripe guide, with $W=2$ μm

四、数值结果

利用上述数值方法分析任意阱数(N)和不同波导区宽度(W)的多量子阱条形波导结构,在对称以及非对称两种结构中,对 E_{mn}^x 模和 E_{mn}^y 模计算模态强度分布和传播常数。

对于 $W=1\ \mu m$ 和 $W=2\ \mu m$,选择 6 个量子阱和 11 个量子阱(或分别为 5 个势垒和 10 个势垒)的波导。所有对称结构,参数 $n_1=3.5$,$n_2=3.2$,$n_3=3.15$ 和 $n_c=n_s=3.3$;所有非对称结构,除 $n_c=1$ 外,其余参数保持不变。在所有情况下,势阱和势垒的宽度都相同。本文所用的这些数值是代表 GaAs-GaAlAs 多量子阱条形波导的典型参数。而对于具有几乎任意材料性质的其他波导几何形状,也很容易求得其传播特性。这主要是由于有效折射率法和有限元法的固有适应性强。为了方便起见,所有色散特性都用波导有效折射率(β/K_0)表示,并在图中以波导深度 $T(\mu m)$ 的函数给出。激光波长固定在 $\lambda=1.15\ \mu m$。图中模态分布都是分量强度。为便于参考,在图 5、图 7 和图 9 中,表面和波导子区域之间的界面位于这些图的 $y=2\ \mu m$ 处。

对称的 6 个阱的波导($W=1\ \mu m$),其色散特性表示在图 4;而 E_{11}^x 模的 E_x 分量,其表面图表示在图 5。图 6 表示波导宽度(W)增加到 $2\ \mu m$ 时的结果(八个模式),图 7 是该结构 E_{22}^x 模的 E_x 分量强度分布的表面图。这个模式的强度峰可容易地分辨出在 x 方向有两行;在 y 方向有两组峰,每组为三个峰。同预料的一样,每行给出总共 6 个峰,即每个势阱给出一个峰。图 8 和图 10 是分别为 $W=1\ \mu m$ 和 $W=2\ \mu m$ 时,非对称 6 个阱的 MQW 条形波导的结果,E_{11}^x 模的 E_x 分量强度分布的表面图(图 9)清晰地说明非对称结构($n_c=1.0$)波导的表面特征。图 11 和图 12 也是由非对称条波导得到的,不过这是有 11 个阱的波导($W=1\ \mu m$ 和 $W=2\ \mu m$)。

从图 4～图 12 可以得出下列几点结论:

(a) 增加阱的数目和减小 n_c 的数值,对传播特性有相同的影响;

(b) 这些影响可用较宽的波导区加以抵消;

(c) 在观察到的多层结构中,E_{mn}^x 模曲线和 E_{mn}^y 模曲线并不会聚,与单层波导相比,多量子阱条形波导显然呈现出一种"模式双折射"。

进一步的观察,需要实验以及其他数值方法的密切配合。

五、结论

本文对得到多量子阱条形光波导解提出了一种新技术。它是基于有效折射率法和有限元法的结合。利用有效折射率法克服了有限元法在分析量子阱数目很大的两维结构时产生的困难。本技术具有高精度和高适应性。

虽然本方法是求解标量波动方程,但对任意截面的多量子阱波导中的任何模式,均可容易得到传播常数以及场强分布。与矢量波动方程或变分原理的算法相比,可比较简单地在几乎任何一种计算环境下实现本技术,而且也可容易地与各种软件包连接,实现计算结果的后处理。

预计这些结果可对收集到的实验数据进行计算机验证,以便最后对多量子阱结构的波导和器件研制出计算机辅助设计的软件。

参考文献

[1] Derry P L, Chen H Z, Morko H, et al. Ultralow threshold graded-index separate-con-

finement heterostructure single quantum well(Al,Ga)As lasers[J]. Journal of Vacuum Science & Technology B, 1988, 6(2): 689-691.

[2] Jewell J L, et al. Surface-emitting microlasers for photonic switching and interchip connections[J]. Optical Engineering, 1990, 29(3): 210-214.

[3] Zucker J E, Jones K L, Young M G, et al. Compact directional coupler switches using quantum well electrorefraction[J]. Applied Physics Letters, 1989, 55(22): 2280-2282.

[4] Miller D A B, Chemla D S, Damen T C, et al. Novel hybrid optically bistable switch: The quantum well self-electro-optic effect device [J]. Appl. Phys. Lett., 1984, 45(1): 13-15.

[5] Wood T H. Multiple quantum well(MQW) waveguide modulators[J]. Journal of Lightwave Technology, 1988, 6(6): 743-757.

[6] Von L A, Chemla D S, Zucker J E, et al. Optical Stark effect on excitons in GaAs quantum wells[J]. Optics Letters, 1986, 11(10): 609-611.

[7] Ohke S, Umeda T, Cho Y. Optical waveguides using GaAs-AlxGa1? xAs multiple quantum well[J]. Optics Communications, 1985, 56(4): 235-239.

[8] Skinner I M, Shail R, Weiss B L. Modal propagation within MQW waveguides[J]. IEEE Journal of Quantum Electronics, 1989, 25(1): 6-11.

[9] S Ohke, T Umeda, Y Cho. TM-mode propagation and form birefringence in a GaAs-AlGaAs multiple quantum well optical waveguide[J]. Optics Commun., 1989, 70(2): 92-96.

[10] Zhao A P, Weiss B L. Fintte element aralysis of planar MQW Waveguides. [J]. Journal of Lightwave Technology, 1990.

[11] Weiss B L, Zhao A P. The influence of well shape on the propagation characteristics of multiquantum well waveguides [J]. IEEE Photonics Technology Letters, 1990, 2(11): 801-803.

[12] Hocker G B, Burns W K. Mode dispersion in diffused channel waveguides by the effective index method [J]. Applied Optics, 1977, 16(1): 113-118.

[13] Buus J. Application of the effective index method to nonplanar structures[J]. IEEE Journal of Quantum Electronics, 1984, 20(10): 1106-1109.

[14] Sewell G, Cvetkovic S. WAVEGIDE-An interactive waveguide program[J]. Advances in Engineering Software, 1989, 11(4): 169-175.

[15] Rahman B M A, Davies J B. Finite-Element Analysis of Optical and Microwave Waveguide Problems [J]. IEEE Transactions on Microwave Theory & Techniques, 1984, 32(1): 20-28.

[16] Chiang K. Finite element analysis of weakly guiding fibers with arbitrary refractive-index distribution[J]. Journal of Lightwave Technology, 1986, LT-4(8): 980-990.

[17] Koshiba M, Hayata K, Suzuki M. Approximate scalar finite-element analysis of anisotropic optical waveguides [J]. Electronics Letters, 1982, 18(10): 411-413.

[18] 赵安平，于荣金. 改进的光波导标量近似有限元分析[J]. 光学学报，1989，9(2)：175-180.

具有任意折射率分布圆光纤的标量近似有限元分析①

赵安平　于荣金　赵　伟　刘立杰

（中国科学院长春物理研究所）

提　要：应用标量近似有限元技术，对具有任意折射率分布圆光纤的传播常数进行了计算。计算结果表明，此法比其他近似方法或精确方法的精度高，所用的矩阵维数少。

关键词：有限元法；弱导光纤；传播常数

Approximate Scalar Finite Element Analysis of Circular Optical Fiber with Arbitrary Refractive-Index Profiles

Zhao Anping　Yu Rongjin　Zhao Wei　Liu Lijie

(Changchun Institute of Physiscs, Academic Sinica, China)

Abstract: The propagation characteristics of circular fibers with arbitrary refractive-index profiles are computed by using an approximate scalar finite element technique. The results are compared with those obtained by other approximate or exact methods. It shows that accurate results can be obtained with matrices of lower order.

Key words: Finite element method; Weakly guiding fiber; Propagation constant

有限元法是对光信号沿着各种折射率分布光纤的传播常数进行分析的一种较为有效的方法[1]。Mabaya 等人[2]对集成光波导提出一种标量近似有限元分析公式，Chiang[3]采用三角形剖分的有限元法对弱导光纤进行了分析。

本文提出了一种标量近似有限元法（ASFEM）。用它对具有任意折射率分布、在圆周方向和传播方向几何尺寸都是一致的圆光纤的传播常数进行分析，仅用40个线性单元，得到了比某些近似方法更为精确的结果。

1　基本方程

我们只讨论弱导光纤，即具有关系式 $\Delta=(n_1/n_2-1)\ll 1$ 的光纤，其中 n_1 为光纤芯区的最大折射率，n_2 为光纤包层的折射率。并且假设此光纤在圆周方向和传播方向 z 的几何尺寸都是一致的。

假定光纤的折射率分布为 $n(r)$，则在圆柱坐标系里，光纤内场的标量波动方程为：

$$\frac{\partial^2\varphi}{\partial r^2}+\frac{1}{r}\frac{\partial\varphi}{\partial r}+\left[n^2(r)k_0^2-\beta^2-\frac{m^2}{r^2}\right]\varphi=0,\quad (1.1)$$

其中 $\varphi=Er$，r 为圆柱坐标系中的径向坐

---

① 吉林大学自然科学学报，1991(1)：32-36.

标，$k_0=\frac{2\pi}{\lambda_0}$为真空中的波数，$\beta$为模传播常数，$m$为方位角模式数。当$m=0$时，最低阶模为$LP_{01}$模。

从变分原理出发，可以得到LP_{mn}模所满足的变分方程

$$L=\int_0^{r_0}\left\{r\left(\frac{\partial\varphi}{\partial r}\right)^2-r\left[n^2(r)k_0^2-\beta^2-\frac{m^2}{r^2}\right]\varphi^2\right\}\mathrm{d}r, \tag{1.2}$$

$$\delta L=0, \tag{1.3}$$

式中r_0为大于光纤半径的某一有限值。

为了计算上的方便，定义函数

$$P(r)=r, \tag{1.4}$$

$$Q(r)=-r\left[n^2(r)k_0^2-\frac{m^2}{r^2}\right]。 \tag{1.5}$$

将(1.4)式和(1.5)式代入(1.2)式，有

$$L=\int_0^{r_0}\left[P(r)\left(\frac{\partial\varphi}{\partial r}\right)^2+Q(r)\varphi^2+P(r)\beta^2\varphi^2\right]\mathrm{d}r。 \tag{1.6}$$

将区间$[0,r_0]$分割成N个线性单元$[r_i,r_{i+1}]$($i=1,2,\cdots,N$)，或者说分成$N+1$个节点，则方程(1.6)可以表示为

$$L=\sum_{i=1}^{N}\int_{r_i}^{r_{i+1}}\left[P(r)\left(\frac{\partial\varphi}{\partial r}\right)^2+Q(r)\varphi^2+P(r)\beta^2\varphi^2\right]\mathrm{d}r=\sum_{i=1}^{N}L_i, \tag{1.7}$$

其中

$$L_i=\int_{r_i}^{r_{i+1}}\left[P(r)\left(\frac{\partial\varphi}{\partial r}\right)^2+Q(r)\varphi^2+P(r)\beta^2\varphi^2\right]\mathrm{d}r。 \tag{1.8}$$

在第i个单元$[r_i,r_{i+1}]$中，函数$\varphi(r)$、$P(r)$和$Q(r)$可以近似地表示为

$$\varphi(r)=\lambda_1(r)\varphi_i+\lambda_2(r)\varphi_{i+1}=\varphi_i(r), \tag{1.9}$$

$$P(r)=P[r(i)]=P_i(r), \tag{1.10}$$

$$Q(r)=Q[r(i)]=Q_i(r), \tag{1.11}$$

这里

$\lambda_1(r)=(r-r_{i+1})/(r_i-r_{i+1})=(r_{i+1}-r)/R_i$，

$\lambda_2(r)=(r-r_i)/(r_{i+1}-r_i)=(r-r_i)/R_i$，

其中$R_i=r_{i+1}-r_i$为第i个单元的长度，$r(i)=(r_i+r_{i+1})/2$为第i个单元的中点值。

把方程(1.9)～(1.11)代入(1.8)式，有

$$L_i=\int_{r_i}^{r_{i+1}}\left[P_i(r)\left(\frac{\partial\varphi_i}{\partial r}\right)^2+Q_i(r)\varphi_i^2+P_i(r)\beta^2\varphi_i^2\right]\mathrm{d}r。 \tag{1.12}$$

对于所有的i值，应用变分条件(1.3)，可以得到LP_{mn}模的矩阵方程

$$[A][\varphi]=\beta^2[B][\varphi], \tag{1.13}$$

其中$\boldsymbol{\varphi}=[\varphi_1,\varphi_2,\cdots,\varphi_{N+1}]^{\mathrm{T}}$，$[A]$和$[B]$均为$(N+1)\times(N+1)$维矩阵，T为矩阵的转置。

方程(1.13)就是求解光纤传播常数的本征值方程。

2　数值计算结果

本文所有的数值计算结果都是应用(1.13)式，取$N=40$得到的。定义轴向归一化传播常数B和归一化频率ν为

$$B=\left[\left(\frac{\beta}{k_0}\right)^2-n_3^2\right]/(n_1^2-n_3^2),$$

$$\nu=k_0a(n_1^2-n_3^2)^{1/2},$$

其中a为光纤芯区的半径，n_3为外包层的折射率。

2.1　阶跃型折射率圆光纤

对于这种光纤，其径向r的折射率分布一般为

$$n(r)=\begin{cases}n_1, & 0\leqslant r\leqslant a;\\ n_2, & r>a,\end{cases}$$

其中$n_1=1.01$，$n_2=1.0$。

对于这种光纤，有精确解。图 1 中绘出了我们的结果、文献[4]的精确解以及 Yeh 的有限元结果[1]，从图 1 中不难看出，我们的结果与精确解符合得较好。

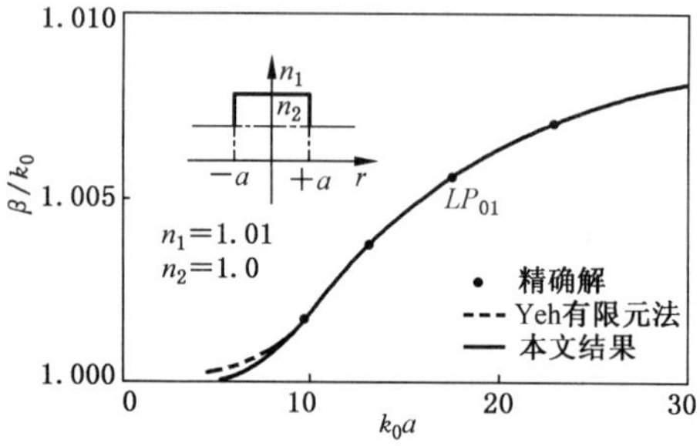

图 1　阶跃型折射率圆光纤中 LP_{01} 模色散特性

2.2　渐变折射率圆光纤

对于径向 r 具有如下折射率分布的圆光纤

$$n(r)=\begin{cases}n_1[1-\Delta(r/a)^2],0\leqslant r\leqslant a;\\ n_2, & r\geqslant a,\end{cases}$$

其中 $n_1=1.53$，$n_2=1.50$，$\Delta=(1-n_2/n_1)$，图 2 给出了我们的结果及 Yeh 和 Lindgren 的阶梯(10 层)近似的结果[5]。由图 2 可以看出，这三种方法的结果比较一致。

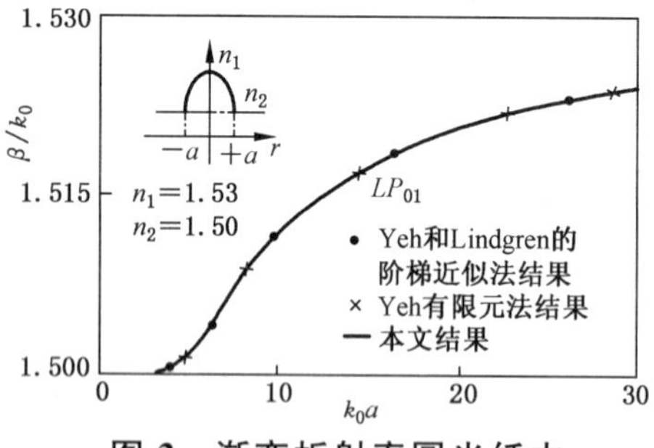

图 2　渐变折射率圆光纤中 LP_{01} 模色散特性

对于径向 r 具有如下折射率分布的圆光纤

$$n(r)=\begin{cases}n_1[1-\Delta(r/a)^2],0\leqslant r\leqslant a;\\ n_2, & r=a;\\ n_3, & r>a,\end{cases}$$

其中 $n_1=1.46$，$n_2=1.45$，$n_3=1.454$，$\Delta=(1-n_2/n_1)$。所得结果如图 3 所示。

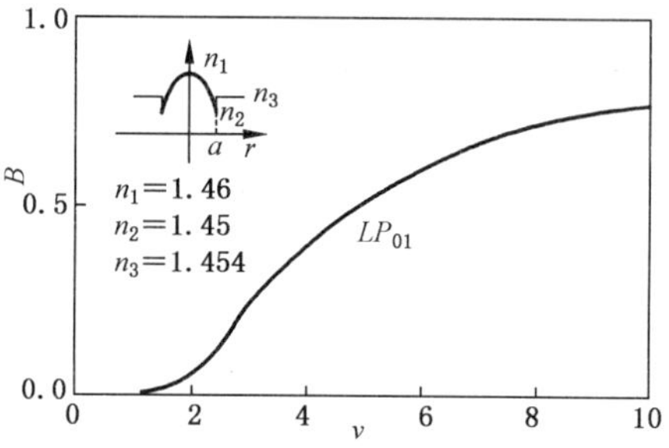

图 3　渐变折射率圆光纤中 LP_{01} 模的 B-v 曲线

2.3　具有阶跃折射率分布的 W 光纤

具有凹陷内包层的 W 光纤(如图 4 中插图所示的弱导光纤结构)，其芯区半径为 a，折射率为 n_1；内包层的半径为 b，折射率为 n_2；外包层的折射率为 n_3。我们定义

$$\Delta n=n_1-n_2,\Delta n'=n_2-n_3,$$
$$R=\Delta n'/\Delta n,S=b/a。$$

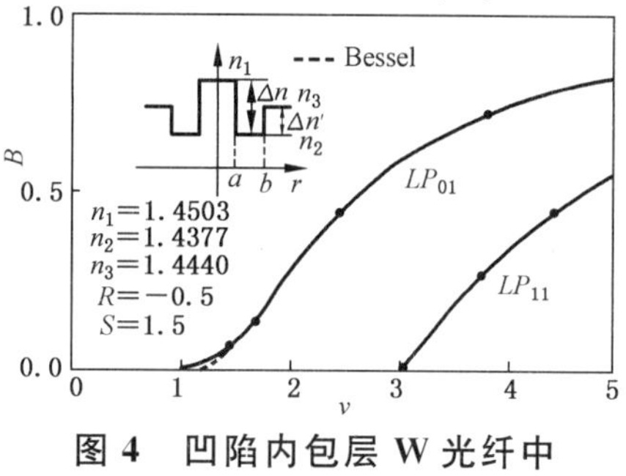

图 4　凹陷内包层 W 光纤中 LP_{01} 模和 LP_{11} 模的 B-v 曲线

对折射率按如下分布的 W 光纤

$$n(r)=\begin{cases}n_1,0\leqslant r\leqslant a;\\ n_2,a<r\leqslant b;\\ n_3,r>b。\end{cases}$$

其中 $n_1=1.4503$，$n_2=1.4377$，$n_3=1.4440$，$R=-0.5$，$S=1.5$，在 $\lambda_0=1.55$ μm 下，其结果如图 4 所示，其中虚线为 Monerie(Bessel)的结果[6]。可以看出，除了接近截止的区域，两条曲线符合得很好。

2.4 具有中心矩形凹陷的 W 光纤

为了与 Numerov 的近似方法进行比较,我们选取与文献[7]具有完全相同结构与组成的 W 光纤:芯区含 GeO_2 的摩尔百分数为 4.1,外包层为纯的 SiO_2,且有

$\varepsilon=0.1$;$S=b/a=3$,$R=\Delta n'/\Delta n=-0.42424$,$t=\delta n/\Delta n=0.57576$,

其中 ε 为中心凹陷占据芯区的分数。

表 1 给出了用 Bessel 方法[6]、Numerov 方法[7]以及我们的结果。其中 ν 值以步长 0.025 从 1.575 变化到 2.4。对于表 1 中所列出的 ν 值,Numerov 方法与 Bessel 方法之差的均方根偏差为 0.00752,而我们的方法与 Bessel 方法之差的均方根偏差为 0.00277。从以上结果可以看出,我们的结果比 Numerov 的结果更精确。

表 1 对中心矩形凹陷 W 光纤的几种计算结果与比较

ν	$B(\nu)$			差值	
	Bessl 方法	本文方法	Numerov 方法	Bessel 与本文方法	Bessel 与 Numerov
1.575	0.016753	0.014562	0.025251	0.002191	0.008498
1.6	0.033360	0.031061	0.041847	0.002200	0.008487
1.625	0.049799	0.047309	0.058266	0.002490	0.008467
1.65	0.065984	0.063352	0.074414	0.002632	0.008430
1.675	0.081880	0.079076	0.090268	0.002804	0.008388
1.7	0.097470	0.094549	0.105813	0.002921	0.008342
1.725	0.112747	0.109772	0.121039	0.002976	0.008292
1.75	0.127707	0.124698	0.135944	0.003009	0.008237
1.775	0.142350	0.139351	0.150528	0.002999	0.008178
1.8	0.156677	0.153662	0.164792	0.003015	0.008115
1.825	0.170692	0.167631	0.178741	0.003061	0.008048
1.85	0.184399	0.181396	0.192377	0.003004	0.007978
1.875	0.197803	0.194841	0.205725	0.002962	0.007922
1.9	0.210909	0.207853	0.218758	0.003056	0.007849
1.925	0.223723	0.220706	0.231496	0.003018	0.007773
1.95	0.236251	0.233285	0.243946	0.002966	0.007695
1.975	0.248499	0.245568	0.256114	0.002931	0.007615
2.0	0.260472	0.257554	0.268006	0.002920	0.007534
2.025	0.272179	0.269290	0.279629	0.002888	0.007451
2.05	0.283624	0.280844	0.290990	0.002779	0.007366
2.075	0.294813	0.291919	0.302095	0.002894	0.007281
2.1	0.305754	0.302949	0.312949	0.002806	0.007195
2.125	0.316452	0.313682	0.323560	0.002770	0.007108
2.15	0.326914	0.324165	0.333934	0.002749	0.007020
2.175	0.337144	0.334397	0.344077	0.002748	0.006932
2.2	0.347150	0.344515	0.353993	0.002635	0.006843
2.225	0.356936	0.354359	0.363690	0.002577	0.006754
2.25	0.366509	0.363862	0.373173	0.002647	0.006664
2.275	0.375873	0.373388	0.382462	0.002486	0.006588
2.3	0.385035	0.382389	0.391536	0.002646	0.006501
2.325	0.393999	0.391482	0.40041 4	0.002517	0.006415
2.35	0.402770	0.400232	0.409100	0.002538	0.006329
2.375	0.411354	0.408869	0.417598	0.002485	0.006244
2.4	0.419756	0.417369	0.425914	0.002386	0.006159
平均偏差				0.00276	0.00749
均方根偏差				0.00277	0.00752

2.5　具有渐变折射率分布的 W 光纤

对具有如下折射率分布的 W 光纤

$$n(r)=\begin{cases} n_1[1-\Delta(r/a)^2], & 0\leqslant r\leqslant a; \\ n_2, & a<r\leqslant b; \\ n_3, & r>b。\end{cases}$$

其中 $n_1=1.46$，$n_2=1.45$，$n_3=1.454$，$\Delta=(1-n_3/n_1)$，且 $R=-0.4$，$S=1.5$，相应的结果如图 5 所示。

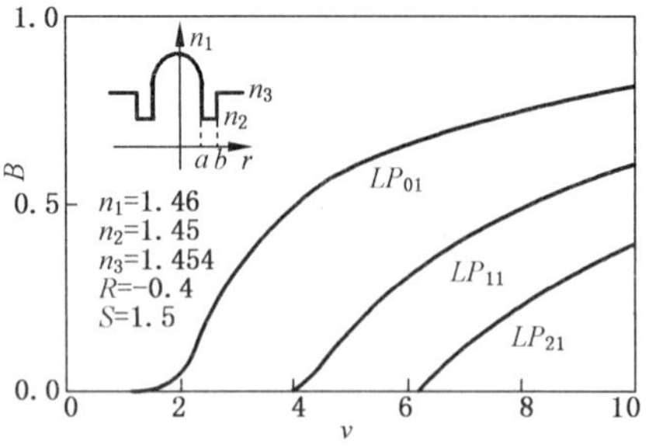

图 5　渐变折射率分布 W 光纤中 LP_{01} 模、LP_{11} 模和 LP_{21} 模的 B-v 曲线

综上所述，我们讨论了在弱导近似条件下，一种用来计算圆光纤传播常数的比较简单的方法。它在各向同性条件下，利用标量波动方程，把二维问题简化成一维问题。采用标量近似有限元法对阶跃型折射率圆光纤、渐变折射率光纤以及三种不同类型的 W 光纤进行计算，可以看出，标量近似有限元法能方便地处理具有任意折射率分布的圆光纤；而且采用的矩阵维数少，能得到较高的精度。

参考文献

[1] Yeh C, Ha K, Dong S B, et al. Single-mode optical waveguides[J]. Applied Optics, 1979, 18(10): 1490-1504.

[2] Mabaya N, Lagasse P E, Vandenbulcke P. Finite Element Analysis Waveguides of Optical [J]. IEEE Transactions on Microwave Theory and Techniques, 1981, 29(6): 600-605.

[3] Chiang K. Finite element analysis of weakly guiding fibers with arbitrary refractive-index distribution[J]. Journal of Lightwave Technology, 1986, LT-4(8): 980.

[4] Snitzer E. Cylindrical Dielectric Waveguide Modes. [J]. Journal of the Optical Society of America, 1961, 51(5): 491-498.

[5] Yeh C, Lindgren G. Computing the propagation characteristics of radially stratified fibers: an efficient method[J]. Applied Optics, 1977, 16(2): 483.

[6] M Monerie. Propagation in doubly clad single-mode fibers[J]. IEEE Journal of Quantum Electronics, 1982, 18(4): 535.

[7] Davies R, Davidson D, Singh M P. Single-mode optical fiber with arbitrary refractive index profile: Propagation solution by the Numerov method[J]. Journal of Lightwave Technology, 1985, 3(3): 619.

分析各向异性光波导的一种新系统①

赵安平　于荣金
（中国科学院长春物理研究所，长春　130021）
Srba R. Cvetkovic
（Department of Electrical Engineering and Electronics
Brunel-The University of West London Uxbridge,
Middlesex UB8 3PH England, United Kingdom）

摘　要：报道一种灵活、交互和自动化的系统，它以矢量有限元法为基础，并在 IMSL 的 PDE/protran 题解环境中实现。用它分析各向异性光波导，得到了各向异性介质矩形波导中所有传播模式的数值结果，以及采用传播常数和模场分布二种形式评价这个方法的精度，并与早期的研究结果加以比较。

关键词：各向异性；光波导

A Novel System for Analysis of Anisotropic Waveguides

Zhao Anping　Yu Rongjin
（Changchun Institute of Physics, Academia Sinica, Changchun　130021）
Srba R. Cvetkovic
（Department of Electrical Engineering and Electronics Brunel-The University of West London Uxbridge, Middlesex UB8 3PH England, United Kingdom）

Abstract: This paper reports an flexible, interactive and automatic system, based on the vector finite element method, and implemented within IMSL's PDE/Protran problem solving environment. Numerical results for all propagating modes in an anisotropic dielectric rectangular waveguide are presented and verified through comparison with an earlier study (where, in fact, fewer modes were found). Furthermore, in comparison with other studies, the evaluation of accuracy of the method is demonstrated in terms of both propagation constants as well as modal field profiles. These results also clearly illustrate the speed and the ease of use of the modified WAVEGIDE program.

Key words: Anisotropic; Waveguide

1　引言

任意形状、非均匀和（或）各向异性的波导结构，由于它们的复杂性，大部分没有解析解。而最有效和灵活的数值方法之一的有限元法，或许是解这类问题的最

① 光学学报，1994，14(7)：729-735.

佳选择[1~3]。

由 Sewell[4] 开发的一个通用有限元包(称为 PDE/protran),但是首先必须把它们转换成 PDE/protran 需要的形式。如果用交互的接口驱动器实现这个转换,转换过程就可大大简化。Sewell 和 Cvetkovic[5] 利用称为 WAVEGIDE 的交互驱动器,把 PDE/protran 软件应用于微波和光波导问题,他们也发展了接口。其应用以不均匀各向同性波导为例,并用轴向分量(E_z,H_z)表示法进行求解。这个方法也应用于分析条形多层波导[6],结果与其他有限元法相比,是完全一致的。

本文进一步把 WAVEGIDE 程序扩大到可以分析各向异性介质波导。一旦由 WAVEGIDE 把各向异性介质波导问题转换成某一表示法[轴向分量(E_z,H_z),单一分量(E_z 或 H_z),二个分量(E_x,E_y)或(H_x,H_y),以至三个分量(E_x,E_y,E_z)或(H_x,H_y,H_z)表示法]的 PDE/protran 形式,PDE/protran 处理机就可轻易地和很快地解出这个问题。文中提出用传播常数和模场分布两种形式来全面评价本方法。数值结果还表明:利用高阶元的有限元网格(即网格精炼),不仅改善了数值结果(特别是场分布)的精度,而且也消除了伪解。消除伪解过去已引入了几种大家熟知的方法,如利用拉格朗日乘子,对给定界面明确强加横向场的连续性[7];利用罚函数[8];把良导体的边界条件应用于对称平面的介质波导[9],以及利用条件 $\nabla\cdot\boldsymbol{D}=0$ 或 $\nabla\cdot\boldsymbol{H}=0$[10]。从用户的观点来看,本文的消除伪解的方法可能是更有效的。

2　数值方法

2.1　基本方程

考虑 X-Y 平面内电导边界为 Γ 的任意截面的一个三维不均匀各向异性介质波导,如图 1 所示。此波导的电容率张量[ε]可写成:

$$\varepsilon_i=\varepsilon_0 n_i^2。\tag{1}$$

式中 $i=x,y,z$,ε_0 为自由空间的电容率,n 为每种介质的折射率,略去时间函数 $\exp(j\omega t)$,麦克斯韦方程为[9]:

$$\nabla\times\boldsymbol{E}=-j\omega\mu_0\boldsymbol{H},\ \nabla\times\boldsymbol{H}=j\omega\varepsilon_0[k]\boldsymbol{E}。\tag{2}$$

式中 $\omega=2\pi f$ 为角频率(f 是频率),μ_0 为自由空间的磁导率,$[k]$为相对电容率张量,即$[k]=[\varepsilon]/\varepsilon_0$。

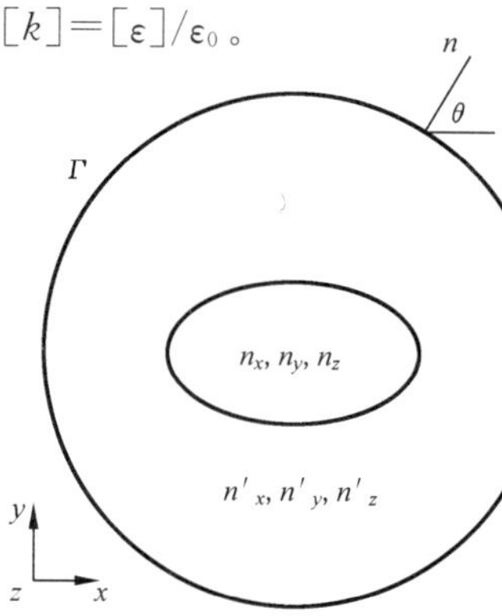

Fig. 1　General geometry of the problem

在这样一个各向异性介质波导结构中混合传播模的轴向电/磁场(E_z,H_z)分量公式为

$$\frac{\partial E_y}{\partial x}-\frac{\partial E_x}{\partial y}+j\omega\mu_0 H_z=0,\ \frac{\partial H_y}{\partial x}-\frac{\partial H_x}{\partial y}-j\omega\varepsilon_z E_z=0,\tag{3}$$

$$\left.\begin{aligned}&E_x=-j\left(\omega\mu_0\frac{\partial H_z}{\partial y}+\beta\frac{\partial E_z}{\partial x}\right)/(\omega^2\mu_0\varepsilon_x-\beta^2),\ E_y=j\left(\omega\mu_0\frac{\partial H_z}{\partial x}-\beta\frac{\partial E_z}{\partial y}\right)/(\omega^2\mu_0\varepsilon_y-\beta^2),\\&H_x=j\left(\omega\varepsilon_y\frac{\partial E_z}{\partial y}-\beta\frac{\partial H_z}{\partial x}\right)/(\omega^2\mu_0\varepsilon_y-\beta^2),\ H_y=-j\left(\omega\varepsilon_x\frac{\partial E_z}{\partial x}+\beta\frac{\partial H_z}{\partial y}\right)/(\omega^2\mu_0\varepsilon_x-\beta^2)。\end{aligned}\right\}\tag{4}$$

式中 β 为模式在传播方向(Z)的传播常数。

2.2　边界条件

在(2)式或(3)式中,节点的电磁场应

该满足图 1 中 Γ 的边界条件。对于理想的电导体，边界条件是 $\boldsymbol{n}\times\boldsymbol{E}=\boldsymbol{0}$ 和 $\boldsymbol{n}\cdot\boldsymbol{H}=0$[9~11]，它们可以写成

$$E_x=\cos\theta E_y \quad 和 \quad E_z=0,$$

$$H_x=-\tan\theta H_y。\tag{5}$$

对于理想的磁导体，边界条件是 $\boldsymbol{n}\cdot\boldsymbol{E}=0$ 和 $\boldsymbol{n}\times\boldsymbol{H}=\boldsymbol{0}$[9~11]，它们可以写成

$$E_x=-\tan\theta E_y,$$

$$H_x=\cos\theta H_y \quad 和 \quad H_z=0。\tag{6}$$

式中垂直于 Γ 的单位矢量 $\boldsymbol{n}$ 位于图 1 中 X-Y 平面内离 X 轴 θ 角处。方程(5)和(6)中的边界条件可用来得到具有对称平面介质波导结构中传播模式的色散关系。

2.3 IMSL 的 PDE/protran 软件

IMSL 的 PDE/protran 软件是一种有限元解系统，它有灵巧的每步处理和后处理机，可以求解二维区域偏微分方程描述的各种问题。一旦把问题表示成下例 PDE/protran 所需的形式：

$$\frac{\partial}{\partial x}A_i\left(U_i,\frac{\partial U_i}{\partial x},\frac{\partial U_i}{\partial y},\beta\right)+\frac{\partial}{\partial y}B_i\left(U_i,\frac{\partial U_i}{\partial x},\frac{\partial U_i}{\partial y},\beta\right)+F_i(\beta,U_i)=0,\tag{7}$$

则该问题就可在灵巧环境下简单而迅速地表示出来。式中 U_i 是未知函数，i 可从 1 到 9，PDE/protran 最多可用 9 个方程解一个问题，β 是问题的本征值。

把方程(7)与方程(3)、(4)比较，可得到(E_z，H_z)形式的公式与 PDE/protran 所需形式之间的下述关系：

$$U_1=H_z,U_2=E_z$$

$$(或\ F_1=j\omega\mu_0 H_z,F_2=-j\omega\varepsilon_z E_z);\tag{8a}$$

$$A_1=E_y,B_1=E_z,和\ A_2=H_y,B_2=H_z。\tag{8b}$$

为了实现 PDE/protran 软件，用户只需要把作为 β 和 U_i 函数的 A_i、B_i、F_i 表达式以及波导结构参数，通过 WAVEGIDE 程序[5]的交互“问答”会话输入 PDE/protran 软件，然后利用逆幂法，PDE/protran 就自动计算出本征值(β)和本征矢(U_i)，A_i 和 B_i 值与 U_i 同时算出并存入。最后，在用户得到波导问题解的同时，PDE/protran 软件将自动产生 E_z 和 H_z 的等值线(或表面)图、(E_x，E_y)和(H_x，H_y)的矢量场图。由于 PDE/protran 使用伽辽金有限元法，它不需要显式界面条件，能处理不同材料之间的界面处 ε 和(或)μ 是不连续的复合介质，此外，PDE/protran 的另一个重要优点是，它对单元的阶次有三种选择(二次元、三次元和四次元)，并且用单一指令，例如把

ORDER OF ELEMENTS=2,3,或 4

打印进程序，以交互“问答”会话方式阶次就可自动改变，用户不需要再做任何公式化工作。因此，PDE/protran 可使用户简便地得到较精确的数值结果，而且容易研究不同次元对数值结果的影响。

2.4 用 PDE/protran 软件解本征值问题

PDE/protran 可以解如(3)式的本征值问题，只要把它们化成 $\boldsymbol{AX}=\lambda\boldsymbol{BX}$ 形式的矩阵本征值问题，并利用逆幂法解离散矩阵问题，如果把“随机”非零右边引入(3)式，并在数值($BMIN$，$BMAX$)范围内改变 β，当 β 接近本征值时，解在数值上就变成无限大。利用这个事实，可以找出给定 β 范围内的所有本征值。

WAVEGIDE 要求用户提供一个频率 f 和对 β 的限制($BMIN$，$BMAX$)，对于给定的 β 值，WAVEGIDE 求解具有非零右边的(3)式，返回一个函数值 $g(\beta)$，$g(\beta)$代表解的某范数的倒数。WAVEGIDE 利用下列过程找出($BMIN$，$BMAX$)中 $g(\beta)$的所有最小值：以 $BMIN$ 和 $BMAX$ 之间具有均匀间隔 β_i 值的用户指定数(NINTER)求出

$g(\beta)$。当发现一个下标 i 使 $g(\beta)$ 既小于 $g(\beta_{i-1})$ 又小于 $g(\beta_{i+1})$ 时，寻找 $(\beta_{i-1},\beta_{i+1})$ 中 g 的最小值，利用公用域子程序 FMIN[12] 准确找出最小值。用户也可提供一个 β 值和对 f 的限制，在这种情况下，WAVEGIDE 找出相当于传播模式的频率值，如果提供一个 $\beta=0$ 的值，由此找出的频率就是截止频率。

3　数值计算结果和讨论

作为本方法的一个应用，可以考虑具有二个对称平面的各向异性介质矩形波导，芯的寻常折射率和非常折射率分别为 $\sqrt{2.31}$ 和 $\sqrt{2.19}$，芯由折射率为 $\sqrt{2.05}$ 的各向同性介质包围[10,13]。由于这种对称性，可以只分析矩形波导截面的四分之一，并把它再分成图 2 所示的三次三角元，其中 W 和 t 分别是矩形芯的宽度和厚度。为了得到所有高阶模，网格选择得较密（三角元数 $N_E=192$）。此外，在分析中假定边界 CD 和 DA 都是理想电导体。表 1 给出了边界 AB 和 BC（对称平面）的边界条件，它是由(5)式和(6)式代入(4)式得到的。表 1 也列出了相应于附录中所有其他公式的边界条件。

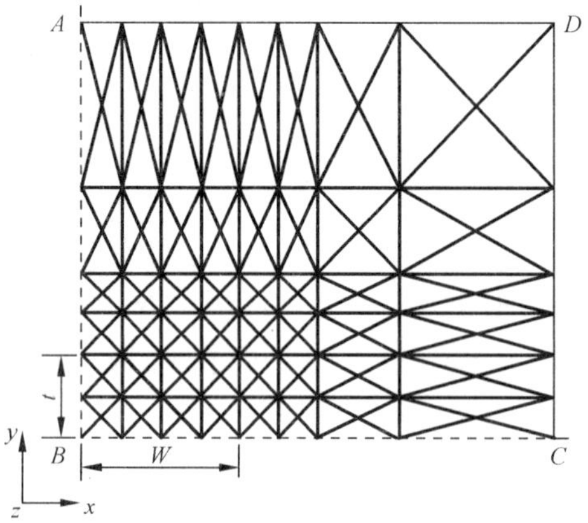

Fig. 2　FE grid with third-order triangular elements for an anisotropic dielectric rectangular waveguide

Table 1.　Boundary condition for an anisotropic dielectric rectangular waveguide

Boundaries		AB	BC
θ		180°	270°
boundary conditions	E: perfect electric conductor	$E_y=0, H_x=0$; $E_z=0, \partial H_z/\partial x=0$	$E_x=0, H_y=0$; $E_z=0, \partial H_z/\partial y=0$
	M: perfect magnetic conductor	$E_x=0$; $H_y=0$; $\partial E_z/\partial x=0, H_z=0$	$E_y=0, H_x=0$; $\partial E_z/\partial y=0, H_z=0$
modes	$E^x_{\text{odd,odd}}, E^y_{\text{even,even}}$	E	M
	$E^x_{\text{even,even}}, E^y_{\text{odd,odd}}$	M	E
	$E^x_{\text{odd,even}}, E^y_{\text{even,odd}}$	E	E
	$E^x_{\text{even,odd}}, E^y_{\text{odd,even}}$	M	M

图 3(a)～(d)分别表示 E^x_{11} 模的 E_z 分量等值线图、H_z 分量等值线图、矢量电场 (E_x,E_y) 分布和矢量磁场 (H_x,H_y) 分布，图 4 表示 E^y_{21} 模的数值结果。在图 3 和图 4 中，F 为频率（其中 $F=C_0/\lambda_0$，$C_0=3.0\times10^8$ m/s，$\lambda_0=0.6328\ \mu$m），而 $BETA$ (β) 代表传播常数。$E^{x,y}_{mn}$ 模有效折射率的平方，即 $(\beta/K_0)^2$ 值，对于 E^x_{11} 模是 $(0.14867\times10^8/K_0)^2=2.24192$。图 5 表示这种波导所有 $E^{x,y}_{mn}$ 模的色散特性。从

图中可以看出，除了高阶模(E_{31}^x，E_{12}^x，E_{22}^x)的结果外，本文的结果与以前有限元法的结果[10,13]十分一致。用低次元[13]或低密度网格[10]不能得到高阶模的结果，因此这一部分结果无法作比较。

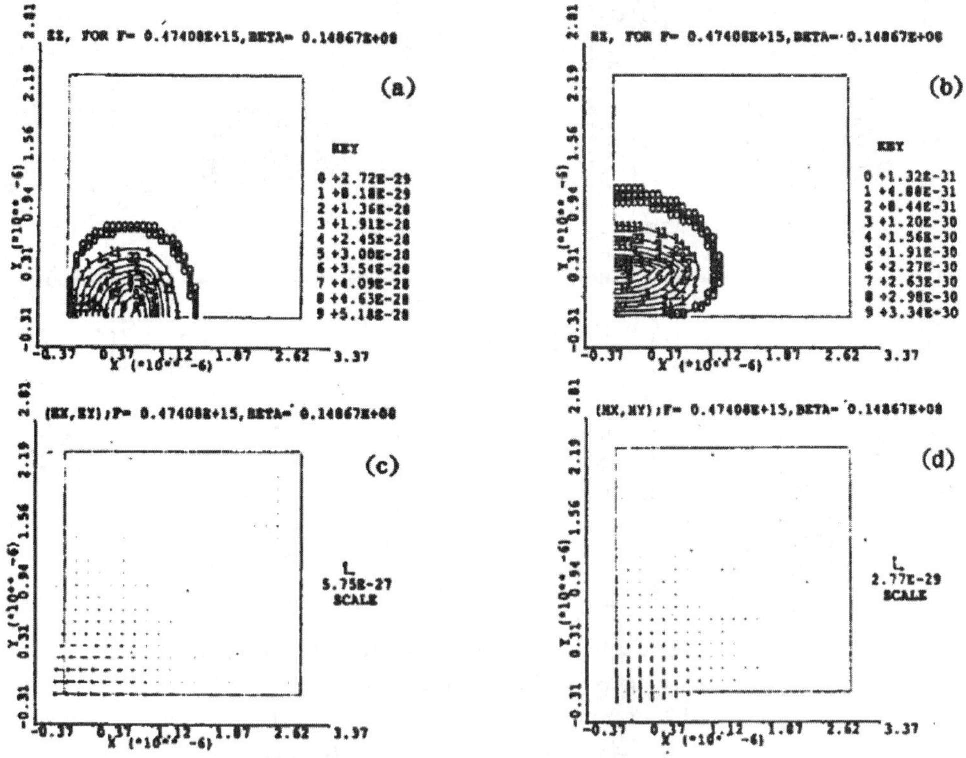

Fig. 3　Electric-/magnetic-field distributions for E_{11}^x mode.
(a) The contour plot of E_z；(b) The contour plot of H_z；
(c) The vector electric-field(E_x，E_y)profile；
(d) The vector magnetic-field(H_x，H_y)profile

上面介绍的所有数值计算结果都是三次三角元的网格。为了对本法精度作一全面评价，下面研究相同网格、但是用二次元所得的数值计算结果。表 2 对二次元和三次元网格(分别需要 674 kb 和 3250 kb 存储器)给出了波导(矩形芯厚 $t=1.0\ \mu$m)中某些模式的传播常数。比较表 2 中的传播常数可以发现，E_{21}^y 模有效折射率(β/K_0)的改进是 2.2×10^{-5}，这个精度对许多设计是足够的。然而，如果考查二次元网格得到的 E_{21}^y 模的矢量电场(E_x，E_y)分布(图 6)，并把它与用三次元网格得到的 E_{21}^y 模场分布(图 4(c))比较，可以清楚地看出用二次元网格得到的场分布是不够精确的。因此，为了评价任何有限元法的精度，特别是要用它来计算机辅助设计波导和器件，传播常数和场分布必须一起考虑，并且要更多地注意模场分布(特别是在高阶模情况下)。最后，从表 2 也可看出，由于元的次数增加，伪解的数目可以减少。当然，元次数的增加可等价地看成增加低次有限元网格中元的数目。而无论在那一种情况下，网格改变对伪解的影响是相同的。

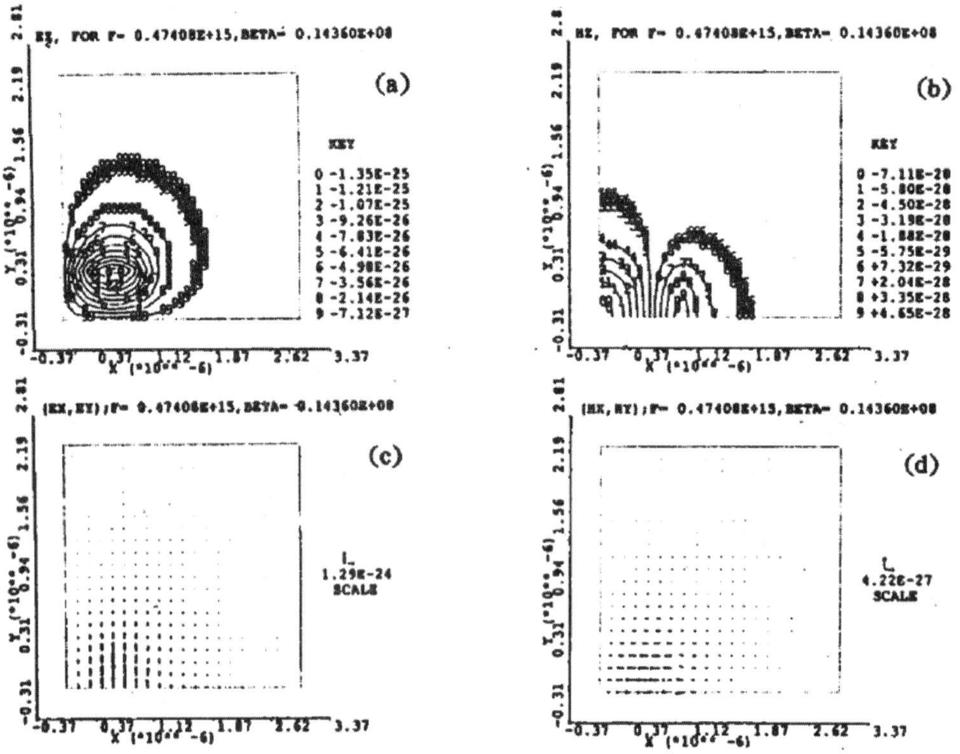

Fig. 4　Electric-/magnetic-field distributions for E_{21}^{y} mode
(a) The contour plot of E_z; (b) The contour plot of H_z;
(c) The vector electric-field(E_x, E_y) profile;
(d) The vector magnetic-field(H_x, H_y) profile

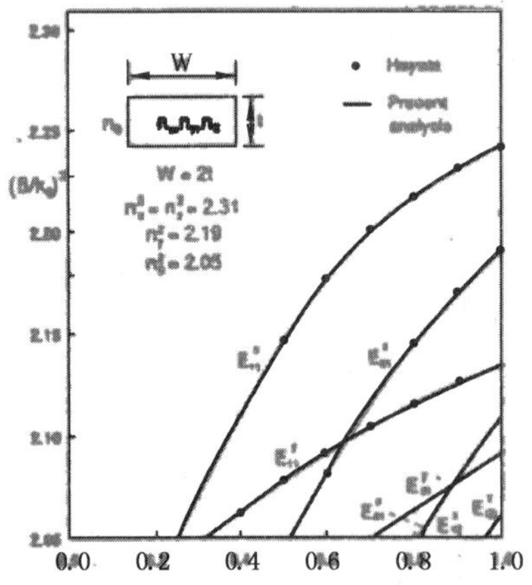

Fig. 5　Dispersion characteristics of an anisotropic dielectric rectangular waveguide

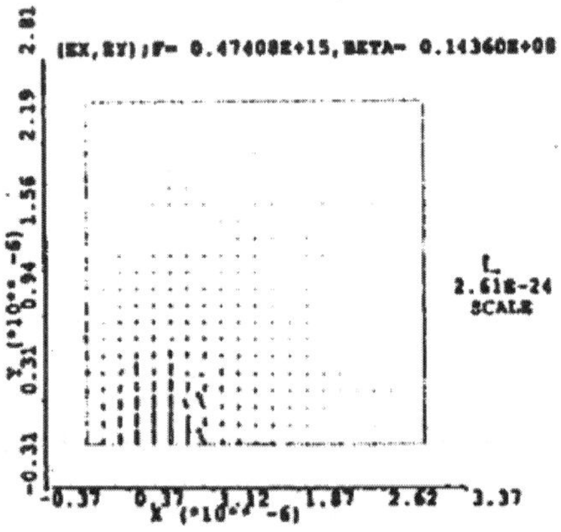

Fig. 6　The vector electric field(E_x, E_y) profile of E_{21}^{y} mode for the FE gird with second-order triangular elements

Table 2. Numerical results for the finite element gird with the second-order and third-order triangular elements

boundary conditions	modes	beta	
		second-order elements	third-order elements
$AB:M$ $BC:E$	E^x_{22}	0.1426549E+8	0.1425946E+8
	E^y_{11}	0.1450404E+8	0.1450396E+8
	spurious mode	0.1466400E+8	—
$AB:E$ $BC:E$	spurious mode	0.1422778e+8	—
	E^y_{21}	0.1435977E+8	0.1435999E+8
	E^x_{12}	0.1441789E+8	0.1441775E+8
	spurious mode	0.1464227E+8	—

4 结论

可以在强有力的、灵活的 IMSL 的 PDE/protran 解题环境下实现有效、精确、全自动的矢量有限元法，已用来分析微波和(或)光波导，最初用于解不均匀各向同性波导的 WAVEGIDE，本文已把它扩展到分析不均匀各向异性波导，第一次以完全的形式给出了这样一种矩形结构中所有混合模式的数值计算结果，并且对可以用来比较的模式，得到了极一致的结果。与其他研究不同，介绍了以传播常数和模场分布两种形式全面评价本方法的精度。由于本方法利用了 PDE/protran 软件的本领和灵活性，所以实现起来比其他有限元技术更快。

参考文献

[1] 赵安平，于金荣. 改进的光波导标量近似有限元分析[J]. 光学学报，1989，9(2)：175-180.

[2] 赵安平，于金荣，赵伟，等. 具有任意折射率分布圆光纤的标量近似有限元分析[J]. 吉林大学自然科学学报，1991(1)：32-36.

[3] 赵安平，于金荣. 用有效折射率法和有限元法分析多量子阱条形光波导[J]. 光学学报，1991，11(8)：720-726.

[4] Sewell G. Analysis of a Finite Element Method: PDE/protran[M]. Berlin: Springer-Verlag, 1985.

[5] Sewell G, Cvetkovic S. WAVEGIDE-An interactive waveguide program[J]. Advances in Engineering Software, 1989, 11(4): 169-175.

[6] Zhao A P, Cvetkovic S R, Punjani M. Analysis of stripe multilayer waveguides with effective index and finite element methods[J]. IEEE Journal of Quantum Electronics, 1992, 28(3): 573-579.

[7] Mabaya N, Lagasse P E, Vandenbu lcke P. Finite element analysis waveguides of optical [J]. IEEE Transactions on Microwave Theory and Techniques, 1981, 29(6): 600-605.

[8] Rahman B M A, Davies J B. Penalty Function Improvement of Waveguide Solution by Finite Elements[J]. IEEE Transactions on Microwave Theory and Techniques 1984, 32 (8): 922-928.

[9] Koshiba M, Hayata K, M Suzuki. Improved Finite-Element Formulation in Terms of the Magnetic Field Vector for Dielectric Waveguides[J]. IEEE Transactions on Mi-

crowave Theory and Techniques 1985, 33 (3):227-233.

[10] Hayata K,Koshiba M,Eguchi M,et al. Vectorial Finite-Element Method Without Any Spurious Solutions for Dielectric Waveguiding Problems Using Transverse Magnetic-Field Component[J]. IEEE Transactions on Microwave Theory and Techniques, 1986, 34(11):1120-1124.

[11] Rahman B M A, Davies J B. Finite-Element Analysis of Optical and Microwave Waveguide Problems [J]. IEEE Transactions on Microwave Theory and Techniques,1984,32(1):20-28.

[12] Forsythe G E, Malcolm M A, Moler C B. Computer Methods for Mathematical Computations[M]. Prentice Hall,1977.

[13] Chew W C,Nasir M A. A variational analysis of anisotropic, inhomogeneous dielectric waveguides[J]. IEEE Transactions on Microwave Theory and Techniques, 1989, 37 (4):661-668.

介质光波导模式传播特性的有效折射率/有限元分析法①

刘立杰　于荣金

（中国科学院长春物理研究所　130021）

摘　要：本文扩展了有效折射率/有限元法（EI-FEM）的应用，对几种不同结构和折射率分布的介质光波导的模式传播特性进行了计算和分析，并讨论了该方法的精度。结果表明，EI-FEM 为各种集成光学器件设计提供了一种简单快速、适应性强、系统化而又比较精确的近似计算方法。

关键词：光波导；有效折射率法；有限元法

Analysis of the Mode Propagation Characteristics of Dielectric Waveguides by the Effective Index-finite Element Method

Liu Lijie　Yu Rongjin

（Changchun Institute of Physics，Academia Sinica，130021）

Abstract：In this paper，the effective index-finite element method（EI-FEM）is extended to analyze the mode propagation characteristics of dielectric waveguides with different structures and index distributions，the accuracy of the new method is discussed. It is shown that the EI-FEM provides a simple，fast，applicable，systematic and more accurate approximate technique for various designs of integrated optic devices.

Key words：Waveguide；Effective-index method；Finite-element method

0　引言

各种结构的介质光波导模式传播特性的研究，是集成光学器件设计中的重要课题。目前，在各种分析光波导模式传播特性的数值计算方法中，有效折射率法（EIM）和有限元法（FEM）是广泛应用的数值方法。EIM 源于分析矩形光波导，尽管在某些特殊情况下 EIM 的使用受到限制[1]，但由于该方法简便和有效，而广泛用于分析各种重要的非矩形光波导结构[2,3,4]，然而对较复杂的波导截面和（或）折射率分布，用 EIM 很难求得解析解，需结合其他的数值方法。FEM 是广泛用于求解几乎是任意截面和（或）折射率分布的介质光波导模式传播特性的数值计算方法，由于它具有很高的精度和很强的适应性而作为各种近似计算的基准，用 FEM 求解介质光波导中光场所满足的二维波动方程时，通常选用大量的三角元[5]

---

① 光子学报，1994，23(1)：25-32.

或矩形元[4]，计算机需具有大的数据存储能力和较快的运算速度，而且计算过程十分烦琐，因此在实际集成光学器件设计中，FEM 的使用受到限制。

文献[6]在处理 GaAs-GaAlAs 多量子阱条形光波导时，首先采用 EIM，用等效的平面波导替换多量子阱条形结构，然后用 FEM 计算等效结构中各种模式的传播常数和场分布，克服了 FEM 在分析多量子阱数目很大的二维结构时产生的困难。由于有效折射率/有限元法（EI-FEM)把原来的二维问题，分解成两个互相联系的一维问题，场域单元从二维面元简化成两个一维线性元，这样不仅大量地减少了计算机的存储量和运算时间，而且方法简便实用。

本文在文献[6]工作的基础上，扩展了 EI-FEM 的应用；给出更普遍的表达式，并对几种不同结构和折射率分布的介质光波导的模式传播特性进行了计算、比较和分析。

1　基本方程

1.1　有效折射率法

设图 1(a)所示的介质光波导中，光场分布满足二维标量波动方程

$$\left\{\alpha_x^2\frac{\partial^2}{\partial x^2}+\alpha_y^2\frac{\partial^2}{\partial y^2}+\left[n^2(x,y)k_0^2-\beta^2\right]\right\}\cdot\varphi(x,y)=0,\tag{1}$$

式中 $k_0=2\pi/\lambda$，λ 为真空中光波长，$n(x,y)$为与 z 无关的波导截面折射率分布，$\beta=N_\beta k_0$ 为模式传播常数。N_β 为模式有效折射率，$\varphi(x,y)$为场函数。当电场偏振沿 X 方向时，$\varphi(x,y)$代表 E_{mn}^x 模式，$\alpha_x^2=n_x^2/n_z^2$，$\alpha_y^2=1$；当电场偏振沿 Y 方向时，$\varphi(x,y)$代表 E_{mn}^y 模式，$\alpha_x^2=1$，$\alpha_y^2=n_y^2/n_z^2$，n_x、n_y 和 n_z 分别为电场沿 X、Y 和 Z 轴方向偏振时主轴折射率，对各向同性介质，$n_x=n_y=n_z$、$\alpha_x^2=1$、$\alpha_y^2=1$，对 Ti:$LiNbO_3$ 光波导，由于其折射率分布 $n(x,y)$ 同体材料折射率 n_b 相差很小，因此实际计算中，设 α_x^2、α_y^2 为由体材料折射率所决定的常数，设光场 $\varphi(x,y)$满足

$$\varphi(x,y)=\varphi_x(x)\varphi_{xy}(x,y)。\tag{2}$$

并设 $\varphi_{xy}(x,y)$ 为对 X 变化缓慢的函数，即

$$\iint_{-\infty}^{\infty}\frac{\partial\varphi_{xy}}{\partial x}\mathrm{d}x\mathrm{d}y\approx0,$$

$$\iint_{-\infty}^{\infty}\frac{\partial^2\varphi_{xy}}{\partial x^2}\mathrm{d}x\mathrm{d}y\approx0。\tag{3}$$

定义有效折射率轮廓 $n_{\mathrm{eff}}(x)$，由方程(1)、(2)和(3)可得到下面两个互相联系的一维波动方程

$$\left\{\alpha_y^2\frac{\partial^2}{\partial y^2}+\left[n^2(x,y)k_0^2-n_{\mathrm{eff}}^2(x)k_0^2\right]\right\}\cdot\varphi_{xy}(x,y)=0\tag{4a}$$

和

$$\left\{\alpha_x^2\frac{\partial^2}{\partial y^2}+\left[n_{\mathrm{eff}}^2(x)k_0^2-\beta^2\right]\right\}\varphi_x(x)=0。\tag{4b}$$

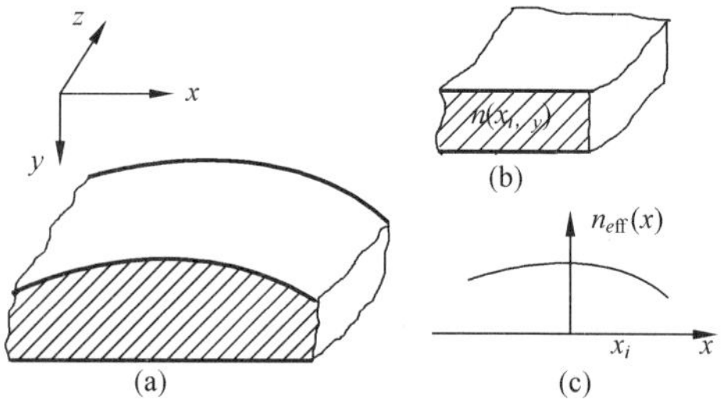

图 1　(a) 介质光波导结构

(b) 在 $x=x_i$ 节点处确定平板波导的有效折射率 $n_{\mathrm{eff}}(x_i)$

(c) 沿 X 方向的等效折射率分布 $n_{\mathrm{eff}}(x)$

Fig. 1　(a) Dielectric waveguide structure

(b) Slab to defermine the effective index $n_{\mathrm{eff}}(x_i)$ at $x=x_i$

(c) Equivalent index along x

在不同介质分界面处，当 $\varphi(x,y)$代表 E_{mn}^x 模式时，方程(4a)和(4b)满足的边

界条件为

$$\varphi_{xy,i}=\varphi_{xy,j},n_{\mathrm{eff}}^2\varphi_{x,i}=n_{\mathrm{eff}}^2\varphi_{x,j}。\quad(5)$$

当 $\varphi(x,y)$ 代表 E_{mn}^y 模式时，则其为

$$n_i^2\varphi_{xy,i}=n_j^2\varphi_{xy,j},\varphi_{x,i}=\varphi_{x,j}。\quad(6)$$

总之，应用 EIM，我们从二维标量波动方程(1)得到两个互相联系的一维波动方程(4a)和(4b)，这两个一维波动方程分别代表两种不同偏振态(TE 或 TM)的平板波导的波动方程。在某节点 $x=x_i$ 处，通过求解描述折射率分布为 $n(x_i,y)$ 的平板波导(图 1(b))的波动方程(4a)，可得到该平板波导的有效折射率(即 x_i 节点处的等效折射率) $n_{\mathrm{eff}}(x_i)$，重复求解方程(4a)得沿 X 方向各节点处的等效折射率分布 $n_{\mathrm{eff}}(x)$(图 1(c))，最后，把求得的 $n_{\mathrm{eff}}(x)$ 代入方程(4b)并求解，则得到该二维限制光波导的模式传播常数 β 和模式有效折射率 N_β。

1.2　有限元法

由变分原理，方程(4a)和(4b)的边值问题等价的变分问题为

$$J_y(\varphi_{xy}(x_i,y))=\frac{1}{2}\int_{-\infty}^{\infty}\omega_y\left\{a_y^2\left(\frac{\partial\varphi_{xy}(x_i,y)}{\partial y}\right)^2-[n^2(x_i,y)k_0^2-n_{\mathrm{eff}}^2(x_i)k_0^2]\varphi_{xy}^2(x_i,y)\right\}\mathrm{d}y,\quad(7a)$$

$$J_x(\varphi_x(x))=\frac{1}{2}\int_{-\infty}^{\infty}\omega_x\left\{a_x^2\left(\frac{\partial\varphi_x(x)}{\partial x}\right)^2-[n_{\mathrm{eff}}^2(x)k_0^2-\beta^2]\varphi_x^2(x)\right\}\mathrm{d}x,\quad(7b)$$

$$\delta J_y(\varphi_{xy}(x_i,y))=0,\quad(8a)$$

$$\delta J_x(\varphi_x(x))=0。\quad(8b)$$

其中，当 $\varphi(x,y)$ 代表 E_{mn}^x 模式时，$\omega_x=n_{\mathrm{eff}}^{-2}$，$\omega_y=1$；当 $\varphi(x,y)$ 代表 E_{mn}^y 模式时，$\omega_x=1$，$\omega_y=n^{-2}$。将场域剖分成 N_0 个线性元(N_0+1 个节点)，根据有限元技术[7,8]。由方程(7)和(8)可推得波导场的有限元方程

$$[A][\varphi_{xy}(x_i,y)]=n_{\mathrm{eff}}^2(x_i)k_0^2[B][\varphi_{xy}(x_i,y)],\quad(9a)$$

$$[C][\varphi_x(x)]=\beta^2[D][\varphi_x(x)]。\quad(9b)$$

其中

$$[A]=\sum_e\int_{1_e}\omega_y\left\{\alpha_y^2\left[\frac{\partial N}{\partial y}\right]_e^{\mathrm{T}}\left[\frac{\partial N}{\partial y}\right]_e-n^2(x_i,y)k_0^2[N]_e^{\mathrm{T}}[N]_e)\right\}\mathrm{d}y,\quad(9c)$$

$$[B]=-\sum_e\int_{1_e}\omega_y[N]_e^{\mathrm{T}}[N]_e)\mathrm{d}y,\quad(9d)$$

$$[C]=\sum_e\int_{1_e}\omega_x\left\{\alpha_x^2\left[\frac{\partial N}{\partial x}\right]_e^{\mathrm{T}}\left[\frac{\partial N}{\partial x}\right]_e-n_{\mathrm{eff}}^2(x)k_0^2[N]_e^{\mathrm{T}}[N]_e)\right\}\mathrm{d}x,\quad(9e)$$

$$[D]=-\sum_e\int_{1_e}\omega_x[N]_e^{\mathrm{T}}[N]_e)\mathrm{d}x。\quad(9f)$$

$\int_{1_e}$ 代表对每个线性元 e 积分，$\sum_e$ 代表对所有线性元 e 求和，N 代表形状函数，T 代表矩阵的转置，$[A]$，$[B]$，$[C]$ 和 $[D]$ 为单元系数矩阵集总后所形成的 $(N_0+1)\times(N_0+1)$ 维实对积矩阵，$[\varphi_{xy}]$ 和 $[\varphi_x]$ 代表场域节点上的场矢量。

方程(9)即为用 EI-FEM 求解介质光波导模式传播特性的基本方程。利用求解广义对称特征值问题的特征值和对应的特征向量的计算程序[9]，不仅可求得模式传播常数 β，利用方程(2)还可得到各节点上的场函数 $\varphi(x,y)$ 值。

2　数值计算结果

2.1　各向同性介质光波导

定义归一化频率 V 和归一化折射率 P^2 为：

$$V=\frac{k_0b}{\pi}\sqrt{n_1^2-n_2^2},\quad(10)$$

$$P^2=\frac{N_\beta^2-n_2^2}{n_1^2-n_2^2}。\quad(11)$$

图 2 和图 3 分别为埋入式和镶入式矩形光波导的模式色散曲线，其中波导的长宽比为 $a/b=2$，实线为 EI-FEM 的计算结果，虚线为 Yeh 的计算结果[5]，点线为

Goell 的圆谐函数分析法结果[10]，虚点划线为 Marcatili 近似分析结果[11]，由图中各计算结果的比较可见，在远离模截止时，EI-FEM 的结果与其他数值方法的结果符合得很好；在接近模截止时，EI-FEM 的结果比 Marcatili 的近似分析更接近于精确的（Yeh 和 Goell 的）数值结果。由此可见，EI-FEM 是一种比较精确的近似计算方法。

图 4 为椭圆光纤的模式色散曲线，其中 $n_1 \approx n_2$，$a/b=2$。为方便比较，图中用虚线画出 Eyges 的精确计算结果[12]。EI-FEM 的计算表明，此时同阶的 E^x_{mn} 和 E^y_{mn} 模式几乎是简并的，这与 Eyges 的结论相符，计算中考虑到椭圆光纤的对称性，我们仅采用 40 个线性元（41 个节点）即达到 EI-FEM 的计算精度，这说明对较复杂的波导结构。EI-FEM 具有较快的计算速度。

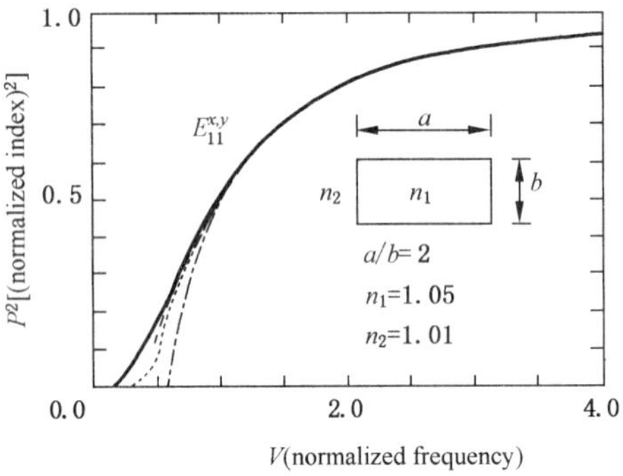

图 2　埋入式矩形光波导 $E^{x,y}_{11}$ 模式色散曲线，其中实线为 EI-FEM 结果，虚线为 Yeh 的 FEM 结果，点线为 Goell 的结果，虚点划线为 Marcatili 近似分析结果

Fig. 2　Comparision of the EI-FEM results (solid line) for the $E^{x,y}_{11}$ mode with Yeh's results (dashed line), Goell's results (dot line) and Marcatili's approximate results (dot-dashed line) for the buried channel waveguide

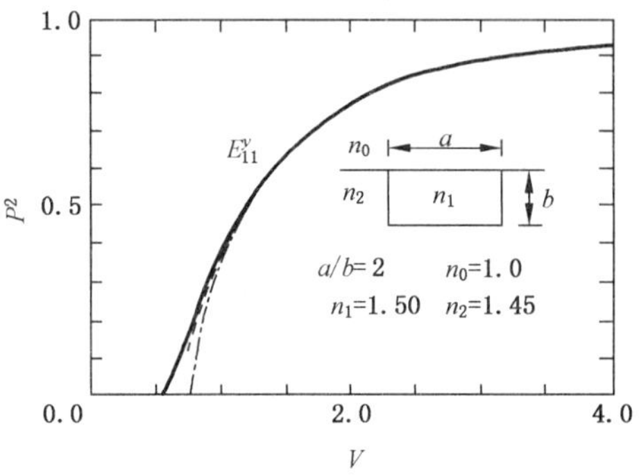

图 3　镶入式矩形光波导 E^y_{11} 模式色散曲线，其中实线为 EI-FEM 结果，虚线为 Yeh 的 FEM 结果，虚点划线为 Marcatile 近似分析结果

Fig. 3　Comparision of the EI-FEM results (solid line) for the E^y_{11} mode with Yeh's results (dashed line) and Marcatili's approximate results (dot-dashed line) for the embedded strip waveguide

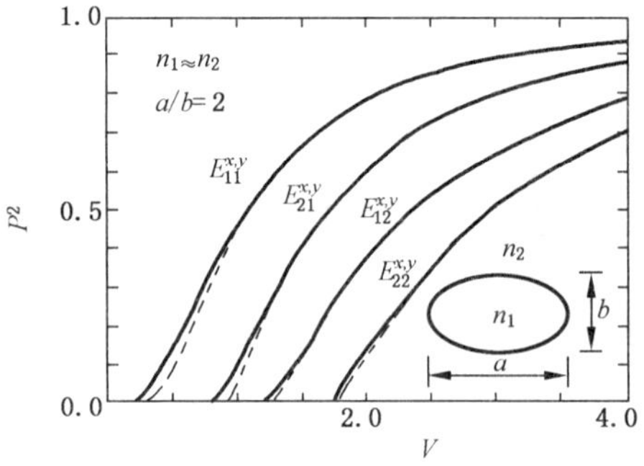

图 4　椭圆光纤的色散曲线，其中虚线为 Eyges 的结果

Fig. 4　Dispersion curves of the elliptical fiber. The dashed lines represent Eyges's results

由以上各计算结果可见，在接近模截止时，EI-FEM 的结果常大于精确的数值结果。其原因主要由于 EI-FEM 采用了 EIM 的各假设条件。其次模截止时，波导包层区域的场衰减得很慢或为常数，这使 FEM 的场衰减模型[6]变成不精确或不适用。

在半导体工艺中，当我们用湿化学蚀刻、反应离子蚀刻和离子辅助蚀刻技术制备矩形或脊形光波导时，通常得到的是具有梯形截面的光波导，这种结构的光波导是集成光学中重要的介质光波导，图 5 为 GaAs/$Al_{0.15}Ga_{0.85}As$ 梯形截面脊形光波导，E_{11}^{x} 模式有效折射率 N_{β} 与脊宽 w 的关系曲线，其中波长 $\lambda=1.52\ \mu m$，覆盖层为空气 $n_0=1.0$，GaAs 的折射率 $n_{GaAs}=3.37349$，$Al_{0.15}Ga_{0.85}As$ 的折射率[13] $n_{Al_{0.15}Ga_{0.85}As}=3.30420$，$\alpha=45°$，$H=1.45\ \mu m$，脊高 h 分别取 0.12 μm、0.35 μm和 0.50μm 三种情况，此时 EI-FEM 得到的单模条件为：$h=0.12\ \mu m$ 时，$w\leqslant 5.30\ \mu m$；$h=0.35\ \mu m$时，$w\leqslant 3.10\ \mu m$；$h=0.50\ \mu m$时，$w\leqslant 2.6\ \mu m$。

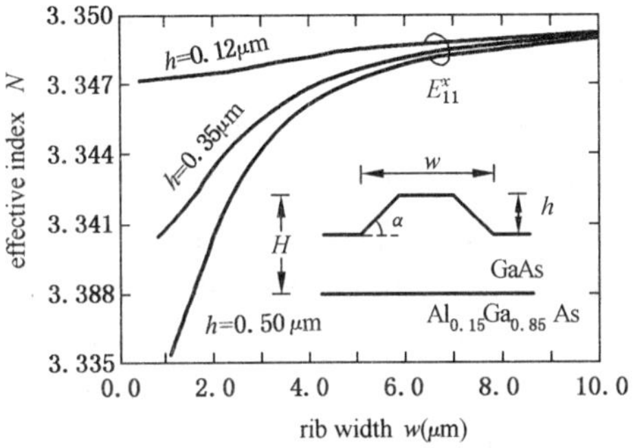

图 5　GaAs/$Al_{0.15}Ga_{0.85}$As 梯形截面脊形光波导 E_{11}^{x} 模式有效折射率 N_{β} 与脊宽 w 的关系曲线，其中 $\lambda=1.52\ \mu m$ $n_0=1.0$，$n_{GaAs}=3.37349$，$n_{Al_{0.15}Ga_{085}As}=3.30420$，$\alpha=45°$，$H=145\ \mu m$

Fig. 5　Dispersion curves of the E_{11}^{x} mode for the GaAs/$Al_{0.15}Ga_{0.85}$As trapezoidal cross-section rib waveguides, plotted as N_{β} vs rib width w at three different rib heigths h with $\lambda=1.52\ \mu m$, $n_0=1.0$, $n_{GaAs}=3.37349$, $n_{Al_{0.15}Ga_{085}As}=3.30420$, $\alpha=45°$ and $H=1.45\ \mu m$

文献[14]证明，在恒定交换源下，K^+ 离子交换 BK7 玻璃平面波导沿波导深度 Y 方向，折射率分布呈补余误差函数（erfc），该平面波导的折射率分布可写成

$$n(y/d)=n_b+\Delta n\,\mathrm{erfc}(y/d),\quad (12)$$

$$\mathrm{erfc}(y/d)=2\pi^{-1/2}\int_{y/d}^{\infty}\exp(-y^2)\mathrm{d}y。\quad (13)$$

其中，n_b 为 BK7 玻璃体材料的折射率，$\Delta n=n_s-n_b$，n_s 为该交换平面波导的表面折射率，$d=\sqrt{Dt}$为有效交换深度，D 为有效交换系数，t 为交换时间。如果在此平面波导表面上再溅射上宽为 w、高为 h 的矩形 BK7 玻璃条，则构成二维限制光波导。图 6 为加矩形载条的 K^+ 离子交换 BK7 玻璃平面波导的 E_{mn}^{x} 模式有效折射率 N_{β} 与有效交换深度 d 的关系曲线，其中波长 $\lambda=0.6328\ \mu m$，$n_0=1.0$，$n_1=n_b=1.5151$，$n_s=1.5245$，$w=4.0\ \mu m$，载条高 h 分别取 0.4 μm 和 0.8 μm 两种情况。为方便比较，图 6 中的虚线为我们用 FEM 计算的未加载条时 K^+ 离子交换 BK7 玻璃平面波导 TE 模式有效折射率 N_{β} 与有效交换深度 d 的关系曲线。

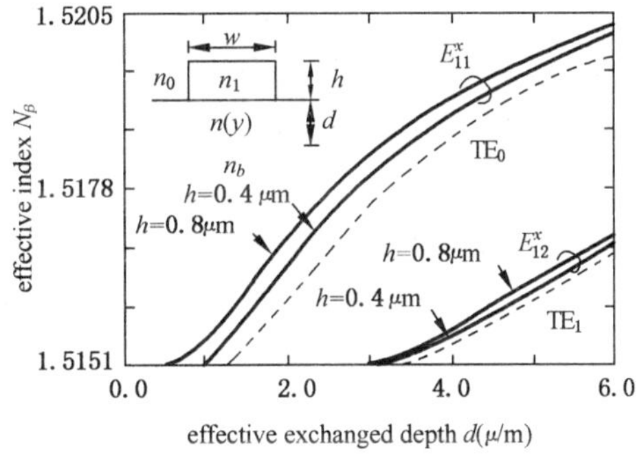

图 6　加矩形载条的 K^+ 离子交换 BK7 玻璃平面波导 E_{mn}^{x} 模式有效折射率 N_{β} 与有效交换深度 d 的关系曲线，其中虚线为 K^+ 离子交换 BK7 玻璃平面波导 TE 模式有效折射率 N_{β} 与有效交换深度 d 的关系曲线

Fig. 6　Dispersion curves of the E_{mn}^{x} mode for the strip-loaded K^+-ion exchanged BK7 glass plannar waveguides, plotted as N_{β} vs effective depth d at two different loaded strip widths w. The dashed lines represent the TE mode for the K^+-ion exchanged BK7 glass plannar waveguide

2.2　Ti:$LiNbO_3$ 条波导

考虑到 $LiNbO_3$ 中 Ti 扩散的各向异性，设 Ti:$LiNbO_3$ 条波中 Ti 离子浓度 $c(x,y)$可写成[3,4,15]

$$c(x,y)=c_0f(y)g(x)。\quad (14)$$

其中

$$c_o=2\pi^{-1/2}c_f\tau/d_y,\quad (15)$$

$$f(y)=\exp(-y^2/d_y^2),\quad (16)$$

$$g(x)=2^{-1}\{\mathrm{erf}[d_x^{-1}((w/2)+x)]+\mathrm{erf}[d_x^{-1}((w/2)-x)]\}。\quad (17)$$

w 和 τ 分别为扩散前 Ti 条宽度和厚度，erf 为误差函数，$c_f=3.8\times10^{28}\,\mathrm{atom/m^3}$，$d_{x,y}=\sqrt{D_{x,y}t}$为 Ti 离子沿 X、Y 方向的扩散深度，$D_{x,y}$为 Ti 离子沿 X、Y 方向的扩散常数，t 为扩散时间，根据文献[15]，设 Ti:LiNbO$_3$条波导折射率增量为

$$\Delta n_{e,o}(x,y)=A_{e,o}(\lambda,c_o)(c(x,y))^{a_{e,o}},\quad (18)$$

$$A_{e,o}(\lambda,c_o)=\left(\frac{2c_t}{\sqrt{\pi}}\right)^{a_{e,o}}\left(B_0(\lambda)+B_1(\lambda)\frac{\sqrt{\pi}}{2c_f}c_o\right)。\quad (19)$$

式中下角标 e 和 o 分别代表非寻常光(e 光)和寻常光(o 光)，对 e 光

$$B_0(\lambda)=0.385-0.43\lambda+0.171\lambda^2,\quad (20a)$$

$$B_1(\lambda)=9.13+3.85\lambda-2.49\lambda^2。\quad (20b)$$

对 o 光

$$B_0(\lambda)=6.53\times10^{-2}-3.15\times10^{-2}\lambda+7.09\times10^{-3}\lambda^2,\quad (21a)$$

$$B_1(\lambda)=0.47+0.464\lambda-0.348\lambda^2。\quad (21b)$$

$a_e\approx0.8$，$a_o\approx0.5$。计算中 LiNbO$_3$ 体材料的折射率由文献[16]的 Sellmeier 公式给出。

图 7 为 Y 切、X 传播 Ti:LiNbO$_3$ 条波导 E_{11}^x、E_{11}^y模式有效折射率增量 δN_β 与扩散前 Ti 条宽度 w 的关系曲线，其中 $\lambda=1.52\ \mu\mathrm{m}$，$\tau=90\ \mathrm{nm}$，$t=9.5\ \mathrm{h}$，扩散温度 $T=1050\ ℃$。模式有效折射率增量 δN_β 定义为 $\delta N_\beta=N_\beta n_b$。图 8 为 Z 切、X 传播 Ti:LiNbO$_3$ 条波导 E_{11}^x、E_{11}^y模式的波长色散曲线，其中 $\tau=72\ \mathrm{mm}$，$w=7.0\ \mu\mathrm{m}$，$t=8\ \mathrm{h}$，扩散温度 $T=1050\ ℃$。计算表明，应用 EI-FEM，可以利用扩散参数，研究 Ti:LiNbO$_3$ 条波导的模式特性，给出单模条波导的制备工艺条件，从而为各种 Ti:LiNbO$_3$ 条波导器件的设计提供一种方便的近似分析方法。

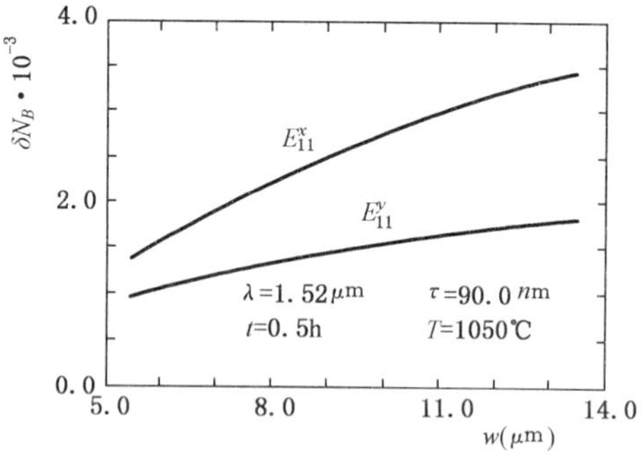

图 7　Y 切、X 传播 Ti:LiNbO$_3$ 条波导 E_{11}^x、E_{11}^y模式有效折射率增量 δN_β 与 T$_i$ 条宽度 w 的关系曲线

Fig. 7　Dispersion curves of the E_{11}^x and E_{11}^y mode for the Y-cut, X-propagation Ti:LiNbO$_3$ channel waveguide, plotted as δN_β vs Ti strip width w

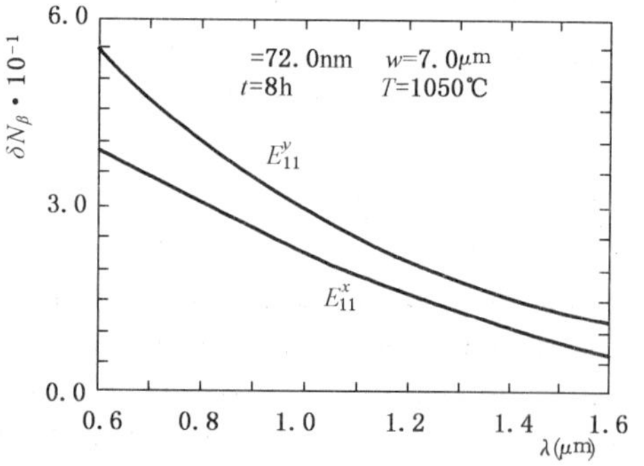

图 8　Z 切、X 传播 Ti:LiNbO$_3$ 条波导 E_{11}^x、E_{11}^y模式的波长色散曲线

Fig. 8　Wavelength dispersion curves of the E_{11}^x and E_{11}^y mode for the Z-cut X-propagation Ti:LiNbO$_3$ channel waveguide

3　结论

通过上面各计算结果的比较和分析可见，EI-FEM 为一种简便的和比较精确

的近似计算方法，特别是在接近模截止时，EI-FEM 的结果比 Marcatili 近似分析结果更接近于精确的结果。

应用 EI-FEM 分析介质光波导的模式传播特性具有明显的优点。由于该方法采用较小的矩阵维数（本文仅采用 40～70 个线性元），占有较小的计算机存储空间，因而具有较快的计算速度，适应于各种计算环境。EI-FEM 形式简单规范，适用于实际波导结构，而且对不同的较复杂的波导截面和（或）波导折射率分布，EI-FEM 只需部分修改源程序，具有很强的灵活性、适应性。

总之，EI-FEM 为各种集成光学器件设计提供了一种简单快速、适应性强、系统化而又比较精确的近似计算技术。

参考文献

[1] Marcatili E A J, Hardy A A. The azimuthal effective-index method[J]. IEEE Journal of Quantum Electronics, 1988, 24(5): 766-774.

[2] Chiang K S. Analysis of optical fibers by the effective-index method[J]. Applied Optics, 1986, 25(3): 348-352.

[3] Hocker G B, Burns W K. Mode dispersion in diffused channel waveguides by the effective index method[J]. Applied Optics, 1977, 16(1): 113-116.

[4] Strake E, Bava G P. Montrosset I. Guided modes of Ti: $LiNbO_3$ channel waveguides: a novel quasi-analytical technique in comparison with the scalar finite-element method [J]. Journal of Lightwave Technology, 1988, 6(6): 1126-1131.

[5] Ych C, Ha K, Dong S B, et al. Single-mode optical waveguides [J]. Applied Optics, 1979, 18(10): 1490-1500.

[6] 赵安平，于荣金. 用有效折射率法和有限元法分析多量子阱条形光波导[J]. 光学学报，1991, 11(8): 720-726.

[7] 盛剑霓，等. 电磁场数值分析[M]. 北京：科学出版社，1984: 258-264.

[8] Koshiba M, Hayata K, M Suzuki M. Approximate scalar finite-element analysis of anisotropic optical waveguides[J]. Electronics Letters, 1982, 18(10): 411-413.

[9] 郭富印，等. Fortran 算法汇编：第三册[M]. 北京：国防工业出版社，1982: 47-50.

[10] Goell J E. A circular-harmonic computer analysis of rectangular dielectric waveguides [J]. Bell System Technical Journal, 1969, 48(7): 2133-2135.

[11] Marcatili E A J. Dielectric rectangular waveguide and directional coupler for integrated optics[J]. Bell Labs Technical Journal, 1969, 48(7): 2071-2076.

[12] Eyges L, Gianino P, Wintersteiner P. Modes of dielectric waveguides of arbitrary cross sectional shape[J]. Journal of the Optical Society of America, 1979, 69(9): 1226-1230.

[13] Deri R J, Hawkins R J, Kapon E. Rib profile effects on scattering in semiconductor optical waveguides[J]. Applied Physics Letter, 1988, 53(16): 1483-1485.

[14] Gortych J E, Hall D G. Fabrication of planar optical waveguides by K+-ion exchange in BK7 and Pyrex glass[J]. IEEE Journal of Quantum Electronics, 1986, 22(6): 892-897.

[15] Fouchet S, Carenco A, Daguet C, et al. Wavelength dispersion of Ti induced refractive index change in LiNbO3as a function of diffusion parameters[J]. Lightwave Technology Journal of, 1987, 5(5): 700-703.

[16] Hobden M V, Warner J. The temperature dependence of the refractive indices of pure lithium niobate[J]. Physics Letters, 1966, 22(3): 243-244.

多量子阱光波导中非线性 TE 波的有限元解①

赵安平　于荣金

（中国科学院长春物理研究所，长春　130021）

摘　要：本文提出一种以有限元法为基础的数值方法，用于研究任意非线性介质的多量子阱（MQW）光波导中传输与强度有关的 TE 波性质。用简单的迭代过程得到自洽解。对于线性或非线性包层区的波导，给出了与功率有关的 TE 模的数值结果。结果表明：光的总功率在某一阈值以上时，可以忽略非线性包层区对传播特性的影响。同时，还考查了非克尔型介质与功率有关的行为。

Finite-Element Solution of Nonlinear TE Waves in Multiple Quantum Well Waveguides

Zhao Anping　Yu Rongjin

（Changchun Institute of Physics，The Chinese Academy of Sciences，Changchun　130021）

Abstract: This paper presents a numerical approach based on the finite element method for analysing intensity-dependent properties of TE waves guided by multiple quanturn well (MQW) waveguides with arbitrary nonlinear media. Self-consistent solutions are obtained by a simple iterative procedure. The numerical results for TE power-dependent modes are presented for waveguides with either linear or nonlinear cladding regions. They reveal that, for values of total optical power above a certain threshold, the effect of nonlinear cladding regions on the propagation characteristics can be ignored. The power-dependent behaviour of a non-Kerr-like case is also examined.

1　引言

由于 MQW 材料的一系列特点，以及由这些材料制作的量子限制 Stark 效应调制器、自电光效应器件和光学双稳器件等具有十分优良的性能[1]，因此 MQW 波导中与光强有关的导波及其器件，引起人们的关注。一部分理论工作也就集中到多层结构的非线性导波研究。

最近，文献已对这个问题引入了几种不同的处理方法：Cada 等人引用有效介质模型来描述 MQW 结构中的非线性导波[2]。Sakakibara 和 Okamoto 应用线性矩阵公式来研究由二个非线性层夹在三

① 半导体学报，1994，15(3)：199-203.

个线性介质层所构成的材料中 TE 非线性导波的性质[3]。Trutscbel 等人发展了混合型线性/非线性矩阵公式来计算多层介质中的 TE 非线性导波,其中混合的线性/非线性多层系统是夹在二个线性介质层之间[4]。虽然某些方法通过求解矩阵方程,可得到精确解,但它们只能应用于克尔型和折射率阶跃分布的非线性介质。而在现实中会经常遇到非克尔型和(或)任意折射率分布的非线性介质[5,6],因此,因此,要研究这类介质波导,并需要发展适合于这类波导的数值方法。

以有限元法为基础的数值方法[7],在分析多层体系时,对这类波导已提供了一个整体框架[6,8]。本文以有限元法为基础的数值方法,对具有任意非线性介质(包括非克尔型)的 MQW 波导中 TE 非线性导波的模式传播特性进行分析。借助这种方法,利用简单的迭代过程,可得到自洽解。这种方法可计算任意混合型线性/非线性介质构成的 MQW 结构中场的分布和色散性质。

至今,大多数与非线性多层体系模式分析有关的论文,是针对线性包层区波导的。本文研究包层区可以是线性或非线性介质的 MQW 波导的数值结果。我们还研究了 MQW 中非克尔型介质的行为。

2　理论

本文考虑的 MQW 体系如图 1 所示,它由 $N+1$ 个势阱和 N 个势垒所构成,t_w 和 t_b 分别为势阱和势垒的厚度,波导层的总厚度为 T,它上下被半无限的包层 n'_3 所束缚。对 TE 偏振光,非线性介质的相对介电常数 $\varepsilon'_{i,x}$ 有如下关系

$$\varepsilon'_{i,x}=n'^2_{i,x}=n^2_{i,x}+a_i f(E_x),$$
$$a_i=c_0\varepsilon_0 n^2_{i,x}n_{2,i}。$$
$$(i=1,2,3,\text{MQW}) \qquad (1)$$

式中,n_i 代表每种介质的线性(低功率)折射率,$n_{2,i}$ 代表每种介质的非线性光学系数,c_0 是光在真空中的速度($c_0=3.0\times10^8$ m/s),ε_0 是真空介电常数($\varepsilon_0=8.85\times10^{-12}$F/m),$a_i$ 是每种介质的非线性系数。当 $a_i>0$ 时,是自聚焦非线性介质;当 $a_i<0$时,是自散焦非线性介质。$f(E_x)$是给定介质与局部场有关的函数:$f(E_x)=|E_x|^s$,对于克尔型介质,$s=2$,本文不考虑吸收效应。

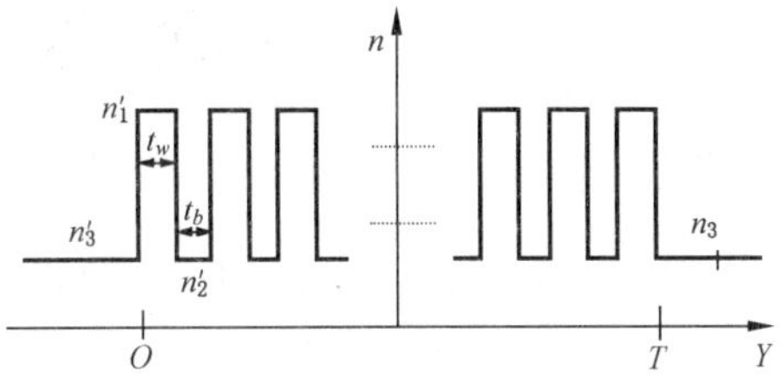

图 1　非线性 MQW 波导结构的折射率分布

在这些波导中,TE 非线性导波模式满足下列波动方程:

$$\frac{\mathrm{d}^2E_x}{\mathrm{d}y^2}+(k_0^2n'^2_x-\beta^2)E_x=0, \qquad (2)$$

式中 k_0 是真空中的波数,β 是传播方向(z)的传播常数。

把 MQW 平面波导剖面分成若干二阶元,并把标准一维有限元技术应用于方程(2),就可得到下列矩阵方程:

$$[k]\{E'_x\}=\beta^2[M]\{E'_x\}, \qquad (3)$$

式中

$$[k]=\sum_e\int_e\left\{\left[\frac{\partial N}{\partial y}\right]_e\left[\frac{\partial N}{\partial y}\right]_e^{\mathrm{T}}-k_0^2([N]^{\mathrm{T}}[n'^2_x]_e)[N]_e[N]_e^{\mathrm{T}}\right\}\mathrm{d}y,$$

$$[M]=-\sum_e\int_e\{[N]_e[N]_e^{\mathrm{T}}\}\mathrm{d}y,$$

$$\{E'_x\}=\sum_e\{E'_x\}_e。$$

E'_x 是每个节点算出的归一化电场,$[N]_e$ 是形状函数矢量,T 代表矩阵的转置,$\sum_e$ 代表所有元素对整个矩阵的贡献。

方程(3)代表一个广义非线性本征值问题，它的本征值和本征矢分别相当于β^2和$\{E'_x\}$。线性问题的解提供β和$\{E'_x\}$的初值，然后可自洽解。沿x轴每单位长度导波总的光功率为

$$P=\frac{1}{2}\int_{-\infty}^{+\infty}E_xH_y^*\,\mathrm{d}y=$$

$$\frac{c_0\varepsilon_0}{2}(\beta/k_0)\int_{-\infty}^{+\infty}|E_x|^2\mathrm{d}y,\qquad(4)$$

式中E_x是每个节点的实际电场。实际电场和归一化电场(E'_x)之间的关系为

$$|E_x|=\sqrt{\left(\frac{2P}{c_0\varepsilon_0}\right)(\beta/k_0)^{-1}}\,|E'_x|。\quad(5)$$

3　数值结果

我们以$\mathrm{Al}_x\mathrm{Ga}_{1-x}\mathrm{As}$-$\mathrm{Al}_{x'}Ga_{1-x'}$ MQW体系为例。$n_1^2=11.56$，$n_2^2=n_3^2=11.22$，MQW的非线性光学系数$n_{2,\mathrm{MQW}}=2\times10^{-9}\,\mathrm{m}^2/\mathrm{W}$，波导区的总厚度$T=610$ nm，势阱与势垒的厚度相同($t_w=t_b=t$)，势垒数$N=30$，$t=10$ nm，波长为820 nm。

为了证明所用方法的有效性，我们首先考查一下解对迭代次数的依赖关系。图2表示克尔介质$s=2$、线性包层区$a_3=0$时，波导中TE_0模有效折射率β/k_0的收敛性。从图2可以看出，解对总光功率(P)的任何值都收敛。

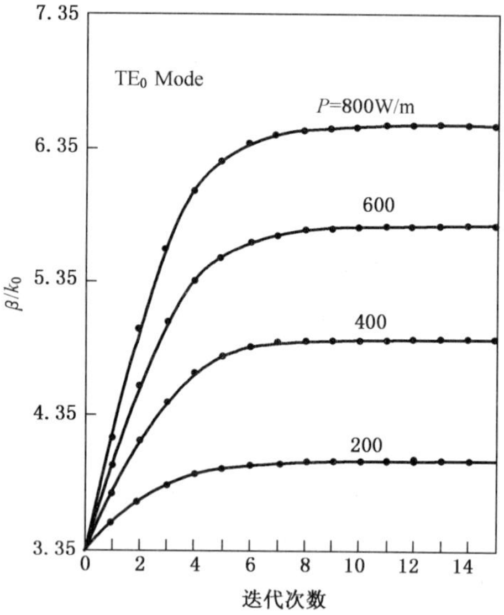

图2　解(有效折射率)的收敛性

图3表示在非线性MQW光波导中，TE_0模和TE_1模有效折射率(β/k_0)对总光功率(P)的依赖关系。实线和虚线分别代表线性($a_3=0$)和非线性($a_3=a_{\mathrm{MQW}}$)包层区的情况。考查这些结果可以发现：在这些波导中，非线性包层区对TE非线性导波传播特性的影响是很小的。如果总光功率在某一P_0值(约180 W/m)以上，这种影响可以忽略不计。对非克尔型介质($s=1.9$)，TE_0模有效折射率β/k_0对总光功率的依赖关系也表示在图3，从图中可以看出，s的微小减少，就显著改变TE非线性导波的特性。

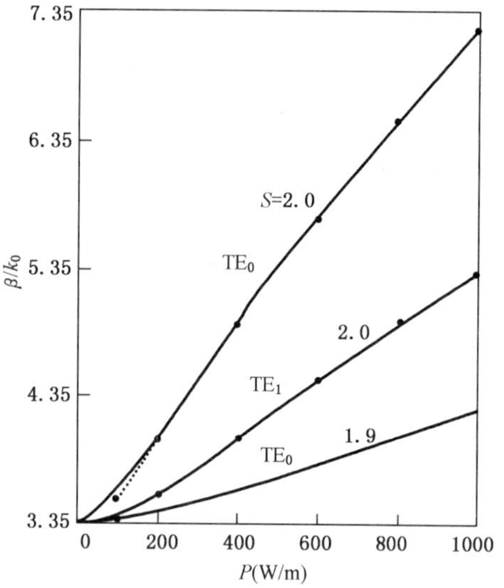

图3　在MQW波导中，有效折射率与总光功率的依赖关系

克尔型非线性相当于$s=2$，

实线代表线性($a_3=0$)包层，

虚线代表非线性($a_3=a_{\mathrm{MQW}}$)包层区

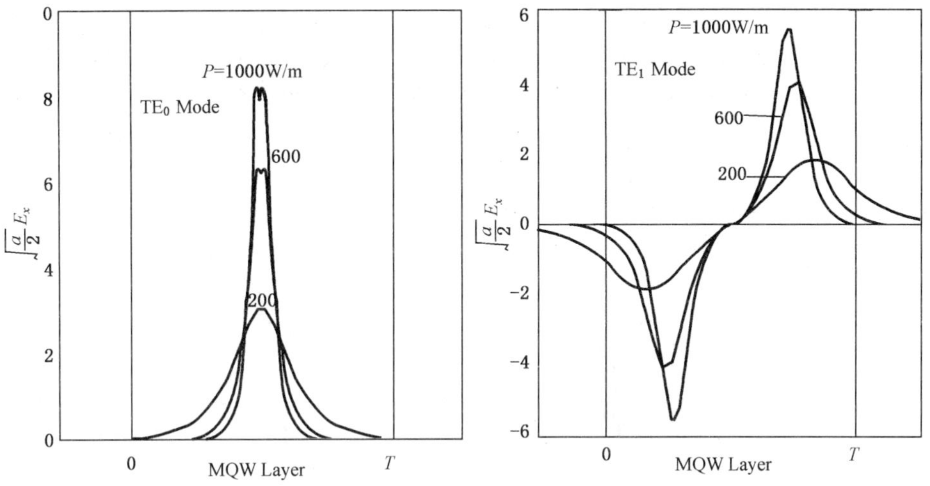

(a)TE_0 模　　(b)TE_1 模

图 4　电场分布与总光功率的关系

非线性 MQW 波导一个吸引人的特征是场分布与功率有关。图 4(a)和图 4(b)分别表示 TE_0 模和 TE_1 模在这些波导($s=2,a_3=0$)中电场分布与总光功率的依赖关系，从图 4 看出：对 TE_0 模，波导区中心($y=0.5T$)的局部电场强度，随总的光功率增加而出现小的凹陷；而 TE_1 模局部电场强度的最大值，随着总光功率的增加而增加，并移向波导区中心。

4　结论

本文提出了一种以有限元法为基础的数值方法，用计算机模拟具有任意非线性介质(包括非克尔型介质)的 MQW 波导中 TE 非线性导波与功率有关的特性。在这些结构中，对非线性导波的电场分布形式和色散特性给出了数值结果。我们考查了这些 MQW 波导中非线性包层区对非线性导波传播特性的影响，这个问题以前文献并没有处理过。结果表明，如果总光功率在某一水平以上，MQW 波导中非线性包层区对非线性导波特性的影响可以忽略. 这个性质对设计 MQW 波导器件可能是很有用的。最后需要说明，本文的方法可用于分析非线性 MQW 波导的不对称模式。

参考文献

[1] D S Chemlia, D A B Miller, P W Smith. Nonlinear optical properties of GaAs/GaAlAs multiple quantum well material-Phenomena and applications [J]. Optical Engineering, 1985, 24(4): 556.

[2] M Cada, R C Gauthier, B E Paton, et al. Nonlinear guided waves coupled nonlinearly in a planar GaAs/GaAlAs multiple quantum well structure[J]. Applied Physics Letters, 1986, 49(13): 755.

[3] T Sakakibara, N Okamoto. Nonlinear TE waves in a dielectric slab waveguide with two optically nonlinear layers[J]. IEEE Journal of Quantum Electronics, 1988, 23(12): 2084.

[4] U Trutschel, F Lederer, M Golz. Nonlinear guided waves in multilayer systems[J]. IEEE Journal of Quantum Electronics, 1989, 25(2): 194.

[5] G I Stegeman, E M Wright, C Seaton, et al. Nonlinear slab-guided waves in non-Kerr-like media, IEEE Journal of Quantum Electronics, 1986, 22(6): 977.

[6] B L Weiss, A P Zhao. The influence of well shape on the propagation characteristics of multiquantum well waveguides [J]. IEEE Photonics Technology Letters, 1990, 2(11):801.

[7] K Hayata, M Nagai, M Koshiba. Finite-element formalism for nonlinear slab-guided waves[J]. IEEE Transactions on Microwave Theory and Techniques, 1988, 36(7):1207.

[8] A P Zhao, S R Cvetkovic. Finite element analysis of semiconductor laser arrays[J]. Microwave and Optical Technology Letters, 1991, 4(7):247.

用二维时域有限差分法分析条形多层波导①

赵安平　于荣金　刘立杰　王晓光
（中国科学院长春物理研究所，长春 130021）

摘　要：为精确分析条形多层波导和多量子阱（MQW）波导，本文提出了一种以二维时域有限差分（FDTD）法为基础的全波数值方法，给出了场分布和色散特性的数值结果，并与矢量有限元法已有的结果作了比较；文中还研究了以二维时域有限差分法为基础的标量近似技术，提出了它的有效性和精度的局限性。

关键词：条形多层波导；二维时域有限差分法；场分布

Analysis of Channel Multilayer Waveguides with the Two-Dimensional Finite Difference Time Domain Method

Zhao Anping　Yu Rongjin　Liu Lijie　Wang Xiaoguang
(Changchun Institute of Physics, The Chinese Academy of Sciences, Changchun　130021)

Abstract: A full-wave numerical approach, based on the two-dimensional finite difference time domain (FDTD) method, is developed for the accurate analysis of channel multilayer and multiple quantum well (MQW) waveguides. Numerical results in terms of field distributions and dispersion characteristics are given and compared with available results obtained with vector finite element method. The scalar approximation technique, based on the 2-D FDTD method, is also investigated and it's limitations of the validity and accuracy are pointed ont.

Key words: Channel multilayer waveguide; 2-D FDTD method; Field distribution

1　引言

近几年来，由多层波导和多量子阱波导构成的集成光学器件，因其优异的性能和各方面获得应用而受到人们的重视[1]。为了增进对多层波导结构基本性质和传播特性的了解，已做过不少理论研究[2~16]。出于这类结构的复杂性，分析多层波导和多量子阱波导（特别是由很多层构成的波导区）时，一般是很困难的。过去的理论工作，主要集中在平面多层波导结构[2~13]。对于条形多层波导的分析，只有两种略为不同的方法，它们都是以有限元技术为基础的[14~16]。而在这两种方法中，都应用了一个近似，即把条形多层波导支持的混合 E^x_{mn} 模和 E^y_{mn} 模作为它们相应的标量 TE_{mn} 模和 TM_{mn} 模。应用这一近似是为了减少计算机的存储和中央处理机时间，从而使有限元法适用于有很多层数的条形多层波导。

本文把二维时域有限差分法[17,18]为基础的全波数值方法应用于精确分析条

① 光学学报，1997，17(4)：482-488。

形多层和多量子阱波导。采用二维时域有限差分法而不是矢量有限元法[15]作为全波分析这样一类条形多层波导,其原因是它更容易实现,计算机存储量和中央处理机时间少。因而当应用于条形多层波导,特别是多层系统的层数较多时,二维时域有限差分法要比矢量有限元法更适宜。

2　数值方法

2.1　全波分析

在全波分析中,需要考虑所有六个电磁场分量。假定多层波导支持的混合 E^x_{mn} 模或 E^y_{mn} 模,沿波导传播轴 Z 的场变化为 $\exp(-\mathrm{j}\beta Z)$,其中 β 为 Z 方向的传播常数,$\mathrm{j}=\sqrt{-1}$,则麦克斯韦旋度方程为

$$\left.\begin{aligned}
\epsilon_0\epsilon_r\frac{\partial}{\partial t}E_x &= \frac{\partial}{\partial y}H_z+\mathrm{j}\beta H_y,\\
\epsilon_0\epsilon_r\frac{\partial}{\partial t}E_y &= -\mathrm{j}\beta H_x-\frac{\partial}{\partial x}H_z,\\
\epsilon_0\epsilon_r\frac{\partial}{\partial t}E_z &= \frac{\partial}{\partial x}H_y-\frac{\partial}{\partial y}H_x,\\
\mu_0\frac{\partial}{\partial t}H_x &= -\frac{2}{\partial y}E_z-\mathrm{j}\beta E_y,\\
\mu_0\frac{\partial}{\partial t}H_y &= \mathrm{j}\beta E_x+\frac{\partial}{\partial x}E_z,\\
\mu_0\frac{\partial}{\partial t}H_z &= -\frac{\partial}{\partial x}E_y+\frac{\partial}{\partial y}E_x。
\end{aligned}\right\}\tag{1}$$

式中 ϵ_0 和 μ_0 分别为真空中的介电常数和导磁率,ϵ_r 为介质的相对介电常数。

把波导截面分成若干二维单元[二维网格的单元如图 1(a)所示],并应用二维时域有限差分法[17,18],可把方程(1)变换成它的二维时域有限差分表示。例如,借助空间和时间的中心差分近似,方程(1)的第一式变为

$$E_x^{n+1}(i,j)=E_x^n(i,j)+\frac{\delta t}{\epsilon_0\epsilon_r(i,j)\delta y}\times\left[H_x^{n+1/2}(i,j+1)-H_x^{n+1/2}(i,j)\right]+\mathrm{j}\beta H_y^{n+1/2}(i,j)。\tag{2}$$

式中采用符号 $F^n(i,j)=F(i\delta x,j\delta y,n\delta t)$ 近似代表场分量,其中 δx 和 δy 分别为沿 x 方向和 y 方向的单元尺寸,δt 为时间间隔。方程(1)的其余各式也可以相似的方式处理成相应的二维时域有限差分表示。为了保证二维时域有限差分方法的稳定性,时间步长(δt)的选取由下式决定[18]:

$$\delta t\leqslant\frac{1}{V_{\max}}\left|\frac{1}{(\Delta x)^2}+\frac{1}{(\Delta y)^2}+\left(\frac{\beta}{2}\right)^2\right|。\tag{3}$$

式中 $V_{\max}$ 为波预期的最大相速度,Δx 和 Δy是网格模型中一个单元的最小值。这个稳定性条件也可用于下面的标量近似方法。

2.2　标量近似分析

在标量近似方法中,用 TE_{mn} 模($E_y\equiv 0$,主函数为 E_x)和 TM_{mn} 模($H_y\equiv 0$,主函数为 H_x)分别近似混合 E^x_{mn} 模和 E^y_{mn} 模。利用上述假定,对例如 TE_{mn} 模可从麦克斯韦方程推出如下波动方程[15,16]:

$$\epsilon_0\epsilon_r\mu_o\frac{\partial^2}{\partial t^2}\phi=\frac{\partial^2}{\partial x^2}\phi+\frac{\partial^2}{\partial y^2}\phi-\beta^2\phi,$$

$$(这里\ \phi=E_x)\tag{4}$$

对于这些 TE_{mn} 模,如果利用图 1(b)所示的二维网格单元,则(4)式可变成如下二维时域有限差分表示:

$$\begin{aligned}
\phi^{n+1}(i,j)=&(2-\beta^2)\phi^n(i,j)-\phi^{n-1}(i,j)+\\
&\frac{(\delta t)^2}{\epsilon_0\epsilon_r(i,j)\mu_o(\delta x)^2}\left[\phi^n(i+1,j)-2\phi^n(i,j)+\phi^n(i-1,j)\right]+\\
&\frac{(\delta t)^2}{\epsilon_0\epsilon_r(i,j)\mu_o(\delta y)^2}\left[\phi^n(i,j+1)-2\phi^n(i,j)+\phi^n(i,j-1)\right]。
\end{aligned}\tag{5}$$

相似地，可推导 TM_{mn} 模的方程。

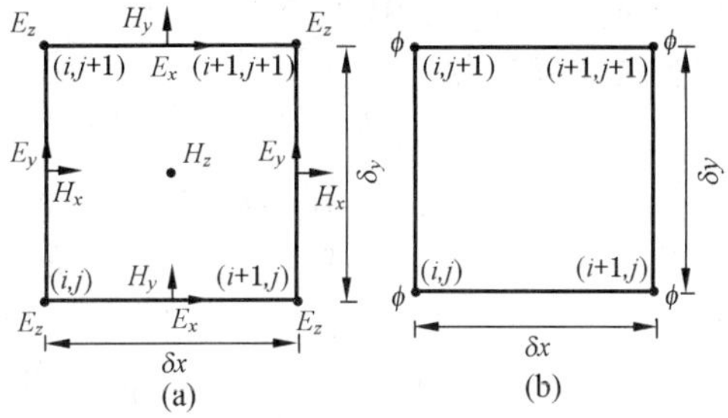

Fig. 1　The unit cell used in the 2-D FDTD methods (a) for the full-wave analysis; (b) for the scalar approximation analysis

2.3　吸收边界条件

因用于实现有限差分方程的计算机能力有限，网格在 x 方向和 y 方向必须限制。这可通过把吸收边界条件应用于网格边界来实现。按照文献[19]，对于区域 $x \geqslant 0$，在外部区(0)和网格区(1)由电场切向分量表示吸收边界条件的时域有限差分公式可推导成下列有限差分的显式：

$$E_0^{n+1} = E_1^n + \frac{V_{px}\delta t - \delta x}{V_{px}\delta t + \delta t}(E_1^{n+1} - E_0^n), \quad (6)$$

$$\phi_0^{n+1} = -\phi_1^{n-1} + \frac{V_{px}\delta t - \delta x}{V_{px}\delta t + \delta x}(\phi_1^{n+1} + \phi_0^{n-1}) + \frac{2\delta x}{V_{px}\delta t + \delta x}(\phi_0^n + \phi_1^n), \quad (7)$$

式中 V_{px} 为 x 方向的相速度，(6)式和(7)式分别为全波分析和标量近似分析的吸收边界条件。从(6)式和(7)式可以看出，对于全波和标量近似的二维时域有限差分法，吸收边界条件的表示式是不同的。这是因为从(2)式和(5)式可以看出，在全波分析中，场分量是用二时间步长达到要求的；而在标量近似分析中，场分量是用三时间步长达到要求的。y 方向的表示式可以类似地推得。

2.4　二维时域有限差分法的计算程序

为了用二维时域有限差分法分析波导系统，对全波分析和标量近似方法，计算中都涉及下列两步[17,18]：1)必须首先从波导系统截面上，场的某一初始值选出传播常数 β 的期望值。在发射激励脉冲后，等待脉冲分布稳定，并作傅里叶变换，记录场分量在选取某一点随时间的变化，就得到由陡峰组成的傅里叶频谱，然后得到与选取的传播常数有关的模态频率(相当于各个峰)；2)从上面程序得到的模态频率后，用网格每个点处得到的模态频率作傅里叶变换，就得到电场分量和磁场分量。

从上述可以看出，二维时域有限差分法解本征值问题的方法与有限元法是不同的。在二维时域有限差分法中，本征值(或本征矢)由傅里叶变换得到，而在有限元法中，则往往由解矩阵方程得到。与傅里叶变换相比，解矩阵方程需要大量计算机存储和中央处理机时间。当由较多层构成多层波导时，这是二维时域有限差分法比矢量有限元法更适合的主要理由之一。

3　数值计算

研究如图 2 所示的出若干层组成的一种典型对称多层条波导。芯区的宽度和厚度分别用 W 和 T 表示，每个阱的相对介电常数和厚度用 ϵ_1 和 t_1 表示，而每个垒的相对介电常数和厚度由 ϵ_2 和 t_2 表示，传导(或芯)区由包层(ϵ_3)、覆盖层(ϵ_c)和衬底(ϵ_s)所包围。虽然这个多层波导系统支持许多模式[15]，本文集中研究基模。对于基模 E_{11}^x (E_{11}^y)或 TE_{11} (TM_{11})，激发具有高斯脉冲(时间上)传送的高斯分布(空间上)的波导，而不是激发具有严格模态场分布的波导：

$$f^n(x,y,n\delta t) = G(x,y)G^n(n\delta t), \quad (8)$$

式中，$G(x,y) = \exp[-(2x/W_x)^2] \cdot$

$$\exp[-(2y/W_y)^2],$$

$$G^n(n\delta t)=\exp\left[-\left(\frac{n\delta t-t_0}{T_1}\right)^2\right]。$$

其中 W_x（$=T/2$）和 W_y（$=W/2$）分别为芯区的半厚度和半宽度，t_0 和 T_1 为高斯脉冲的时延和宽度。对于不同类型的模式，在波导激励中应该用不同的场分量。例如，E_{11}^x 模应该用 $f^n(x,y,n\delta t)=E_x^n(x,y,n\delta t)$，$E_{11}^y$ 模应该用 $f^n(x,y,n\delta t)=E_y^n(x,y,n\delta t)$；此外，为避免非理想吸收边界反射的反射波在源激励全部发射以前干扰激励波，可应用改进的源激励方案[20]（即在(2)式或(5)式中加进激励 $f^n(x,y,n\delta t)$ 作为附加项）。在全波分析和标量近似法中，计算时用了下列结构参数[15,16]：$\epsilon_1=12.25$，$\epsilon_2=10.24$，$\epsilon_3=9.9225$，$\epsilon_c=\epsilon_s=10.89$，$W=1.0\ \mu\text{m}$，$T=2.0\ \mu\text{m}$，以及 $t_1=t_2$。对于两种不同介质界面的电场分量，采用两种介电常数的平均值[17]；而在某些特殊点，例如三种不同介质的结合点（即图 2 中的 A 点），采用介电常数的平均值：$\bar{\epsilon}_A=0.5\epsilon_3+0.25(\epsilon_1+\epsilon_2)$。在包含整个芯区的范围内，都使用均匀网格（每个阱和垒内四个单元）；而为了改善这些方法的计算效率，在芯区之外采用等级网格。

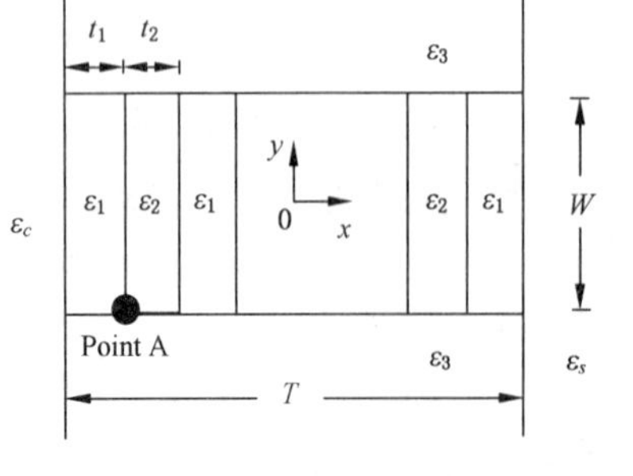

Fig. 2　Cross-section geometry of a channel multilayer waveguide

图 3 表示混合模和标量基模的有效折射率（$=\beta/k_0$，其中 k_0 为真空中的波数）与多层波导层数 $N=N_W+N_b$（N_W 和 N_b 分别为阱和垒的层数，$N_w=(n+1)/2$，$N_b=(N-1)/2$ 的关系。为检验本文提出的全波二维时域有限差分法的有效性和精度，图 3 也画出了矢量有限元法仅有的结果（即 $N=11$ 时 E_{11}^x 模的结果）[15]。从图 3 可以看出，对于这种情况，由全波二维时域有限差分法得到的有效折射率与矢量有限元法所得的结果非常一致。

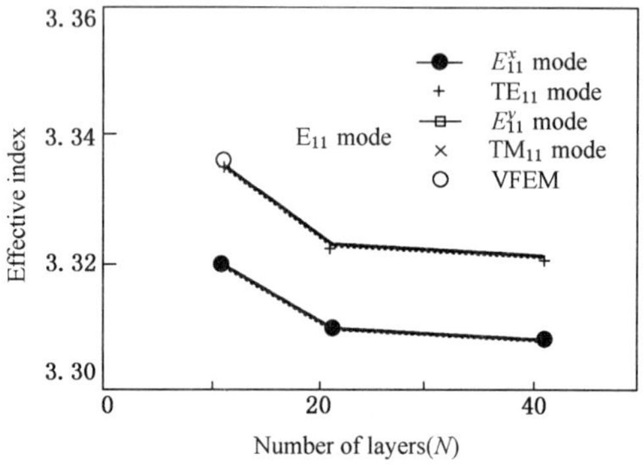

Fig. 3　Effective index versus *N* obtained with the full-wave and scalar approximation methods

为了演示多层系统的基本行为以及检验标量近似技术的有效性和精度，在图 4(a)～(f)中画出了 $N=11$ 时 E_{11}^x 模的场分量表面图或等值线图；图 5 画出了 $N=11$ 时 TE_{11} 模的表面图。为使场分布清晰可见，只在整个芯区这样一个较小空间域内作了场分布图。为进一步证实全波二维时域有限差分法的有效性和精度。E_{11}^x 模的 E_z 和 H_z 场分量的等位线图[即本文的图 4(e)和 4(f)]与矢量有限元法所得的结果[即文献[15]中的图 14 和图 13]作了比较，两种结果一致性很好。

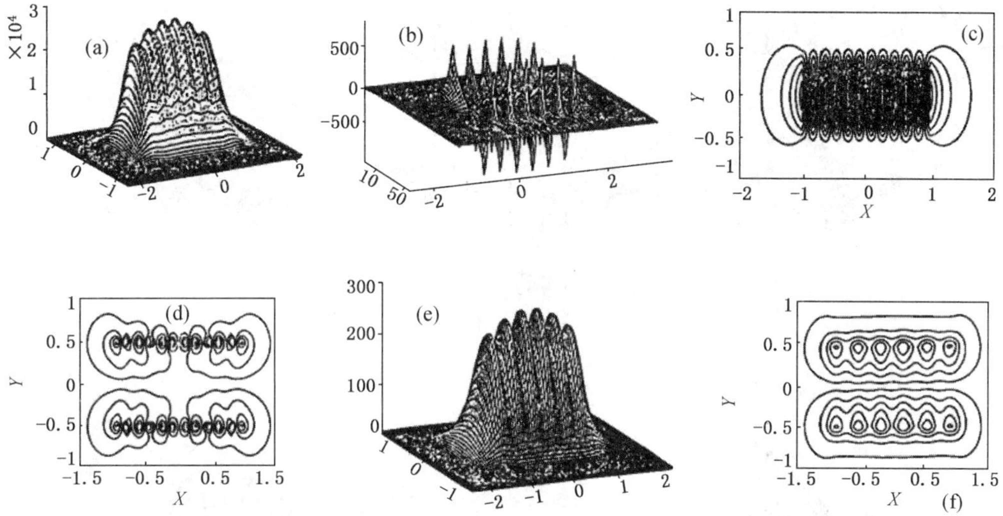

Fig. 4　Field distributions of the hybrid E_{11}^{x} mode for the case $N=11$

(a) E_x surface plot; (b) E_y surface plot; (c) E_z contour plot; (d) H_x contour plot; (e) H_y surface plot; and (f) H_z contour plot

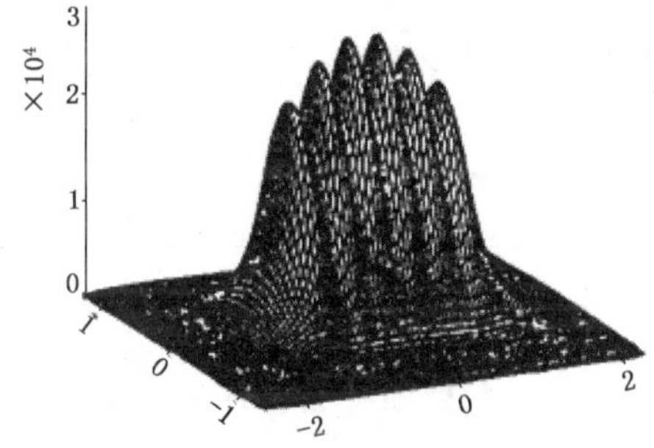

Fig. 5　Surface plot(ϕ) of the scalar TE_{11} mode for the case $N=11$

然而比较图 4(a)和图 5 的场分布，并注意它们间的差异，可以发现：标量近似技术所得的结果精度较差。这是因为对于多层系统支持的混合 E_{11}^{x} 模，E_y 场分量的这些峰(这些峰的数目总计 $4N_W$ 个)几乎均匀地分布在阱和垒上，E_y 场分量的值可以与 E_x 场分量的值相比，例如从图 4(a)和 4(b)可以看出：E_x/E_y 之比约为 30。由于这个原因，E_{11}^{x} 模的 E_y 场分量不能简单地加以忽略，因而不能应用标量近似方法。这对任意大层数的条形多层系统也是适用的。

图 6(a)和 6(b)分别画出了 $N=21$(即 $N_W=11$，$N_b=10$)和 $N=41$(即 $N_W=21$，$N_b=20$)时 E_{11}^{x} 模 E_x 场分量的表面图；而图 7(a)和 7(b)画出了 $N=21$ 和 $N=41$时 TE_{11} 模的表面图。从图 6(a)和 6(b)可以看出：在垒内，E_{11}^{x} 模 E_x 场分量的分布随着层数的增加而下降。这种现象为条形多量子阱波导的量子效应，尤其在层数增加时，这种量子效应增强。而用标量近似方法不能预期这一重要效应，这可从图 7(a)和 7(b)看出。为了更好地说明全波法与标量近似法之间结果的差异，图 8(a)和 8(b)分别画出 $N=41$ 时 E_{11}^{x} 模和 TE_{11} 模的等值线图。根据文献[16]，图 8(b)的结果就是用等效方法(即用单一均匀材料替代多量子阱材料)得到的结果。比较图 8(a)和 8(b)，容易看出等效方法的不精确性或毛病。这意味着标量近似技术和等效方法都不能给出条形多层波导的精确场分布。上述比较和证实程序对条形多层波导和多量子阱波导的 E_{11}^{y} 导模也已做过，并对 E_{11}^{y} 模有相同的结论。

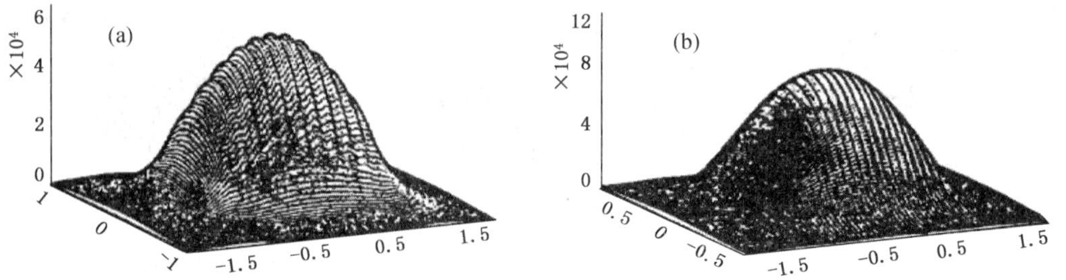

Fig. 6　Surface plot(E_x) of the hybrid E_{11}^x mode

(a)N=21;(b)N=41

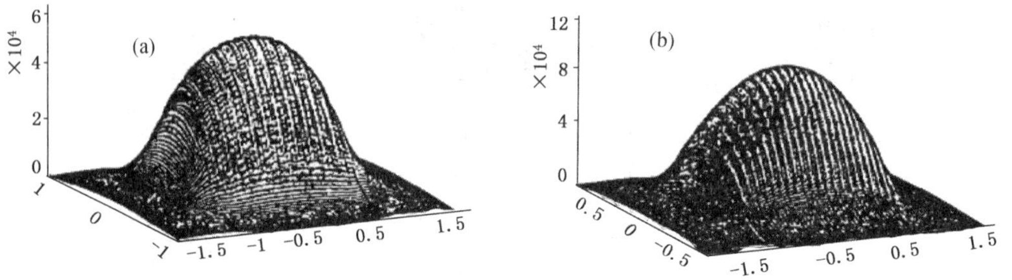

Fig. 7　Surface plot(ϕ) of the scalar TE_{11} mode

(a)N=21;(b)N=41

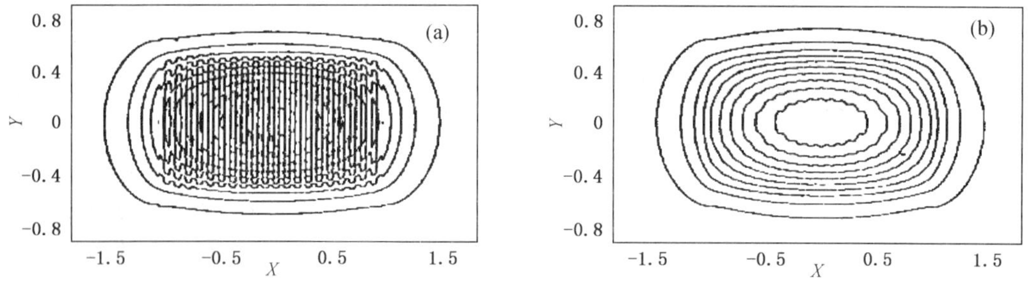

Fig. 8　Contour plots for the case N=41

(a)contour plot(E_x) of the hybrid E_{11}^x mode;(b)contour plot(ϕ) of the scalar TE_{11} mode

最后必须强调：虽然标量近似方法不适用于条形多层系统的精确分析，但是对一般的条形三层波导还是适用的，这是因为三层波导结构传导的 E_{11}^x 模的 E_x/E_y 之比通常大于 150，并且最重要的是它不像多层系统，它的 E_y 场分量只有 4 个峰，它们主要集中在芯区。因此，对三层波导的 E_{11}^x 模，E_y 场分量与 E_x 场分量相比是可以忽略不计的。如在文献[21,22]中已表明的那样，对三层波导用标量近似技术可得到非常精确和合理的结果(包括有效折射率和场分布)。

结论　本文对精确分析条形多层波导和多量子阱波导，提出了一种以二维时域有限差分法为基础的全波数值方法。对条形波导系统，给出了不同层数时色散特性和场分布的数值结果，并与矢量有限元法已有的结果作了比较；还研究了标量近似方法的有效性和精度。通过全波分析和标量近似法所得数值结果的比较，发现由于这类结构的复杂性，用标量近似法所得结果精度较差，更重要的是标量近似技术不能预期量子效应。因此可以得出如下结论：1）为了精确研究条形多层和（或）多量子阱波导，必须应用全波分析法；2）本文提出的全波二维时域有限差分法，对于条形多层波导和（或）多量子阱波导构成的集成光路计算机辅助设计（CAD），也许是一种有效的、通用的电磁模拟工具。

参考文献

[1] 于荣金. 集成光学与光子学[J]. 光电子·激光，1998，9(2)：162-165.

[2] S Ohke, T Umeda, Y Cho. Optical waveguides using GaAs-Al_xGa_{1-x}As muliple quantum well [J]. Opt. Commun.，1985，56(4)：235-239.

[3] T Miyoshi, H Goto, H Kimura. Transmission characteristics of optical waveguides with multiquantum-well structures[J]. Electron. Lett.，1986，22(18)：953-954.

[4] Y F Li, J W Y Lit. General formulas for the guiding properties of a multilayer slab waveguide[J]. J. Opt. Soc. Am. (A)，1987，4(4)：671-677.

[5] S Ohke, T Umeda, Y Cho. TM-mode propagation and form birefringence in a GaAs-AlGaAs multiple quantum well optical waveguide[J]. Opt. Commun.，1989，70(2)：92-96.

[6] J Kraus, P P Deimel. Calculation of the prop agation constant of optical modes in multiquantum well structures[J]. IEEE. J. Quant. Electron.，1990，QE-26(5)：824-826.

[7] A P Zhao, S R Cvetkovic. Finite element analysis of semiconductor laser arrays[J]. Microwave and Optical Technol. Lett.，1991，4(7)：247-250.

[8] R Smith, L Molter, M Dutta. Evaluation of refractive index approximations used for mode determination in multiple quantum well slab waveguides[J]. IEEE J. Quant. Electron.，1991，QE-27(5)：1119-1122.

[9] A P Zhao, S R Cvetkovic. Numerieal modeling of nonlinear TE waves in multiple quantum-well waveguides [J]. IEEE Photon. Technol. Lett.，1992，4(6)：623-626.

[10] G M Alman, L A Molter, H Shen, et al.. Refractive index approximations form linear perturbation theory for planar MQW waveguides[J]. IEEE J. Quant. Electron.，1992，QE-28(3)：650-657.

[11] S R Cvetkovic, A P Zhao. Finite element formalism for linear and nonlinear guided waves in multiple-quantum-well waveguides[J]. J. Opt. Soc. Am. B，1993，10(8)：1401-1407.

[12] C Ma. Coupling properties in periodic waveguides and in multiple quantum-well waveguides[J]. IEEE J. Quant. Electron.，1994，QE-30(12)：2811-2816.

[13] M Saini, E Sharma. Analysis of nonlinear MQW waveguides: A simple numerical approach[J]. IEEE Photon. Technol. Lett.，1996，8(3)：384-386.

[14] 赵安平，于荣金，用有效折射率法和有限元法分析多量子阱条形光波导[J]. 光学学报，1991，11(8)：720-726.

[15] A P Zhao, S R Cvetkovic, M Punjani. Analusis of stripe multilayer waveguides with effecive index and finite element methods [J]. IEEE J. Quant. Electron.，1992，QE-28(3)：573-579.

[16] N Osman, M Koshiba, R Kaji. A comprehensive analysis of multilayer channel waveguides[J]. J. Light Wave Technol.，1994，12(5)：821-826.

[17] A Asi, L Shafai. Dispersion analysis of anisotropic inhomogeneous waveguides using compact 2D-FDTD [J]. Electron. Lett., 1992, 28(15): 1451-1452.

[18] A C Cangellaris. Numerical stability and numerical dispersion of a compact 2-D/FDTD method used for the dispersion analysis of waveguides [J]. IEEE Microwave and Guided Wave Lett., 1993, 3(1): 3-5.

[19] G Mur. Absorbing boundary conditions for the finite-difference approximation of the time-domain electromagnetic-field equations [J]. IEEE Trans. Electromagn. Compat., 1981, 23(4): 377-382.

[20] A P Zhao, A V Raisanen, S R Cvetkovic. A fast and efficient FDTD algorithm for the analysis of planar microstrip discontinuities by using a simple source excitation scheme [J]. IEEE Microwave and Guided Wave Lett., 1995, 5(10): 341-343.

[21] M Koshiba, K Hayata, M Suzuki. Approximate scalar finite-element analysis of anisotropic optical waveguides [J]. Electron. Lett., 1982, 18(10): 411-413.

[22] 赵安平，于荣金. 改进的光波导标量近似有限元分析[J]. 光学学报，1989，9(2)：175-180.

一种可用于分析任意介电常数张量的各向异性波导导模的二维时域有限差分模型①

赵安平　何晓东　于荣金　王晓光

(中国科学院长春物理研究所,激发态物理开放实验室,长春 130021)

摘　要：为分析具有任意介电常数张量的各向异性波导的导模,本文通过把简化的二维时域有限差分(2-D FDTD)法扩展至任意各向异性介质,提出了一种以 ***D***、***E*** 和 ***H*** 场为基础的统一的简化 2-D FDTD 模型。利用该模型,研究了简化的复数 2-D FDTD 方法与实变数 2-D FDTD方法之间的关系。文中还讨论了复变数方法和实变数方法的激励技术。

关键词：各向异性波导导模；二维时域有限差分法

A 2-D FDTD Model for the Analysis of Guided Modes of Anisotropic Waveguides with Arbitrary Tensor Permittivity

Zhao Anping　He Xiaodong　Yu Rongjin　Wang Xiaoguang

(Laboratory of Excited State Processes, Changchun Institute of Physics, Chinese Academy of Sciences, Changchun　130021)

Abstract: For the analysis of guided modes of anisotropic waveguides with arbitrary tensor permittivity, in this paper a unified compact 2-D FDTD model based on the ***D***, ***E*** and ***H*** fields is developed by extending the compact 2-D FDTD method to an arbitrary anisotropic environment. With the help of the proposed model, the relationship between the compact complex and real variable 2-D FDTD methods is investigated. On the other hand, excitation techniques for both the complex and real variable methods are also discussed.

Key words: Guided modes of anisotropic waveguide; Two-dimensional Finite-Difference Time-Domain Method(2-D FDTD)

0　引言

近几年来,2-D FDTD 技术已被广泛地用于波导导模的分析[1~9]。回顾该技术的发展历史,首先提出了以非完全 2-D 网格为基础的 2-D FDTD 方法[1],同时又提出了一种使用完全 2-D 网格的简化 2-D FDTD方法[2],这在很大程度上改善了非完全二维网格方法的有效性,并且有人进一步研究了此方法的稳定性[3]。由于简化 2-D FDTD 技术具有一些明显的优点[2,3],目前,该技术比原始的 2-D FDTD 技术使用得更广泛。然而文献[2]、[3]提出的简化 2-D FDTD 方法是以复变数处理为基础的,这样的处理是该方法的不足之处[4]。为了克服这一缺点(即

① 光子学报,1998,27(10):880-885.

避免复变数），进一步提高简化复数 2-D FDTD 方法的有效性，发展了几种以 2-D FDTD[4,6] 或者以二维传输线模拟（2-D TLM）[10] 为基础的实变量算法（这些算法主要用于各向同性和具有对角元素各向异性的介质）。实变量方法与复变量方法相比有明显的优越性，因为在实变量算法中只需要一半的计算机存储量和中央处理机时间。尽管文献[4]中认为实变量 2-D FDTD 技术可应用于任意的各向异性介质，但我们发现并非总是这样，需要对实变量方法和复变量方法之间的关系做充分的研究，并找出复变量算法能（或不能）被实变量算法替代的条件。本文将这种不能用实变量 2-D FDTD 法替代的复数 2-D FDTD 法，称为纯复数 2-D FDTD 法。

1　简化复数 2-D FDTD 法和实变量 2-D FDTD 法之间的关系

假定具有任意相对介电常数张量$[\epsilon]$的各向异性介质波导所支持的导模，沿波导传播轴 Z 的场变化为 $\exp(-\mathrm{j}\beta z)$，其中 β 为传播常数，$\mathrm{j}=\sqrt{-1}$，则麦克斯韦方程可写为

$$\frac{\partial H_x^{\mathrm{Im}}}{\partial t}=\frac{1}{\mu_0}\left(-\frac{\partial E_x^{\mathrm{Im}}}{\partial y}-\beta E_y^{\mathrm{Re}}\right),\frac{\partial H_y^{\mathrm{Im}}}{\partial t}=\frac{1}{\mu_0}\left(\frac{\partial E_y^{\mathrm{Im}}}{\partial x}+\beta E_x^{\mathrm{Re}}\right),\tag{1.1a}$$

$$\frac{\partial H_x^{\mathrm{Re}}}{\partial t}=\frac{1}{\mu_0}\left(\frac{\partial E_x^{\mathrm{Re}}}{\partial y}-\frac{\partial E_y^{\mathrm{Re}}}{\partial x}\right),\frac{\partial D_x^{\mathrm{Re}}}{\partial t}=\frac{\partial H_x^{\mathrm{Re}}}{\partial y}-\beta H_y^{\mathrm{Im}},\tag{1.2a}$$

$$\frac{\partial D_y^{\mathrm{Re}}}{\partial t}=-\frac{\partial H_x^{\mathrm{Re}}}{\partial x}+\beta H_x^{\mathrm{Im}},\frac{\partial D_x^{\mathrm{Im}}}{\partial t}=\frac{\partial H_y^{\mathrm{Im}}}{\partial x}-\frac{\partial H_x^{\mathrm{Im}}}{\partial y},\tag{1.3a}$$

$$\frac{\partial H_x^{\mathrm{Re}}}{\partial t}=\frac{1}{\mu_0}\left(-\frac{\partial E_x^{\mathrm{Re}}}{\partial y}+\beta E_y^{\mathrm{Im}}\right),\frac{\partial H_y^{\mathrm{Re}}}{\partial t}=\frac{1}{\mu_0}\left(\frac{\partial E_y^{\mathrm{Re}}}{\partial x}-\beta E_x^{\mathrm{Im}}\right),\tag{1.1b}$$

$$\frac{\partial H_x^{\mathrm{Im}}}{\partial t}=\frac{1}{\mu_0}\left(\frac{\partial E_x^{\mathrm{Im}}}{\partial y}-\frac{\partial E_y^{\mathrm{Im}}}{\partial x}\right),\frac{\partial D_x^{\mathrm{Im}}}{\partial t}=\frac{\partial H_x^{\mathrm{Im}}}{\partial y}+\beta H_y^{\mathrm{Re}},\tag{1.2b}$$

$$\frac{\partial D_y^{\mathrm{Im}}}{\partial t}=-\frac{\partial H_x^{\mathrm{Im}}}{\partial x}-\beta H_x^{\mathrm{Re}},\frac{\partial D_x^{\mathrm{Re}}}{\partial t}=\frac{\partial H_y^{\mathrm{Re}}}{\partial x}-\left(\frac{\partial H_x^{\mathrm{Re}}}{\partial y}\right)。\tag{1.3b}$$

式中 μ_0 是真空中的磁导率；上角标 Re 和 Im 分别为复数场分量的实部和虚部；实部和虚部都是实变量。为了易于处理任意各向异性介质，方程（1）中包含了磁场 $\boldsymbol{H}$、电场 $\boldsymbol{E}$ 和电位移矢量 $\boldsymbol{D}$。电场 $\boldsymbol{E}$ 和电位移 $\boldsymbol{D}$ 之间的关系为

$$E_x=\frac{(\epsilon_{yy}\epsilon_{zz}-\epsilon_{yz}\epsilon_{xy})}{\Lambda}D_x+\frac{(\epsilon_{xz}\epsilon_{xy}-\epsilon_{xy}\epsilon_{zz})}{\Lambda}D_y+\frac{(\epsilon_{xy}\epsilon_{yz}-\epsilon_{xz}\epsilon_{yy})}{\Lambda}D_z,\tag{2a}$$

$$E_y=\frac{(\epsilon_{yz}\epsilon_{zx}-\epsilon_{yx}\epsilon_{zz})}{\Lambda}D_x+\frac{(\epsilon_{xx}\epsilon_{xz}-\epsilon_{xz}\epsilon_{zx})}{\Lambda}D_y+\frac{(\epsilon_{xz}\epsilon_{yx}-\epsilon_{xx}\epsilon_{yz})}{\Lambda}D_z,\tag{2b}$$

$$E_z=\frac{(\epsilon_{yx}\epsilon_{zy}-\epsilon_{yy}\epsilon_{zx})}{\Lambda}D_x+\frac{(\epsilon_{xy}\epsilon_{zx}-\epsilon_{xx}\epsilon_{zy})}{\Lambda}D_y+\frac{(\epsilon_{xx}\epsilon_{yy}-\epsilon_{xy}\epsilon_{yx})}{\Lambda}D_z。\tag{2c}$$

式中 $\Lambda=\epsilon_0(\epsilon_{xx}\epsilon_{yy}\epsilon_{zz}+\epsilon_{xy}\epsilon_{yz}\epsilon_{zx}+\epsilon_{xz}\epsilon_{yx}\epsilon_{zy}-\epsilon_{xz}\epsilon_{yy}\epsilon_{xx}-\epsilon_{xy}\epsilon_{yx}\epsilon_{zz}-\epsilon_{xx}\epsilon_{yz}\epsilon_{zy})$，$\epsilon_0$ 是真空中的介电常数，下面针对三种不同的可能情况，讨论简化复数 2-D FDTD 法与实变量 2-D FDTD 法之间的关系。

1）介电常数张量仅有对角元素，即 $\epsilon_{ij}=0(i\neq j)$。联立方程（1）和方程（2），可发现方程（1）中的 12 个方程可分为独立的两组（A 和 B），A 组包含了（实变量）的场分量（D_x^{Re}，D_y^{Re}，D_x^{Im}，E_x^{Re}，E_y^{Re}，E_x^{Im}，H_x^{Im}，

$H_y^{\rm Im}, H_x^{\rm Re}$)；而 B 包含了(实变量)场分量($D_x^{\rm Im}, D_y^{\rm Im}, D_x^{\rm Re}, E_x^{\rm Im}, E_y^{\rm Im}, E_x^{\rm Re}, H_x^{\rm Re}, H_y^{\rm Re}, H_x^{\rm Im}$)。因 A 和 B 是互相独立的，彼此没有关连，对这种特殊的各向异性波导所支持的导模，未必要求解方程(1)中所有的 12 个方程。除此之外，从 A 组或 B 组可得到导模的传播特性，即对于仅有对角元素介电常数张量的各向异性介质，可把复数 2-D FDTD 法[2]简化为实变量 2-D FDTD 法[4]。

2) 如果考虑非对角元素，即 $\epsilon_{xy} \neq 0$，$\epsilon_{xz} = \epsilon_{yz} = 0$，那么方程(1)中的 12 个方程仍可分为独立的两组(A 和 B)。同情形 1 一样的原因，这种情形的导模也可由 A 或 B 求解。这意味着在情形 2 的情况下，复数 2-D FDTD 法[2]仍可由实变量 2-D FDTD 法[4]替代。

3) 如果考虑另一种非对角元素，即 $\epsilon_{xz} \neq 0$ 和 $\epsilon_{yz} \neq 0$，或其中之一不为零(在此情况下 ϵ_{xy} 是任意的，即 $\epsilon_{xy} = 0$ 或 $\epsilon_{xy} \neq 0$)，那么实变量 2-D FDTD 法不再有效。这是因为在这些情况下，切向的场分量(E_x 和/或 E_y)和纵向的场分量(E_z)是相关连的，因而一旦联立方程(1)和方程(2)，方程(1)中的 12 个方程不能分成独立的 2 组。这表明对于情形 3 的情况，复数 2-D FDTD 法[2]不能由实变量 2-D FDTD 法[4]替代；因而必须采用纯复数 2-D FDTD 方法，而且如果考虑混合模式，场量 $\boldsymbol{E}$、$\boldsymbol{D}$ 和 $\boldsymbol{H}$ 都是复数量。

2　简化的 2-D FDTD 方法向任意各向异性介质的扩展

根据 Yee 的 FDTD 公式[11]，方程(1)可转化为如图 1 所示的 2-D FDTD 网格单元，其中电位移 $\boldsymbol{D}$ 分量与电场 $\boldsymbol{E}$ 分量处于同一位置上(即 D_x, D_y, D_z 分别位于 E_x, E_y, E_z 处)。图 1 所示的 2-D FDTD 网格单元可适用于任意的各向异性介质，修正 $\boldsymbol{H}$ 和 $\boldsymbol{D}$ 的过程与文献[11]用于各向同性介质 $\boldsymbol{H}$ 和 $\boldsymbol{E}$ 的过程是完全一样的。

因为在 2-D FDTD 网格单元中电场分量 $\boldsymbol{E}$ 和电位移 $\boldsymbol{D}$ 分量与位置有关，使用 2-D FDTD 方法时，方程(2)必须重新整理，因为这个方程只有在同一位置上定义有关的场分量时，才是有效的。对 $\boldsymbol{D}$ 场分量的空间采用平均近似方法，可将方程(2)写成如下 2-D FDTD 形式

$$\begin{aligned}E_x^n(i+0.5,j) = {} & \frac{(\epsilon_{yy}\epsilon_{zz} - \epsilon_{yz}\epsilon_{zy})}{\Lambda} D_x^n(i+0.5,j) + \frac{(\epsilon_{xz}\epsilon_{zy} - \epsilon_{xy}\epsilon_{zz})}{4\Lambda}[D_y^n(i,j-0.5) + \\ & D_y^n(i,j+0.5) + D_y^n(i+1,j-0.5) + D_y^n(i+1,j+0.5)] + \\ & \frac{(\epsilon_{xy}\epsilon_{yz} - \epsilon_{xz}\epsilon_{yy})}{2\Lambda}[D_z^n(i,j) + D_z^n(i+1,j)],\end{aligned} \tag{3a}$$

$$\begin{aligned}E_y^n(i,j+0.5) = {} & \frac{(\epsilon_{yz}\epsilon_{zx} - \epsilon_{yx}\epsilon_{zz})}{4\Lambda}[D_x^n(i-0.5,j) + D_x^n(i-0.5,j+1) + D_x^n(i+0.5,j) + \\ & D_x^n(i+0.5,j+1)] + \frac{(\epsilon_{xx}\epsilon_{zz} - \epsilon_{xz}\epsilon_{zx})}{\Lambda} D_y^n(i,j+0.5) + \\ & \frac{(\epsilon_{xz}\epsilon_{yx} - \epsilon_{xx}\epsilon_{yz})}{2\Lambda}[D_z^n(i,j) + D_z^n(i,j+1)],\end{aligned} \tag{3b}$$

$$\begin{aligned}E_z^n(i,j) = {} & \frac{(\epsilon_{yx}\epsilon_{zy} - \epsilon_{yy}\epsilon_{zx})}{2\Lambda}[D_x^n(i-0.5,j) + D_x^n(i+0.5,j)] + \\ & \frac{(\epsilon_{xy}\epsilon_{zx} - \epsilon_{xx}\epsilon_{zy})}{2\Lambda}[D_y^n(i,j-0.5) + D_y^n(i,j+0.5)] + \frac{(\epsilon_{xx}\epsilon_{yy} - \epsilon_{xy}\epsilon_{yx})}{\Lambda} D_z^n(i,j)。\end{aligned} \tag{3c}$$

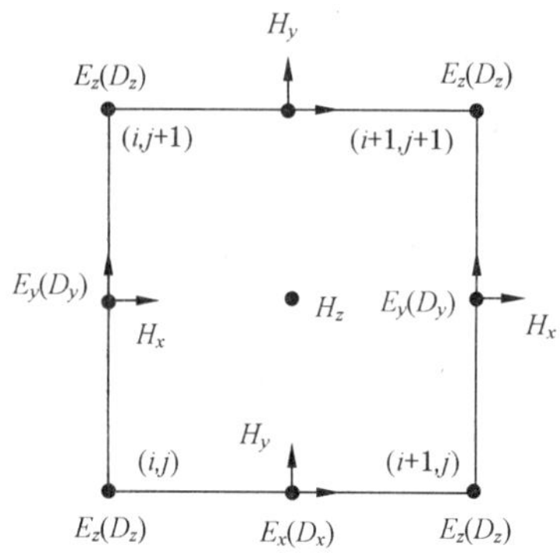

图 1　任意的各向异性介质的 2-D FDTD 网格单元

Fig. 1　The 2-D FDTD mesh in an arbitrary anisotropic dielectric medium

因此，将 $\boldsymbol{H}$ 和 $\boldsymbol{D}$ 的修正方程与上面 $\boldsymbol{E}$ 的修正方程结合，形成以 $\boldsymbol{D}$、$\boldsymbol{E}$ 和 $\boldsymbol{H}$ 为基础的简化的复数 2-D FDTD 技术，就可用于研究任意的各向异性介质波导。这里应说明一下，尽管过去已提出一种处理任意各向异性介质的以 $\boldsymbol{E}$ 和 $\boldsymbol{H}$ 场为基础的 FDTD 算法[12]，但本文提出的模型一般来说比文献[12]中的算法更为精确。这是因为在本文提出的模型中，仅对 $\boldsymbol{D}$ 场应用了平均近似；而在[12]的算法中，它对 $\boldsymbol{E}$、$\boldsymbol{H}$ 场以及 $\boldsymbol{E}$ 和 $\boldsymbol{H}$ 场的导数都应用了平均近似；更重要的是在本文提出的模型中，平均近似只涉及一个空间步长内的邻近量，而在[12]的算法中，平均近似有时涉及两个空间步长内的邻近量。（例如[12]中的方程(21)）。

3　统一的简化 2-D FDTD 方法的实现

3.1　理想导体的处理

许多波导结构由理想导体组成。在这些理想导体表面，电场的切向分量 $\boldsymbol{E}_t$ 必为零，这一条件的实现在 FDTD 修正公式[11]中是容易做的。然而从方程(1)可看到，尽管应当用 $\boldsymbol{E}_t=0$ 时，磁场 $\boldsymbol{H}$ 的理想导体条件（即法向磁场 $\boldsymbol{H}_n=0$）能自动满足，因为 $\boldsymbol{H}$ 是 $\boldsymbol{E}$ 的显函数；而对于电位移 $\boldsymbol{D}$ 的理想导体条件（即 $\boldsymbol{D}_t=0$）不能自动保持，因为 $\boldsymbol{D}$ 是 $\boldsymbol{E}$ 的隐函数，如方程(3)所示，$\boldsymbol{E}$ 是从 $\boldsymbol{D}$ 修正而来，因而除了在理想导体上应用 $\boldsymbol{E}_t=0$ 的条件外，理想导体上的切向电位移分量 $\boldsymbol{D}_t$ 也需要计算或确认。就像下面说明的，当理想导体位于不同的位置时，对 $\boldsymbol{D}_t$ 应采用不同的计算方法。

3.1.1　理想导体位于波导内部或者网格区域内（如微带线），$j=j_0$ 的情况

这种理想导体上的 D_x 和 D_z 可从方程(3a)和方程(3c)分别求得，令 $E_x^n=0$ 或 $E_z^n=0$

$$D_x^n(i+0.5,j_0)=-\frac{(\epsilon_{xx}\epsilon_{zy}-\epsilon_{xy}\epsilon_{zz})}{4(\epsilon_{yy}\epsilon_{zz}-\epsilon_{yz}\epsilon_{xy})}[D_y^n(i,j_0-0.5)+D_y^n(i,j_0+0.5)+D_y^n(i+1,j_0-0.5)+D_y^n(i+1,j_0+0.5)]-\frac{(\epsilon_{xy}\epsilon_{yz}-\epsilon_{xx}\epsilon_{yy})}{2(\epsilon_{yy}\epsilon_{zz}-\epsilon_{yz}\epsilon_{zy})}[D_x^n(i,j_0)+D_x^n(i+1,j_0)],\tag{4a}$$

$$D_z^n(i,j_0)=-\frac{(\epsilon_{yx}\epsilon_{zy}-\epsilon_{yy}\epsilon_{zz})}{2(\epsilon_{xx}\epsilon_{yy}-\epsilon_{xy}\epsilon_{yz})}[D_x^n(i-0.5,j_0)+D_z^n(i+0.5,j_0)]-\frac{(\epsilon_{xy}\epsilon_{zx}-\epsilon_{xx}\epsilon_{zy})}{(2\epsilon_{xx}\epsilon_{yy}-\epsilon_{xy}\epsilon_{yx})}[D_y^n(i,j_0-0.5)+D_y^n(i,j_0+0.5)]。\tag{4b}$$

方程(4a)和(4b)可计算网格区域内理想导体上的 $\boldsymbol{D}_t$ 值。把这种理想导体条

件加于 $\boldsymbol{D}_t$，将确保正确应用 $\boldsymbol{E}_t=0$ 条件。如果不这样做将引起不稳定性。

3.1.2 理想导体正好位于波导边界或网格截断处（即金属波导系统），$j=0$ 的情况

这时方程(4a)和方程(4b)不再有效。因为在这些方程中某些点（例如方程(4a)中的 $D_y^n(i+1,j_0-0.5)$）位于网格区域之外，因而上述方程不再适用。为了计算位于波导理想导体壁上的 $\boldsymbol{D}_t$，应利用下面的线性近似方法首先计算位于理想导体壁上（即 $j=0$）的 D_x、D_y 和 D_z 场分量。

$$D_x^n(i+0.5,0)=2D_x^n(i+0.5,1)-D_x^n(i+0.5,2), \tag{5a}$$

$$D_y^n(i,0)=\frac{1}{2}[D_y^n(i,0.5)-D_y^n(i,1.5)], \tag{5b}$$

$$D_z^n(i,0)=2D_z^n(i,1)-D_z^n(i,2)。\tag{5c}$$

联立方程(3a)，(5b)和(5c)，对 $\boldsymbol{D}$ 使用空间平均近似及加上 $E_x^n=0$ 条件，有

$$\begin{aligned}D_x^n(i+0.5,0)=&-\frac{(\epsilon_{xz}\epsilon_{zy}-\epsilon_{xy}\epsilon_{zx})}{4(\epsilon_{yy}\epsilon_{zz}-\epsilon_{yz}\epsilon_{zy})}[D_y^n(i,0.5)-D_y^n(i,1.5)+\\&3D_y^n(i+1,0.5)-D_y^n(i+1,1.5)]-\frac{(\epsilon_{xy}\epsilon_{yz}-\epsilon_{xz}\epsilon_{yy})}{2(\epsilon_{yy}\epsilon_{zz}-\epsilon_{yz}\epsilon_{zy})}[2D_z^n(i,1)-\\&D_z^n(i,2)+2D_z^n(i+1,1)-D_z^n(i+1,2)]。\end{aligned} \tag{6a}$$

同理，联立方程(3c)，(5a)和(5b)及令 $E_x^n=0$ 有

$$\begin{aligned}D_z^n(i,0)=&-\frac{(\epsilon_{yx}\epsilon_{zy}-\epsilon_{yy}\epsilon_{zx})}{2(\epsilon_{xx}\epsilon_{yy}-\epsilon_{xy}\epsilon_{yx})}[2D_x^n(i-0.5,1)-D_x^n(i-0.5,2)+\\&2D_x^n(i+0.5,1)-D_x^n(i+0.5,2)]-\frac{(\epsilon_{xy}\epsilon_{zx}-\epsilon_{xx}\epsilon_{zy})}{2(\epsilon_{xx}\epsilon_{yy}-\epsilon_{xy}\epsilon_{yz})}\\&[3D_y^n(i,0.5)-D_y^n(i,1.5)]。\end{aligned} \tag{6b}$$

方程(6a)和(6b)可计算位于网格截断处理的理想导体壁上的 $\boldsymbol{D}_t$ 值。

3.2 吸收边界条件的处理

当考虑开放边界的结构时，需要应用吸收边界条件。按照文献[13]，对于区域 $X\geqslant 0$，在网格截断处(0)和网格截断内一个节点(1)由 $\boldsymbol{E}$ 和 $\boldsymbol{D}$ 切向分量表示吸收边条件的 FDTD 公式可写成

$$E_0^{n+1}=E_1^n+\frac{\nu_{ex}\Delta t-\Delta x}{\nu_{ex}\Delta t+\Delta x}(E_1^{n+1}-E_0^n), \tag{7a}$$

$$D_0^{n+1}=D_1^n+\frac{\nu_{dx}\Delta t-\Delta x}{\nu_{dx}\Delta t+\Delta x}(E_1^{n+1}-D_0^n)。\tag{7b}$$

式中 $\nu_{ex}=(\epsilon_{yy}\epsilon_0\mu_0)^{-1/2}$ 和 $\nu_{dx}=(\epsilon_0\mu_0)^{-1/2}$ 分别为 E_y 和 D_y 场分量在 X 方向的相速度。类似地可得 Y 方向的公式。

3.3 源激励

尽管一些文献认为对于 2-D FDTD 方法，激励中应使用复振幅脉冲[1~4,8]，但我们发现即使是纯复数 2-D FDTD 方法，使用这样的脉冲作为激励并不是一个必要条件。这是因为在纯复数 2-D FDTD 方法中，场量的实部和虚部是相关的。因而在本研究中无论对于实变量（采用 A 组）还是纯复数的 2-D FDTD 方法，在激励中使用仅有实振幅的脉冲，而不用复振幅脉冲，本研究采用的实振幅脉冲为

$$D_{ino}^n=D^{\mathrm{Re}}(x,y)\mathrm{e}^{-(n\Delta t-t_0)^2r^2},$$

式中 $D^{\mathrm{Re}}(x,y)$ 是选择场分量实部的初始场分布，t_0 和 T 分别为时延和高斯脉冲的宽度。此外，为避免在激励过程中激励波反射引起的有害干扰，应用了改进的源激励方案[14]，即在 FDTD 公式中加进激励

波（D_{ino}^{n}）作为附加项。而且对于不同的波导结构和不同的模式应该选择不同的初始场分布 $D^{Re}(x,y)$。

4 结论

本文提出了一种统一的简化 2-D FDTD 模型，该模型以场量 **D**、**E** 和 **H** 为基础，可用于分析任意的各向异性波导。对于具有任意介电张量的各向异性介质波导，全面研究了复数 2-D FDTD 方法和实变量 2-D FDTD 方法之间的关系。本文发现当切向场分量（E_x、E_y）和纵向场分量（E_z）有关联时，必须使用纯复数 2-D FDTD 方法，即在非对角线元素 ϵ_{zx}、ϵ_{yz} 皆不为零或其中一个不为零的情况下，复数 2-D FDTD 法不能简化为实变量 2-D FDTD 法（或不能由实变量 2-D FDTD 法替代）。另一方面，本文也讨论了用于实变量 2-D FDTD 和复数 2-D FDTD 两种方法的激励方案，证明：即使对于纯复数 2-D FDTD 的情况，复振幅脉冲作为激励也不是一个必要条件，激励中仍可采用实振幅的脉冲，因而进一步增强了纯复数 2-D FDTD 方法的有效性和灵活性。由于明确了实变量 2-D FDTD 法和复数 2-D FDTD 法之间的相互关系，因而简化的 2-D FDTD 法随时可用于研究具有任意介电张量的各向异性波导的导模。如果将磁通量密度 **B** 引入此模型，则目前这种简化的 2-D FDTD 算法可容易地推广到具有任意磁导率张量的波导中。

参考文献

[1] Xiao S, Vahldieck R, Jin H. Full-wave analysis of guided wave structures using a novel 2-D FDTD[J]. IEEE Microwave Guided Wave Lett, 1992, 2(1): 165-167.

[2] Asi A, Shafai L. Dispersion analysis of anisotropic inhomogeneous waveguides using compact 2-D FDTD[J]. Electron Lett, 1992, 28(5): 1451-1452.

[3] Cangellaris A C. Numerical stability and mumerical dispersion of a compact 2-D/FDTD method used for the dispersion analysis of waveguides [J]. IEEE Microwave Guided Wave Lett, 1993, 3(1): 3-5.

[4] Xiao S, Vahldieek R. An effieient 2-D FDTD algorithm using real variables[J]. IEEE Microwave Guided Wave Lett, 1993, 3 (1): 127-129.

[5] Brankovic V J, Krupezevic D V, Arndt F. An efficient two-dimensional graded mesh finite-difference time-domain algorithm for shielded or open waveguide structures [J]. IEEE Trans. Microwave Theory Tech, 1992, 40(8): 2272-2277.

[6] Okoniewski M. Vector wave equation 2-D FDTD method for guided wave problems[J]. IEEE Microwave Guided Wave Lett, 1993, 3(2): 307-309.

[7] Chun J C, Park W S. Application of the discrete fourier transform in the 2-D FDTD method[J]. Microwave and Optical Technol Lett, 1994, 7(3): 781-784.

[8] Xiao S. Vahldieck R. An extended 2-D FDTD method for hybrid mode analysis of lossy and super conducting structures[J]. IEEE A P-S Int Symp Dig, 1994: 1774-1777.

[9] Hofschen S, Wolff I. Simulation of an elevated coplanar waveguide using 2-D FDTD[J]. IEEE Microwave Guided Wave Lett, 1996, 6(1): 28-30.

[10] Celuch-Marcysiak M, Gwarek W K. A transformed symmetrical condensed node for the effective TLM analysis of guided wave problems [J]. IEEE Trans. Microwave Theory Tech, 1993, 41(3): 820-823.

[11] Yee K S. Numerical solution of initial boundary value problems involving Max-

well's equations in isotropic media[J]. IEEE Trans. Antennas Propagat, 1966, 14 (2): 302-307.

[12] Schneider J. Hudson S. The finite-difference time-domain method applied to anisotropic material[J]. IEEE Trans. Antennas Propagat, 1993, 41(4): 994-999.

[13] Mur G. Absorbing boundary conditions for the finite-difference approximation of the time-domain electromagneticfield equations [J]. IEEE Trans Electromagn Compat, 1981, 23(2): 377-382.

[14] Zhao A P, Raisanen A Y. Application of a simple and efficient source excitation technique to the FDTD analysis of waveguide and microstrip cireuits[J]. IEEE Trans. Microwave Theory Tech, 1996, 44 (6): 1535-1539.

一种用于时域有限差分分析波导和微带电路的源激励技术①

赵安平　于荣金　刘立杰
（中国科学院长春物理研究所，长春 130021）

摘　要：本文发展了一种对时域有限差分(FDTD)分析波导和微带电路简便有效的源激励法，并把它应用于各种微带电路。对于波导和微带不连续性问题，无须任何特殊处理，就可直接把吸收边界条件应用于端面；尤其对于微带电路，把 Mei 的简化场分布用作源面上的初始激励时，这种源激励法对源面及其附近不会引起源的任何失真。为演示这种技术的有效性和效率，给出了若干种不连续波导和微带结构的数值结果，并与解析解或常规的 FDTD 法得到的结果作了比较。

关键词：源激励技术；时域有限差分法；波导；微带电路

A Source Excitation Technique for the FDTD Analysis of Waveguide and Microstrip Circuits

Zhao Anping　Yu Rongjin　Liu Lijie
(Changchun Institute of Physiscs, The Chinese Academy of Sciences, Changchun　130021)

Abstract: A simple and efficient source excitation scheme for the FDTD analysis of both waveguides and microstrip circuits is developed and applied to various microstrip circuits. For both waveguide and microstrip discontinuities, absorbing boundary conditions can be applied on the terminal plane directly without any special treatment. In particular, for microstrip circuits, our source excitation scheme does not induce any source distortions on the source plane nearby when the Mei's simplified field distribution is used as the initial excitation on the source plane. To demonstrate the validity and efficiency of this technique, numerical results for a number of discontinuous waveguide and microstrip structures are given and compared with either analytical solutions or those obtained by the conventional FDTD methods.

Key words: Source excitation technique; Finite-difference time-domain method; Waveguide; Microstrip circuit

一、引言

自从 1966 年 Yee[1] 提出 FDTD 法之后，由于它适合于模拟复杂的媒质结构，所需的存储量和 CPU 时间只与计算空间所包含的离散网格数成正比，具有明显的

① 电子学报，1998，26(2)：57-64.

优点。因而在分析各种波导[2~14]和微带电路[15~25]中获得了广泛的应用。在把FDTD法应用于波导和微带不连续性问题时，最困难的问题之一是时域上如何把源激励和反射之间的相互作用分开。如果没有一种理想的源激励法，由于不连续性引起的强反射在源激励全部发射之前通常就到达近端面，所以不能把吸收边界条件（ABC）直接应用于这个近端面。尤其对于矩形波导问题，如果使用单色FDTD法[2,10~13]，上述分离条件总是需要的，因为在这些情形下，时间分步（以及对于源激励）必须继续到整个计算容量内电磁场达到稳态为止。另外，虽然对波导或微带不连续性使用高斯型脉冲（不是单色FDTD法）时，分离条件并不严格，但必须保留源面和不连续点之间足够长的均匀馈送端口段。因大多数计算量用于计算这种长的均匀馈送端口段，确实限制了FDTD法对这几类问题的应用。

在文献[2]的概念基础上，对各种波导和微带不连续性问题，我们发展了一种简单有效的源激励法。通过把源面的几个网格移入近端面内，使源面与近端面分开，与文献[2～5]所用的方法不同，在我们这个新的源激励法中，源面上只需要预先给出一个场分量，并且源面上这个场分量可独自修正。由于上述持性，所以它比其原来的形式更容易实现，尤其适合由任何一种类型源波激励的各种波导和微带结构。用这个源激励技术，最重要的是完全消除了源激励和反射波之间的相互作用以及DC源失真。因而可把端面（及源面）移到很接近不连续点处，使波导和强谐振微带电路的计算量减到它的最小量。这种新技术由于能达到大量节省计算机存储和CPU时间，所以必定增强FDTD法的效率。另外，借助于这个源激励法，对微带结构的Mei简化场分布的准确度和效率也作了研究和证实。

二、简单有效的源激励技术的实现

图1(a)、(b)分别表示本文考虑的不连续性波导和微带系统。激励波传入馈送端口，源面位于近端面内几个网格处。对于波导或微带系统，由源面把整个计算区分成两个子区，不连续点和远端面在区域1，而近端面位于区域2。对于一种给定的激励波，源面位于j_{tnp}的新方程只要修正为：

$$E_z^{n+1}(i,j_{\text{inp}},k)=E_z^n(i,j_{\text{inp}},k)+\frac{\Delta t}{\varepsilon\Delta x}[H_y^{n+1/2}(i+1,j_{\text{inp}},k)-H_y^{n+1/2}(i,j_{\text{inp}},k)]-\frac{\Delta t}{\varepsilon\Delta y}[H_x^{n+1/2}(i,j_{\text{inp}}+1,k)-(H_x^{n+1/2}(i,j_{\text{inp}},k)]\pm E_{z,\text{inc}}^n(i,j_{\text{inp}},k)。\tag{1}$$

式中$E_{z,\text{inc}}^n(i,j_{\text{inp}},k)$为激励波的场分量，$E_{z,\text{inc}}^n$前面的“＋”号、“－”号分别表示激励波是“正”及“负”信号。在这个源面上的其他电磁场分量的FDTD方程保持不变。在上述布局下，区域1的第一部分（即入射面和不连续点之间）内，电磁场含有入射波（在$+y$方向传播）和反射波；而在区域2内，电磁场含有入射波（在$-y$方向传播）和反射波。在区域2内，$-y$方向传播的入射波和反射波在近端面上立即吸收，而在区域1的第一部分内$+y$方向传播的入射波是用来研究不连续系统本身的。对于微带系统，利用简化场分布作为初始源激励时，激励过程对源面上的电磁场没有进行特殊边界处理，而剩余的电磁场是从标准FDTD公式计算的。因此和常规FDTD法考虑的源激励[15~22]不同，在我们的源激励技术中，由电或磁壁边界处理引起的 DC 源失真并不明显。

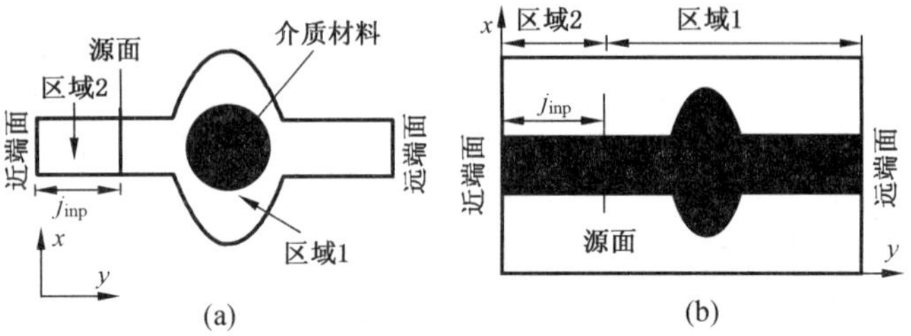

图 1　(a)不连续波导系统(源面把系统分成两个子区)
(b) 不连续微带系统(源面把系统分成两个子区)

三、数值结果

为了广泛考查源激励技术的精度、有效性和效率,把它用于由不同类型源激励波激发的若干不连续波导和微带结构。

1. 波导不连续性

在 FDTD 法用于波导不连续性方面,已应用两种不同的 FDTD 方法。它们定义如下:若假定激励波有单频正弦式依赖关系,时间步进继续到计算区内的所有电磁场达到它的稳态行为为止,则这种方法称为单色 FDTD 法;如果激励波是选取某种形状的脉冲,时间步进继续到计算区内的场减小到可以忽略为止,则这种方法称为脉冲 FDTD 法,下面我们将这两种方法应用于不同的不连续波导问题。

(1) 单色 FDTD 法　首先计算一种类似短路波导的电磁场,图 2 表示它的结构和尺寸。在这个例子中,源面上用的激励波由单色主模(即 TE_{01})构成,它的单位幅值为:

$$E_{z,\mathrm{inc}}^{n} = \sin(2\pi f n \Delta t)\sin(\pi x/a) \quad (2)$$

式中 f 和 Δt 分别为源频率和时间增量。计算采用下列参数:$f=2.45$ GHz,空间增量 $\delta=\Delta x=\Delta y=\Delta z=0.3084$ cm,Δt ($=1/100f$)为 4.0816 ps,迭代次数 $N=1500$,材料参数 $\varepsilon_{r1}=1.0$,$\varepsilon_{r2}=3.0$。端面上应用 Mur 的一阶吸收边界条件[26]。

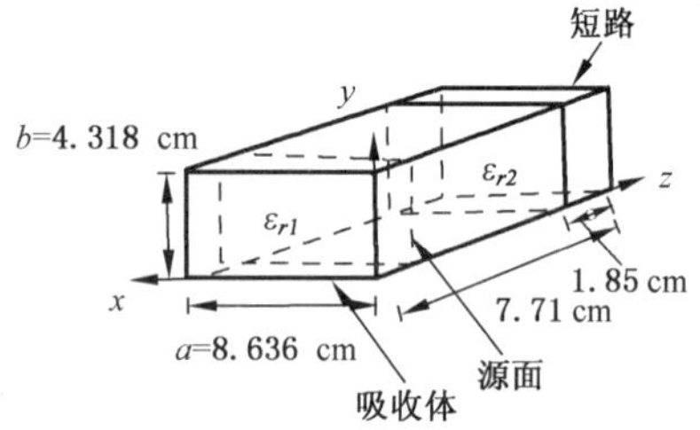

图 2　部分充满介质材料的短路波导

源面位于 $j_{inp}=4$ 处(总的网络尺寸在 x、y、z 方向分别为 $28\times25\times14$)“+”和“−”信号情况下 E_z 的时间响应曲线表明,对于“+”和“−”信号,算出的场幅值除了它们之间有 180°相位差之外,完全是相同的。这些结果表明 FDTD 计算时可以用“+”或者用“−”。图 3 表示端面位于 $y=0$(网络尺寸为 $28\times25\times14$)、源面在不同位置时的解析解和数值解。可看出,即使源面只是离开近端面一个网格,也得到区域 1(即源面和短路之间)内相同的场分布。对于图 3 中的所有情况,A 点处 E_z 的幅值变化均小于 0.75%,这确实证明用该方法所得的结果是高精度的。另一方面,也研究了端面(源面)移近不连续点的情况。图 4 表示端面分别位于 $y=0$ cm、$y=3.08$ cm(网络尺寸为 $28\times15\times14$)和 $y=5.2428$ cm(网络尺寸为 $28\times8\times14$)情况下 E_z 的比较,B 点处 E_z 的幅值变化小于 0.42%。图 4 的数值结果表明:用我们的激励法,端面可非常接近不连续点。因而计算量显著减少(从 28×25×14 减为 28×8×14)。为了说明源面上激励波的场校正的重要性,还研究了源面上激励波没有作任何校正的情况。图 5 的数值结果表明,没有校正时,计算出的波导中的场(E_z)不再收敛于它的稳态。于是可得出结论:源面上的激励波必须以方程(1)的方式给予校正。这个结论对下面要考虑的用脉冲 FDTD 法激励的波导或者微带结构也是正确的。

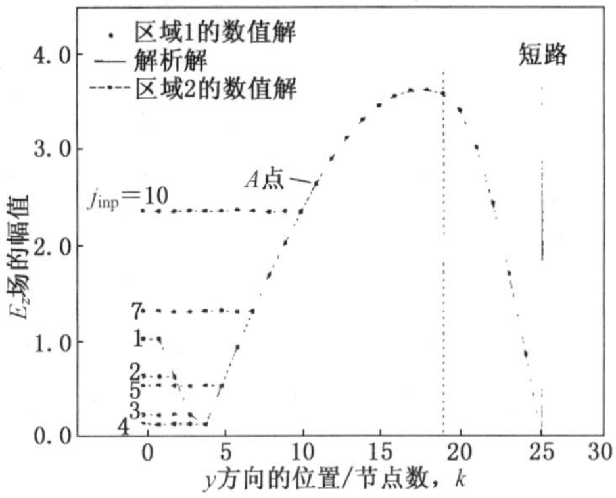

图 3　$x=a/2, z=a/28$,源面在不同位置时 E_z 场分量的解析解和数值解

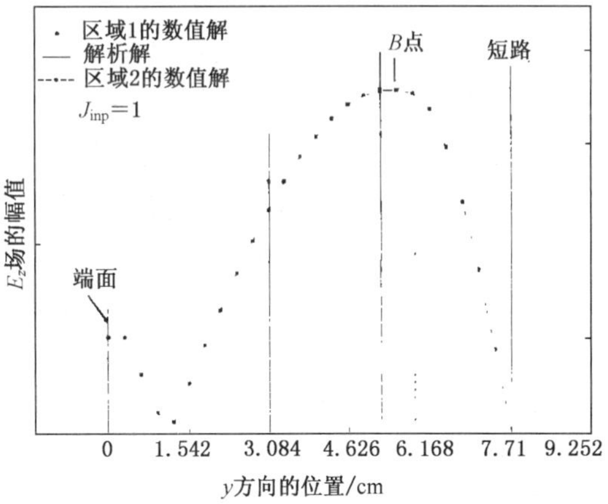

图 4　$x=a/2, z=a/28, j_{inp}=1$,端面在不同位置时 E_z 场分量的解析解和数值解

下面试验单色 FDTD 法的源激励法,用它来计算不同频率下从真空矩形波导(WR-3)转换至均匀充满介质材料的无限长波导时的反射系数。对于所研究的波导结构,采用如下参数:空间增量 $\Delta x=\Delta z=0.06143$ mm,$\Delta y=0.04$ mm,端面和不连续点之间的距离 $d=1/2$ 或 1/3 波长(按照真空波导),迭代次数 $N=2000$,材料参数 $\varepsilon_r=4.0$,在波导的前壁和后壁应用 Mur 的一阶 ABC[26],以及适当的与频率有关的相速度表达式。图 6 表示源面固定在近端面内两个网格($j_{inp}=2$)处两种不同波导尺寸所得到的波导反射系数值。这些反射系数值与可用来比较的解析解具有很好的一致性。

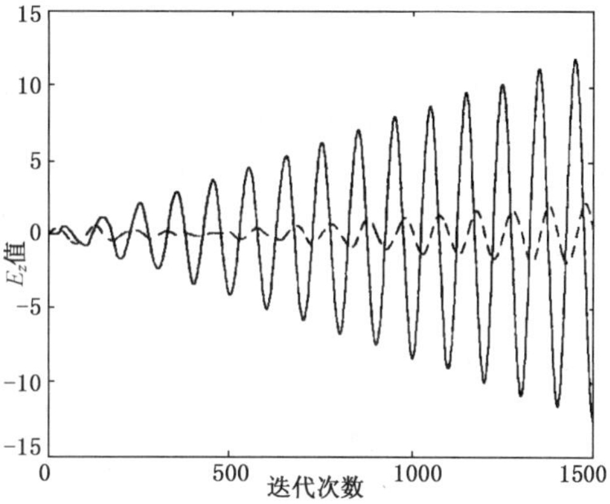

图 5　源波没有作任何校正时 E_z 在区域 1(实线)和区域 2(虚线)的时间波形

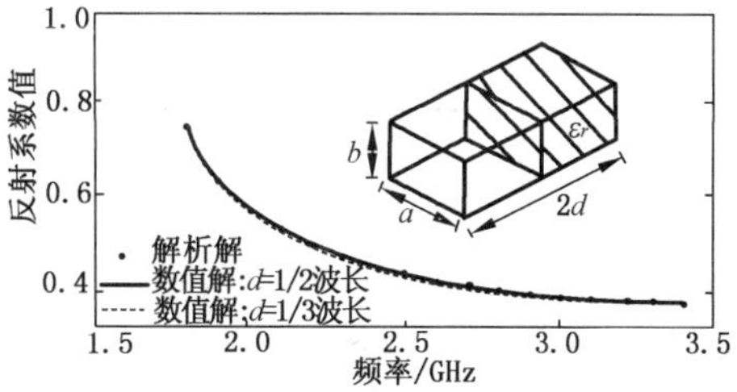

图 6　WR-3 波导的反射系数值(数值解和解析解)$j_{inp}=2$,波导实际尺寸:$a=8.636$ cm,$b=4.318$ cm

单色 FDTD 法与我们的源激励法相结合,其有效性和效率在上面两个例子中已得到证明。但为了得到第二个例子在上述频率范围内的散射参数,要对每个频率逐一执行上述 FDTD 程序。想在一次执行时，得到不同频率的所有信息，还是应该采用下面的脉冲 FDTD 法。

（2）脉冲 FDTD 法　在脉冲 FDTD 法中，激励脉冲的形状可任意选取。经常采用高斯脉冲，因为它在时间上是平稳变化的，它的傅里叶变换也是一个以零频为中心的高斯函数，然而由于波导结构具有截止频率，更方便的是应用在某一特殊频率范围内正弦变化的载体上施加的激励脉冲。在此研究中，对激励具有单位幅值的主模，采用下列函数[14]：

$$E_{z,\mathrm{inc}}^{n} = \exp\{-[(n\Delta t - t_0)/\sqrt{2}T]^2\}\sin(\omega n\Delta t), \tag{3}$$

$$T = \frac{\sqrt{6}}{\pi(f_{\max} - f_{\min})}, w = \pi(f_{\max} + f_{\min}), t_0 = 4T。 \tag{4}$$

我们计算了由于有限长度 d 均匀充满介质材料的波导部分在 WR-3 矩形波导内阶梯式不连续性所产生的散射参数。并采用下列参数：空间增量 $\Delta x = \Delta z = 0.03583$ mm，$\Delta y = 0.036$ mm，时间增量 $\Delta t = 0.065$ ps，迭代次数 $N = 2\,000$，介质材料的长度 $d = 0.504$ mm，材料参数 $\varepsilon_r = 3.7$。此外，对 WR-3 矩形波导的主模，频率保持在 $f_{\min} = 217.0$ GHz，$f_{\max} = 333.0$ GHz范围内。波导的前壁和后壁使用具有超吸收的一阶 Mur 的 ABC[27]。对于上述 ABC，选择波的相速度（或 $\varepsilon_{\mathrm{eff}}$）大致在所关心的频率范围的中间。图 7 给出了数值结果，除了较低频率范围内的结果外，其余结果与 Arndt 的 FDTD 结果[13]非常一致。

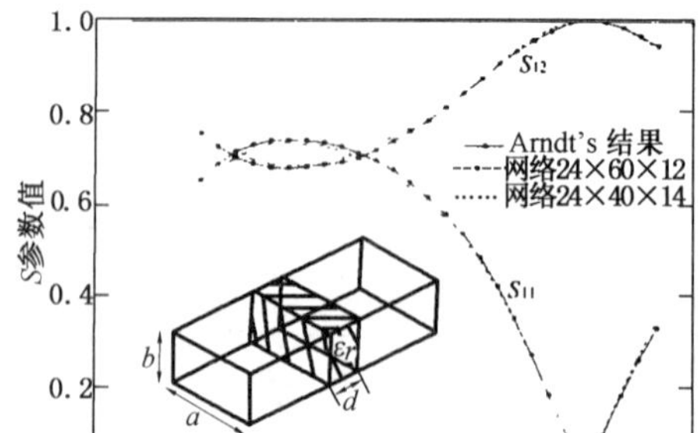

图 7　矩形波导（WR-3）与有限长度 d 均匀充满介质材料间阶梯式不连续性产生的散射参数值

2. 微带不连续性

对于微带系统，作为一种初始激励，在源面的带与基面之间均匀部分使用简化场分布[15,16]。如果把这个源激励波与我们的源激励法结合，源面上所用的激励波则为：

$$E_{z,\mathrm{inc}}^{n} = \exp\{-[(n\Delta t - t_0)/T]^2\}。 \tag{5}$$

式中 Δt、t_0 和 T 分别为时间增量、时间延迟和高斯脉冲半宽度。在这一部分，我们的激励法结合源面那个均匀部分的简化场分布，将用来分析线路馈电的矩形微带天线[17]和具有短线（stub）的微带线[23]。

（1）线路馈电的矩形微带天线　要分析的线路馈电矩形微带天线如图 8 所示，图中的数字分别表示 x 和 y 方向的网格数。除了源面与近端面分开（或把源面移入近端面内）外，这里用的所有参数与文献[17]中所用的参数都相同，即空间增量 $\Delta x = 0.389$ mm，$\Delta y = 0.4$ mm，$\Delta z = 0.265$ mm，时间增量 $\Delta t = 0.441$ ps，高斯半宽度 $T = 15$ ps，时间延迟 $t_0 = 3T$，迭代次数 $N = 8000$。此外，还把 Mur 的一阶 ABC[26]应用于所有开口壁。

图 9 表示总场（E_z^{total}）和入射场（E_z^{in}）分量恰好位于参考面 P 处微带端口中心下面以时间步长为函数的波形，这里的 case1、2 和 3 表示端面和不连续点之间的

距离固定在 $L=50\Delta y$，而源面位于三个不同的位置。表 1 给出这些情况下的网络尺寸细节。图 9 的 E_z^{total} 和 E_z^{in} 波形用于计算散射参数。图 10 表示由我们的 FDTD 算法得到的 $|S_{11}|$，从图 10 可以看出，本文的算法得到的结果与常规 FDTD 法得到的结果[17]完全一致，即使源面位于只离不连续点 5 个网格（$j_{inp}=45$）的 case 3，也还是很一致的。在 case 3 中，源面实际位于参考面 P 的后面，因此在这种情况下，图 10 所示的 E_z^{in} 场是在 $-y$ 方向传播的入射波（即区域 2 的波）。此外，如图 10 所示，当频率在 2.5 GHz 以下时，本文结果比 Sheen 等人给出的结果更精确。在这种较低频范围下，DC 失真可能引起文献[17]中的波纹现象。

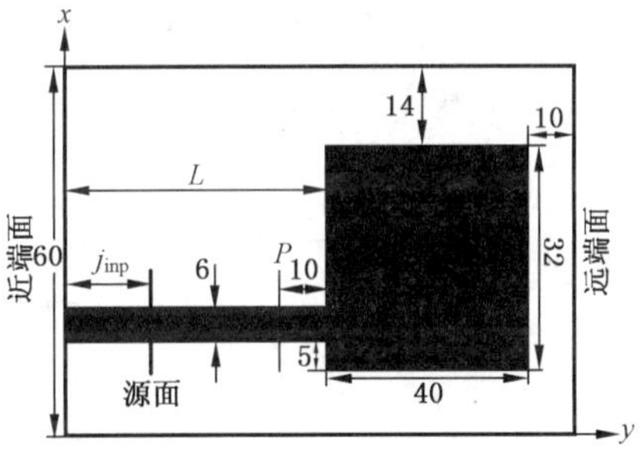

图 8　线路馈电矩形微带天线的俯视图

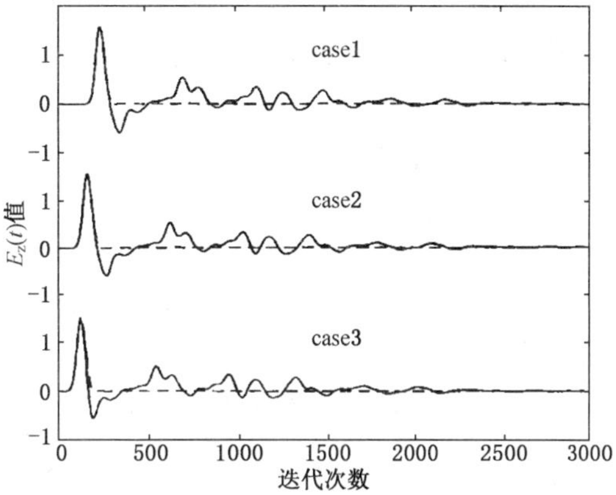

图 9　线路馈电矩形微带天线中对 case 1、2 和 3 在参考面 P 处总场 E_z^{total}（实线）和入射场 E_z^{in}（虚线）分量的时间波形

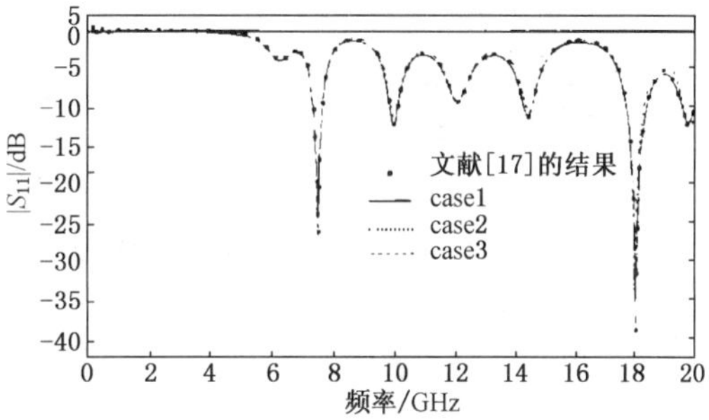

图 10　线路馈电矩形微带天线中对 case1、2 和 3 的散射参数

表 1　计算线路馈电矩形微带天线所用的网络尺寸

	case1	case2	case3	case4	case5	case6	case7
j_{inp}	5	25	45	5	5	8	10
L	50	50	50	25	11	11	11
尺寸/mm^3	60×100×16	60×100×16	60×100×16	60×75×16	60×61×16	60×61×16	60×61×16

即使端面离不连续点只有 11 个网格（case 5），还能得到非常精确的结果。在 case 5 中，微带结构的计算量已从 60×100×16 减到它的最小量（60×61×16）。此外，对 case 5，计算 S_{11} 时应该使用 GRT[22]。当端面很接近参考面时，GRT 可减小 ABC 引起的误差，因为在 case 5 中，端面离参考面 P 太近（只有 1 个网格）。尽管如文献[22]所说，GRT 只适用于 S_{21}（即不能用于 S_{11}），但用我们的激励法，计算 S_{11} 参数时 GRT 要求可自动得到满足。GRT 不适用于 S_{11} 的理由是，在他

们所应用的源激励法中，源面和近端面不是分离的。因此，GRT 可适用于 S_{11} 也是我们的激励法的优点之一。

尽管简化场分布在文献[15,16]中已把它用于研究许多不同的微带结构，最近又有许多研究者[17~22]证实了它的精度，但能否把具有这样一种简化场分布的源面移至非常接近不连续点，还是不清楚的。为了回答这个问题，研究了源面非常接近不连续点的 case 6 和 7。即使源面只离开不连续点 1 个网格(case 7)，简化场分布也是有效的。值得注意的是，在没有使用本文源激励式时，不太可能对简化场分布的有效性和效率作出详细的考查。

(2) 有短线的微带线　作为最后一个例子，把我们的激励式应用于如图 11 所示的有短线的微带线。图中的数字表示 x 和 y 方向的网格数。这种结构最初由 Shibata 和 Kimura 用集总模型技术加以分析[23]。在计算中，对上述系统采用下列参数：空间增量 $\Delta x=\Delta y=\Delta z=0.424$ mm，时间增量 $\Delta t=0.6$ ps，高斯半宽度 $T=18$ ps，时间延迟 $t_0=5T$，迭代次数 $N=6000$，并在所有开口壁上采用 Mur 的一阶 ABC[26]。为了使初始场(即高斯脉冲)尽可能从接近零开始(这本身又确保更精确的最终结果)。在这个例子中，时间延迟 t_0 选为 $5T$，而不是上面图 8 所用的 $3T$。对于 $t_0=5T$ 的情况，如果采用常规的 FDTD 法，对均匀馈送端口必须采用数目较大的网格(L_1 至少应该大于 80)，而用我们的激励法，L_1 可以小到 11。

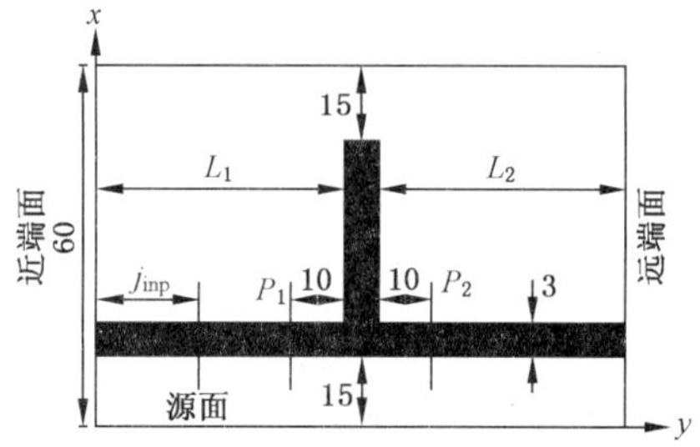

图 11　有短线微带线的俯视图

图 12 表示整个网络尺寸固定在 60×69×10(与文献[23]中所用的尺寸相同)、源面位于三个不同位置的 case8、9 和 10 所得到的数值结果。表 2 给出上述情况的网络尺寸细节。从图 12 可以看出，除频率超过 15 GHz 以外，我们的结果与文献[23]的结果完全一致。在较高频率范围，本文结果应该是更精确和合理的，因为考查共振频率可以知道，这种结构的第四共振频率不应该出现在 16 GHz 以下。

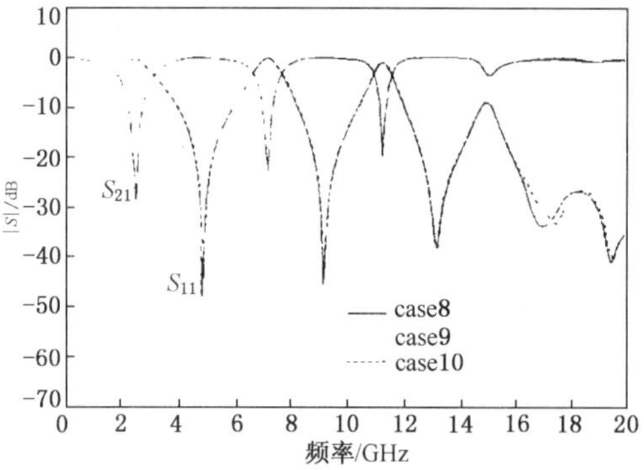

图 12　有短线微带线对 case 8、9 和 10 的散射参数

表 2　计算有短棒微带线所用的网络尺寸

	case 8	case 9	case 10	case 11	case 12
j_{inp}	2	13	24	2	2
$L_1=L_2$	33	33	33	18	11
尺寸	60×69×10	60×69×10	60×69×10	60×39×10	60×25×10

图 13 表示 $L_1=L_2$，源面固定在近端面内 2 个网格处的 case 8、11 和 12 的数值结果。在 case12 中，我们所研究的这种结构其计算量已减到它的最小量(60×25×10)。此外，对 case 11 和 12，还研究了在计算 S_{21} 中为减小 ABC 引起的误差所用的 GRT[22]。如图 13 所示，采用 GRT 对结果没有什么显著的改进(图中只给出了 case 12 的比较)。这是由于在 case 11 和 12 中，近端面和入射参考面 P_1 之间的距离调节到跟远端面和出射参考面 P_2 之间的距离相同，因此通过上述调节，GRT 条件自动得到满足。而只有当 $L_1\neq L_2$，并且入射(出射)参考面还很接近(远)端面(例如离开近(远)端面少于 6 个网格)，如文献[22]所考虑的那些情况，GRT 的优点才显现出来。

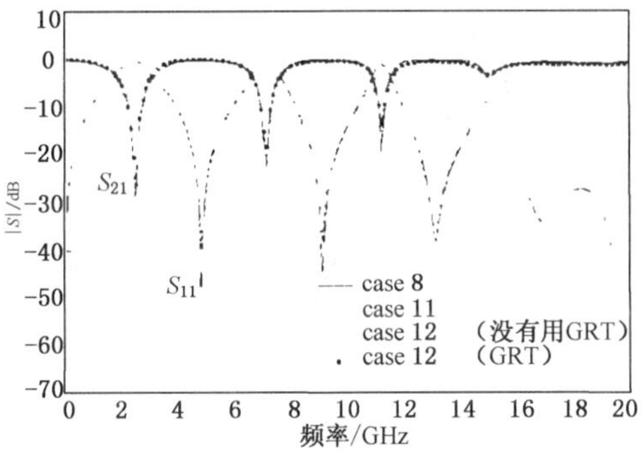

图 13 有短线微带线对 case 8、11 和 12 的散射参数

最后，对我们的源激励技术还要进一步作些说明：(1)对于波导和微带电路，源面必须位于近端面和不连续点之间。作为一种特殊情况，源面和入射参考面可位于同一位置；(2)对于波导和微带不连续性，如果在近端面上应用 Mur 的一阶 ABC，则源面甚至可位于这个端面内一个网格处；而如果应用超吸收 Mur 的一阶 ABC，则源面必须(至少)位于端面内两个网格处；(3)对于波导和微带结构，源面可位于很接近不连续点，甚至位于不连续点前面一个网格处，但是要注意入射/出射参考面。如果考虑主模，这些参考面和不连续点之间的距离应该长到足以允许消失模衰减。选取这些参考面的位置后，近端(或远端)面可位于入射(或出射)参考面前面(或后面)一个网格处，因而计算量可减至最小；(4)对于微带系统，已经表明简化场分布对得到精确/合理的结果是足够有效的。按照我们的源激励式的定义[见方程(1)]，可以看出采用主模的场分布(而不用简化场分布)时，我们的激励法也适用。在这种情况下，源面及其附近的 DC 源失真从来不出现，但要涉及较多的计算和编程序的工作，并且最重要的是由于入射/出射参考面位于离不连续点某一距离处(对于本文所研究的微带结构，即在离不连续点 10 个网格处)，这些参考面无论如何必须包括在整个计算量内，所以最小的计算量将不会再进一步减少。还有，源面应尽可能接近入射参考面(而不是不连续点)；(5)关于要得到源面位于入射参考面(P 或 P_1)和不连续点之间这种情况的 S_{11}(和 S_{21})，考查这些结构的不连续性还是用 $+y$ 方向传播的入射波，而 $+y$方向传播的入射波还是产生在入射参考面处接收到的反射波 E^{ref} 的波型。用于计算 S 参数的入射场波型，是 $-y$ 方向传播的入射波($E^{in}(-y)$)。入射参考面处这些场波型之间的关系为 $E^{total}=E^{ref}+E^{in}(-y)$。另一方面，对于源面位于入射参考面前面的情况，上述关系为 $E^{total}=E^{ref}+E^{in}(-y)$。两种情况下，FDTD 程序都不需要作特殊处理。

四、结语

本文研究了 FDTD 分析波导和微带

不连续性的一种简单有效的源激励式，源面位于近端面内几个网格处。源面和端面之间空域上的这种分离，把源激励和反射波在时域上完全分开。因此，波导和微带不连续性的吸收边界条件能直接应用于端面，而不需要任何特殊处理。对于微带电路，最重要的是我们的源激励式在源面及其附近，即使应用简化场分布也不会产生任何DC源失真。因此，用我们的源激励技术，通过端面（以及源面）移至接近不连续点，可显著减少波导和微带不连续性的计算量，节省了计算机存储和CPU时间。从我们的算法得到的数值结果证实了这种新激励法的有效性和效率。本文提出的这个方法在各种微波和微带集成电路的CAD中是很有用的。

参考文献

[1] K S Yee. Numerical solution of initial boundary value problems involving Maxwel's equations on isotropic media[J]. IEEE Trans. Antennas Propagat. ,1996,AP-14:302-307.

[2] M De Pourcq. Field and power-density calculations in closed microwave systems by threedimensional finite differences[J]. IEE Proc. ,1985,132,Pt. H:360-368.

[3] S T Chu,W P Huang,S K Chaudhuri Simulation and analysis of waveguide based optical integrated circuits[J]. Comp. Phys. Commun. ,1991,68:451-484.

[4] P Alinikula,K S Kunz. Analysis of waveguide aperture coupling using the finite-difference time-domain method[J]. IEEE Microwave Guided Wave Lett. ,1991,1:189-191.

[5] N I Dib,L P B Katehi. Analysis of the transition from rectangular waveguide to shielded dielectric image guide using the finite-difiference time-domain method[J]. IEEE Microwave Guided Wave Lett. ,1993,3:327-329.

[6] T W Huang,B Houshmand,T Itoh. Efficient modes extraction and numerically exact matched sources for a homogeneons waveguide cross-section in a FDTD simulation[C]//MTT-S Int. Microwave Symp. Digest. IEEE,1994:31-34.

[7] T W Huang, B Houshmand, T hoh. The FDTD wideband absorbing boundary conditions for the excitation plane[C]//Antennas Propagat. , Soc. Int. Syrup. Digest. IEEE, 1993:2-5.

[8] T W Huang,B Houshmand,T Itoh. The implementation of time-domain diakoptics in the FDTD method [J]. IEEE Trans. Microwave Theory Tech. , 1994, MTT-42: 2149-2155.

[9] F Moglie,T Rozzi,P Marcozzi,A Schiavoni. A new termination condition for the application of FDTD techniques to discontinuity problems in close homogeneous waveguide. [J]. IEEE Microwave Guided Wave Lett. , 1992,2:475-477.

[10] F Moglie, T Rozzi, P Marcozzi. Wideband matching of waveguide discontinuities by FDTD methods [J]. IEEE Trans. Microwave Theory Tech. , 1994, MTT-42: 2093-2098.

[11] W K Gwarek. Analysis of arbitrarily shaped two-dimensional microwave circuits by finitedifference time-domain [J]. IEEE Trans. Microwave Theory Tech. , 1988, MTTT-36:738-744.

[12] Z Q Bi,K L Wu,J Litva. Application of the FDTD method to the analysis of Hplane waveguide discontinuities [J]. Electron. Lett. ,1990,26:1897-1898.

[13] D V Krupezevic, V J Brankovic, F Arndt. The waveequation FDTD method for the efficient eigenvalue analysis and S-matrix computation of waveguide structures[J]. IEEE Trans. Microwave Theory Tech. ,

1993,MTT-41:2109-2115.

[14] F Moglie,T Rozzi,P Marcozzi. Circuit modeling of waveguide discontimuities by FDTD method[J]. Proc. of 1993 European Microwave Conference:668-669.

[15] X Zhang,J Fang,K K Mei,Y Liu. Calculations of the dispersive characteristics of microstrips by the time-domain finite difference method[J]. IEEE Trans. Microwave Theory Tech. ,1988,MTT-36:263-267.

[16] X Zhang, K K Mei. Time-domain finite difference approach to the calculation of the frequency-dependent characteristics of microstrip discontinuities [J]. IEEE Trans. Microwave Theory Tech. ,1988,MTT-36: 1775-1787.

[17] D M Sheen,S M Ali,M D Abouzahra,J A Kong. Application of the three-dimensional finite-difference time-domain method to the analysis of planar microstrip circuits[J]. IEEE Trans. Microwave Theory Tech. , 1990,MTT-38:849-857.

[18] C J Railton,J P McGeehan. An analysis of microstrip with rectangular and trapezoidal conductor cross sections[J]. IEEE Trans. Microwave Theory Tech. 1990, MTT-38: 1017-1022.

[19] W L Ko,R Mittra. A combination of FD-TD and Prony's methotis for analyzing microwave integrated circuits[J]. IEEE Trans. Microwave Theory Tech. ,1991,MTT-39: 2176-2181.

[20] Z Bi,K Wu,J Litva. A dispersive boundary condition for microstrip component analysis using the FDTD method[J]. IEEE Trans. Microwave Theory Tech. ,1992,MTT-40: 774-777.

[21] V Betz,R Mittm. Comparison and evaluation of boundary conditions for the absorption of guided waves in an FDTD simulation[J]. IEEE Microwave Guided Wave Lett. ,1992,2:499-501.

[22] X P Lin,K Naishadharn. A simple technique for minimization of ABC-induced error in the FDTD analysis of microstripdisconfinuities[J]. IEEE Microwave Guided Wave Lett. ,1994,4:402-404.

[23] T Shihata,H Kimura. Computer-aided engineering for microwave and millimeter-wave circuits using the FD-TD technique of field simulations[J]. Int. J. Microwave Milimeter Wave Computer-Aided Eng. , 1993, 3: 238-250.

[24] R C Tupynamha,A S Omar. Some improvements to the FDTD algorithm for the analysis of passive circuits[C]//MTT-S Int. Microwave Symp. Digest. IEEE, 1995: 1657-1659.

[25] J Fang. Absorbing boundary conditions applied to model wave propagation in microwave integrated-circuits[J]. IEEE Trans. Microwave Theory Tech. ,1994,MTT-42: 1506-1513.

[26] G Mur. Absorbing boundary conditions for the finite-difference approximation of the time-domain electromagnetic-field equations[J]. IEEE Trans. Electromagnetic. Compat. ,1981,EMC-22:377-382.

[27] K K Mei, J Fang. Superabsorption—A method to improve absorbing boundary conditions [J]. IEEE Trans. Antennas Propagat. ,1992,AP-40:1001-1010.

微腔量子阱激光器的稳态与动态特性分析①

王晓光　于荣金
（中国科学院长春物理研究所，长春 130021）

摘　要：本文考虑在增益与载流子浓度为线性关系和对数关系两种情况下，自发辐射耦合系数对微腔量子阱激光器稳态与动态特性的影响。首先发现对于增益与载流子的关系为对数关系的情况，要获得最小阈值电流，存在一个最佳的有源区体积。然后分析了稳态时载流子浓度和光子数随注入电流的变化情况以及光子数随时间演化的动力学过程。

关键词：微腔量子阱激光器；自发辐射速率；对数关系

Steady-state and Dynamic Behaviors of Microcavity Quantum Well Laser

Wang Xiaoguang　Yu Rongjin
(Laboratory of Excited State Processes, Changchun Institute of Physics, Academia Sinica, Changchun　130021)

Abstract: In this paper, the effect of spontaneous emission coupling ratio on the steade-state behaviors and some dynamic porperties of microcavity quantum well laser is considered while the relation of gain and carrier density is either linear or logarithmic. We find that there exists an optimal volume of active material at which minimum threshold current can be obtained while the relation of gain and carrier density is logarithmic. The carrier density and photon number changing with injection current are considered. Finally, the dynamic process of related rate equations are studied.

Key words: Microcavity quantum well laser; Spontaneous emission coupling ratio; Logarithmic relation

0　引言

微腔激光器是一类性能优越的可大规模集成的新型激光器[1]，因而吸引众多科学家的关注。在一些微结构（如微腔、微球等）中，激发原子或电子—空穴对的自发辐射速率将受到增强或抑制[2-4]。这在光学工程中有重要的价值。利用这些微结构控制自发辐射到一个特殊的场模，可以实现尺寸和性质与经典激光器不同的新型激光器，即微腔激光器[5-7]。其尺寸只有微米甚至亚微米量级。在一平方厘米的片子上能集成上百万个激光器而成为二维面阵。如此高的集成度将在光互连、光计算、光纤通信中有广阔的应用前景。自发辐射速率的改变对微腔激光器的性质有很大影响。本文主要研究在不同自发辐射耦合系数的情况下，微腔

① 光子学报，1997，26(Z1)：83-88.

激光器的阈值电流、稳态时自由载流子密度和光子数随注入电流的变化，以及一些动态特性。因为增益与注入载流子的对数关系更适用于量子阱激光器[8]，在考虑增益与注入载流子的线性关系的同时，也考虑了对数关系，并比较两种情况下激光器特性的差别。

描述微腔量子阱激光器的速率方程为[6-8]

$$\frac{dN}{dt}=\frac{I}{qV}-\frac{N}{\tau_{sp}}-\frac{N}{\tau_{nr}}-\frac{G(N)P}{V},\quad (1)$$

$$\frac{dP}{dt}=G(N)P-\frac{P}{\tau_p}+\frac{\beta N V}{\tau_{sp}}。\quad (2)$$

其中，N 为自由载流子浓度，P 为光子数，I 为注入电流，V 是有源区体积，q 是电子电荷，β 为自发辐射耦合系数，τ_{sp} 为自发辐射寿命，τ_{nr} 为非辐射复合寿命，τ_p 为腔内光子寿命，$G(N)$ 为增益。

通常假设增益与注入载流子为线性关系

$$G(N)=\frac{\beta V}{\tau_{sp}}(N-N_0)。\quad (3)$$

其中 N_0 为透明载流子浓度。增益与注入载流子的对数关系为

$$G(N)=\frac{\beta V N_0}{\tau_{sp}}\ln(N/N_0)。\quad (4)$$

在 $\frac{N-N_0}{N_0}\ll 1$ 的条件下，将上式级数展开，且保留第一项，则(4)式化为(3)式，即对数关系变成了线性关系。但在通常情况下，以上条件不一定满足。

由方程(1)、(2)、(3)和(4)，现在来讨论量子阱微腔激光器的一些稳态与动态特性。

1 稳态分析

由方程(1)、(2)、(3)和(4)，分别对于增益和载流子的关系为线性关系和对数关系，相应的阈值电流为

$$I_{th1}=\frac{q}{\tau_p\beta}(1+\xi)\left(1+\frac{\tau_{sp}}{\tau_{nr}}\right),\quad (5)$$

$$I_{th2}=\frac{q}{\tau_p\beta}\xi e^{\frac{1}{\xi}}\left(1+\frac{\tau_{sp}}{\tau_{nr}}\right)。\quad (6)$$

其中 $\xi=\frac{\tau_p\beta V N_0}{\tau_{sp}}$ 是一无量纲的量。取 $N_0=10^{18}\ \text{cm}^{-3}$，$\tau_{sp}=\tau_{nr}=10^{-9}$ s，$\tau_p=10^{-12}$ s(本文中，这几个参数不变)。图1给出当体积 V 不变($V=10^{-15}\ \text{cm}^3$)，阈值电流随自发辐射耦合系数 β 的变化。由图可以明显地看出，阈值电流随 β 的增加而下降；当 $\beta=1$ 时，$I_{th1}=6.4\times10^{-7}$ A，$I_{th2}=8.64\times10^{-7}$ A，且 $I_{th2}>I_{th1}$，但数量级相同。图2为 β 不变时($\beta=0.1$)，阈值电流随体积的变化。随着体积 V 的增加，阈值电流 I_{th1} 一直是线性增加的；而 I_{th2} 却有一个最小值存在。只有当 $V=10^{-14}\ \text{cm}^3$ 时，阈值电流最小。可见，对于增益与载流子关系为对数关系时，要得到最小的阈值电流，并不是体积越小越好，而是存在一个最佳的有源区体积使得阈值电流最小。由图2还可以看到，当 V 很大时，二者阈值电流的值很接近，即只有当微腔体积很小时，二者阈值电流才出现明显不同。

由方程(1)和(2)，令左边对时间的导数为0，得稳态解为

$$\frac{I}{q}=(1-\beta)\frac{NV}{\tau_{sp}}+\frac{NV}{\tau_{nr}}+\frac{P}{\tau_p},\quad (7)$$

$$P=\frac{\beta N V}{\frac{\tau_{sp}}{\tau_p}-G(N)\tau_{sp}}。\quad (8)$$

对于 $G(N)$ 与为线性关系时，光子数与注入电流的关系易写成如下解析表达式：

$$I=\frac{q}{\tau_p}\left[\left(1-\beta+\frac{\tau_{sp}}{\tau_{nr}}\right)(1+\xi)\cdot\left(\frac{P}{1+P}\right)+\beta P\right]。\quad (9)$$

当 $\beta=I$，$\tau_{nr}\gg\tau_{sp}$ 时，上式简化为

$$I=\frac{q}{\tau_p}P。\quad (10)$$

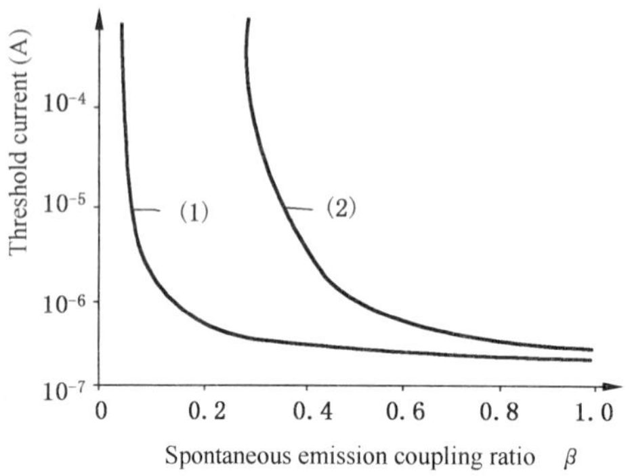

(1) The relation of gain on carrier density is linear

(2) The relation of gain on carrier density is logarithmic

Fig. 1　The threshold current vs spontaneous emission coupling ratio β

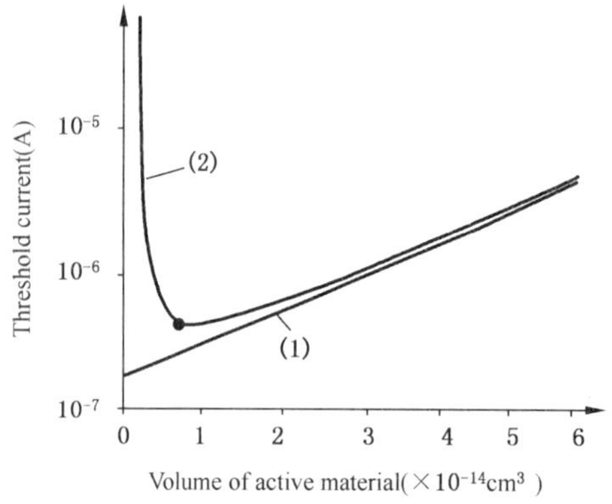

(1) The relation of gain on carrier density is linear

(2) The relation of gain on carrier density is logarithmic

Fig. 2　The threshold current vs volume of active material

光子数与注入电流成线性关系，此时激光器成为所谓的“无阈值激光器”。对于 $G(N)$ 与 N 成对数关系时，I 与 P 的关系写不成明显的解析表达式，只能借助于数值计算。图 3 和图 4 分别为 $G(N)$ 与 N 成线性关系和对数关系时载流子浓度 N 随注入电流 I 的变化（$V=10^{-15}$ cm^3，以下讨论此参数不变）。当 $G(N)$ 与 N 成线性关系时，随着注入电流的增加，N 总是最后稳定在某一确定的值上；对于 $G(N)$ 与 N 为对数关系，当 β 很小时，载流子浓度总是一味地随着注入电流的增加而增加，而当 $\beta=1$ 时，N 随 I 的曲线与 $G(N)$ 与 N 为线性关系时相同。图 5 为光子数 P 随注入电流 I 变化的曲线。当 $\beta=1$ 时，对于 $G(N)$ 与为线性关系和对数关系，两个 P-I 曲线重合；β 很小时，注入电流达到一定大小时，两曲线开始分开。

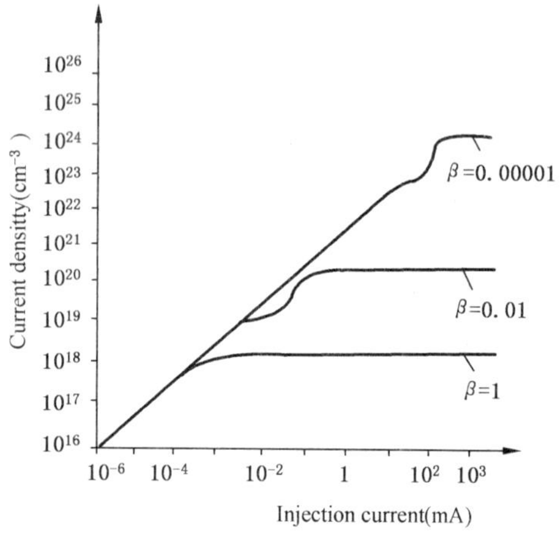

Fig. 3　The carrier density vs the injection current while the relation of gain on carrier density is linear

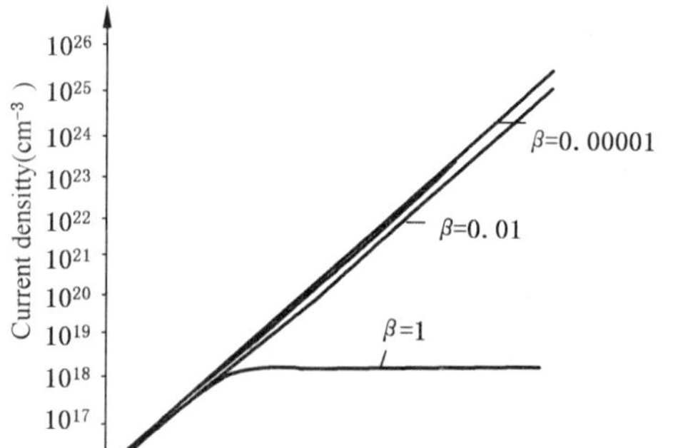

Fig. 4　The carrier density vs the injection current while the relation of gain on carrier density is logrithmic

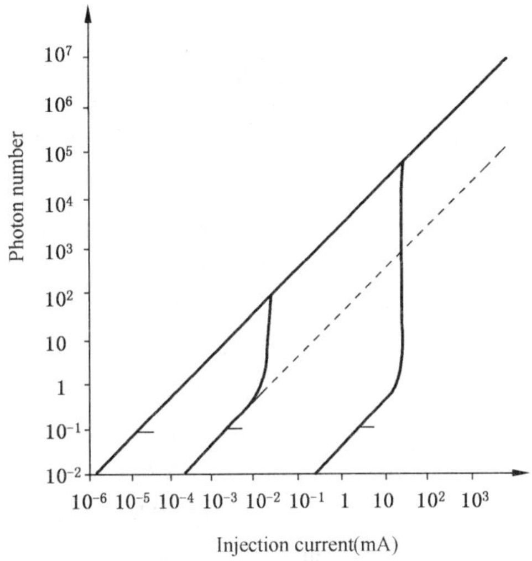

—represent the relation of gain on carrier density is linear

…represnt that the relation of gain on carrier density is logarithmic

Fig. 5　The photon number vs the injection current

2　动态分析

为便于对速率方程(1)和(2)进行动态分析，将它们化成如下形式：

$$\frac{d\overline{N}}{d\tau}=\frac{\tau_p}{\tau_{sp}}\left[\frac{I\tau_p}{q}-2\overline{N}-G(\overline{N})P\right], \tag{11}$$

$$\frac{dP}{d\tau}=G(\overline{N})P-P+\beta\overline{N}。 \tag{12}$$

其中

$\overline{N}=\frac{NV\tau_p}{\tau_{sp}}$，$\tau=\frac{t}{\tau_p}$，$G(\overline{N})=\beta(\overline{N}-\overline{N}_0)$(线性关系)或者 $\beta\overline{N}_0\ln\frac{\overline{N}}{\overline{N}_0}$(对数关系)，

$\overline{N}_0=\frac{NV\tau_p}{\tau_{sp}}$。图 6 为增益与载流子关系为线性关系时，光子数 P 随时间的变化情况。对 $\beta=0.18$，从时间开始到第一个光脉冲发射之间有一个时间延迟，延迟一段时间后光子数才开始振荡，又经过一段时间后达到稳定状态。当 $\beta=1$ 时，时间延迟缩短，并很快达到稳定。图 7 为增益与载流子关系为对数关系时，光子数 P 随时间的变化情况。由图可见，对于 $\beta=1$，其变化情况与图 6 相似. 但对于 $\beta=0.3$ 或更小的情况，光子数一直随时间增加而达到稳定，中间不存在振荡现象，即抑制了张弛振荡，但达到稳定的时间变长。

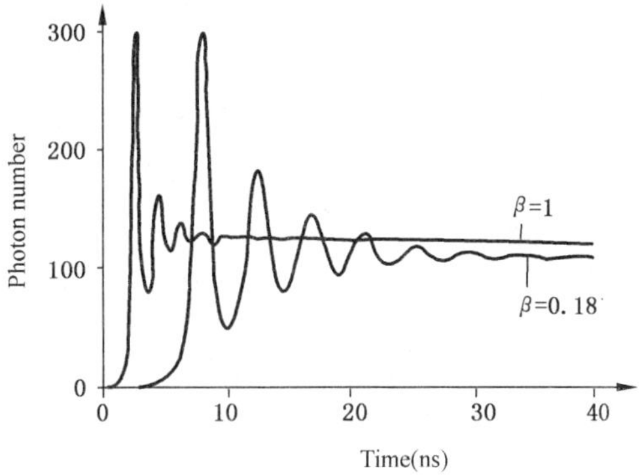

Fig. 6　The photon number vs the injection current while the relation of gain on carrier density is linear

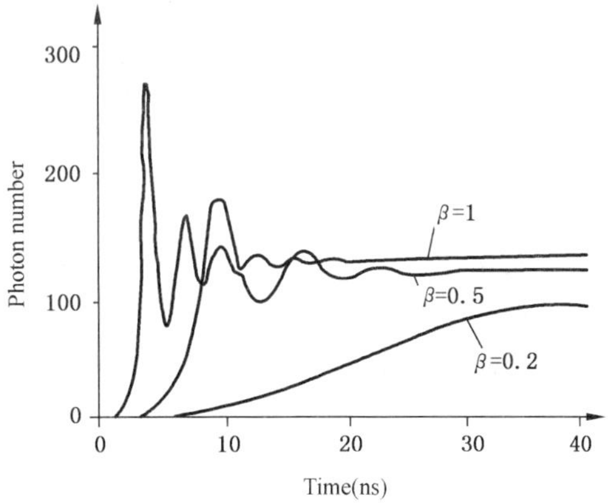

Fig. 7　The photon number vs the injection current while the relation of gain on carrier density is logrithmic

3　结论

通过对微腔量子阱激光器速率方程的分析，主要得到如下结论：

1. 当主增益与注入载流子浓度成对数关系时，要获得最小阈值电流存在一个最佳体积。它与自发辐射寿命、光子寿命、自发辐射耦合系数和透明载流子浓度有关。

2. 当增益与载流子浓度成线性关系时，对于稳态的情况，载流子浓度随注入电流的增加总是达到一个稳定值；而对于增益与载流子浓度成对数关系的情况，当自发辐射耦合系数为1时，载流子浓度-注入电流的变化曲线和增益与载流子浓度是线性关系时相应的曲线相同，自发辐射耦合系数很小时，载流子浓度一直随着注入电流的增加而增加，而不达到一稳定值。

3. 对自发辐射耦合系数为1的情况，增益与载流子浓度成线性关系时的光子数-注入电流曲线和增益与载流子浓度成对数关系时相应的曲线重合；对自发辐射耦合系数很小的情况，两曲线在注入电流达到一定值时开始分开。

4. 对增益与载流子浓度成线性关系的情况，光子数随时间的变化总是经过一段时间延迟后才开始振荡并达到稳定；而对增益与载流子浓度成对数关系的情况，当自发辐射系数很小时，光子数一直随时间增加而达到稳定，中间不存在振荡现象。抑制了张弛振荡，但达到稳定的时间延长。

参考文献

[1] 于荣金，王玉堂. 微腔激光器及其列阵的发展[J]. 科技导报，1995，13(11)：16-18.

[2] D Kleppner. Inhibited spontaneous emission [J]. Physica Review Letters, 1981, 47: 233-236.

[3] P Goy, J M Raimond, Michel Gross, et al. Observation of Cavity-Enhanced Single-Atom Spontaneous Emission[J]. Physical Review Letters, 1983, 50(24): 1903-1906.

[4] D J Heinzen, J J Childs, J E Thomas, et al. Enhanced and inhibited visible spontaneous emission by atoms in a confocal resonator [J]. Physical Review Letters, 1987, 58(13): 1320-1323.

[5] H Yokoyama, S D Brorson. Rate equation analysis of microcavity lasers[J]. Journal of Applied Physics, 1989, 66(10): 4801-4805.

[6] G Bjork, Y Yamamoto. Analysis of semiconductor microcavity lasers using rate equations[J]. IEEE Journal of Quantum Electronics, 1991, 27(11): 2386-2396.

[7] 张存洲，潘潇宁，张光寅. 微腔激光器速率方程分析[J]. 光学学报，1995，15(10)：1297-1301.

[8] 刘斌，方祖捷. 适用于量子阱激光器的速率方程[J]. 光学学报，1996，16(3)：274-277.

玻利亚态与二能级原子的强度耦合相互作用①

王晓光[1]　于荣金[1]　金　燕[2]

（1. 中国科学院长春物理研究所，激发态物理开放实验室，长春 130021；

2. 辽宁省熊岳专科学校基础部，熊岳 115200）

摘　要：本文研究作为二项式态和负二项式态推广的玻利亚态的光子数分布及其与二能级原子的强度耦合相互作用。讨论了原子反转和光场二阶关联函数的动力学演化过程。

关键词：玻利亚态；原子反转；反聚束效应

Intensity-dependent Interaction of Polya State with a Two Atom

Wang Xiaoguang[1]　Yu Rongjin[1]　Jin Yuan[2]

（1. Laboratory of Excited State Procsses, Chagchun Institute of Physics, Chinese Academy of Science, Chang chun　130021；

2. Elementary Education Section, Liaoning Xiongyue School, Xiongyue　115200）

Abstract: In this article, we study the intensity-dependent interaction of the Polya states which are the generalization of binomial states and negative binomial states. The dynamical evolutions of atomic population inversion the field second-order correlation function are discussed.

Key words: Polya states; Atomic population inversion; Anti-bunching effect

1　引言

自从 Stoler[1]引入二项式态以来，人们对其产生方法[2]、性质[3]及其与二能级原子的相互作用[4]进行了仔细的研究。范洪义等[5]推广二项式态为 q 变形的二项式态；付洪沈等[6]发现了二项式态的阶梯算符形式，并从此出发得到广义的二项式态。二项式态的光子数分布为概率论中的二项式分布[7]，它表现为亚泊松分布[1~4]。

1992 年 G. S. Agarwal[8]引入了负二项式态，并讨论了其在光学过程中的产生机制。同年 R. D'souza 等[9]研究了负二项式态的准几率分布。1997 年付洪沈[10]等发现其位移算符形式，深入地研究了其性质，并提出了两种产生方法。负二项式态的光子数分布为概率论中的负二项式分布[7]，它表现为超泊松分布[10]。

作为二项式态和负二式态的推广，付洪沈[11]提出并研究了玻利亚态（Polya state）。本文则研究此量子态在强度耦合情况下与二能级原子相互作用问题。

2　玻利亚态（Polya State）

玻利亚态的光子数分布为概率论中

① 光电子·激光，1999，10(1)：76-78.

的玻利亚分布[7]，其定义为

$$|\gamma,M,\eta\rangle=\sum_{n=0}^{M}[P_n^M(\gamma,\eta)]^{\frac{1}{2}}|n\rangle。\quad(1)$$

其中，M 为正整数，γ 为正实数，η 为实数 $(0<\eta<1)$。并且

$$P_n^M(\gamma,\eta)=\begin{pmatrix}M\\n\end{pmatrix}\frac{\eta(\eta+\gamma)\cdots(\eta+(n-1)\gamma)\bar{\eta}(\bar{\eta}+\gamma)\cdots(\bar{\eta}+(M-n-1)\gamma)}{(1+\gamma)(1+2\gamma)\cdots(1+(M-1)\gamma)}\quad(2)$$

为玻利亚分布($\bar{\eta}=1-\eta$)。因为玻利亚分布为概率论中的几率分布，所以玻利亚态自然归一化。

当 $\gamma\to 0$ 时，玻利亚分布趋近于二项式分布 $\begin{pmatrix}M\\n\end{pmatrix}\eta^n\times(1-\eta)^{M-n}$；当 $M\to\infty$，$\gamma\to 0$，$\eta\to 0$，且保持 $M\eta=\lambda$ 和 $M\gamma=\rho^{-1}$ 不变时，玻利亚分布趋近于负二项分布 $\begin{pmatrix}\lambda\rho+n-1\\n\end{pmatrix}\left(1-\frac{1}{1+\rho}\right)^{\lambda\rho}\left(\frac{1}{1+\rho}\right)^n$。

由式(1)直接计算可得平均光子数，光子数算符平方的平均值以及 Mandel Q 参数：

$$\langle a^+a\rangle=M\eta,$$

$$\langle(a^+a)^2\rangle=M\eta+\frac{M\eta(M-1)(\eta+\gamma)}{1+\gamma},\quad(3)$$

$$Q(\eta)=\frac{\langle(a^+a)^2\rangle-\langle a^+a\rangle^2}{\langle a^+a\rangle}-1=\frac{(M-1)\gamma}{1+\gamma}-\eta\frac{M\gamma+1}{1+\gamma}。$$

可见，玻利亚态平均光子数与 γ 无关，而 Q 参数却与 γ 有关。函数 $Q(\eta)$ 实际上是一条过点 $\eta_0=\frac{(M-1)\gamma}{1+M\gamma}$、斜率为负的直线。当 $\eta=\eta_0$ 时，玻利亚态为泊松分布：$\eta<\eta_0$ 时为超泊松分布；$\eta>\eta_0$ 时为亚泊松分布。

图 1 是玻利亚态光子数分布($M=50$，$\eta=0.5$)。当 $\gamma=0.001$ 时，光子数分布接近于二项式分布，此分布非常窄，其对应之 Q 参数值约为 -0.4756，为亚泊松分布。当 γ 逐渐增大时，光子数分布逐渐从凸形变成凹形。这是一种很少见的有趣的光子数分布。$\gamma=0.1$ 时，分布变宽，Q 参数值为 1.7272，为超泊松分布，$\gamma=1.5$时，参数值为 -13.26，为亚泊松分布。

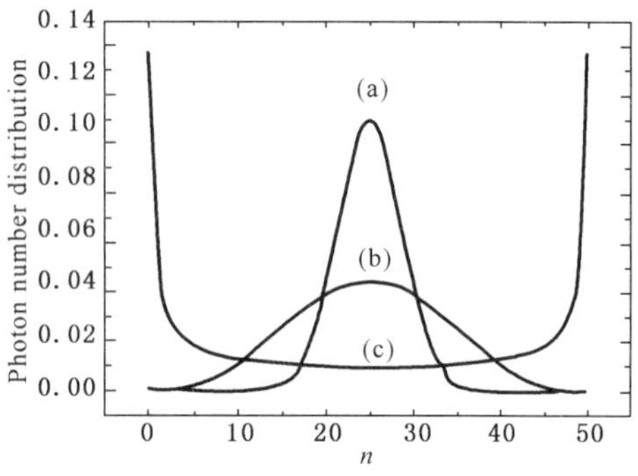

(a) $\gamma=0.1\times10^{-2}$　(b) $\gamma=0.1$　(c) $\gamma=1.5$

图 1　玻利亚态的光子数 n 的分布情况

Fig. 1　Photon number distribution of Polya states

3　玻利亚态与二能级原子的强度耦合相互作用

以下研究玻利亚态与二能级原子的相互作用问题。在旋转波近似和偶极近似下，原子与单模场强度耦合情况下相互作用的哈密顿为($\hbar=1$)[12,13]

$$H=\omega a^+a+\frac{1}{2}\omega_0\sigma_3+g(\sigma_+\sqrt[a]{a^+a}+\sigma_-\sqrt[a]{a^+a}a^+)。\quad(4)$$

σ_3，$\sigma_\pm$ 是跃迁频率为 ω_0 的原子的赝自旋算符；a 和 a^+ 分别是频率为 ω 的单模光场的淹灭和产生算符；g 是原子与场的耦合常数。

设失谐量 $\Delta=\omega_0-\omega$ 为 0(共振情况)；原子初态为激发态，光场初态为玻利亚态。则可得原子反转，光子数算符以及光子数算符平方在时间 t 的平均值：[14-16]

$$\langle\sigma_3\rangle=\sum_{n=0}^{\infty}P_n^M(\gamma,\eta)\cos[2g(n+1)t],$$

$$\langle a^+a\rangle=\sum_{n=0}^{\infty}\{nP_n^M(\gamma,\eta)\cos^2[g(n+1)t]+(n+1)P_n^M(\gamma,\eta)\sin^2[g(n+1)t]\},$$

$$\langle(a^+a)^2\rangle=\sum_{n=0}^{\infty}\{n^2P_n^M(\gamma,\eta)\cos^2[g(n+1)t]+(n+1)^2P_n^M(\gamma,\eta)\sin^2[g(n+1)t]\}。(5)$$

图 2 是原子反转随时间的演化过程($M=20,\eta=0.5$)。当 $\gamma=0.001$,可观察到规则的崩塌与复苏现象,复苏时间为 $2n\pi(n=1,2,3,\cdots)$。这是由于 γ 很小时,玻利亚态趋近于二项式态。当 γ 逐渐增大,原子反转随时间变化的曲线振荡得越来越激烈,最后完全将崩塌与复苏现象破坏掉。但其振荡的周期依然是 2π。可见 γ 的变化严重影响着原子反转的动力学行为,原因是 γ 的变化使得玻利亚态的光子数分布产生很大的变化(图 1),从而影响原子反转。

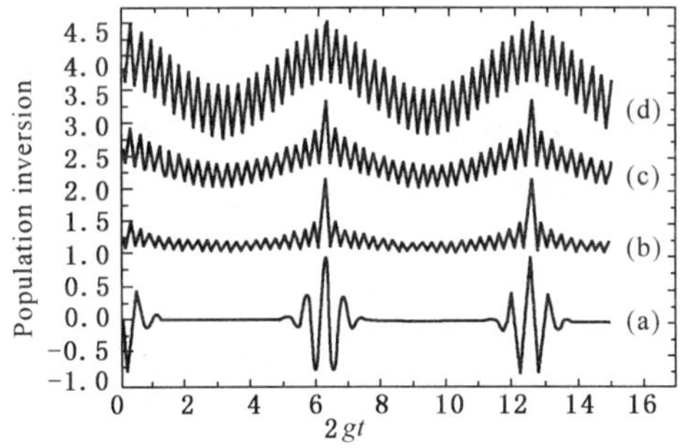

(a) $\langle\sigma_3\rangle$ $\gamma=0.1\times10^{-2}$ (b) $\langle\sigma_3\rangle+1.2$ $\gamma=1.0$
(c) $\langle\sigma_3\rangle+2.4$ $\gamma=2.0$ (d) $\langle\sigma_3\rangle+3.6$ $\gamma=12.0$

图 2 原子反转随重新标度时间 2*gt* 的演化过程

Fig. 2 Evolution of atomic population inversion v. s. time

光子数分布的统计性质可以方便地用二阶关联函数来研究,其定义为[14]

$$g^{(2)}(t)=\frac{\langle a^{+2}a^2\rangle}{\langle a^+a\rangle^2}-1=\frac{\langle(a^+a)^2\rangle-\langle a^+a\rangle}{\langle a^+a\rangle^2}-1。\quad(6)$$

如果 $g^{(2)}(t)<0$,光场具有反聚束效应;如 $g^{(2)}(t)>0$,具有聚束效应。

图 3 是光场二阶关联函数在不同 γ 时随时间的演化过程($M=25,\eta=0.5$)。由图 3(a)可见,γ 很小时($\gamma=0.001$),玻利亚态初态是反聚束的,随时间的演化,其反聚束性不变;当 $\gamma=0.05$ 时,初态为聚束的,随时间的演化,光场时而表现为聚束光,时而为反聚束光,在聚束与反聚束之间振荡(图 3(b))。继续增大 γ,初态是聚束的光随时间始终保持着聚束的特点(图 3(c)(d)(e))。

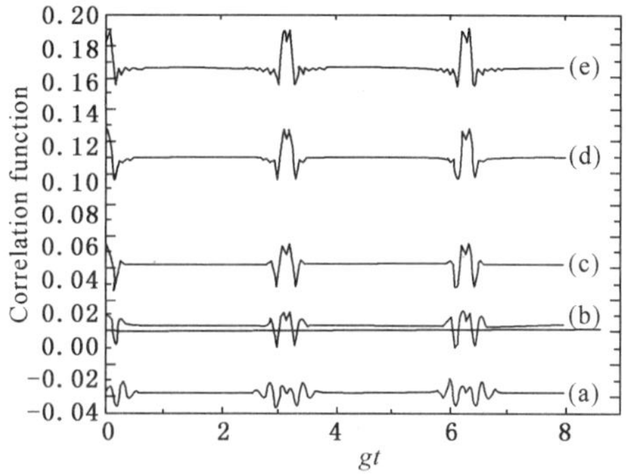

(a) $\gamma=0.1\times10^{-2}$ (b) $\gamma=0.5\times10^{-1}$
(c) $\gamma=0.1$ (d) $\gamma=0.2$ (e) $\gamma=0.3$

图 3 光场二阶关联函数在不同 γ 时随时间 *gt* 的演化过程

Fig. 3 Evolution of field second-order correlation function for different γ

4 结论

当光场初态为玻利亚态时,我们研究了强度耦合的 Jaynes-Cummings 模型的动力学演化的问题。由于玻利亚态在不同极限下可分别趋近于二项式态和负二项式态,所以以此态为初态的原子与场的演化包含了以二项式态或负二项式为光场初态两种情况,并且还有它自己的特征。正如二项式态为亚泊松分布，负二项式态为超泊松分布，而玻利亚态既可表现为亚泊松分布，又可表现为超泊松分布。当参数 γ 很小时，可以看到规则的周期性原子反转的崩塌与复苏现象，但当 γ 增大时，此现象越来越不明显，最后被完全破坏掉，同时可看到强烈的振荡现象。光场反聚束效应，可归结为 3 种情况：(1)初态为反聚束的，其反聚束性不随时间而变；(2)初态为聚束的，其聚束性不随时间而变；(3)光场在聚束与反聚束之间振荡。

参考文献

[1] D Stoler, B E A Saleh, M C Teich. Binomial states of the quantized radiation field [J]. Opt. Acta, 1985, 32: 345.

[2] G Dattoli, J Gallardo, A Torre. Binomial states of the quantized radiation field: comment. [J]. J. Opt. Soc. Am. B., 1987, 2: 185.

[3] A V Barranco, J Roversi. Statistical and phase properties of the binomial states of the electromagnetic field [J]. Phys. Rev. A., 1994, 50: 5233.

[4] A Joshi, R R Puri. Effects of atomic coherence on collapses and revivals in the binomial state of the field [J]. J. Mod. Opt., 1989, 36: 557.

[5] H Y Fan, S C Jing. Connection of a type of q-deformed binomial state with q-spincoherent states [J]. Phys. Rev. A. 1994, 50: 1909.

[6] H C Fu, R Sasaki. Generalized binomial states: ladder operator approach [J]. J. Phys. A: Math. Gen., 1996, 29: 5637.

[7] W Feller. An Introduction to Probability: Theory and Its Applications [M]. 2nd ed. New York: Wiley, 1957.

[8] G S Agarwal. Negative binomial states of the field-operator representation and production by state reduction in optical processes [J]. Phys. Rev. A. 1992, 45: 1787.

[9] R D'Souza, A Prasad Mishra. Quasiprobability distributions of negative binomial states [J]. Phys. Rev. A. 1992, 45: 6925.

[10] H C Fu, R Sasaki. Negative binomial states of quantized radiation field [J]. J. Phys. Soc. Japan, 1997, 66: 1989.

[11] H C Fu. Polya states of quantized radiation field, their algebraic characterization and nonclassical properties [J]. J. Phys. A: Math. Gen., 1997, 30: L83.

[12] B Buck, C V Sukumar. Exactly soluble model of atom-phonon coupling showing periodic decay and revival [J]. Phys. Lett. A, 1981, 81: 132.

[13] X G Wang. Jaynes-Cummings model with intensity-dependent coupling and Schrodinger cat state [J]. Chinese Science Bulletin, 1996, 41: 17.

[14] 郭光灿. 量子光学 [M]. 北京：高等教育出版社，1990.

[15] 王晓光，于荣金. 原子空间分布对光子反聚束效应的影响[J]. 量子光学学报，1997，3：158.

[16] 王晓光，于荣金. 原子与单模场相互作用中克尔效应与斯塔克效应的统一处理[J]. 光学学报，1998，18(9)：1160-1164.

微腔激光器及其列阵的发展①

于荣金[1]　王玉堂[2]
(1. 中国科学院长春物理研究所，长春 130021；
2. 国家自然科学基金委员会，北京 100083)

当今世界，材料、能源和信息是组成社会物质生产活动和精神生产活动的三大重要资源，并且能源、交通、材料和信息是一个国家的四大基础产业。我国也把信息科学作为优先发展的四个学科（生命科学、信息科学、能源科学和环境科学）之一。

随着科学技术的进步，人类已经步入"信息时代"。信息时代的基础是计算机和通信以及两者的结合——信息网络，也就是首先由美国提出而现在世界各国都在着手建设的信息基础结构（Information Infrastructure）。信息基础结构建成之日，就是人类真正进入信息社会的自由王国之时。

信息科学是由电子学和光子学这两门学科构成的，相应地，信息技术则是由电子技术和光子技术构成的。电子学、电子器件和设备、电子技术在信息领域占有主导地位，起重要作用。人们已认识到：通信和计算机研究及发展的未来世界属于光子学领域，例如，信息高速公路的主要干线就是光纤通信系统。因此，一些专家预言："光子时代已经到来"，"光子技术将引起一场超过电子技术的产业革命"，并"将给工业和社会带来比电子技术更为巨大的冲击"。世界各国对发展光子学的重视程度和优先地位也说明了这个问题。例如，美国国防部、能源部提出的 20 项关键技术，其中光子学排在第五位；德国联邦研究与技术部组织德国最大的八个研究所参加研讨并提出 21 世纪九项关键技术，其中光子学排在第四位。

微腔激光器的尺寸只有微米甚至亚微米量级，一个平方厘米的片子上，可以集成几百万甚至上亿个激光器，使光子元件的集成度达到完全可以与当今超大规模集成电路相比的程度。因此，微腔激光器的诞生，使光子学跨越固态光子学阶段，直接进入微光子时代的超大规模集成光子回路阶段。微腔激光器不仅使集成度产生飞跃，而且使其他性能也得到改善。每个微腔激光器的阈值电流只有亚毫安甚至可进一步降低至微安量级，即使 100 万个激光器同时工作，其总的功耗也只有几瓦。同时，这些激光器还有超高速（THz）的调制速率。

微腔激光器及其集成的二维面阵，是一种适合大批量生产、低成本、高效和高密度的光源，对实现和发挥光学巨平行的计算、传输和处理，有不可替代的作用，适用于低功率的光互连、巨平行的数字光计算、多头存储器、二维扫描、多信道光纤通信、激光打印和信息显示等广泛的领域。它与大规模、超大规模集成电路一样，是一个国家信息产业（也是光子学）发展的

① 科技导报，1995(11)：16-18，5.

必由之路，是今后信息产业的重要基础，因此需要不失时机地对它进行深入研究和开发。它进入实用化之后，可带动一大批信息高技术产业，对光计算机、光纤通信、信息显示以及整个光信息处理技术的发展，都具有极为深远的意义。

微腔激光器及其列阵的研究，涉及多个学科，因此对它的研究不仅对光子学，而且对凝聚态物理、材料科学、信息科学以及纳米尺寸的微加工技术等都具有带动性。它所涉及的内容都是这些学科和技术领域当今最前沿或关键的部分。

一、微腔激光器及其列阵的发展概况

所谓微腔激光器，就是一类谐振腔尺寸很小的激光器。一个理想的立方形微腔，其尺寸应为$\lambda/2n$，其中n为腔内材料的折射率，λ为谐振波长。例如对于一个由折射率为3.5、谐振波长为0.84微米的半导体所构成的微腔，其边长尺寸仅为0.12微米。当然在实际上，尺寸可以放宽，仍能在发射的光谱区内得到一个模式，同时也可与目前的微加工技术相适配。一般，微腔要求至少有一维的尺寸在光波长的量级，某些微腔激光器的有效腔长也可以大于一个光波长。

微腔的引入，可以使凝聚态物质中腔量子电动力学效应得以实现，并提供丰富的例证。同时，不仅使激光器的尺寸得到大幅度的减小，而且可控制自发发射，使激光器的性能得到重大的改进。自发发射速率并非一个原子不可改变的特性，而是原子和真空场耦合的结果，而且如果没有真空场的起伏，自发发射将会消失。真空场使原子受到扰动和极化，反过来，感生的原子偶极又去扰动和极化真空场。因此，可以利用谐振腔结构调制真空场的起伏，对自发发射速率加以控制。一个适当设计的具有极短腔长的微腔内光子寿命极短，因而可以实现超快速的响应（超过100吉比特/秒），这是通常的二极管激光器所不能达到的。

微腔激光器已形成一类内容和品种十分丰富的器件，它涉及不同的结构、不同的材料、不同的波长、不同的性能和不同的用途。微腔激光器从结构来看，现在主要有三种基本类型：垂直腔表面发射型、圆盘型和微球型。微腔激光器所用的材料，有Ⅲ-Ⅴ族化合物半导体、有机聚合物，以及掺稀土的晶体或玻璃。微腔激光器的输出波长覆盖了红外（1.58微米）到可见光。各种微腔结构用电泵浦或光泵浦实现了具有不同性能的激光输出，可满足各种不同领域的需求。

1. 垂直腔表面发射激光器（VCSEL）

早期的半导体激光器，其激光输出都是在平行于衬底的方向。对这种激光器进行集成，只能得到一维线阵，要实现二维面阵，还要将一维线阵堆垛起来。因此人们在1977年提出了另一种激光输出方向与衬底相垂直的“表面发射激光器”，并于1979年实现了低温（77K）下的脉冲运转。在表面发射激光器的研究中，曾提出过两种结构方案：一种是水平腔结构，另一种是垂直腔结构。由于垂直腔结构在器件集成度以及输出光束的质量上要比水平腔结构具有明显的优势，因而后来人们大都致力于垂直腔结构器件的研究和发展。1988年，日本科学家伊贺（Iga）及其同事们在这个研究中取得了突破性进展，并于1988年10月在东京召开的光电子学会议上宣布了他们采用MOCVD生长技术在世界上首次实现了电泵浦的

GaAs VCSEL 室温连续工作。接着，在1989年AT&T贝尔实验室的科学家报道了他们采用MBE生长技术，制作的低阈值室温连续电泵浦垂直腔表面发射 $In_{0.2}Ga_{0.8}As$ 量子阱微型激光器获得成功。室温连续最低阈值电流为1.5毫安，器件尺寸为微米量级，在不到1平方厘米的GaAs衬底上集成了100多万个这种激光器，器件密度约为 2×10^6 个/平方厘米，从而宣告了垂直腔表面发射微腔激光器及其列阵的正式诞生。

垂直腔表面发射半导体微腔激光器的性能，经过这几年的努力，已获得很大进展。发射波长为0.8微米(GaAs)和0.98微米(InGaAs)的VCSEL，室温条件下的阈值电流在1毫安量级，有的低达0.7毫安，最新报道在 2×2 平方微米VCSEL中室温阈值电流已低达133微安。输出波长已从红外0.98微米向可见光扩展。VCSEL发射的是圆对称高斯光束，可以与光纤进行有效的耦合。采用一种新的无源反波导区VCSEL，在实现很低阈值电流和阈值电流密度的同时，在四倍阈值电流下还发射具有固定偏振方向的单一基模。

2. 圆盘状微腔激光器

1992年，美国科学家麦考尔(S. L. McCall)等人用InGaAs/InGaAsP/InP半导体材料系统制作出另一种结构的微腔激光器——圆盘状半导体微腔激光器。这种激光器是在InP衬底上先外延生长蚀刻停止层，接着生长台柱层，最后生长量子阱结构。在量子阱结构的上面和下面还生长有管端盖帽层。用光刻技术把外延好的片子蚀刻成直径3～10微米、深度直至蚀刻停止层的圆柱，再用选择蚀刻剂(HCl溶液)对量子阱结构下面的InP进行侧向蚀刻，形成支撑圆盘状量子阱结构的小柱。制作好的器件采用光泵浦激发。这种圆盘的厚度仅为100纳米，圆盘悬挂在衬底之上有小柱支撑的空气中，形状如图钉。它不需要VCSEL的那种腔镜，而是靠高折射率半导体和它周围低折射率空气界面处的全内反射而以“耳语回廊”模(Whispering-gallery modes)形式传导，光学模在垂直方向也受到强烈的限制。由于这种传导作用和光学限制，只要能使所有的损耗比较小，就可产生维持激射作用所需足够大的光增益。“耳语回廊”模是一个世纪以前雷利(Rayleigh)用来作为声音(即使是耳语)沿伦敦圣保罗教堂墙壁有效传播的一种解释，当今又作为圆盘状微腔激光器中光波传播模式的形象比喻。而且实际上，声波波长与教堂直径之比和光波波长与现在所研究的光学微腔直径之比非常相似。

由于圆盘的厚度小于半导体中的半波长，因此只允许一个光学横模在圆盘平面内传播。这种微腔结构使光学增益区和模体积有极好的重叠，而大的重叠因子是达到微腔激光器低阈值的重要条件之一。这种结构避免了制作高反射多层介质镜的复杂工艺，并且可以在诸如InGaAs-InGaAsP长波长系统上制作高 Q 值的微腔。对于半径为1微米的圆盘，光波长为1.5微米时，“耳语回廊”模沿着盘边大约有8个波节，不同波节数的模式之间有足够大的光谱间隔，使得在InGaAs量子阱发射谱(中心波长1.5微米)中占优势的仅一个模式。对这些1微米半径的微盘所测得的 Q 值为200～1000，而 β 值接近0.1(理论预期值为0.3)。

至今，圆盘状微腔半导体激光器大都采用光泵浦，器件直径为3～10微米、高度约 100 纳米量级，光泵浦的阈值功率已降至 25 微瓦。1992 年也曾报道过发射波长 1.58 微米、直径 9 微米的微盘激光二极管，实现了电脉冲泵浦下室温单模运转，阈值电流达 950 微安。电泵浦的微盘激光器形状如两个叠起来的图钉。采用不同方法，解决输出光的有效耦合问题也正在进行之中。圆盘状微腔激光器与 VCSEL 相比，制作工艺比较简单，并在增益区与谐振模式之间的重叠因子、电泵浦效率等方面更具优越性；而 VCSEL 比圆盘状激光器更具成熟性。

3. 微球状微腔激光器

凝聚态物质微结构中的"耳语回廊"模，最早是在直径为 60 微米含染料若丹明 6G 的乙醇液滴上，用光泵浦得到的。由于液滴边界有接近理想的光滑程度，在许多情况下它仅受表面处热起伏的限制，所以光损耗很小，可以得到 Q 值高达 10^8 的谐振腔。因而对液滴微腔效应作了许多基础性研究。在实验上，也证明在 14 微米直径的若丹明 6G-乙醇液滴上用光泵浦观察到了腔量子电动力学增强的受激发射，Q 值为 $10^3 \sim 10^4$，腔量子电动力学增强超过 120 倍。而从实际应用角度出发，需要采用固体材料。这方面早期的受激发射工作是在几个毫米直径的球状固体中进行的。最近几年，已制作出具有高 Q 值"耳语回廊"模微腔所需光滑度的聚合物球。利用直径为 10～90 微米、掺染料的聚苯乙烯微球，在光泵浦下得到了受激发射；在钕玻璃微球中也进行了腔内量子电动力学效应的研究。已利用光泵浦掺染料的聚苯乙烯球状微腔得到了可见光波段的激光。在球形液体染料激光器中，通过注入散射粒子控制腔的 Q 值，实现了波长调谐。

二、微腔激光器及其列阵的发展趋势

在过去工作的基础上，进行深入的物理基础和技术基础研究，可使器件达到最高的极限水平，即把尺寸再缩小一个数量级，集成度从几百万个/平方厘米进入上亿个/ 平方厘米；阈值再降低两个数量级（达到几个微安）；扩展输出光的波长范围；解决热沉、可靠性以及光的耦合等实用化问题；进而研究和实现微腔激光器与其他光子元件、电子元件的集成问题。与此同时，结合各种应用的需求，开发各类实用化产品。

在材料方面，要研究各种适合微腔激光器的新材料，以及对现有材料的改进。例如发展有机聚合物材料、各种掺稀土离子的材料、纳米和复合材料，原有的半导体材料则要从量子阱向更低维的量子线和量子点材料发展，甚至要发展光子晶体。光子晶体是具有光子能带及能隙的一类材料，如果光子晶体中原子的自发发射频率正好在光子能隙处，则这种辐射就完全被禁戒，不能传播。其典型结构为一个折射率周期变化的三维物体，周期为光波长量级，光子在这类材料中的作用类似于电子在凝聚态物质中的作用。制造三维光子带隙系统，可以实现一个真正分立的光学模，隔绝在某一有限光谱范围内的所有光学模。一个介电缺陷，就可以形成这个隔离光谱区内具有某一频率的"受主"或"施主"光学模，这些缺陷模原则上能够形成 β 值很接近 1 的高 Q 值谐振模。现在，不仅用矢量平面波方法证明三维光子的禁带在某些类型（如面心立方、金刚石、简立方、体心立方和六角密堆等）介电结构中是确实存在的，而且这种介电结构已可用微加工技术制作出来。谢勒(A. Scherer)等人采用电子束及一定顺序的干法蚀刻工艺,做出了 GaAsP/GaP 外延层内中心间距为 250 纳米、孔为 200 纳米的可在可见光谱范围工作的光子晶体。

在工艺技术方面,现有的 MBE、MOCVD、CBE 和 ALE 等薄层生长技术,可精确控制超薄层半导体材料的生长,实现"能带工程",使人们从原子尺度设计和改变材料的结构参数和组分,改变材料的能带结构和物理性能,因而它们已为半导体材料的外延生长奠定了坚实基础。现在的关键是需要发展更理想的微加工技术,包括各种凝聚态物质的选择蚀刻和选择淀积技术。目前,用来制造半导体微腔激光器的微加工技术包括:常规的制版光刻工艺、电子束技术、干法蚀刻(离子铣、反应离子蚀刻、准分子激光蚀刻)、湿法蚀刻(采用选择蚀刻液)、离子注入或质子注入等。这些微加工技术都是现成的,它们在制作尺寸在微米级以上的微腔激光器中可以满足当前的基本需要。但是从发展看,尤其是从进一步缩小器件尺寸、提高器件边界光洁度考虑,应进一步应用和发展新的微加工技术,包括采用同步辐射、X 射线激光为光源的曝光技术、离子束和聚焦离子束技术、准分子激光直接蚀刻和诱导蚀刻技术,以及计算机控制扫描的大视场电子束曝光技术等。

应结合实际应用,开发具有不同功能的产品。实际上在对微腔激光器及其列阵进行基础研究的同时,也在不断地开发新产品。从有关国际会议来看,微腔激光器、微腔效应、微结构的制作与性能等已成为一大热点。美国对这个领域十分重视,竞争激烈,各单位之间还互相保密。例如,为了满足较大输出光功率的要求,研制了高功率的相干耦合 8×8VCSEL 列阵,其总的输出功率已超过 1 瓦。为了实现空间复用的大容量光纤通信系统,AT&T 贝尔实验室演示了一个 8×18 微腔激光器列阵,每个微腔激光器的阈值电流接近 4 毫安,阈值电压接近 2.65 伏,每一个微腔激光器在 450 兆比特/秒下工作,合在一起的通过量可达 65 吉伯/秒。又如,每个微腔激光器与其他光电元件实现单元集成,就可构成灵巧象素(Smart Pixel);每个微腔激光器与几个晶体管集成在一起,就可实现逻辑操作;每个微腔激光器与光探测器集成在一起,其列阵就可实现神经网络芯片之间的光互连。如果在电子计算机中用这类光互连替代电互连,有可能使电子计算机的运算速度提高三个数量级。为了在全息存储、激光投影显示、塑料光纤通信,以及替代目前 He-Ne 激光器的各种应用,正在积极开发各种可见光微腔激光器。

集成光学与光子学①

于荣金
（中国科学院长春物理研究所集成光学研究室，
激发态物理开放研究实验室，长春 130021）

摘　要：本文从光纤通信和光计算机出发，讨论了集成光学（微光子学）的现状和发展道路。

关键词：集成光学；光纤通信；光计算机

Integrated Optics and Photonics

Yu Rongjin
(Department of Integrated Optics, Changchun Institute of Physics,
Laboratory of Excited State Processes, Academia Sinica, Changchun 130021)

Abstract: In this paper, the photonics is stated briefly. And according to the requirements of optical fiber communication and optical computer, the states and developing way of integrated optics (microphotonics) are discussed. Finaly, the breakthroughs in integrated optics research for capturing the commanding elevation of photonics are presented.

Key words: Integrated optics; Photonics; Optical fiber communication; Optical computer

1　光子学

光子学的正式诞生应追溯到1960年世界上第一台激光器的发明。光子学(Photonics)这个概念是由荷兰科学家L. J. Poldervaart教授在1970年第九届国际高速摄影会议上首次提出的。但是我认为国际上最早把握这个学科的定义、特点、内容和应用发展等实质的是我国科学家钱学森教授。他在1979年就明确提出“光子学、光子技术和光子工业”，指出光子学是一门和电子学平行的科学，并指出应组织光子学会来推动这方面的学术交流[1]。我们在过去的文章中[2-17]一直强调把光子学看成是一门与电子学平行的学科，并把光子学的发展与电子学的发展相类比，分为真空光子学、固体光子学和微光子学[17]。光泵浦的固体激光器和气体激光器等属于真空光子学的范畴；半导体激光器属于固体光子学范畴；集成光学属于微光子范畴。

2　光纤通信

现代通信正朝着数字化、宽带化、智能化、综合化、个人化和全球一网的方向发展。1993年，美国提出了“信息高速公

---

① 光电子·激光，1998，9(2)：162-165.

路(Information Super Highways)"计划，亦称国家信息基础结构(National Information Infrastructure，NII)，引起了世界连锁反应。

信息高速公路主要由信息源、通信平台和信息服务系统构成。通信平台则由(1)以光纤通信为主体的传输干线，辅之以电缆、卫星、移动通信等多媒体、多接入的传输手段；(2)以异步转移模式(ATM)为主体的多媒体综合交换设施和智能化监控、调度和管理服务的网络系统；(3)具有统一网络接口的多媒体终端(主要包括电信类的电话、传真等，计算机类的数据传输设备等，声像类的有线电视、可视图文、立体声设备等三类终端)所构成。现代信息网络要求通信与计算机进一步结合。有了灵活的信息传递功能，各种公共服务和公共通信协定才能使信息基础结构被广泛使用和易于使用。未来的信息服务需要高速率的传输、交换和处理。一般认为，高速通信的数字速率应在 Gb/s 量级以上，估计 21 世纪的数字速率可能达 Tb/s 量级以上。现代高数字速率的通信无疑要采用光纤通信系统。各国正从综合数字网(IDN)、窄带综合业务数字网(N-ISDN)逐步向宽带综合业务数字网(B-ISDN)发展。未来宽带综合业务数字网的交换方式将采用异步转移模式和信元交换(Cell Switching)；过去的准同步数字系列(PDH)的 2 Mb/s、8 Mb/s、34 Mb/s、140 Mb/s、565 Mb/s(中国和欧洲标准)等要用同步数字系列(SDH)(即按数字群速率 155.520 Mb/s、622.080 Mb/s、2.488320 Gb/s、9.953280 Gb/s 等)替代。各种通信网，如市内电话网，长途电话网，专用的局域网(LAN)、城域网(MAN)和广域网(WAN)，有线电视(CATV)网，移动通信网等都要联网。这个网一方面通过海底光缆等把各国和各大洲联系起来，另一方面通过光纤用户环路网与每个家庭联系起来，实现从家庭到全球的一网。光纤用户环路网的发展一般是首先光纤到路边(FTTC)及光纤到大楼(FTTB)或光纤到办公室(FTTO)，最终实现光纤到家庭(FTTH)。

面对信息需求量的迅速增长，一是采用压缩技术(例如按照 MPEG 提出的标准压缩的视频信道根据所需图像质量的要求只需要 1.5～6 Mb/s，而一路数字高清晰度电视(HDTV)未压缩时比特率达到甚至超过 1 Gb/s，压缩后只有约 18～20 Mb/s)；二是靠进一步发展光纤通信技术本身。当前光纤通信技术主要应用于陆地长途干线、海底光缆和市话中继通信，大量的系统设备是 565 Mb/s 以下的。近几年，2.5 Gb/s 光纤通信技术已经成熟并投入商用。估计本世纪末，速率高达 10 Gb/s 以上的大容量远距离无中继的光纤通信系统能达到商用水平。现在 AT&T 贝尔实验室采用波分复用已实现 17 个信道、每个信道 20 Gb/s、传输速率高达 340 Gb/s、全长 150 km、中继距离为 50 km 的光纤通信系统。从发展来看，光纤通信将继续围绕增加传输容量和延长中继距离的目标而努力。首先是尽量提高单通道的速率，进而采用空分复用(SDM)、时分复用(TDM)、波分复用(WDM)或频分复用(FDM)，以及光孤子通信和相干光通信等技术。这些技术的发展，很大程度上取决于光子器件性能的进展[18]。光纤通信系统之所以成为具有明显优势而可以替代同轴电缆的实用化系统，除解决了传输介质-低损耗石英光纤外，也归结于寿命长达 100 万小时以上的半导体激光器和低噪声光探测器这两个光子器件的研制成功。现有的长途光纤通信干线,光源主要靠用集成光学办法制作的动态单模激光器-分布反馈(DFB)半导体激光器;又如相干光通信系统之所以发展很慢,是因为它所需要的一些光子器件(如本振高稳定 LD)还没有解决。而今后所需的各种复用和解复系统、光开关矩阵等都有赖于集成化器件的开发与进展。

3　光计算机

自 1946 年第一台电子计算机诞生以来,电子计算机经历了四代技术更新。尽管目前的巨型或超级电子计算机的运算速度早已超过每秒十亿次,且其性能还在不断提高和完善,但也很难满足实际的需求。

光计算机的提出和发展归因于其具有的潜在优点。电子计算机性能的改善主要制约一是并行处理能力的限制,二是线路时间常数 RC 的限制不能小于 1ns。光子与电子不同,光子属于玻色子,不带电荷,光束可以平行或相互交叉通过而不会相互影响,具有先天的巨平行处理能力。一个二维列阵可以包含$>10^6$ 个同时平行处理信息的功能元件,一个好透镜能够分辨 $10^7\sim10^8$ 个点。因此虽然在平行度小于 10^4 时,电子学可以与光子学竞争,并可以获胜,但它很难与光的 10^6 以上巨平行的能力相竞争。光子在真空中的速度为光速,不受 RC 时间常数的限制;光子器件的开关速度可达 $10^{-12}\sim10^{-15}$ s。光子和光子器件的这些特点恰好为解决电子计算机的互连带宽、时钟歪斜和冯·诺依曼"瓶颈"等限制提供了可能。单个光子器件的开关速度($10^{-12}\sim10^{-15}$ s)与百万个以上单元同时并行操作相结合,速度就可达到每秒 $10^{18}\sim10^{21}$ 次,这是惊人的。

光的高速度和巨平行处理能力,在光的模拟计算中已经实现,例如通过卷积、相关、傅里叶变换、声光器件等用于图形识别、图像增强以及合成孔径雷达等,其中侧视合成孔径雷达和光学图像去模糊是应用中最成功的两个例子。一幅由 1024×1024 个点组成的图像的二维傅里叶变换可在 ns 时间内完成。作为光数字计算中的例子,迄今仅有 1990 年贝尔实验室报道的第一台数字光处理器。它采用对称自电光效应器件(S-SEED),光开关速度达每秒 10 亿次,开关能约 1 pJ,运算速度只有每秒 100 万次。所以真正超高速和巨平行处理的光数字计算机的实现尚需时日。

那么实现光数字计算的问题是什么呢?(1) 从平行处理角度看,光子之间不容易发生相互作用是一个很大的优点,但也是一个缺点,因为不便于利用光子来控制光子。如果采用光-电-光或电-光-电来控制则必然会出现降低速度和增加能耗。现在人们注意到可以利用材料的三阶非线性光学效应实现光控制光,但是目前材料还不能在非线性系数和开关速度方面同时完全满足光计算机的要求;并且它们之间往往是互相制约的。开关速度快、三阶非线性系数较高的材料有:具有量子尺寸效应的半导体量子阱超晶格材料、有机聚合物或某些纳米晶复合材料。这些材料构成非线性器件时采用厚度与宽度均为光波长量级的条波导形式,可以降低绝对功率水平,大幅度提高单位面积的光功率,因而非线性器件采用集成光波导形式是一种最佳选择;(2) 光数字计算机最重要的功能元件是光开关和光逻辑元件。要求这些元件能室温工作、尺寸在微米量级、速度≤ps、开关能≤10 fJ。而现有器件或尺寸太大，或速度太慢（$>10^{-9}$ s），或是功耗太大。所以光计算的工作重点应放在材料和器件的突破上。

4　集成光学

微光子学是光子学发展的必由之路和高级阶段[19]。它是以半导体激光器等光子元件为核心集成起来、具有一定功能的回路为标志，已研究和演示了具有一定功能的许多集成化回路主要集中在 $LiNbO_3$ 光波导器件及其集成，半导体 GaAs-GaAlAs 量子阱器件及其集成，InP-GaInAsP 量子阱器件及其集成。其中一部分集成化器件或回路已获得实际应用。器件的集成度按集成电路的划分方法（集成度在 10^2 个元件以下的称为小规模集成回路，$10^2\sim10^3$ 个元件的称中规模集成，$10^3\sim10^5$ 个元件的称大规模集成，10^5 个元件以上的称超大规模集成），则光学集成大部分是处于中小规模，少数已达到超大规模集成的水平。集成电路在不到 1 cm^2 的 Si 片上，可以集成上亿个晶体管，并正在向一个片子上集成 10 亿个晶体管的目标努力。将来真正能实现光学超高速、巨平行的传输、计算和处理能力，则器件结构和尺寸必须符合能做成高密度（高集成度）二维面阵的要求，同时还能超高速度（ps～fs）、低功耗、室温工作、适合大批量生产、低成本等。用这个标准来衡量，则可供选择的余地就不大。集成光学的器件尺寸和集成度问题一直是困扰集成光学发展的一个重要问题。集成光学元器件的尺寸在毫米甚至厘米量级，一般的半导体激光器尺寸也在 100 μm 量级，因而无法与今天的集成电路相比。微腔激光器的出现无疑是在这方面的一个重要突破[20,21]。

现有的器件中，SEED 及其面阵和微腔激光器及其面阵是两种可供选择的目标，尤其是后者。SEED 的开关能达1 PJ，响应时间<1 ns，其面阵已达 256×256 位，且输入与输出均垂直于面阵。SEED 可做双稳开关、调制器和 PIN 检测器，其面阵对高密度多路实时光交换、二维信息处理以及光计算技术的发展是有用的。微腔的引入不仅使激光器的尺寸得到大幅度的减小，而且可控制自发发射，使激光器的性能得到重大的改进。微腔半导体激光器的尺寸为微米量级，在不到 1 cm^2 的 GaAs 衬底上已集成了 10^6 个电泵浦垂直腔表面发射激光器（VCSEL），器件密度约 $2\times10^6/cm^2$，今后甚至可集成 10^8 个激光器，其集成度达到完全可以与当今超大规模集成电路相比的程度；其阈值电流已降到 70 μA，可进一步降到 μA 量级；其阈值电压已降至 1.33 V；其响应速度可超过 100 Gb/s。

激光器在 OEIC 中无疑处于关键地位。每个微腔激光器与其他光电元件实现单元集成，就可构成灵巧像素（smart pixel）。由 10^6（$10^3\times10^3$）个以上灵巧像素单片集成的二维面阵完全可以体现光学巨平行处理信息的能力，特别适合低功率的光互连、巨平行的数字光计算等，它既是今后做成真正超高速光计算机硬件的基础，又是不远的将来用于电子计算机光互连的理想器件。每个微腔激光器与几个晶体管集成可实现逻辑操作；与光探测器集成，其二维面阵可实现电子计算机或神经网络芯片之间的光互连；与电光调制器集成可在高数据速率下得到激射模无动态谱线移动的调制，满足高速光纤通信系统的需要；同种激光器的集成可以满足光纤通信空间复用的需要。现在一条光缆中包含有几根至几千根光纤的复用信道，采用 VCSEL 二维面阵，从激光器与光纤之间的耦合及空间排布到小型紧凑等都是十分理想的。AT&T 贝尔实验室已经演示了一个 8×18 微腔激光器列阵，每个微腔激光器的阈值电流接近 4 mA，阈值电压接近 2.65 V，每个微腔激光器在 450 Mb/s 下工作，合在一起的通过量可达 65 Gb/s。如果集成的每个激光器输出波长不同（例如相差 1 nm），则可作为光纤通信系统的波（频）分复用光源，实现同一根光纤内传输容量的倍增，这类工作早在 70 年代就已做过。同种激光器的相干耦合列阵还可实现较大功率的输出，相干耦合 8×8VCSEL 列阵，其总的输出功率已超过 1 W。

能带工程的发展和应用有十分重要的意义。SEED 和微腔激光器室温激子效应的利用、低损耗光波导的获得、超低阈值电流和超低功耗激光器的制作、超高速调制器的实现、小尺寸光开关列阵的实现、高性能光电探测器和红外量子阱探测器的实现等，无不依靠能带工程。人们还可以通过能带结构工程来设计所需要的激射波长，只需改变量子阱的厚度而不需变更材料。贝尔实验室的科学家已成功地制作出了这种原理上全新的半导体激光器-红外量子级联激光器（Quantum Cascade Laser）[22]，波长为 5.2 μm 的器件，室温脉冲下峰值功率已达 200 mW，相应的平均功率为 5～10 mW；波长 8.5 μm 的器件，室温脉冲峰值功率为 13 mW。

光栅具有选频、衍射和反射等作用，因此通过在半导体、铁电体、纤芯掺锗石英光纤等介质中形成光栅可实现选频、耦合、反馈和反射等功能，做成相应的光子器件。光纤光栅技术的发展有可能实现全光纤的一维光子集成[23]。

因此，量子尺寸效应（量子阱、量子线和量子点）器件和 SEED，尤其是微腔激光器及其二维面阵应是在微光子领域里选取的突破口。

参考文献

[1] 钱学森. 光子学、光子技术、光子工业[J]. 中国激光，1979(6)：1.

[2] 于荣金. 中国科学报，1991-7-23.

[3] 王玉堂，付便翔，董孝义，等. 光子学的崛起：开展光子学的讨论（代前言）[J]. 光电子·激光，1993(2)：72-78.

[4] 张光寅. 光学向光子学的开拓及其意义[J]. 光电子·激光，1993，(2)：79-81.

[5] 于荣金. 电子学与光子学[J]. 光电子·激光，1993(2)：82-86.

[6] 刘颂豪. 光子学——内容及其对信息化社会的意义[J]. 光电子·激光，1993(2)：87-88.

[7] 彭坤墀. 光子学的发展与发展趋势[J]. 光电子·激光，1993(2)：89-90.

[8] 李淳飞. 光子学与光子技术--光学科学技术的新阶段[J]. 光电子·激光，1993(2)：91-92.

[9] 梅遂生. 关于光子学发展的一些看法[J]. 光电子·激光，1993(2)：93-95

[10] 林为干. 光子学的提出及其内涵[J]. 光电子·激光，1993(2)：96-97.

[11] 姚建铨. 光子学与激光的关系[J]. 光电子·激光，1993(2)：98-100.

[12] 张煦. 光纤通信打开光电子学大门[J]. 光电子·激光，1993(2)：101-103.

[13] 钱学森. 光子学、光子技术、光子工业[J]. 光电子·激光，1993(2)：104-106.

[14] 于荣金. 光子学[J]物理，1993，22(11)：645.

[15] 于荣金. 光子学及其发展[J]. 物理，1995，24(1)：20.

[16] 于荣金.光子学及其发展[J].激光与光电子学进展,1995,32(4):16.
[17] 于荣金.光子学与电子学的比较[J].物理,1995,24(9):513.
[18] 于荣金.天津市电子学会,第五届全国光纤通信学术会议论文集,1991,18.
[19] 于荣金.集成光学[J].科学通报,1974,19(6):244.
[20] 于荣金,武胜利,王玉堂.第八届全国集成光学,第五届全国纤维光学第三届全国光孤子通信与非线性导波、全国光纤传感学术交流会摘要集,连云港,1995,10.
[21] 于荣金,王玉堂.微腔激光器及其列阵的发展[J].科技导报,1995,13(11):16.
[22] F Capasso,J Faist. The Quantum Cascade Laser[J]. Optics & Photonics News, 1994, 5(12):15.
[23] 董孝义,金发宏,盛秋琴,等.光纤光栅、全光纤器件及其集成与光纤通信[J].光通信技术,1996(1):6.

基于 Liao 氏吸收边界条件的四阶 FDTD 算法①

陈明阳　黄丽芳　于荣金

（燕山大学信息科学与工程学院，秦皇岛 066004）

摘　要：建立了在空间上用四阶差分的时域有限差分法的 Liao 氏吸收边界，证明了四阶差分具有比二阶差分更小的数值色散。空间上用四阶差分的时域差分法将有助于人们对尺寸较大的物体如光纤等光波导的数值分析。

关键词：时域有限差分法；Liao 氏吸收边界；四阶差分

Four-order Finite-difference Time-domain Method Based on Liao's Absorbing Boundary Condition

Chen Mingyang　Huang Lifang　Yu Rongjin

(School of Information Science and Engineering, Yanshan University, Qinhuangdao 066004)

Abstract: It is constructed the Liao's absorbing boundary condition for the finite-difference time-domain method with four-order difference in space ((2,4)FDTD). The effectiveness of the new method whose numerical velocity error is much less than the ordinary finite-difference time-domain method with two-order difference in both time and space domain has been proved. The method makes the (2,4) FDTD suitable for practical application, especially for simulating devices with harger structures, such as optical fiber waveguides.

Key words: FDTD Method; Liao's ABC; Four-order difference

0　引言

时域有限差分法(The Finite-Difference Time-Domain Method，缩写 FDTDM)自 1966 年由 Yee[1] 首次提出以来，经过短短几十年的发展，因其方法简洁、计算量小、所需内存少而在天线和光波导分析等领域中获得了越来越广泛的应用[2~9]。然而，随着所需分析物体几何尺寸的增大，特别是当 FDTD 用于分析光纤等光波导元器件时，由于它们的相对尺寸较大(与在其中的光波波长比较)，同时为了保证计算结果有一定的精确度，必须用较细的网格，因而对这类器件进行模拟时，计算量、所需内存明显增加，有时甚至达到实际上无法进行计算的地步，这就使得 FDTD 的应用受到了一定的限制。

在以往的应用中，FDTD 在时间、空间上都是采用二阶差分(简写为(2,2) FDTD)，二阶差分虽然形式较为简单，但其数值相速误差较大，需要用较细的网

① 光子学报，2000，29(9)：814-818.

格，因而计算量较大；而在空间上采用四阶差分的 FDTD（简写为(2,4)FDTD）的数值相速误差可大大低于(2,2)FDTD，因而它能够采用较粗的网格，这样就可在保证不降低计算精度的前提下使计算量大为降低，很适合于对光纤等光波导器件的分析。

然而，不幸的是(2,4)FDTD 的吸收边界不能直接套用(2,2)FDTD 的，针对这一问题，本文提出了将 Liao 氏吸收边界[10]运用于(2,4)FDTD 中的方法，实践证明具有较好的效果。

1　(2,4)FDTD 的公式

(2,4)FDTD 的推导相当简洁而明了。以无损耗媒质中的二维 TM 场为例（设场强在 Z 轴方向上没有变化），将四阶差分应用于麦克斯韦方程组（采用均匀网格），有

$$\partial H_x/\partial t = (1/\mu)(-\partial E_z/\partial y), \quad (1)$$

$$\partial H_y/\partial t = (1/\mu)(\partial E_z/\partial x), \quad (2)$$

$$\partial E_z/\partial t = (1/\epsilon).(\partial H_y/\partial x - \partial H_x/\partial y)。 \quad (3)$$

则可得到

$$E_z|_{i,j}^{n+1} = E_z|_{i,j}^{n-1} = \frac{\Delta t}{24\,\epsilon_{i,j}\Delta}[(-H_y|_{i+3/2,j}^{n+1/2} + 27H_y|_{i+1/2,j}^{n+1/2} - 27H_y|_{i-1/2,j}^{n+1/2} + H_y|_{i-3/2,j}^{n+1/2}) - (-H_x|_{i,j+3/2}^{n+1/2} + 27H_x|_{i,j+1/2}^{n+1/2} - 27H_x|_{i,j-1/2}^{n+1/2} + H_x|_{i,j-3/2}^{n+1/2})], \quad (4)$$

$$H_y|_{i,j}^{n+1/2} = H_y|_{i,j}^{n-1/2} + \frac{\Delta t}{24\mu_{i,j}\Delta}\cdot(-E_z|_{i+3/2,j}^{n} + 27E_z|_{i+1/2,j}^{n} - 27E_z|_{i-1/2,j}^{n} + E_z|_{i-3/2,j}^{n}), \quad (5)$$

$$H_x|_{i,j}^{n+1/2} = H_x|_{i,j}^{n-1/2} - \frac{\Delta t}{24\mu_{i,j}\Delta}\cdot(-E_z|_{i,j+3/2}^{n} + 27E_z|_{i,j+1/2}^{n} - 27E_z|_{i,j-1/2}^{n} + E_z|_{i,j-3/2}^{n})。 \quad (6)$$

2　数值色散

如前所述，(2,4)FDTD 的一个显著特点是可以经过优化使其数值相速误差降得很低，应用类似于文献[11]求(2,2)FDTD 数值相速误差的方法，可以得到(2,4)FDTD 的数值相速误差与电磁波的传播角度之间的关系图，如图 1 所示；图 2 给出了(2,2)FDTD 的数值相速误差以便于比较。它们的周期均为 90°。

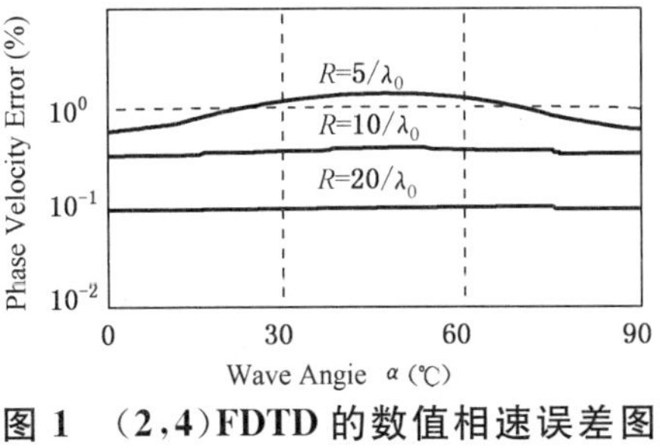

图 1　(2,4)FDTD 的数值相速误差图

Fig. 1　Numerical phase velocity error of (2,4) FDTD

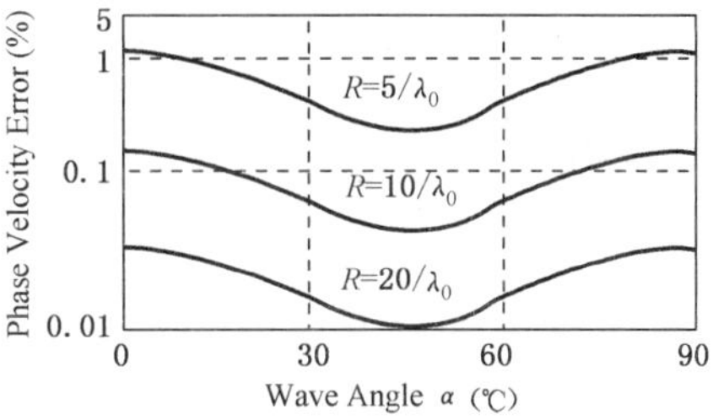

图 2　(2,2)FDTD 的数值相速误差图

Fig. 2　Numerical phase velocity error of (2,2)FDTD

其中 R 表示网格分辨率，粗略一看这种未经优化的(2,4)FDTD 的数值相速误差反而更大，原因是其对应的数值相速比实际的相速小，我们可以通过优化（适当微调其相速）的方法来降低它的数值相速误差。应用文献[11]中所介绍的方法，可以得到(2,4)FDTD 经过微调其参数后的数值相速误差图，如图 3、图 4 为(2,2)FDTD 经过优化后的数值相速误差图。经优化后，其数值相速误差以 45°为周期。

由图可见,(2,2)FDTD 优化的效果并不显著,而(2,4)FDTD 的数值相速误差降低了很多,因而其数值相速与实际相速之间的误差较小,这就使得我们可以应用较粗的网格、较长的时间步长来分析各种问题,从而使得分析相同器件时所需的计算量和内存可以减少。

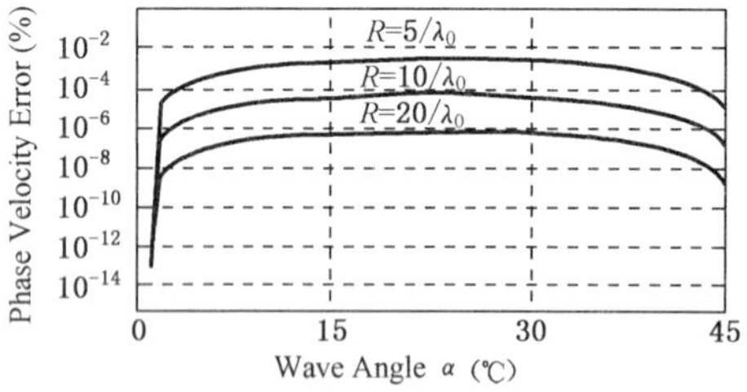

图 3　优化后的(2,4)FDTD 的数值相速误差图

Fig. 3　Optimized numerical phase velocity error of (2,4) FDTD

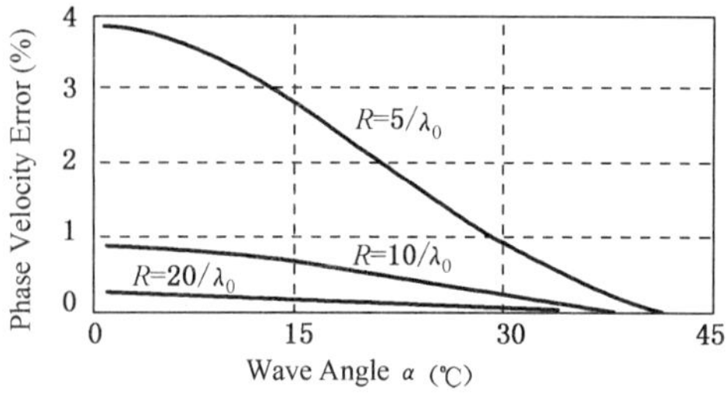

图 4　优化后的(2,2)FDTD 的数值相速误差图

Fig. 4　Optimized numerical phase velocity error of (2,2) FDTD

3　(2,4)FDTD 的吸收边界

Liao 氏吸收边界[10],因其公式简洁,反射率较低,对入射波的方向性不敏感而得到了较为广泛的应用。经过分析,我们发现,Liao 氏边界能较好地推广到(2,4)FDTD 中去。下面我们就对它进行推导。Liao 氏吸收边界是运用外插的方法来计算边界值的。设有一边界位于 $x_{\max}$ 点处,已知与边界相垂直的一系列场分量 u_j。我们希望根据这些场分量的值来估计边界处的场 $u[t+\Delta t, x_{\max}]$。我们先设一组需要用到的场分量

$$
\begin{aligned}
j=N \quad & u_N=u[t-(N-1)\Delta t, x_{\max}-N\alpha_c\Delta t], \\
& \vdots \\
j=3 \quad & u_3=u[t-2\Delta t, x_{\max}-3\alpha_c\Delta t], \\
j=2 \quad & u_2=u[t-\Delta t, x_{\max}-2\alpha_c\Delta t], \\
j=1 \quad & u_1=u[t, x_{\max}-\alpha_c\Delta t]。
\end{aligned} \tag{7}
$$

式中 α 是一比例因子,其取值范围为[0,2],我们定义一系列在 $u_1=u[t, x_{\max}-\alpha_c\Delta t]$ 点处的后向差分

$$
\begin{aligned}
& \Delta^1 u[t, x_{\max}-\alpha_c\Delta t] \equiv \Delta^1 u_1=u_1-u_2, \\
& \Delta^2 u[t, x_{\max}-\alpha_c\Delta t] \equiv \Delta^2 u_1=\Delta^1 u_1-\Delta^1 u_2, \\
& \Delta^3 u[t, x_{\max}-\alpha_c\Delta t] \equiv \Delta^3 u_1=\Delta^2 u_1-\Delta^2 u_2,
\end{aligned} \tag{8}
$$

等等,一般地,第 m 阶的后向差分能可表示为

$$
\Delta^m u[t, x_{\max}-\alpha_c\Delta t]=\sum_{j=1}^{m+1}(-1)^{j+1} c_{j-1}^m u[t-(j-1)\Delta t, x_{\max}-\mathrm{j}\alpha_c\Delta t]。 \tag{9}
$$

式中 $c_j^m=m!\,/[(m-j)!\,j!]$。据此,则求 $u_{\bar{j}}=u[t-(\bar{j}-1)\Delta t, x_{\max}-\bar{j}\alpha_c\Delta t]$ 的公式可写为

$$
\begin{aligned}
u_{\bar{j}} \approx\; & u_1+\beta\Delta^1 u_1+\beta(\beta+1)\Delta^2 u_1/2!+ \\
& \beta(\beta+1)(\beta+2)\Delta^3 u_1/3!+ \\
& \cdots+\beta(\beta+1)(\beta+2)\cdots \\
& (\beta+N-2)\Delta^{N-1} u_1/(N-1)!。
\end{aligned} \tag{10}
$$

式中 $\bar{j}$ 为一范围在[1,N]之间的实数,且 $\beta=1-\bar{j}$。

令 $\bar{j}=0$,则 $\beta=1$,则可以得到场 $u[t+\Delta t, x_{\max}]$ 的值,式(10)成为

$$
\begin{aligned}
u_0 \equiv u[t+\Delta t, x_{\max}] \approx\; & u_1+\Delta^1 u_1+ \\
& \Delta^2 u_1+\Delta^3 u_1+\cdots+\Delta^{N-1} u_1。
\end{aligned} \tag{11}
$$

这样,我们就可根据在边界内已知的场分量来估算在吸收边界处的未知场分量。与(2,2)FDTD 不同的是,在(2,4)FDTD 中为求靠近边界的两点 $E_z[t+\Delta t, x_{\max}-\Delta/2]$ 和 $H_y[t+\Delta t, x_{\max}-\Delta]$ 的值,我们必须知道边界处三点 $H_y(t+\Delta t, x_{\max}]$, $H_y[t+\Delta t, x_{\max}$

$+\Delta]$和 $E_z[t+\Delta t, x_{\max}+\Delta/2]$的值。为此，我们对上述三个场分量都应用外插法。

由于 Liao 氏吸收边界求解时只需知道与边界相垂直的线上若干点处的场强值，因而它在一维、二维及三维场中的应用都是类似的，限于篇幅不一一介绍了。

4　数值模拟结果

我们对如图 5 所示的区域进行分析，其中 Ω_T 的网格数为 200×100，Ω_B 为 300×200。Ω_T 边界上采用了 Liao 氏吸收边界，我们将波源放在点(100，50)处，分别对 Ω_B 和 Ω_T 进行计算，在不太长的时间内，Ω_B 可以看作是一个无限大的平面。因为波若尚未到达 Ω_B 边界时，其边界对区域内的场强值不会有影响。

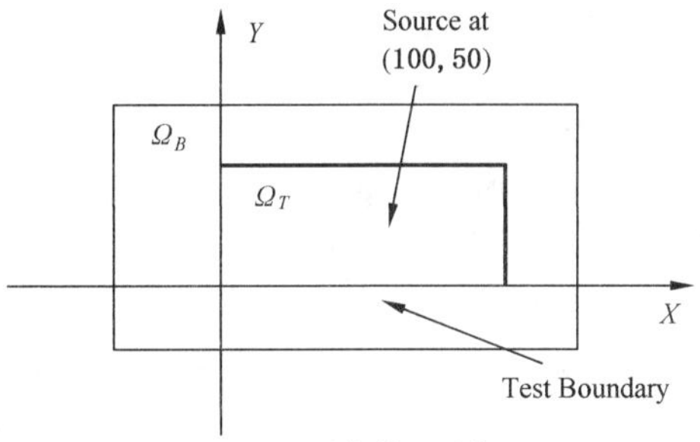

图 5　计算区域

Fig. 5　Computation domain

我们定义 Ω_B 和 Ω_T 上各点的电场强度值分别为 $E_{z,B}|_{i,j}^{n}$ 和 $E_{z,T}|_{i,j}^{n}$，表示第 n 个时间步长在(i,j)点处沿 Z 方向的电场强度。Ω_T 场在某一点处的局部误差为

$$e_{\text{local}}|_{i,j}^{n}=|E_{z,T}|_{i,j}^{n}-E_{z,B}|_{i,j}^{n}|,\tag{12}$$

总体误差为

$$e_{\text{global}}|_{i,j}^{n}=\sum_i\sum_j|E_{z,T}|_{i,j}^{n}\quad E_{z,B}|_{i,j}^{n}|^2。\tag{13}$$

我们采用正弦型线性源，它的表达式为 $E_{z,T}|_{100,50}^{n}=\sin(2\pi f\Delta t)$，取频率 $f=2\times10^{14}$ Hz，取时间步长 $\Delta t=1.25\times10^{-16}$ s，空间步长 $\Delta=2c\Delta t=75$ nm。图 6 和图 7 分别为应用(2，4)FDTD 和(2，2)FDTD 时电场强度 E_z 在第 150 步时沿着 X 轴上的误差。图 8 和图 9 分别为在 300 个时间步长内，应用(2，4)FDTD 和(2，2)FDTD 时场强的总体误差情况。图中画出了分别应用三阶、四阶、五阶 Liao 氏吸收边界时对应的误差情况。由图可见，Liao 氏吸收边界用于(2，4)FDTD 时，其误差与用于(2，2)FDTD 时都是在相同的数量级上，而且(2，4)FDTD 的局部误差还略好一些。其原因我们估计是因为(2，4)FDTD 对应的电场波的扩展较快，所以在较早时边界上就有少量的波到达，这就使得吸收边界有较充裕的时间将波吸收掉，从而减少了波在边界上的反射，应用三阶 Liao 氏吸收边界时，误差已小于 5%，这在一般情况下已经够了。

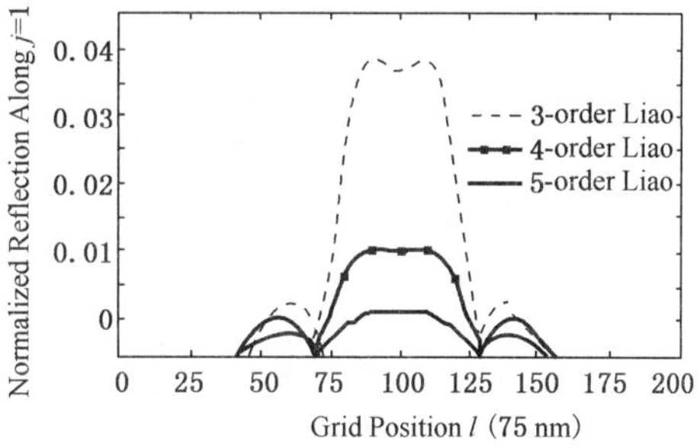

图 6　(2，4)FDTD 在第 150 步时的误差

Fig. 6　Local error of (2，4) FDTD at time step n=150

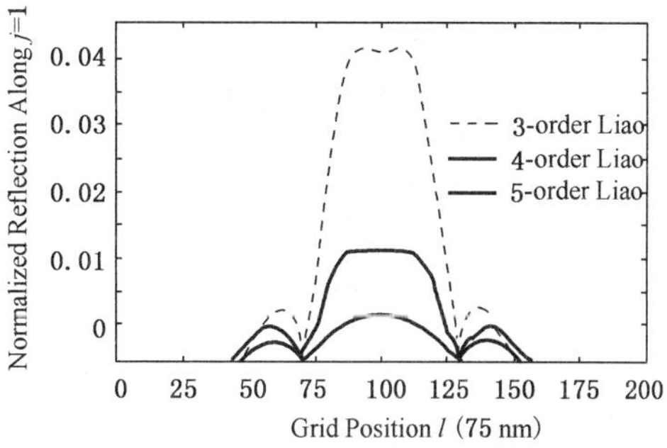

图 7　(2，2)FDTD 在第 150 步时的误差

Fig. 7　Local error of (2，2) FDTD at time step n=150

我们通过研究发现：四阶空间差分与二阶空间差分相比具有三个明显的优势：

1）在进行优化时，增加了一个自由度，这就使它的数值相速误差在传播方向上以45°为周期，并使数值相速误差大为降低。

2）四阶差分的数值相速误差与单位波长长度上所取的计算点数的四次方成反比，而二阶差分的数值相速误差是与计算点数的二次方成反比。这就使得在相同的数值相速误差下，(2,4)FDTD能够模拟在尺寸上比(2,2)FDTD所能模拟的对象大很多的器件，例如：同样是取网格分辨率 $R=20/\lambda$，(2,4)FDTD的最大数值相速误差为 8.432×10^{-9}，而(2,2)FDTD的最大数值相速误差为 2.074×10^{-3}。若要求对应的累积数值相速误差不大于1%，则(2,4)FDTD能模拟长达 1.19×10^{6} 个波长的器件，而(2,2)FDTD只能模拟长为4.82个波长的器件。

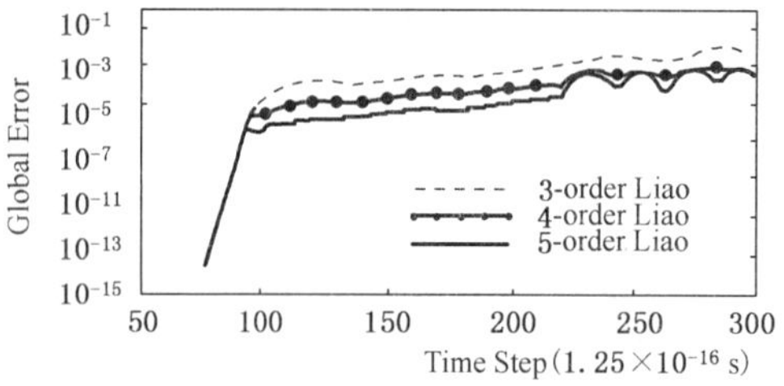

图8　(2,4)FDTD在300个时间步内的总体误差

Fig. 8　Global error of (2,4) FDTD over the first 300 time steps

3）当所要求的数值相速误差一定时，采用(2,4)FDTD就可用较大的网格，这样就可以节省内存，减少计算量。在需要模拟较大结构的器件时，其效果将是非常显著的。例如：当(2,4)FDTD取网格分辨率 $R=5/\lambda$ 时，对应的最大数值相速误差为 3.867×10^{-5}，而要得到相同大小的数值相速误差，(2,2)FDTD的网格分辨率必须取到 $R=146/\lambda$ 当(2,4)FDTD取 $R=10/\lambda$ 时，(2,2)FDTD需取 $R=1220/\lambda$ 才能保证具有相同的数值相速误差。

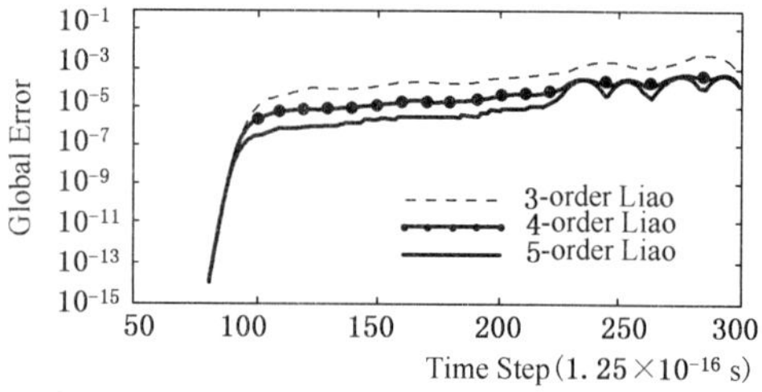

图9　(2,2)FDTD在300个时间步内的总体误差

Fig. 9　Global error of (2,2) FDTD over the first 300 time steps

5　结论

本文我们应用Liao氏吸收边界成功地建立了四阶差分的吸收边界。计算结果证明，它具有好的吸收能力，能够有效地吸收入射波，这就使得运用四阶空间差分的FDTD能够适用于尺寸较大的光波导器件的计算，从而扩大了电磁场数值分析的研究范围。

参考文献

[1] Yee K S. Numerical solution of initial boundary value problems involving Maxwell's equation in isotropic media [J]. IEEE Trans Antennas and Propagation, 1966, 14(2): 302-307.

[2] Tirkas P A, Balanis C A. Finite-difference time-domain method for antenna radiation [J]. IEEE Trans. Antennnas Propagation. 1992,40(3):334-340.

[3] Shum Shiuming, Luk Skwai-Man. FDTD analysis of probe-fed cylindrical dielectric resonator antenna [J]. IEEE Trans Antenn

Propag,1998,46(3):325-333.

[4] Watanabe S, Taki M. An improved FDTD model for the feeding gap of a thin-wire antenna [J]. IEEE Microw Guid Wave Lett, 1998,8(4):152-154.

[5] Sano E, Shibata T. Fullwave analysis of picosecond photoconductive switches [J]. IEEE J Quantum Electronics, 1990, 26 (2): 372-377.

[6] Joseph R M, Goorjian P M, Taflove A. Direct time integration of Maxwell's equation in 2-D dielectric waveguides for propagation and scattering of femtosecond electromagnetic solitons [J]. Optics Letters, 1993, 18(7): 491-493.

[7] 赵安平,何晓东,于荣金,王晓光. 一种可用于分析任意介电常数张量的各向异性波导导模的二维时域有限差分模型 [J]. 光子学报,1998,27(10):880-885.

[8] 赵安平,于荣金,刘立杰,王晓光. 用二维时域有限差分法分析条形多层波导 [J]. 光学学报,1997,17(4):482-488.

[9] 赵安平,于荣金,刘立杰. 一种用于时域有限差分分析波导和微带电路的源激励技术 [J]. 电子学报,1998,26(2):57-64.

[10] Liao Z P, Wong H L, Yang B P, Yuan Y F. A transmitting boundary for transient wave analyses [J]. Scientia Sinica (series A), 1984, XXVII:1063-1076.

[11] Taflove A. Computational Electrodynamics: The Finite-Difference Time-Domain Method [M]. Boston-London: Artech House, 1995:81-105.

PML 吸收边界的时域有限差分法的数值色散研究①

陈明阳　于荣金
（燕山大学信息科学与工程学院，河北 秦皇岛 066004）

摘　要：PML 吸收边界以其优异的吸收能力与效果而倍受人们的关注。本文针对运用 PML 吸收边界的时域有限差分法的数值色散问题进行了研究，并得到了较为满意的结果，PML 吸收边界在有效减少电磁波在边界上的反射的情况下，并没有带来对数值色散的不良影响。

关键词：时域有限差分法；PML 吸收边界；数值色散；色散优化

Numberical Dispersion Analysis of the PML Absorbing Boundary Condition Based Finite-Different Time-Domaion Method

Chen Mingyang　Yu Rongjin
(School of Information Science and Engineering, Yanshan University, Qinhuangdao 066004, China)

Abstract: Perfectly matched layer PML absorbing boundary condition (ABC) and it's excellent absorbing abilities and effects have attented widely. In this paper we analysis the numerical dispersion of the PML absorbing boundary condition based finite-difference time-domain FDTD method. The PML absorbing boundary condition doesn't affect the electromagnetic wave's numerical wave dispersion while effectively reducing the reflection of electromagnetic waves at absorbing boundary.

Key words: FDTD; PML absorbing boundary; Numerical dispersion; Dispersion optimization

1　引言

时域有限差分（FDTD）法[1]是目前电磁场领域内最活跃的数值计算方法之一，具有非常突出的优点，已得到越来越广泛的应用。吸收边界是 FDTD 法中非常关键的环节，它直接关系到计算域的大小、计算所需时间长短和计算结果的精确性。在基于差分法的电磁场数值模拟方法中，PML 吸收边界[2]被证明是电磁场数值分析中一种高效的减小计算域方法，它能够大大降低吸收边界上数值波的反射，从而保证数值模拟的高精度性和模拟较长时间的有效性。几年来人们对它进行了多方面的探讨与拓展[3~7]。

数值色散是影响应用 FDTD 法模拟电磁现象精确性的重要因素，直接关系到计算所需时间及对某一具体对象模拟的可行性。至今人们尚未对以 PML 为吸收边界的 FDTD 法的数值色散进行系统的

① 光电子·激光，2011，12(2)：204-206，211.

分析与研究。研究运用PML吸收边界的FDTD法的数值色散将有助于更好地了解PML吸收边界的性能，有利于更有效地利用FDTD法和PML吸收边界去分析电磁场。分析表明，PML吸收边界条件下的FDTD法具有和一般的FDTD法相同的数值色散，而且也能够通过参数优化而获得更小的数值相速误差。

我们令(2,2)FDTD表示时间、空间上均采用二阶差分的FDTD法，(2,4)FDTD表示时间上采用二阶差分而空间上采用四阶差分的FDTD法。(2,4)FDTD[8]能够使得数值色散(经优化后)大为降低，使得在要求具有相同的数值相速误差条件下，(2,4)FDTD能够在尺寸上比(2,2)FDTD所能模拟的对象大很多的器件。换言之，在要求的数值相速误差一定时，采用(2,4)FDTD就可用较大的网络，这样就可以节省内存，减少计算量。本文将分析(2,2)FDTD与(2,4)FDTD的数值色散。

2　数值色散分析

由于无须分析在吸收边界内部场的数值色散情况，为简化分析，可令麦克斯韦方程组中的电导率和磁损耗均取零。以二维TM场为例，PML吸收边界条件下的麦克斯韦方程组(设场强在Z轴方向上没有变化)为

$$\mu\frac{\partial H_y}{\partial t}=\frac{\partial(E_{zx}+E_{zy})}{\partial_x},\tag{1a}$$

$$\mu\frac{\partial H_x}{\partial t}=-\frac{\partial(E_{zx}+E_{zy})}{\partial_y},\tag{1b}$$

$$\epsilon\frac{\partial E_{zx}}{\partial t}=\frac{\partial H_y}{\partial_x},\tag{1c}$$

$$\epsilon\frac{\partial E_{zy}}{\partial t}=\frac{\partial H_x}{\partial_y}。\tag{1d}$$

应用差分法展开(1)式，其中方程左边采用二阶差分，方程右边采用二阶差分或四阶差分，则可得

$$H_y\big|_{i,j}^{n+\frac{1}{2}}=H_y\big|_{i,j}^{n-\frac{1}{2}}+\frac{\Delta t}{\mu}\cdot\frac{F_x^N[E_{zx}\big|_{i,j}^{n}]+F_x^N[E_{zy}\big|_{i,j}^{n}]}{\Delta x},\tag{2a}$$

$$H_x\big|_{i,j}^{n+\frac{1}{2}}=H_x\big|_{i,j}^{n-\frac{1}{2}}-\frac{\Delta t}{\mu}\cdot\frac{F_y^N[E_{zx}\big|_{i,j}^{n}]+F_y^N[E_{zy}\big|_{i,j}^{n}]}{\Delta y},\tag{2b}$$

$$E_{zx}\big|_{i+\frac{1}{2},j}^{n+1}=E_{zx}\big|_{i+\frac{1}{2},j}^{n}+\frac{\Delta t}{\epsilon}\cdot\frac{F_x^N[H_y\big|_{i+\frac{1}{2},j}^{n+\frac{1}{2}}]}{\Delta x},\tag{2c}$$

$$E_{zy}\big|_{i,j+\frac{1}{2}}^{n+1}=E_{zy}\big|_{i,j+\frac{1}{2}}^{n}-\frac{\Delta t}{\epsilon}\cdot\frac{F_y^N[H_x\big|_{i,j+\frac{1}{2}}^{n+\frac{1}{2}}]}{\Delta y}。\tag{2d}$$

其中，$F_x^N[\cdot]$和$F_y^N[\cdot]$分别定义为

$$F_x^N[G_\Psi\big|_{i,j}^{n}]=\sum_{p=-N/2+1}^{N/2}d_\Psi[2p-1]\times G_\Psi\big|_{i+(2p-1)/2,j}^{n},\tag{3a}$$

$$F_y^N[G_\Psi\big|_{i,j}^{n}]=\sum_{p=-N/2+1}^{N/2}d_\Psi[2p-1]\times G_\Psi\big|_{i+(2p-1)/2}^{n}。\tag{3b}$$

对于(2,2)FDTD取$N=2$和$d[\pm1]=\pm b$，b为优化系数，未优化时$b=1$。对于(2,4)FDTD取$N=4$和$d[\pm1]=\pm c_1$、$d[\pm3]=\mp c_2$，其中c_1和c_2为优化系数，未优化时$c_1=9/8$及$c_2=1/24$。

对于均匀质介质中的电磁波，可设方程解的平面波形式为

$$E_{zx}\big|_{I,J}^{n}=E_{zx0}\,e^{j(\tilde{k}_x I\Delta x+k_y J\Delta y-wn\Delta t)},\tag{4a}$$

$$E_{yx}\big|_{I,J}^{n}=E_{yx0}\,e^{j(\tilde{k}_x I\Delta x+k_y J\Delta y-wn\Delta t)},\tag{4b}$$

$$H_x\big|_{I,J}^{n}=H_{x0}\,e^{j(\tilde{k}_x I\Delta x+k_y J\Delta y-wn\Delta t)},\tag{4c}$$

$$H_y\big|_{I,J}^{n}=H_{y0}\,e^{j(\tilde{k}_x I\Delta x+k_y J\Delta y-wn\Delta t)}。\tag{4d}$$

其中，$\tilde{k}_x$和$\tilde{k}_y$分别为数值波矢量在X方向和Y方向上的分量；w为波角频率。将式(4)中的表达式代入到式(2)并消去其

中的 E_{zx0}，E_{zy0}，H_{x0} 和 H_{y0} 可得数值相速与实际相速之间的关系式为

$$\left[\frac{1}{c\Delta t}\cdot\sin\left(\frac{w\Delta t}{2}\right)\right]^2=\left(\frac{S_x}{\Delta x}\right)^2+\left(\frac{S_y}{\Delta y}\right)^2,\tag{5}$$

其中 $c=1/\sqrt{\mu\epsilon}$ 为均匀介质中的光速。相应于(2,2)FDTD 和(2,4)FDTD，S_x 和 S_y 的表达式是不同的。对于(2,2)FDTD 有

$$S_x=b\cdot\sin\left(\frac{\tilde{k}_x\Delta x}{2}\right),\tag{6a}$$

$$S_y=b\cdot\sin\left(\frac{\tilde{k}_y\Delta y}{2}\right)。\tag{6b}$$

对于(2,4)FDTD 有

$$S_x=c_1\cdot\sin\left(\frac{\tilde{k}_x\Delta x}{2}\right)-c_2\cdot\sin\left(\frac{3\tilde{k}_x\Delta x}{2}\right),\tag{7a}$$

$$S_y=c_1\cdot\sin\left(\frac{\tilde{k}_y\Delta y}{2}\right)-c_2\cdot\sin\left(\frac{3\tilde{k}_y\Delta y}{2}\right)。\tag{7b}$$

为简化分析，设 $\Delta x=\Delta y=\Delta$，并设 $c\Delta t=\Delta/\beta$，电磁波沿相对于 X 轴角度为 α 的方向传播，设波数为 $\tilde{k}$，则 $\tilde{k}_x=\tilde{k}\cos\alpha$，$\tilde{k}_y=\tilde{k}\sin\alpha$。运用牛顿迭代法，可得数值相速的求取公式为

$$\tilde{k}_{i+1}=\tilde{k}_i-\frac{S_x^2+S_y^2-S_w^2}{S_xS'_x+S_yS'_y},\tag{8}$$

其中，$\tilde{k}_i$ 为 $\tilde{k}$ 的前一估计值；$\tilde{k}_{i+1}$ 为下一估计值；S'_x 和 S'_y 分别为 S_x 和 S_y 关于 $\tilde{k}$ 的偏导数。

而
$$S_w=\frac{\Delta}{c\Delta t}\sin\left(\frac{w\Delta t}{2}\right)。\tag{9}$$

由此，数值相速就可表示为

$$\tilde{\nu}_p=\frac{w}{\tilde{k}_{\text{final}}}。\tag{10}$$

$\tilde{k}_{\text{final}}$ 表示应用式(10)经迭代得到的 $\tilde{k}$ 的最终估计值。

图 1 和图 2 分别为取 $\beta=2$ 时，(2,2)FDTD 和(2,4)FDTD 的数值相速误差 $\nu_e=(c-\bar{\nu}_p)/c$ 与波传播角之间的关系曲线。其中，$R=\lambda/\Delta$ 表示在一个波长长度上所取的计算点数。可以看出，两者的数值相速误差均以 90°为周期。

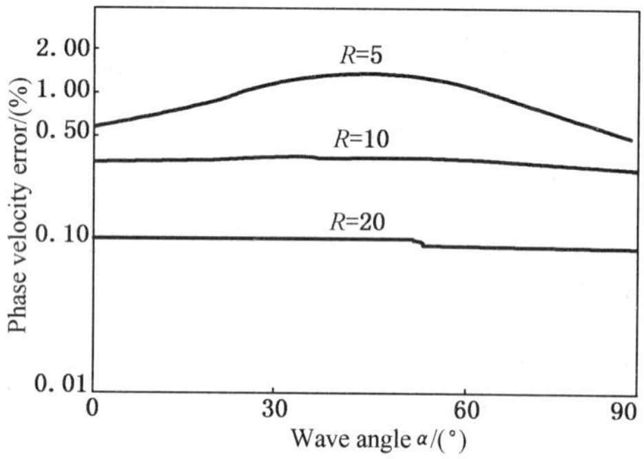

图 1　(2,4)FDTD 的数值相速误差

Fig. 1　Numerical phase velocity error of (2,4) FDTD

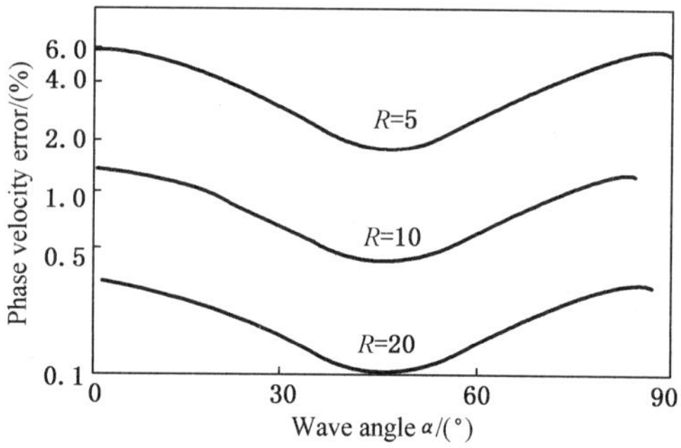

图 2　(2,2)FDTD 的数值相速误差

Fig. 2　Numerical phase velocity error of (2,2)FDTD

3　数值相速的优化

如前所述，FDTD 的数值相速是可以优化的。从图 1、2 可以看出，未优化前它们的数值相速小于实际相速。对于(2,2)FDTD，由于它只有 1 个参数可调，我们求取优化系数 b，使其在 45°、135°、225°及

315°的角度方向上的数值相速误差为零，这样能够使其误差的方差为最小。在式(5)中令 $\alpha=45°$，并设 $\tilde{k}=2\pi/\lambda$，即理想空间的波速，则可得优化系数 b 的计算公式为

$$b=\frac{\beta\sin(\pi/\beta R)}{\sqrt{2}\sin(\pi/R\sqrt{2})}。\tag{11}$$

对于(2,4)FDTD，由于有 2 个优化参数，增加了优化的灵活度，可以获得在以 45°为周期方向上误差为零的数值相速。采用与计算优化系数 b 类似的方法，可以得到 c_1 和 c_2 的计算公式为

$$c_1=\frac{2\sin\left(\frac{\pi}{\beta R}\right)\sin\left(\frac{3\pi}{\sqrt{2}R}\right)-\sqrt{2}\sin\left(\frac{\pi}{\beta R}\right)\sin\left(\frac{3\pi}{R}\right)}{\sin\left(\frac{\pi}{R}\right)\sin\left(\frac{3\pi}{\sqrt{2}R}\right)-\sin\left(\frac{3\pi}{R}\right)\sin\left(\frac{\pi}{\sqrt{2}R}\right)},\tag{12a}$$

$$c_2=\frac{2\sin\left(\frac{\pi}{\beta R}\right)\sin\left(\frac{\pi}{\sqrt{2}R}\right)-\sqrt{2}\sin\left(\frac{\pi}{\beta R}\right)\sin\left(\frac{\pi}{R}\right)}{\sin\left(\frac{\pi}{R}\right)\sin\left(\frac{3\pi}{\sqrt{2}R}\right)-\sin\left(\frac{3\pi}{R}\right)\sin\left(\frac{\pi}{\sqrt{2}R}\right)}。\tag{12b}$$

应用以上公式，可以得到相应的优化后(2,2)FDTD 和(2,4)FDTD 的数值相速误差 $\nu_e=|\nu_p-c|/c$ 的曲线，如图 3 和图 4 所示。

从图中可以看出，经优化后，(2,2)FDTD 的数值相速误差虽然只是略有改善，但已经可以使 $R=10$ 时的数值相速，相当于未经优化时 $R=20$ 的数值相速，对于二维 FDTD 而言，使计算量减少 8 倍。优化后(2,4)FDTD 的数值相速误差则大为减小，且以 45°为周期。这就使得取 $R=10$时，它已经可以模拟尺寸在 10^5 数量级个波长内的器件，而保持较小的数值相速误差(小于 10°)。这对于模拟大尺寸器件是十分有利的。

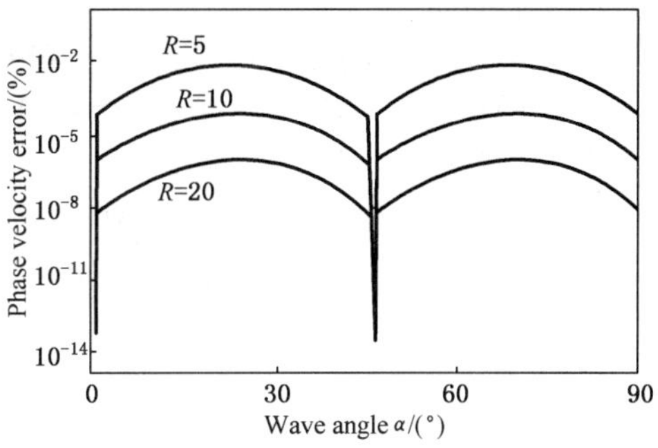

图 3　优化后的(2,4)FDTD 的数值相速误差

Fig. 3　Optimized numerical phase velocity error of (2,4) FDTD

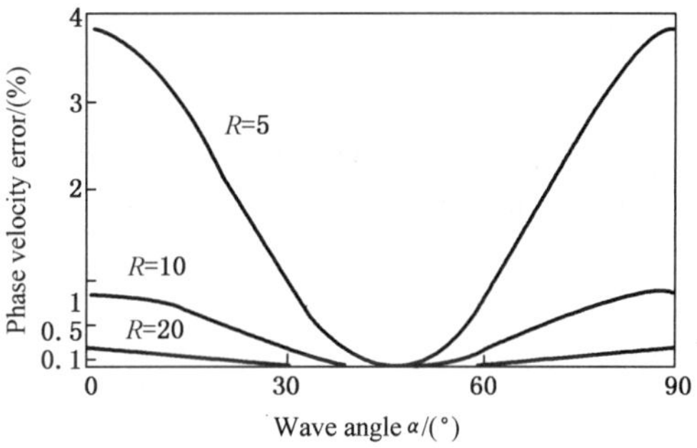

图 4　优化后的(2,2)FDTD 的数值相速误差

Fig. 4　Optimized numerical phase velocity error of (2,2) FDTD

4　结论

我们分析了采用 PML 边界的 FDTD 法的数值相速，并进行了优化。结果表明，运用 PML 吸收边界的 FDTD 法的数值相速与普通的 FDTD 法相同，经优化后，数值相速误差能够减小。特别是(2,4)FDTD 的数值相速误差较优化前减小很多，这会有利于模拟电磁波在传播较长时间时的特性，以分析光学中的非线性现象等问题。

参考文献

[1] K S Yee. Numerical solution of initial

boundary value problems involvingMaxwell's equation in isotropic media [J]. IEEE Trans Antennas and Propagation, 1996, 14 (2):302-307.

[2] J-P Berenger. Perfectly matched layer for the absorption of electromagnetic waves [J]. J. Computational Physics, 1994, 114 (2): 185-200.

[3] F L Teixeira, W C Chew. Unified analysis of perfectly matched layers using differential forms [J]. Microwave and Optical Technology Letters, 1999, 20(2):124-126.

[4] J-P Berenger. An effective PML for the absorption of evanescent waves in waveguides [J]. IEEE Microwave Guided Wave Lett, 1998, 8(5):188-190.

[5] An ping Zhao. Application of the material-independent PML absorbers to the FDTD analysis of electromagnetic waves in nonlinear media [J]. Microwave Opt. Technol. Lett, 1998, 17(3):164-168.

[6] O Pamadan, Y A Niazi. Truncation FDTD computational domains with perfectly matched layer regionsbacked by lossy ABCs [J]. Microwave Opt. Technol. Lett, 1998, 5 (5): 328-331.

[7] Zhewang Ma, Yoshio Kobayashi. Performance of the modified PML absorbing boundary condition for propagating and evanescent waves *n* three-dim ensional structures [J]. IEICE Trans. Electron, 1998, E81-C (12): 1892-1897.

[8] A Taflove. Computational Electrodynamics: The Finite-Difference Time-Donmain Method [M]. Boston-London: Artech House, 1995: 102-105.

色散媒质中的理想匹配层吸收边界及其误差分析①

陈明阳　于荣金

（燕山大学信息科学与工程学院，秦皇岛 066004）

摘　要：根据色散媒质的性质及电磁波在两不同媒质交界面上反射的机理，证明并分析了在理想匹配层吸收边界中引入色散可实现有效吸收入射到吸收边界上的电磁波，从而达到减少时域有限差分法计算区域和计算误差的目的。

关键词：时域有限差分法；理想匹配层吸收边界；色散媒质；误差分析

Perfectly Matched Layer Absorbing Boundary in Disperisve Materials and Performance Analysis

Chen Mingyang　Yu Rongjin

(School of Information Science and Engineering, Yanshan University, Qinhuangdao 066004)

Abstract: Based upon properties of dispersive material and theory of electromagnetic wave reflection on the interface of two materials, it is found that material dicontinuity is the cause of the invalidation of the general perfectly matched layer absorbing boundary conditions (PML ABCs) in dispersive materials. The effectiveness of dispersive perfectly matched layer absorbing boundary conditions is proved numerically, which helps to reduce computing spatial domain and calculation error of the finite-difference time-domain (FDTD) method.

Key words: Finite-difference time-domain method; Perfectly matched layer absorbing boundary conditions; Dispersive material; Error analysis

1　引言

时域有限差分法是目前电磁场领域内最活跃的数值计算方法之一[1]，具有非常突出的优点，已得到越来越广泛的应用。吸收边界是时域有限差分法中非常关键的一个环节，它直接关系到计算域的大小、计算所需时间长短和计算结果的精确性问题。

我们知道，为真实地模拟电磁场的特性，很多问题（如各种光波导、散射问题等）原则上需要在无限大的空间进行计算。但是，计算机的存储、计算能力总是有限的，不可能在无限大的网格空间进行计算，因此必然要把计算区域限制在一定范围内。由时域有限差分法差分格式可知，任何一网格点处场的计算，都需要有该点之外场的知识。网格截断后，如果不进行特殊的处理，将在截断处引起波的反射，这将与实际问题不符，从而造成计算误差。当分析色散与非线性问题时，由于一般需要分析在较长一段时间内的电

① 光学学报，2002，22(4)：410-412.

磁场特性，这将导致从吸收边界反射回的波在计算区域的漫延，因此要求吸收边界具有较好的吸收电磁波能力，从而保证数值模拟的有效性和精确性。色散还可能导致某些吸收边界的不适用(例如具有与入射角度无关性的廖氏边界[2,3]，其原因是廖氏边界是一种外插法，要求系统是线性的)。在基于差分方程法的电磁场数值模拟中，理想匹配层吸收边界(PML)被证明是截短计算域的一种高效方法，它能够有效降低吸收边界上波的反射，从而保证数值模拟的高精度性和较长时间模拟的有效性[4]。几年来人们对它进行了多方面的探讨与拓展[5~9]。本文对理想匹配层吸收边界在色散媒质中的应用进行了分析，证明了改进后的理想匹配层吸收边界能够很好地应用于对色散媒质的分析。

2　基本原理

理想匹配层吸收边界是近年来新发展起来的一种新型的吸收边界，其性能大大超过了此前已有的其他类型的吸收边界。但如直接应用其常规方法，也并不适用于色散媒质，因为由理想匹配层吸收边界的原理可知，为实现有效吸收入射到理想匹配层中的电磁波，理想匹配层必须满足如下公式：

$$\sigma^{E}/\varepsilon=\sigma^{H}/\mu, \tag{1}$$

其中 σ^{E} 和 σ^{H} 分别表示理想匹配层中所设置的电导率和磁损耗，ε 和 μ 分别为与理想匹配层相邻接区域的介电常数和磁导率(在常规理想匹配层方法中，它们也是理想匹配层中的参数值)。满足上述条件的理想匹配层能够很好地与其相邻层实现阻抗匹配，有效抑制由于电磁波在理想匹配层上的反射而引起的误差。经人为设置的衰耗使电磁波不断衰减，从而有效地抑制其对所分析区域的反射。在色散媒质中，由于 ε 是电磁波频率的函数，(1)式很难得到满足。若仍用常规方法所得到的理想匹配层就相当于一反射层，因此，这种类型的理想匹配层并不适合在色散媒质中的应用。

如果将色散引入到理想匹配层中(令理想匹配层中的色散分布与其相邻层相同)，再用具有与介电常数分布无关的电位移矢量来吸收电磁波，则可以有效防止电磁波的反射。色散的引入使理想匹配层与相邻区域对同一频率的电磁波具有相同的介电常数，从而有效地防止了电磁波在理想匹配层交界面上的反射。这里采用电位移矢量是基于两个原因：1) 目前用于分析色散媒质的辅助差分方程法[10]和 Z 变换法[11,12]都是通过先求电位移矢量，再根据电位移矢量获得电场强度值。2) 电位移矢量与介电常数分布无关，容易实现阻抗匹配。采用电位移矢量还可抑制电磁波在理想匹配层内部的反射。

3　计算公式

以二维横向磁场为例，理想匹配层吸收边界条件下的麦克斯韦方程组可表示为

$$\frac{\partial D_{zx}}{\partial t}+\sigma_{x}^{E}D_{zx}=\frac{\partial H_{y}}{\partial x}, \tag{2}$$

$$\frac{\partial D_{zy}}{\partial t}+\sigma_{y}^{E}D_{zy}=-\frac{\partial H_{x}}{\partial y}, \tag{3}$$

$$\mu\frac{\partial H_{y}}{\partial t}+\sigma_{x}^{H}H_{y}=\frac{\partial E_{z}}{\partial x}, \tag{4}$$

$$\mu\frac{\partial H_{x}}{\partial t}+\sigma_{y}^{H}H_{x}=-\frac{\partial E_{z}}{\partial y}。 \tag{5}$$

这里电位移矢量被拆分为两部分 D_{zx} 和 D_{zy}，目的是为了便于实现匹配。σ_{x}^{E}、σ_{y}^{E} 和

σ_x^{H}、σ_y^{H} 分别是理想匹配层中的电导率和磁损耗，而相应的匹配条件是

$$\sigma_x^{\mathrm{E}} = \sigma_x^{\mathrm{H}}/\mu_0, \sigma_y^{\mathrm{E}} = \sigma_y^{\mathrm{H}}/\mu_0。\quad (6)$$

值得注意的是，与电场强度的理想匹配层边界不同，ε 不再出现在反射因子 $R(\theta)$ 与 $\sigma^{\mathrm{E}}(\rho)$ 之间的关系式中。现在反射率 $R(\theta)$ 与 $\sigma^{\mathrm{E}}(\rho)$ 之间的关系式应为

$$R(\theta) = \exp\left[-2\left(\frac{\cos\theta}{c}\right)\int_0^{\sigma}\sigma^{\mathrm{E}}(\rho)\mathrm{d}\rho\right], \quad (7)$$

其中 θ 为电磁波在理想匹配层上的入射角，c 为相速度，ρ 为与边界的距离。注意，这里原则上 c 的取值是随介电常数 ε 而变化的，但由于 $R(\theta)$ 的取值较小，c 的变化对 $R(\theta)$ 值的影响较小，因而可令 c 等于电磁波频率为某一值时所对应的相速度即可，一般就令 c 等于当频率为无穷大时的介电常数所对应的相速度。E_z 值通过 Z 变换法或辅助差分方程法由 D_{zx} 和 D_{zy} 及相应方法的辅助变量计算得到。

4　数值分析及结果

为验证上面方法的正确性，我们计算了在洛伦兹媒质中横向磁场波的传播情况。洛伦兹媒质中的相对介电常数 ε 与电磁波频率 ω 的关系式为

$$\varepsilon = \varepsilon_\infty + \frac{\varepsilon_0 - \varepsilon_\infty}{\omega_0^2 + 2\mathrm{j}\omega\delta - \omega^2}, \quad (8)$$

其中，ε_∞ 表示 ω 趋向于无穷大时的相对介电常数，ε_0 表示 ω 为零时的相对介电常数，ω_0 为谐振频率，δ 为阻尼常数。这里取 $\varepsilon_\infty = 5$，$\varepsilon_0 = 2.25$，$\omega_0 = 4.40\times10^{14}$ rad/s，$\delta = 2.0\times10^{9}$ rad/s，取计算域（Ω_B）为 100×50，空间频率为 $\Delta x = \Delta y = 1.55\times10^{-7}$ m，时间步长为 $\Delta t = 2.585\times10^{-16}$ s。理想匹配层上所取的垂直反射率为 $R(0) = 0.001\%$，x 方向与 y 方向的理想匹配层层数均取为 16，电导率为抛物线形分布。波源是由处于区域中心［坐标（0，0）］的 E_z 激励得到，其计算公式为

$$E_z\big|_{50,25}^{n} = \begin{cases}\dfrac{1}{32}[10 - 15\cos(2\pi f n\Delta t) + 6\cos(4\pi f n\Delta t) - \cos(6\pi f n\Delta t), & n\Delta t \leqslant f\\ 0, & n\Delta t > f\end{cases}, \quad (9)$$

其中，$f = 1.94\times10^{14}$ Hz，用于作比较的标准解由一个更大的区域 Ω_T（300×300）计算得到，计算时间步数为 500 步。我们定义 Ω_B 和 Ω_T 上各点的电场强度值分别为 $E_{z,B}\big|_{i,j}^{n}$ 和 $E_{z,T}\big|_{i,j}^{n}$，它们表示第 n 个时间步时沿 z 方向的电场强度在 (i,j) 点的值。Ω_B 场的总体积误差为

$$\mathrm{e}_{\mathrm{global}}\big|_{i,j}^{n} = \sum_i\sum_j \left| E_{z,T}\big|_{i,j}^{n} - E_{z,B}\big|_{i,j}^{n}\right|^2。\quad (10)$$

图 1 为分别应用理想匹配层边界（理想匹配层的介电常数 ε 取为 2.25 和 1）和不同理想匹配层边界而在其边界增加一个介电常数与理想匹配层相同的区域 Ω_0 后得到的电场强度 E_z 与标准解之间的总体误差情况。图中实线（$\varepsilon = 2.25$）与虚线（$\varepsilon = 1$）表示理想匹配层边界引起的误差，圆圈（$\varepsilon = 2.25$）与方块（$\varepsilon = 1$）表示电磁波在 Ω_0 与 Ω_B 交界面上反射引起的误差。由图可见，两者对应的误差一致，这就证明了在这种情况下理想匹配层边界起不到应有的作用。

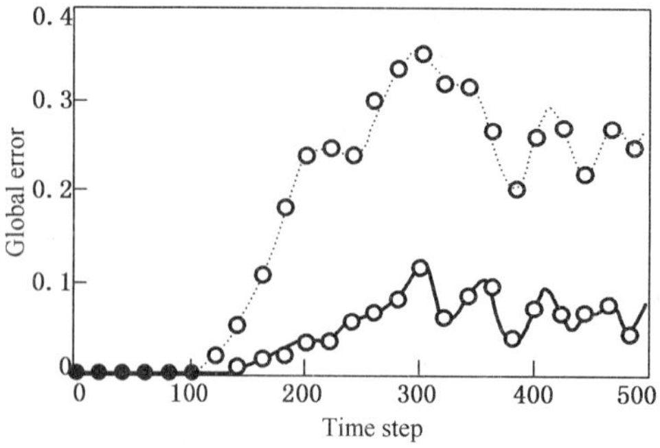

Fig. 1 Global error of PML absorbing boundary condition and reflection layer in dispersion media

图 2 为在理想匹配层中考虑色散作用时所得到的误差图(用实线表示)。这种吸收边界的效果与在非色散媒质中用理想匹配层吸收边界的误差(用圆圈所示)相同,色散对这种边界的吸收没有影响。数值模拟还表明:在色散媒质中,如果理想匹配层中不考虑色散作用,则虽然仍用电位移矢量来吸收电磁波,所得误差仍与用电场强度吸收时间相同,可见这里的关键还是理想匹配层与相邻区域具有相同的特性。

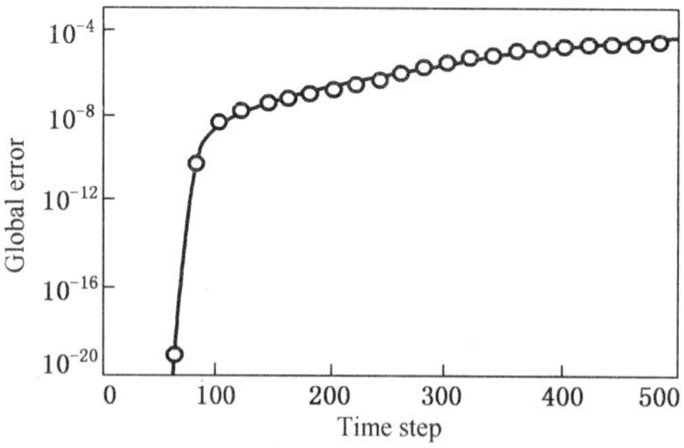

Fig. 2 Global error of dispersion PML ABC and PML ABC in non-dispersion media

结论

分析色散媒质中的理想匹配层边界上电磁波的反射机理,并经数值模拟证明了折射率(或介电常数)的不同是导致理想匹配层边界失效的原因。通过在理想匹配层中引入色散媒质和用电位移矢量间接吸收能够很好地实现吸收入射波,减少计算误差的目的。

参考文献

[1] Yee K S. Numerical solution of initial boundary value problems involving Maxwell's equation in isotropic media [J]. IEEE Trans. Antenna Propagat. ,1966,14(2):302-307.

[2] Liao Z P, Wong H L, Yang B P, et al.. A transmitting boundary for transient wave analyses [J]. Scientia Sinia (A),1984, XXVII: 1063-1076.

[3] Chen Mingyang, Huang Lifang, Yu Rongjin, Four-order finite-difference time-domain method based on liao's absorbing boundary condition [J]. Acta Photonica Sinica(光子学报),2000,29(9):814-818(in Chinese).

[4] Berenger J P. A perfectly matched layer for the absorption of electromagnetic waves [J]. J. Comput. Phys. ,1994,114(2):185-200.

[5] Teixeira F L, Chew W C. Unified analysis of perfectly matched layers using differential forms [J]. Microwave Opt. Technol. Lett. , 1999,20(2):124-126.

[6] Berenger J P. An effective PML for the absorption of evanescent waves in waveguides [J]. IEEE Microwave Guided Wave Lett. , 1998,8(5):188-190.

[7] Zhao Anping. Application of the material-independent PML absorbers to the FDTD analysis of electromagnetic waves in nonlinear media [J]. Microwave Opt. Technol. Lett. , 1998,17(3):164-168.

[8] Pamadan O, Niazi Y A. Truncation FDTD computational domains with perfectly matched layer regions backed by lossy ABCs [J]. Microwave Opt. Technol. Lett. ,1998,5 (5):328-331.

[9] Ma Zhewang, Yoshio K. Performance of the

modified PML absorbing boundary condition for propgaing and evanescent waves in three-dimensional structures. [J]. IEICE Trans. Electron. ,1998,E81-C(12):1892-1897.

[10] Joseph R M, Talflove A. FDTD Maxwell's equations models for nonlinear electrodynamics and optics [J]. IEEE Trans. Antennas Propagat. ,1997,45(3):364-373.

[11] Sullivan D M. A frequency-dependent FDTD method using *Z* transforms [J]. IEEE Trans. Antennas Propagat. ,1992,40(10):2416-2422.

[12] Sullivan D M. Z-Transform theory and FDTD method [J]. IEEE Trans. Antennas Propagat. ,1996,44(1):28-33.

多模阶跃折射率塑料光纤带宽与数值孔径的分析①

刘 凯 于荣金

(燕山大学信息科学与工程学院，河北 秦皇岛 066004)

摘　要：本文采用 WKBJ 法分析多模阶跃折射率塑料光纤(SI-POF)的传输带宽以及与数值孔径(*NA*)的关系，并结合多模 SI-POF 存在强的模式耦合，说明预期带宽和实测带宽间的差异；通过对光纤弯曲损耗等分析比较，说明 *NA* 既不能太大又不能太小。从而给出了短距离入户网中多模 SI-POF 的最佳 *NA* 适用范围。

关键词：带宽；数值孔径；模式耦合；弯曲损耗

Analysis of Bandwidth and Numerical Aperture of Multi-mode SI-POF

LIU Kai　YU Rongjin

(College of Information and Engineering, Yanshan University, Qinhuangdao 066004, China)

Abstract: This article analyzes bandwidth of multi-mode SI-POF and the relation of numerical aperture (*NA*) with bandwidth by WKBJ, explains the difference between prospective bandwidth and practical bandwidth according to mode coupling theory in multi-mode SI-POF, and by analyzing bending loss of optical fiber shows that *NA* can not be allowed too big or small. Therefore, the optimum *NA* rang of multi-mode SI-POF is given.

Key words: Bandwidth; Numerical aperture(*NA*); Mode coupling; Bending loss

1　引言

聚甲基丙烯酸甲酯(PMMA)阶跃折射率塑料光纤(SI-POF)早在 20 世纪 60 年代便已开始研制，但主要是用于照明、装饰和装潢等方面。近几年来，PMMA 变折射率(GI)POF 的研究取得突破性进展，它的带宽比原来 SI-POF 的带宽提高了 2 个数量级，达到 3 GHz・100 m[1]。尽管如此，充分开发和利用 PMMA 多模 SI-POF 的带宽潜力，在相当一段时间内足以满足入户网的信息量需求，可成为铜线的替代产品。本文采用 WKBJ 法并结合模式耦合理论对多模 SI-POF 的带宽、数值孔径(*NA*)等进行分析，由此确定其最佳范围。

分析多模光纤带宽的方法很多，有 WKBJ 法、Rayleigh-Ritz 法、有限元法和幂级数法等，本文采用 WKBJ 法分析。

2　带宽分析

这里仅考虑对多模 SI-POF 脉冲展宽

① 光电子・激光，2001，12(6)：572-574.

起主要作用的模间色散。由于光脉冲传输的各模式以不同的群速度在光纤中行进，不同的模式不能同时到达光纤终端，在时间上有一定间隔，因此形成了展宽。

β 的 WKBJ 法的本征方程为

$$\int_{r_0}^{r_1}\left[n^2(r)k_0^2-\beta^2-\frac{\gamma^2}{r^2}\right]^{\frac{1}{2}}\mathrm{d}r=\left(\mu+\frac{1}{2}\right)\pi, \tag{1}$$

其中，γ 为方位模式数；μ 为径向模式数；折射率分布 $n(r)$ 为

$$n(r)=\begin{cases}n_f & 0\leqslant r\leqslant a\\ n_c & r>a\end{cases}, \tag{2}$$

式中，n_f 为纤芯折射率；n_c 为包层折射率；a 为纤芯半径。

在 SI 型光纤中，较高次模（γ、μ 较大）是分成群的，简并模可用模群 p 表示。这是因为不同的 γ、μ 组合只要满足 $\gamma+2\mu=p$，那么 LP 模就会有近似的传输常数，而且导模总数与最高次模群的平方 $p_{\max}^2$ 成正比，故可得到

$$\beta=n_fk_0[1-2\Delta(p/p_{\max})^2]^{\frac{1}{2}}, \tag{3}$$

其中，$\Delta=(n_f^2-n_c^2)/2n_f^2$，称为相对折射率差。若令 $\eta=(p/p_{\max})^2$，则(3)式可化为

$$\beta=n_fk_0[1-2\eta\Delta]^{\frac{1}{2}}。 \tag{4}$$

若忽略材料色散和波导色散，即 $\partial n_f/\partial k_0=0$，$\partial\Delta/\partial k_0=0$，且当 Δ 很小时，模群时延为

$$\tau_g=\frac{n_fL}{c}[1+\Delta\cdot\eta+(3/2)\Delta^2\cdot\eta^2]。 \tag{5}$$

可见最高次和最低次模群时延发生在 $p=p_{\max}$ 和 $p=2$ 处。那么最大群时延差为

$$\Delta\tau_g\approx\frac{n_fL}{c}\cdot\Delta。 \tag{6}$$

对应的模间展宽为

$$\sigma_{(\mathrm{SI})模间}\approx\frac{1}{2\sqrt{3}}\cdot\frac{L}{c}n_f\Delta。 \tag{7}$$

由带宽定义知，带宽与脉冲展宽的关系为[2]

$$BW=\left(\frac{\ln 2}{2}\right)^{1/2}/\pi\sigma=\frac{0.1874}{\sigma}。 \tag{8}$$

因此由

$$NA=\sqrt{n_f^2-n_c^2}=n_f\sqrt{2\Delta} \tag{9}$$

及(7)、(8)式得到

$$BW=1.2983\frac{n_fc}{(NA)^2L}。 \tag{10}$$

由此可知，BW 与 NA 的平方成反比的关系。

3　模式耦合

阶跃多模光纤脉冲展宽的主要因素是模间色散。在光纤中传播的光脉冲由分布在导模的许多能量包组成，它们经过一定波导长度或耦合长度 L_c 后，每个模式中相关能量包数不再随传播长度 L 而变化，此时波导系统处于强耦合域，形成平衡的模式分布（EMD），这种状态下，σ 与 L 的平方根成正比。而当光纤处于弱耦合域时，σ 则与 L 成正比。也就是说，当强的模耦合存在时，BW 会显著地增加。强耦合后脉冲展宽为[3]

$$\sigma_c=(1.12\times10^{-2})\frac{V^3}{n_fc(k_0a)^2}(L/h)^{1/2}, \tag{11}$$

其中，$V=k_0aNA$；$k_0=2\pi/\lambda_0$；h 为功率耦合系数。很明显，脉冲均方根宽度与 L 的开方成正比，与 h 的开方成反比。

最近实验证明[4]，在多模 SI-POF 中由于存在随机不完善性和强的模式耦合，展现的 BW 比其 NA 预期的 BW 要大得多，并且从弱耦合域到强耦合域的 $L_c\approx$ 15 m。有强模式耦合和无强模式耦合的 BW 与 L_c 和 L 的关系为

$$B_c=B_0(L/L_c)^{1/2}, \tag{12}$$

其中 B_c 和 B_0 分别为有强模式耦合和无强模式耦合时的 BW。图 1 中显示了 100 m 长不同 NA 的多模 SI-POF 的 B_c 和 B_0。说

明随着 NA 的减小，BW 增大；而多模 SI-POF 中强的模式耦合又进一步使 BW 增大。例如，对于 NA 为 0.46 的 PMMA 多模 SI-POF 的预期 B_0 为 27 MHz・100 m，存在强模式耦合的 B_c 为 70 MHz・100 m，与测试值 80±10 MHz・100 m 相符。

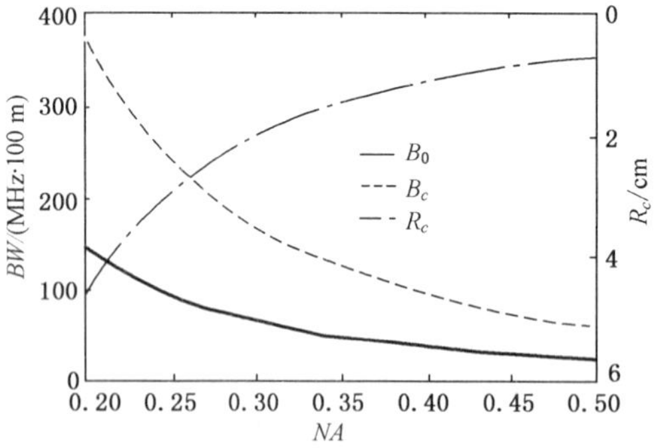

图 1　BW 及 R_c 与 NA 的关系

Fig. 1　The relation of BW, R_c with NA

4　光纤的弯曲损耗与 NA

当光纤的曲率半径大于临界值 R_c 时，弯曲所引起的附加损耗很小；否则，损耗按指数递增。因此，获得小的 R_c 是我们所希望的。光纤弯曲的 R_c 为[5]

$$R_c=\frac{3}{2}\cdot\frac{\beta^2}{W^2}(0.347+2Wa),\quad(13)$$

其中 $W=\beta^2-n_c^2k_0^2$。由(4)、(9)和(13)式推导得到 R_c 与 NA 的关系为

$$R_c=0.0829\lambda_0\cdot\frac{n_f^2-NA^2\eta}{NA^3(1-\eta)^{\frac{3}{2}}}+3a\cdot\frac{n_f^2-NA^2\eta}{NA^2(1-\eta)}。\quad(14)$$

图 1 绘出了 a 为 480 μm、λ_0 为650 nm、n_f 为 1.49 和 η 为 0.5 时的 R_c 曲线。可以看出 R_c 随 NA 的减小而增大，因此为减小弯曲损耗，NA 不能太小。对于 NA 在 0.3 附近的 SI-POF 的弯曲半径临界值约为 2 cm，较为理想。

5　结论

在强耦合域下的多模 SI-POF 的 σ_c 正比于 L 的平方根，模式耦合后的传输 B_c 要比由模间色散引起的预期 B_0 提高了$(L/L_c)^{1/2}$倍。尽管 BW 随 NA 的减小而增加，但考虑到光纤的连接和弯曲损耗及系统能力，在中小容量短距离入户网中，PMMA 多模 SI-POF 的 NA 较佳范围应在 0.26～0.32，此时耦合 B_c 约在 146 MHz・100 m～221 MHz・100 m。

参考文献

[1] T Ishigure, et al. Formation of the Refractive Index Profile in the Graded Index Polymer Optical Fiber for Gigabit Data Transmission [J]. J. Lightwave Technology, 1997, 15(11): 2095-2100.

[2] 秦秉坤，孙雨楠. 介质光波导及其应用[M]. 北京：北京理工大学出版社，1999：202-212.

[3] 周树同. 光纤理论与测量[M]. 上海：复旦大学出版社，1976：208.

[4] A F Garito, J Wang, R Gao. Effects of Random Perturbations in Plastic Optical Fibers [J]. Science, 1998, 281: 962-967.

[5] 廖延彪. 光纤光学[M]. 北京：清华大学出版社，2000：93.

多模梯度折射率塑料光纤带宽的分析①

刘　凯　于荣金

（燕山大学信息科学与工程学院，秦皇岛 066004）

摘　要：结合 WKB 法对多模梯度折射率塑料光纤（GI-POF）色散和带宽进行了综合分析，研究了在 GI-POF 中材料色散对带宽影响的程度和规律，给出较佳折射率指数（g）的范围，并说明实测带宽高于理论带宽的原因。

关键词：塑料光纤；带宽；材料色散；模间色散；模内色散；微分模式衰减

Analysis of Bandwidth of Multi-mode GI-POF

Liu Kai　Yu Rongjin

(College of Information Science and Engineering, Yanshan University, Qinhuangdao, 066004)

Abstract: It analyzes comprehensively all dispersion factors (such as modal, material, waveguide and profile dispersion properties) and differential mode attenuation affecting the bandwidth characteristics of multi-mode GI-POF by means of WKB method. The influence of the material dispersion on the bandwidth in multi-mode GI-POF is investigated. The better range of index exponent g for achievement of the required bandwidth is given. The main reason that the actual bandwidth is wider than the theoretical bandwidth is taken into account.

Key words: Polymer optical fiber; Bandwidth; Material dispersion; Intermodal dispersion; Intramodal dispersion; Differential mode attenuation

0　引言

光纤通信技术是信息领域中十分引人瞩目的课题，高速多媒体网络的形成使人们对光纤技术有了新的思考与开发，网络中声音、图片等各类多媒体信号多路传输的需求使带宽急剧增加。尽管石英光纤（GOF）的传输带宽大大超过双绞线和同轴电缆，性能优越，但是 GOF 系统的成本高、连结复杂，并不适合于终端用户网。塑料光纤（POF）的特点恰恰弥补了 GOF 的缺点，因而可以成为短距离中小容量网络中的最佳传输媒质。

多模梯度折射率塑料光纤（GI-POF）是 POF 研究领域近十年来的新进展[1]，它较之传统的多模阶跃折射率塑料光纤（SI-POF）拥有更优越的性质，尤其在带宽方面提高了 1～2 个数量级，PMMA 多模 GI-POF 带宽可达 3 GHz · 100 m，氟化物多模 GI-POF 带宽高达 10 GHz · 100 m

---

① 光子学报，2002，31(7)：819-823.

以上[2]，因此研究多模 GI-POF 带宽性质对塑料光纤的产品开发有很好的指导作用。本文结合 WKB 法就影响多模 GI-POF 带宽性质的各种因素进行了分析，给出了较佳折射率指数 g 的范围，分析了实测带度高于理论带度的原因。

1　色散与带宽

一个光脉冲在光纤中传输，由于受到光纤材料的色散特性、光纤折射率分布、光纤中的模式分布、光源的波长和光谱宽度等因素的影响，使脉冲产生延迟畸变，脉冲波形发生展宽。色散的大小直接关系到光纤的带宽。影响多模 GI-POF 带宽的因素有模间色散、材料色散、波导色散、剖面色散、微分模式衰减等。材料色散和波导色散都与光源的谱宽成正比，所以又总称为模内色散（波长色散或频率色散）。

材料色散是由光纤材料的折射率随入射光波长变化而产生的，由材料的折射率、光谱宽度及波长共同决定，即

$$d=-(\lambda\sigma_\lambda/c)(\mathrm{d}^2 n/\mathrm{d}\lambda^2)L, \tag{1}$$

式中 σ_λ 为光源的均方根谱宽，λ 为传输光波长，c 为光速，L 为光纤长度，$\mathrm{d}^2 n/\mathrm{d}\lambda^2$ 是折射率对波长的二次导数。

梯度折射率光纤的折射率呈幂函数分布

$$n(r)=\begin{cases} n_1[1-2\Delta(r/a)^g]^{1/2} & (0\leqslant r\leqslant a) \\ n_2 & (r>a) \end{cases}, \tag{2}$$

式中 g 为折射率指数，r 为离纤芯中心的距离，a 为纤芯半径，Δ 为相对折射率差，即

$$\Delta=(n_1^2-n_2^2)/2n_1^2, \tag{3}$$

式中，n_1 为纤芯中心的折射率，n_2 为包层折射率。可由 Sellmeier 色散关系[3]得到 n_1 和 n_2 与波长的关系为

$$n_q(\lambda)=\sqrt{1+\sum_{i=1}^{3}\frac{A_{q,i}\lambda^2}{\lambda^2-\lambda_{q,i}^2}}\quad (q=1,2), \tag{4}$$

式中 $A_{q,i}$ 为振子强度，$\lambda_{q,i}$ 为振子波长。在多模 POF 光纤中，模间色散是最重要的，但通过选择 GI-POF 的最佳折射率分布，可大大降低模间色散。梯度折射率光纤最佳折射率分布为[2]

$$g_{\mathrm{opt}}=2-2n_1P/N_1-\Delta(4-2n_1P/N_1)\cdot(3-2n_1P/N_1)/(5-4n_1P/N_1), \tag{5}$$

式中

$$N_1=n_1-\lambda\cdot \mathrm{d}n_1/\mathrm{d}\lambda, \tag{6}$$

$$P=(\lambda/\Delta)\cdot d\Delta/d\lambda。 \tag{7}$$

g_{opt} 称为最佳折射率指数；P 称为剖面色散（profile dispersion），其大小取决于相对折射率差 Δ 与波长 λ 的关系。

模色散包括模间色散和模内色散，由模间色散和模内色散引起的脉冲展宽决定了光纤的 -3 dB 带宽为

$$B=0.188/\tau_{模}, \tag{8}$$

$\tau_{模}$ 为脉冲的均方根宽度，表示为

$$\tau_{模}=\sqrt{\tau_{模间}^2+\tau_{模内}^2}。 \tag{9}$$

模间色散是由于光脉冲传输的各模式以不同的群速度在多模光纤中进行，不同的模式到达光纤终端时在时间上产生一定间隔，使脉冲展宽。模间脉冲展宽定义为

$$\tau=(L/c)\mathrm{d}\beta/\mathrm{d}k=-(L\lambda^2/2\pi c)\mathrm{d}\beta/\mathrm{d}\lambda。 \tag{10}$$

由 WKB 法分析可得导模传播常量 β 的本征方程

$$\int_{r_0}^{r_1}[n^2(r)k^2-\beta^2-\gamma^2/r^2]^{1/2}\mathrm{d}r=(\mu+2^{-1})\pi, \tag{11}$$

式中 $k=2\pi/\lambda$，γ、μ 分别代表方位模数和径向模数。从式(11)可解得

$$\beta=2\pi n_1\lambda^{-1}[1-2\Delta\eta]^{1/2}, \tag{12}$$

式中 $\eta=(q/q_{max})^{2g/(g+2)}$，$q=\gamma+2\mu+1$ 表示主模群数，$q_{max}=2\pi a(n_1/\lambda)(g\Delta/(g+2))^{1/2}$ 表示可以激发的模群总数。将式(12)代入式(10)可得 τ 的一般式

$$\tau=(N_1/c)\left[1+\Delta\cdot\frac{g-2-\varepsilon}{g+2}\cdot\eta^{1/2}+\frac{\Delta^2}{2}\cdot\frac{3g-2-2\varepsilon}{g+2}\cdot\eta\right], \quad (13)$$

式中，ε 是一个代表剖面色散的参量

$$\varepsilon=-(2n_1\lambda/N_1\Delta)\mathrm{d}\Delta/\mathrm{d}\lambda=2n_1P/N_1。 \quad (14)$$

此时光纤的模间展宽为

$$\tau_{模间}=\frac{N_1L\Delta}{2c}\cdot\frac{g}{g+1}\cdot\left(\frac{g+2}{3g+2}\right)^{1/2}\cdot\left[C_1^2+\Delta\frac{4C_1C_2(g+1)}{2g+1}+\Delta^2\cdot\frac{16C_2^2(g+1)^2}{(5g+2)(3g+2)}\right]^{1/2}, \quad (15)$$

式中

$$C_1=(g-2-\varepsilon)/(g+2), \quad (16)$$

$$C_2=(3g-2-2\varepsilon)/2(g+2)。 \quad (17)$$

模内色散脉冲展宽为[4,5]

$$\tau_{模内}=(\sigma_\lambda/\lambda)[(-\lambda^2\mathrm{d}^2n_1/\mathrm{d}\lambda^2)^2-2\lambda^2(\mathrm{d}^2n_1/\mathrm{d}\lambda^2)\cdot(N_1\Delta)C_1[g/(g+1)]+(N_1\Delta)^2C_1^2 4g^2/(g+2)(3g+2)]^{1/2}。 \quad (18)$$

2 数值模拟结果

依据 Sellmeier 方程式(4)可计算材料的折射率随波长的变化情况。图 1 是由 Sellmeier 方程系数[6]得到的 PMMA 和 BEN-PMMA（MMA 单体与掺杂剂之重量比为 5∶1）的折射率曲线，可见 BEN-PMMA的折射率明显高于 PMMA 的折射率。若以 BEN-PMMA 为芯，以 PMMA 为包层组成多模 GI-POF，在 650 nm 传输波长处，$n_{BEN\text{-}PMMA}=1.5093$，$n_{PMMA}=1.4902$，相对折射率差 $\Delta=0.0126$。为进一步分析 GI-POF 的带宽性质，首先观察图 2，即 PMMA 和 BEN-PMMA 两种材料在光源线宽不同时的材料色散。很明显，光源的线宽是影响材料色散的一个重要因素，650 nm 传输窗口处，选用线宽 1 nm 光源时，PMMA 材料色散为 −0.3198 ns/nm・km，BEN-PMMA 材料色散为 −0.4029 ns/nm・km；而选用线宽 30 nm 光源时，PMMA 材料色散为 −9.5938 ns/nm・km，BEN-PMMA 材料色散为 −12.0882 ns/nm・km（见表 1）。

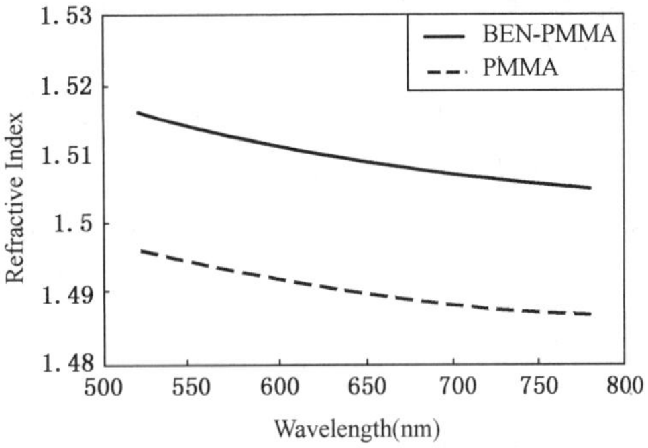

图 1 PMMA 和 BEN-PMMA 的折射率随波长的变化关系

Fig. 1 The relationship between refractive index and wavelength for PMMA and BEN-PMMA

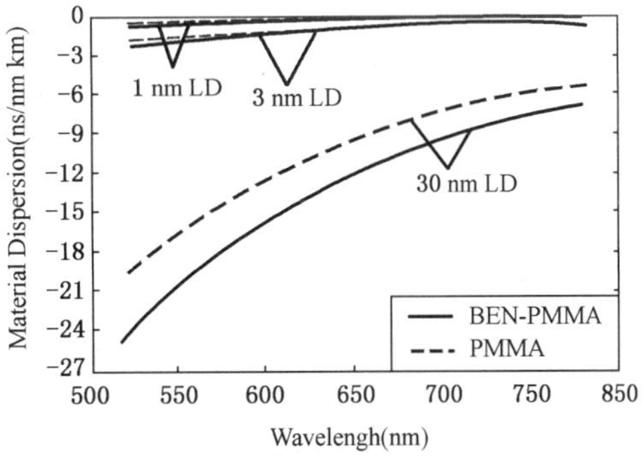

图 2 PMMA 和 BEN-PMMA 在线宽分别为 1 nm、3 nm 和 30 nm 光源下的材料色散

Fig. 2 Material dispersion of PMMA and BEN-PMMA for spectral width of the light source with σ_λ = 1 nm, 3 nm, 30 nm

表 1　PMMA 和 BEN-PMMA 的折射率和材料色散

传输波长 λ (nm)	折射率		材料色散					
	BEN-PMMA	PMMA	BEN-PMMA			PMMA		
			1 nm	3 nm	30 nm	1 nm	3 nm	30 nm
520	1.5166	1.4963	−0.8268	−2.4804	−24.8040	−0.6633	−1.9898	−19.8977
570	1.5132	1.4935	−0.6135	−1.8404	−18.4038	−0.4905	−1.4715	−14.7148
650	1.5093	1.4902	−0.4029	−1.2088	−12.0882	−0.3198	−0.9594	−9.5938
680	1.5082	1.4893	−0.3494	−1.0478	−10.4781	−0.2762	−0.8286	−8.2858
780	1.5055	1.4869	−0.2270	−0.6809	−6.8091	−0.1765	−0.5296	−5.2963

根据带宽与模间色散、模内色散的关系式(8)、(9)、(15)、(18)绘出了线宽 2 nm光源下以 BEN-PMMA 为芯，PMMA 为包层的 100 m 长 GI-POF 的−3 dB 带宽与折射率指数及传输波长的关系曲线。图 3 中由上而下的曲线分别代表传输波长为 780 nm、680 nm、650 nm、570 nm、520 nm 时带宽随折射率指数的变化。由于材料色散的存在，使得上述各传输波长处最高带宽分别限制在 4.12 GHz、2.68 GHz、2.32 GHz、1.53 GHz、1.13 GHz 附近，图 3 所示各曲线最高带宽对应的最佳折射率指数 g 与式(5)的计算结果基本吻合，误差小于 0.01。

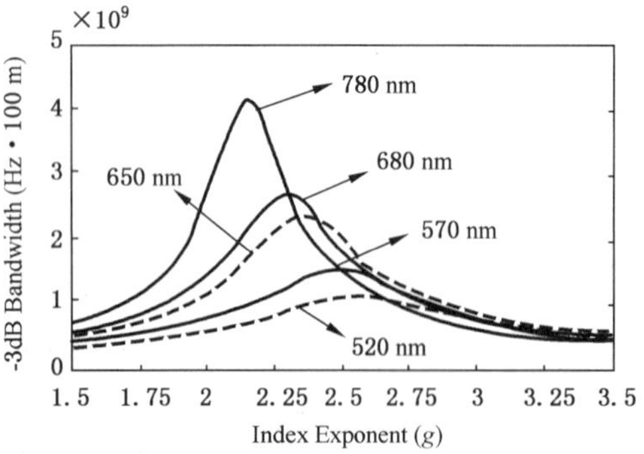

图 3　BEN-PMMA GI-POF 在不同传输波长下−3dB 带宽随折射率指数变化关系

Fig. 3　Relation between index exponent g and −3 dB bandwidth of 100 m BEN-PMMA GI-POF under different wavelengths

图 4 表示在线宽 2 nm 光源下 780 nm、680 nm、650 nm、570 nm、520 nm 传输波长对应的最佳折射率指数下带宽随波长的变化。由图可见，在 520 nm～780 nm 波长范围内，只要 g 控制在 2.14～2.60 范围内，都能获得 740 MHz 以上的带宽；而 g 在 2～3.5 附近，即可在 520 nm～780 nm 波长间达到 550 MHz 以上的带宽。由于材料色散随波长的增加而降低(见图 2)，使得各最佳折射率指数的最高带宽增加，且其位置向长波长的方向移动。例如最佳折射率指数为 2.48(对应 570 nm)带宽曲线的最高带宽由原来的 1.53 GHz 增加至 1.94 GHz，位置处于 650 nm 低损耗区；又如 g=2.33(对应 650 nm)和 g=2.28(对应 680 nm)曲线的最高带宽分别由原来的 2.32 GHz 和 2.68 GHz 增加至 2.69 GHz 和 3.04 GHz，其位置分别移至 710 nm 和 730 nm 波长区。且当 g 越接近 2，剖面色散的影响越显著，带宽随波长的变化也越明显，g=2.14 曲线在 500 nm 与 800 nm 波长间的带宽差达 3.7 GHz。图 4 所示各不同最佳折射率指数 g 的 GI-POF 在线宽 30 nm 的 LED 光源下带宽随波长变化的五条曲线接近于重合(见图 5)。为了比较，图 5 还同时给出了线宽 30 nm 光源下 SI-POF 带宽变化情况。

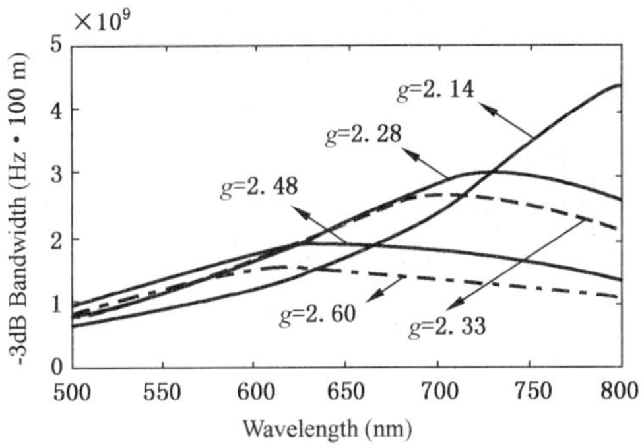

图 4　线宽 2 nm 光源下 BEN-PMMA GI-POF 在几种传输波长的最佳折射率指数下 −3 dB 带宽随波长变化关系

Fig. 4　Wavelength dependence of −3dB bandwidth of BEN-PMMA GI-POF for optimum index exponent *g* in some wavelengths(spectral width＝2 nm)

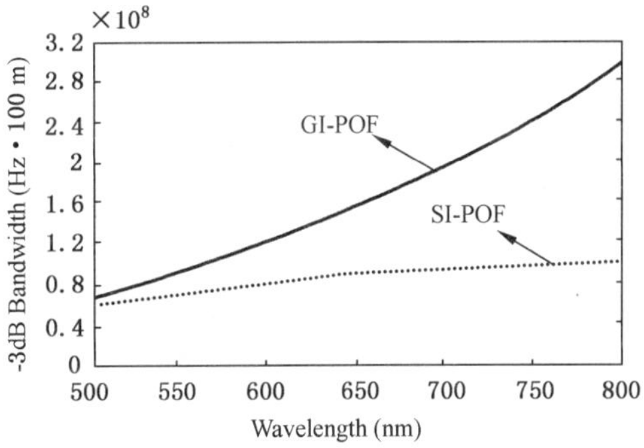

图 5　线宽 30 nm 光源下 BEN-PMMA GI-POF 在几种传输波长的最佳折射率指数下（以及 SI-POF）−3 dB 带宽随波长变化关系

Fig. 5　Wavelength dependence of −3 dB bandwidth of BEN-PMMA GI-POF for optimum index exponent *g* in some wavelengths and SI-POF(spectral width＝30 nm)

由图 5 可见，采用 LED 光源时，GI-POF 与 SI-POF 相比在带宽上并没有数量级的增加。

其实，塑料光纤的实际测量带宽要比上述理论预期的带宽高得多[7]。SI-POF 带宽增高的原因是强的模式耦合，而近期研究表明，GI-POF 带宽增高的原因是微分模式衰减。通过对微分模式延迟和微分模式衰减的测量发现[8]，在长度为 100 m 以内的 GI-POF 中，每个模式都是独立传输的，高阶模和低阶模之间并不存在能量转移（即没有模式耦合）；高阶模的功率显著减小，通过 100 m 传输，最高阶模比最低阶模的损耗增加了 17 dB。考虑微分模式衰减后带宽特性和脉冲输出波形的计算结果与测量结果完全相符，这说明微分模式衰减是导致 GI-POF 带宽增加的主要原因。

3　结论

本文通过对多模 GI-POF 色散与带宽的理论分析及数值模拟，具体说明多模 GI-POF 可以在较宽的折射率指数范围内达到实际需要的带宽。通过选用窄线宽光源和适当的芯、包层材料以及采用合理的工艺可以获得较高的带宽。

参考文献

[1] Ishigure T, et al. Formation of the refractive index profile in the graded index polymer optical fiber for gigabit data transmission [J]. J Lightwave Technology, 1997, 15(11): 2095-2100.

[2] Ishigure T, Koike Y, Fleming J W. Optimum index profile of the perfluorinated polymer-based GI polymer optical fiber and its dispersion properties [J]. J Lightwave Technology, 2000, 18(2): 178-184.

[3] Yabre G. Theoretical investigation on the dispersion of graded-index polymer optical fiber [J]. J Lightwave Technology, 2000, 18(6): 869-877.

[4] Olshansky R, Keck D B. Pulse broadening in graded-index optical fibers [J]. Applied Optics, 1976, 15(2): 483-491.

[5] Soudagar M K, Wali A A. Pulse broadening in graded-index optical fibers: errata [J]. Applied Optics, 1993, 32(33): 6678.

[6] Ishigure T, Nihei E, Koike Y. Optimum refractive-index profile of the graded-index polymer optical fiber, toward gigabit data links [J]. Applied Optics, 1996, 35 (12): 2048-2053.

[7] Garito A F, Wang J, Gao R. Effects of random perturbations in plastic optical fibers [J]. Science, 1998, 281(5): 962-967.

[8] Ishigure T, Kano M, Koike Y. Which is a more serious factor to the band width of GI-POF: differential mode at tenuation or mode coupling [J]. J Lightwave Technology, 2000, 18(7): 959-965.

双包层塑料光纤放大器热漂白现象的研究①

史洪印[1]　于荣金[1]　李炳新[1]　胡建武[1]　刘焰发[2]　丘志仁[2]　汪河洲[2]
(1. 燕山大学信息科学与工程学院，河北 秦皇岛 066004；
2. 中山大学超快速激光光谱学国家重点实验室，广东 广州 510275)

摘　要：对双包层结构如何减小塑料光纤放大器(POFA)中有机染料的热漂白同时又保持较高的泵浦效率进行了理论分析，并用实验证实了结构的可行性。获得的耦合效率为80%；泵浦功率密度为 32 W/cm²。

关键词：塑料光纤放大器(POFA)；双包层光纤；罗丹明 B(Rb)

Studies on Thermal Bleaching Phenomenon in Double-cladding Plastic Optical Fiber Amplifiers

Shi Hongyin[1]　Yu Rongjin[1]　Li Bingxin[1]　Hu Jianwu[1]　Liu Yanfa[2]
Qiu Zhiren[2]　Wang Hezhou[2]
(1. School of Information Science and Engineering, Yanshan University, Qinhuangdao　066004, China;
2. State Key Laboratory of Ultrafast Laser Spectroscopy, Zhongshan University, Guangzhou　510275, China)

Abstract: Using double-cladding structure we enhanced the coupling efficiency and power of pump light, greatly decreased power density of pump light in fiber core, naturally suppressed the bleaching phenomenon. The high absorbable power ratio (pump efficiency) can also be kept by means of offset double cladding structure. Both theoretical analysis and experinental result confirm the feasibility and advantage of this structure. The coupling efficiency of 80% and pump power dencity of 3.2 W/cm² were obtained.

Key words: Plastic Optical Fiber Amplifier (POFA); Double-cladding fiber; Rhodamine B(Rb)

1　引言

在短距离、中小容量通信系统中，用塑料光纤代替原有的同轴电缆和双绞线，已成为趋势，也为实现全光网以及系统的扩容升级提供了可能[1,2]。而塑料光纤放大器(POFA)是完善和扩展塑料光纤功能的重要器件，因此对其性能改进具有重要意义。

目前，POFA 的光纤主要掺有机染料或稀土螯合物。有机激光染料有很大的吸收截面和发射截面，其荧光谱覆盖整个

① 光电子·激光，2002，13(7)：657-660.

可见光区，可满足目前 PMMA 塑料光纤低损耗区要求。但研究中发现，在掺罗丹明 B(Rb)浓度为 10×10^{-6} 的塑料光纤中，532 nm 波长的脉冲泵浦功率大于 800 W 时，在光纤的入口处出现染料的漂白[3]；掺 Rb 浓度为 2500×10^{-6} 的 POFA，在连续功率为 1.3 mW 的 514 nm Ar^{+} 激光的照射下，约 10 h 后荧光下降 1/2[4]。为此，我们采用双包层结构来减小有机染料的热感应漂白。

2　理论分析

在普通 POFA 中，由于单位截面积上的泵浦光功率密度过高而使有机染料漂白。在双包层光纤中，泵浦光和信号光分别在内包层和纤芯中传输。内包层截面积一般是纤芯的几倍到几百倍，这就大大降低了截面上的光功率密度，从而大大减小有机染料的热退化。目前双包层光纤已有多种结构[5]，但主要有如图 1 所示的 3 种基本结构。

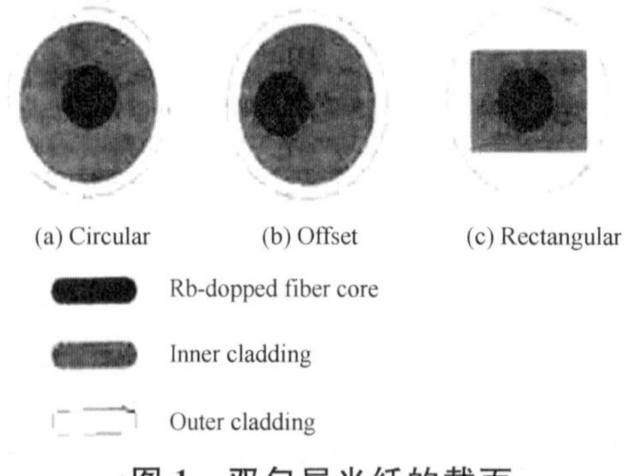

图 1　双包层光纤的截面

Fig. 1　Cross sections of double-cladding fibers

首先用二维理论[6]来研究双包层光纤的可吸收功率。因为包层的半径远小于光纤的弯曲半径，所以可忽略光纤弯曲对光线的影响；并假定在光纤中所有传播的光线是相互独立的，光线的传播严格遵从几何光学理论。可吸收功率是指光纤足够长时可被掺染料纤芯完全吸收的全部泵浦功率。定义可吸收功率与泵浦功率之比为可吸收功率比（忽略模式耦合时光纤的最大吸收效率）。对同心圆双包层光纤，可吸收功率比 η_1 为

$$\eta_1=\frac{2}{\pi}\left[\frac{r}{R}\sqrt{1-\left(\frac{r}{R}\right)^2}+\sin^{-1}\left(\frac{r}{R}\right)\right]。\tag{1}$$

对偏心双包层光纤，可吸收功率比 η_2 为

$$\eta_2=\frac{2}{\pi}\left[\frac{r+p}{R}\sqrt{1-\left(\frac{r+p}{R}\right)^2}+\sin^{-1}\left(\frac{r+p}{R}\right)\right]。\tag{2}$$

式中，r 和 R 分别为纤芯和内包层的半径；p 为纤芯中心偏离内包层中心的距离。图 2(a)和(b)分别为依据式(1)和(2)得出的可吸收功率比随内包层半径和偏移距离的关系。

对同心圆双包层塑料光纤，当 $R=450\ \mu m$、$r=125\ \mu m$ 时，泵浦功率密度只有单包层（无双包层）时的 7.7%；从图可看出，可吸收功率比较小，只有单包层可吸收功率比的 35%。对偏心双包层塑料光纤，当 $R=450\ \mu m$、$r=125\ \mu m$ 和 $p=100\ \mu m$ 时，泵浦功率密度仍为单包层的 7.7%，而可吸收功率比为单包层的 61%；若增大偏移距离，可进一步提高泵浦效率。当偏移距离 p 为 325 μm 时，双包层与单包层塑料光纤的可吸收功率比完全相同（$\eta_2=1$）。因此双包层偏心圆结构是对同心圆结构的改进。

其次分析双包层塑料光纤纤芯的吸收效率随光纤长度的变化关系。考虑到泵浦光在短距离内将被掺 Rb 的塑料光纤充分吸收，忽略光纤的其他损耗（如散射和本征损耗），耦合模式的泵浦光（可被纤芯吸收的泵浦光），其吸收率 K 可近似为

N_t、σ_a 和纤芯与内包层面积比的乘积[7]

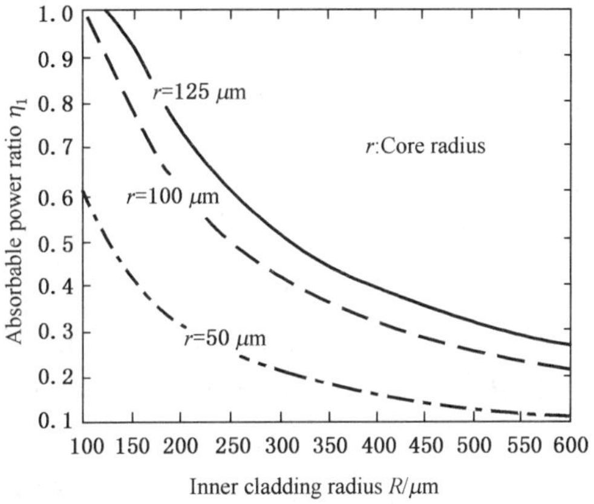

(a) Circular fiber

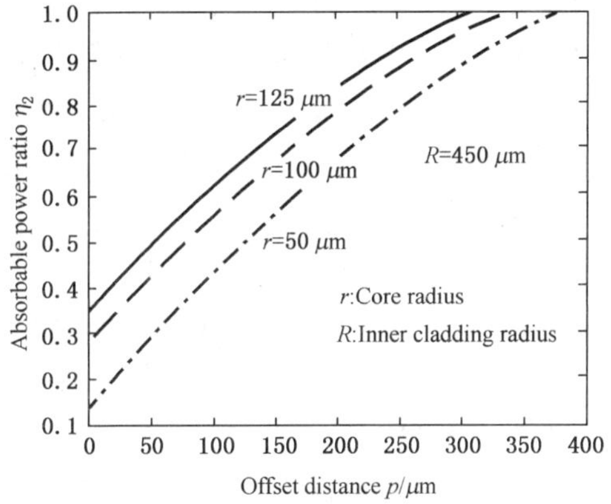

(b) Offset fiber

图 2 可吸收光功率比 η 与内包层半径 R 和偏移距离 p 的关系

Fig. 2 Absorbable power ratio η versus inner cladding radius R and offset distance p

$$k \approx (r/R)^2 N_t/\sigma_a, \qquad (3)$$

其中 N_t 和 σ_a 分别为掺 Rb 的浓度和泵浦吸收截面。

如果忽略各种模式之间的差别，那么耦合模式的光总功率 P_c 可用方程 $\mathrm{d}P_c/\mathrm{d}z = -kP_c$ 表示。所以，有 $P_c(z) = P_c(0)\exp(-kz)$。设 P_U 为非耦合模式的光总功率，则塑料光纤中泵浦光的总功率 $P_T(z) = P_C + P_U = P_C(0)\exp(-kz) + P_U(0)$。由前面的分析，$P_C(0) = \eta P_T(0)$，$P_U(0) = (1-\eta)P_T(0)$。因此纤芯的吸收效率 D 为

$$D = (P_T(0) - P_T(z))/P_T(0) = \eta[1-\exp(-kz)]。\qquad (4)$$

由式(3)和(4)可画出 D-Z 关系如图 3。

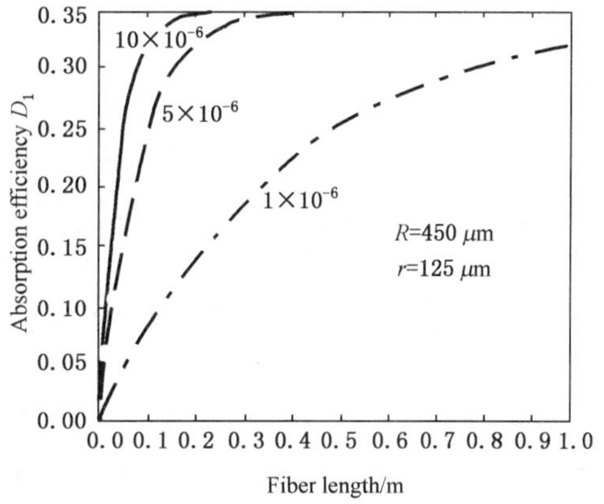

(a) Circular fiber

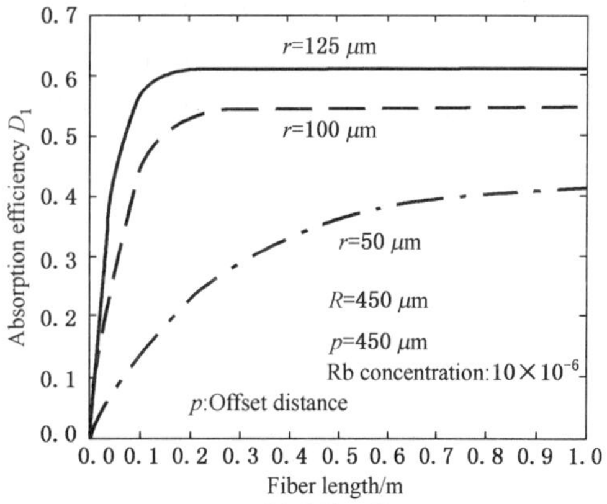

(b) Offset fiber

图 3 纤芯的吸收效率随光纤长度的变化关系

Fig. 3 Variation of absorption efficiency versus fiber length

图 3 的参数为泵浦光波长 $\lambda_P = 532$ nm，其吸收截面[8] $\sigma_a = 2.2 \times 10^{-16}$ cm^2；浓度为 1×10^{-6} 时 $N_t = 1.5\times10^{15}$ cm^{-3}。由图 3(a)可看出，掺 Rb 浓度为 10×10^{-6} 和 5×10^{-6} 的同心圆塑料光纤，在 0.4 m 内泵浦光的吸收效率 D_1 为 35%，即进入纤芯的光已被充分吸收。由图 3(b)可看出，在给定参数条件

下，芯径 r 为 125 μm 和 100 μm 的偏心塑料光纤在 0.3 m 内进入纤芯的泵浦光也已充分吸收。并且这两种光纤的吸收效率随长度均成指数关系变化，开始阶段基本接近均匀吸收。因此这就可以避免局部光功率密度过高，从而减小纤芯中染料漂白的可能性。

3 实验研究

我们已研制出染料浓度在 $1\sim100\times10^{-6}$ 范围内的同心和偏心双包层 POFA[9]。由于部分染料在聚合过程中已经漂白，所剩染料约为原来的 10%～20%[10]。

我们对浓度为 100×10^{-6}（聚合前）、内包层半径为 450 μm、芯径为 125 μm 和偏移距离为 100 μm 的 70 cm 长的偏心双包层塑料光纤进行了实验测试。用 Nd：YAG 倍频激光器，在 532 nm 波长以 25 mW 的连续功率泵浦 10 h 时的荧光功率情况如图 4 所示。

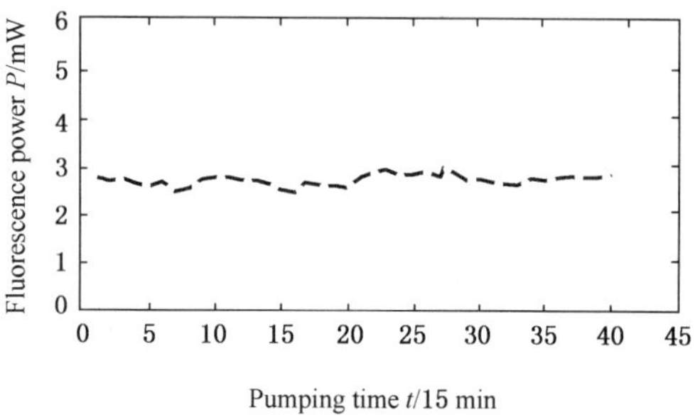

图 4　荧光功率 P 随泵浦时间 t 的变化关系

Fig. 4　Variation of fluorescente power versus time

由实验结果可看出，连续泵浦双包层 POFA 10 h 后，没有荧光强度下降现象。表 1 是文献[2]与本文实验的对比关系。由表可见，采用双包层结构与文献[2]的单包层结构相比，泵浦功率进入光纤的耦合效率约提高了 27 倍（80%：30%），有效泵浦功率提高了 15 倍（20.0 mW：1.3 mW）；泵浦功率密度下降为 1/56，从而使 10 h 时的荧光强度没有下降，说明双包层结构可很好地减小染料的热漂白。

表 1　文献[2]与本文实验的比较

Tab. 1　Contrast of reference[2] and this paper

Experiment parameter / Experiment	Pump light/nm	Pump light power/mW	Power coupled in fiber/mW	Fiber core radius/μm	Inner cladding radius/μm	Pump light power density/W・cm^{-2}
Reference[2]	514	4.3	1.3	15		180.0
This paper	532	25	～20.0	125	450	3.2

参考文献

[1] YU Rongjin. Plastic Optical Fiber for Communication[J]. J. of Optoelectronics・Laser（光电子・激光），2002，13(3)：315-320.（in Chinese）

[2] LIU Kai，YU Rongjin. Analysis of Bandwidth and Numerical Aperture of Multi-mode SI-POF[J]. J. of Optoelectronics・Laser（光电子・激光），2001，12(6)：572-574.（in Chinese）

[3] A Tagaya，Y Koike，E Nihei，et al. Basic performance of an organic dye-doped polymer optical fiber amplifier [J]. Appl. Opt.，1995，34(6)：988-922.

[4] G D Peng，P L Chu，Z Xiang，et al. Dye-doped step-in-dexpolymer optical fiber for broadband optical amplification [J]. J. Lightwave Technol.，1996，14(10)：2215-2223.

[5] Martin H，Muendel，Polaroid Corporation.

Optimal inner cladding shapes for double-clad fiber lasers [C]//CLEO'96:209.

[6] Anping LIU, Kenichi Ueda. The absorption characteristics of circular, offset, and rectangular double-clad fibers[J]. Opt. Commun., 1996, 132:511-518.

[7] G Sorbello, S Taccheo, P Laporta. Numerical modeling and experimental investigation of double-cladding erbium-ytterbium-doped fibre amplifiers[J]. Optical and Quantum Electronics, 2001, 33:599-619.

[8] Otsuyoshi Yamamoto, Kazuhito FU JII, et al. High-power polymer optical fiber amplifier and their applications[C]//SPIE. 1994, 2289:142-152.

[9] LI Bingxin, YU Rongjin, SHI Hongyin, et al. Cladding pumping organic dye-doped polymer optical fiber amplifiers [C]//SPIE. 2001, 4581:158-163.

[10] Akihiro Tagaya, Takeyuki Kobayashi. High gain and high power organic dye doped polymer optical fiber amplifiers: Absorption and emission cross sections and characteristics [J]. Jpn. J. Appl. Phys., 1997, 36: 2705-2708.

双包层掺染料聚合物光纤放大器的增益性能分析①

李炳新　于荣金

（燕山大学信息科学与工程学院，秦皇岛 066004）

摘　要：双包层聚合物光纤放大器可以减小染料的热漂白，使用速率方程的方法，给出了一个能够全面描述双包层掺染料聚合物光纤放大器增益性能的模型，模型既考虑了染料三重态能级对速率方程的影响，又考虑了双包层结构对泵浦光的影响，可以在稳态的情况下计算放大器的各种增益性能指标。

关键词：聚合物光纤放大器；增益；染料；双包层

The Gain Performance of a Double-clad Dye-doped Polymer Optical Fiber Amplifier

Li Bingxin　Yu Rongjin

（College of Information Science and Engineering，Yanshan University，Qinhuangdao　066004）

Abstract：Double-clad polymer optical fiber amplifiers (POFA) have lower dyes bleaching. A numerical model for characterizing double-clad dye-doped polymer optical fiber amplifiers is proposed. Based on rate equation and the pump power propagation equation in a double-clad dye-doped polymer fiber，the models take into account both the influences of the ternary state of dye molecule on rate equation and double-clad scheme on pump light absorption. The model is capable to predict amplifier gain，output spectrum and gain saturation when the POFA is in a steady state. The numerical simulation result shows the Double-clad POFA can achieve a gain of 39 dB when pumping power is 7 kW.

Key words：Polymer optical fiber amplifiers；Gain；Dye；Double-clad

0　引言

近十年来，人们致力于开发性能优良的聚合物通信光纤，希望它能取代双绞线和同轴电缆，用于光纤局域网和接入网中[1,2]。由于高分子材料的本征吸收很大，聚合物光纤的衰减一般都在 100～200 dB/km 左右，限制了聚合物光纤的使用距离。因此聚合物光纤放大器（Polymer Optical Fiber Amplifier，简称 POFA）的研究也就成了必然。

有机染料种类很多，大多都是很好的增益介质，其荧光波长在可见光范围内正好与聚合物光纤的低衰减窗口波长（650

① 光子学报，2005，34(10)：1466-1472.

nm)相符合，文献[3,4]报道了PMMA基掺罗丹明B的聚合物光纤放大器。在固态介质中，有机染料不能循环流动，因此热漂白现象严重，影响了增益介质的寿命。为了解决这个问题，本文提出了双包层结构的聚合物光纤放大器[5]，实验表明这种结构可以有效地解决染料的热漂白问题。

有机染料普遍存在三重态吸收问题[6]，当泵浦光作用时间比较长的情况下，三重态吸收就会很严重，使放大器增益减小以至为零；双包层结构对泵浦光的吸收也有较大的影响。本文在充分考虑了以上因素后，提出了一个能够描述双包层掺染料聚合物光纤放大器的模型，在稳态情况下求解，得到了增益谱、饱和增益、最佳长度以及饱和输出功率等性能指标。

1　双包层光纤中泵浦光的吸收

在讨论问题之前，假设：1)光纤芯层中有机染料的浓度是均匀分布的，浓度为N_{dye}；2)各个模式等几率激励。

双包层聚合物光纤放大器的泵浦光在光纤的内包层和芯区内传输，芯区掺入的有机染料能够强烈地吸收泵浦光功率，为了使泵浦光能够束缚在内包层中传输，光纤内包层与外包层之间的折射率差是比较大的，而芯区与内包层之间的折射率差较小，因此，对泵浦光而言，内包层和芯区可视为多模光纤，即在内包层和芯区中有大量的模式场。根据文献[7]，模式场在传输过程中其场分布是不变的，其功率衰减系数

$$\alpha_i=\gamma_i\alpha_{\text{core}}+\alpha,\tag{1}$$

式中i代表不同模式，α_{core}为芯区染料吸收系数，α为光纤PMMA吸收系数，γ_i是芯区内功率与该模式总功率之比，定义为芯区功率百分比。设多模光纤的模式场为φ_i，则

$$\gamma_i=\iint\limits_{\text{core}}\varphi_i^2\,\mathrm{d}S\Big/\iint\limits_{\text{all}}\varphi_i^2\,\mathrm{d}S\text{。}\tag{2}$$

由假设1)知，芯区有机染料浓度是均匀的，则$\alpha_{\text{core}}=\sigma_a(\nu_p)N_{\text{dye}}$，$\sigma_a(\nu_p)$为泵浦光吸收截面。因此

$$\alpha_i=\gamma_i\sigma_aN_{\text{dye}}+\alpha,\tag{3}$$

即不同的模式有不同的功率衰减系数。多模光纤的模式场为$\varphi=\sum c_i\varphi_i$，$c_i$由注入条件决定。光纤内的总功率

$$P(z)=\iint\limits_{\text{all}}\sum_{i=1}^{N}c_i^2\varphi_i^2\,\mathrm{d}S=\sum_{i=1}^{N}c_i^2p_i(z)\text{，}\tag{4}$$

式中$p_i(z)=p_i(0)\exp(-\alpha_iz)$，$N$为模式数目。由假设2)知，$c_i$为常数，对各个模式功率作归一化处理，$p_i(0)=P(0)/N$，则

$$P(z)=\sum_{i=1}^{N}\frac{P(0)}{N}\exp(-\alpha_iz)\text{。}\tag{5}$$

由于γ_i的差异很大，且模式数量极多，因此对$P(z)$只能进行统计处理。考虑到光纤放大器存在最佳长度，对于一定的光纤长度z_0，可以认为$\gamma_i\sigma_aN_{\text{dye}}z_0<0.001$的模式功率未被吸收，这些模式的集合为Unabs，数目为M，则

$$\alpha_i=\begin{cases}\alpha & (i\in\text{Unabs})\\ \bar{\gamma}\sigma_aN_{\text{dye}}+\alpha & (i\notin\text{Unabs})\end{cases},$$

$\bar{\gamma}$是γ_i的平均值。于是

$$\begin{aligned}P(z)&=P_{\text{unabs}}(z)+P_{\text{abs}}(z)=\\&\frac{M}{N}P(0)\exp(-\alpha z)+\frac{N-M}{N}P(0)\cdot\\&\exp(-\bar{\gamma}\sigma_aN_{\text{dyez}}-\alpha)\text{。}\end{aligned}\tag{6}$$

式(6)表明泵浦光功率在一定长度内被有机染料吸收的只是其中的一部分，定义泵浦光吸收效率

$$\eta=\frac{P_{\text{abs}}(0)}{P(0)}=\frac{N-M}{N}。\qquad(7)$$

由于 α_i 与光纤内包层中模式的场分布有密切的关系，所以不同结构的内包层决定了泵浦光的吸收效率和平均功率吸收系数。下面对四种不同结构的内包层加以讨论。

1.1　同心圆结构

光纤结构如图 1，内外包层是同心圆，芯和内包层中的模式场为线偏振模 $LP_{mn}=AJ_m(U_{mn}r/R_0)$，模式场主要分布在焦散面和外包层之间，焦散面半径 $r_{mn}=mR_0/U_{mn}$，若 $r_{mn}>r_0$，则 $\gamma_i\approx 0$，因此，所有满足 $r_{mn}>r_0$ 的模式就是 Unabs 集合。对于圆光纤用本征方程求出 U_{mn} 和模式的总数 N。计算 r_{mn}，统计 $r_{mn}>r_0$ 时的不同 m 和 n 的组合数目 M，由式(7)可以得到泵浦光吸收效率 η。图 1 给出了不同芯半径的泵浦光吸收效率，可见芯半径较小时泵浦光吸收效率很低。至于平均功率吸收系数 $\bar{\gamma}$，只能用数值计算，图 2 是 $m=30$ 时的 γ_i，其他 m 也有类似结果，计算结果是 $\bar{\gamma}\approx r_0/R_0$。

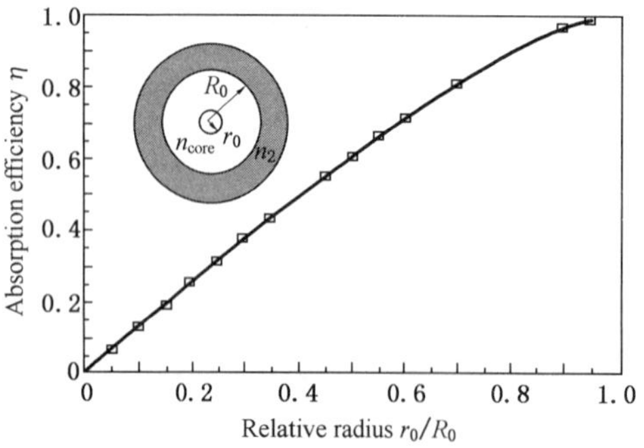

图 1　同心圆双包层光纤泵浦吸收效率与芯半径之间的关系

Fig. 1　Pump power absorption efficiency versus core radius for concentric circle double-clad fiber

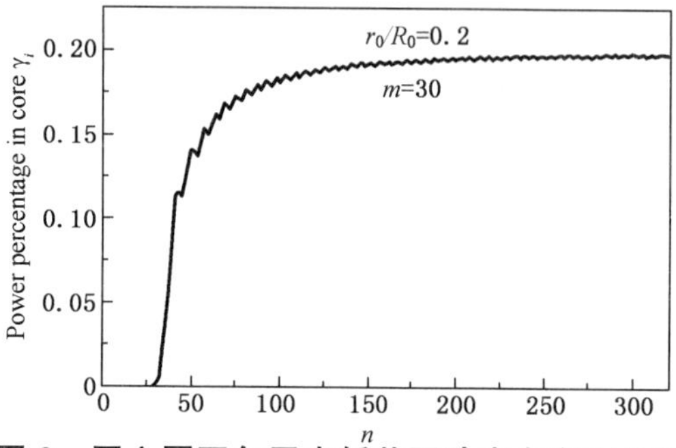

图 2　同心圆双包层光纤芯区功率占有百分比

Fig. 2　Power percentage in core for concentric circle double-clad fiber

1.2　偏心圆结构

在同心圆结构中，大量的模式场不集中在芯区，使得泵浦光的吸收效率很低，为了提高泵浦光吸收效率，将芯区偏离内包层的圆心，形成图 3 偏心圆结构的双包层光纤。内包层模式场与同心圆结构相同，但由于芯区位置的变化，使得 γ_i 有很大的变化，即 $r_{mn}>(r_0+d_1)$时，$\gamma_i\approx 0$，相当于扩大了芯区的半径，因此泵浦光吸收效率会提高，图 3 是不同偏心距离 d_1 的吸收效率，偏心距离越大，泵浦光吸收效率越高。用数值方法计算了偏芯光纤的吸收系数，图 4 是 $m=30$ 时的 γ_i，对于其他的也得到类似的结果，平均值 $\bar{\gamma}\approx r_0^2/R_0^2$，与偏心距离无关。

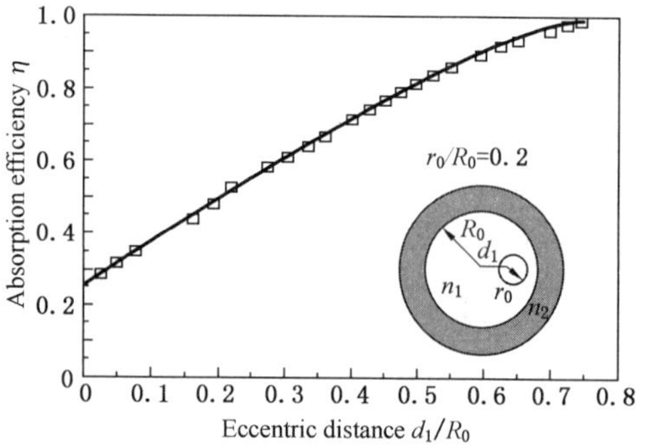

图 3　偏心圆双包层光纤泵浦吸收效率与偏心距离之间的关系

Fig. 3　Pump power absorption efficiency versus eccentric distance for eccentric circle double-clad fiber

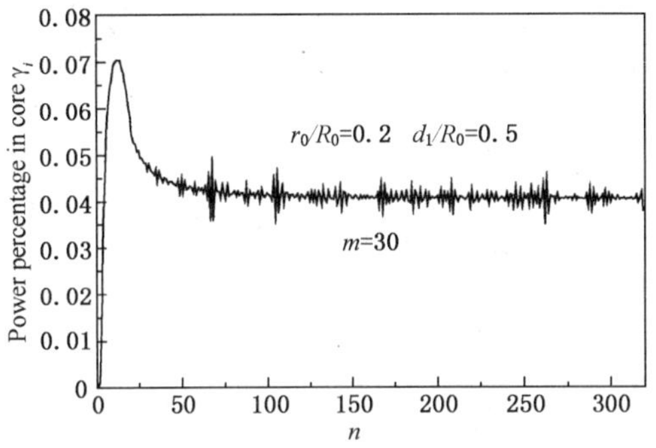

图 4　偏心圆双包层光纤的芯区功率百分比

Fig. 4　Power percentage in core for eccentric circule double-clad fiber

1.3　矩形结构

为了进一步提高泵浦光的吸收效率，可以将内包层做成矩形(图 5)，由于模式数量甚多，而且绝大多数模式都处于远离截止的状态，故可以采用马卡梯里近似，内包层模式场为

$$\varphi_{mn}^{(1)}=A\sin\frac{(2m+1)\pi x}{2a}\cos\frac{2n\pi y}{2b},\quad(8)$$

$$\varphi_{mn}^{(2)}=B\sin\frac{(2m+1)\pi x}{2a}\sin\frac{(2n+1)\pi y}{2b},\quad(9)$$

$$\varphi_{mn}^{(3)}=C\cos\frac{2m\pi x}{2a}\sin\frac{(2n+1)\pi y}{2b},\quad(10)$$

$$\varphi_{mn}^{(4)}=D\cos\frac{2m\pi x}{2a}\cos\frac{2n\pi y}{2b},\quad(11)$$

$(m,n=1,2,3,\cdots)$。

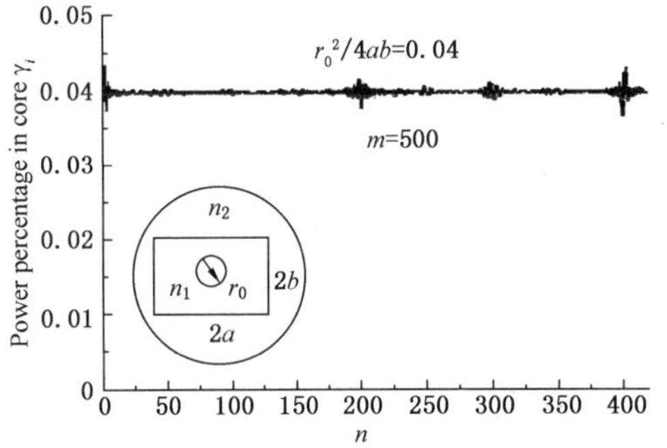

图 5　矩形双包层光纤的芯区功率百分比

Fig. 5　Power percentage in core for rectangle double-clad fiber

计算结果表明，$\eta\approx1$，$\bar{\gamma}\approx\pi r_0^2/4ab$。即全部泵浦光功率均可以被吸收，但功率吸收系数很小。

1.4　D 形结构

D 形结构的双包层光纤如图 6，为了确定 D 形光纤内的模式场，采用微扰法近似处理。未受微扰的光纤即圆多模光纤，其模式场 φ 满足方程

$$\hat{H}_0\varphi=\beta_0^2\varphi。\quad(12)$$

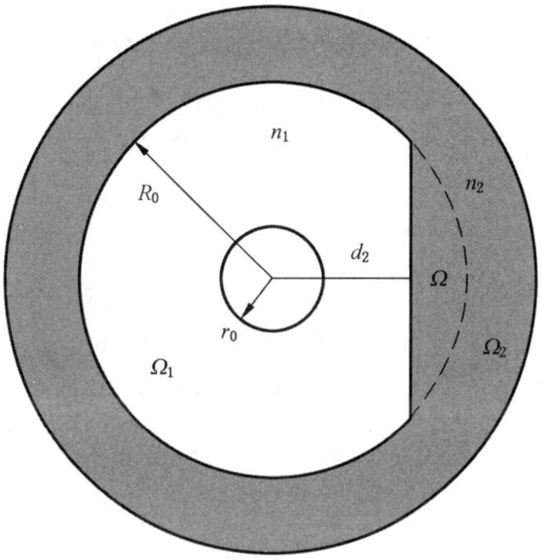

图 6　D 形双包层光纤

Fig. 6　D shape double-clad optical fiber

D 形缺口视为微扰，则其模式场 φ 满足方程

$$\hat{H}\varphi=\beta^2\varphi。\quad(13)$$

式中

$$\hat{H}_0=\begin{cases}\nabla_t^2+k_0^2n_1^2 & (r\in\Omega_1)\\ \nabla_t^2+k_0^2n_1^2 & (r\in\Omega)\\ \nabla_t^2+k_0^2n_2^2 & (r\in\Omega_2)\end{cases},\quad(14)$$

$$\hat{H}=\begin{cases}\nabla_t^2+k_0^2n_1^2 & (r\in\Omega_1)\\ \nabla_t^2+k_0^2n_2^2 & (r\in\Omega)\\ \nabla_t^2+k_0^2n_2^2 & (r\in\Omega_2)\end{cases}。\quad(15)$$

对于圆形光纤，当 $m+2n\approx p$ 时，传输常数 β 近似相等，即这些 LP_{mn} 模式是准简并的，根据微扰理论[6]，D 形光纤模式场的

一级近似为

$$\varphi_i = \sum_{j=1}^{M_p} a_{ij}\varphi_j \quad (i = 1,2,3,\cdots,M_p)\ , \tag{16}$$

M_p 是第 p 组简并模式的简并度，微扰矩阵元

$$H_{mn} = \iint_{\Omega} J_m(U)\hat{H}J_n(U)\mathrm{d}S\ , \tag{17}$$

则 a_{mn} 满足方程

$$\sum_n (H_{mn} - \beta^2\delta_{mn})a_{mn} = 0\ 。 \tag{18}$$

这是 M_p 阶久期方程，其本征值就是传输常数 β_i^2，与之相应的本征矢量即为 α_{ij}，因此模式场 φ_i 的芯区功率百分比

$$\gamma_i^{\varphi} = \sum_{j=1}^{M_i} a_{ij}^2\gamma_j \Big/ \sum_{j=1}^{M_i} a_{ij}^2\ 。 \tag{19}$$

图 7 给出吸收效率与芯半径的关系，图 8 给出了泵浦光吸收效率和 D 形厚度的关系。可见 D 形结构使泵浦光吸收效率提高了很多。

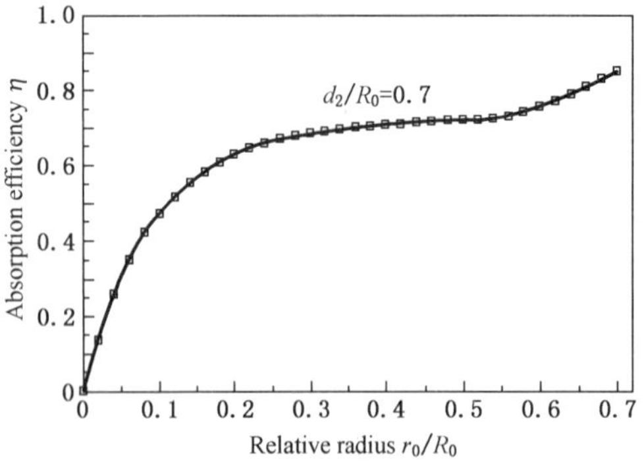

图 7　D 形双包层光纤泵浦光吸收效率与芯半径之间的关系

Fig. 7　Pump power absorption efficiency versus core radius for D shape double-clad fiber

图 9 是泵浦光在各种结构双包层光纤中传输时功率衰减的情况，掺罗丹明 B 的浓度为 2ppm，同心圆光纤中泵浦功率在几十厘米内就趋向饱和，光纤芯将不再吸收泵浦光。在 2 m 之内，其余三种结构的对光纤泵浦光的吸收都保持较高的比率，矩形结构最高。

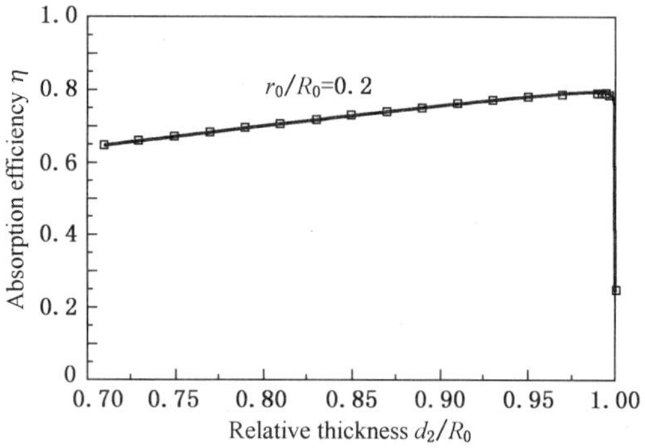

图 8　D 形双包层光纤泵浦光吸收效率与 D 形厚度之间的关系

Fig. 8　Pump power absorption efficiency versus the thickness of D shape for D shape double-clad fiber

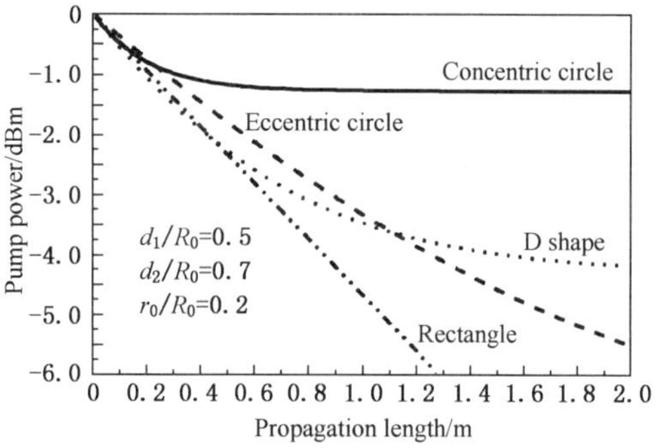

图 9　不同结构双包层光纤中泵浦功率的衰减

Fig. 9　Longitudinal evolution of pump power for different inner clad shape

2　染料能级结构与速率方程

有机染料分子结构比较复杂，一般有一条多个碳原子组成的碳链，是一种大分子结构。染料分子与其他分子的主要区别在于，除了有一个单态能级结构 S_0、S_1、$S_2\cdots$ 外，还有一个三重态能级结构 T_1、T_2、$T_3\cdots$（图 10）。有机染料分子吸收光谱不同于原子光谱或离子光谱，它有一个数纳米至 100 多纳米的宽吸收带，这是由

于分子的众多振动及转动能级吸收形成的。同理，染料分子的发射光谱也是由电子激发态 S_1 向基态 S_0 的众多亚振动-转动能级跃迁的结果。因此染料分子的能级结构属于宽带二能级系统。$S_0 \to T_1$ 的吸收跃迁是自旋禁戒的，因此三重态 T_1 的粒子数集结只能由 $S_1 \to T_1$ 的系际交叉形成，染料分子的单态能级对光子的放大起决定作用，而三重态能级对光子的放大是没有贡献的，系际交叉会减小激发态的粒子数，三重态 $T_1 \to T_2$ 的跃迁吸收信号光功率。染料分子单态的宽带能级结构可以看作是一个等效的四能级结构，S_0 的最低能级 B 即为四能级的基态，第一激发态 S_1 最低能级 A 相当于四能级系统的亚稳态，而宽带能级 S_0 的某个振动能级 a_i 则是下能级。对这种宽带二能级等效的四能级结构，光子的吸收和辐射过程可用以下一组速率方程进行定量描述。

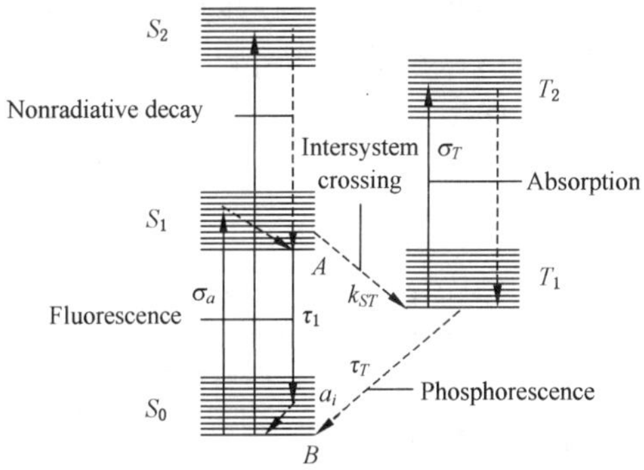

图 10　染料分子能级

Fig. 10　Schematic energy levels of a dye molecule

$$\frac{dN_1}{dt} = \frac{\sigma_a(\nu_p)N_0 I_p}{h\nu_p} + \frac{\sigma_a(\nu_s)N_0 I_s}{h\nu_s} - \frac{\sigma_e(\nu_s)N_1 I_s}{h\nu_s} - k_{ST}N_1 - \frac{N_1}{\tau_1}, \quad (20)$$

$$\frac{dN_T}{dt} = k_{ST}N_1 - \frac{N_T}{\tau_T} - \frac{\sigma_T(\upsilon_s)N_T I_s}{h\upsilon_s}, \quad (21)$$

$$N_0(t) + N_1(t) + N_T(t) = N_{\text{dye}} \quad 。(22)$$

式中 $\sigma_a(\nu_p)$ 和 $\sigma_a(\nu_s)$ 分别是 $S_0 \to S_1$ 跃迁对泵浦光和信号光的吸收截面，$\sigma_T(\nu_s)$ 是三重态 $T_1 \to T_2$ 跃迁的吸收截面，$\sigma_e(\nu_s)$ 是 $S_0 \to S_1$ 的受激发射截面，τ_1 是激发态 S_1 的寿命，τ_T 是三重态 T_1 的寿命，k_{ST} 是系际交叉跃迁几率，I_p 和 I_s 分别是泵浦光和信号光的光强，N_{dye} 是染料分子浓度，N_0、N_1 和 N_T 分别是 S_0、S_1 和 T_1 态的粒子数密度。

式(20)和(21)两边对光纤横截面积分，考虑到仅在光纤芯区掺有染料，因此积分区域为光纤芯

$$\iint_{\text{core}} \frac{dN_1}{dt} dS = \iint_{\text{core}} \frac{\sigma_a N_0 I_p}{h\upsilon_p} dS + \iint_{\text{core}} \left(\frac{\sigma_a N_0 I_s}{h\upsilon_s} - \frac{\sigma_e N_1 I_s}{h\upsilon_s} - k_{ST}N_1 - \frac{N_1}{\tau_1} \right) dS 。 \quad (23)$$

信号光在芯区传输，$\iint_{\text{core}} I_s dS = P_s(z)$，而

$$\iint_{\text{core}} \frac{\sigma_a N_0 I_p}{h\upsilon_p} dS = \sum_{i=1}^{N} \gamma_i \sigma_a N_0 p_i(z) = \bar{\gamma}\sigma_a N_0 P_{\text{abs}}(z),$$

故速率式(20)和(21)化为

$$\frac{dN_1}{dt} = \frac{\bar{\gamma}\sigma_a(\nu_p)N_0 P_{\text{abs}}(z)}{\pi r_0^2 h\nu_p} + \frac{\sigma_a(\nu_s)N_0 P_s(z)}{\pi r_0^2 h\nu_s} - \frac{\sigma_e(\nu_s)N_1 P_s(z)}{\pi r_0^2 h\nu_s} - k_{ST}N_1 - \frac{N_1}{\tau_1}, \quad (24)$$

$$\frac{dN_T}{dt} = k_{ST}N_1 - \frac{N_T}{\tau_T} - \frac{\sigma_T(\upsilon_s)N_T P_s(z)}{\pi r_0^2 h\upsilon_s} 。 \quad (25)$$

3　双包层光纤中泵浦与信号光的功率传输

双包层结构聚合物光纤的芯区掺有机染料，信号光在其中传输，泵浦光同时注入内包层和芯区。在内包层和芯区的传输过程中，光功率被有机染料吸收的过程在上面已经讨论，泵浦光可以分为吸收光 $P_{\text{abs}}(z)$ 和未吸收光 $P_{\text{unabs}}(z)$，吸收光 $P_{\text{abs}}(z)$ 在光纤中的传输方程为

$$\frac{dP_{abs}(z)}{dz}=-(\bar{\gamma}\sigma_a(\nu_p)N_0+\alpha)P_{abs}(z)\text{。}\tag{26}$$

信号光 $P_s(z)$ 的传输方程为

$$\frac{dP_s(z)}{dz}=(\sigma_e(\nu_s)N_1-\sigma_a(\nu_s)N_0)\cdot P_s(z)-(\sigma_T(\nu_s)N_T+\alpha)P_s(z)\text{。}\tag{27}$$

这里忽略了 $S_0\rightarrow S_1$ 的自发辐射，而且只考虑同向泵浦。

4　双包层聚合物光纤放大器的增益特性

利用上述模型，可以具体计算掺罗丹明 B 的双包层聚合物光纤放大器的稳态增益特性，由式(22)解出 N_0，代入式(24)和(25)中，在已知初始条件 $P_p(0)$ 和 $P_s(0)$ 的情况下，求解微分方程组就可以得到 $P_p(z)$ 和 $P_s(z)$，从而确定放大器的增益特性。计算用的参数见表 1。

表 1　计算参数

参数	数值	参数	数值
$\sigma_a(\nu_p)$	2.2×10^{-20} m^2	τ_1	1.0×10^{-9} s
$\sigma_a(\nu_s)$	0.9×10^{-20} m^2	τ_T	1.0×10^{-4} s
$\sigma_e(\nu_s)$	2.4×10^{-20} m^2	k_{ST}	1.0×10^{7} s^{-1}
$\sigma_T(\nu_s)$	0.48×10^{-20} m^2	α	300 dB/km
a	5.0×10^{-4} m	n_1	1.49
b	2.5×10^{-4} m	n_2	1.38
λ_s	590 nm	d_1/R_0	0.5
λ_p	532 nm	d_2/R_0	0.7
R_0	4.0×10^{-4} m	r_0	0.8×10^{-4} m

图 11 是矩形结构 POFA 的增益随时间变化曲线，由于有机染料三重态的吸收，信号增益逐渐衰减最终趋于稳定。由于实际交叉系数 k_{ST} 较小，令 $\tau_a=\tau_e/\sigma_T k_{ST}$，从最大增益到稳定状态的时间大约是几百 ns，如果泵浦光是脉冲激光，脉冲宽度较窄（几个 ns），则这段时间内增益变化很小，接近最大增益。所以，若泵浦光脉冲宽度很窄（$\tau\ll\tau_a$）时，三重态的吸收可以忽略，即 $n_T=0$。再计算 POFA 的增益随时间变化曲线，增益在 1 ns 内就趋向稳定，因此，可以用 $n_T=0$ 时的稳态速率方程来描述泵浦光脉冲时间较短时的 POFA 的增益特性。而泵浦光脉冲宽度 $\tau\gg\tau_a$ 时，达到真正的稳态，因此，POFA 的增益

$$A=A_0+(A_0-A_\infty)\exp(-\tau/\tau_a),\tag{28}$$

A_0 为 $n_T=0$ 时的稳态增益，A_∞ 为 $n_T\neq0$ 时的稳态增益，τ 为泵浦光脉冲宽度。因此只需要讨论 $n_T=0$ 和 $n_T\neq0$ 的稳态增益即可。下面讨论的 POFA 结构为矩形，罗丹明 B 浓度为 1 ppm。脉冲短时，只需讨论 $n_T=0$ 的情况。图 12 给出了 $n_T=0$ 时不同结构的 POFA 信号增益与光纤长度的关系，0.01 mW 的信号光在 7 kW 的泵浦光功率作用下，1.0 m 矩形结构的 POFA 增益为 39 dB，是最大的；D 形 POFA 次之，为 35 dB；同心圆和偏心圆结构的 POFA 增益较小。矩形结构 POFA 增益性能是最佳的。图 13 是矩形结构的 POFA 在不同罗丹明 B 浓度时的增益，可见罗丹明 B 浓度大于 2 ppm 以后，增益基本与浓度无关，罗丹明 B 浓度不宜大于 2 ppm。由于在制作掺罗丹明 B 聚合物光纤时，罗丹明 B 容易分解[9]，因此实际罗丹明 B 的掺杂浓度为 10 ppm 或更高。

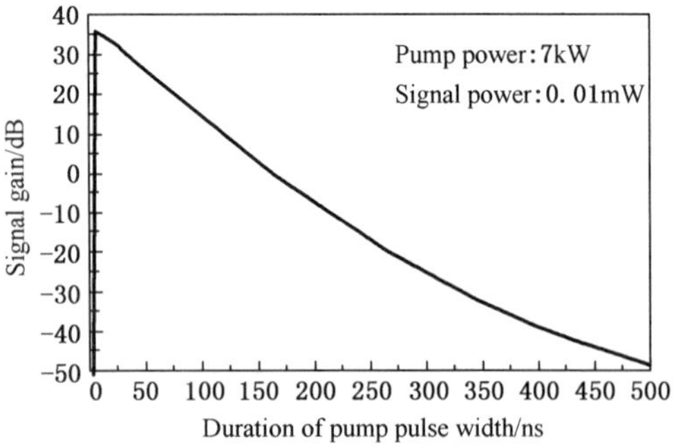

图 11　矩形双包层光纤放大器信号增益与泵浦脉冲宽度的关系

Fig. 11　Signal gain against the duration of pump pulse for rectangle double-clad fiber amplifiers

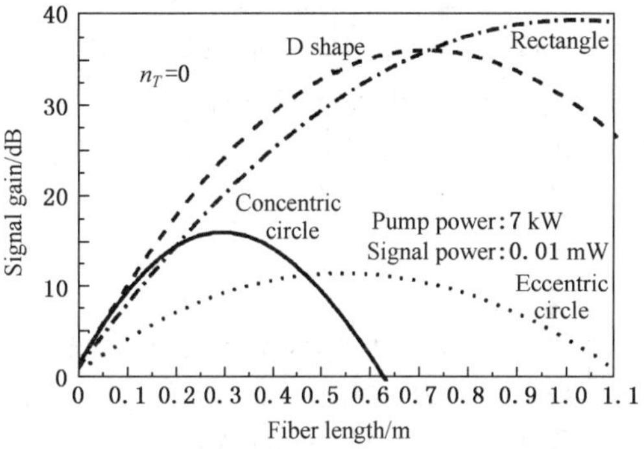

图 12 不同结构 POFA 信号增益与光纤长度的关系

Fig. 12 Signal gain against fiber length for different double-clad fibers

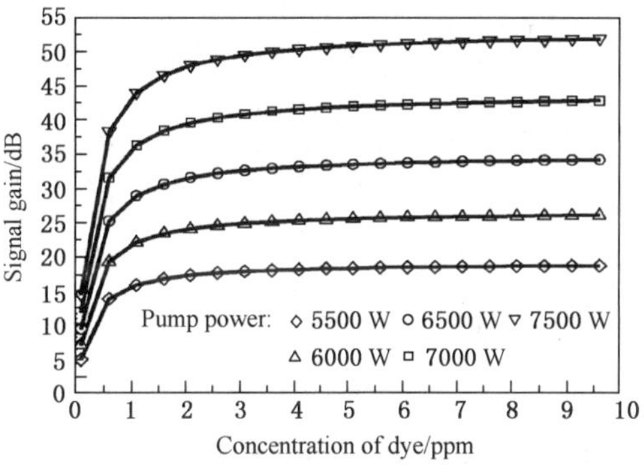

图 13 矩形结构双包层光纤放大器信号增益与掺 RB 浓度之间的关系

Fig. 13 Signal gain versus concentration of dye for rectangle double-clad fiber amplifiers

图 14 表示信号增益与输入信号功率之间的关系，在 7.5 kW 泵浦光作用下，信号饱和输出功率为 1898.95 W。

图 15 是 POFA 的增益谱特性，这是利用 RB 的吸收和发射截面[9]得到的，由图可见在波长 581～591 nm 之间有10 nm 的平坦增益区间。

综上所述，双包层 POFA 的最佳设计方案如下：罗丹明 B 浓度为 1～2 ppm，内包层为矩形，7 kW 泵浦功率，脉冲宽度几个 ns，POFA 的最佳长度为 1 m，在很宽的输入信号功率范围内，信号增益约为 40 dB。

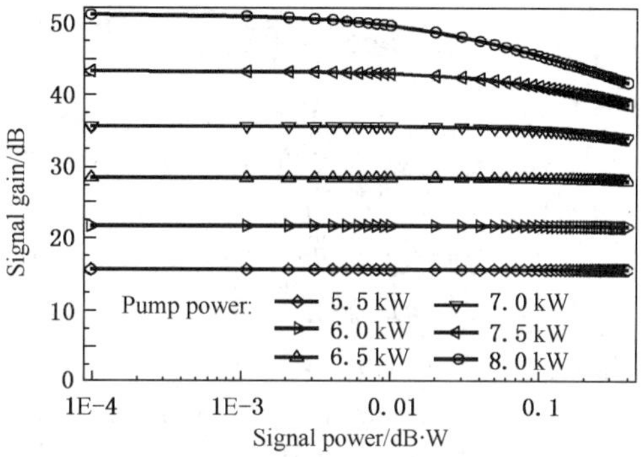

图 14 矩形结构双包层光纤放大器信号增益与输入信号功率之间的关系

Fig. 14 Signal gain versus input signal power for rectangle double-clad fiber amplifiers

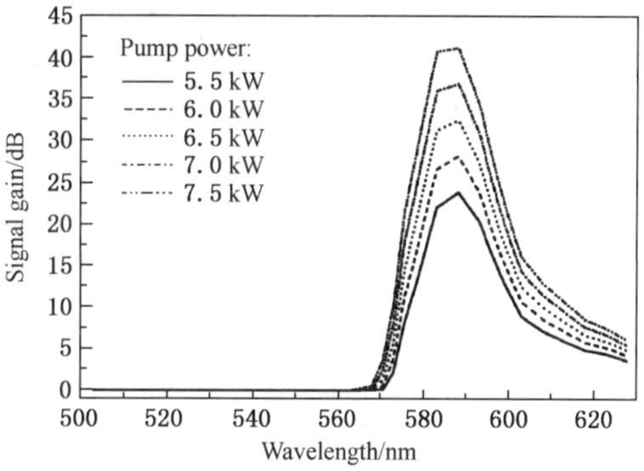

图 15 矩形结构双包层光纤放大器信号增益谱

Fig. 15 Signal gain spectrum for rectangle double-clad fiber amplifiers

5 结论

在考虑了染料分子三重态以及双包层的影响后，得到的速率方程和功率传输方程能够比较全面地描述 POFA 的增益特性，应用这个模型可以得到 POFA 的增益谱特性、最佳长度、饱和输出功率等性能指标，为设计研制性能优良的掺染料聚合物光纤放大器提供了理论基础。模型进一步改进，还可以预测放大器的噪声特性。

参考文献

[1] 张宁，于荣金. 一种用于塑料光纤接入网的多优先级控制协议设计[J]. 光子学报，2003，32(10)：1192-1195.

[2] 于荣金. 塑料通信光纤[J]. 光电子·激光，2002，13(3)：315-320.

[3] Peng G D，Chu P L，Xiong Z，et al. Broadband tunable optical amplification in Rhodamine B-doped step-index polymer optical fibre[J]. Opt Com，1996，129(5)：353-357.

[4] Yamamoto T，Fujii K，Teramoto S，et al. High-power polymer optical fiber amplifier and their applications[J]. Proc SPIE，1994，2289：142-152.

[5] Li Bingxin，Yu Rongjin，Shi Hongyin，et al. Cladding pumping organic dye-doped polymer optical fiber amplifiers[J]. Proc SPIE，2001，4581：158-163.

[6] 张国威. 可调谐激光技术[M]. 北京：国防工业出版社，2002：21-22.

[7] A W 斯奈德，J D 洛夫. 光波导理论[M]. 周幼威，林志瑗，姚慧海，等译. 北京：人民邮电出版社，1991：458.

[8] 曾谨严. 量子力学(卷Ⅰ)[M]. 北京：科学出版社，1990：473.

[9] Tagaya A，Teramoto S，Yamamoto T，et al. Theoretical and experimental investigation of Rhodamine B-doped polymer optical fiber amplifier[J]. IEEE J Quant Electron，1995，31(12)：2215-2219.

塑料通信光纤①

于荣金
（燕山大学信息科学与工程学院，河北 秦皇岛 066004）

摘　要：本文在阐述聚甲基丙烯酸甲酯芯和全氟化聚合物芯塑料光纤（POF）研究现状的基础上，评价了 POF 传输系统及其元器件、应用领域等问题。

摘　要：塑料光纤（POF）；光纤通信；光接入网

Plastic Optical Fiber for Communication

YU Rongjin
(College of Information Science and Engineering, Yanshan University,
Qinhuangdao　066004, China)

Abstract: On the basis of review of recent status of polymethyl methacrylate (PMMA) and perfluorinated (PF) polymer core plastic optical fiber (POF), the transmission systems of POF as well as related components and applications are evaluated in this paper.

Key words: Plastic optical fiber(POF); Optical fiber communication; Optical access network

1　引言

自从 1966 年高锟（K. C. Kao）博士建议光纤作为长距离的通信传输介质，以及 1970 年康宁（Corning）公司 Kapron 等实现 20 dB/km 传输损耗的石英光纤以来，光纤进入了全新的大发展时期。光纤网络得到了很大的发展，铺设了大量传输话音、视频和数据业务的陆地和越洋长途干线。20 世纪 90 年代，海底光缆就铺设了 35 万 km。迄今为止，许多海底光缆和长途干线已相继建成。在这些大容量长距离通信系统中，石英单模光纤得到了广泛的应用，并且是唯一的选择。其中包括 G652 光纤（零色散在 1.31 μm 的普通单模光纤）、G653 光纤［色散位移光纤（DSF），它不适合波分复用系统］以及 G655 光纤［非零色散位移光纤（NZ-DSF），在 1.55 μm 处有 2～6 ps/(nm·km)色散］。Lucent 的真波光纤、Corning 公司的大有效面积光纤（LEAF）、武汉长飞公司的大保实光纤和 Alcatel 的 Teralight 光纤等都属于 G655 光纤。

现在光纤通信的发展，一方面是受 Internet 等对宽带需求的市场推动，通过密集波分复用（D-WDM）技术等扩大通信容量；另一方面是光纤通信系统正在从干线延伸至路边、大楼和家庭，光纤有线电视、智能化大楼、局域网和接入网等短距离、多模光纤市场将逐步增加，是一个很

---

① 光电子·激光，2002，13(3)：315-320.

大的潜在市场。宽带业务正在推动网络工作者把能传送几十或几百 Mb/s 的接入系统应用于大量端户。对这些系统，每个端户的成本是一个很重要的问题。因此，铜线电缆[屏蔽对绞线(STP)、无屏蔽对绞线(UTP)和同轴电缆]是现在传送这些业务最常用的缆线。然而，随着宽带业务的迅速增长，这些电传输线不可能满足用户的需求，而将被塑料光纤(POF)和硬塑料包层光纤(HPCF)所替代。

2 POF

POF 是低成本、重量轻、便于安装使用和柔软的数据传输介质，它特别适合于短距离、中小容量及使用连接器多的系统(如接入网)。与铜线电缆相比，POF 不受电磁干扰、无电磁辐射。聚甲基丙烯酸甲酯(PMMA)基 POF 的成本大致与对绞线相同，但在 100～200 m 内带宽可达 1 GHz 以上，而对绞线不仅带宽小，而且传输距离只有 4.5 m。同轴电缆带宽增至数百到数千 MHz 时，传输距离也在 100 m 内，且成本较高。与多模石英光纤相比，POF 较柔软、容易安装和维护。特别重要的是 POF 芯径通常为 0.5 mm 或更大，而多模石英光纤芯径为 62.5 μm 或 50 μm。芯径大 10 倍左右的 POF 连接对准容易，对于纤芯直径为 980 μm 的阶跃型 POF 和纤芯直径为 500 μm 的渐变型 POF，连接中即使有 ±30 μm 的偏移并不严重影响耦合损耗(约增加损耗 0.03 dB)，可以使用廉价的注塑连接器，从而显著降低系统的总成本。

迄今为止的 POF，按折射率分布分为两类：一类是阶跃型(SI)，另一类是渐变型(GI)。最常用的纤芯材料是 PMMA。

2.1 损耗

PMMA 芯 POF 在 650 nm 波长的理论损耗极限是 100 dB/km 左右，损耗主要来自 C-H 键拉伸振动的本征吸收。实际做成的光纤传输损耗在 120～300dB/km(650 nm 波长)。其中 GI-POF 比 SI-POF 的损耗一般要略高，因为无论采用掺杂剂还是其他单体与 MMA 共聚所形成的 GI-POF，很难达到与纯 PMMA 同样低的损耗。PMMA 的低损耗传输窗口，除 650 nm 附近外，还有 580 nm 和 520 nm 附近 2 个窗口(见图 1)。随着这 2 个窗口光源研究的进展，也可加以利用。降低 PMMA 芯光纤损耗的有途径之一是用氘替代 C-H 键中的 H 做成全氘化 PMMA(即 PMMA-d_8)。这在技术上是可行的，且在 1982 年已做出了这种光纤，其损耗在 650～680 nm 波段可降至 20 dB/km，不过由于过高的材料成本至今没有推广和实用化。降低 POF 损耗的另一种有效途径是采用全氟化(PF)聚合物，最近几年已取得重大进展。由日本 Asahi 玻璃公司生产的 PF 聚乙烯基乙烯醚(商品名 CYTOP)是一种无定形 PF 聚合物，它是具有螺旋形结构，分子中没有 C-H 键的均聚物。采用这种聚合物芯做成的 GI-POF，因为分子中没有 C-H 键，本征吸收损耗很低，散射损耗也较低，表 1 是现在这种光纤在不同波长总的损耗水平和各种损耗因素分析。从图 2 还可以看出，它从可见光到近红外区(例如 1.3 μm)都可用于信号传输，现在 1.3 μm 波长区损耗已达 16 dB/km，改进光纤制作条件后，损耗还可进一步降低。目前主要问题是原料较贵，但成本问题有望在批量生产中加以解决。

表 1　PF 聚合物芯 GI-POF 的损耗

Tab. 1　Transmission loss and loss factor of PF polymer core GI-POF

Wavelength /nm	Total loss /(dB·km^{-1})	Disperssion loss /(dB·km^{-1})	Absorption loss /(dB·km^{-1})	Substrute loss /(dB·km^{-1})
650	47	41	2	4
850	17	13	0	4
1300	16	2	10	4

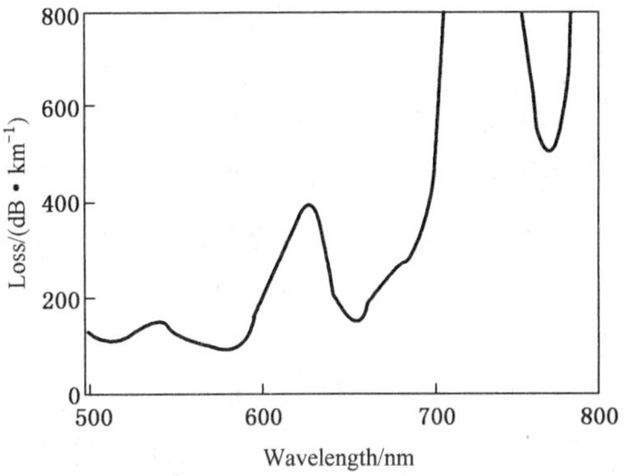

图 1　典型的 PMMA 芯 POF 损耗谱

Fig. 1　The attenuation spectrum of a typical PMMA-Core POF

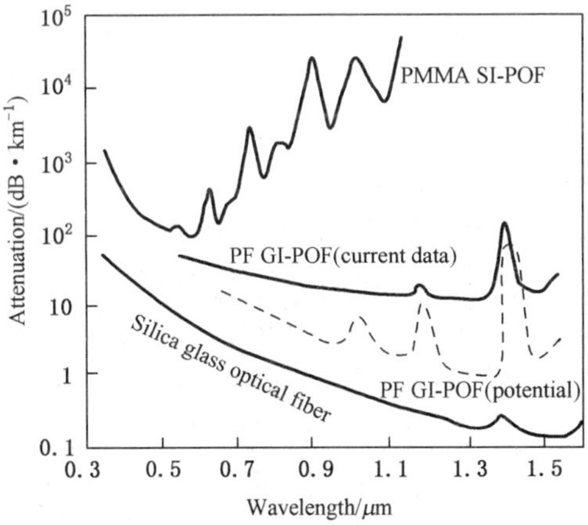

图 2　PF 聚合物芯 GI-POF 的损耗谱

Fig. 2　The attenuation spectrum of PF polymer core GI-POF

2.2　带宽

过去，以 PMMA 芯做成的 POF，大都采用 SI 折射率分布，且数值孔径较大（NA=0.5），因此带宽只能达到 5 MHz·km。20 世纪 90 年代，POF 在带宽上获得突破。首先，1992 年 Y. Koike 等采用界面凝胶聚合技术，做成了 PMMA 芯的 GI-POF，带宽提高到了 2.5 GHz·100 m（理论上可达 3 GHz·100 m）；其次，1995 年 Mitsubishi Rayon 公司采用小数值孔径（$NA\approx 0.31$），使 PMMA 芯 SI-POF 的带宽提高到 210 MHz·100 m，这已符合 1997 年 5 月 ATM 论坛通过的 155 Mb/s、50 m 的 POF 通信标准；第三，近几年采用以 PF 聚合物 CYTOP 和具有较高折射率的 PF 掺杂剂为纤芯做成的 GI-POF，在 100 m 时带宽已超过 10 GHz（$\lambda\approx$ 1300 nm）。大家都知道，GI 光纤中纤芯折射率分布的一般形式为

$$n(r)=n_1[1-2\Delta(r/a)^g]^{1/2},$$

式中，$n(r)$是离光纤轴距离为 r 处的折射率；$\Delta=(n_1^2-n_2^2)/2n_1^2$ 为相对折射率差；a 为纤芯的半径；n_1 为光纤轴上的折射率；g 为折射率分布的幂指数。对于 PF 聚合物芯 GI-POF 在 1.3 μm 波长，最佳的 g 值是 2.09。具有最佳折射率分布的光纤在 1.3 μm 波长可达到 100 GHz·100 m，比石英多模光纤的带宽更高，如图 3 所示。聚合物光纤进一步提高带宽的办法，当然也可采用空分复用和波分复用，特别是 PF 聚合物芯光纤，因为它们从可见光到 1.3 μm 有一个很宽的低损耗传输区。塑料多模光纤达到如此高的带宽，除控制折射率分布（GI-POF）和数值孔径（SI-POF）外，在这些多模光纤中，是由于存在强模

式耦合（SI-POF）和微分模式损耗（GI-POF）。对 PF 聚合物芯的 GI-POF，还由于它的低材料色散。在可见光到 1 μm 的波长区，PF 聚合物及掺杂的 PF 聚合物，它们的色散比石英及掺杂的石英色散还低[1]，如图 4 所示。

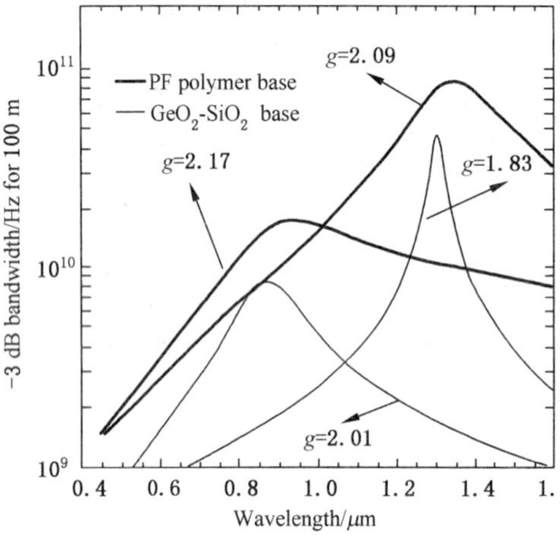

图 3　PF 聚合物芯 GI-POF 的带宽与波长关系

Fig. 3　Wavelength dependence of the bandwidth of PF polymer core GI-POF. Spectral width of the light source was assumed to be 2 nm

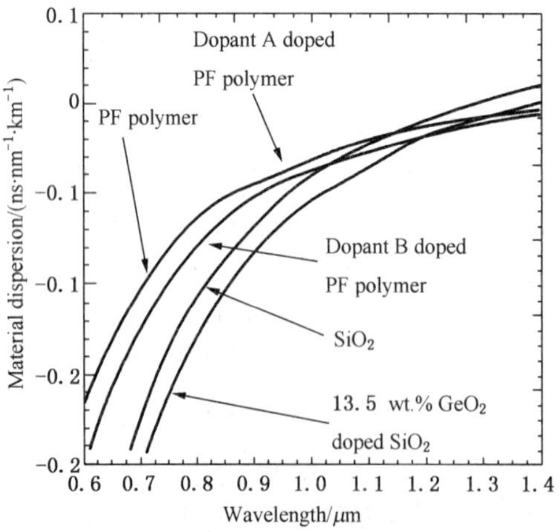

图 4　PF 聚合物与石英之间材料色散的比较

Fig. 4　Material dispersion comparison between the PF polymer and silica

除损耗和带宽外，POF 的寿命也是使用中最重要的问题之一。在德国，由 4 个单位合作，对 3 个主要厂家的 PMMA SI-POF 光缆，从 1998 年年底至 2000 年年初进行了为期 250 d 的加速老化试验（试验温度 75～92 ℃，相对湿度 95%）。试验结果表明：工作温度为 70 ℃时，在 650 nm、590 nm 和 525 nm 波长，都可使用 20 年以上。对于由掺杂剂形成的 PMMA GI-POF，带宽和折射率分布的热稳定性问题，只要选择适当的掺杂剂以及控制掺杂剂含量，可以得到解决。为了在减少掺杂剂含量的同时，保持足够的数值孔径，以便有低的弯曲损耗，M. Sato 等提出以甲基丙烯酸甲酯（MMA）物 2,2,2-三氟乙基甲基丙烯酸酯（3FMA）共聚物（其中 3FMA 占 33wt.%）作为 GI-POF 的包层，并采用两步界面凝胶聚合工艺。由于聚 3FMA 的折射率比聚 MMA 的折射率低，所以在芯层掺杂剂浓度低至 10wt.%时，光纤的数值孔径可达 0.24，而以 PMMA 为包层、具有同样数值孔径的 GI-POF，掺杂剂浓度需要 20wt.%。为了满足有些场合较高工作温度的需要，专门发展了一些耐热的 POF，如采用聚碳酸酯（PC）以及改进的 PC（全氟聚碳酸酯）作为纤芯材料。做成的 PC POF 耐热温度范围为 125～135 ℃，工作波长为 660 nm、传输损耗约为 400～1200 dB/km；而改进的 PC POF 耐热温度可达 145 ℃，耐湿性也很好，且最低损耗窗口位于 780 nm，传输损耗约为 300 dB/km。

POF 通信线路涉及的其他元器件，如各种有源、无源器件（光源、探测器、连接器和耦合器等）这几年都有很大进展，且基本齐全。这里特别要提到的是光源。PMMA 基 POF 的低损耗传输窗口是在 650 nm、580 nm 和 520 nm 附近，而 PF 聚合物 POF 的传输窗口从 650 nm 一直至 1.3 μm。在这些波长的发光二极管(LED)、共振腔发光二极管(RC-LED)或微腔发光二极管(MC-LED)、激光二极管(LD)以及垂直腔面发射激光器(VCSEL)都可用作 POF 网络的光源。其中 LED 的速率在 $10 \sim 10^2$ Mbit/s 量级，RC(或 MC)-LED 的速率在 10^2 Mbit/s 量级；而 LD 和 VCSEL 的速率约在 $10^{-1} \sim 10^1$ Gbit/s 量级。VCSEL 的优点是批量制作的成本比普通 LD 低，1 个片子可以制作出几万个激光器，并且发射的高质量圆光束便于与光纤有效耦合，功耗很低，很适合于短距离、大容量平行数据链路。一维或二维的 VCSEL 列阵可与带状光纤连接，将来成为 FTTH 的有用光源；RC(或 MC)-LED 的特点是器件制作时的反射率要求(<95%)比 VCSEL 的反射率(>99%)低，做起来相对容易些，而与通常没有共振腔的 LED 相比，增加了光谱功率密度、减少了线宽和有较强的定向发射，这对系统应用是很有利的。0.85～1.3 μm 波段，可以利用石英光纤通信中已较成熟的各种光源；而可见光波段的光源，还受光存储和显示显像等需求的推动。这是有利的方面，但在推广和应用 POF 网络中，研制性能满足要求、可靠、低成本的相关器件和技术，特别是降低端机的成本还是目前面临的紧迫任务。

3　传输实验

差不多与 POF 研究发展的同时，对 PMMA 的 SI-POF 和 GI-POF 以及 PF 聚合物 GI-POF 进行了传输实验。

1992～1993 年，Bates 和 Yaseen 等[2,3]在 100 m PMMA SIPOF(Mitsubishi ESKA Extra EHool，$NA=0.47$，652 nm 波长的损耗为 139 dB/km)中演示了 265 Mbit/s 和 531 Mbit/s 的传输。他们把波长为 652 nm、光功率为 2.7 mW 的 Philips CQL 82LD 作为光源。改进带宽的方法是模式选择入射和探测，以及对光纤模式色散进行电的预补偿和后补偿。1999 年 Ulm 大学用 780 nm 垂直腔面发射激光器作为光源，在 15 m PMMA SI-POF(Hochst EP51，$NA=0.46$，带宽为 90 MHz·100 m)进行了数据速率为 900 Mbit/s 的传输；而用双阶跃折射率(DSI) PMMA POF(Mitsubishi MH4001，$NA=0.32$，带宽 150 MHz·100 m)，在同样长度(15 m)的光纤中可进行数据速率为 1 Gbit/s 的传输。德国 O. Ziemann 等[4]在 POF'2000 会议上，报道了采用 PMMA SI-POF(Toray PFU-CD-1001-22-E)、650 nm 激光器(Sony，SLD 1133VL)和 Si-PIN 光电二极管(Hamamatsu S5052)实现了 1.2 Gbit/s、10 m 的传输。

1995 年日本 Keio 大学 Ishigure 等[5]报道了利用界面凝胶聚合技术制作的 PMMA GI-POF(650 nm 波长损耗为 200 dB/km)、650 nm 高速 LD(NEC)和 Si-PIN 光电二极管，实现了 2.5 Gbit/s、100 m 的传输。1999 年荷兰 Eindhoven University of Technology 的 W. Li 等[6]报道了利用 PMMA GI-POF(Mitsubishi Rayon，损耗为 164 dB/km)、波长为 645 nm 的窄光谱激光器(NEC，平均输出功率为 6.8 dBm 时，调制光谱宽度为 0.4 nm)，以及 1 个 Si 雪崩光电二极管(在 2.5 Gbit/s 和 10^{-9} 误码率下有 −29 dBm 的灵敏度)，实现了 2.5 Gbit/s、200 m 的传输。这大概是 PMMA GI-POF 所达到的最高纪录。

H. Imai 在第 6 届 POF 和应用的国

际会议（POF'97）上，报道了应用 PF 聚合物 GI-POF 在 1300 nm 波长所做 2.5 Gbit/s、200 m 的传输系统实验。当时 PF 聚合物 GI-POF 在 1300 nm 波长的损耗为 56 dB/km；后来，W. Li 等在第 8 届 POF 和应用的国际会议（POF'99）上，报道了他们应用 PF 聚合物 GI-POF 在 1310 nm 和 840 nm 波长下进行 2.5 Gbit/s 的实验，传输距离均达到 550 m。此时，光纤的损耗在 1310 nm 波长为 31 dB/km、在 840 nm 波长为 43.6 dB/km（Asahi Glass）。在 1310 nm 波长实验时，用了很灵敏的大光敏面的 APD 接收器，GI-POF 和 APD 之间实现了低损耗互连；在 840 nm 波长实验时，用了 VCSEL 和 Si APD。接着，Lucent 的 G. Giaretta 等[7,8] 在 OFC/IOOC'99 会议及杂志上报道了利用 PF 聚合物 GI-POF、一个便宜的 1300 nm 波长非冷却的无隔离 Fabry-Perot 激光器、低成本的 PIN 接收器，做了 11 Gbit/s、100 m 的实验。在可见光的 645 nm 波长，W. Li 等在 POF'98 会议上报道了 2.5 Gbit/s达到 300 m 的传输。

张宁等[10] 开展了 POF、POF 放大器、连接器和耦合器研制，同时也开展了传输系统的研究，提出了一种基于光码分多址的 POF 接入网。

4　POF 的应用

如上所述，PMMA 基 POF 的最大传输距离为 100～200 m（650 nm 波长）；而 PF 聚合物芯光纤（Lucina™）目前最大的传输距离为 1 km 左右（1.3 μm 波长），随着研究工作的深入，传输距离还能不断增加。PMMA POF 带宽为 155 MHz（低数值孔径 SI）～2.5 GHz（GI），而 PF 聚合物芯 GI-POF 带宽为几个 GHz（可见光）～>10 GHz（0.85～1.3 μm 波长）。POF 都是纤芯较大（纤芯直径：PMMA 基 SI-POF 1 mm、GI-POF 约 500 μm，Lucina™ PF GI-POF 为 120 μm）的多模光纤，连接和对准方便，柔软而便于弯曲。根据 POF 的这些特点，其似乎定位在短距离、中小容量通信系统比较合适（当然也不排斥 PF 聚合物芯 GI-POF 的高带宽，再采取波分复用之后，可形成很大容量的通信系统）。这样它有广泛而特有的潜在市场。在现有的有线传输介质中，长距离大容量（单通道 10～40 Gbit/s 再利用波分复用几十至几百个信道，信息传输速率达 Tbit/s 以上）系统，无疑属于石英单模光纤的应用领域。而短距离、中小容量系统，现在主要是铜线电缆的应用领域，但随着 POF 的发展，它和相关元器件成本的下降，加上用户对带宽需求的增长，早晚会被 POF 所替代。

POF 是局域网（如汽车、飞机、办公室、住宅和工业控制等网络）以及大的电信系统与计算机之间互连等首选的传输介质。它能提供增加带宽而对现有局域网络基础结构不必进行昂贵的拆修。

4.1　POF 对家庭和公寓网络方面的应用

对于家庭和公寓，过去的布线分别使用电话线、无屏蔽对绞线缆和同轴电缆等。为了给用户提供方便、降低布线的总成本，家庭和公寓的布线将是 1 根布线。目前家庭和公寓用 1 根布线传输所有的业务需要几十至几百 MHz 的带宽，而今后随着业务需求的增长（如需要对话式在线购物、在线医疗咨询、在线教育及高清晰度彩色电视等），需要 Gbit/s 以上的信息通过家庭网络。单个住宅可能 100 m 缆线就可覆盖，而一些公寓，特别是高层公寓房间中要装光缆就需要达 200 m 的距离。从布线施工成本考虑,有人估计日本现在用玻璃光纤的布线施工总成本中,布线和连接器的安装费用占60%~70%,光缆占10%,其他元器件占20%~30%。由于家庭布线有许多连接点,所以降低布线施工费用需要采用廉价且便于连接的连接器,这恰好是大芯径 POF 能实现的途径。目前,以采用 PF GI-POF 为例,与多模玻璃光纤相比,就可降低布线施工总成本的20%~30%。在房间内布线的光缆,因为从小孩到老人都可能触摸到,所以对光缆的弯曲、扭曲和冲击等的耐用性都有较高要求,而 POF 的柔软、良好的力学性能,对这些应用都是很适宜的。与现存和未来装备的互操作性方面,GI-POF 也能满足要求。所以 GI-POF 是今后家庭和公寓网络布线的首选光缆,甚至小数值孔的 PMMA 基 SI-POF 目前也能适应一般用户的需求。

4.2 POF 在汽车网络的应用

汽车多媒体网络的带宽需求主要是以声频和视频为基础的,如移动电话、传真、CD 播放机及语音控制设备等。由于车内有限的乘客和他们有限的信息处理能力,所需带宽有一个上限,估计近期和中期,需要约 5~20 MHz 的系统带宽。如果将来在车内引入驾驶员辅助控制系统(例如建立视频处理系统,帮助驾驶员控制和导航等),则要提供 100~800 Mbit/s 的数据速率(正在讨论达 3.2 Gbit/s 的速率)。考虑多媒体世界快速进步和比较慢的汽车发展周期,需要一个未来可以扩展功能(即可包容今天还不知道的新的应用)的多媒体网络。今天已有利用 4 Mbit/s 光学 D^2B(domestic digital bus)的高端汽车在生产。它是 Daimler-chrysler 1998 年在 Mercedes 车内引入的第 1 个信息网络。车内数字音响都可利用这些 POF 系统。布局是单环状结构,数据速率可达 5.6 Mbit/s,采用耦合功率为−13 dBm 的 660 nm LED 和损耗为 200 dB/km 的 1 mm 芯径 PMMA SI-POF(NA=0.5)。今年开始,有几个汽车制造厂准备在他们生产的汽车中引入新的光学数据总线系统 MOST(media oriented systems transport)。MOST 光学总线的数据速率增至 48 Mbit/s,所用波长和 POF 均与 D^2B 相同,能传输 MPEG 压缩的视频数据。现在有几个从事汽车多媒体总线标准的组织机构,其中,研究智能运输系统数据总线的 IDB 论坛是由 67 个成员公司组成的联合体,他们研究的 IDB 1394 是 IEEE 1394 系列总线在汽车应用方面的形式,数据速率达 400 Mbit/s,亦称为 Fire wire 或 i. Link。它能满足今后汽车对信息增长的需求,传输压缩和未压缩的视频数据。

4.3 POF 在飞机中的应用

波音公司等正在积极开展 POF 在飞机中的应用,因为一方面可以通过由 POF 组成的通信网络,从接入的共同网络和国际互联网中,为旅客提供个人所需的电影、视频游戏及购物等服务;同时由于 POF 重量轻,可以大大降低飞机的载重量,这对飞机是具有重要意义的。

4.4 在工业控制网络中的应用

通过转换器,POF 可以与 RS232 和 RS422 等标准协议接口相连,在恶劣的工业制造环境中提供通信线路。利用 POF 网络快速传输控制信号和指令,可以提高生产率,避免因使用铜线电缆受电磁干扰而发生的故障。

4.5 在军事方面应用

POF 能以高速传送大量安全信息,因

为 POF 适合于安全和气候恶劣的网络和传感器，所以正在把它应用于战斗机、直升机和飞船中去。

4.6　POF 在互连中的应用

互连需要 POF 的地方可能包括系统内和局内的互连。第 1 个 POF 在大电信平台的应用是最近在 Lucent Technologies Wave Star DACS。它是在通常的 1 mm PMMA POF 上分布 155 Mbit/s 的定时/控制信号。这些链路长度为 2.5 m 和 4.0 m，互连应用的成本/性能是极好的。进一步需在 POF 中实现 622 Mbit/s 的内部链路，每个系统有几百个 155 Mbit/s 和 622 Mbit/s 的链路，以及几千个 2.5 Gbit/s 的链路。为了使 POF 链路有竞争力，除距离之外，必须像玻璃光纤一样，要面向高端市场。当 POF 用于大交换平台时，即使像 2.5 Gbit/s 的高速链路，其比特误码率也必须是基本上不可测量的，这就需要使用比实际应用更高速率的链路，以及解决 POF 的链路的成本和提高互连密度。

POF 的应用是多方面的，除上述通信领域外，还有许多其他的应用。例如，现有的内窥镜等都是用阶跃折射率玻璃光纤束做的，其图像分辨率限于 5 μm，随微光纤（像元）直径减小到 5 μm 以下图像亮度迅速减弱。但用 GI-POF 来做光纤束，微光纤直径可减小到 2.5 μm，图像的分辨率和亮度均可超过现有的 SI 玻璃光纤束。

日本不仅始终积极开发各种 POF、相关器件及其应用，还积极从事 POF 标准化的活动。受国际贸易和工业部（MITI）委托，日本电子工业协会（EIAJ）作为宽带 POF 光学接口国际标准的实施者，EIAJ 中的 POF 接口委员会（下设 4 个工作小组）于 1998 年 6 月组织，进行为期 3 年的活动，已于今年 3 月结束，该委员会的主席就是 Keio 大学的 Y. Koike 教授。

美国考虑到聚合物光纤的战略意义，为发展 GI-POF 技术成立了高速塑料网络（HSPN）联合体，成员包括 Boeing、Honeywell、Packard Hughes 和 Boston Optical Fiber 4 家公司。由 HSPN 成员获得的经验和发展技术，促使 ATM 论坛于 1997 年 5 月通过了第 1 个 POF 工业标准（155 Mbit/s、50 m SI-POF）；接着又提出了光学微型网络（OMNET）计划，出资 6000 万美元，用于开发氟化聚合物材料的 GI-POF 和中心局交换系统。在欧洲，特别是在德国，也在积极发展和应用 POF 技术，德国纽伦堡 University of Applied Sciences 于 2000 年年底准备成立聚合物光纤应用中心（POFAC），专门从事 POF 的测量、研究发展和教育。

参考文献

[1] Y Kioke. Progress in GI-POF: status of high speed plastic optical fiber and its future prospect [C]//Conference Proceedings POF'2000. 2000: 1-5.

[2] R J S Bates, S D Walker, M Yaseen. A 265 Mbit/s, 100 m plastic optical fiber data link using a 652 nm laser transmitter for customer premises network application[C]//Proc. ECOC'92. 1992, 1: 297-300.

[3] M Yaseen, S D Walker, R J S Bates. 531 Mbit/s, 100 m all-plastic optical-fiber data link for customer-premises network application [C]//Proc. OFC/IOOC'93. 1993: 171-172.

[4] O Ziemann, et al. Potential of PMMA based SI-POF for Gbps transmission in automotive applications [C]//Conference Proceedings POF'2000. 2000: 44-48.

[5] T Ishigure, et al. 2. 5 Gbit/s 100 m data transmission using graded-index polymer optical fiber and high'speed laser diode at 650 nm wavelength [J]. Election. Lett, 1995, 31 (6):467-469.

[6] W Li, et al. 2. 5 Gbit/s transmission over 200 m PMMA graded index polymer optical fiber using a 645 nm narrow spectrum laser and a silicon APD [J]. Microwave and Optical Technology Letters, 1999, 20(3):163-166.

[7] G Giaretta, et al. 11 Gb/ s data transmission through 100 m of perfluorinated graded-index polymer optical fiber [C]//Proc. OFC/IOOC'99. 1999:PD14-1/PD14-3.

[8] G Giaretta, et al. High-speed (11 Gbit/s) data transmission using perfluorinated graded-index polymer optical fibers for short interconnects (<100 m)[J]. IEEE Photonics Technology Letters, 2000, 12(3):347-349.

[9] W Li, et al. Record 2. 5 Gbit/s transmission via polymer optical fiber at 645 nm visible light [C]//Proc. POF'98. 1998, Post Deadline Paper.

[10] 张宁，于荣金. 基于光码分多址技术的塑料光纤接入网探讨[J]. 光子学报，2001，30 (7):827-831.

降低光纤传输损耗的一种新结构
——蜘蛛网包层空芯光纤①

于荣金
（燕山大学信息科学与工程学院，秦皇岛 066004）

摘　要：光纤的传输损耗在很大程度上是由构成光纤材料的本征吸收损耗大小决定的，但是在某些波段或波长没有相应的低损耗材料时，可以采用空芯光纤。构成空芯光纤的关键是在与光纤传输方向垂直的横向有一个有效的束缚机理。本文在对国际现有各类结构光纤研究分析的基础上，提出一种新的结构——蜘蛛网包层空芯光纤，它只需要采用单一材料，结构比较简单，适用性广泛，可制作约从 0.2～1000 μm 各个波长（或波段）的低损耗光纤。
关键词：空芯光纤；布拉格反射器；蜘蛛网包层

一、现有光纤的材料和结构

从光信息传输看，几十年中得到比较充分发展的材料和光纤是用石英制作的各类石英光纤。高纯石英的本征吸收损耗很低，所以从 1966 年高锟博士提出可以采用石英光纤作为光通信的传输介质以后，经十年左右的努力，石英光纤损耗已经达到 0.2 dB/km，接近其理论极限。因为高纯石英的吸收损耗很低，所以用于传输的光纤都是实心的，加上后来掺铒光纤放大器等发展和应用，它能满足干线和越洋光缆铺设的需要。在这几十年中，同时还有另一类研究发展中的光纤，即塑料光纤。它在某些方面具有石英光纤没有的优越之处，如它柔软、可以做成大芯径、便于连接、重量轻等。但以最具代表性的一种塑料——聚甲基丙烯酸甲酯（PMMA）为例，它的本征吸收损耗要比石英大三个数量级。尽管几十年来，国际上（特别是日本）做了很大努力，力求降低其损耗，如用氘替代 C－H 键中的氢，做成全氘化 PMMA（即 PMMA-d8），20 世纪 80 年代初期就制出了这种光纤，其损耗在 680 nm 可降至 20 dB/km。不过由于过高的材料成本至今没有应用和投入市场。20 世纪 90 年代后期，日本又用全氟化聚合物 CYTOP 做成了损耗低于 15 dB/km，且适合于可见光至 1.3 μm 波长使用，材料色散比石英还小，因而是一种高带宽的变折射率塑料光纤[1]。同样因过高的成本，至今没有批量进入市场。尽管塑料光纤在局域网和光纤到家等应用中呼声较高，但实际上与石英光纤在局域网中应用存在同样的性价比问题。这种状况制约了当前局域网的发展。

再看太赫兹（THz）波，这个处于微波与远红外之间两个数量级（0.1～10 THz）的波段，是电磁波谱中留下需要开发的最后一个频段，最近日本已把它确定为今后十年内重点开发的“国家支持技术十大重点战略目标”之一。也由于没有低损耗材

① 全国第十二次光纤通信暨第十三届集成光学学术会议论文集. 广州：暨南大学出版社，2005：46-51.

料，因而没有合适的波导结构，人们在通信方面，只能设想将其用于卫星间及局域网的宽带移动通信。到目前为止，最好的结果是2002年报道采用实心的塑料光子晶体光纤，在0.1～3 THz所得的损耗小于0.5 cm^{-1}（相当于2.17×10^5 dB/km），光纤长度仅为2 cm[2]。

还有一些有重要应用的波长（或波段），如10.6 μm的CO_2激光器，因缺乏优良而便宜的传输光纤而应用受到制约。

解决损耗问题，选择和改进材料当然是一种办法，但既要大幅度降低损耗又要便宜，现在已并不是一件很容易的事。解决损耗的另一种办法是从结构角度，光不在吸收损耗大的材料中传输，即采用空芯光纤。但如何解决横向束缚也是一个问题。事实上，不少空芯光纤的损耗比实芯光纤的损耗还大，这是不奇怪的。它要求既有高效的束缚机制，又要求在工艺上便于实现，这是一个更深层次的问题。在可见光和近红外波段，现有的空芯光纤大致有三类：普通的实包层空芯光纤、光子带隙包层或同心环形布拉格反射型包层的光子晶体光纤以及用全介质全方位反射镜制作的空芯光纤。实包层空芯光纤，芯区的折射率低于包层的折射率，包层又无束缚传输光的机制，损耗很大，无法作为光信息传输介质。其损耗与λ^2/a^3成正比（其中λ是辐射波长，a是光纤芯半径），故采用大芯径（一般芯半径为50～500 μm）。例如，2002年《Science》上报道通过波长760 nm飞秒激光器的高次谐波上转换产生极紫外，采用150 μm直径充氩气的空芯光纤[3]，好在其光纤长度仅为10 cm。

光子带隙包层或同心环形布拉格反射型包层的光子晶体光纤，其传输损耗均随包层中气孔圈数的增加而指数下降，如果希望泄漏损耗足够低，一般需要7～9圈。对于光子带隙型包层不仅要求微结构有严格的周期排列，而且要求有相当大的空气填充分数。例如，Bath大学采用石英材料、7圈气孔、空气填充分数大于85%的包层，在850 nm波长获得了损耗为180 dB/km的空芯光子带隙光纤[4]。在长波段，数值计算表明：采用石英材料和气孔圈数为8时，在1.53 μm可把传输损耗降至0.01 dB/km以下，可以比现在的石英光纤损耗低20倍[5]。然而，在OFC2004会议上，石英空芯光子带隙光纤实验上报道的最低损耗纪录是1.7 dB/km，刚好刷新过去康宁公司在1500 nm最低损耗为13 dB/km的纪录。空芯塑料（PMMA）光子带隙光纤的损耗，我们用多极法做过分析，损耗确实可以比相应材料普通塑料光纤降低一个数量级[6]，但实践起来很难。如澳大利亚悉尼大学从2001年开始报道了他们研制的各种聚合物微结构光纤（包括单模、高双折射、双芯、非线性、变折射率以及空芯等），但其制作出的光纤性能仅达到初步演示的程度，空芯光子带隙结构光纤还根本谈不上降低损耗的问题[7]。由此可见，这类光纤不仅制作费时费力，在工艺上要保持这种微结构在横截面和整个长度上的完整性，没有任何空气孔变形，相当困难。

最后一类采用全介质全方位反射镜制作的空芯光纤，其实它也是一类布拉格光纤[8,9]。它是利用折射率差较大的两种介质材料构成全方位介质反射镜。可以对任何入射方向的光进行反射，反射效率极高，可以使99.9%的光局域于光纤空芯中传输，例如，采用30000 dB/m

材料构成的这种空芯光纤，其损耗为0.65 dB/m，即它的损耗只有构成材料损耗的1/46000[10]。且达到一定的泄漏速率只需要几层；各模式之间泄漏很不相同，产生一种模式滤波效应，可以在大芯径下以单模方式工作，最低损耗模式是TE_{01}。TE_{01}辐射泄漏$a\sim 1/R^3$，其中R是光纤的芯半径，而TM和混合偏振辐射损耗$\sim 1/R$[9]。应该说，这种结构相对上述第二类光子带隙包层空芯光纤来说有许多优点，不过这种空芯光纤的包层是用两种不同折射率的介质构成的。实际上，要找到两种材料的折射率差比较大而光学性能又较好，在热学和力学性能上以及制作工艺上具有相似性、兼容性和简单可行性是十分困难的。至今，这种结构的提出者们——美国麻省理工学院的一个学术团队，在实验上也只有一个报道：采用五层Te($n=4.6$)和四层聚合物($n=1.59$)构成包层的这种空芯光纤，工作波长在10 μm区，测量了约90°弯曲时的传输[11]。在这方面，我们也作过努力，但始终没有找到一个好的方案。多年来，我们一直致力于降低塑料光纤损耗的研究，探索过多种方案。经过思考和探索，受自然界的启发，发现和构思了用蜘蛛网状包层结构的单一材料代替全方位反射镜的两种介质。通过对这种结构的光学性质和力学性质等数值模拟，证明这种新结构是完全可行的。它既保持了全方位全介质反射镜空芯光纤的优点，又便于实现，具有重要的应用前景。

二、蜘蛛网包层空芯光纤

我们提出的光纤结构如图1所示，结构参数是$n_1(=1)$、n_2、d_1、d_2、Λ、r_{co}、N、m和W_s。其中N是交替层数，r_{co}是空芯的半径，m和W_s分别是支撑条的数目和宽度。支撑条在横截面上的分布总是对称的，并使用与交替层相同的介质材料(n_2)。

首先，通过二维时域有限差分法，分析了这种蜘蛛网包层空芯光纤横向电场的场分布。假定要分析光纤的结构参数为$n_1=1$(空气)、$n_2=1.49$(PMMA折射率)、$d_1=0.80$ μm、$d_2=0.25$ μm、$\Lambda=d_1+d_2=1.05$ μm、$r_{co}=10$ μm、$N=4$、工作波长$\lambda=0.77$ μm(PMMA一个损耗较低的窗口)。在没有支撑条时，这种光纤横向电场的场分布为图2(a)。如图所示，场是束缚得很好的，如果引入支撑结构($W_s=0.25$ μm，$m=8$或12)，场分布有点变形，如图2(b)和(c)所示。然而，绝大部分场还是很好地束缚在光纤芯中。

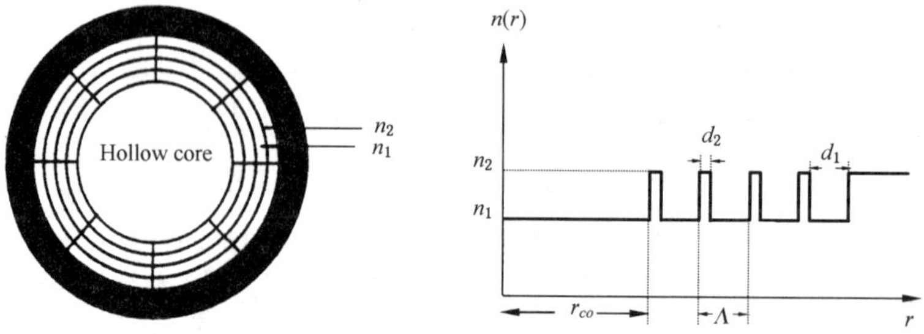

图1　蜘蛛网包层空芯光纤结构

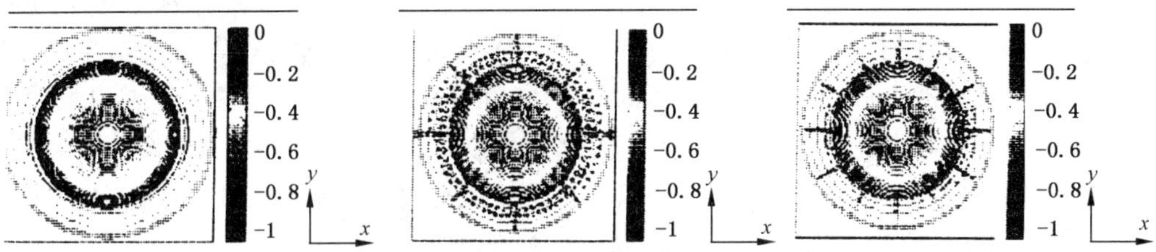

(a) 无支撑条　　(b) 8根支撑条　　(c) 12根支撑条

图 2　横向电场的场分布

通过有限元法，分析了蜘蛛网状包层空芯光纤的力学性质。光纤的结构参数为 $n_1=1$、$n_2=1.49$、$d_1=2\ \mu m$、$d_2=0.23\ \mu m$、$r_{co}=10\ \mu m$、$N=5$、$m=12$、$W_s=0.23\ \mu m$ 或 $0.046\ \mu m$，外包层直径 $D_0=100\ \mu m$，材料为 PMMA，它的弹性模量 $E=3.1$ GPa，泊松比 $\nu=0.33$，屈服极限取为 $\sigma_s=61$ MPa，取光纤长度 $l=2500\ \mu m$。改变曲率半径施加位移载荷，加载后截面上最大主应力与曲率半径的关系，如图 3(a) 所示。从图 3(a) 可以看出，随着曲率半径的减小，截面上最大主应力增大；当曲率半径 $\rho=3$ mm 时，截面应力达到 PMMA 材料的屈服极限。如果曲率半径固定 ($\rho=20$ mm)，在其他条件相同的情况下，改变截面外包层直径，施加位移载荷，截面上最大主应力与外直径的关系如图 3(b) 所示。随着截面外径增大，截面的抗弯刚度逐渐增加，导致截面的最大主应力随之增大；当外直径 $D_0=600\ \mu m$ 时，截面上最大主应力将达到材料的屈服极限。截面上抗弯刚度随支撑条宽度 (W_s) 减小而增大，因此截面上最大主应力随支撑条宽度减小而减小；支撑条数 $m=6$ 时，算得的结果与图 3 中 $m=12$ 所示的结果几乎一致。

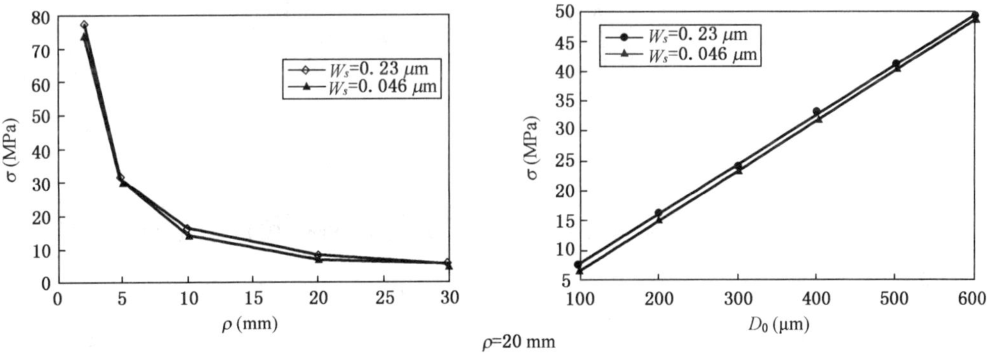

图 3　(a) 最大主应力 (σ) 与曲率半径 (ρ) 的关系，(b) 最大主应力 (σ) 与外直径 (D_0) 的关系

从以上结果可以看出，只要结构满足力学稳定性的要求，支撑条的数量和宽度应尽可能小。一般可以取 $m=6\sim12$，$W_s=\lambda/3\sim\lambda/30$，其中 λ 是光纤的工作波长。

通过平面波展开法，计算了不同材料（即不同的 n_2）和不同 $\eta(=d_2/d_1)$ 值的光子带隙，证明这种空芯光纤具有在很宽频率范围内支持带隙传导的性质。图 4 是 $\eta=0.01$ 和 0.05、$n_1=1$ 和 $n_2=1.49$ 时 TE 模在布拉格反射层第一光子带隙内的情况，可以看出 TE 模的模折射率在一个很大的归一化频率范围内，接近但低于 1，即这个光子带隙可以把很宽波长范围的光束缚在空芯中传导。对于 $\eta=0.01$，归一化频率可达到从 4.28 至 44.90。下面考虑假定 η＝0.05、PMMA 层厚(d_2)为 0.25 μm 的空芯光纤，则空气层厚(d_1)为 5 μm，$\Lambda = d_1 + d_2 = 5.25$ μm。对于光纤通信来说，有兴趣的波长范围从 0.65 μm 至 1.65 μm，它相当于归一化频率(Λ/λ)从 5.25 μm/0.65 μm＝8.1 到 5.25 μm/1.65 μm＝3.2，全都落在光子带隙范围(9.59～1.99)以内。根据图 5 所示 PMMA 的吸收损耗谱[12]，从可见光到近红外区(例如 1.14 μm)，甚至 1.30 μm 和 1.56 μm 及其附近很宽的波长范围可以用于信号波长。因此完全可以用便宜的 PMMA，实现低传输损耗、高带宽、大芯径和低成本塑料光纤的设计和制作。

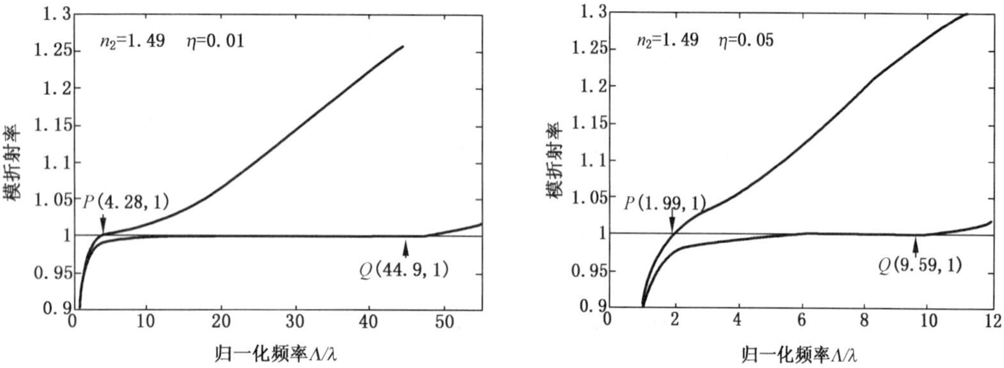

图 4　布拉格反射层的 TE 模第一光子带隙

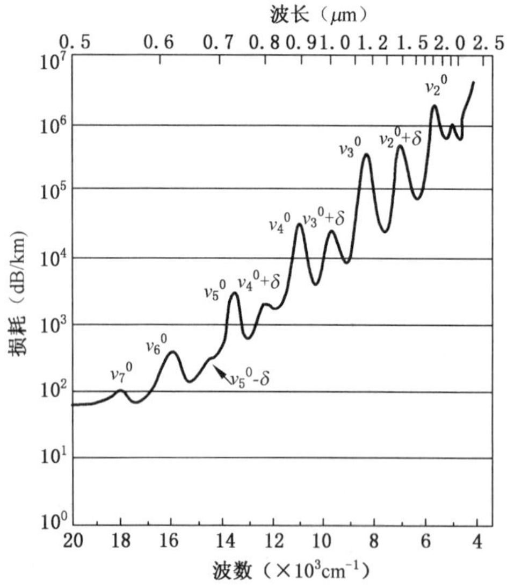

图 5　PMMA 吸收损耗谱[12]

这种结构的带隙传导波长可以达到两个倍频程，甚至接近和达到三个倍频程。利用各种材料，可以制作从约 0.2～1000 μm 波长范围内各种应用所需的光纤。

我们提出的这种空芯布拉格光纤的新包层(蜘蛛网)结构只用一种介质材料，不仅适合于全方位全介质反射镜光纤，原则上，这种蜘蛛网包层结构适合于替代以前所有的布拉格光纤以及靠两种材料交替层形成反射的光纤(如反共振反射形成的光波导[13])。

三、蜘蛛网状包层空芯光纤的应用

根据这种光纤的特点，可以实现如下应用：

(1) 应用它构建原先该波长(或波长范围内)没有很低吸收损耗材料的光纤，填补某些波段至今没有光纤的空白。

(2) 构建传输大功率的空芯光纤。

(3) 对原先传输波长范围窄的材料，扩展其窗口，实现波分复用。

(4) 有希望做出 THz 波段的低损耗光纤，以实现此波段的光纤通信系统。

对蜘蛛网包层结构各种空芯光纤的制作，我们正在进行中。在自主创新的道路上，希望能通过实际制作来证实这类光纤的许多显著优势，并推动我国光纤产业和应用的发展。

参考文献

[1] 于荣金. 塑料通信光纤的研究发展和应用[C]//全国第十次光纤通信暨第十一届集成光学学术会议(OFCIO'2001)论文集，2001.

[2] H Han, et al. Terahertz pulse propagation in a plastic photonic crystal fiber[J]. Appl. Phys. Lett., 2002, 80(15): 2634-2636.

[3] R A Bartels, et al. Generation of spatially coherent light at extreme ultraviolet wavelengths[J]. Science, 2002, 297: 376-378.

[4] G Bouwmans, et al. Properties of a hollow-core photonic bandgap fiber at 850 nm wavelength[J]. Optics Express, 2003, 11(14): 1613-1620.

[5] Y Xu, A Yariv. Loss analysis of air-core photonic crystal fibers[J]. Opt. Lett., 2003, 28(20): 1885-1887.

[6] T S Guan, M Y Chen, Z L Zhang, R J Yu. Numerical simulation and analysis of losses in air-core plastic photonic bandgap fibers[J]. Chinese Opt. Lett., 2005, 3(6): 313-315.

[7] M A Van Eijkelenborg, et al. Microstructured polymer optical fibres the exploration of a new class of fibres[C]//Second Asia-Pacific Polymer Fibre Optics Workshop, Hong Kong, China, 2003.

[8] Y Fink, et al. A dielectric omnidirectional reflector[J]. Science, 1998, 282: 1679-1682.

[9] S G Johnson, et al. Low-loss asymptotically single-mode propagation in large-core OmniGuide fibers[J]. Opt. Express, 2001, 9(13): 748-779.

[10] G Dellemann, et al. Perfect mirrors extend hollow-core fiber applications[J]. Photonics Spectra, 2003, 37: 60-64.

[11] Y Fink, et al. Guiding optical light in air using an all-dielectric structure[J]. J. Lightwave Technol., 1999, 17(11): 2039-2041.

[12] T Kaino, M Fujiki, K Jinguji. Preparation of plastic optical fibers[J]. Review of the Electrical Communication Laboratories, 1984, 32(3): 478-488.

[13] N M Litchinitser, A K Abeeluck, C Headley, B J Eggleton. Antiresonant reflecting photonic crystal optical waveguides[J]. Opt. Lett., 2002, 27(18): 1592-1594.

光纤——从全内反射到布拉格反射①

于荣金

（燕山大学 信息科学与工程学院，秦皇岛 066004）

摘　要：本文侧重分析了光纤的传输损耗、光纤包层结构对导光横向束缚能力的影响，以及在长波段（$\lambda > 3\ \mu m$）面临无低吸收损耗芯材下，从实芯光纤的全内反射转到空芯光纤的布拉格反射这一进程。

摘　要：光纤；损耗；全内反射；布拉格反射

Optical Fiber—from Total Internal Reflection to Bragg Reflection

Yu Rongjin

（College of Information Science and Engineering，Yanshan University，Qinhuangdao　066004）

Abstract：This paper gives emphasis to analyze the transmission loss of optical fibers，the effect of optical fiber cladding structure on transverse confined ability of guided ray，and the course of transforming from total internal reflection in solid-core fibers into Bragg reflection in hollow-core fibers without fiber core materials with low absorption loss.

Key words：Optical fiber；Loss；Total internal reflection；Bragg reflection

光纤是用于传送光的二维束缚的介质波导。在三维空间中，如果把 Z 方向确定为光纤传送光的方向（纵向），则 X 和 Y 方向是光纤的横向。光在横向是受到束缚的，所以圆形介质光波导是在 X 和 Y 二维受到横向束缚的光波导。

光纤的基本功能是传送光信息（通信、传感、传像）、光能量（加工、医疗、武器），以及其他功能（如非线性光纤、有源光纤等）。对光纤来说，无论实现什么功能，一个基本和共同的目标是传输损耗要低，而要实现这个目标的关键，是光纤对光有良好的横向束缚能力以及低吸收损耗的纤芯材料。

从 19 世纪开始，人们就知道以全内反射机理来制作光的传输元件[1]。因此，利用光纤芯区材料折射率大于包层材料折射率在其界面形成全内反射来传输光有其悠久的历史和深刻的物理内涵。构成光纤时，只要满足全内反射条件，对导光的横向束缚就具有高效性，几乎是全部被束缚。因此，不仅各种实芯光纤，包括液芯光纤和微结构包层实芯光纤，以及一部分红外空芯光纤，都是通过全内反射机理导光的。近 10 年来，发展起来的各种功能特异的实芯光子晶体光纤（即微结构

---

① 全国第四届塑料光纤、聚合物光子学会议论文集．秦皇岛，2008．

光纤），其包层的折射率小于芯区的折射率，传光机理就是一种修正的全内反射；由金属、玻璃或塑料管内表面淀积具有折射率小于芯区（空气）折射率的材料，如在 10.6 μm（CO_2 激光波长）用蓝宝石和 GeO_2 等，它们的折射率小于 1，构成衰减全反射（ART）波导，这也是一种全内反射。在近红外，采用低损耗石英材料，以及芯区折射率大于包层折射率的全内反射机理，实现了光纤历史上最辉煌的一页。在 1.55 μm 波段，石英光纤传输损耗低达 0.2 dB/km，接近石英材料吸收损耗的理论极限，通过大规模的生产和应用，从各国的光纤通信光缆到越洋光缆，形成了遍及全球的光纤通信网络，为近代通信的普及提供了技术支撑。

在 3 μm 以上的中红外、远红外，直至太赫兹波段，到现在为止没有找到在近红外像石英那样低吸收损耗的材料。国际上经历了较长时间探索，在这个中红外波段材料的吸收损耗起码是每公里几十分贝，有的材料吸收损耗甚至达到每公里 3×10^7 分贝；在太赫兹波段（30～1000 μm），即使是无源器件常用的低损耗材料——高阻硅，它的吸收损耗也达到约 17372 dB/km。面对这种情况，靠实芯光纤的全内反射机理，是无法实现低损耗光纤的，因为实芯光纤的传输损耗一般都大于（起码等于）构成光纤芯区材料的吸收损耗。客观上，人们已知在各光波段普遍适用的低吸收损耗介质只有空气，但空气的折射率为 1，用空气作为芯区就很难找到满足全内反射条件的包层（即折射率小于 1 的介质），因此制作空芯光纤必须研究横向束缚的新机理。这首先出现在传输 CO_2 激光（10.6 μm）光纤中，国际上为了工业加工和医疗等需要传输 CO_2 激光的光纤，曾研究过各种单晶或多晶实芯光纤，但损耗都比较大，加上实芯光纤遇到端面反射损耗、内部缺陷和结构不均匀性造成的过热点损耗等问题，从 20 世纪 90 年代初开始从实芯转向空芯光纤的研究，大都是以玻璃、塑料或金属空芯管作为基体，在其内壁涂上有反射本领的一层（或多层）金属或介质。这类光纤在传输和耦合性能上较原有实芯光纤有一定改善，传输损耗大约是每公里几百分贝，作为传能光纤，长度不用太长，一般几米就可以，所以在一定程度上可以满足使用要求[2]。其后，就是 1999 年出现和报道的空芯光子带隙光纤[3]，它是由许多石英玻璃（或有机玻璃）毛细管以一定的周期结构排列成束，在其中心去掉一根、七根或十九根毛细管形成纤芯（空芯），然后拉制成所需尺寸的光纤。周期包层形成光子带隙，空芯中传输的光波如果正好落入包层光子带隙，则光被包层束缚，只能沿着光纤纵向传输。在这种空芯光子带隙光纤中，包层不仅要求微结构有严格的周期排列，而且要求有相当大的空气填充分数。经过国际上许多著名公司和大学的努力，报道在实验上用石英玻璃材料制作的空芯光子带隙光纤，其最低损耗在波长 1620 nm 为 1.2 dB/km[4]，这些光纤的最终损耗受由于冻结的表面张力波所造成的表面粗糙度决定，1620 nm 处 1.2 dB/km 的损耗似乎已经由这种机理处于支配地位，因而近几年空芯光子带隙石英光纤再也没有出现损耗进一步降低的报道。

其实，早在 1978 年就提出过另一种横向束缚机理[5]，即利用布拉格反射，可以在芯区折射率小于包层介质折射率的光纤中得到无损耗束缚传播。但这种束缚机理提出之后几年，就被人否定[6]。之后无多少人问过，直到 1999 年一种空芯布拉格光纤(“全方位波导”光纤)才从实验上做了演示[7]。1983 年英国电信研究实验室的 Doran 和 Blow 他们就布拉格光纤在光纤通信中的应用进行了设计和可行性研究，结论是：布拉格光纤原来的设计对低损耗传输是不可能的。他们作出这一结论依据的参数是：芯区 $n_1=1$(空气)～1.45，包层：高折射率层(掺杂的石英)$n_2=1.485$，低折射率层 $n_3=1.45$，包层交替的层数为 10 层。从这些数据可以看出：高、低折射率包层是从掺杂石英材料和纯石英材料确定的，因而折射率差很小(1.485/1.45=1.024)。从很局限的参数得出的结论当然是片面的。到 1999 年，美国麻省理工学院的科学家对高、低折射率包层采用折射率差很大的材料：高折射率层 $n_2=4.6$(Te)，低折射率层 $n_3=1.59$(聚合物)，折射率差达 4.6/1.59=2.893，从而成功地打开了空芯布拉格光纤实现低损耗传输的大门，并可把光纤的传输损耗降低到仅有构成材料吸收损耗的 1/46000[8]。这是空芯布拉格光纤的一种形式(称为“全方位波导”光纤)，见图 1(a)。另一种空芯布拉格光纤形式是环形结构包层空芯光纤，见图 1(b)。它是采用含有许多小孔的与高折射率包层相同材料构成低折射率包层，因此其折射率介于该高折射率材料的折射率与空气的折射率($n_1=1$)之间。环形结构空芯光纤在红外($\lambda>1120$ nm)已观察到传输损耗低于材料(PMMA)的损耗，特别是在 1390 nm 处，材料损耗为 420 dB/m，而光纤的传输损耗只有 40 dB/m[9]。第三种空芯布拉格光纤形式就是我们提出的蜘蛛网结构包层空芯光纤[10,11]，如图 1(c)所示。蜘蛛网结构包层的材料折射率差要比环形结构的材料折射率差大[见图 2(b)和(c)]，因而蜘蛛网结构空芯光纤对导波横向泄漏的束缚能力要大于环形结构空芯光纤的能力[12]。计算结果表明：蜘蛛网结构包层空芯光纤可以把构成光纤包层材料的吸收损耗压缩至约 10^4～10^6 分之一[13]；另一方面，与用两种折射率差很大的介质所构成的“全方位波导”光纤相比，从材料选择到工艺实现，蜘蛛网结构包层光纤更为简便。

(a) “全方位波导”光纤　(b) 环形结构包层光纤　(c) 蜘蛛网结构包层光纤

图 1　空芯布拉格光纤截面

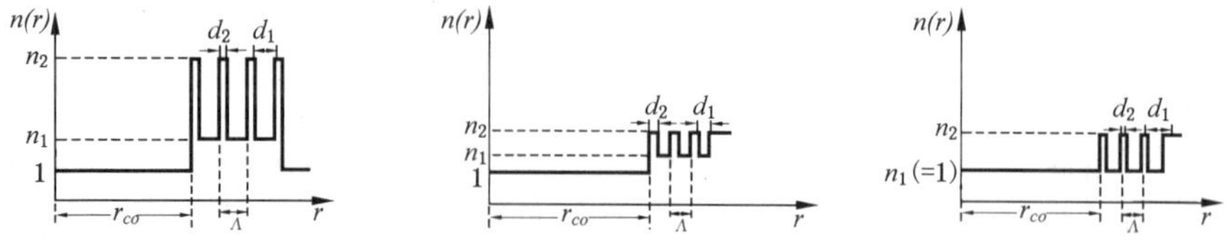

(a) “全方位波导”光纤　(b) 环形结构包层光纤　(c) 蜘蛛网结构包层光纤

图 2　空芯布拉格光纤的折射率分布

空芯光纤与实芯光纤相比，除了可以使传输损耗降低外，还可以消除纤芯材料带来的色散、非线性和散射等问题。因而空芯布拉格光纤在解决当前用实芯石英光纤进行密集波分复用时经常面临的非线性和色散等干扰，可以发挥作用，在干线传输以及接入网（特别是光纤到户）中是有竞争力的一种新光纤。从光纤使用角度考虑，塑料因为柔软、弹性极限高，可以制作直径在 1 mm 以上柔软的光纤，便于弯曲。而无定形、单晶或多晶无机材料，呈现的是脆性。例如石英玻璃只有在很小直径（一般为 125 μm）才能保持光纤的柔软性，石英玻璃固有的脆性需要对纤芯-包层结构外加一个富有弹性的塑料涂层，以保护它的表面、并防止格里菲思裂纹扩展和顺向断裂。在石英光纤包层上加上一个塑料涂层（第 3 层）已成为一根石英裸光纤的基本组成部分。光纤传输的波长随着由近红外向长波扩展，特别是太赫兹波段，所需光纤的尺寸必然有很大增加，因此在长波段用塑料来制作空芯布拉格光纤是解决这些波段实用光纤的唯一选择。

这就是目前的状况。科学技术总是不断发展的，期待今后会有更新更好的横向束缚机理出现。

参考文献

[1] 刘德森，殷宗敏，祝颂来，等. 纤维光学[M]. 北京：科学出版社，1987：1-3.

[2] Harrington J A. A review of IR transmitting, hollow waveguides[J]. Fiber and Integrated Optics, 2000, 19(3): 211-227.

[3] Cregan R F, Mangan B J, Knight J C, et al. Single-mode photonic band gap guidance of light in air[J]. Science, 1999, 285(5433): 1537-1539.

[4] Roberts P J, Couny F, Sabert H, et al. Ultimate low loss of hollow-core photonic crystal fibres[J]. Opt. Express, 2005, 13(1): 236-244.

[5] Yeh P, Yariv A, Marom E. Theory of Bragg fiber[J]. J. Opt. Soc. Am., 1978, 68(9): 1196-1201.

[6] Doran N J, Blow K J. Cylindrical Bragg fibers: A design and feasibility study for optical communications[J]. J. Lightwave Technol., 1983, 1(4): 588-590.

[7] Yink Y, Ripin D J, Fan S, et al. Guiding optical light in air using an all-dielectric structure[J]. J. Lightwave Technol., 1999, 17(11): 2039-2041.

[8] Dellemann G, Engeness T D, Skorobogatiy M, et al. Perfect mirrors extend hollow-core fiber applications[J]. Photonics Spectra, 2003, 37(6): 60-64.

[9] Argyros A, Eijkelenborg M A van, Large M C J, et al. Hollow-core microstructured polymer optical fiber[J]. Opt. Lett., 2006, 31(2): 172-174.

[10] 于荣金，陈明阳. 蜘蛛网状空芯光纤：CN200510060031.7[P]. 2005-03-25.

[11] Chen M-Y, Yu R-J, Tian Z-G, et al. Optical and mechanical properties of hollow-core fibers with cobweb cladding structure[J]. Chin. Opt. Lett., 2006, 4(2): 63-65.

[12] 于荣金，张冰，张永强，等. 一种全新的保持圆偏振态低损耗单模空芯光纤[J]. 光电子·激光，2007，18(11)：1283-1285.

[13] 于荣金，张冰. 新一代塑料光纤及其功能开发[J]. 中国科学 E 辑：技术科学，2008，38(5)：807-816.

新一代塑料光纤及其功能开发①

于荣金　张　冰

（燕山大学信息科学与工程学院，秦皇岛 066004）

摘　要：与石英光纤相比，塑料光纤的主要问题是传输损耗大。采用一种新的光纤结构——蜘蛛网结构包层空芯布拉格光纤，可以把构成光纤材料的吸收损耗压缩至约 10^4～10^6 分之一，因而从根本上解决了塑料光纤损耗大的问题。在此基础上，充分利用塑料光纤柔软、易弯曲的优点，可以实现从可见光至太赫兹波（0.4～1000 μm）所有波段信息和能量的低损耗传输。新一代塑料光纤将成为普遍和大量应用的光纤。

关键词：塑料光纤；空芯布拉格光纤；蜘蛛网结构包层；可见光；红外光；太赫兹波；圆偏振单模

从 19 世纪开始，人们就知道以全内反射机理来制作光的传输元件[1]。因此，利用光纤芯区材料折射率大于包层材料折射率在其界面形成全内反射来传输光有其悠久的历史和深刻的物理内涵。不仅各种实芯光纤，包括液芯光纤和微结构包层实芯光纤，以及一部分红外空芯光纤，都是通过全内反射机理导光的。另外，它对导光横向束缚具有高效性，例如，石英光纤按照 1966 年高锟等所指出的提纯材料之后，利用全内反射构成的光纤损耗，很快从 1000 dB/km 以上降至 20 dB/km，继而降至接近其理论极限（0.2 dB/km）。其实，另一种传光机理早在 1978 年就提出来了[2]，即利用布拉格反射，可以在芯区折射率小于包层介质折射率的光纤中得到无损耗束缚传播。但几年后被人否定[3]，之后无多少人过问。空芯布拉格光纤[4]和空芯光子带隙光纤[5]直到 1999 年才从实验上作了第一次演示。

与石英玻璃材料相比，塑料的重要优势是它的柔软性。塑料的弹性极限高，可以制作直径在 1 mm 以上柔软的光纤。而石英玻璃只有在很小直径（一般为 125 μm）才能保持光纤的柔软性。石英玻璃固有的脆性需要对易碎的芯-包层结构加一个富有弹性的塑料涂层，以保护它的表面，并防止格里菲思裂纹扩展和顺向断裂。因而在石英光纤包层上加一个塑料涂层（第 3 层），已成为一根石英裸光纤的基本组成部分。

塑料光纤的研发，已有约 40 年的历史，与石英光纤大致相同。1966 年美国杜邦公司推出了名为“Crofon”的第一个塑料光纤，它是以聚甲基丙烯酸甲酯（PMMA）为纤芯的阶跃折射率（SI）型光纤，后来生产的光纤损耗有所下降，它的理论损耗极限值在可见光 650 nm 波长处为 100 dB/km，实际产品的损耗达 150～200 dB/km，比石英光纤在 1.55 μm 波长处的损耗要大三个数量级，而在近红外区损耗还要大。因此，以 PMMA 为芯或以聚苯乙

① 中国科学 E 辑：技术科学，2008，38(5)：807-816.

烯(PS)为芯的塑料光纤产品主要用于装饰、照明、传感和短距离数据传输系统。国际上,特别是日本用了几十年的时间,花费了大量的钱财,想解决塑料光纤损耗大的问题,其中找到最有效的办法,是 20 世纪 80 年代用氘化 PMMA[6],90 年代用全氟化聚合物 CYTOP[7] 分别实现了损耗达 20 dB/km 和低于 20 dB/km 的水平。然而,因材料成本过高等原因,至今没有进入市场和大量应用。因而如何以一种新的方式有效解决塑料光纤损耗大的问题,是一个世界性老大难问题。

依靠实芯的全内反射机理,无法解决某些波长(如太赫兹波段)以及运用塑料来制作低损耗同时又低成本的光纤。因为实芯光纤的传输损耗一般都大于(至少等于)构成光纤芯区材料的损耗。面对这种问题,必须采用空芯光纤结构,而且空芯光纤的包层应具有很强束缚导波横向漏泄之能力。我们通过多年努力,终于在这方面取得了突破[8]。

1　空芯光纤

至今文献报道的空芯光纤,大体可以分成 4 类。1)包层折射率大于芯区折射率的光纤。在这种光纤中,通过掠入射实现光的传输,并伴随着辐射损耗,所以是一种漏泄波导。其实这种光纤就是一种毛细管。光的损耗系数与 λ^2/a^3 成正比,其中 λ 是辐射波长,a 是光纤芯半径。因此大多数场合采用具有大内径和短长度的这种空芯光纤。例如通过飞秒激光的高次谐波上转换产生极紫外光,就是用 10 cm 长 150 μm 直径充氩气的空芯光纤[9]。2)由金属、玻璃或塑料管内表面淀积具有高反射涂层的空芯光纤。其中有内壁材料折射率小于 1 的空芯光纤,即包层的折射率小于芯区(空气)的折射率。例如工作在 10.6 μm 的蓝宝石和 GeO_2 等,它们的折射率小于 1,构成衰减全反射(ATR)波导,这种波导的损耗在 10.6 μm 已低达 0.1 dB/m[10]。3)空芯光子带隙光纤。它由许多石英玻璃(或有机玻璃等)毛细管以一定的周期结构排列成束,在其中心去掉一根、七根或十九根毛细管形成纤芯(空芯),然后拉制成所需尺寸的光纤。周期包层形成光子带隙,空芯中传输的光波如果正好落入包层光子带隙,则它被包层束缚,只能沿着光纤轴向传输。在这种空芯光子带隙光纤中,包层不仅要求微结构有严格的周期排列,而且要求有相当大的空气填充分数。按照我们用多极法所作的数值分析表明:包层用 9 个空气孔环的空芯塑料(PMMA)光子带隙光纤,其传输损耗可以比通常实芯的塑料光纤降低一个数量级[11]。实验上,报道用石英玻璃材料制作的空芯光子带隙光纤,其最低损耗在 1620 nm 为 1.2 dB/km[12]。这些光纤的最终损耗受由于冻结的表面张力波所造成的表面粗糙度决定。现在 1620 nm 处 1.2 dB/km 的损耗似乎已经由这种机理处于支配地位。在中红外区,也制备出了二氧化硅材料的单模空芯光子带隙光纤[13]。4)空芯布拉格光纤。属于空芯布拉格光纤的有“全方位波导”光纤(“OmniGuide” fiber),环形结构包层光纤,以及蜘蛛网结构包层光纤(如图 1 所示)。在布拉格光纤中,空芯是由高、低折射率材料交替层组成的一维布拉格反射器包围。全方位波导光纤的包层是由两种折射率差很大的固体材料所构成(图 2(a));环形结构光纤的包层是由单一材料构成的,其中用孔环作为低折射率层(图 2(b));蜘蛛网结构光纤的包层是由单一材料构成的,其中用空气层作为低折射率层(图2(c))。全方位波导光纤的传输损耗显著低于构成光纤材料的损耗,用一种损耗为30000 dB/m的材料构成全方位波导光纤时,光纤的损耗为0.65 dB/m,即光纤的损耗仅为构成材料损耗的1/46000[14]。且达到一定的漏泄速率只需要几层,各模式之间漏泄很不相同,产生一种模式滤波效应,可以在大芯径下以单模方式工作[15]。不过在实际上,要找到两种材料的折射率差比较大,在热学和力学性能上以及制作工艺上具有相似性、兼容性、简单可行性却十分困难。因此,至今只演示了两种材料组合,即Te($n=4.6$)和聚合物($n=1.59$)组合[16],以及As_2Se_3($n\sim2.8$)与PES($n\sim1.55$)组合[17],工作波长都在10.6 μm附近。环形结构空芯光纤在红外($\lambda>$1120 nm)已观察到传输损耗低于材料(PMMA)的损耗,特别是在1390 nm处,材料损耗为420 dB/m,而光纤的传输损耗只有40 dB/m[18]。环形结构空芯光纤包层虽然只用单一材料,但其低折射率层是由含许多小孔的同一材料组成,其折射率介于该材料的折射率与空气折射率($n=1$)之间,构成包层的材料折射率差没有蜘蛛网结构包层的材料折射率差大,因而环形结构光纤对导波横向漏泄的束缚能力要小于我们提出的蜘蛛网结构光纤的能力。

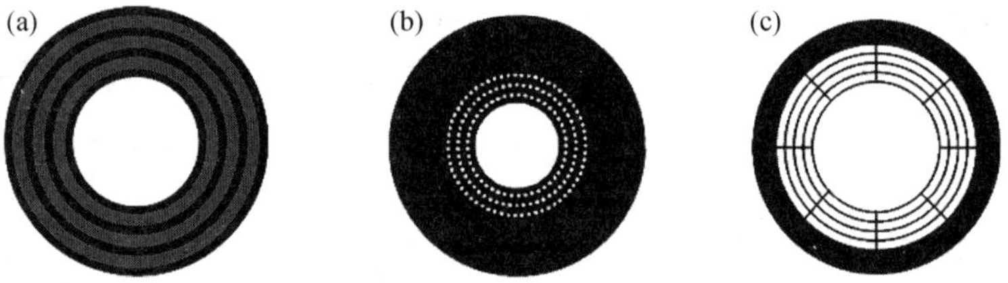

(a)"全方位波导"光纤; (b)环形结构包层光纤; (c)蜘蛛网结构包层光纤

图1　空芯布拉格光纤截面

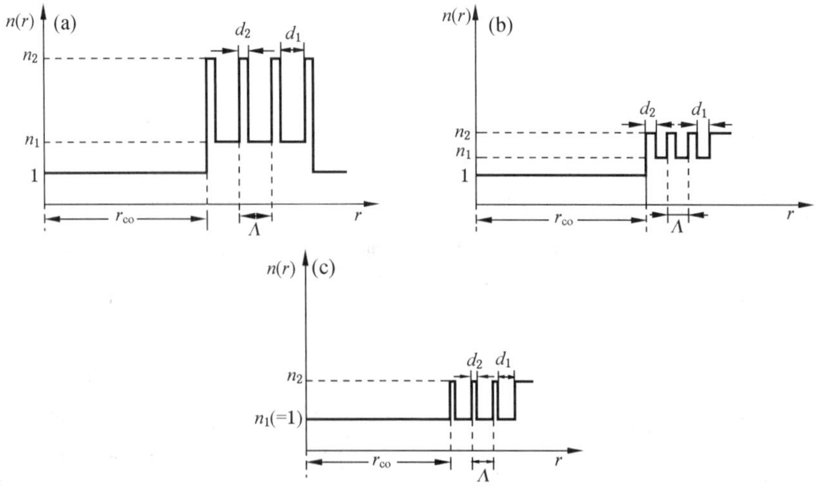

(a)"全方位波导"光纤;(b)环形结构包层光纤;(c)蜘蛛网结构包层光纤

图2　空芯布拉格光纤的折射率分布

2　蜘蛛网结构包层空芯布拉格光纤

我们在对所有空芯光纤，尤其是近十年发展起来的空芯光子带隙光纤和两种空芯布拉格光纤进行深入分析的基础上，搞清了它们对导波横向束缚的潜力以及优缺点，提出了一种改进的包层结构——蜘蛛网结构包层空芯布拉格光纤[19,20]。通过使用支撑条，可以解决介质层之间的结构支撑问题。支撑条总是在圆截面上对称分布的，并且使用与交替层相同的介质材料。我们的研究表明，由于支撑结构的引入，场分布略有变形。虽然支撑结构的引入有很小一部分功率会漏泄出去，但只要支撑结构的参数选取适当，损耗就会保持在一个很低的水平上，并可以忽略支撑条的存在。支撑条的数目和宽度应该尽可能小，一般 m（支撑条数目）＝6～12，W_s（支撑条宽度）＝$\lambda/3$～$\lambda/30$，其中 λ 是光纤的传输波长。

设计蜘蛛网结构包层空芯布拉格光纤时，与 TE_{01} 模（最低损耗模）允许的归一化频率范围有关的一些重要结构参数及其变化规律，我们用平面波展开法作了分析[21]。这为蜘蛛网结构包层空芯布拉格光纤的设计，提供了一般规律和基本依据。

3　新一代塑料光纤及其功能开发

过去几十年的塑料光纤都是由实芯构成并通过全内反射机理传光的，一直被材料损耗大、因而光纤损耗大这个问题所困扰。新一代塑料光纤采用蜘蛛网结构包层空芯布拉格光纤。近一个时期我们对它的功能作了如下开发。

3.1　传输可见至近红外光的塑料光纤

1.3 μm 和 1.55 μm 近红外波段是目前光纤通信的主要波段。在远距离、大容量的光纤通信干线以及海底光缆都是利用石英单模光纤。而面对光纤通信向接入网发展，尤其是光纤到家（FTTH），采用石英单模光纤、多模光纤和多模硬塑料包层光纤（HPCF），还是采用塑料光纤，各界在认识上还没有完全统一。究其原因，现有的塑料光纤产品不是损耗大，就是损耗较低但价格很贵；过去强调塑料光纤芯径大、便于连接和对准、且可使用廉价的注塑连接器，随着精密连接器元件费用暴跌，这一优势也将丧失。因此，塑料光纤要在 FTTH 应用中取得优势，必须降低损耗，扩展使用波长（特别是近红外，如 1.3 μm和 1.55 μm），可满足当前和今后发展要求和价格便宜[22]。

我们应用渐近矩阵公式[23]计算了蜘蛛网结构包层布拉格空芯光纤的损耗。结构参数为纤芯半径（r_{co}）＝90 μm，高折射率层厚度（d_2）＝0.25 μm，空气层厚度（d_1）＝5 μm，n_2＝1.49（PMMA），n_1＝1（空气）和 N（包层中交替层的数目）＝3。材料 PMMA 在波长 0.65，0.85，1.3 和 1.55 μm处的吸收损耗[24]分别为 100 dB/km，2.5×10^3 dB/km，2.5×10^4 dB/km 和 7.8×10^4 dB/km。而 TE_{01} 模在这些波长的传输损耗（结构束缚损耗加上材料吸收损耗）分别为 2.26×10^{-4}，2.47×10^{-3}，7.55×10^{-2} 和 0.465 dB/km。考虑制作光纤时，材料纯度问题、光纤结构的不均匀性以及支撑结构的影响等因素所产生的附加损耗后，还有很低的损耗和很宽的波长范围均可作为信号波长；同时由于布拉格光纤的模式滤波效应，在一定的光纤长度范围内，可以实现单模。在 FTTH 应用领域中，一般优先采用无源光网络（PON），特别是以太无源光网络（EPON）

和千兆以太无源光网络(GEPON),这些网络要求传输带宽和传输距离分别为100 MHz～10 GHz和100～10 km。新一代塑料光纤完全能满足今后发展的需求,可实现波分复用(WDM),并具有低成本。

3.2　红外塑料光纤

一般可以把红外光纤规定为传输波长大于约2 μm的光纤。红外光纤的研究始于1960年,第一根红外光纤是20世纪60年代中期从硫属化物玻璃制作的[25]。红外光纤在医学、工业、民用和军用等场所可获得广泛应用,例如传输CO_2激光(10.6 μm),Er:YAG激光(2.94 μm)进行外科手术;利用红外光纤传输黑体辐射进行温度测量,或作为化学传感的有源和无源线路,实现非接触温度监控和远距离光谱化学探测;通过红外光纤传送高功率激光在工业上用于焊接和切割等;军事上通过红外光纤传送的高功率激光能量实现反导弹防御等。四十多年来,为满足使用中对低损耗和高功率传输的需要,国际上相继开发了各种材料和结构的光纤。至今,报道的红外光纤可大致分成4类:1)氟化物、锗酸盐、碲酸盐、硫化物玻璃实芯光纤;2)结晶卤化银实芯光纤;3)在金属、塑料或玻璃管内表面有高反射金属或介质涂层的空芯光纤;4)实芯光子晶体光纤和空芯光子带隙光纤。

其中研究得较多并适合拉制光纤的材料是氟锆酸盐玻璃(ZBLAN玻璃),用此材料制备的实芯光纤,在其传输窗口2.55 μm波长处,最低固有损耗为0.024 dB/km,实际制作出的光纤损耗要高约一个数量级。美国海军研究实验室用改进的化学提纯和好的光纤制备技术,使硫化物玻璃实芯光纤中红外的损耗值在约500 m光纤长度降到只有0.1～0.2 dB/m[26]。用挤出法制备的结晶卤化银实芯光纤的损耗,在3～20 μm已降至小于1 dB/m,在9～14 μm的中红外区已降至小于50 dB/km[27]。矩形金属管内表面有高反射介质涂层的空芯光纤在10.6 μm损耗也降到了0.1 dB/m[28]。通过多次挤出卤化银($AgCl_xBr_{1-x}$)晶体材料,制备出了中红外实芯光子晶体光纤[29]。用二氧化硅制作了一种空芯光子带隙光纤,纤芯直径为40 μm(由毛细管束中心抽掉19根毛细管形成)、总的外径为150 μm、最近邻孔间距约7 μm。光纤的带隙峰位于3.14 μm,损耗约2.6 dB/m。通过结构的进一步优化,损耗可达到1 dB/m以下[13]。所有这些红外光纤,虽然在一定应用范围内,还能基本满足使用要求,但从光纤的损耗、柔软易弯曲或价格方面,还没有达到人们期望的状态。

我们采用蜘蛛网结构包层空芯光纤,设计了两种红外塑料光纤(A,B)。结构参数为$r_{co}=1100$ μm,$n_1=1$,$n_2=1.52$(聚乙烯),$d_2=1.2$ μm,$d_1=24$ μm和$N=3$(光纤A)。聚乙烯的吸收系数α在10 μm波长处约为50 cm^{-1}(相当于2.17×10^7 dB/km)[30],把材料的这个吸收值用于计算时,数值模拟结果表明,此光纤在2.9～10 μm波长区TE_{01}模的损耗小于23.5 dB/km;在4.09 μm波长处有最低损耗,为1.31 dB/km。光纤B的结构参数为$r_{co}=1400$ μm,$n_1=1$,$n_2=1.55$(聚醚砜),$d_2=2.8$ μm,$d_1=56$ μm和$N=3$。聚醚砜的吸收损耗为3×10^7 dB/km,把这个吸收值用于计算时,数值模拟结果表明,此光纤在7.7～15 μm波长区TE_{01}模的损耗小于29.9 dB/km;在9.9 μm波长处有最低损耗,为11.29 dB/km;在10.6 μm CO_2激光波长,传输损耗为11.79 dB/

km。这些结果说明:尽管塑料在红外有强的吸收损耗,但采用蜘蛛网包层空芯光纤,仍可以获得比其他光纤更低的损耗。

3.3　传输太赫兹波塑料光纤

频率范围约在 0.1～10 THz 的太赫兹(THz)波在光谱、成像、空间科学和信息传输等都有重要应用。但现在大多数 THz 系统由于缺乏低损耗波导和透明材料,还是依靠自由空间传播。在 THz 波段,即使是无源器件常用的材料——高阻硅,它的吸收系数约达 0.04 cm^{-1}(相当于 17372 dB/km)。用高密度聚乙烯(HDPE)和聚四氟乙烯(Teflon)制作的光子晶体光纤,它们的损耗系数分别为小于 0.5 cm^{-1}(0.1～3 THz)[31]和 0.12 cm^{-1}左右[32]。内有 Cu 涂层的空芯聚碳酸酯波导,从 3 mm 芯直径光纤在 158.51 μm 波长得到了 3.9 dB/m 的最低损耗[33]。一种类似于光纤的亚波长直径(200 μm)塑料(聚乙烯)线,在频率范围靠近 0.3 THz 内,损耗为小于 0.01 cm^{-1}[34]。由此可见,报道的最低损耗为 3900 dB/km,离低损耗还差 2～3 个数量级[35]。

我们提出了一种用于太赫兹波光纤的设计。光纤(A,B,C)的结构参数为 $r_{co}=10$ mm,$n_2=1.52$(HDPE),$n_1=1$,$d_2=25$ μm,$d_1=500$ μm 和 $N=3$(光纤 A);$r_{co}=13$ mm,$n_2=1.52$,$n_1=1$,$d_2=70$ μm,$d_1=1050$ μm 和 $N=3$(光纤 B);$r_{co}=17$ mm,$n_2=1.52$,$n_1=1$,$d_2=150$ μm,$d_1=2250$ μm 和 $N=3$(光纤 C)。按照文献 HDPE 在 THz 波段的吸收损耗谱[36],计算的传输损耗如图 3 所示,从图 3 中可以看出,在光纤 A 中,TE_{01} 模在波长范围 65～240 μm 内的传输损耗小于 5.86 dB/km,在 90 μm 处传输损耗最低,为0.46 dB/km;在光纤 B 中,TE_{01} 模在波长范围 200～550 μm 内的传输损耗低于 5.56 dB/km,在 280 μm 处传输损耗最低,为 1.58 dB/km;在光纤 C 中,TE_{01} 模在波长范围 420～1000 μm 内的传输损耗低于 4.65 dB/km,在 560 μm 处传输损耗最低,为 1.74 dB/km。

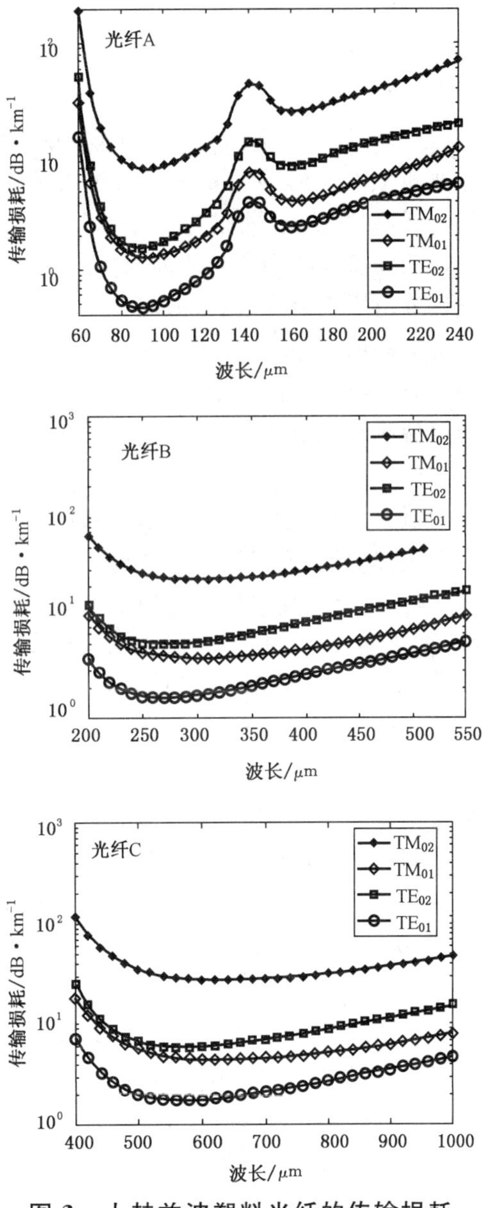

图 3　太赫兹波塑料光纤的传输损耗

考虑到制作这种塑料光纤的构成材料和空气芯中可能会存在水份，而水份的强吸收可能会使光纤损耗增加，甚至某些波长会因水的吸收峰导致损耗过高而无法利用。

3.4　保持圆偏振态单模塑料光纤

在标准单模光纤中，支持两个简并的正交偏振模（HE_{11}模），这种光纤在结构上的无规则波动或者受外力作用都能产生不对称性，破坏偏振简并性，导致偏振模色散和干涉仪的偏振衰落。而过去的保偏光纤，如领结型、熊猫型等保偏光纤，以及近几年发展的光子晶体高双折射光纤，虽然取得了很大的进展，但都是一种保持线偏振态的单模光纤。这种光纤在相互连接时，双折射轴需要精确对准，如果两边保偏光纤主轴稍微错开了几度，往往也会影响光纤网络系统的正常运行。

由于圆偏振光传输比线偏振光传输具有很多优点，如圆偏振光传输可以给光纤连接、耦合和某些传感应用带来极大方便，因此早在1980年，法国光纤专家Jeunhomme和Monerie[37]提出过用圆偏振光取代线偏振光的设想。20世纪70年代末至80年代初，曾有一种制备保持圆偏振光的方法，它是在“冷”状态下将光纤硬行旋扭，从而可以产生一定的保持圆偏振态功能，但由于光纤玻璃材料的强度限制，硬扭过头会使光纤断裂，操作极不方便，且硬扭状态难以保持，所以没有付诸大量实际应用。20世纪90年代上海大学黄宏嘉[38]曾致力于这方面的研究，提出了保持圆偏振态光纤及其制备方法：在所用预制棒中含有一根或一根以上偏离中心轴线的应力作用柱体，在光纤热拉丝过程中，旋转此预制棒，即将应力柱体拉成螺旋线，从而制出所需的圆双折射光纤（即保圆光纤）。2004年，Argyros等人[39]报道了支持单偏振圆对称模的空芯环形结构布拉格光纤，TE_{01}模的束缚损耗约为0.83 dB/m，TE_{02}模的束缚损耗约为57 dB/m。但是如果把TE_{01}模在最低损耗波长940 nm处材料PMMA的吸收损耗（约4500 dB/km）考虑进去，则TE_{01}模的传输损耗太大，单模传输长度很短，因而无广泛实用价值。

我们计算了用聚碳酸酯构成的蜘蛛网结构空芯布拉格光纤。光纤的结构参数为$r_{co}=15\ \mu m$，$n_1=1$，$n_2=1.585$，$d_2=0.21\ \mu m$，$d_1=2.1\ \mu m$和$N=3$。用渐近转移矩阵公式计算的束缚损耗如下：在764 nm波长处，TE_{01}模和TE_{02}模的束缚损耗为0.0136 dB/km（TE_{01}）和0.0991 dB/km（TE_{02}）。聚碳酸酯在764 nm波长的本征损耗为224 dB/km[40]，因此在764 nm波长处TE_{01}模（最低损耗模）和TE_{02}模（第二个最低损耗模）的传输损耗分别为0.0434 dB/km和0.199 dB/km。按照文献[41]的计算方法，此光纤约在201 km与460.8 km之间完全是单模的。

这种保持圆偏振态的低损耗单模光纤，可以为光纤传感系统，特别是先进的光纤陀螺以及今后相干光通信系统发展提供重要元件。

3.5　其他塑料光纤

利用塑料和蜘蛛网结构空芯布拉格光纤，可以设计传送太阳光的空芯波导，用于太阳光照明等，它具有比原来实芯塑料光纤或光导管低得多的传输损耗，显著提高传输效率；可以设计用于充气空芯布拉格非线性光纤，实现飞秒激光的高次谐波产生、受激转动拉曼散射、光孤子产生等，在损耗、单模性和传输波长范围等性能方面，超越现有各种空芯光子带隙光纤；高强度、易弯曲、抗冲击、延伸率大和长寿命的塑料光纤，可以在军事通信系统和光纤制导技术方面发挥作用。

4　制作技术

塑料光纤的制作技术，大多采用连续挤出法和预制棒法。前者效率高，适合大批量工业生产；后者适合制作渐变折射率型(GI)塑料光纤、光子晶体光纤和实验室试制样品。预制棒法虽然不是连续工艺，但灵活、多样、方便，例如制作各种聚合物微结构光纤预制棒，除使用毛细管堆积法外，还可采用钻孔法、单体或预聚物注塑成型法、挤出法等。

蜘蛛网结构包层空芯塑料光纤，既可以采用挤出法，也可以采用预制棒法。从大批量工业生产角度，应采用连续挤出法。连续挤出法在工业生产阶跃型塑料光纤的几十年历史中，是成熟的。但要生产布拉格空芯光纤，主要技术难点是包层高折射率材料厚度仅为光波长的几分之一，而现在挤出模具挤出料的最小厚度一般为 0.5 mm，因此在短波段，挤出模具尺寸要比光纤尺寸放大几百倍至上千倍。如果模具挤出料的最小厚度可以降至 0.3 mm，甚至 0.1 mm(国外已能做成产品)，这个难点就能消除。另一方面，从光纤设计上，可以寻找低损耗蜘蛛网结构包层空芯塑料光纤的其他束缚机理，增大高折射率包层的厚度，问题也可解决。预计批量连续化生产蜘蛛网结构包层空芯塑料光纤，是一定能够实现的。

我们实验室正在采用预制棒法制作蜘蛛网结构包层空芯塑料光纤，不久就能实现。

5　结论

利用各种塑料和蜘蛛网结构包层构成的新一代空芯塑料光纤，开拓了在各种光波长、低损耗、单模、宽传输频率范围(1～2 个倍频程)、大芯径、易弯曲和低成本的光纤，实现长距离、高速率信息传输；利用耐热聚合物，可以构成医用激光治疗仪、激光加工等所需要的传能光纤，特别在红外区，既具有低损耗又易弯曲的塑料光纤，可以消除现有红外光纤的普遍缺憾。像光纤直径大于几个毫米还具有弯曲性能的太赫兹低损耗波导，塑料光纤可能是一种不可替代的光纤。

参考文献

[1] 刘德森，殷宗敏，祝颂来，等. 纤维光学[M]. 北京：科学出版社，1987：1-3.

[2] Yeh P, Yariv A, Marom E. Theory of Bragg fiber[J]. J Opt Soc Am, 1978, 68(9): 1196-1201.

[3] Doran N J, Blow K J. Cylindrical Bragg fibers: A design and feasibility study for optical communications[J]. J Lightwave Technol, 1983, 1(4): 588-590.

[4] Yink Y, Ripin D J, Fan S, et al. Guiding optical light in air using an all-dielectric structure[J]. J Lightwave Technol, 1999, 17(11): 2039-2041.

[5] Cregan R F, Mangan B J, Knight J C, et al. Single-mode photonic band gap guidance of light in air[J]. Science, 1999, 285(5433): 1537-1539.

[6] Kaino T, Jinguji K, Nara S. Low loss pol(methylmethacrylate-d8) core optical fibers[J]. Appl Phys Lett, 1983, 42(7): 567-569.

[7] Koike Y. Giga-island concept realized with high-speed GI plastic optical fiber[C]//Proc Second Asia-Pacific Polymer Fiber Optics Workshop. Hong Kong: 2003: 4-7.

[8] 于荣金. 全面解决塑料光纤损耗大的世界性难题[C]//中国光学学会. 全国第二届塑料光纤、聚合物光子器件研究、生产和应用会

议论文集.秦皇岛:2006:1-6.

[9] Bartels R A,Paul A,Green H,et al. Generation of spatially coherent light at extreme ultraviolet wavelengths[J]. Science,2002,297(5580):376-378.

[10] Harrington J A. A review of IR transmitting,hollow waveguides[J]. Fiber Integr Opt,2000,19(3):211-227.

[11] Guan T S,Chen M Y,Zhang Z L,et al. Numerical simulation and analysis of losses in air-core plastic photonic bandgap fibers[J]. Chin Opt Lett,2005,3(6):313-315.

[12] Roberts P J,Couny F,Sabert H,et al. Ultimate low loss of hollow-core photonic crystal fibres[J]. Opt Express,2005,13(1):236-244.

[13] Shaphard J D,MacPherson W N,Maier R R J,et al. Single-mode mid-IR guidance in a hollow-core photonic crystal fiber[J]. Opt Express,2005,13(18):7139-7144.

[14] Dellemann G,Engeness T D,Skorobogatiy M,et al. Perfect mirrors extend hollow-core fiber applications[J]. Photon Spect,2003,37(6):60-64.

[15] Johnson S G,Ibanescu M,Skorobogatiy M,et al. Low-loss asymptotically single-mode propagation in large-core OmniGuide fibers[J]. Opt Express,2001,9(13):748-779.

[16] Yink Y,Ripin D J,Fan S,et al. Guiding optical light in air using an all-dielectric structure[J]. J Lightwave Technol,1999,17(11):2039-2041.

[17] Temelkuran B,Hart S D,Benoit G,et al. Wavelength-scalable hollow optical fibres with large photonic bandgaps for CO_2 laser transmission[J]. Nature,2002,420(6916):650-653.

[18] Argyros A,Eijkelenborg M A Van,Large M C J,et al. Hollow-core microstructured polymer optical fiber[J]. Opt Lett,2006,31(2):172-174.

[19] 于荣金,陈明阳. 蜘蛛网状空芯光纤:200510060031.7[P]. 2005-03-25.

[20] Chen M Y,Yu R J,Tian Z G,et al. Optical and mechanical properties of hollow-core fibers with cobweb cladding structure[J]. Chin Opt Lett,2006,4(2):63-65.

[21] Huo L,Yu R J,Zhang B,et al. Design guideline of hollow-core fibres with cobweb cladding structure[J]. Chin Phys Lett,2006,23(8):2121-2124.

[22] Yu R J,Zhang B,Chen M Y,et al. A new solution of reducing polymer optical fiber losses[J]. Opt Commun,2006,266:536-540.

[23] Xu Y,Yariv A,Fleming J G,et al. Asymptotic analysis of silicon based Bragg fibers[J]. Opt Express,2003,11(9):1039-1049.

[24] Kaino T,Fujiki M,Jinguji K. Preparation of plastic optical fibers[J]. Rev Elec Commun Lab,1984,32:478-488.

[25] Kapany N S,Simms R J. Recent developments of infrared fiber optics[J]. Infrared Phys,1965,5:69-80.

[26] Sanghera J S,Aggarwal I D,Busse L E,et al. Chalcogenide optical fibers target mid-IR applications[J]. Laser Focus World,2005,41(4):83-87.

[27] Butvina L N,Dianov E M,Lichkova N V,et al. Crystalline silver halide fibers with optical losses lower than 50 dB/km in broad IR region and their applications[J]. Proc SPIE,2000,4083:238-253.

[28] Machida H,Matsuura Y,Ishikawa H,et al. Transmission properties of rectangular hollow waveguides for CO_2 laser light[J]. Appl Opt,1992,31(36):7617-7622.

[29] Rave E,Ephrat P,Goldberg M,et al. Silver halide photonic crystal fibers for the middle infrared[J]. Appl Opt,2004,43(11):2236-2241.

[30] Hidaka T,Morikawa T,Shimada J. Hollow-

core oxide-glass cladding optical fibers for middle-infrared region[J]. J Appl Phys, 1981,52(7):4467-4471.

[31] Han H, Park H, Cho M, et al. Terahertz pulse propagation in a plastic photonic crystal fiber[J]. Appl Phys Lett, 2002, 80 (15):2634-2636.

[32] Goto M, Quema A, Takahashi H, et al. Teflon photonic crystal fiber as terahertz waveguide[J]. Jpn J Appl Phys, 2004, 43 (2B):L317-L319.

[33] Harrington J A, George R, Pedersen P, et al. Hollow polycarbonate waveguides with inner Cu coatings for delivery of terahertz radiation[J]. Opt Express, 2004, 12(21): 5263-5268.

[34] Chen L J, Chen H W, Kao T F, et al. Low-loss subwavelength plastic fiber for terahertz waveguiding[J]. Opt Lett, 2006, 31 (3):308-310.

[35] Yu R J, Zhang B, Zhang Y Q, et al. Proposal for ultra-low loss hollow-core plastic Bragg fiber with cobweb-structured cladding for terahertz waveguiding[J]. IEEE Photon Technol Lett, 2007, 19(12):910-912.

[36] Chantry G W, Fleming J W, Smith P M, et al. Far infrared and millimetre-wave absorption spectra of some low-loss polymers[J]. Chem Phys Lett, 1971, 10(4):473-477.

[37] Jeunhomme L, Monerie M. Polarisation-maintaining single-mode fibre cable design [J]. Electron Lett, 1980, 16(24):921-922.

[38] 黄宏嘉. 保持圆偏振态的光纤和它的制备方法:92108598. 2[P]. 1992-10-10. 黄宏嘉. 保持圆偏振态的光纤和它的制备方法:92113821. 0[P]. 1992-12-26.

[39] Argyros A, Issa N, Bassett I, et al. Microstructured optical fiber for single-polarization air guidance[J]. Opt Lett, 2004, 29(1): 20-22.

[40] Yamashita T, Kamada K. Intrinsic transmission loss of polycarbonate core optical fiber [J]. Jpn J Appl Phys, 1993, 32(6): 2681-2686.

[41] Bassett I M, Argyros A. Elimination of polarization degeneracy in round waveguides [J]. Opt Express, 2002, 10(23): 1342-1346.

新型低损耗塑料光纤结构优化的数值分析①

陈宏志　于荣金　张庆辉

（燕山大学信息科学与工程学院，河北 秦皇岛 066004）

摘　要：分析了具有反共振反射的蜘蛛网包层塑料空芯光纤在 1.3 μm 波段的损耗特性及其与结构参数的关系。将光纤包层等效为周期性多层膜，用渐近转移矩阵法进行数值模拟。为优化光纤结构参数，分析了包层层数 N，高折射率层厚度 d_2 和高、低折射率比值 $n_2:n_1$ 对损耗的影响。计算结果表明，随着 N 的增加，损耗首先快速下降最后达到一个固定值；模式损耗随 d_2 的增加呈线性增大趋势，$n_2:n_1$ 越大，反共振波长处的损耗越低。在此基础上，用模拟退火优化算法对空气层厚 d_1 和纤芯半径 r_{co} 进行了最优化求解。最后，用以上求得结构参数的优化组合即 $N=3$，$d_2=2.648$ μm，$n_2:n_1=1.49:1.0$，$d_1=3$ μm 和 $r_{co}=100$ μm，计算得到最低损耗是 0.449 dB/km。

关键词：光纤光学；结构优化；模拟退火优化法；反共振反射；蜘蛛网结构包层

Numerical Analysis of Structural Optimization of a Novel Low-Loss Plastic Optical Fiber

Chen Hongzhi　YuRongjin　Zhang Qinghui

(College of Information Science and Engineering, Yanshan University, Qinhuangdao, Hebei　066004, China)

Abstract: Loss characteristics of antiresonant reflecting plastic optical fiber with cob-web structural cladding and its relationships with the structural parameters are analyzed in the wavelength 1.3 μm. The cladding of this optical fiber is equivalent to periodical multilayer films and numerically simulated by asymptotic transfer matrix method. The effects of the number of alternating layers N, the thickness of high-index layer d_2 and index contrast $n_2:n_1$ on the loss characteristics are analyzed to optimize the structural parameters. The numerical simulation results show that the mode loss decreases rapidly in the first and reaches a fixed value in the last as the N increases; the mode lesses increase linearly as the d_2 increases; the larger the $n_2:n_1$, the lower the loss at the antiresonant wavelength. On that basis, the thickness of the air layers d_1 and the radius of the hollow core r_{co} are optimized by simulated annealing optimization algorithm. Finally, by using above optimal combination of the structural parameters N_3, $d_2=2.648$ μm, $n_2:n_1=1.49:1.0$, $d_1=3$ μm and $r_{co}=100$ μm, the lowest loss calculated is 0.449 dB/km.

Key words: Fiber optics; Structural optimization; Simulated annealing optimization algorithm; Antiresonant reflecting; Cob-Web structural cladding

① 光学学报，2010，30(9)：2519-2523.

1　引言

随着光纤通信向接入网的发展，尤其是光纤到家（FTTH）、光纤到桌面（FTTD）等应用的发展，光纤取代铜进入千家万户进而实现信息传输中的“最后一公里”已成必然趋势，塑料光纤由于制造简单、价格便宜、接续方便快捷和具有良好的力学性能等优点，在高速短距离通信网络中具有明显竞争优势[1~3]，从而引起了业界的关注，特别是塑料光纤在 100～1000 m 范围内带宽可达数吉赫兹，而成本与对称电缆相当，使其成为除石英光纤以外的另一种选择。

本文对一种新型的塑料光纤——蜘蛛网结构包层空芯塑料光纤[4,5]，应用反共振反射的传输机理，通过转移矩阵法进行数值模拟，分析了这种光纤的损耗与各个结构参数的关系及其变化规律；并运用模拟退火法结合当前光纤制作工艺，进行了结构的优化设计，为实际制作较低损耗的塑料光纤提供了相关的理论依据。

2　空芯光纤传输机理

2.1　布拉格反射

布拉格反射传输机理是 1978 年加州理工学院 Yeh 等[6]提出的一种横向束缚机理，在布拉格光纤中，空芯是由高、低折射率材料交替层组成的一维布拉格反射器包围的。

目前提出的空芯布拉格光纤有“全方位波导”光纤（“Omniguide” fiber）[7~10]、环形结构包层光纤[11]，以及蜘蛛网结构包层光纤（图 1）。全方位波导光纤的传输损耗显著低于构成光纤材料的损耗，但在材料选择和制作方面存在困难。因此，至今只演示了两种材料组合[7,12]，环形结构空芯光纤包层虽然只用单一材料，但其低折射率层是由含许多小孔的同一材料组成，构成包层的材料折射率差没有蜘蛛网结构包层的材料折射率差大，因而环形结构光纤对导波横向漏泄的束缚能力要小于蜘蛛网结构光纤。

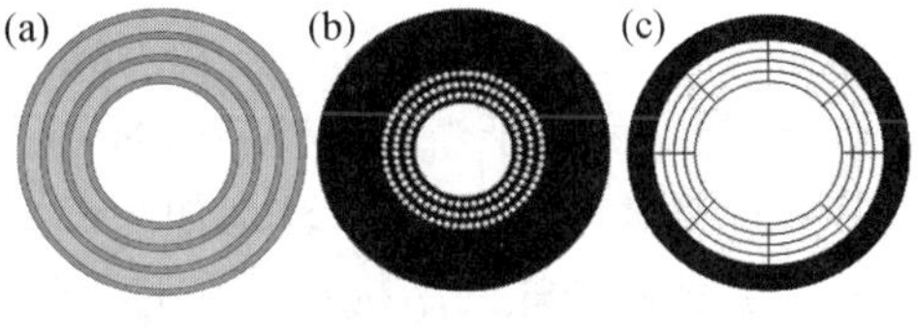

（a）“全方位波导”光纤；
（b）环形结构光纤；（c）蜘蛛网结构光纤

图 1　空芯布拉格光纤截面

Fig. 1　Schematic diagrams of the cross-section of hollowcore Bragg fiber (a)“OmniGuide” fiber, (b) ring structured fiber, (c) cob web structured fiber

2.2　反共振反射

反共振反射光波导（ARROW）是一种可把包层看作为 Fabry-Pérot 共振器，利用反共振反射导光的新型波导。2002 年，由 N. M. Litchinitser 等[13]首次提出了反共振反射光子晶体光波导。这种光纤的一维结构与普通平板波导相类似，二维结构与布拉格光纤类似。反共振反射机理可以达到的高折射率层厚度的最大值满足条件为

$$d_2 = \frac{\lambda(2l+1)}{4n_1[(n_2/n_1)^2-1]^{1/2}}, l = 0,1,2,\cdots$$

式中 d_2 是高折射率层厚度，λ 是入射光波长，n_2 和 n_1 分别是高、低折射率层的折射率。反共振反射波导与布拉格波导的区别是：当光子带隙波导的晶格常数大于光波长且高、低折射率差大的时候，这种波导的光谱特性取决于第一高折射率层的厚度，而不取决于晶格常数。在满足反共振条件下，高折射率层可以更厚一些，这样的结构会比较容易制作。

3　反共振反射蜘蛛网包层空芯塑料光纤

对于光纤通信关注的波长 1.3 μm 来说，蜘蛛网结构包层空芯光纤如果要实现低的传输损耗，高折射率层厚度应该选择在传输波长的 1/4 左右，即 0.325 μm 左右，这样的厚度对于当前的塑料光纤制作工艺来说是较难实现的。但是如果将反共振反射引入蜘蛛网结构包层空芯光纤，可以实现高折射率层厚度的增加，从而较利于当前工艺实现。这种光纤的横截面结构如图 2 所示。N 是由高、低折射率层组成的包层的周期数，r_{co} 是纤芯半径，m 和 W_s 是支撑条的数目和宽度。支撑条在光纤横截面内总是呈圆对称分布且与高折射率层使用相同的介质材料。

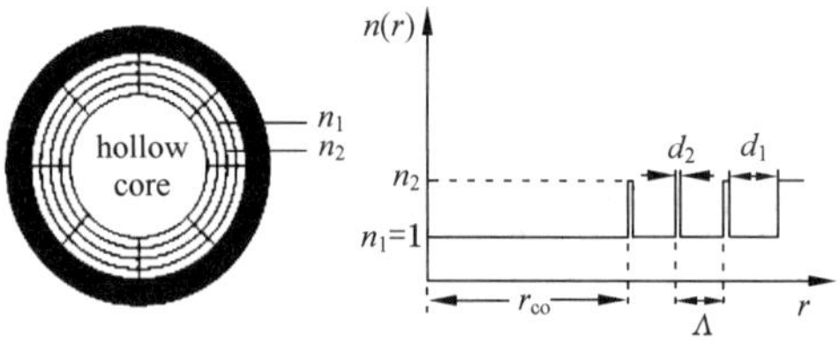

图 2　蜘蛛网结构包层空芯光纤结构

Fig. 2　Hollow-core fiber with cob-web cladding structrue

蜘蛛网结构包层中在各包层之间加上支撑条主要起到力学上的支撑作用，这些支撑条在满足力学稳定性的条件下，其数目和宽度应尽可能地小。大体上，当支撑条的数目 $m=6\sim12$，且宽度与高折射率层厚度相等时，大部分光被限制在纤芯中传输且满足力学稳定性。对于蜘蛛网包层结构光纤，虽然存在的支撑条结构对于光纤的性能有一定的影响而使光纤中的场分布发生畸变，但是经过模拟计算得知，当支撑条的数量和宽度满足上述的条件时，就可以忽略它的存在，得到较好模拟结果[5]。这样一来，这种光纤蜘蛛网结构的包层在大芯径的条件下忽略了各层之间的支撑条，从而使包层结构变成由高低折射率层组成的周期性膜堆，即等效成周期性多层膜，用渐近转移矩阵法对其损耗特性进行数值模拟。

对于给定的波长，例如光纤通信常用波长 $\lambda=1.3$ μm，在满足(1)式条件下，当 $\lambda=1.3$ μm，$n_1=1$，$n_2=1.49$(PMMA)时，$d_2=0.294$ μm，…，2.648 μm($l=4$)，3.237 μm($l=5$)，3.825 μm($l=6$)。为了检验上述参数是否满足反共振反射模型有效性，用以上参数求得 $2d_2(n_2^2-n_1^2)^{1/2}=5.92$ μm。这个结果显示在短波长区 $\lambda=1.3$ μm($\lambda<5.92$ μm)，基模被反共振反射机理很好地束缚在纤芯区域。

4　结构优化的数值分析

4.1　损耗与包层层数的关系

对于“全方位波导”光纤来说，包层层数对损耗的影响是明显的。光纤达到一定的泄漏速率只需要几层，且各模式之间泄漏很不相同，从而产生一种模式滤波效应，可以在大芯径下以等效单模方式工作。TE_{01} 模是最低损耗模。具有反共振结构蜘蛛网包层空芯光纤的数值模拟结果也显示了这些特性。根据塑料光纤常用材料 PMMA 的情况下，对这种光纤的模式损耗与包层层数的关系进行计算分析，在 1.3 μm 波长处，PMMA 的吸收损耗为 2.5×10^4 dB/km，结构参数为 $n_1=1$，$n_2=1.49$，$d_1=5$ μm，$d_2=2.648$ μm，$r_{co}=62.5$ μm，模拟结果如图 3 所示，其中虚线是数值拟合结果。

通过观察发现，对于这种新型包层结构的光纤来说，泄漏损耗随着包层层数的增加下降很快，TE_{01} 模要达到一个较低的泄漏损耗，仅需要 2 层；计算的 4 种模式的损耗在 $N=3$ 时，都基本上达到一个固定值，不再随包层层数的增加而变化。在

$N=3\sim7$ 过程中，TE_{01} 模、TE_{02} 模、TM_{01} 模和 TM_{02} 模的损耗分别稳定在1.822，6.102，4.064 和 24.92 dB/km，TE_{01} 模的损耗明显低于其他三种模的损耗。因此，依靠模式滤波效应仅需要 3 层就可以实现 TE_{01} 模的等效单模传输。

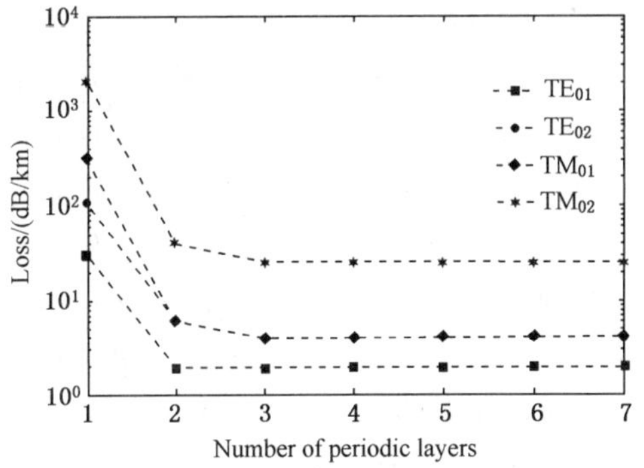

图 3　不同模式损耗与包层周期数的关系

Fig. 3　Relation between the loss of different modes and the number of alternating layers in cladding

4.2　损耗与高折射率层厚度的关系

假定将空气层的厚度固定，主要考虑高折射率层厚度变化对损耗的影响，即固定 $d_1=5\ \mu m$，仍根据 PMMA 在 1.3 μm 波长处的吸收损耗，通过改变 d_2，来观察损耗的变化。d_2 为满足(1)式的一系列离散值，这些离散值均满足反共振条件，在 1.3 μm 波长光纤可以取得最小的损耗。图 4 给出了取 $l=4\sim40$ 情况下，模式损耗与高折射率层厚度的关系曲线。

计算结果显示，随着高折射率层厚度的增加，在 d_2 从 2.648 μm 增大到 23.83 μm过程中，各个模式的损耗大体增加到原来的近 10 倍。TE_{01} 模的损耗 1.82 dB/km增大为 16.33 dB/km，增大了 8.96 倍；其变化曲线是斜率为0.685的直线；其他 3 个模式 TE_{02}、TM_{01} 和 TM_{02} 的损耗变化趋势与 TE_{01} 模类似，斜率分别是 2.292，1.538 和 9.385。虽然在实际制造过程中 d_2 越大，即高折射率层厚度越大，越易于工艺实现，但在反共振反射机理中 d_2 同时也增大了传输损耗，并且对光谱特性有明显影响，如图 5 所示，在 $d_2=4.414$，6.179 μm 时光谱振荡周期分别是 $d_2=2.648$ 时的 1/2，1/4，所以 d_2 是光纤传输的光谱特性必须考虑的重要因素。

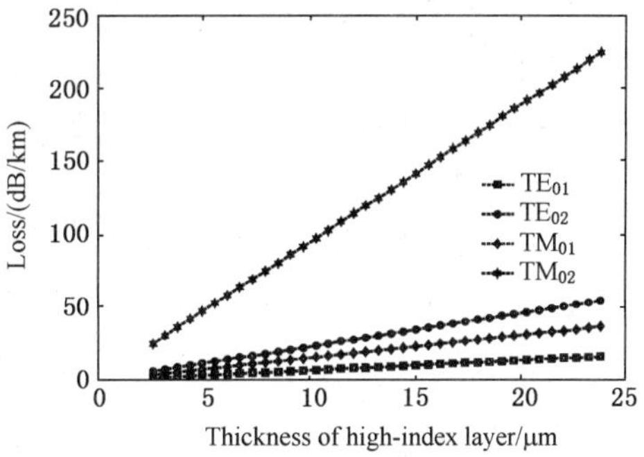

图 4　不同模式损耗与高折射率层厚度的关系

Fig. 4　Relation between the loss of different modes and the thickness of high-index layers

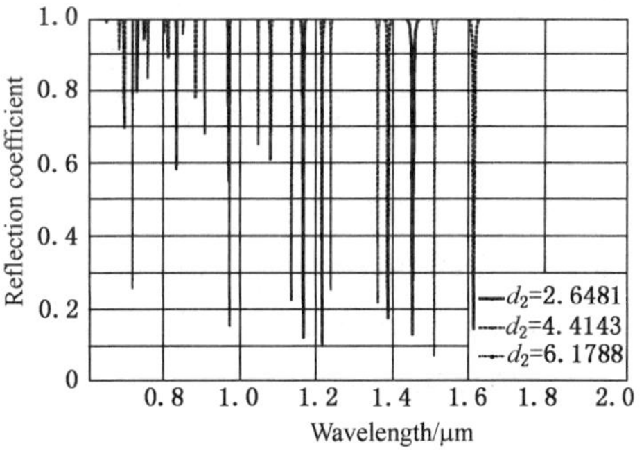

图 5　不同高折射率厚度时的 TE_{01} 模光谱特性

Fig. 5　Spectral characteristics of TE_{01} mode with different thicknesses of high-index layer

4.3　损耗与包层折射率比值的关系

基于光纤损耗与包层周期数的关系，模拟中均设定为 3 个周期包层，但选择三种不同的折射率比，观察包层折射率差值对反共振反射光纤损耗的影响。图 6 给出了高、低折射率的比值分别为 1.49∶1.4,1.4∶1.0 及 1.49∶1.0 的模拟结果。由于折射率比值改变,反共振波长出现的位置也改变。可以看出,随着包层折射率比值逐步增大,反共振波长的损耗均不同程度地下降,且将低折射率层变换成空气时对光纤模式损耗影响是显著的,使得 TE_{01} 模在 1.3 μm 波长传输损耗的最小值由 1.49∶1.4 时的 1.027×10^4 dB/km 降低到了低于1.822 dB/km。

因此可得出结论:对于反共振反射蜘蛛网包层空芯光纤,包层折射率差值越大,其损耗越小;包层折射率差值越小,其损耗越大。

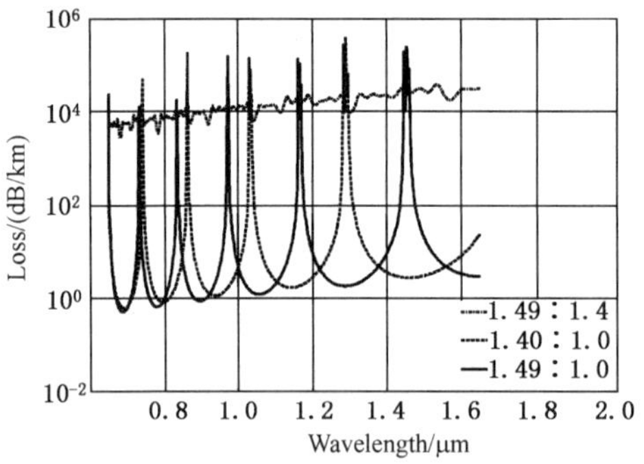

图 6　包层折射率差与损耗的关系

Fig. 6　Relationship between the loss and index contrast in claddings

4.4　结构优化

以上三个结构参数所取的值是一些满足特定条件的离散值,其与损耗的关系通过不同取值的对比分析即可获得。而对于反共振反射蜘蛛网包层空芯光纤,它的另外两个连续结构参数 r_{co} 和 d_1 的变化对于光纤损耗也具有较大的影响。采用使得损耗取得最小值的参数组合,通过最优化计算方法就可以获得这些连续结构参数的最优化取值[14],根据蜘蛛网包层空芯光纤损耗变化曲线的特点,选用了适于处理多变量极值问题的模拟退火优化算法。

取 $N=3$, $d_2=2.648$ μm,并考虑到材料在 1.3 μm 的吸收损耗 2.5×10^4 dB/km,已算出 TE_{01} 模在 1.3 μm 波长处的损耗是 1.822 dB/km,在这个基础之上再进行优化。先求出 $N=3$ 时的光纤损耗函数表达式,该表达式中有两个自变量,分别是 d_1 和 r_{co},表达式中 d_1 对损耗影响小,r_{co} 的增大使损耗非线性下降;然后设定这两个自变量满足的反共振条件,即它们各自的合理取值范围;再用模拟退火优化算法计算 d_1 和 r_{co} 取得不同初值时的最优化组合。通过编程计算可得,当 d_1 和 r_{co} 两个自变量组合分别取不同初值[5,62.5],[1.5,50]和[3,100]时,用模拟退火优化算法得到的最优化组合是[4,100],其对应的损耗值是 0.449 dB/km。

由计算结果可知,当 x_0 取不同初值时,模拟退火优化算法所得的点为全局最小值点;与原来的结构参数计算所得的损耗值比较,其得到的损耗值相对较低。由此可得 d_1 的最优取值为 3 μm,r_{co} 的最优取值为 100 μm,相应的最低损耗为 0.449 dB/km。

5　光纤制作工艺及容差

蜘蛛网结构包层空芯塑料光纤属于微结构光子晶体光纤[15,16],这种光纤可使用 PMMA 材料通过挤出法或预制棒法来制作。前者技术较成熟且效率高,适合大批量工业生产;而后者可以使用多种不同的材料和制作方法,灵活、多样、方便,适合制作光子晶体光纤和实验室试制样品。目前实验室正在采用预制棒法制作这种光纤。最初的预制棒由挤出机挤出,并将其拉制成直径约 1 cm 的杆;然后将这个杆插入到一个 PMMA 套管里，再将其拉制成直径 300～500 μm 的光纤。拉制过程中，需根据 PMMA 的力学和热学性能精确控制拉丝温度和拉丝速度并掌控拉丝时间，以保证光纤预制棒被拉细后的结构。

图 7 是 TE_{01} 模损耗与不同 PMMA 层厚度间的关系，从图中可以看到该光纤高折射率层的制作容差。当光纤 PMMA 层厚度为 2.648 μm 时，损耗最低。在此基础上，厚度增加 0.104 μm 或减少 0.083 μm时，损耗均增大 1.3 倍。因此，该光纤高折射率层厚度为 2.648 μm 时，制作容差为±0.083 μm。相对容差约为 1/32。当前塑料光纤制作工艺的最低相对容差在 1/31 左右，与上述光纤的相对容差接近，所以这种结构的光纤是可以用当前工艺来实现的。

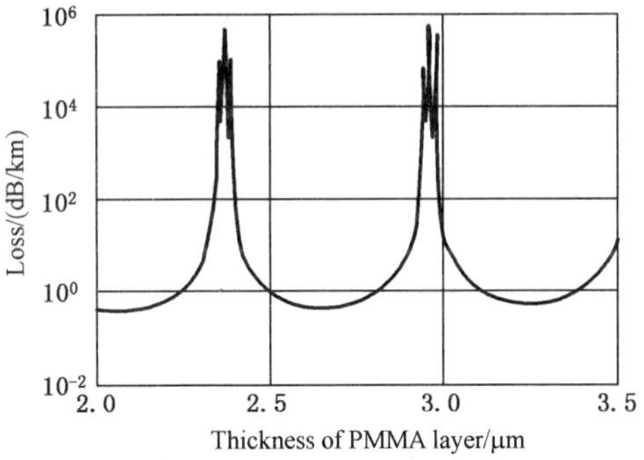

图 7 损耗与 PMMA 层厚度的关系

Fig. 7 Relationship between loss and thickness of PMMA layer

6 结论

将反共振反射引入蜘蛛网包层空芯光纤，可以实现高折射率层厚度的进一步增大。在忽略支撑条的情况下，用渐近转移矩阵法对光纤损耗进行数值模拟，分别得到了包层周期数 N，高折射率层厚度 d_2 和高、低折射率比值 $n_2 : n_1$ 与光纤损耗的变化关系曲线，基本确定了结构参数 $N=3$，$d_2=2.648$ μm 和 $n_2/n_1=1.49:1.0$。在取离散值的结构参数分析的基础上，用模拟退火最优化算法，求得了另外两个连续的结构参数 d_1 和 r_{co} 的最优化组合解，分别为 3 μm 和 100 μm，由这些结构参数得到的最低损耗是 0.449 dB/km。

参考文献

[1] 杨春，孙小菡，王云明，等. 1×7 圆柱形混合棒塑料光纤耦合器[J]. 光学学报，2001，21(9)：1116-1122.

[2] 于荣金. 塑料通信光纤[J]. 光电子·激光，2002，13(3)：315-320.

[3] 张永生，谢志国，郑荣升，等. 聚合物光纤中的模式耦合及其对带宽的提高[J]. 中国激光，2006，33(9)：1234-1238.

[4] 于荣金，张冰. 新一代塑料光纤及其功能开发[J]. 中国科学 E 辑：技术科学，2008，38(5)：807-816.

[5] M Y Chen，R J Yu，Z G Tian，et al. Optical and mechanical properties of hollow-core fibers with cobweb cladding structure[J]. Chin. Opt. Lett.，2006，4(2)：63-65.

[6] P Yeh，A Yariv，E Marom. Theory of Bragg fiber[J]. J. Opt. Soc. Am.，1978，68(9)：1196-1201.

[7] Y Yink，J D Ripin，S Fan，et al. Guiding optical light in air using an all-dielectric structure[J]. J. Lightwave Technol.，1999，17(11)：2039-2041.

[8] S G Johnson，M Ibanescu，M Skorobogatiy，et al. Low-loss asymtotically single-mode propagation in large-core Omniguide fibers[J]. Opt，Express，2001，9(13)：748-779.

[9] B Temelkuran，S D Hart，D. Benoit，et al. Wavelength scalable hollow-core optical fibers with large photonic bandgaps for CO_2 laser transmision Perfect mirror extend hollow-core fiber and application：low-loss wave

guides based on ornnidirectional[J]. Nature, 2002,420(6916):650-653.

[10] G Dellemann, T D Engeness, M Skorobogatiy, et al. Mirrors can transport light of almost any wavelength[J]. Photon. Spectra, 2003, 37(June):60-62.

[11] A Alexander, I M B, A Martijn van Eijkelenborg, et al. Ring structures in microstructured polymer optical fibres [J]. Opt. Express, 2001, 9 (13):813-820.

[12] A Argyros, Eijkelenborg M A van, M C J Large, et al. Hollow-core microstructured polymer optical fiber [J]. Opt. Lett., 2006, 31(2):172-174.

[13] N M Litchinitser, A K Abeeluck, C Headley, et al. Antiresonant Reflecting Photonic Crystal Optical Waveguides [J]. Opt. Lett., 2002, 27(18):1592-1594.

[14] 龚纯,王正林. 精通 MATLAB 最优化计算[M]. 北京: 电子工业出版社, 2009: 160-174.

[15] 张晓娟,赵建林,崔莉,等. 一种高双折射光子晶体光纤的模式特性分析[J]. 光学学报, 2008, 28(7):1379-1383.

[16] 卫延,常德远,郑凯,等. 光子晶体光纤的温度特性数值模拟[J]. 中国激光, 2007, 34(7):945-951.

微结构塑料光纤切割研究①

孙灵芝　于荣金
（燕山大学信息科学与工程学院，秦皇岛 066004）

摘　要：研究了一种制备微结构光纤端面的切割系统，并应用于切割聚甲基丙烯酸甲酯和聚碳酸酯两种塑料构成的微结构光纤。实验结果表明：采用这套切割系统，只要控制好切割时的光纤温度、刀温度和切割速度等因素，可以获得良好的切割端面，并适用于切割其他塑料构成的微结构光纤。

关键词：微结构塑料光纤；切割；端面；温度控制；聚甲基丙烯酸甲酯；聚碳酸酯

Research on Cleaving of Microstructured Plastic Optical Fibers

Sun Lingzhi　Yu Rongjin
(College of Information Science and Engineering,
Yanshan University, Qinhuangdao, 066004)

Abstract: A cutting system used for fabricating the end-face of microstructured polymer optical fibers(mPOF) is researched. It is applied to cut the two microstructured fibers made from polymethyl methacrylate(PMMA) and polycarbonate(PC). Experimental results have shown that so long as the factors of fiber temperature, blade temperature, and blade speed etc during cutting are controlled, it is possible to cut the mPOF to produce a good quality end-face by the cutting system. The fiber(and blade) temperature among varieties of factors is of key importance. The best results of cutting the mPOF are obtained for fiber temperatures in the range 70～80 ℃ with blade temperature close to fiber temperature for PMMA, and fiber temperatures near to 130℃ with blade temperature close to fiber temperature for PC. These indicate that the fiber(and blade) temperatures of cutting process should be controlled below the glass transition temperature of the polymer, near to its heat deflection temperature, corresponding to the "brittle-ductile" transition of the fiber material.

Key words: Microstructured Plastic Fiber; Vleaving; End-Face; Temperature Control; PMMA; PC

0　引言

随着微结构塑料光纤（mPOF）的出现，在进行这类光纤的测试和应用中，面临着一个首要问题是对其的切割和合乎要求端面的制备。普通的实芯塑料光纤可在室温下切割后，采用机械抛光等办法改善切割端面的质量，可是这些办法并不适合 mPOF，相反会增加端面的损伤和污染。至今，mPOF 都采用聚甲基丙烯酸甲

① 全国第四届塑料光纤、聚合物光子学会议论文集，秦皇岛，2008.

酯(PMMA)材料，而 PMMA 属于无定形(非结晶性)热塑性树脂，在不同的温度范围内出现三种不同的力学状态(即玻璃态、高弹态和粘流态)及玻璃化转变区和粘流转变区[1]，如图 1 所示。它可以反复加热熔化，在软化或流动状态下加工成型。由于它在室温时是硬脆的玻璃态，因此必须把 mPOF 进行加热，然后切割，这就是“热刀/热光纤”法。新西兰奥克兰大学设计和构建了用于 mPOF 切割的第一台切割机，并和澳大利亚悉尼大学联合进行了切割研究[2-3]；后来，悉尼大学根据对 mPOF 切割过程的理解，改进和设计了切割装置，并对影响切割光纤端面质量的因素进行了较深入的研究[4]。本文结合各种 mPOF 的研究，由于工作的需要，而市场上又没有适合这类光纤的切割机，因此从 2004 年开始就进行了这类切割机的设计和试制[5]；经过对切割机的不断改进，以及构成 mPOF 材料由 PMMA 向聚碳酸酯(PC)的扩展，积累了一定经验，这些积累为制备各种 mPOF 优良的端面奠定了基础。

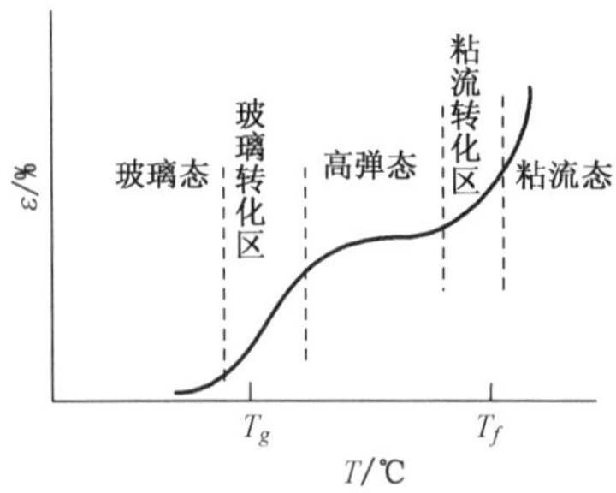

图 1 非结晶性塑料的温度-形变曲线

Fig. 1 Temperature-deformation curve of non-crystalline plastic

1 切割系统

“热刀/热光纤”切割系统由切割机、固态继电器和温控仪组成，如图 2 所示。

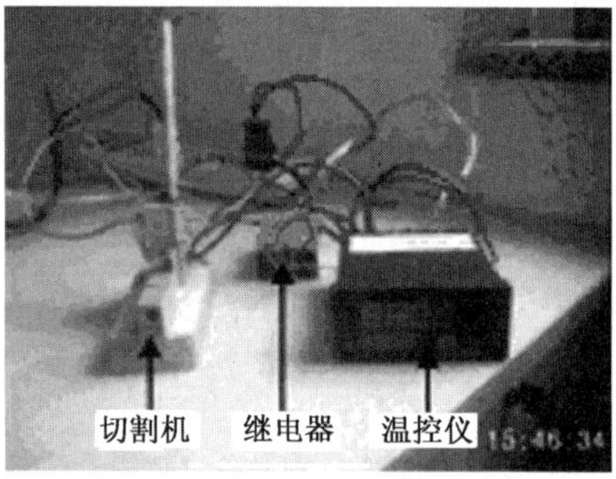

图 2 切割系统

Fig. 2 Cutting system

切割机经过多次改进后，如图 3 所示，切割机底座采用玻璃纤维隔热材料，刀架和光纤座选用铝合金，切割刀选用不锈钢手术刀(因为它的刀刃非常锋利，端面非常好)，传感器采用 Pt100 铂热电阻。为使光纤加热均匀，专门设置了圆形的几个光纤孔。切割刀和光纤孔成“十”字形，以保证光纤切割端面和切割刀垂直；并且光纤孔和刀槽的底面在同一水平线上，以减轻切割时光纤下端面的撕裂现象。刀槽的宽度不要太大，只要让刀可以上下移动，以减少环境空气对刀温的影响。在这个系统中，没有安装切割速度控制系统，因而采用手动切割。继电器采用过零触发固态继电器。温控仪部分是以单片机作为中央控制单元，采用改进的新型 PID 算法和过零触发 PWM(脉宽调制器)脉宽调功的控制方式来实现的。它是由传感器将温度采样值经过 A/D 转换输入单片机 89C55 中央控制单元，采样值与温度设定值同时送入新型 PID 控制算法(积分分离分段式抗饱和 PID 位置式控制算法)进行运算，得到输出控制量，并经 D/A 转换控制输出单元，通过固态继电器(执行电路)作用到加热电阻丝上，来控制加热功率。在这个切割系统中，采用两套温度控制系统，分别控制刀和光纤的温度，本温控仪精度可达±1 ℃，工作稳定可靠，完全满足实验工作要求。

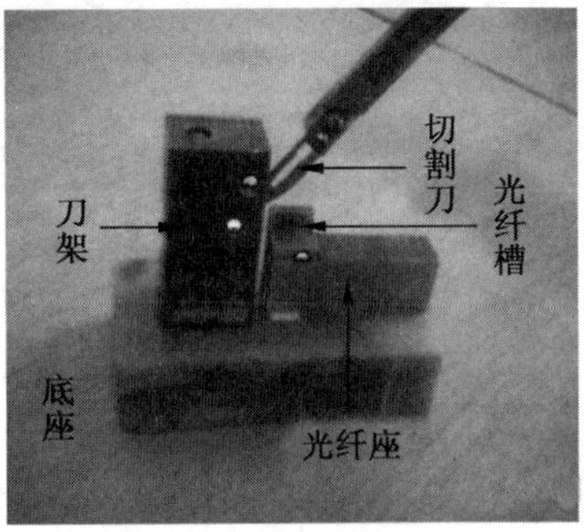

图 3　光纤切割机

Fig. 3　Fiber cutter

2　微结构塑料光纤切割

切割过程产生一对断裂表面，涉及所切割的材料是脆性还是延性的，表面的断裂过程是由切割还是由裂缝扩展形成的。期望目标是切割表面平整、光滑和完整，不要出现损伤、裂纹和微丝，这样的表面在测试、互连和各种应用中，光通过它传输时才有可能损耗是很小的。从文献报道[2-4]和我们的研究中发现，影响 mPOF 切割质量的因素很多。首先是切割材料本身的性质，也与构成光纤聚合物的粘度分子质量(M_V)、拉制光纤时的温度和张力，以及拉伸比有关，还与切割光纤时切割系统的科学合理性、光纤和刀的温度、切割速度和切割刀的质量等因素有关。PMMA 在室温下呈玻璃态，是脆性的；PMMA 的粘度分子质量小($M_V<10^4$)时呈现脆性，而大时($M_V>10^5$)则呈现延性；拉制光纤时，提高拉丝温度和减小张力，可减小材料的各向异性，从而减小脆性，也使裂开减小。相反，在较低的温度和较大的张力下拉制光纤，材料的各向异性就非常显著；在低拉伸比(约在 3 以下)时，聚合物就产生显著的各向异性，而在聚合物拉成 mPOF 时往往用很高的拉伸比(10～20 之间)，因此显然是各向异性的；切割时，光纤(和刀)的温度是关键的因素，因为光纤材料的脆性及各向异性，通过对光纤的加热，可得到改变；切割过程是要切断光纤而不是让裂缝扩展，所以一般来说，切割速度低一点效果更好，刀速为 0.07～0.5 mm/s；切割所用的刀，其质量当然也很重要，文献[2-4]采用剃刀，本文采用手术刀，刀的刃口不应有任何损伤，一定要避免用新的好刀去切割室温时的光纤，每次切割应在新的好刀的不同位置。光纤与光纤座的温度要达到平衡和一致，光纤放入光纤座中的时间要充分，一般放入光纤座后至少 60 s 后才能进行切割。为了获得优良的切割表面，上述各因素还需合理组合。例如光纤的加热温度较高时，可适当提高切割速度。

对 PMMA 材料构成的 mPOF 来说，切割时光纤的温度在 60 ℃以上、95 ℃以下[3]，进一步研究后认为最佳温度范围在 70～80 ℃，刀温接近(或略低)于光纤温度(即 60～70 ℃)，刀的切割速度为 0.07～0.5 mm/s，可获得最佳的切割端面[4]。我们的实验结果，也符合这些结论，但是发现，在光纤温度为 70～80 ℃时，刀温略高于光纤温度，也能得到合乎要求的切割端面，图 4 是光纤温度为 70 ℃、刀温为 80 ℃、切割速度约 0.5 mm/s 时放大 200 倍的照片。可是刀温太高，也会造成光纤端面烧伤，如图 5 所示。

对 PC 材料构成的 mPOF，切割时光纤的温度在 110～130 ℃，而刀温在 120～130 ℃，切割速度约 0.5 mm/s，放大 500 倍的一组照片如图 6 所示。从图可以看出，光纤和刀温在 130 ℃左右，端面质量比较好。

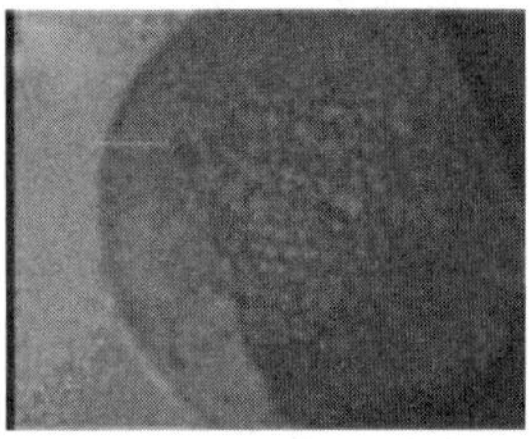

图 4　光纤温度为 70 ℃、刀温为 80 ℃、切割速度约 0.5 mm/s 时光纤端面的切割照片

Fig. 4　Picture of fiber end-face cut with fiber temperature of 70 ℃, blade temperature of 80 ℃ and blade speed of about 0.5 mm/s

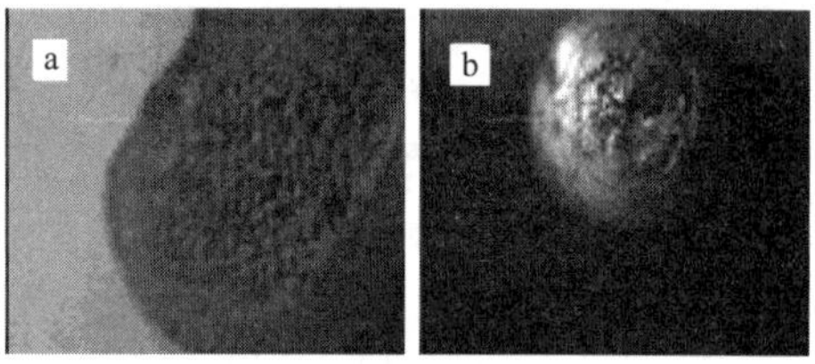

图 5　光纤温度为 70 ℃、刀温为 90 ℃(a)和 100 ℃(b)时光纤端面的切割照片

Fig. 5　Pictures of fiber end-faces cut with fiber temperature of 70 ℃, blade temperatures of 90 ℃(a)and 100 ℃(b)

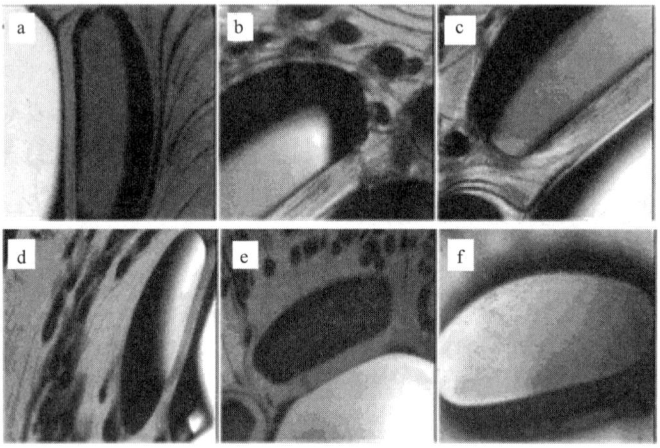

图 6　切割速度约为 0.5 mm/s 时光纤端面切割照片，其中光纤温度和刀温为 110 ℃和 120 ℃(a)，115 ℃和 125 ℃(b)，120 ℃和 125 ℃(c)，120 ℃和 130 ℃(d)，125 ℃和 130 ℃(e)，130℃和 130 ℃(f)

Fig. 6　Pictures of end-faces cut with a blade speed of about 0.5 mm/s, where fiber temperature and blade temperature are 110 ℃ and 120 ℃(a), 115 and 125 ℃(b), 120 and 125 ℃(c), 120 ℃ and 130 ℃(d), 125 ℃ and 130 ℃(e), 130 ℃ and 130 ℃(f)

《聚合物数据手册》表明[6]：PMMA 的玻璃化转变温度(T_g)为 106～114.3 ℃，热挠曲温度(在 1.82 MPa 下)为 68.3～98.9 ℃；PC 的玻璃化转变温度为 150 ℃，热挠曲温度(在 1.82 MPa 下)为 132 ℃。可以看出，切割两种材料光纤的最佳温度要明显低于 T_g，而比较接近热挠曲温度。在热挠曲温度附近，材料实现由脆性向延性的转变。这可能对切割其他聚合物构成 mPOF 的温度选择也有指导意义。

3　结论

大量的试验结果表明，尽管影响切割 mPOF 端面质量的因素很多，但光纤(以及刀)的温度是其中最关键的因素。从切割 PMMA 和 PC 两种材料构成的 mPOF 来看，光纤(以及刀)的温度控制在玻璃化转变温度以下，与热挠曲温度比较接近，就能获得良好的切割端面，这种情况与材料由脆性向延性转变有关。

参考文献

[1] 金日光，华幼卿. 高分子物理[M]. 北京：化学工业出版社，1991：78-79.

[2] Harvey J D, Kruhlak R J, Song M, et al. Cleaving microstructured polymer optical fibre [C]. The 14th International Conference on Polymer Optical Fiber. Hong Kong, 2005：45-48.

[3] Law S H, Harvey J D, Kruhlak R J, et al. Cleaving of microstructured polymer optical fibres [J]. Optics Communications, 2006 (258)：193-202.

[4] Law S H, Eijkelenbory M A Van, Barton G M, et al. Cleaved end-face quality of microstuctured polymer optical fibres [J]. Optics Communications, 2006(265)：513-520.

[5] 王朝颖. 塑料光子晶体光纤及其端面制备的研究[D]. 秦皇岛：燕山大学，2006.

[6] Mark J E. Polymer Data Handbook[M]. New York: Oxford University Press, 1999: 656, 365.

基于 HOP 的可调光编码/解码器的研究①

张　宁[1,2]　于荣金[1]

（1.燕山大学信息科学与工程学院，河北 秦皇岛 066004；

2.北京石油化工学院，北京 102600）

摘　要：提出了一种基于全息光处理器的可调光编码/解码器的实现方案。全息光处理器可以在空间进行编/解码，每个通信网络单元可以采用任意速率的数字或模拟的调制信号，它非常适合于多媒体的通信网络环境。通过对全息光处理器的折射率大小和位置的控制，当一个输入光脉冲经过光处理器中具有特定折射率的空间位置后，便可在处理器的输出端口得到合适的输出信号。本文给出了这种基于全息光处理器的可调光编码/解码器的仿真实验，结果是可行的。与以前文献中提出的结构相比，减小了硬件实现的复杂性，降低了成本和功耗，便于集成。

关键词：光码分多址；全息光处理器（HOP）；可调光编码/解码器

Study of Tunable Optical Encoder/Decoder Based on Holographic Optical Processor

Zhang Ning[1,2]　Yu Rongjin[1]

(1. College of Information Science and Engineering, Yanshan University, Qinhuangdao 066004, China;

2. Beijing Institute of Petro-chemistry Technology, Beijing 102600, China)

Abstract: A new tunable optical encoder/decoder structure based on holographic optical processor is proposed. The planar holographic optical processor that is a low-cost fabrication and that is spatial domain encoding and decoding. The modulating signal for each ONU can take on any form (digital or analog), any rate, and any shape. So this is very suitable for multimedia environment. An impulsive signal entering the input port and interacting with the index grating at special position produces an output signal. Control of the spacing and amplitude of index variations provides required temporal response. For the proposed tunable optical encoder/decoder structure, simulation experiments have been accomplished and a part of typical results are given in this paper. In contrast to the previous structures reported in the literature, the new structure has greatly reduced the hardware complexity, the cost and the power loss. It is easy to integrate.

Key words: OCDMA; Holographic Optical Processor (HOP); Tunable optical encoder/decoder

---

① 光电子·激光，2002，13(4)：365-367.

1　引言

光码分多址(OCDMA)通信技术,可使多个用户同时占用信道实现通信,而且无须交换,避免了传统通信网络中由于电子交换所带来的速率上的"电子瓶颈"效应,是实现全光通信和全光网络的重要技术。实现 OCDMA 通信的关键是直接对光信号进行光编码和解码。迄今为止,已有采用自由空间双光栅脉冲整形器[1]、光纤延时线[2]、分支光波导[3]和光纤光栅[4,6]等实现光编码和解码的方案。但对于光纤网络环境,某个网络单元在不同时刻要向不同网络单元发送信息,也有可能在同一时刻与多个网络单元交换信息,故必须根据网络实时的需要对相互通信的网络单元提供特定的编码与解码,这就使可调光编码/解码器的设计成为急待解决的问题,它是实现全光通信网的先决条件。文献[2]报道利用多级 2×2 光开关和光纤延时线的串联或串-并联结构来实现可调光编码/解码器,其所需的 2×2 光开关和光纤延时线数量均较大,构成的光编码/解码器成本高、体积大和功耗大。本文提出一种基于全息光处理器(HOP)的可调光编码/解码器方案,所用光开关数少,使成本和功耗大大降低,便于集成,具有广阔的应用前景。

2　HOP 的工作原理

具有 1 对输入输出端口的二维光波导全息光处理器的结构如图 1(a)所示。图中弧形曲线代表具有相同折射率分布的等值线,每个具有相同折射率分布的弧形曲线可看作反射聚焦镜。由于光脉冲经不同的弧形曲线聚焦在输出端口的光程差不同,如分别在 S_1 和 S_2 弧形曲线上反射的输入光脉冲,势必造成在输出端口对 1 个光脉冲不同时间的延迟,如图 1(b)所示。因此,通过改变 HOP 折射率分布的间距和幅值来实现对光脉冲不同延时的要求,从而达到对光脉冲编码和解码的目的。

HOP 沿径向 r 的折射率分布为

$$n(r) = n_0 + \epsilon(r), \tag{1}$$

其中 n_0 是波导的平均折射率,且 $\epsilon(r)$ 远小于 n_0。假设 1 个输入光脉冲信号 $E_0\delta(t)$ 由输入端口进入 HOP,沿图 1(c)所示的光程并在 r 处的折射率作用下,由输出端口输出光信号为 $a_c E_0 \epsilon(r)$,这里 a_c 为耦合常数。由于输入输出端口间的距离 ΔL 很小,即可认为 $(s-r)^2=0$,则有

$$s(r) = r \times [1 + \Delta L^2/(8r)^2]。 \tag{2}$$

光脉冲经过 HOP 后的时间延时为

$$t(r) = 2n_0 s(r)/c。 \tag{3}$$

由此可以得到脉冲输出信号为

$$E_{\text{out}} = a_c E_0 \epsilon[ct/(2n_0) - \eta(t)], \tag{4}$$

其中 $\eta(t) = \Delta L^2 n_0/(4ct)$。HOP 的时域脉冲相应为

$$T(\upsilon) = a_c \int_{-\infty}^{+\infty} \epsilon[ct/(2n_0) - \eta(t)] \cdot \mathrm{e}^{-2\pi \mathrm{j} ct}\,\mathrm{d}t。 \tag{5}$$

HOP 的折射率分布可通过式(5)的傅氏逆变换获得。

HOP 的制作成本低,而且结构坚固,便于集成。例如,它可以用具有某一折射率分布的模板在二维波导上冲压形成。而且在 1 个 HOP 中可以同时存在不止 1 对的输入输出端口,只需使之在以 C 点为中心的光共轭位置即可[7]。

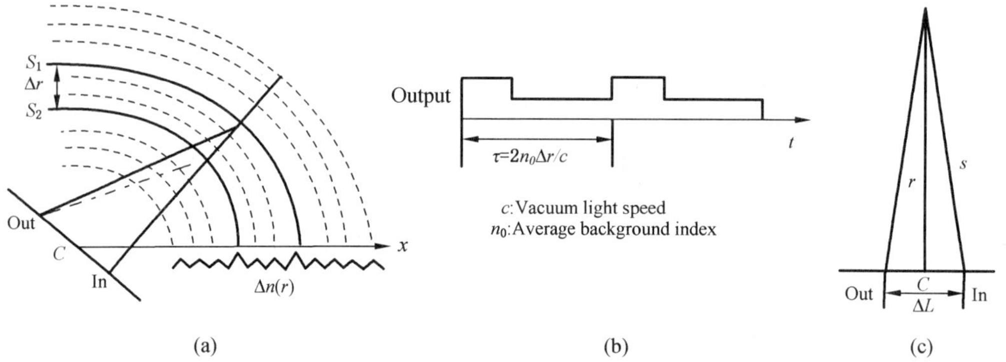

图 1　(a)二维光波导全息光处理器结构图

(b)具有(a)所示折射率分布的 HOP 时域响应　(c)光路示意图

Fig. 1　(a)Schematic of HOP consisting of 2D optical waveguide;

(b)Impulse temporal response of the HOP with the refractive index structure shown at the bottom of (a);(c)Diagram of the optical path

3　可调光编码/解码器设计

假定长度为 n、码重为 w(即 1 个码字中所包含"1"的个数)的光正交码有 N 个码字。为了方便起见,用码字区组来表示码字,其中第 i 个码字的区组记为 $C_i=\{i_1,i_2,\cdots,i_j,\cdots,i_w\}$,$0\leqslant i\leqslant N-1$,$i$ 和 j 表示第 i 个码字中的第 j 个"1"在码字中所处的位置。可调光正交码编码器由 $1\times w$ 光分路器将输入宽度为 τ(τ 为码片宽度)、周期为 $n\tau$ 的光时钟脉冲分成 w 路、2×2 光开关、延时为 τ 的 HOP 和延时控制器构成,如图 2 所示。当控制信号 $a_j=0$时,2×2 光开关被置于交叉状态;当 $a_j=1$ 时,2×2 光开关被置于直通状态。通过延时控制器的延时控制信号 a_j 对 w 个 2×2 光开关状态的控制,可使第 j 条回路对光脉冲的延时值为$(i_j-1)\tau$。例如要延时 5τ,先让 $a_j=0$ 使 2×2 光开关置于交叉状态,让光脉冲进入 HOP,然后让 $a_j=1$ 使 2×2 光开关置于直通状态,光脉冲在延时回路中延时 5τ 后,再让控制信号$a_j=0$,使光脉冲从延时回路中出来,即实现了 5τ 的延时,$w\times1$ 光合路器将 w 个光延时脉冲合路,形成了一个光正交波形,即实现了光正交编码。

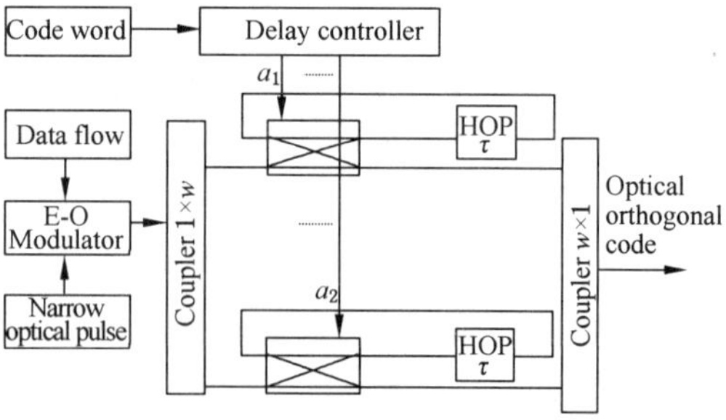

图 2　可调光编码器结构图

Fig. 2　Structure of the tunable optical encode

当网络单元传输的数据为"1"时,窄时钟光脉冲被送进编码器,输出是由$\{i_1,i_2,\cdots,i_j,\cdots,i_w\}$决定的光脉冲序列 C_i;当数据为"0"时,无窄光脉冲送入编码器,输出为全 0。可调光解码器的结构与编码器完全相同,只是为了保证输出脉冲序列 C'_i 是要求的 C_i 的时间逆序列,延时控制器的输入应变为$\{n-1-i_1,n-1-i_2,\cdots,n-1-i_i,\cdots,n-1-i_w\}$，使解码器按要求进行相关运算。如果输入脉冲序列与解码器所对应的 C_i 相匹配，输出为 1 个自相关函数；不匹配时，输出为 2 个码字的互相关函数，经光电转换和阈值判决，即可将数据恢复。

4 计算机模拟结果

假设一组光正交码的码长 $n=32$，码重 $w=4$，其中可调光编码器 A、B 的码字区组分别为 $C_A=\{1,10,13,28\}$、$C_B=\{1,5,12,31\}$；解码器的码字区组 $C_A=\{32-1-1,32-1-10,32-1-13,32-1-28\}$，一个光脉冲通过编码器 A 输出的序列到达解码器，经计算机模拟了编解码过程，完成自相关运算，得到的自相关曲线如图 3 所示。而编码器 B 发送来的序列与解码器标志序列作互相关运算，其互相关曲线如图 4 所示。从图 3、图 4 可以看出，自相关曲线在 1 个周期内延时为 0 时，有极大值 4；在其他延时的情况下，自相关小于或等于 1，而互相关值总是小于或等于 1。计算机模拟结果表明，利用这种正交特性，通过域值判断可实现相关接收，恢复原始数据。

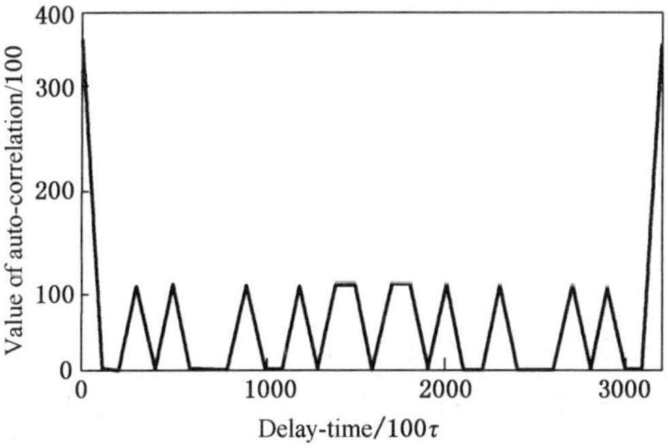

图 3 自相关曲线

Fig. 3 Curve of auto-correlation

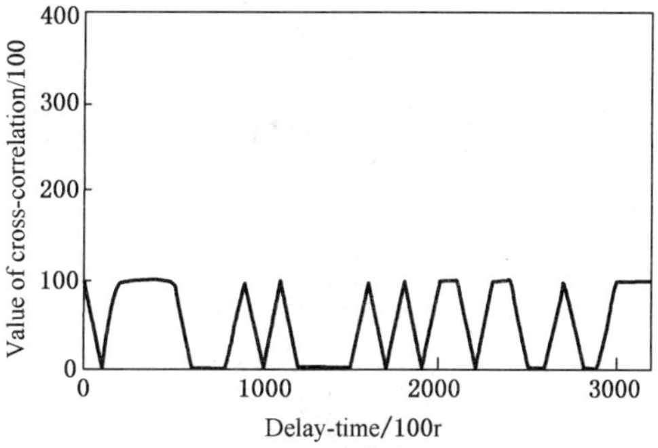

图 4 互相关曲线

Fig. 4 Curve of cross-correlation

参考文献

[1] Salehi J A, Weiner A M, Heritage J P. Coherent ultrashort light pulse code-division multiple access communication systems [J]. J. Lightwave Technol, 1990(8): 478-491.

[2] YIN Hong-xi, YANG Shu-wen, ZHANG Guang-zhao. Synchronous optical code and its all-optical tunable encoder/decoder for synchronous optical code-division multiple access communication system [J]. Acta Photonica Sinica, 1999, 28(7): 607-612.

[3] 高泽华，秦文彪，余重秀，等. 一种利用分支光波导实现 OCDMA 编/解码的方案[J]. 北京邮电大学学报，2000，23(3)：1-5.

[4] Yu Kyoungsik, Park Namkyoo. Design of new family of two-dimensional wavelength-time spreading codes for optical code division multiple access networks[J]. Electon. Lett., 1999, 35(10): 830-831.

[5] Grunnet-Jepsen A, Johnson A E, et al. Fibre Bragg grating based spectral encoder/decoder for light wave CDMA[J]. Electron. Lett., 1999, 35(13): 1096-1097.

[6] Chen Lawrence R, Smith Peter W E, et al. Wavelength-encoding/temporal-spreading optical code division multiple-access system with in-fiber chirped moire gratings [J]. Appl. Opt., 1999, 38(21): 4500-4508.

[7] Mossberg T W. Planar holographic optical processing devices [J]. Opt. Lett., 2001, 26 (7): 414-416.

基于光码分多址技术的塑料光纤接入网探讨①

张　宁[1,2,3]　于荣金[1]
（1. 燕山大学信息科学与工程学院，秦皇岛 066004；
2. 鞍山钢铁学院电子工程系，鞍山 114002；
3. 北京石油化工学院，北京 102600）

摘　要：本文通过对多信道光接入网复用和多址接入方式的分析，提出一种基于光码分多址（OCDMA）技术的塑料光纤接入网结构，同时给出了适合于多媒体信息业务传输的控制协议以及低成本的硬件实现方案，为实现光接入网的最终目标即光纤到办公室（FTTO）或光纤到家庭（FTTH）提供了一条有效的途径。

关键词：塑料光纤；光码分多址；接入网

A Plastic Optic Fiber Access Network Based on OCDMA Technology

Zhang Ning[1,2,3]　Yu Rongjin[1]
（1. College of Information Science and Engineering, Yanshan University, Qinhuangdao 066004;
2. Department of Electronic Engineering, Anshan Institute of Iron and Steel Technology, Anshan 114002;
3. Beijing Institute of Petro-chemistry, Beijing 102600）

Abstract: In this paper, plastic optical fiber access network based on optical code-division multiple access technique is proposed by analyzing the multiplexing technology in access network. In this optical access network, each optical network unit is equipped with a fixed optical encoder and a fixed decoder, both of which are tuned to the control channel. Each optical network unit also has a tunable optical encoder and a tunable optical decoder that can operate at any one of data channels independently. A novel protocol that can efficiently support real-time multimedia communication is presented for the encoders and decoders to coordinate message transmission. The effective solution to FTTO or FTTH is inexpensive and that gives us a new roadmap.

Key words: Plastic optical fiber; OCDMA; Access network

0　引言

接入网是电信网的重要组成部分，而公用电信网的现有结构，使得交换机到用户终端之间的“最后一公里”已成为其发展的瓶颈问题，利用光接入网可以有效地

① 光子学报，2001，30(7)：827-831.

解决这一问题，特别是以塑料通信光纤为传输媒质的光接入网更能满足用户特别关注的成本要求。另外随着智能大厦的逐步兴建，研制和开发满足传输多媒体信息业务的无源光接入网(PON)具有十分重要的意义。

FTTO的无源光接入网若采用传统的单信道网络，如光纤分布式数据接口(FDDI)网、分布排列双总线(DQDB)网，每个网络节点都工作在一个传输速度上，对于一些低速信号的传输，这种方式浪费了系统的带宽，而对于高速信号的传输，节点又成为传输的瓶颈，虽然近年来出现了一些动态分配带宽的各种介质接入协议，但又带来了诸如传输时延增加等负面影响。为了增加网络容量，人们着手开发和研制多信道传输网络，OCDMA接入网即是众多多信道传输网的一种，它在FTTO的塑料光纤接入网的设计中极具优势。

1　OCDMA接入网的基本原理及其技术特点

1.1　OCDMA基本原理

光码分多址是在光域内的一种扩频技术，可实现多用户的接入，适用于高速和实时通信，在OCDMA系统中，每个用户预先被分配一个地址码，即由0或1组成的具有特定排列顺序的码字，且这些码字必须具有很大的自相关峰值和很小的互相关峰值，即满足以下两个条件[1]：

$$P(i)=\begin{cases} n^{-1}\sum_{i=1}^{n}x_i^2=1 & (j=0) \\ n^{-1}\sum_{i=1}^{n}x_i y_{i+j}=-n^{-1} & (j\neq 0) \end{cases},\quad(1)$$

$$P(x,y)=n^{-1}\sum_{i=1}^{n}x_i y_{i+j}\cong 0,\quad(2)$$

式中n为码字长度，x和y是码组中任意两个码字。

在发送端特定的光编码器产生某一目的端的地址码，将数据信息与此地址码调制在光载波之上发送出去，不同用户的数据都在光纤媒质中传输，接收端用特定的光解码器解出属于自己的信息，而携带其他用户地址码的光信号就像噪声一样被过滤掉。CDMA就是这样利用一组在光域中相互正交的码字来提供多址接入的。

1.2　OCDMA的技术特点

PON复用技术有空分复用(SDM)、时分复用(TDM)、波分复用(WDM)和码分复用(CDM)等多种形式。

空间复用方式技术较简单，但对于短距离的接入网，网络单元及线路分支较多，会使光纤数量、光分路器和活动连接器等所有传输线路设备倍增，给将来维护和扩容带来不便。

在时域上的复用方式可分为电域内的时分复用和光域内的时分复用，它是通过对时隙的分配来实现多址接入的。为了防止光网络单元之间的串扰，光网络单元之间必须保持精确的同步；光线路终端还要对光网络单元不断地进行测距；另外由于各光网络单元产生的上行信号的随机性和突发性，势必造成信号的冲突，如果仅仅利用时隙的平均分配，对于多媒体业务中的各种信号会带来带宽的浪费和不足(见表1)。

表1　各类多媒体信号传输要求[2]

传输信号类型	最大时间延迟	平均带宽
语音信号	250 ms	0.064 Mb/s
电视视频信号	250 ms	100 Mb/s
压缩视频信号	250 ms	2～10 Mb/s
视频会议信号	250 ms	0.256～2 Mb/s
图像传输信号	1～5 s	2～10 Mb/s
数据传输信号	N/A	2～100 Mb/s

为解决这个问题，需要进行带宽的动态分配。目前进行带宽分配有两类方式：一是基于轮询方式，二是基于竞争的方式。前者是用户只有在得到令牌后方可发送信息，这势必造成发送信息前的排列等待，使得实时发送信息不再可能；后者虽然是各个用户可以根据自己的意愿随时发送信息，但实际上是只有争用胜利者才可获得信道并发送信息，所以这种方式实质是“伪随机接入”。

近年来又有许多研究机构提出光域上的时分复用（OTDMA），它是用多个电信号信道调制具有同一个光频的不同光信道，经复用后在同一根光纤传输的扩容技术，从而突破了电复用的速率限制。这种系统要求光源提供 5～20 GHz 占空比的超窄光脉冲，同时光的复用和去复用技术、定时提取技术等所需的光元部件复杂且昂贵，不适合对造价敏感的接入网用户，目前接入网的 OTDMA 仍处于研究试验阶段。

波分复用是在单一的光纤内传输多个波长（或频率）的信号以达到传输复用和扩容的目的。目前在石英光纤的 1310～1550 nm 波长区已有较好的应用，但对于以塑料光纤（POF）为传输媒质的接入网却不太适合。原因是聚甲基丙烯酸甲酯（PMMA）塑料光纤的低损耗窗口（650 nm）很窄，如图 1 所示。若采用 WDM 多址接入技术，波长间距过小，由于受光纤非线性的影响会产生信道间的互扰，而且多信道的 WDM 复用需要精确选择激光器的波长并始终维持其波长的稳定性，目前 WDM 器件的成本还过高，因而在接入网中采用此项技术还不够经济。

码分复用的多址接入（CDMA）实质是一种扩频通信手段，它要求系统具有比实际信号带宽更大的带宽，而梯度折射率（GI）的多模塑料光纤具有潜在的极大带宽，目前 PMMA GI-POF 在 100 m 内达 3 Gb/s，而全氟化的 GI-POF 在短距离（小于 100 m）已达 11Gb/s 的高速数据传输[3]。特别值得强调的是，由于阶跃折射率（SI）塑料光纤中的模式耦合和梯度折射率塑料光纤中的微分模衰耗，使得 POF 的实测带宽比其折射率分布所应有的带宽要大得多，正是这一性质使得 OCDMA 技术与塑料光纤媒质结合成为可能，并且为多媒体业务的传输开辟了新的有效途径。

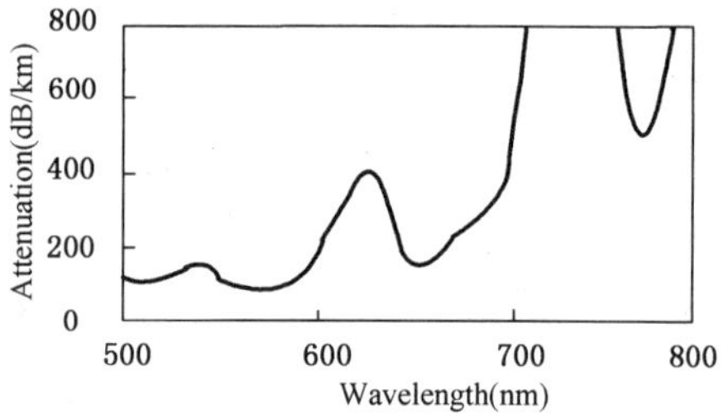

图 1　典型 PMMA 塑料光纤的损耗谱

Fig. 1　The Attenuation spectrum of a typtical PMMA-core POF

OCDMA 技术主要是通过编码来获得多址接入的容量，因此它不需要在用户间保持同步，任何一个用户均可及时地接入，接入控制简单，没有 TDM 协议所带来的接入延时，同时不存在复杂的测距问题，少去了电器件处理的时延；另外 OCDMA 系统中的任何一个用户都不独立地占有整个信道带宽，多个用户能够同时接入，没有带宽的分配问题；第三，若系统中只要有多余的地址码，就可以非常方便地增加新用户，这一点非常适合于接入网用户经常变动的情况。

CDMA 用于无线系统已取得了巨大的成功，因为它在抗衰减和抗干扰方面有着独特的优势，将此技术用于光接入网不仅有同样的优势，而且会有更好的性能。

综上所述，将 OCDMA 用于塑料光纤接入网是较理想的多址接入方式。

2 OCDMA 接入网的拓扑结构及控制协议

2.1 OCDMA 接入网的拓扑结构

光接入网的基本组成包括光线路终端（OLT）、光分配网络（ODN）和光网络单元（ONU）。采用 OCDMA 复用方式的双星型网络拓扑结构如图 2 所示。

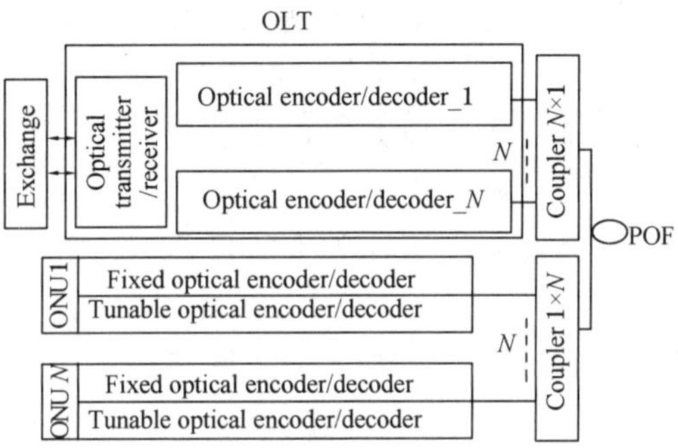

图 2 OCDMA 接入网拓扑结构图

Fig. 2 The physical topology of OCDMA access network

对于通信网络中的一个用户，可能在不同的时间要与不同的用户进行通信，也可能在同一时间要与多个用户进行通信，采用 OCDMA 复用的通信网络，要完成上述功能，则要求发送方的地址码与接收方的地址码相匹配，以保证接收方能够将接收到的编码信号进行解码，恢复出原始数据。故系统必须采用可调的光编码器和可调的光解码器来实现上述功能，而用来协调各个用户数据传输的控制信号的编码与解码，则由固定的编码器和解码器来完成。

2.2 光接入网的控制协议

在无源网络的点到多点的拓扑结构中，媒体接入控制（MAC）协议的选择将会直接影响网络的高效性和经济性。近年来国外相继提出了若干种无源光接入网的接入协议，我们先对这些协议进行简单的分析，然后提出实现 OCDMA 接入网 MAC 协议的建议和想法。

1990 年由 Gallagher I 等人提出的 BT-APON（British Telecommunication-ATM over Passive Optical Network）协议是采用 TDM/TDMA 的分组传输方式，系统采用了轮询制的集中控制带宽分配协议。工作过程是由 OLT 周期性地轮询每一个 ONU，这种协议的最大特点是简单易行，可充分满足用户的接入要求。它的一个明显缺点是效率较低，当有些用户带宽需求较大而另一些用户无带宽要求（或只有 64kb/s 话音业务）时，后者仍然占用带宽，这就会带来较大的资源浪费。

1994 年由 Casals O 等人提出的 Global-FIFO 协议[4]，仍是基于 TDM/TDMA 的分组传输方式，协议中采用了基于单信号的请求/许可机制来完成上下行间的数据传输。信元在用户端产生时，用户端通过发送“请求”向 OLT 端报告，OLT 端收到用户的请求后，将其按照许可分配算法填入表中，并按表中顺序发放“许可”。此外，OLT 端还根据用户业务连接的峰值比特率参量来控制对其“许可”的发送速率，避免信元的扎堆现象出现，从而减小硬件的复杂性。尽管协议的“先到先出”服务原则对各个用户是公平的，但由于 Global-FIFO 协议未对业务种类给予分类，因而对于业务则是不公平的，随着通信系统中业务种类（它们对时延和带宽的要求各有侧重）的不断增加，这将会影响系统的高效性，成为该协议最大的不足之处。

动态分配算法(DAA)协议与Global-FIFO协议不同点在于“许可”的发放顺序是根据各个ONU对于带宽的要求状况来确定的，其判定依据为信元到达率，OLT端以带宽需求值为权重，权重越大则“许可”相应就越快，DAA协议对信号到达率的检测增加了OLT端对ONU的集中控制，使之能够及时了解各ONU处缓冲器的队列情况，这一点在网络负载较大时对于合理高效地安排信元发送起着极其重要的作用。DAA协议同样未考虑业务的种类优先级划分，有些业务信元到达率可能很大，但是，若其延时、信元丢失等要求并不很严格时，简单地按照带宽要求的大小来分配资源就不可避免地会产生某些不合理性。

1997年由Kim H S和Shin B C提出的随机接入多优先级预约控制协议[5,6]，用于多波长工作的无源星形拓扑结构的光纤网络。在网络中，各个用户站点均配有两套激光收发装置，其中一套的波长是固定的，用于控制通道；另一套则是波长可调的，用于数据通道。在OLT端，其激光收发装置套数与工作波长数相等。系统中所有通道均以时隙划分，协议中数据分组长度是固定的，而时隙长度设定为数据分组的发送时间。在控制通道中，一个时隙又进一步分为多个子时隙，每个子时隙的长度等于控制分组的发送时间。协议的工作过程分两步：时隙的预约和数据分组的发送。当用户站点产生数据分组需要发送时，首先在控制通道以时隙ALOHA方式随机发送预约“请求”，即随机挑选一个子时隙将数据分组的目的地址和优先级放入。OLT端在收到“请求”后，将按照业务优先级和从左至右的顺序扫描各子时隙，优先级高的业务先安排数据通道，依次为优先级低的业务请求。

本协议可以使高优先级业务以比低优先级业务大的概率发送数据分组，而且这种以时隙ALOHA方式发送预约“请求”的方式便于网络随时增减用户数。它的弊病在于时隙预约即“请求”阶段会发生碰撞，故在业务量增大时，高优先级业务的“请求”也会因碰撞增多而使数据传输延时增加。解决的方法可以考虑在控制时隙中给每个用户分配一个固定的子时隙作为请求通道，使之在“请求”阶段不会发生任何碰撞，从而保证高优先级业务总是在低优先级业务之前发送，这种对不同优先级业务种类进行传输控制的通信网络必然具有高效性。

上述是目前较典型的媒体接入控制协议，它们是基于TDM或WDM的网络协议，我们试图在CDMA网络通信系统中运用随机接入多优先级预约的控制协议，并进一步加以改进，经过对等分析有望达到高效的网络通信效果。在硬件上只需将WDMA网络系统中的可调激光收发设备相应地替换为CDMA系统中的可调光编码/解码器即可。

3　OCDMA接入网的硬件实现

3.1　传输媒质的选择

可提供多媒体宽带业务的传输媒质包括对称电缆、同轴电缆、石英光纤和塑料光纤。

单模石英光纤能完全满足带宽和电磁兼容性的要求，但其芯径很小(5～10 μm)，连接中要求较高的对准度，从而给连接带来诸多不便，成本高是阻碍其在短距离通信网络中应用的主要因素。对称电缆的成本较低，但带宽小、损耗大(在

IEEE1394 标准中传输距离仅为 4.5 m)、电磁兼容性差，因而远不能满足接入网的要求。同轴电缆的带宽和电磁兼容性能优于对称电缆，但随着带宽的增加，损耗明显增加、电磁兼容性能变差，当带宽增加到数百或数千 MHz 时，也仅限于在 100 m 范围内使用。

POF 在高速短距离通信网络中具有显著的竞争力，它在 200 m 范围内带宽可达数 GHz[7]，而成本与对称电缆相当。POF 的芯径大(0.5～1 mm)，连接时易于对准，可以使用廉价的注塑连接器(IEEE1394 标准连接器类型为 PN 连接器)，因而 POF 的连接简便且成本较低。另外，POF 的重量轻，可扰性好，易于铺设。因此塑料光纤是实现 FTTO 快速的理想传输媒质。

3.2　可调光编码/解码器

实现光码分多址技术的关键技术之一是可调光编码/解码器的实现。用于光纤 CDMA 通信的码字为光正交码，可以通过图 3 所示的方案来实现。

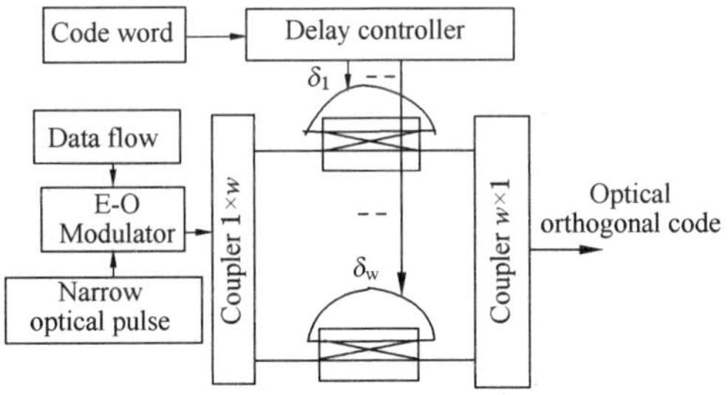

图 3　可调光正交码编码器结构图

Fig. 3　The structure of the tunable optical orthogonal code encoder

如实现一组码长为 n、码重为 w 的可调光正交编码，它由 w 个数字组成，每个数字表示该地址中“1”所处的位置且决定延时控制器的输出量 $a_1, a_2, \cdots a_w$ 的取值，当 $a=1$ 时光开关处于直通状态，当 $a=0$ 时光开关处于交叉状态。

可调光解码器的实现方案与可调光编码器的实现方案相同，只要它的延时控制器的输入与可调光编码器延时控制器的输入相匹配即可，如与码字区组(5,27,46,72)相匹配的解码器的延时控制器的输入为($n-1-5, n-1-27, n-1-46, n-1-72$)。

这种依据时延控制器来实现不同码字的编码/解码，可以大大减少 2×2 光开关数及光纤延时线的条数，减小了硬件实现的复杂性，降低了网络中大量使用的编码/解码器件的成本。

3.3　光源和光检测器

PMMA 塑料光纤的低损耗窗口之一是 650 nm 波长区，目前这一波长的发光元件采用 LED 光源可以使 300 Mb/s 高速信号传输 100 m，采用新型 AlGaInP 多量子阱激光器可以在塑料光纤上传输 Gb/s 量级的高速信号，例如我们可以选择日本 NEC 公司的最大输出功率 6.1 dBm、速率为 2.5 Gb/s 的 LD 来实现 OCDMA 系统的扩频带宽的要求。另外，这一波段正在研究发展中的垂直腔面发射激光器(VCSEL)，因可批量生产而成本低，发射的高质量圆光束便于与光纤耦合，功耗极小，必将成为塑料光纤接入网的理想光源。

光检测器则可以使用便宜而早已商品化的硅光电二极管。

4　结论

塑料光纤可以提供极大的带宽资源，是适合 CDMA 技术的理想传输媒质，将 OCDMA 用于光接入网，既充分利用了塑料光纤的带宽优势，又简化了多址控制方式，从而保证了各类多媒体业务的信号传输要求。同时 OCDMA 塑料光纤接入网无须昂贵的系统设备，为最终实现 FTTO 或 FTTH 提供了技术和经济的保证。进一步的计算机模拟试验正在进行。

参考文献

[1] 张羽，范忠礼. 光码分多址技术在光接入网中的应用[J]. 数字通信，1999，(4)：43-45.

[2] Chang T K, et al. Implementation of STAR-NET: a WDM computer communications network[J]. IEEE Journal on Selected Areas in Communications, 1996, 14(5): 824-839.

[3] Giaretta G, et al. High-speed (11Gbit/s) data transmission using perfluorinated graded-index polymer optical fibers for short interconnects (<100 m) [J]. IEEE Photonics Technol, Lett, 2000, 12(3): 347-349.

[4] Casals O, et al. A medium access control protocol for an ATM access network[C]//High Speed Networks and Their Performance (C-21), IFIP 1994: 289-308.

[5] Kim H S, Shin B C. Performance evaluation of multi-priority reservation protocols for single-hop WDM networks[J]. IEICE Trans Commun, 1997, E80- B(3): 456-465.

[6] Lee J H, et al. Dynamic scheduling protocol for variable-sized messages in a WDM-based local network[J]. Lightwave Technol, 1996, 14(7): 1595-1600.

[7] Li W, et al. 2. 5Gbit/s transmission over 200m PMMA graded index polymer optical fiber using a 645nm narrow spectrum laser [C]//Conference Proceedings, LEOS' 98 11th Annual Meet ing. IEEE Lasers and Electro-Optics Society 1998 Annual Meeting (Cat. No. 98CH36243), 1998, 2: 297-298.

光学与太阳能①

于荣金

（燕山大学信息科学与工程学院，河北 秦皇岛 066004）

摘　要：开发资源丰富、可再生、清洁的新能源是全球一项紧迫的战略任务。在概述现有能源技术的基础上，从光学和光学技术角度重点对太阳能的直接利用、太阳能电池以及太阳能分解水制氢进行了分析。指出了利用简单有效的太阳能跟踪聚焦系统，以及耐热、低损耗、低成本和宽光谱传输的空芯塑料光纤，可以加大对太阳能的直接利用和普及推广；在太阳能电池方面，应重点研究和发展各种薄膜太阳能电池，采用对可见、紫外和红外光谱吸收的、具有不同带隙的复合材料和采用多结器件，以进一步提高电池的转换效率和降低成本；在太阳能分解水制氢方面，应该把直射到地球表面的、从紫外—可见—红外的宽太阳光谱，利用空腔辐射器作一个变换，转换成绝大部分位于水分子有强烈吸收带的红外区。同时利用催化剂（敏化剂），对水进行红外光催化分解反应，或者利用红外多光子离解，这有可能取得工业化规模制氢的突破。

关键词：太阳能；日光照明；太阳能电池；太阳能分解水

Optics and Solar Energy

Yu Rongjin

(College of Information Science and Engineering, Yanshan University,
Qinhuangdao, Hebei　066004, China)

Abstract: In view of the world's ever-increasing demand for energy, limitation of usable fossil fuels and the impact of large exhaust pollutant on the environment during their use, there is an urgent need to exploit new energy sources that are plentiful, renewable and clean. This paper introduces briefly energy source technologies now available, centres on the analyses of direct utilization of solar energy, solar cells and the decomposing water by solar energy from the optical and optical technological point of view. Direct utilization of solar energy can be expanded through a system of tracing and focusing sunlight with simplicity and low cost in combination with the heat-resisting, broad band transmissive, low-loss and inexpensive hollow-core plastic fibers. In solar cell field, the stress should be put on the research for various film solar cells except for improving the efficiency and reducing the cost for crystalline silicon solar cells. In decomposing water by solar energy, in order to obtain hydrogen, the stress should be put on the research for decomposing water by light catalysis. By means of transforming solar radiation spectrum into brightness maximum to be located in infrared region by using the cavity radiator, the most spectra can be absorbed by water, and which provides a

① 光学学报，2009，29(7)：1751-1755.

new technological way to be probably worthy of exploration.

Key words: Solar energy; Sunlight lighting; Solar cell; Decomposing water by solar energy

1　引言

光学是研究光的传播以及它和物质相互作用的学科。光学在经历长期的发展中，特别是上个世纪60年代激光出现之后，为人们认识世界和改造世界发挥了重要作用。各种光学器件、光学仪器和光学系统随处可见，光学、激光、光电子学及相关技术的影响遍及工业、国防、医疗、信息、物理、化学、生物、材料、测控、天文和空间科学等几乎所有部门。

全球能源消耗受人们生活水平的不断提高、工业化发展以及人口增长的驱动，正在不可抗拒地增长，满足能源全球增长的需求，是未来社会最重要的挑战之一。现在，全世界总能耗约13 TW（$TW=10^{12}$ W），预测2050年，将需要约30 TW。以美国为例，能源的85%来自化石燃料（fossil fuels），这些燃料正在逐步减少；同时，化石燃料产生的温室气体，促使全球变暖。因此就有紧迫发展新能源的要求，而这些新能源应该资源是丰富的，经济上是合理的，更重要的是环境友好的。能源和环境的挑战，引起了全世界的重视。我国政府更高度关注这一问题，最近几年，一直把"节能、减排"作为年度经济发展的硬指标。2008年1月10日《科学时报》第一版报道"国际纯粹应用物理联合会（IUPAP）副主席陈佳洱院士最近从巴西带回了一封IUPAP主席关于能源问题的公开信，其中提出物理学要注意两件世界大事：能源短缺和气候变暖，认为物理学如果不参加进来，将很可能被边缘化。……北京大学甘子钊院士建议：物理学已经为IT（信息产业）服务了50年，但是现在要从IT转到ET，即服务能源（Energy）和环境（Environment）科技。……1998年诺贝尔化学奖得主、美国凝聚态物理学家沃尔特·科恩最近几十年来一直关注能源问题，其自费制作的纪录片《太阳的能量》将在世界范围内发行。"光学作为物理学的一部分，应该也可以在能源开发方面作出应有的贡献。

2　现有能源技术和太阳能

当今世界，能源主要来自化石燃料，即煤、石油和天然气。此外，还有水（力发）电、风（力发）电、核电、太阳能、地热能、生物质能和海洋能等补充能源。人们还在探索其他能源技术，如激光核聚变、氢能等。水电、风电、核电、地热能的利用，技术上都比较成熟，开发这些能源主要是加大投入，并且风电现在已成为世界上最便宜的能源。激光核聚变研究是从上个世纪就开始的光学和激光技术在开发能源方面的先导和典范。光学在新能源开发中重点应该放在太阳能方面。

组成太阳的物质中75%是氢，氢在持续地变为氦的聚变反应中，释放出巨大的能量（其中99%的能量集中在0.276～4.96 μm波段之间），扩散到太阳的表面，并辐射到星际空间。其中向地球投射的太阳能为173000TW（约为太阳辐射总能量的20亿分之一），其中约有30%（52000TW）的太阳辐射功率被大气分子和灰尘反射回宇宙空间，其余的121000TW中又有40000TW被大气所吸收，所以穿过大气层到达地球表面的太阳辐射功率为81000TW。它是目前全球能源总消耗量（13TW）的6230倍。因此太阳可为人类提供一种丰富的、可再生的和清洁(无污染)的能源。太阳能的作用是巨大的。地球上的自然生态系统得以正常运转所需要的能量全部来自太阳;化石燃料也是一种过去储存下来的太阳能,在经漫长的地质年代形成的;1973～1983 年间,太阳能热水器和太阳能电池等产品开始实现商品化;1972 年日本 Fujishima 和 Honda 对光照 TiO_2 电极导致水分解从而产生氢气这一现象的发现[1],揭示了利用太阳能分解水制氢的可能性,引起在国际上持续至今对利用太阳能由水制氢的探索研究。到目前为止,对太阳能的利用尽管进行了不少探索和研究,但离人们充分利用太阳能的目标还很远。围绕降低成本、提高能量转换效率和生产效率,以及寻找太阳能利用新途径等方面,还有许多技术障碍需要克服,一些重大问题需要组织不同专业的人员进行攻关。

3　太阳能的直接利用

用光学领域发展起来的光导纤维、光电跟踪、聚焦元件和系统,结合实际需要,进行改进和设计之后,可以为扩大太阳能的直接利用发挥重要作用。太阳光是直线传播的,不能转弯,因此在各种建筑物内、地下设施和地铁等太阳直射不到的地方,就不能加以利用。如果利用耐热、低损耗、低成本和宽光谱传输的空芯塑料光纤[2]以及简单有效的太阳能跟踪聚光系统,不仅可以有效地解决太阳光的传送,还有可能大幅度降低此系统的成本,从而在我国民用方面普及推广。这套跟踪采光和空芯塑料光纤系统,不仅能用于照明,还可将太阳光聚焦后,通过光纤送入室内进行炊事、取暖和获得生活用热水。甚至可将室外的太阳光经聚焦后通过光纤传送进入室内层层叠起的太阳能电池板,用有限的厂房,把经受风雨灰尘侵袭的室外太阳能电池板搬进车间,实现规模化太阳能发电。经聚焦后的太阳光,由于增加了光子密度,可以减少 p-n 结的接触电压损失,还可把晶体硅太阳能电池板的输出增大,减少晶体硅材料的用量,从而降低成本、提高性价比。

4　太阳能电池

太阳能电池是太阳能利用很重要的一个方面。自 1954 年实用的第一块太阳能电池在美国问世以来,2004 年年底全球的装机容量已达 4330 MW 左右。到本世纪中叶,将达到占世界总发电量的 10%～20%。现在太阳能电池以晶体硅(单晶、多晶和条状硅)占优势,常称之为第一代器件。在降低制造成本方面,需要材料较少、能在薄的和低成本的衬底上,用高生产效率制作的薄膜技术是积极研究和发展的第二代器件,它们是以光吸收材料为基础,例如无定形硅(非晶硅)、多晶/无定形硅组合、硫系基薄膜($CuInSe_2$ 或 CIS,$CuIn_{1-x}Ga_xSe_2$ 或 CIGS)以及Ⅱ-Ⅵ族半导体(CdTe,CdSe 和 CdS 配合),还有量子点和有机聚合物太阳能电池等。今后,提高太阳能电池的光电转换效率和降低成本是各种新型太阳能电池的两大共同目标。采用新材料、新结构或新工艺制造新型太阳能电池,除了继续发展硅高效太阳能电池外,主要集中在各类薄膜太阳能电池的研发上。

太阳能电池类似于光电探测器,是一种光电转换器件。太阳能电池和光电探测器的不同之处(也是难点)是,前者覆盖从紫外、可见到红外的比较宽的波长范围,而后者往往是某一波长或某一波段。

这就决定了单一的太阳能电池材料不可能将如此宽波长范围的光全部加以吸收和有效利用;而应该采用对可见、紫外和红外光吸收的、具有不同带隙的复合材料和采用多结器件,以提高电池的转换效率。就太阳能电池中最好的硅太阳能电池来说,它也只能吸收波长约 0.35～1.15 μm 的光,对小于 0.35 μm 和大于 1.15 μm 的光没有反应。因此单晶硅太阳能电池实验室的最高光电转换效率才接近 25%,商品化电池的转换效率还要低。太阳能电池材料的带隙如果大于太阳光谱中某一波长的光子能,则这一波长就不能被吸收利用;但如果采用窄带隙材料,尽管大于(以及等于)该带隙的太阳光谱都可以被吸收并产生光生载流子,但激发出电子-空穴对后剩余的能量转变为热能,不仅降低了光子能量的利用率,还给电池产生升温,而电池的光电转换效率随温度增加而下降。为了提高光电转换效率,在减少太阳能电池光照面的反射、解决电池在光子吸收前的光传导损失,以及光吸收后产生的光生载流子在内部复合和表面复合的损失,现在已有多种技术途径。从事光学薄膜、光电器件、集成光学器件的专业人员,对太阳能电池的材料、结构和制作工艺等改进和创新方面,可以贡献自己的智慧。值得一提的是美国斯坦福大学,该校的光子研究中心协同电气工程、材料科学、应用物理和化学工程等几个系的研究人员,在美国能源部、国家科学基金以及斯坦福全球气候和能源项目等支持下,正在研究开发有机聚合物薄膜太阳能电池,包括小分子多层器件、混合聚合物器件和有机/无机半导体纳米结构混合物器件[3~5]。2008 年 6 月 24～25 日还在斯坦福大学召开了“太阳能:高效新材料和纳米结构器件”方面的学术会议。

5　利用太阳能分解水制氢

氢能是除核能以外发热值最高的,是汽油发热值的 3 倍,是焦炭发热值的 4.5 倍;氢燃烧反应又生成水,资源可循环利用;氢本身无毒,是一种清洁能源;氢燃烧性能好,点燃快,与空气混合时有广泛的可燃范围,而且燃点高,燃烧速度快;用途广泛,可直接用作发动机燃料、化工原料、燃料电池,用氢替代煤和石油,无须对现有技术装备做重大改造,现有的内燃机稍加改装即可使用[6]。因此氢能有希望在未来替代化石能源。2003 年 11 月,包括美国、澳大利亚、巴西、加拿大、中国、意大利、英国、冰岛、挪威、德国、法国、俄罗斯、日本、韩国、印度和欧盟委员会的代表共同签署了“氢经济国际合作伙伴计划(IPHE)”参考条款,目的是建立一种合作机制,有效地组织、评估和协调各成员国,为氢能技术研究开发、示范和商业化活动提供一个能推动和制定有关国际技术标准与规范的工作平台。当前,为实现氢能利用还面临着几个重要问题。首先是要解决能大量、以廉价的方式制取氢。在制氢方面,利用太阳能分解水制氢是值得进一步开发的重要技术途径,它符合资源丰富、可循环利用、清洁等新能源的各项要求。自 1972 年至今的 30 多年中,人们围绕利用太阳能分解水这一主题开展了各种研究,其中包括太阳能热化学裂解水制氢、太阳能光电化学过程制氢、太阳能光生物化学制氢,以及太阳能光伏发电电解水制氢等,取得了一定进展,但目前离有效、便宜和大量应用太阳能分解水还有很大差距。

水(H_2O)在 100 ℃ 时,从具有分子间作用力的液体，克服了分子间的范德华引力，变成气体；但要打开 H_2O 分子的化学键，变成 H_2 和 O_2，在标准状态下，1 mol 水（18 g）分解成氢气和氧气需要约 237 KJ 的能量。热解水需要 2500 K 以上的高温热源，尽管聚焦型太阳能集热器的聚光比已达到 300～10000，太阳炉的温度可达到 1200 ℃，抛物面反射镜集热器可达 4000 ℃的高温，但在这样的高温下，装置材料、分离氢气和氧气用的膜材料都无法工作。所以太阳能热化学裂解水制氢需要由吸热和放热几步循环反应所组成，从而降低水分解所需要的温度，文献报道的各种热化学循环反应，反应温度为几百摄氏度。

在光作用下进行反应的光化反应是由于反应物分子吸收光量子，使分子处于电子激发态甚至电离、分解而导致的化学反应。光化反应所需的活化能来自于吸收光辐射，而进行热反应所需的活化能，来自于反应物分子在频繁碰撞、交换能量过程中所获得的。光化反应的速率其温度系数要比热反应低得多，有的光化反应速率几乎与温度无关。由于光化反应的选择性、反应速度快、能量利用率高等一系列优点，因此在利用太阳能分解水的研究中，太阳能光电化学过程制氢获得了进一步发展，其中光电催化剂材料是关键。与太阳能电池类似，解决太阳能光谱中大部分波长光的吸收是难点。经过 30 多年的研发，光电催化剂已由最初只能吸收紫外线的半导体 TiO_2，发展到可吸收可见光的复合层状物等多种类型催化剂。

在直射到地球表面的太阳光谱中，紫外波段（$\lambda < 0.4\ \mu m$）约占 8.7%，可见光波段（波长为 0.4～0.75 μm 之间）约占 43%，红外波段（$\lambda > 0.75\ \mu m$）约占 48.3%，而能量分布最大值所对应的波长是 0.475 μm。水对于紫外线和可见光是透明的；而水分子对红外辐射有强烈的选择性吸收作用，如水蒸气在 0.94 μm、1.14 μm、1.38 μm、1.87 μm、2.7 μm 和 3.2 μm 波长等都有吸收带，可是太阳辐射光谱在穿过大气层时这些红外辐射恰好又被吸收掉了，见图 1[7]。因此地面上接收到的太阳辐射光谱直接用来光解水是困难的。在这里提出一种构想：把太阳光谱作一个变换，即把太阳光变换成适合水吸收的波长范围。由于绝对黑体在任何温度下都可把照射在其上任何频率的辐射能完全吸收，而用空腔辐射器可以制造出非常理想的“绝对黑体”。因此，可以用强辐射耐火砖（温度 500～1000 ℃，发射率 0.80～0.90）构建一个空腔辐射器，采用聚焦太阳能把它加热到所需温度。再注意到 O-H 的特征频率为 3730～3500 cm^{-1}，其相应的波长为 2.681～2.857 μm。由维恩位移定律知：温度 T 和峰值波长 λ_M 的关系为 $\lambda_M T = b$，其中 b 是维恩常数（$b = 2898\ \mu m \cdot K$）。从维恩位移定律计算可知：对应峰值波长 2.681～2.857 μm 范围的绝对温度 T 范围为 1081～1014 K（即 808～741 ℃）。在绝对温度 1081 K 和 1014 K 时，黑体的光谱亮度 L_λ 与波长 λ 的关系，可用普朗克方程计算，结果如图 2 所示。这样就可把原来直射地面的太阳光谱中能量分布最大值所对应的波长（0.475 μm）转变成光谱亮度最大值所对应的波长（2.681～2.857 μm）。并且在这个最大值范围两边，布满了水分子的吸收带，因此这一转换非常有利于水对能量的直接吸收。由于催化剂能降低反应的活化能，加快化学反应的速率，因此在空腔辐射器中加入催化剂(敏化剂)更有利于水的光解,或者利用红外多光子离解,先用强红外激光辐照,吸收少数几个光子,进入一个振动态越来越密集的准连续态,处于准连续态的分子迅速地、连串地吸收许多个光子;当吸收的光子能超过分子的离解阈值后,发生离解反应。

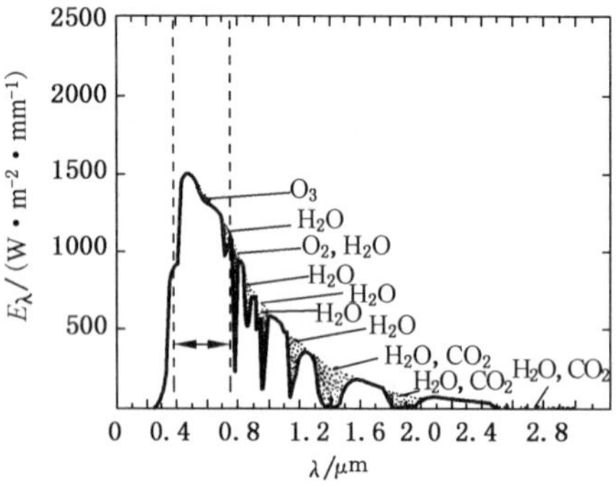

图 1　在平均地-日距离上,标准海平面太阳光谱辐照度 E_λ 与波长 λ 的函数关系

Fig. 1　On mean earth-to-sun distance, solar spectral irradiance E_λ at standard sea level versus wavelength λ

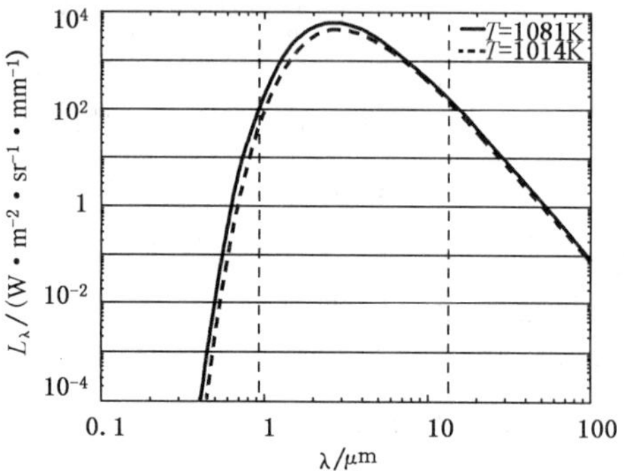

图 2　在温度 1081 K 和 1014 K 时,黑体光谱亮度 L_λ 与 λ 的函数关系

Fig. 2　Blackbody spectral brightness at 1081 K and 1014 K versus wavelength λ

地球上有丰富的水,全世界的总水量约有 14×10^8 km³ 之多,但海洋面积占全球面积的 71%,含盐的海水占全部水资源的 97.3%,淡水只占 2.7%(其中有 68.7% 是以冰川和冰帽的形式存在于南北极和高山地区)。我国有很长的海岸线和海岛,可以利用太阳能来分解海水,一旦技术得以突破,从北到南在沿海可建立一批太阳能分解水制氢的企业,工艺流程如图 3。海水蒸发以后,残留的盐等固体物可以综合利用。

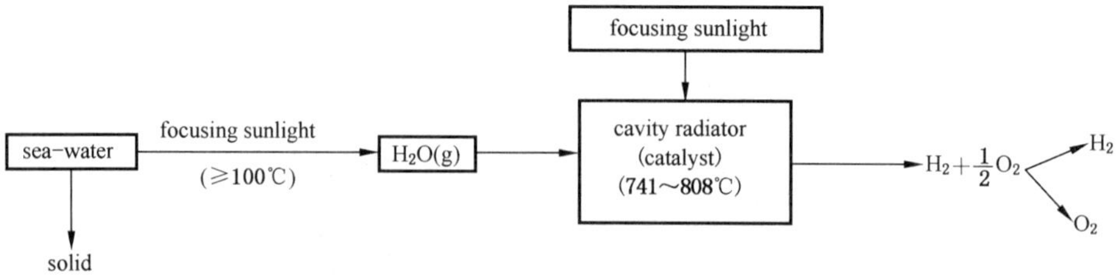

图 3　工艺流程图

Fig. 3　Process flow diagram

早在 1870 年凡尔纳在他的科幻小说《神秘岛》中曾写道:“我相信总有一天可以用水来作燃料,组成水的氢和氧可以单独地或者合在一起使用。这将为热和光提供无限的来源,所提供的光和热的强度是煤炭所无法达到的。所以我相信,一旦煤矿枯竭了,我们将会使用水来供热和取暖。水将是未来的煤炭。”尽管现在实现这一科学幻想还有许多障碍,但是相信人类总有一天会把它变成现实,通过太阳能分解水，用水来作燃料。

6　结论

初步分析研究表明：光学和光学技术在太阳能的进一步利用中，通过耐热、低损耗和廉价的塑料空芯光纤，以及简单便宜的太阳跟踪聚焦系统，可以把太阳能引入室内照明、炊事和取暖等，扩大对太阳能的直接利用；在太阳能电池方面，除改进晶体硅太阳能电池效率和降低成本外，重点应研究和发展各种薄膜太阳能电池；在太阳能分解水制氢方面，重点应加强光催化分解水的研究；利用空腔辐射器把太阳辐射光谱转换成光谱亮度最大值在红外区的办法，有利于水对大部分光谱的直接吸收，可能是值得探索的一条技术新途径。

参考文献

[1] A Fujishima, K Honda. Electrochemical photolysis of water at a semiconductor electrode[J]. Nature, 1972, 238(5358): 37-38.

[2] Chen Mingyang, Yu Rongjin, Tian Zhenguo et al. Optical and mechanical properties of hollow-core fibers with cobweb cladding structure[J]. Chin. Opt. Lett., 2006, 4(2): 63-65.

[3] B Kippelen. Organic photovoltaics[J]. Optics & Photonics News, 2007, 18(10): 26-33.

[4] G C Bjorklund, T M Baer. Organic thin-film solar cell research conducted at stanford university[J]. Photonics Spectra, 2007, 41(11): 70-76.

[5] G C Bjorklund, T M Baer. Organic thin-film solar cell research at stanford university[J]. Photonics Spectra, 2007, 41(12): 56-62.

[6] 丁福臣，易玉峰. 制氢储氢技术[M]. 北京：化学工业出版社，2006.

[7] 杨臣华，梅遂生，林钧挺. 激光与红外技术手册[M]. 北京：国防工业出版社，1990: 28.

英文论文

Ti-Diffused $LiNbO_3$ Optical Waveguides with Low Loss①

Li Yushan(李玉善)　Liu Hongju(刘洪举)
Ren Bingfu(任秉复)　Yu Rongjin(于荣金)
(Changchun Institute of Physics, Academia Sinica)

The fabrication and performance of Ti-diffused $LiNbO_3$ optical waveguides are discussed in this paper. By a simpler and reproducible technology, single-mode optical waveguides with losses as low as 1 dB/cm were obtained by the suppression of Li_2O outward diffusion during the fabrication of waveguides in titanium indiffused $LiNbO_3$. And the other parameters of optical waveguides, such as mode index N_m, maximum refractive index change Δn_s, diffusion depth d, diffusion constant D, were measured.

Ⅰ INTRODUCTION

Much research work on Ti-diffused $LiNbO_3$ optical waveguides has been done since the paper "Metal-diffused optical waveguides in $LiNbO_3$" by R. V. Schmidt and I. P. Kaminow was published in 1974[1]. In-diffusion is generally carried out in flowing gas of Ar, N_2, or in vacuum[2]. However, at high-diffusion temperature there is Li_2O out-diffusion all over the face during the in-diffusion of titanium into $LiNbO_3$ so that the wafer surface deviates from the crystal stoichiometry and increases the extraordinary refractive index. As a result, planar waveguides are formed due to Li_2O out-diffusion along with the formation of Ti in-diffusion waveguides. The out-diffusion waveguide can also restrain the TE polarization waves propagating along the X-axis on the Y-cut $LiNbO_3$ wafer, thus introducing interferences between the channels. Some methods for suppressing Li_2O out-diffusion have been reported by some authors[3-7].

Ⅱ FABRICATION OF Ti-DIFFUSED $LiNbO_3$ OPTICAL WAVEGUIDES

In our experiment titanium (purity 99.99%) films were deposited onto carefully polished Y-cut $LiNbO_3$ substrates by RF sputtering. The thickness of the coating ranges from 192 to 920 Å. The diffusion process for most of the specimens lasted 8 hr at 1000 ℃.

In order to suppress Li_2O out-diffu-

① 科学通报:英文版,1980,25(10):824-828.

sion we employed a closed-tube diffusion system as shown in Fig. 1. $LiNbO_3$ powder having the same composition as the sample substrate does and Ti-sputtered $LiNbO_3$ wafer were placed in a closed-rectangular (77 × 23 × 21 mm^3) white alundum boat. The quantity of fresh $LiNbO_3$ powder we used each time ranged from 0.5 to 1.0 g.

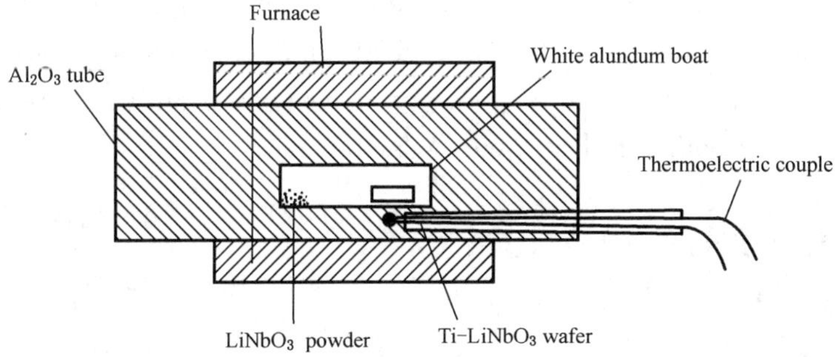

Fig. 1 The apparatus used for the Ti in-diffusion

Sample No. 12 was fabricated for testing the existence of Li_2O out-diffusion. A thin layer of Ti was sputtered onto half of the polished surface of a piece of $LiNbO_3$. Then two rutile prisms were used to couple light in and out of the sample[3]. The experiment proved that the out-diffusion of Li_2O on the sample surface was suppressed.

It was found that under the diffusion condition for 8 hr at 1000 ℃, it is possible to obtain single-mode waveguides (6328 Å) with Ti-films ranging from 192 to 460 Å.

Ⅲ LOSS MEASUREMENTS OF OPTICAL WAVEGUIDES

The loss measurements were made by placing the output prism at different distances from the input prism which is kept fixed. The output signal was received by the photomultiplier tube and recorded as a function of the position of the output prism. The light source used was a He-Ne laser (6328 Å). The size of the air gap of the output prism was made as consistent as possible for every measurement, and a few samples were measured several times. The losses of the optical waveguides were about 1 dB/cm. The results are in agreement with the macroscopic phenomena observed. The wafers are transparent in appearance. When a rutile prism was used to couple a He-Ne laser into the waveguides, very little scattering was produced. Furthermore, all the output *m* lines from double mode waveguides appeared singly. As for the fabricating process of the waveguides, diffusion at high temperature and the process of slow cooling correspond to annealing treatment. In addition, the annealing was carried out in a hermetically sealed boat with $LiNbO_3$ powder in it. The surface of the wafer was, therefore, not contaminated by impurities from outside. Since the Li_2O vapor pressure produced from the $LiNbO_3$ powder which has a much larger surface area than that of the wafer was surficient to maintain the equilibrium with the

Ti-LiNbO$_3$ wafer, the diffusion process did not add new Li vacancies to the crystal but was conducive to the reduction of them. The above factors can result in a dramatic improvement of crystal perfection and hence reduce optical scattering. This was also confirmed by SEM micrograph of the surface of the No. 14 waveguide sample. The surface of the sample was very smooth and there were no dislocation lines in it.

Ⅳ MEASUREMENTS OF OTHER PARAMETERS OF OPTICAL WAVEGUIDES

Light propagation in diffused waveguides is expressed in the mode dispersion equation

$$\sum\phi_i + 2\phi_1 + 2\phi_2 = 2m\pi. \quad (1)$$

For all the diffused waveguides having complementary error function, Gaussian, and exponential distribution, the above equation can be expressed approximately as[8]

$$v\int_0^{x_t}(f(x)-b_m)^{\frac{1}{2}}\mathrm{d}x = \left(m+\frac{3}{4}\right)\pi, \quad (2)$$

where m is a mode number ($m=0, 1, 2, \cdots, M$),

$$f(x)=\begin{cases}\exp(-x^2) \text{ for a Gaussian function,}\\ \mathrm{erfc}(x) \quad \text{for a complementary error function,}\\ \exp(-x) \text{ for a exponential function,}\end{cases}$$

$$f(x_t)=b_m, x=Y/d, v=K_0 d(n_s^2-n_b^2)^{\frac{1}{2}} \text{ (normalized diffusion depth)}, \quad (3)$$

$$b_m=\frac{N_m^2-n_b^2}{n_s^2-n_b^2} \text{ (normalized mode index)}, \quad (4)$$

and n_s, n_b and N_m are, respectively, refractive indexes of waveguide surface, substrate, and mode index. K_0 is the wave number in free space $\left(K_0=\frac{2\pi}{\lambda}\right)$.

$$d=2\sqrt{Dt}. \quad (5)$$

For the Ti-diffused LiNbO$_3$ waveguides, as the amount sputtered onto the surface of LiNbO$_3$ is finite (typically, several hundred angstroms in thickness), in particular, when the diffusion time is more than enough for all the Ti ions to enter the crystal, the concentration distribution should be near the Gaussian function. This has been confirmed by measurements with electron microprobe[9]. For low-order modes, parabolic distribution can be used to describe approximately the Gauss distribution, namely,

$$f(x)=e^{-x^2}=1+(-x^2)+\frac{(-x^2)^2}{2!}+\cdots\cong 1-x^2.$$

Hence Eq. (2) becomes

$$v\int_0^{x_t}[1-x^2-b_m]^{\frac{1}{2}}dx=\frac{v\pi(1-b_m)}{4}=\left(m+\frac{3}{4}\right)\pi,$$

$$b_m=1-\frac{(4m+3)}{v}, \quad (6)$$

or

$$N_m^2=n_s^2-(4m+3)(n_s^2-n_b^2)^{\frac{1}{2}}/K_0 d=n_s^2-\frac{(4m+3)\sqrt{n_s^2-n_b^2}\cdot\lambda}{2\pi d}. \quad (7)$$

N_m can be calculated with the following well-known equation,

$$N_m=\cos\varepsilon\cdot\sin\theta_m+\sin\varepsilon\cdot$$

$$(n_p^2 - \sin^2\theta_m)^{\frac{1}{2}}, \qquad (8)$$

where ε is the prism angle, n_p is the prism refractive index and θ_m is the synchronous angle of incidence for m-th mode. The angle ε and refractive index n_p of the prism coupler used are known quantities. Therefore, the mode index N_m can be calculated so long as the synchronous angle of incidence is measured experimentally. The other parameters of the optical waveguides can be obtained if the mode indices of two modes are known. The values calculated in our experiments are listed in Table 2. For comparison the waveguide parameters obtained by secant hyperbolic distribution (zero order perturbation) are also given in brackets. Both parabolic and secant hyperbolic distributions are an approximation for the Gauss distribution. The difference between the two methods for n_s and Δn_s is very small, but the difference for d and D is large. This may be due to the large deviation of the parabolic distribution from the Gauss one.

Table 1　Condition for Fabrication Waveguides

Sample	Ti Film Thickness(Å)	Diffusion Temperature(℃)	Diffusion Time(hr)	$LiNbO_3$ Powder	Mode Number of Waveguide(6328 Å)
2	192	1000	8	Not weighed	Single(TE, TM)
6	256	1000	8	Fresh 0.5 g	Single(TE, TM) Double(TE, TM)　4416 Å
8	690	1000	8	Fresh 0.5 g	Double(TE, TM)
11	920	1000	13	Fresh 1 g	Triple(TE, TM) Diffusion not complete
12	460	1000	8	Fresh 0.5 g	Single(TE, TM)
14	690	1100	8	Fresh 0.5 g	Double(TE, TM)

Table 2　Parameters of Optical Waveguides

Sample	N_m				n_s	Δn_s	$d(\mu m)$	$D(cm^2/hr)$
	TE_0	TE_1	TM_0	TM_1				
8	2.225	2.216			2.231 (2.232)	0.031 (0.032)	3.9 (3.3)	4.8×10^{-9} (3.3×10^{-9})
			2.296	2.290	2.300 (2.301)	0.014 (0.015)	4.1 (3.0)	5.2×10^{-9} (2.8×10^{-9})
14	2.218	2.213			2.221 (2.222)	0.021 (0.022)	6.3 (5.6)	1.2×10^{-8} (9.9×10^{-9})
			2.293	2.290	2.295 (2.296)	0.009 (0.010)	5.9 (4.8)	1.1×10^{-8} (7.2×10^{-9})

V　CONCLUSIONS

We have successfully fabricated low-loss Ti-diffused $LiNbO_3$ optical waveguides. It is found that, technologically, when the closed-tube diffusion is used under the same conditions as in our experiment, it is both very simple and reproducible to fabricate waveguides and it is also possible both to suppress Li_2O out-diffusion and obtain waveguides with low loss at the same time. Hence this technology is reasonable. It is of practical significance to the research and volume-production of a variety of Tidiffused $LiNbO_3$ optical waveguide devices.

Under the condition of suppressed Li_2O out-diffusion, we have studied the characteristics and parameters of the optical waveguides which have not yet been reported by others.

The authors are grateful to Liu Yaozong(刘跃忠)for his SEM measurements of the samples and to Du Shuqin(杜淑琴)for assistance in depositing the metallic coatings.

References

[1] R V Schmidt, I P Kaminow. Metal-diffused optical waveguides in $LiNbO_3$ [J]. Applied Physics Letters, 1974(25): 458.

[2] V G PanKin, S N Petukhova, V Y Pchelkin, et al. Investigation of waveguides formed by diffusion of titanium in Y-cut lithium metaniobate[J]. Soviet Journal of Quantum Electronics, 1978, 8(2): 177.

[3] T R Ranganath, S Wang. Suppression of Li_2O out-diffusion from Ti-diffused $LiNbO_3$ optical waveguides[J]. Applied Physics Letters, 1977, 30(8): 376.

[4] Chen, Bor-Uei, Pastor, et al. Elimination of Li_2O out-diffusion waveguide in $LiNbO_3$ and $LiTaO_3$ [J]. Applied Physics Letters, 1977, 30(11): 570.

[5] S Miyazawa, R Guglielmi, A Carenco. A simple technique for suppressing Li_2O out-diffusion in Ti: $LiNbO_3$ optical waveguide [J]. Applied Physics Letters, 1977, 31(11): 742.

[6] R J Esdaile. Closed-tube control of out-diffusion during fabrication of optical waveguides in $LiNbO_3$ [J]. Applied Physics Letters, 1978, 33(8): 733.

[7] J Noda, M Fukuma, S Saito. Effect of Mg diffusion on Ti-diffused $LiNbO_3$ waveguides [J]. Journal of Applied Physics, 1978, 49(6): 3150.

[8] G Hocker, W K Burns. Modes in diffused optical waveguides of arbitrary index profile [J]. IEEE Journal of Quantum Electronics, 1975, 11(6): 270.

[9] K Sugii, M Fukuma, H Iwasaki. A study on titanium diffusion into $LiNbO_3$ waveguides by electron probe analysis and X-ray diffraction methods [J]. Journal of Materials Science, 1978, 13(3): 523.

Electric Field Sensor Using Optical-Waveguide Fabry-Perot Interferometer①

Rongjin Yu[1] Shaojie Ma[1] Shaohua Hou[1] Peizhi Hong[2]
(1. Changchun Institute of Physics, Chinese Academy of Sciences, Changchun 130021, China;
2. Shenyang Institute of Technology, Shenyang 110015, China)

Abstract: We report a new optical waveguide electric field sensor which utilizes the Fabry-Perot interferometer configuration composed of annealed proton-exchanged $LiNbO_3$ straight channel waveguide with two parallel reflectance end faces of the waveguide substrate. The sensitivity and linearity of this device are 36.8 $mV_{rms}/V_{rms}/cm$ and 1.4%, respectively.

Optical sensors using integrated optics devices are one of promising applications of guided wave optics. Integrated optics devices for temperature[1], micro-diplacement[2], wave front measurement[3], and electric field[4,5] sensing have been demonstrated. Most of these devices utilize a branching Ti:$LiNbO_3$ waveguide version of the Mach-Zehnder interferometer. In this paper, a new type of electric field sensor which utilizes the Fabry-Perot interferometer configuration composed of annealed proton-exchanged (APE) $LiNbO_3$ straight channel waveguide with two parallel reflectance end faces of the waveguide substrate is reported. Compared with the electric field sensor using the Mach-Zehnder interferometer, since this sensor requires only a straight channel waveguide it should possess the inherent advanteges such as simple structure, smaller substrate size, easy to fabricate, and low optical insertion loss.

The proposed optical waveguide electric field sensor is depicted in Fig. 1. First, a ~0.5 μm thick aluminium exchange mask was evaporated on x-cut y propagating $LiNbO_3$ substrate ($20\times10\times1.5$mm along the y, z, and x axis, respectively). Waveguide pattern was put onto the crystal using standard photolithographic process. The width (width of the opening in the mask) and length of the waveguide were 6 μm and 20 mm, respectively. Next, the $LiNbO_3$ crystal was immersed in molten benzoic acid at 200 ℃ for 40 min. And then the crystal was annealed in air at 380 ℃ for 3h. Subsequently, two parallel reflectance end faces of $LiNbO_3$ substrate were polished to form Fabry-Perot waveguide interferometer structure. The parallel electrodes alongside the

① Tenth International Conference on Integrated Optics and Optical Fibre Communication, 1995, 3:162-163.

channel waveguide were defined photolithographically. The width, length, thickness of the electrode and separation between electrodes were 200 μm, 16 mm, ~0.5 μm, and 6 μm, respectively. Referring to Fig. 1, two parallel copper plates, the size of which is 20mm length, 1.5 mm wide, and 0.2 mm thick, were attached onto two side faces of the $LiNbO_3$ substrate along the *y*-direction. Two Al electrodes were connected with two Cu plates by gold wire, respectively.

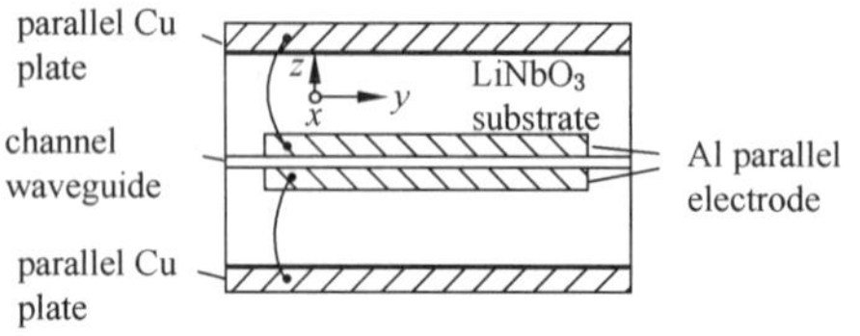

Fig. 1　Optical waveguide electric-field sensor

The ratio of optical output to input power for the device is

$$\frac{P_0}{P_{in}}=\frac{1}{2}[1+\cos(\varphi_0+\Delta\varphi)],$$

where φ_0 is a static phase shift, $\Delta\varphi$, the induced phase shift due to linear electro-optic effect, is given by

$$\Delta\varphi=\frac{2\pi n_e^3 r_{33} L_e G}{\lambda d_0}V,$$

where V is the voltage applied to the sensor electrodes, G is a constant depending upon the overlap integral between the optical field and the applied electric field, n_e is the extraordinary effective refractive index, r_{33} is the relevant electro-optic coefficient, λ is the light wavelength in free space, L_e and d_0 are the electrode length and separation, respectively. Thus the output optical power P_0 is a function of $\Delta\varphi$, i. e. P_0 depends on the applied electric field. The output optical signal is converted into electrical signal by photomultiplier and hence the applied electric field can be detected by measuring the output voltage of the modulated light.

In the experimental study, two parallel copper plates with gapwidth = 24 mm were used as analog electric field. With single-mode fiber the TE-polarised light from a semiconductor laser at 780 nm was coupled into and out of the APE waveguide. Electric-field response of the sensor for the frequency range 20 Hz to 10 kHz was demonstrated, as shown in Fig. 2. The curve of modulation output voltage vs applied electric field intensity in the range 14 V_{rms}/cm to 125 V_{rms}/cm at 50 Hz was measured, as shown in Fig. 3. The sensitivity and linearity of experimental device are 36.8mV_{rms}/V_{rms}/cm and 1.4%, respectively. The lowest detectable input voltage was 0.09V_{rms}, it corresponds to E_{in} = 0.0625 V_{rms}/cm. Preliminary results show that the sensitivity and thermal stability of this type of electric field sensor are better than those of branch interferometric optical waveguide electric field sensor, in addition to the inherent advantages indicated above.

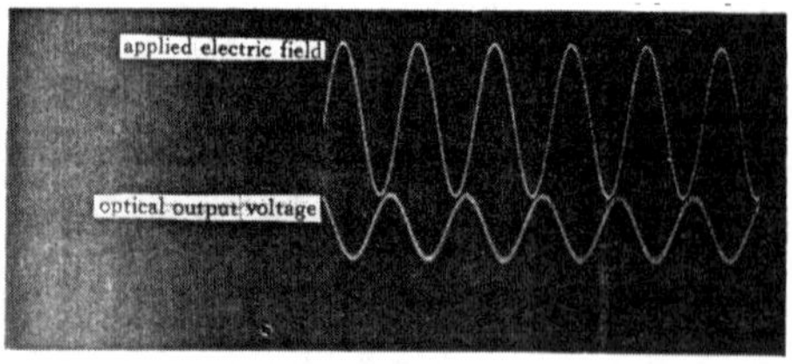

Fig. 2　Oscillogram showing the sensor output voltage (lower trace) caused by a applied electric field at 200 Hz (upper trace)

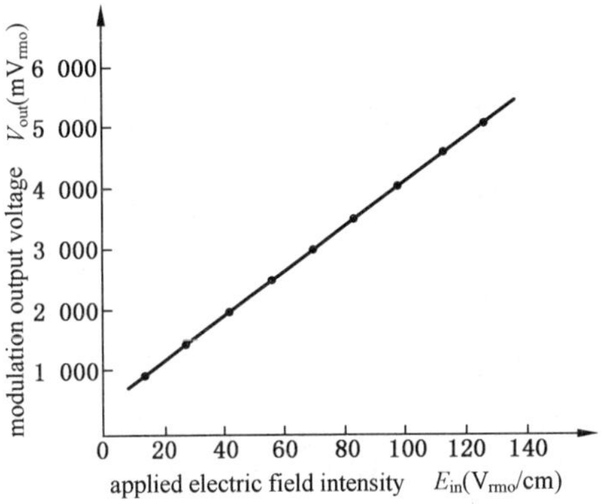

Fig. 3　Linearity

References

[1] L M Johnson, F J Leonberger, G W Pratt. Integrated optical temperature sensor[J]. Applied Physics Letters, 1982, 41(2): 134.

[2] M Izutsu, A Enokihara, T Sueta. Optical-waveguide microdisplacement sensor[J]. Electronics Letters, 1982, 18(20): 867.

[3] R H Rediker, T A Lind, F J Leonberger. Integrated optics wave front measurement sensor[J]. Applied Physics Letters, 1983, 42(8): 647.

[4] C H Bulmer. Sensitive highly linear lithium niobate interferometers for electromagnetic field sensing[J]. Applied Physics Letters, 1988, 53(24): 2368.

[5] Y S Li, T Yu, X J Ma, et al. Acta Photonica Sinica, 1993, 22(Z2): 17.

On the Eigenvalue Problem in One-Dimensional Mesoscopic Rings with Electron-Phonon Coupling

Wang Xiaoguang(王晓光)[1,2] Yu Rongjin(于荣金)[1] Xie Chengjun(谢成俊)[3]
(1. Changchun Institute of Physics, Chinese Academy of Sciences, Changchun 130021;
2. Department of Computer Engineering, Changchun University, Changchun 130022;
3. Department of Physics, Jilin Teacher's College, Jilin 132011)

Abstract: By invoking the concept of displaced number state in quantum optics, the complete eigenstates in one-dimensional mesoscopic rings with electron-phonon coupling are abtained and the eignevalues followed. It is shown that the eigenvalues and persistent current depend on both coupling strength and phonon number.

Much attention has been paid to the mesoscopic rings pierced by a magnetic flux in recent years since the famous prediction that a persistent current exists in such a system.[1-6] The effects of electron-electron coupling, spin-orbit coupling and electron-phonon coupling on persistent current have been studied by serveral authors. Interestingly, the Hamiltonian of one-dimensional mesoscopic rings with electron-phonon coupling was solved exactly by Wang et al.[7] And some eigenstates and the corresponding eigenvalues are obtained. The aim of this paper is to find complete eigenstates in the system by invoking the concept of displaced number states in quantum optics.

The so-called displaced number state is defined as[8]

$$|\alpha, n\rangle = D(\alpha)|n\rangle, \qquad (1)$$

where $D(\alpha) = \exp(\alpha b^{+} - \alpha^{*} b)$ is the displacement operator, $|n\rangle$ is the Fock state, b and b^{+} are annihilation and creation operators of boson type, respectively. For $n=0$, the displaced number state is reduced to the well-known coherent state. The displaced number state has quite different properties comparing with the coherent state. For instance, the field obeys sub-Poissonian statistics independent of n if $|\alpha|^2 < 1/2$, while the coherent field statistics is always of Poissonian type.

Considering a one-dimensional mesoscopic ring with circumference Na threaded by a magnetic flux ϕ. N is the number of lattice-sites and a is the distance between two neighbored lattice-sites. Within the tight-binding approximation, the Hamiltonian for the system includ-ing the electron-phonon interaction is

$$H = H_l + H_{lq},$$

①Chinese Physical Letters, 1997, 14(6): 401-404.

$$H_l = \sum_{l=1}^{N}[\varepsilon_0 - J(C_{l+1}^{+}C_l + C_l^{+}C_{l+1})],$$

$$H_{lq} = \sum_q \hbar\omega_q b_q^{+} b_q + \sum_{q,l} M_q[\exp(iqla)b_q + \exp(-iqla)b_q^{+}]C_l^{+}C_l, \quad (2)$$

where ε_0 is the on-site energy of electron, J is the hopping integral, C_l and C_l^{+} are the annihilation and creation operators of electron on site l, b_q and b_q^{+} are the annihilation and creation operator of q-th phonon, respectively, M_q is the coupling strength.

First, we consider the Hamiltonian H_l which can be solved exactly when subjected to the boundary condition $C_{l+N} = C_l \exp(i2\pi\phi/\phi_0)$. [6] Its n-th eigenfunction is

$$|\phi_n\rangle = \frac{1}{\sqrt{N}}\sum_{l=1}^{N} C_l^{+}\exp\left[i\frac{2\pi l}{N}\left(n+\frac{\phi}{\phi_0}\right)\right]|0\rangle, \quad (3)$$

and the corresponding n-th eigenvalue is

$$E_n = \varepsilon_0 - 2J\cos\left[\frac{2\pi}{N}\left(n+\frac{\phi}{\phi_0}\right)\right]. \quad (4)$$

It is obvious, that E_n is the peroidic function of magnetic flux with the period $\phi_0 = hc/e$.

Next, we gear to find the eigenfunction and eigenvalue of the Hamiltonian H_{lq} and rewrite it as

$$H_{lq} = \sum_q \hbar\omega_q b_q^{+} b_q + f_q b_q^{+} + f_q^{*} b_q, \quad (5)$$

where

$$f_q = M_q \sum_l \exp(-iqla)C_l^{+}C_l,$$

$$f_q^{*} = M_q \sum_l \exp(iqla)C_l^{+}C_l. \quad (6)$$

By using the displacement operator $D_q(\alpha) = \exp(\alpha b_q^{+} - \alpha^{*} b_q)$ and its properties, H_{lq} can be written in the following desired form for our purpose:

$$H_{lq} = \sum_q \hbar\omega_q D_q^{-1}\left(\frac{f_q}{\hbar\omega_q}\right) b_q^{+} b_q \cdot D_q\left(\frac{f_q}{\hbar\omega_q}\right) - \frac{f_q f^{*}}{\hbar\omega_q}. \quad (7)$$

Inspecting the form of Eq. (7) and using the displaced number state, we construct the eigenstates as

$$|\phi'_n\rangle = \frac{1}{\sqrt{N}}\sum_{m=1}^{N} C_m^{+}\exp\left[i\frac{2\pi m}{N}\left(n+\frac{\phi_0}{\phi}\right)\right]\cdot |0\rangle \otimes \coprod_q D_q(-\alpha_q^m)|n_q\rangle, \quad (8)$$

where $\alpha_q^m = [M_q/(\hbar\omega_q)]\exp(-iqma)$. It is not difficult to prove that it is the eigenstate of H_{lq} by considering the fact

$$f_q C_m^{+}|0\rangle = M_q \exp(-iqma)C_m^{+}|0\rangle,$$

$$D_q\left(\frac{f_q}{\hbar\omega_q}\right)C_m^{+}|0\rangle = D_q(\alpha_q^m)C_m^{+}|0\rangle. \quad (9)$$

The above relations can be obtained by using the anti-commutator $[C_l^{+}, C_m]_{+} = \delta_l^m$ repeatly. The eigenequation is

$$H_{lq}|\phi'_n\rangle = \left(\sum_q n_q\hbar\omega_q - \frac{M_q^2}{\hbar\omega_q}\right)|\phi'_n\rangle. \quad (10)$$

Therefore, the eigenequation for the total Hamiltonian $H = H_l + H_{lq}$ is

$$H|\phi'_n\rangle = \left[\varepsilon_0 - J\sum_{l=1}^{N}(C_{l+1}^{+}C_l + C_l^{+}C_{l+1}) + \sum_q\left(n_q\hbar\omega_q - \frac{M_q^2}{\hbar\omega_q}\right)\right]|\phi'_n\rangle = E'_n|\phi'_n\rangle. \quad (11)$$

Operating both sides of Eq. (11) with $\langle\phi'_n|$, we obtain

$$E'_n = \varepsilon_0 - 2J\langle\phi'_n|\sum_{l=1}^{N} C_{l+1}^{+}C_l + C_l^{+}C_{l+1}\cdot|\phi'_n\rangle + \sum_q n_q\hbar\omega_q - \sum_q\frac{M_q^2}{\hbar\omega_q}. \quad (12)$$

It is not difficult to obtain that

$$\langle\phi'_n|\sum_{l=1}^{N} C_{l+1}^{+}C_l|\phi'_n\rangle = \frac{1}{N}\exp\left[-i\frac{2\pi}{N}\left(n+\frac{\phi}{\phi_0}\right)\right]\cdot \sum_{m=1}^{N}\prod_q\langle n_q|D_q(\alpha_q^{m+1})D_q(-\alpha_q^m)|n_q\rangle. \quad (13)$$

From the fact that

$$D(\alpha)D(\beta)=D(\alpha+\beta)\exp\left[\frac{1}{2}(\alpha\beta^*-\alpha^*\beta)\right], \quad (14)$$

Eq. (13) can be written as

$$\langle\phi'_n\mid\sum_{l=1}^{N}C_{l+1}^{+}C_l\mid\phi'_n\rangle=\frac{1}{N}\exp\left[-\mathrm{i}\frac{2\pi}{N}\left(n+\frac{\phi}{\phi_0}\right)\right]\exp\left[\mathrm{i}\sum_q\sin(qa)\left(\frac{M_q}{\hbar\omega_q}\right)^2\right]\cdot\sum_{m=1}^{N}\prod_q\langle n_q\mid D_q(\alpha_q^{m+1}-\alpha_q^m)\mid n_q\rangle. \quad (15)$$

Using the property of q distribution $(-\frac{\pi}{\alpha}\leqslant q<\frac{\pi}{\alpha})$, we have

$$\exp\left[\mathrm{i}\sum_q\sin(qa)\left(\frac{M_q}{\hbar\omega_q}\right)^2\right]=1. \quad (16)$$

Because the term $\langle n_q\mid D_q(\alpha_q^{m+1}-\alpha_q^m)\cdot|n_q\rangle$ does not depend on m, from Eqs. (15) and (16) we obtain

$$\langle\phi'_n\mid\sum_{l=1}^{N}C_{l+1}^{+}C_l\mid\phi'_n\rangle=\exp\left[-\mathrm{i}\frac{2\pi}{N}\left(n+\frac{\phi}{\phi_0}\right)\right]\exp\left[-\sum_q\left(\frac{M_q}{\hbar\omega_q}\right)^2(1-\cos qa)\right]\cdot\prod_q\sum_{k=0}^{n_q}\frac{n_q![2[\cos(qa)-1][M_q/(\hbar\omega_q)]^2]^{n_q-k}}{k!(n_q-k)!(n_q-k)!}. \quad (17)$$

From Eqs. (12) and (17), the eigenvalue for the Hamiltonian H is

$$E'_n=\varepsilon_0-2J\cos\left[\frac{2\pi}{N}\left(n+\frac{\phi}{\phi_0}\right)\right]\exp\left[-\sum_q\left(\frac{M_q}{\hbar\omega_q}\right)^2(1-\cos qa)\right]\cdot\prod_q\sum_{k=0}^{n_q}\frac{n_q!\{2[\cos(qa)-1][M_q/(\hbar\omega_q)]^2\}^{n_q-k}}{k!(n_q-k)!(n_q-k)!}+\sum_q n_q\hbar\omega_q-\sum_q\frac{M_q^2}{\hbar\omega_q}, \quad (18)$$

For $n_q=0$, E'_n reduces to

$$E'_n=\varepsilon_0-2J\cos\left[\frac{2\pi}{N}\left(n+\frac{\phi}{\phi_0}\right)\right]\exp\left[-\sum_q\left(\frac{M_q}{\hbar\omega_q}\right)^2(1-\cos qa)\right]-\sum_q\frac{M_q^2}{\hbar\omega_q}, \quad (19)$$

it just the result obtained as in Ref. 7.

In conclusion, the eigenvalue problem in one-dimensional mesoscopic rings with electron-phonon coupling is solved completely. The results show that the eigenvalues depend on both coupling strength M_q and phonon number n_q. According to the defination of persistent current $I_n=-C_n(\partial E'_n/\partial\phi)$, it not only depends on coupling strength but also on the phonon number.

References

[1] M Büttiker, Y Imry, R Landauer. Josephson behavior in small normal one-dimensional rings [J]. Physics Letters A, 1983, 96 (7): 365.

[2] LP Lévy, G Dolan, J Dunsmuir, et al. Magnetization of mesoscopic copper rings: Evidence for persistent currents [J]. Physical Review Letters, 1990, 64(17): 2074.

[3] V Chandrasekhar, R A Webb, MJ Brady, et al. Magnetic response of a single, isolated gold loop[J]. Physical Review Letters, 1992, 67(25): 3578.

[4] H F Cheung, Y Gefen, E K Riedel, et al. Persistent currents in small one-dimensional metal rings[J]. Physical Review Letters B, 1988, 37(11): 6050.

[5] V Ambegaokar, U Eckern. Coherence and persistent currents in mesoscopic rings[J]. Physical Review Letters, 1990, 65(3): 381.

[6] Y C Zhou, X E Yang, H Z Li. The effect of e-

lectron-phonon coupling on persistent currents in one-dimensional mesoscopic rings [J]. Physics Letters A,1994,190(1):123.
[7] WANG Ke-lin,WANG Mao-xi. Exact Solution of Persistent Currents in One-Dimensional Mesoscopic Rings with Consideration of Electron-Phonon Coupling [J]. Chin. Phys. Lett.. 1996,13(8):565.
[8] F A M. de Oliveira,M S Kim,P L Knight,et al. Properties of displaced number states[J]. Phys. Rev. A,1990(41):2645.

Construction of General Unitary Transformation for Conditional Quantum Dynamics and Realization of Quantum Controlled Gates

Wang Xiaoguang(王晓光)[1,2] Yu Rongjin(于荣金)[1] Fu Jianzheng(付建政)[2]
(1. Laboratory of Excited State Processes, Changchun Institute of Physics, Chinese Academy of Sciences, Changchun 130021;
2. Department of Computer Engineering, Changchun University, Changchun 130022)

Abstract: By factorizing a general one-bit transformation matrix for one-bit gates in quantum computer, a general unitary transformation is constructed, which can serve as (controlled)^m gate for the conditional quantum dynamics. When the quantized single-mode electromagnetic field containing n or no photons acts as the controlled bit, the quantum controlled-NOT gates and square root of the controlled-NOT gates in cavity-quantum electrodynamics are realized.

Recently, there is considerable interest in quantum computation[1-6]. The combination of quantum mechanics and computer science makes great developments in information theory. The quantum extension of conventional Boolean bits is called qubits (two-state systems). The examples include the spin-half particle[4] with spin up corresponding to 1 and spin down to 0[4], the polarization of a photon with clockwise polarization corresponds to 1 and counterclock-wise to 0[5,6] and two-state atom with excited state corresponds to 1 and ground state to 0[5]. The computation proceeds by manipulating these qubits using quantum logic gates which are input-output devices (unitary transformations). The quantum logic gates are combined together to form a quantum network and the quantum network forms a quantum computer.

Duetsch[7] proposed a universal three-bit logic gate and Divencenzo[8] showed later that this three-bit gate can be implemented by an arrangement of two-bit gates. Sleator et al[5]. showed then that a two-bit gate is universal and made an interesting experiment aiming at constructing quantum gate prototypes with cavity-QED (quantum electrodynamics) techniques. They only proposed the quantum (controlled)^1 gates, the most general (controlled)^m gates were not considered.

The most important two-bit gates

① Chinese Physical Letters, 1998, 15(6): 395-397.

are represented by a 4×4 unitary transformation matrix U in the computational basis $\{|a\rangle_1|b\rangle_2\}$, the direct product of the two qubits, $a,b\in\{0,1\}$[2],

$$U=\begin{pmatrix} I & 0 \\ 0 & V \end{pmatrix} \tag{1}$$

with

$$I=\begin{pmatrix} 1 & 0 \\ 0 & 1 \end{pmatrix},$$

$$V=\begin{pmatrix} \cos\phi & \exp(-\mathrm{i}\theta)\sin\phi \\ -\exp(\mathrm{i}\theta)\sin\phi & \cos\phi \end{pmatrix}. \tag{2}$$

where ϕ and θ are real values.

The first bit a is called the control bit and the second bit b the target bit. Under the transformation U, the control bit is never changed. But it decides whether the target bit undergoes a unitary transformation. When the control bit is in state $|0\rangle_1$, the target bit is invariant. When the control bit is in state $|1\rangle_1$, the target bit experiences a unitary transformation described by V. This is the so-called "conditional quantum dynamics".

For $\theta=-\pi/2$ and $\phi=\pi/2$, the transformation U reduces to

$$U'=\begin{pmatrix} 1 & 0 & 0 & 0 \\ 0 & 1 & 0 & 0 \\ 0 & 0 & 0 & \mathrm{i} \\ 0 & 0 & \mathrm{i} & 0 \end{pmatrix}. \tag{3}$$

Besides a common phase factor, this is the quantum controlled-NOT gate which has many applications such as quantum state swapping and quantum state teleportation[4]. In order to construct a general unitary transformation for the conditional quantum dynamics, we try to factorize the transformation V.

The one-bit transformation matrix V can be expressed in terms of Pauli matrixes σ as

$$V=\cos\phi-\mathrm{i}\sin\phi\cdot[\sin(\theta)\sigma_x-\cos(\theta)\sigma_y]. \tag{4}$$

By using the relations

$$\exp\left(\frac{\mathrm{i}\lambda}{2}\sigma_z\right)\sigma_x\exp\left(-\frac{\mathrm{i}\lambda}{2}\sigma_z\right)=\cos(\lambda)\sigma_x-\sin(\lambda)\sigma_y,$$

$$\exp(-\mathrm{i}\lambda\sigma_x)=\cos(\lambda)I-\mathrm{i}\sin(\lambda)\sigma_x, \tag{5}$$

the factorization form of V is obtained:

$$V=\exp\left[\mathrm{i}\left(\frac{\pi}{4}-\frac{\theta}{2}\right)\sigma_z\right]\exp(-\mathrm{i}\phi\sigma_x)\cdot\exp\left[-\mathrm{i}\left(\frac{\pi}{4}-\frac{\theta}{2}\right)\sigma_z\right]. \tag{6}$$

From this form, we construct the general unitary transformation formally as

$$W=\exp\left[\mathrm{i}\left(\frac{\pi}{4}-\frac{\theta}{2}\right)\sigma_z\right]\exp(-\mathrm{i}\phi\hat{F}\sigma_x)\cdot\exp\left[-\mathrm{i}\left(\frac{\pi}{4}-\frac{\theta}{2}\right)\sigma_z\right], \tag{7}$$

where $\hat{F}$ is an operator of additional subsystem. The operator commutes with all the Pauli matrixes and couples with σ_x. We assume that it has two special eigenvalues among its set of eigenvalues:

$$\hat{F}|0\rangle_1=0|0\rangle_1=0,$$

$$\hat{F}|1\rangle_1=1|1\rangle_1=|1\rangle_1. \tag{8}$$

The realization of the operator $\hat{F}$ in the real physical system will be seen below.

Let the subsystem represented by operator $\hat{F}$ be the control subsystem and another one represented by Pauli operators be the target subsystem. It is easily found that the matrix U is the representation of unitary transformation W in the computational basis. That is to say, the target bit undergoes a unitary transformation V if and only if the control bit is 1. Thus, the conditional quantum dynamics is realized by introducing an additional operator $\hat{F}$.

The unitary transformation W can be generalized to a more general case

$$W' = \exp\left[i\left(\frac{\pi}{4}-\frac{\theta}{2}\right)\sigma_z\right]\cdot \exp\left[-i\phi\left(\prod_{n=1}^{m}\hat{F}_n\right)\sigma_x\right]\cdot \exp\left[-i\left(\frac{\pi}{4}-\frac{\theta}{2}\right)\sigma_z\right], \tag{9}$$

where m is a positive integer and the operator $\hat{F}_n$ has the same property as $\hat{F}$. The above gate is the socalled (controlled)^m gate which flips the target gate if and only if the first m bits are 1.

Next, we proceed to the problem of how to realize a two-bit gate in a realistic physical system. Barenco et al[4]. have proposed a method to construct a quantum controlled-NOT gate in cavity-QED and the field state is either in the Fock state $|1\rangle$ or the vacuum state $|0\rangle$. In what follows, we will extend their methods to realize two-bit quantum gates in which the field state may be in the Fock state $|n\rangle$ (n is a positive integer).

Let the control qubit be the quantized field which may contain n photons and the target bit be the atom with two circular Rydberg states $|b\rangle_2$ ($b\in\{0,1\}$), $|1\rangle_2$ denotes the excited state and $|0\rangle_2$ the ground state. The atom crosses through three regions sequentially: Ramsey zone R, cavity C, (off-resonant interaction), and another Ramses zone R^{-1}. The Ramsey zone consists of a classical rf field and produces θ rotation of Block vector of an atom along y-axis in spin space. In cavity C, the atom interacts with single-mode quantized cavity field. Let the detuning between the atomic transition frequency and the cavity field frequency be much larger than the coupling constant, the effective Hamiltonian can be written as[10-12]

$$H=\phi\sigma_z a^+ a, \tag{10}$$

where $\phi = g^2/\Delta$, g is the coupling constant and Δ is the detuning; a^+ and a are the creation and annihilation operators of cavity field, respectively. When the atom passes through the three regions, the resulting transformation is

$$\overline{W}(\theta,\phi) = \exp(i\theta\sigma_y)\cdot \exp(-i\phi a^+ a\sigma_z)\exp(-i\theta\sigma_y). \tag{11}$$

It should be noted that the transformation $\sigma_x\to\sigma_y$, $\sigma_y\to\sigma_z$, and $\sigma_z\to\sigma_x$ can be realized by the appropriate choice of another basis. After the transformation, Eq. (11) changes into

$$\overline{W}'(\theta,\phi) = \exp(i\theta\sigma_z)\cdot \exp(-i\phi a^+ a\sigma_x)\exp(-i\theta\sigma_z). \tag{12}$$

By comparing Eqs. (7) with (12), the number operator a^+a corresponds to the operator $\hat{F}$. The operator a^+a is a physical realization of formally introduced operator $\hat{F}$ in the cavity-QED.

The transformation $\overline{W}(\theta,\phi)$, Eq. (11), can be expressed in the following form:

$$\overline{W}(\theta,\phi) = \cos(a^+ a\phi) - i\sin(a^+ a\phi)\cdot [\cos(\theta)\sigma_z - \sin(\theta)\sigma_x]. \tag{13}$$

By assuming that the cavity field is in Fock state $|n\rangle_1$ and the atom in state $|b\rangle_2, b\in\{0,1\}$, the final state under the transformation is

$$[\cos(n\phi)-i(-1)^{b+1}\sin(n\phi)\cos\theta]\,|n\rangle_1\,|b\rangle_2+ i\,\sin(n\phi)\sin\theta\,|n\rangle_1\,|1-b\rangle_2. \quad (14)$$

When the field is in the state $|0\rangle_1$, the atomic state does not change. When the field contains $n(n\neq 0)$ photons, the atom state will change to

$$[\cos(n\phi)-i(-1)^{b+1}\sin(n\phi)\cos\theta]\,|b\rangle_2+ i\,\sin(n\phi)\sin\theta\,|1-b\rangle_2. \quad (15)$$

Let $n\phi=\theta=\pi/2$, we can write the transformation $\overline{W}(\pi/2,\pi/(2n))$ explicitly as

$$|0\rangle_1|0\rangle_2\rightarrow|0\rangle_1|0\rangle_2,$$
$$|0\rangle_1|1\rangle_2\rightarrow|0\rangle_1|1\rangle_2,$$
$$|n\rangle_1|0\rangle_2\rightarrow i|n\rangle_1|1\rangle_2,$$
$$|n\rangle_1|1\rangle_2\rightarrow i|n\rangle_1|0\rangle_2, \quad (16)$$

If we express the transformation in the computational basis$\{|0\rangle_1|0\rangle_2, |0\rangle_1|1\rangle_2, |n\rangle_1|0\rangle_2, |n\rangle_1|1\rangle_2\}$in matrix form, it is just the matrix in Eq. (3). The quantum controlled-NOT gate is realized. Let $n\phi=\pi/4, \theta=\pi/2$ in Eq. (14), the unitary transformation can be written in the computational basis as

$$\overline{W}\left(\frac{\pi}{2},\frac{\pi}{(4n)}\right)=\begin{pmatrix}1&0&0&0\\0&1&0&0\\0&0&1/\sqrt{2}&i/\sqrt{2}\\0&0&i/\sqrt{2}&1/\sqrt{2}\end{pmatrix}. \quad (17)$$

We note that $\overline{W}^2(\pi/2,\pi/(4n))=\overline{W}(\pi/2,\pi/(2n))$, so the gate $\overline{W}(\pi/2,\pi/(4n))$ can be considered as a square root of quantum controlled-NOT gate. It should be pointed out that the square root of quantum controlled-NOT gate is an important component for constructing three-bit Toffoli gate[5].

In summary, we have factorized the one-bit transformation matrix and constructed the general unitary transformation which is considered as (controlled)^m gate for conditional quantum dynamics. By using the cavity-QED technique, when the cavity field contains either n photons or no photons, we have realized not only the quantum controlled-NOT gate but also the square root of the controlled-NOT gate.

Acknowledgments: One of the authors (X. G. Wang) thanks for the encouragement and help of Professor C. P. Sun and Professor H. C. Fu.

References

[1] C H Bennett. Quantum Information and Computation[J]. Physics Today, 1995, 48 (10): 24.

[2] P Domokos, J M Raimond, M Brune, et al. Simple cavity-QED two-bit universal quantum logic gate: The principle and expected performances[J]. Physical Review A, 1995, 52 (5): 3554.

[3] I L Chuang, Y Yamamoto. Simple quantum computer[J]. Physical Review A, 1995, 52 (5): 3489.

[4] A Barenco, D Deutsch, A Ekert, R Jozsa. Conditional Quantum Dynamics and Logic Gates [J]. Physical Review Letters, 1995, 74(20): 4083.

[5] T Sleator, H Weinfurter. Realizable universal quantum logic Gates[J]. Physical Review Letters, 1995, 74(20): 4087.

[6] S Stenholm. Polarization coding of quantum information[J]. Optics Commun., 1996, 123(1-3): 287.

[7] D Deutsch. Quantum Computational Networks [J]. Proc R Soc London Ser A, 1989, 425

(1868):73.

[8] D P Divincenzo. Two-bit gates are universal for quantum computation[J]. Physical Review A, 1994,51(2):1015.

[9] A Barenco, C H Bennett, R Cleve, et al. Elementary gates for quantum computation[J]. Physical Review A,1995,52(5):3457.

[10] M J Holland,D F Walls,P Zoller. Quantum nondemolition measurements of photon number by atomic beam deflection [J]. Physical Review Letters, 1991, 67 (13):1716.

[11] G C Guo,S B Zheng. Generation of Schr?dinger cat states via the Jaynes-Cummings model with large detuning[J]. Physics Letters A,1996,223(5):332.

[12] WANG Xiaoguang. Jaynes-Cummings model with intensity-dependent coupling and Schrbdinger cat state[J]. Chinese Science Bulletin,1996,41(1):17.

Multiphoton Interaction of a Two-Level Atom with a Large Period Quantized Standing Wave Field beyond the Raman-Nath Regime

Wang XiaoGuang(王晓光)[1,2] Yu Rong-Jin(于荣金)[2]

(1. Laboratory of Optical Physics, Institute of Physics, Chinese Academy of Sciences, Beijing 100080, China;

2. Laboratory of Excited State Processes, Changchun Institute of Physics, Chinese Academy of Sciences, Changchun 130021, China)

Abstract: A model that describes the multiphoton interaction of a two-level atom with a large period quantized standing wave field beyond the Raman-Nath regime is solved exactly by the Wei-Norma's operator factorization method, and the momentum distribution of the atom is discussed. We also investigate the dynamics of the atomic population inversion and field second-order correlation function. They exhibit very remarkable behavior due to the inclusion of atomic translational motion.

I INTRODUCTION

When the spatial motion of the atomic mass center is considered in an atom-field interaction system, there are three subsystems which interact with one another: atomic translational degrees of freedom, atomic internal degrees of freedom and field degrees of freedom. The subsystems affect one another through the exchange of photons and space-dependent atom-field coupling.

The standard Jaynes-Cummings model (JCM)[1,2] only describes a two level atom at rest interacting with the cavity field, ignoring the effect of atomic motion. The effects of translational degrees of freedom in the atom-field interaction have been studied extensively. The influence of atomic motion on the spontaneous emission of the atom[3] and collapse and revival phenomena[4,5] which results from the discrete nature of the cavity field has been investigated. Meystre et al.[6] have studied the atomic beam deflection in a quantized standing wave field and show that the deflection profile is sensitive to the field photon statistics. Freyberger et al.[7] have proposed an interesting setup to obtain complete information about the quantum state of a single mode of radiation field based on a model that describes the interaction of a two-level atom with a large period standing wave field in the Raman-Nath approximation. Their methods were extended to the

① Acta Physica Sinica (Overseas Edition), 1999, 8(2): 89-96.

case of two photons by Baseia et al.[8,9], who showed that a better resolution is obtained in the two-photon experiment when the mean photon number is large. The above discussions are based on models in the Raman-Nath regime. Liu et al.[10] studied the motion-quantized JCM with an arbitrary intensity-dependent medium beyond the Raman-Nath regime. The purpose of our paper is to investigate the interaction of a two-level atom with a large period quantized standing wave field without the Raman-Nath approximation. We also consider the case of multiphotons. The exact solution is obtained, and remarkable behavior of the atomic and field dynamics is seen from the solution.

Ⅱ MODEL WITHOUT THE RAMAN-NATH APPROXIMATION

We consider a single two-level atom interacting with a single quantized standing wave field for the case of multi-photons. Since the internal degrees of freedom and the center-of-mass motion of the atom are quantized, the total Hamiltonian of the system under the rotating wave approximation[3,11] is ($\hbar=1$)

$$H=\frac{\hat{p}^2}{2m}+\frac{1}{2}\omega_0\sigma_3+\omega a^+a+ g\sin(qx)(\sigma_+a^k+\sigma_-a^{+k}), \tag{1}$$

where $\hat{p}$ is the momentum operator conjugate to the position x along the propagation axis of the cavity field, σ_3 and $\sigma_\pm$ are the usual spin-half operators that describe the internal dynamics of the two-level atom with transition frequency ω_0, a and a^+ denote the annihilation and creation operators of the bosonic cavity mode with frequency ω, superscript k indicates the degree of the multiphoton processes, q is the wave number of the cavity field and g is the atom-field coupling constant.

For the resonant case ($\omega_0=k\omega$), the Hamiltonian in the interaction picture is

$$H_I=\frac{\hat{p}^2}{2m}+g\sin(qx)\cdot(\sigma_+a^k+\sigma_-a^{+k}). \tag{2}$$

Since in the large period case the wave number of the cavity field is very small, the above Hamiltonian can be linearized by keeping the first-order term of the Maclaurin expansion of $\sin(qx)$

$$H_e=\frac{\hat{p}^2}{2m}+gqx(\sigma_+a^k+\sigma_-a^{+k}). \tag{3}$$

It should be noted that we have not neglected the kinetic term in the Hamiltonian, i. e. , no Raman-Nath approximation has been assumed. The discussions in previous studies all concentrated on the Hamiltonian without the kinetic term which is easy to solve because the operator x is a constant of motion in the Raman-Nath approximation. Below, we try to solve for the Hamiltonian H_e which includes the kinetic term.

By noticing that the operator

$$A=gq(\sigma_+a^k+\sigma_-a^{+k}) \tag{4}$$

commutes with H_e, we first solve the eigenvalue problems of the operator. It is not difficult to obtain the following eigenequations:

$$A|\lambda_{nk\pm}\rangle=\lambda_{nk\pm}|\lambda_{nk\pm}\rangle,$$

$$|\lambda_{nk\pm}\rangle=\frac{1}{\sqrt{2}}(|n\rangle\otimes|\uparrow\rangle+|n+k\rangle\otimes|\downarrow\rangle)\quad n=0,1,\cdots,$$

$$\lambda_{nk\pm} = \pm\lambda_{nk} = \pm gq\sqrt{\frac{(n+k)!}{n!}}, \quad (5)$$

where $|n\rangle$ denotes the Fock state of the cavity field, and $|\uparrow\rangle$ and $|\downarrow\rangle$ are the excited state and ground state, respectively. In addition to these eigenfunctions there still exist k eigenfunctions with zero eigenvalues

$$A|n\rangle\otimes|\downarrow\rangle = 0 \quad n = 0,1,\cdots,k-1, \quad (6)$$

Let us assume the initial state of the system is

$$|\psi(0)\rangle = \int \mathrm{d}pf(p)|p\rangle\otimes(\cos\theta|\uparrow\rangle + \sin\theta|\downarrow\rangle)\otimes\sum_{n=0}^{\infty}C_n|n\rangle, \quad (7)$$

i. e., the atom is in a superposition of the excited state and ground state with momentum distribution $f^2(p)$, and the field is in a superposition of Fock states with real coefficients C_n. From Eqs. (5) and (6), the initial state can be reexpressed as

$$|\psi(0)\rangle = \frac{1}{\sqrt{2}}\sum_{n=0}^{\infty}\int \mathrm{d}pf(p)(B_{nk+}|p\rangle\otimes|\lambda_{nk+}\rangle + B_{nk-}|p\rangle\otimes|\lambda_{nk-}\rangle) + \sin\theta\sum_{n=0}^{k-1}\int \mathrm{d}pf(p)C_n|p\rangle\otimes|n\rangle\otimes|\downarrow\rangle, \quad (8)$$

where

$$B_{nk\pm} = C_n\cos\theta \pm C_{n+k}\sin\theta. \quad (9)$$

The state vector at time t is obtained formally to be

$$|\psi(t)\rangle = \frac{1}{\sqrt{2}}\sum_{n=0}^{\infty}\int \mathrm{d}pf(p)(B_{nk+}U_{nk+}\cdot|p\rangle\otimes|\lambda_{nk+}\rangle + B_{nk-}U_{nk-}|p\rangle\otimes|\lambda_{nk-}\rangle) + \sin\theta\sum_{n=0}^{k-1}\int \mathrm{d}pf(p)C_nU_0|p\rangle\otimes|n\rangle\otimes|\downarrow\rangle, \quad (10)$$

where

$$U_{nk\pm} = \exp\left[-\mathrm{i}t\left(\frac{\hat{p}^2}{2m} + \lambda_{nkx}\right)\right],$$

$$U_0 = \exp\left(-\mathrm{i}t\frac{\hat{p}^2}{2m}\right). \quad (11)$$

Next, we factorize the evolution operator

$$U = \exp\left[-\mathrm{i}t\left(\frac{\hat{p}^2}{2m} + \lambda x\right)\right], \quad (12)$$

which is related to $U_{nk\pm}$. By substituting the Wei-Norman's ansatz solution[12]

$$U = \exp[\alpha(t)\hat{p}^2]\exp[\beta(t)\hat{p}]\cdot\exp[\eta(t)x]\exp[\chi(t)] \quad (13)$$

into the equation

$$\mathrm{i}\dot{U} = \left(\frac{\hat{p}^2}{2m} + \lambda x\right)U, \quad (14)$$

the following equations are obtained:

$$\dot{\alpha}(t) = \frac{-\mathrm{i}}{2m},$$
$$\dot{\beta}(t) = 2\mathrm{i}\dot{\eta}(t)\alpha(t),$$
$$\dot{\eta} = -\mathrm{i}\lambda,$$
$$\dot{\chi}(t) = \mathrm{i}\dot{\eta}(t)\beta(t). \quad (15)$$

Under the initial condition $\alpha(0)=\beta(0)=\eta(0)=\chi(0)$, we get

$$\alpha(t) = \frac{-\mathrm{i}t}{2m}, \beta(t) = \frac{-\mathrm{i}\lambda t^2}{2m},$$

$$\eta(t) = -\mathrm{i}\lambda t, \chi(t) = \frac{-\mathrm{i}\lambda^2t^3}{6m}. \quad (16)$$

Thus, the factorization form of U is obtained from Eqs. (12), (13) and (16)

$$U_{nk\pm} = \exp\left(\frac{-\mathrm{i}t\hat{p}^2}{2m}\right)\exp\left(\frac{\mp\mathrm{i}\lambda_{nk}t^2\hat{p}}{2m}\right)\cdot\exp(\mp\mathrm{i}\lambda_{nk}tx)\exp\left(\frac{-\mathrm{i}\lambda_{nk}^2t^3}{6m}\right). \quad (17)$$

By substituting this into Eq. (10), the state vector at time t in its explicit form is

$$|\psi(t)\rangle = \sum_{n=0}^{\infty}\int \mathrm{d}p[E_+(p,n,k,t)|p\rangle\otimes|\lambda_{nk+}\rangle + E_-(p,n,k,t)|p\rangle\otimes|\lambda_{ml-}\rangle] + \sum_{n=0}^{k-1}\int \mathrm{d}pE_0(p,n,t)|p\rangle\otimes|n\rangle\otimes|\downarrow\rangle, \quad (18)$$

where

$$E_{\pm}(p,n,k,t)=\frac{1}{\sqrt{2}}f(p\pm\lambda_{nk}t)B_{nk\pm}\cdot$$
$$\exp\left(\frac{-itp^{2}}{2m}\right)\exp\left(\frac{\mp\mathrm{i}\lambda_{nk}t^{2}p}{2m}\right)\exp\left(\frac{-\mathrm{i}\lambda_{nk}^{2}t^{3}}{6m}\right),$$

$$E_{0}(p,n,t)=f(p)C_{n}\sin\theta\exp\left(\frac{-itp^{2}}{2m}\right).\quad(19)$$

This is the exact solution which is used for the following discussions.

From Eq. (18), the momentum distribution at time t is

$$W(p)=\frac{1}{2}\sum_{n=0}^{\infty}[f^{2}(p+\lambda_{nk}t)B_{nk+}^{2}+f^{2}(p-\lambda_{nk}^{2}t)B_{nk-}^{2}]+\sin^{2}\theta f^{2}(p)\sum_{n=0}^{k-1}C_{n}^{2}.\quad(20)$$

Let us assume the momentum distribution at time zero is Gaussian

$$f(p)=\left(\frac{2a^{2}}{\pi}\right)^{1/4}\exp(-a^{2}p^{2}),\quad(21)$$

then, the momentum distribution at time t is as shown in Fig. 1 where the parameters $\theta=\pi/4$ and $a=5$. As was discussed before, the momentum distributions are sensitive to both photon number distribution and atomic coherence. For the case of one photon, the atom is mainly distributed in the region of negative momentum at time $t=10$ s. There is a relatively low peak at $p=0$. For the case of three photons or more, the maximum peak occurs at $p=0$. This fact can also be seen clearly from Eq. (20). As k increases, the atomic wave packets are separated more easily. For the case of nine photons, the atomic wave packets are separated very well even at time $t=3\times10^{-7}$ s. From Fig. 1, we can see that the momentum distribution profiles are symmetric when k is large in the negative and positive regions.

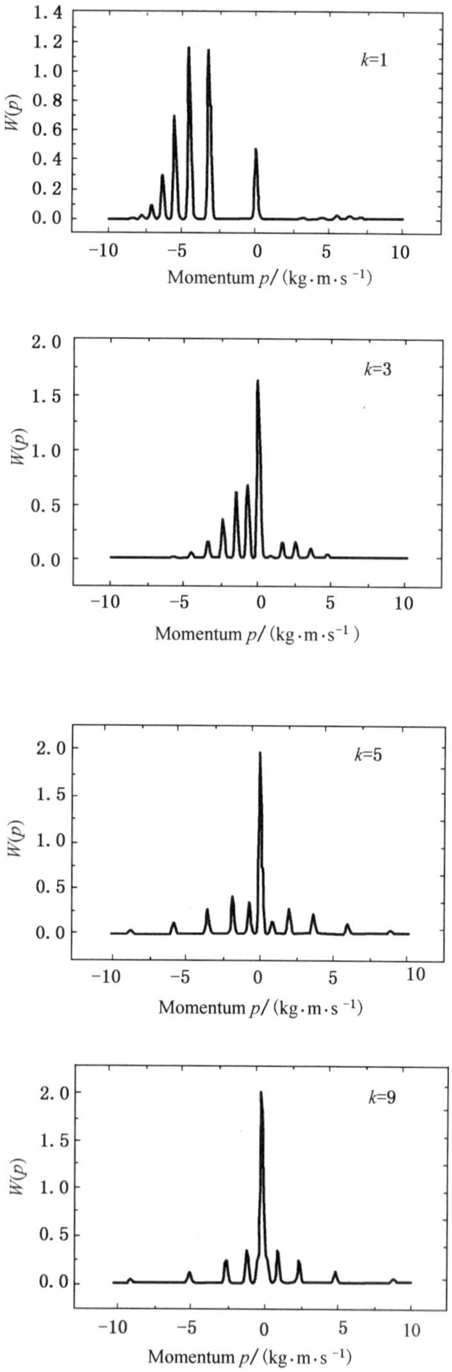

Fig. 1　Momentum distribution for a field initially in a coherent state with $\bar{n}=1.44$. The four curves are for the times $t=10, 0.1, 5\times10^{-3}$ and 3×10^{-7} s, respectively.

Ⅲ ATOMIC AND FIELD DYNAMICS

The time evolution of atomic inversion can be calculated from Eq. (18), and is found to be

$$\langle\sigma_3\rangle = \sum_{n=0}^{\infty} f_n(t) - \sin^2\theta \sum_{n=0}^{k-1} C_n^2, \quad (22)$$

where

$$f_n(t) = (C_n^2\cos^2\theta - C_{n+k}^2\sin^2\theta)\cdot \exp(-2a^2\lambda_{nk}^2 t^2)\exp\left(-\frac{\lambda_{nk}^2 t^4}{8m^2a^2}\right). \quad (23)$$

Figure 2 shows the change in atomic population inversion which evolves with time into a steady state. The steady value decreases as k increases. For the case of five photons, the atomic inversion decreases very quickly, then increases a little, finally evolving into a steady state. This remarkable and interesting behavior results from the effect of atomic spatial motion. It is shown that the translational degrees of freedom have great influence on the atomic internal dynamics.

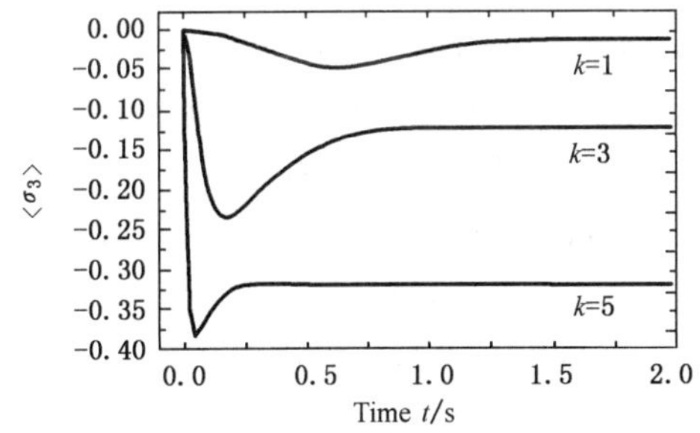

Fig. 2 The evolution of atomic population inversion when the initial field in the coherent state with mean photon number $\bar{n}=4$. The other two parameters are $a=0.5$ and $\theta=\pi/4$.

The statistical properties of photon distribution can be studied by evaluating the second-order correlation function defined as[13,14]

$$g^{(2)}(t) = \frac{\langle a^{+2}a^2\rangle}{\langle a^+a\rangle^2} - 1 = \frac{\langle(a^+a)^2\rangle - \langle a^+a\rangle}{\langle a^+a\rangle^2} - 1. \quad (24)$$

Note that $g^{(2)}(t)<0$ implies antibunching, which is a non-classical characteristic; if $g^{(2)}(t)>0$, the field exhibits bunching. From Eq. (18), it is easy to obtain the expectation values of operators a^+a and $(a^+a)^2$

$$\langle a^+a\rangle = \frac{1}{2}\sum_{n=0}^{\infty}[(2n+k)(C_n^2\cos^2\theta + C_{n+k}^2\sin^2\theta) - kf_n(t)] + \sin^2\theta\sum_{n=0}^{k-1} nC_n^2,$$

$$\langle(a^+a)^2\rangle = \frac{1}{2}\sum_{n=0}^{\infty}[(2n^2+2nk+k^2)(C_n^2\cos^2\theta + C_{n+k}^2\sin^2\theta) - (k^2+2nk)f_n(t)] + \sin^2\theta\sum_{n=0}^{k-1} n^2C_n^2.$$

(25)

The initial field state at this time is chosen to be the even or odd coherent state[12,15-18]

$$|\phi\rangle = \frac{1}{\sqrt{2[1\pm\exp(-2\alpha^2)]}}\cdot[|\alpha\rangle \pm |-\alpha\rangle]. \quad (26)$$

Its photon number distribution is

$$P_n = \frac{\exp(-\alpha^2)[1\pm(-1)^n]\alpha^{2n}}{[1\pm\exp(-2\alpha^2)]n!}. \quad (27)$$

In Fig. 3 we plot the time evolution of the second-order correlation function of the field ($\alpha=1.0$). The initial field is in an odd coherent state and shows antibunching. For the case of one photon, the properties of antibunching are maintained. As time goes on, like the atomic inversion, the second-order correlation function evolves into a steady value. For the case of three or five photons, the second-order correlation function changes from negative to positive and finally to a steady positive value. The final field exhibits bunching. But its behavior is very different from the one in the standard JCM in which it oscillates between bunching and antibunching. In Fig. 4 we also give the time evolution of the second-order correlation function of the field when the initial field is in an even coherent state. We can see that the values of $g^{(2)}(t)$ are always positive, i. e., the field is always bunched. From both Figs. 3 and 4 we conclude that the final steady state value of $g^{(2)}(t)$ increases with photon number k.

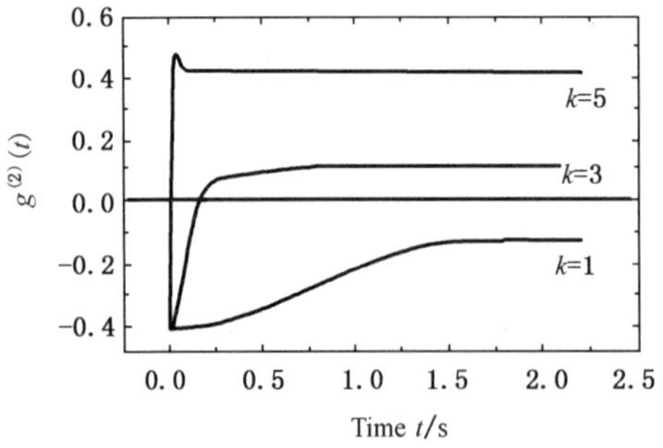

Fig. 3　Evolution of the second-order correlation function of the field when the initial field is in an odd coherent state. The other parameters are $a=0.5$ and $\theta=\pi/4$.

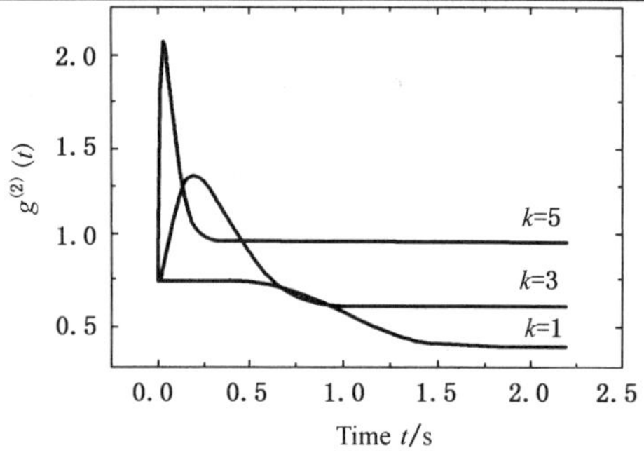

Fig. 4　Evolution of the second-order correlation function of the field when the initial field is in an even coherent state. The other parameters are $a=0.5$ and $\theta=\pi/4$.

Ⅳ　CONCLUSION

A new method is proposed for solving the multiphoton interaction of a two-level atom with a single-mode large period quantized standing wave field without the Raman-Nath approximation. The explicit form of the state vector in the system is obtained. We do not neglect the kinetic term in the system Hamiltonian, i. e., the Raman-Nath approximation is not made. The result is exact and all the properties of the atom and field can be discussed in the model in which three subsystems affect one another. The momentum distribution is shown for different numbers of photons, and the dynamics of atomic inversion and the second-order correlation function of the field are discussed. As the number of photons increases, we find that the momentum distribution profile exhibits a symmetric pattern and the atomic wave packets are easier to resolve. It is also shown that the momentum distribution is very sensitive to the photon distribution of the field. The evolution of the atomic population inversioin and the second-order correlation function of the field vs. time shows a peculiar behavior, in that both attain a steady state value. This result is due to the effect of atomic spatial motion. It is a good challenge to study the entanglement between the atom and the field in this exactly-solvable model. Further results will be published elsewhere.

ACKNOWLEDGMENTS

One of the authors (Wang Xiaoguang) is grateful for the encouragement and help of Prof. Sun Changpu and Fu Hongchen.

References

[1] E T Jaynes, F W Cummings. Comparison of quantum and semiclassical radiation theories with application to the beam maser[J]. Proceedings of the IEEE, 1963, 51(1): 89.

[2] B W Shore, P L Knight. The Jaynes-Cummings Model[J]. Journal of Modern Optics, 1993, 40(7): 1195.

[3] P Meystre. Velocity-dependent spontaneous emission: The strong coupling regime[J]. Optics Communications, 1992, 90(1-3): 41.

[4] A Vaglica. Jaynes-Cummings model with atomic position distribution[J]. Physical Review A, 1995, 52(3): 2319.

[5] Xiao-Guang Wang, Chang-Pu Sun. Effects of a Moving Mass Centre on Atomic Dynamics in Locally Inhomogeneous Quantized Cavity Field[J]. Journal of Modern Optics, 1995, 42(3): 515.

[6] P Meystre, E Schumacher, S Stenholm. Atomic beam deflection in a quantum field[J]. Optics Communications, 1989, 73(6): 443.

[7] M Freyberger, A M Herkommer. Probing a Quantum State via Atomic Deflection[J]. Physical Review Letters, 1994, 72(13): 1952.

[8] B Baseia, R Vyas, CMA Dantas, et al. Scattering of atoms by light: probing a quantum state and the variance of the phase operator [J]. Physics Letters A, 1994, 194(3): 153.

[9] B Baseia, G C Marques, V S Bagnato. Probing a quantum state via electronic deflection[J]. Physics Letters A, 1995, 200(1): 7.

[10] J J Liu, Y Wang. Motion-quantized Jaynes-Cummings models with an arbitrary intensity-dependent medium[J]. Physical Review A, 1996, 54(3): 2326.

[11] Wang Xiaoguang, Sun Changpu. Deflection of an Atomic Beam in a Large Period Quantized Standing Light Wave [J]. Chinese Physics Letters, 1994, 11(12): 727.

[12] James Wei, Edward Norma. Lie Algebraic Solution of Linear Differential Equations [J]. Journal of Mathematical Physics, 1963 (4): 575.

[13] L Mandel. Sub-Poissonian photon statistics in resonance fluorescence[J]. Optics Letters, 1979, 4(7): 205.

[14] R J Cook. Photon statistics in resonance fluorescence from laser deflection of an atomic beam[J]. Optics Communications, 1980, 35 (3): 347.

[15] J Janszky, A V Vinogradov. Squeezing via one-dimensional distribution of coherent states[J]. Physical Review Letters, 1990, 64 (23): 2771.

[16] V V Buzek, A Vidiella-Barranco, P L Knight. Superpositions of coherent states: Squeezing and dissipation[J]. Physical Review A, 1992, 45(9): 6570.

[17] W Schleich, M Pernigo, F L Kien. Nonclassical state from two pseudoclassical states [J]. Physical Review A, 1991, 44(3): 2172.

[18] de Matos Filho R L, W Vogel. Even and odd coherent states of the motion of a trapped ion [J]. Physical Review Letters, 1996, 76 (4): 608.

Unified Approach for the Kerr Effect, Stark Effect and Doppler Effect in the Atom-Field Interaction①

Wang Xiaoguang[1,2] Yu Rongjin[2]
(1. Laboratory of Optical Physics, Institute of Physics, The Chinese Academy of Sciences, Beijing 100080, China;
2. Laboratory of Excited State Processes, Changchun Institute of Physics, The Chinese Academy of Sciences, Changchun 130021, China)

Abstract: We solve the atom-field interaction model including the Kerr effect, Stark effect and Doppler effect exactly within a unified approach. The detuning in the effective Hamiltonian depends on two conserved operators of the system. Finally, the influence of atomic mass-center-motion on the anti-bunching effect of photons is discussed.

Key words: Kerr effect; Stark effect; Doppler effect; Jaynes-Cummings model

Ⅰ Introduction

The Jaynes-Cummings model[1,2] (JCM) that describes a single two-level atom interacting with a single mode quantized electromagnetic field exhibits many new quantum features such as collapse and revival of the atomic population inversion which results from the discreteness of the quantized field. As a basic model in quantum optics, it is not only helpful in understanding the atom-field interaction, but also plays an important role in maser and laser theory.[3,4]

The JCM is extended to many directions. Among them, important generalizations are the JCM including the Kerr effect,[5,6] the Stark effect[7,8] and the Doppler effect[9,10] respectively. We have solved the JCM including the Doppler effect exactly by the unitary transformation technique.[10] In this letter, a unified approach is given for treating not only the Doppler effect, but also the Kerr effect and Stark effect in the meantime and the exact solution is followed. Finally, we will discuss the influence of atomic mass-center-motion on the anti-bunching effect of photons.

Ⅱ The Generalized JCM and Its Solution

Let us consider a two-level atom interacting with a single mode quantized field including the Kerr effect, Stark effect and Doppler effect. In the dipole

① Communications in Theoretical Physics, 1999, 32(3): 463-466.

and rotating wave approximation, the Hamiltonian of the system is[5,7,10] ($\hbar=1$)

$$H = \frac{\hat{p}^2}{2m} + \frac{1}{2}\omega_0\sigma_3 + \omega a^+ a + q(a^+ a)^2 + a^+ a(\beta_2 \mid \uparrow\rangle\langle\uparrow\mid + \beta_1 \mid \downarrow\rangle\langle\downarrow\mid) + g[\sigma_+ a\exp(-\mathrm{i}k\hat{x}) + \sigma_- a^+ \exp(\mathrm{i}k\hat{x})], \tag{1}$$

where $\hat{p}$ is the operator of the momentum conjugate to the position $\hat{x}$ along the propagating axis of the cavity field, σ_3 and $\sigma_\pm$ are the usual spin-half operators that describe the internal dynamics of the two-level atom ($|\uparrow\rangle$) denotes excited state and $|\downarrow\rangle$ the ground state) with transition frequency ω_0, a and a^+ denote the annihilation and creation operators of the bosonic cavity mode with frequency ω, k is the wave number for the propagating wave, q is the nonlinear parameter of the Kerr medium, β_2, β_1 are the Stark shift parameters, the terms $\exp(\pm \mathrm{i}k\hat{x})$ account for the Doppler effect and g is the atom-field coupling constant.

From the following commutation relations

$$\left[\frac{1}{2}\sigma_3, \sigma_\pm\right] = \pm\sigma_\pm, \left[\frac{\hat{p}}{k}, \mathrm{e}^{\pm ik\hat{x}}\right] = \pm \mathrm{e}^{\pm ik\hat{x}},$$

$$[a^+ a, a] = -a, [a^+ a, a^+] = a^+, \tag{2}$$

we found that the two operators

$$C_1 = a^+ a + \frac{1}{2}\sigma_3, \quad C_2 = \hat{p}/k + \frac{1}{2}\sigma_3 \tag{3}$$

are conserved operators, i. e.,

$$[C_1, H] = [C_2, H] = 0. \tag{4}$$

This is the main point. Using C_1 and C_2, the model can be solved exactly as shown below. Some items in the Hamiltonian can be written in terms of the two conserved operators as

$$\omega a^+ a = \omega C_1 - \frac{1}{2}\omega\sigma_3,$$

$$\frac{\hat{p}^2}{2m} = \frac{k^2 C_2^2}{2m} + \frac{k^2}{8m} - \frac{k^2 C_2}{2m}\sigma_3,$$

$$q(a^+ a)^2 = q\left(C_1^2 + \frac{1}{4}\right) - qC_1\sigma_3,$$

$$a^+ a(\beta_2 \mid\uparrow\rangle\langle\uparrow\mid + \beta_1 \mid\downarrow\rangle\langle\downarrow\mid) = C_1\beta_+ - \frac{1}{2}\beta_- + (C_1\beta_- - \frac{1}{2}\beta_+)\sigma_3, \tag{5}$$

where $\beta_+ = (\beta_2 + \beta_1)/2$, $\beta_- = (\beta_2 - \beta_1)/2$. So, the Hamiltonian can be rewritten as

$$H = M(C_1, C_2) + \frac{\Delta(C_1, C_2)}{2}\sigma_3 + g[\sigma_+ a\exp(-\mathrm{i}k\hat{x}) + \sigma_- a^+\exp(\mathrm{i}k\hat{x})], \tag{6}$$

where

$$M(C_1, C_2) = \omega C_1 + q\left(C_1^2 + \frac{1}{4}\right) + C_1\beta_+ - \frac{1}{2}\beta_- + \frac{k^2 C_2^2}{2m} + \frac{k^2}{8m},$$

$$\Delta(C_1, C_2) = (\omega_1 - \omega - \beta_+) - \frac{k^2 C_2}{8m} + 2(\beta_- - q)C_1. \tag{7}$$

The Hamiltonian written in this form is similar to the standard JCM. But the main difference is that the detuning depends on the two conserved operators. Because the operators $M(C_1, C_2)$ and $\Delta(C_1, C_2)$ are conserved operators too, the Hamiltonian can be solved using the standard method of solving JCM. [2]

Let the initial state be

$$|\psi(0)\rangle = \int \mathrm{d}pf(p)|p\rangle \otimes |\uparrow\rangle \otimes \sum_{n=0}^{\infty} C_n|n\rangle = \sum_{n=0}^{\infty}\int \mathrm{d}pC_n f(p)|p\rangle \otimes |\uparrow\rangle \otimes |n\rangle, \tag{8}$$

i. e., the atom is in the excited state with momentum distribution $\int \mathrm{d}pf(p)|p\rangle$ and the field is in the superposition of Fock state $|n\rangle$. From Eqs (6), (7) and (8), the wavefunction at time t is obtained

$$|\psi(t)\rangle = \sum_{n=0}^{\infty}\int \mathrm{d}pC_n f(p)\cdot F(p,n,t)\ |p\rangle\otimes|\uparrow\rangle\otimes|n\rangle + \sum_{n=0}^{\infty}\int \mathrm{d}pC_n f(p)G(p,n,t)\cdot |p+k\rangle\otimes|\downarrow\rangle\otimes|n+1\rangle, \qquad (9)$$

where

$$F(p,n,t) = \exp[-\mathrm{i}M(p,n)t]\cdot \left\{\cos[A(p,n)t] - \mathrm{i}\frac{\Delta(p,n)}{2}\frac{\sin[A(p,n)t]}{A(p,n)}\right\},$$

$$G(p,n,t) = \exp[-\mathrm{i}M(p,n)\mathrm{t}]\cdot \left\{-\mathrm{i}g\sqrt{n+1}\frac{\sin[A(p,n)t]}{A(p,n)}\right\},$$

$$A(p,n) = \sqrt{\frac{\Delta^2(p,n)}{4}+g^2(n+1)},$$

$$\Delta(p,n) = (\omega_0-\omega-\beta_+)+2(\beta_- - q)\cdot \left(n+\frac{1}{2}\right)-\frac{k^2}{2m}-\frac{kp}{m},$$

$$M(p,n) = (\omega+\beta_+)\left(n+\frac{1}{2}\right)+ q\left(n^2+n+\frac{1}{2}\right)-\frac{1}{2}\beta_- + \frac{k^2}{4m}+\frac{p_2}{2m}+\frac{kp}{2m}. \qquad (10)$$

In the expression of $\Delta(p,n)$, the term $-kp/m$ is Doppler shift and $-k^2/2m$ associates with recoil of the atom with mass m.

So far, the exact solution of the model is obtained by introducing the two conserved operators. Next, we proceed to discuss the influence of atomic mass-center-motion on antibunching effect of photons.

Ⅲ　Antibunching Effect of Photons

The statistical properties of photon distribution can be studied by evaluating the second-order correlation function defined as

$$g^{(2)}(t) = \frac{\langle a^{+2}a^2\rangle}{\langle a^+a\rangle^2}-1 = \frac{\langle(a^+a)^2\rangle-\langle a^+a\rangle}{\langle a^+a\rangle^2}-1. \qquad (11)$$

Note that $g^{(2)}(t)<0$ implies a sub-Poissonian statistics or antibunching, which is a non-classical characteristic. If $g^{(2)}(t)>0$, the field exhibits super—Poissonian statistics or bunching, if $g^{(2)}(t)=0$, the field is of Poissonian type. From Eq. (9), it is easy to get the expectation values of operators a^+a and $(a^+a)^2$ on the state $|\psi(t)\rangle$

$$\langle a^+a\rangle = \sum_{n=0}^{\infty}\int \mathrm{d}p\ |C_n|^2\ |f(p)|^2[n\cdot |F(p,n,t)|^2+(n+1)\ |G(p,n,t)|^2],$$

$$\langle(a^+a)^2\rangle = \sum_{n=0}^{\infty}\int \mathrm{d}p\ |C_n|^2\ |f(p)|^2\cdot [n^2\ |F(p,n,t)|^2+ (n+1)^2\ |G(p,n,t)|^2], \qquad (12)$$

Let us suppose that the momentum distribution of atom is of Gaussian type

$$|f(p)|^2 = 1/\sqrt{2\pi\Delta p}\cdot \exp[-(p-p_0)^2/2(\Delta p)^2] \qquad (13)$$

and the initial field is in the coherent state

$$|C_n|^2 = \exp(-\bar{n})\bar{n}^n/n!, \qquad (14)$$

where p_0 and Δp are the momentum center and width of atomic wavepacket respectively, $\bar{n}$ is the mean photon number of tile coherent field.

The second-order correlation function for the extended JCM is plotted numerically in Fig. 1. Figures 1a, 1b and lc correspond to the atomic wavepacket width $\Delta p=0.1, 1.0, 15.0$ respectively.

The other parameters are chosen as $m=1.0$, $k=1.0$, $p_0=0.0$, $\bar{n}=1.44$, $\beta_1=\beta_2=0.0$, $g=1.0$, $q=0.5$, $\omega=\omega_0=1.0$.

In Fig. 1a, the field exhibits bunching at the initial short part of time, and then antibunching. The field oscillates between bunching and antibunching. The behavior is similar to the case of original JCM because the width ($\Delta p=0.1$) of atomic wavepacket is narrow and has little effect on the evolution of second-order correlation function. When the width increases ($\Delta p=1.0$), antibunching exists at most of the time because of the effect of atomic momentum distribution as shown in Fig. 1b. When the width increases to $\Delta p=15.0$, the field shows bunching effect at most of the time in Fig. 1c. In this case, the momentum distribution of atomic wavepacket has great influences on the behavior of $g^{(2)}(t)$.

It can be seen that the width of atomic wavepacket, i. e., the atomic mass-center-motion has great effects on the statistical properties of photon distribution. The field tends to show bunching or antibunching other than oscillating between them when the widths of atomic wavepacket are wide enough.

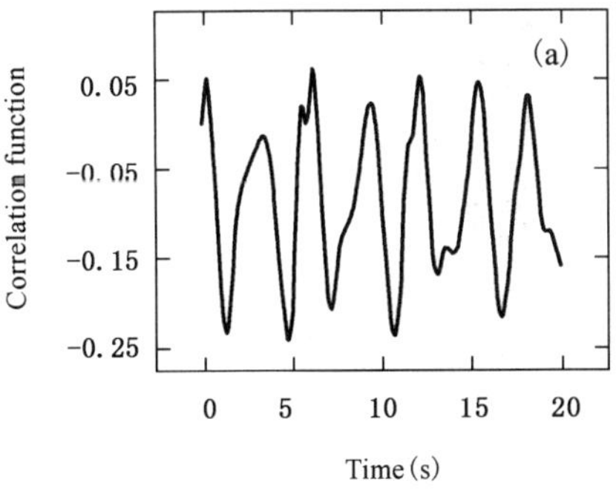

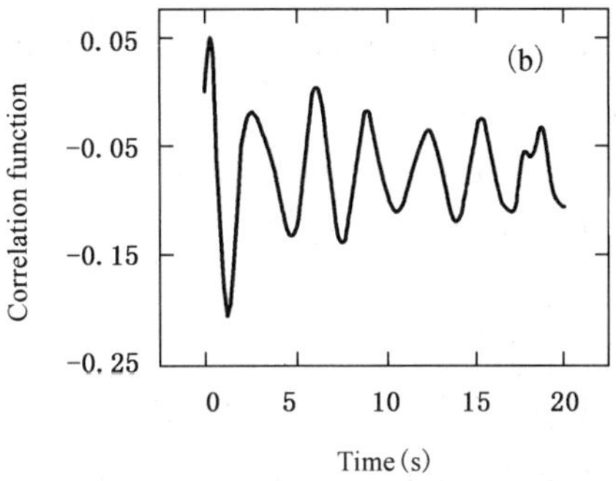

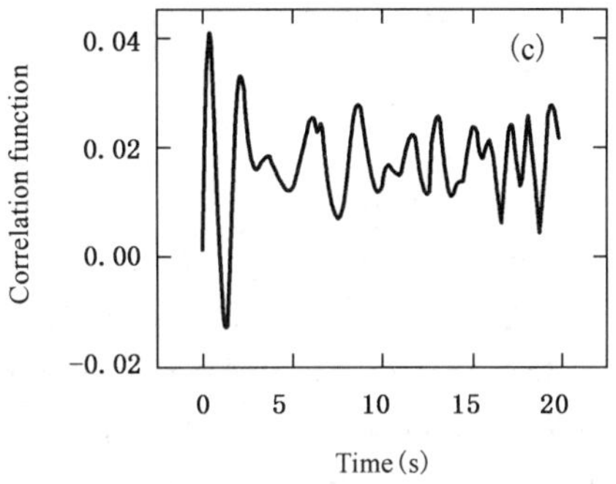

Fig. 1 The field second-order correlation function as a function of time
(a) $\Delta p=0.1$, (b) $\Delta p=1.0$, (c) $\Delta p=15.0$.

Ⅳ Conclusion

A simple unified approach is found and applied to solving the extended JCM including the Kerr effect, Stark effect and Doppler effect and the exact solution is obtained. The main points are to find the two conserved operators and rewrite the Hamiltonian of the system considered in terms of them. When the width of atomic wavepacket is large and the atomic motion along the cavity axis is not negligible, the effect of atomic mass-center-motion should be considered. It is shown that the atomic mass-center-motion has great influence on the behavior of field. When the width of atomic wave-packet is large enough, the field inclines to display antibunching or bunching other than oscillating between them as in the original JCM.

Acknowledgments

One of the authors (WANG) thanks for the encouragement and help from Prof. C. P. SUN and Prof. H. C. FU.

References

[1] E T Jaynes, F W Cummings. Comparison of quantum and semiclassical radiation theories with application to the beam maser[J]. Proceedings of the IEEE, 1963, 51(1): 89.

[2] B W Shore, P L Knight. The Jaynes-Cummings Model[J]. Journal of Modern Optics, 1993, 40(7): 1195.

[3] M O Scully, W E Lamb. Quantum Theory of an Optical Maser. I. General Theory [J]. Physical Review, 1967, 159(2): 208.

[4] P Filipowicz, J Javanainen, P Meystre. The microscopic maser [J]. Optics Communications, 1986, 58(5): 327.

[5] Vladimír Bužek, Igor Jex. Dynamics of a two-level atom in a Kerr-like medium[J]. Optics Communications, 1990(78): 425.

[6] A Joshi, R R Puri. Dynamical evolution of the two-photon Jaynes-Cummings model in a Kerr-like medium [J]. Physical Review A, 1992, 45(7): 5056.

[7] T Nasreen, M S K Razmi. Atomic dipole squeezing in two-photon processes in the presence of Stark shift in an ideal cavity[J]. Optics Communications, 1992, 88(2-3): 101.

[8] R R Puri , R K Bullough. Quantum electrodynamics of an atom making two-photon transitions in an ideal cavity[J]. Journal of the Optical Society of America B, 1988, 5 (10): 2021.

[9] M Wilkens, Z Bialynicka-Birula, P Meystre. Spontaneous emission in a Fabry-Pérot cavity: The effects of atomic motion[J]. Phys. Rev. A, 1992(45): 477.

[10] Xiao-Guang Wang, Chang-Pu Sun. Effects of a Moving Mass Centre on Atomic Dynamics in Locally Inhomogeneous Quantized Cavity Field [J]. Journal of Modern Optics, 1995, 42(3): 515.

Cladding Pumping Organic Dye-Doped Polymer Optical Fiber Amplifiers

Bingxin Li[1] Rongjin Yu[1] Hongyin Shi[1] Jianwu Hu[1] Shaozhe Lü[2] Jiahua Zhang[2]
(1. College of Information Science and Engineering, Yanshan University;
2. Laboratory of Excited State Processes, China Academy of Science)

Abstract: A polymer optical fiber amplifier (POFA) with double cladding was successfully prepared. The input signal at 595 nm wavelength was amplified (gain 5.6 dB) when the pump power at 532 nm wavelength was coupled into the inner cladding of the POFA with 43cm length.

Key words: Polymer optical fiber amplifiers; Double cladding fibers; Organic dye; Rhodamine B

1 INTRODUCTION

With the development of telecommunication, there is ever-growing need for low cost, high bandwidth communication media for voice, video, and data transmission in short and medium distance applications such as local area networks (LANs). In such short distance communication systems, many junctions and connections of optical fiber would be necessary. Usually the media are metallic cables such as twisted pairs or coaxial cables that are not suitable for high-speed data transmission because of its low bandwidth. Silica base single mode optical fiber has been widely utilized in the long distance trunk area for order of giga bit per second transmission rate because of its high bandwidth and transparency. However, for the small core size of the single mode optical fiber is 5～10 μm, accurate alignment is necessary in the light coupling to fiber and connection of fibers, which increase the total system cost including fiber connector, transceiver, packaging and installation etc. Even in the case of using silica base multimode fiber with a core size 50～62.5 μm above issue occurred stilly.

Recently, a high bandwidth graded index (GI) type polymer optical fiber (POF) with a large core diameter (as large as 500 μm ～ 1 mm) was prepared[1]. The GI POF with a high bandwidth[2] (more than 1 GHz) is one of the promising candidates that can be used to reduce the system cost because of it easy processing, handling, and the use of inexpensive plastic connects by the injection molding. The poly(methyl methacrylate) (PMMA) are generally used as the

① Proceedings of SPIE, 2002, 4581: 158-163.

core material of POF and its attenuation limit is approximately 100 dB/km at visible region. Therefore, optical fiber amplifiers in these wavelength regions were necessary for a PMMA-based polymer optical fiber network.

A few research groups have reported the polymer optical fiber amplifiers that doped organic dye Rhodamine B (RhB) into the core of GI POF or single mode POF. However there are some problems in the reported works, such as the pump efficiency and the thermally induced bleaching. When the pump source is an Ar laser at 514 nm emitting CW optical power of 4.3 mW and the power launched into the fiber (Rhodamine B concentration 2500 ppm) is 1.3 mW (corresponds to optical intensity 1.8×10^{2} W/cm^{2}), fluorescence intensity has a drop by half for about 10 h[3]. With a pump power greater than 800 W for successive operation at 10 Hz, bleaching of the doped dye was shown at the inlet of the fiber (Rhodamine B concentration 10 ppm)[4].

In this paper, a new structure polymer optical fiber amplifier i.e. double-clad dye-doped polymer optical fiber amplifier (DC POFA) was successfully prepared for the first time with the aim of solving the above problems. The double-clad fiber consists of outer cladding, inner cladding, and optical fiber core in which organic dye Rhodamine B was doped. The pump light coupled in the inner cladding and totally reflected through the inner cladding can be absorbed by Rhodamine B in the fiber core. The signal light propagating through the fiber core can be effectively amplified. For the NA and the cross section of the inner clad are larger than that of the fiber core, this will improve pumping efficiency and reduce pump light power density at the same pump power. Hence, the bleaching effect of organic dye in the double clad fiber is weaker than that in general fiber amplifiers. We describe the preparation of the double cladding dye-doped polymer optical fiber amplifiers, research into the pumping efficiency and the bleaching effect of this new structure POF amplifiers, investigate the signal gain relating to some parameters of the amplifiers such as the concentration of dye doped, fiber length, pump power and so on. This is an important step for the optimization of polymer optical fiber amplifiers.

2 PREPARATION OF THE DOUBLE-CLAD POFA

Regarding the preparation of the double-clad dye-doped POFA, first, a poly (methyl methacylate) (PMMA) tube was made by rotating a glass tube containing methyl methacrylate (MMA) monomer, benzyl peroxide (initiator), and *n*-butyl mercaptan (chain transfer agent) in a furnace at 80 ℃ for one day. This PMMA tube will form the inner cladding of the POFA.

For the large absorption and emission cross sections of the organic dyes in poly (methyl methacylate) (PMMA) bulk, we selected Rhodamine B as the gain medium. A series of methyl methacrylate (MMA) solutions of RhB ranging in concentrations from 1～100 ppm were prepared, in which specified amounts *n*-butyl mercaptan (*n*BM), Triphenyl phosphite (TPP) and dimethyl sulfoxide (DMSO) were dissolved. The TPP is for obtaining the high index profile, and the DMSO is for enhancing the RhB solubility in MMA.

The solution was poured into the PMMA tube obtained above, then the tube was placed in a hermetic vessel filled with nitrogen, in which the pressure is 8 atmospheres and the temperature rise from 65 ℃ to 90 ℃ in three days. During this process, polymerization of MMA occurs preferentially from the inner wall of the PMMA tube due to the "interfacial-gel polymerization". Hence, the TPP and RhB which have larger molecular sizes and higher refractive indices are gradually concentrated in the center region forming a graded-index profile.

The preform rod with 18 mm diameter obtained by this process was heat-treated at 110 ℃ in a low pressure (60Pa) for two days. The preform was then heat drawn into a fiber at 200～240 ℃ by a taking-up reel, immediately the fiber was coated by organosilicon resin as the outer cladding of the POFA.

Fig. 1 shows the cross-sectional geometry of the double-clad POFA. At its center is a PMMA core doped by TPP and RhB. Completely surrounding the core is a region of pure PMMA that is offcenter. Surrounding the region is an organosilicon resin with low index of refraction (1.38).

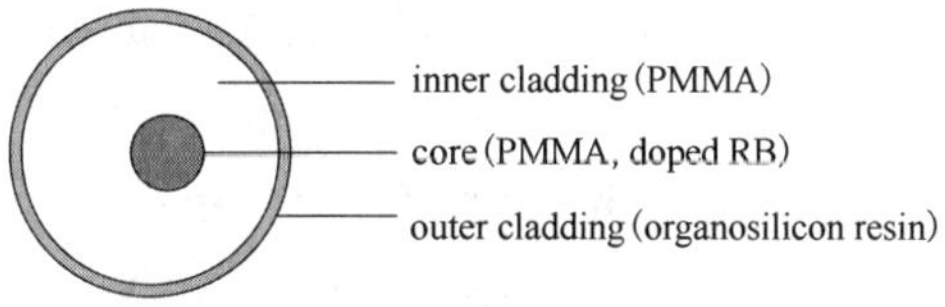

Fig. 1 Cross sectional view of double-clad POFA

3 MEASUREMENTS

3.1 Fluorescence spectra of RhB in PMMA bulk

The fluorescence spectrum of RhB in PMMA bulk was measured with a Hitachi F-4500 fluorescence spectrophotometer. The PMMA bulk containing the RhB was prepared by the producer described in section 2 then cut and polished for this measurement. The fluorescence spectrum of RhB in the PMMA bulk is shown in Fig. 2. The wavelength of fluorescence peak in PMMA bulk is 606 nm. Amplification in the POFA doped RhB at a signal wavelength at which the fluorescence intensity is high provides a high signal gain.

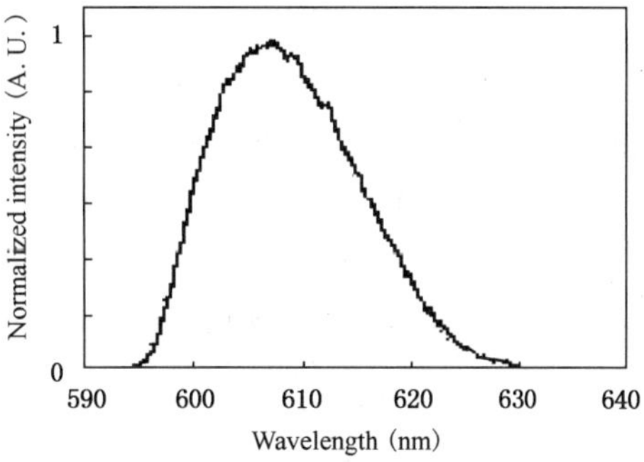

Fig. 2 Fluorescence spectrum in PMMA bulk doped RhB (excitation 580 nm)

3.2 Output spectra of double-clad POFA

The experiment setup for the out spectrum measurements is shown in Fig. 3. The pump source was a double Q-switched Nd: YAG laser at the 532 nm wavelength, and the signal source was a dye laser at 595 nm wavelength. The pump was split into two beams, one was used to pump the dye laser, another through a convex lens and signal lights were combined coaxially by means of a beam splitter into the DC POFA. Since diffused by the convex lens, when the signal light was focussed on the core of the POFA, the pump light was coupled into the inner cladding and the core. The output light from the POFA was detected with a spectrophotometer ($TE104RF\text{-}CO2PPC_2$). A DC POFA with a RhB concentration of 10 ppm, a fiber length of 43 cm, a core diameter of 290 μm, and the inner cladding diameter of 860 μm was used in the experiment.

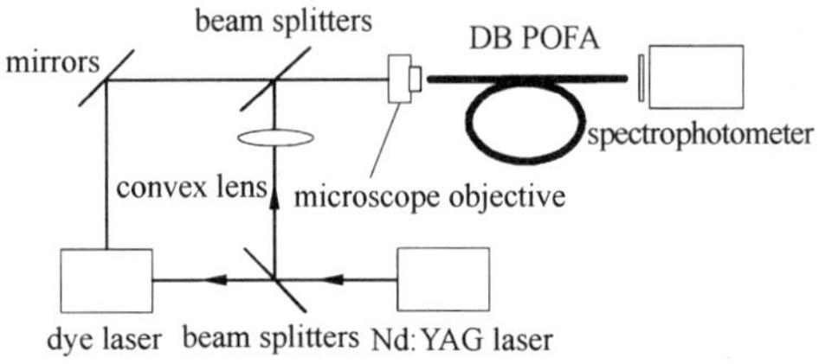

Fig. 3 Experimental setup

Figures 4(a), 4(b) and 4(c) show the output spectra of the POFA for signal light, fluorescence excited by the pump light and signal plus pump light, respectively. In Fig. 4, 4(a) corresponds to the output spectrum of the signal light at a 595 nm wavelength without pumping, 4(b) corresponds to the output spectrum when the pump light was used only, and 4(c) is the amplified output spectrum when both the pump and signal light were poured. Amplification of the signal at 595 nm wavelength was clearly confirmed. The signal gain is about 5.6 dB.

In order to increase the pump efficiency, a side-pumping technique using an imbedded v-groove has been used to efficiently pump some double-clad Er/Yb doped fiber amplifiers[5,6]. We set up another experiment to test this method, as shown in Fig. 5. A DC POFA with a RhB concentration of 10 ppm, a fiber length of 40 cm, a core diameter of 260 μm, and the inner cladding diameter of 780 μm was used in the experiment.

A 45° chamfer was formed on one end of DC POFA using mechanical technique. The 45° facet reflects light incident on the fiber at near-normal angles, cause it to propagate along the fiber axis and to couple into the inner cladding of the double-clad POFA. For the air to the PMMA interface of the 45° facet a critical angle of 42° is calculated for PMMA refractive index of 1.49, resulting in total internal reflection of light incident at angles between 3° and −45° relative to the normal to the fiber axis. Light that reflected by the 45° facet is guided if the incident light cone within the numerical aperture (NA) of the inner cladding.

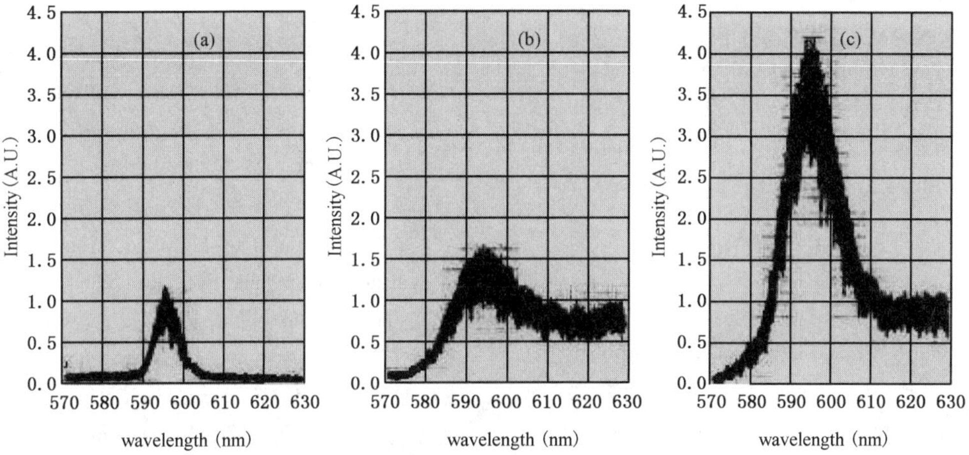

Fig. 4 Output spectra of DC POFA

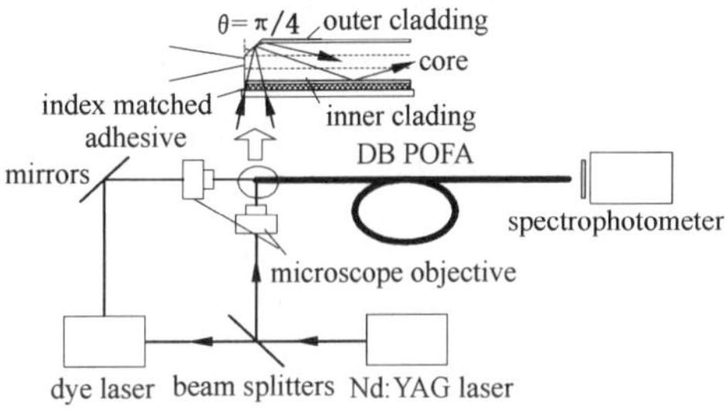

Fig. 5 Experimental setup for side pumping

The output spectra of the POFA with side pumping were shown in Fig. 6, like Fig. 4, the signal gain is about 3.3 dB.

4 CONCLUSIONS

The double-clad RhB doped POFA was prepared for the first time to our knowledge, which had gain in the visible region. No bleaching of the doped RhB was found in the experiment. Although the signal gain is lower than that of general POFA[4], it is just the beginning to investigate the performance of this new structure POFA, experiments are currently underway to investigate further the performance of these characteristics.

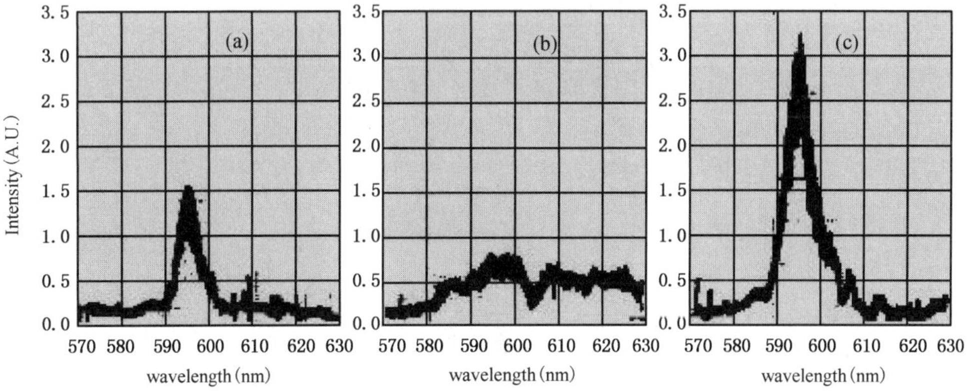

Fig. 6 Output spectra of DC POFA with side pumping

ACKNOWLEDGMENTS

This work is supported by the National Natural Science Foundation of China. The number of the fund is 69977016.

References

[1] Y Koike, T Ishigure, E Nihei. High-bandwidth graded-index polymer optical fiber [J]. J. Lightwave Technol., 1995, 13(7): 1475-1489.

[2] T Ishigure, E Nihei, Y Koike. Optimum refractive-index profile of the graded-index polymer optical fiber, toward gigabit data links [J]. Appl. Opt., 1996, 35(12): 2048-2053.

[3] G D Peng, P L Chu, Z Xiang, T W Whitbread, R P Chaplin. Dyed-doped step-index polymer optical fiber for broadband optical amplification [J]. J. Lightwave Technol., 1996, 14(10): 2215-2223.

[4] A Tagaya, Y Koike, E Nihei, S Teramoto, K Fujii, T Yamamoto, K Sasaki. Basic performance of an organic dye-doped polymer optical fiber amplifier[J]. Appl. Opt., 1995, 34(6): 988-992.

[5] D J Ripin, L Goldberg. High efficiency side-coupling of light into optical fibres using imbedded v-grooves[J]. Electron. Lett., 1995, 31(25): 2204-2205.

[6] L Goldberg, B Cole, E Snizer. V-groove side-pumped 1.5 μm fibre amplifier[J]. Electron. Lett., 1997, 33(25): 2127-2129.

Highly Birefringent Plastic Holey Fibers①

Bingxin Li[1] Mingyang Chen[1] Fei Wang[1] Hui Zhang[1]
Wenyan Xu[1] Rongjin Yu[1] Shichen Li[2]
(1. College of Information Science and Engineering, Yanshan University, Qinhuangdao 066004;
2. School of Precision and Optoelectronics Engineering, Tianjin University, Tianjin 300072)

Abstract: We report a plastic holey fiber that has a strongly anisotropic structure. The polarization property of this microstructured plastic fiber was investigated. The result shows it has a high birefringence.

Key words: Plastic holey fibers; Birefringence; Polarization beat length

1 Introduction

A new class of optical fibers, photonic crystal fibers (PCF), microstructured optical fiber or holey fibers has reported within the last ten years[1,2]. PCF guide light in a defect surrounded by a regular lattice of air holes. In most case, the guidance can be viewed as a result of total internal reflection form an effective low-index cladding, which is induced as the light samples the air holes. However, some PCF with large air fill fractions can guide light in an air defect by photonic bandgap confinement [3].

The PCF possess many unusual properties, including endlessly singular mode, highly tunable dispersion, nonlinearity, and so on. The two-dimensional natures of microstructure greatly widen the range of waveguide parameters attainable, compared with conventional fibers. Some monomode PCF with a highly birefringence have been reported[4]. The beat length is more than six times shorter than that of typical conventional high-birefringence fibers.

Almost PCF are made of silica, microstructure polymer optical fibers (MPOF) were reported last three years[5]. Compare with silica PCF, plastic microstructured optical fiber have many advantages. Firstly, fabrication is much easier due to the much more favorable balance between surface tension and viscosity at the draw temperature which reduces the change of holes collapsing. Secondly, many different macromolecule materials and fabrication methods can be used to make MPOF performs. In this paper, we report a high birefringment plastic holey fiber.

① Proceedings of the SPIE, 2004, 5279.

2 Design and Fabrication

In order to obtain high birefringence, the symmetry in the microstructured optical fibers must be broken. There are some ways can be use to introduce an asymmetry in the waveguide structure, e. g. by using arrangement of different hole sizes, by using elliptically shaped holes or by using the core consists of two neighboring rods.

In this paper, we arrange two kind of different hole size Polymethylmethacrylate (PMMA) capillaries as the cladding, one PMMA rod as the core. Around these capillaries a PMMA tube is added to increase the diameter. The preform had a pitch (center to center distance the holes) of $\Lambda = 2$ mm and a hole diameter $d_1 = 0.22$ mm for the small holes and $d_2 = 1.11$ mm for the large ones. For PMMA perform, the holes collapse is small. After drawing the perform to a fiber, the structure of performs will be perfect and the scale of the air hole will be maintained. The cross section of the cane is shown in Fig. 1. The fiber had a pitch of $\Lambda = 1.23$ μm, the value of d/Λ is the same as the perform. Using these dimensions, we analyze the effective index difference Δn of the two orthogonal fundamental modes based on the FDTD method.

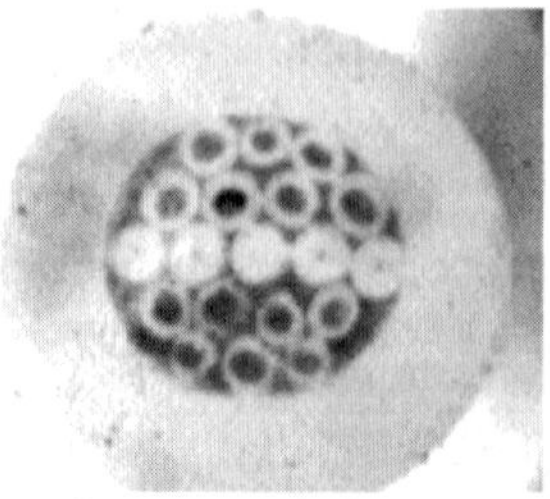

Fig. 1 Micrograph of the plastic microstructured cane

Fig. 2 shows the effective index difference $\Delta n = |n_x - n_y|$ varied with the wave length λ. At wavelength 650nm, the calculated beat length L_B was 0.61 mm and a model birefringence Δn was 1.0×10^{-3}. Theoretical calculation result shows the plastic fiber with the microstructure above is high birefringment.

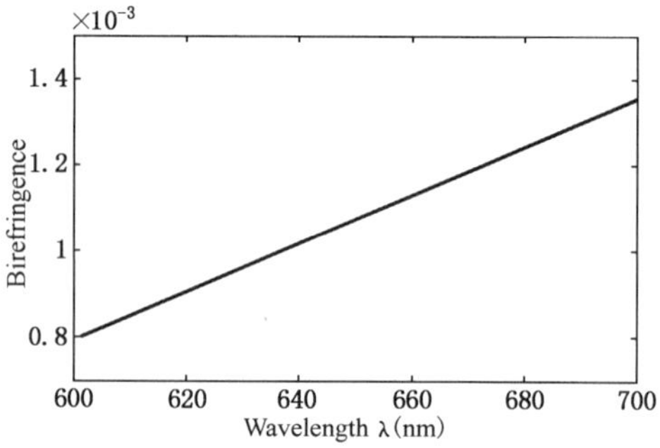

Fig. 2 Birefringence of a plastic holey fiber with $\Lambda = 1.23$

We fabricated the fiber using the capillary stacking technique. In the first stage, an array of PMMA capillaries and rods (external diameter 2 mm) was stacked. Anisotropy was introduced into the perform by positioning of capillaries with the same external diameter but different wall thickness, leading to different air hole sizes in the cladding and two fold rotational symmetry, then the array was inset a PMMA tube of 10 mm inner diameter. In the second stage, the 18 mm diameter preform is drawn to fiber on a plastic fiber draw tower. Fibers are drawn to an external diameter of 2 mm at a "hot-zone" draw temperature of ~160 ℃. In drawing a microstructure fiber, draw temperature is the most important parameter must be accurately controlled. A high draw temperature (leading to a lower viscosity) will result in surface tension effects dominating, leading to partial or complete collapse of the holes. A low temperature will conduce to the fiber breakage.

The microstructured cane of 2 mm diameter was jacketed with a PMMA sleeve of 18 mm outer diameter and 2 mm inner diameter, then the sleeved perform was drawn to a microstructured cane of an external diameter of 2 mm. Repeating the process above, the sleeved preform was drawn to a fiber of 1 mm diameter finally. So the core size of the fiber approached 1 μm.

3 Experiment

The polarization beat length L_B is a measure of the birefringence of a fiber and is defined as

$$L_B = \frac{2\pi}{\beta_x - \beta_y} = \frac{\lambda}{n_x - n_y}. \quad (1)$$

Where β_x and β_y are the propagation constants of the two modes, n_x and n_y are the refractive index that each mode sees, with shorter L_B corresponding to stronger birefringence.

The beat length of the plastic holey fiber was measured using the method reported in [4], The experiment setup is shown in Fig. 3. Light from a monochrometer (polarized at 45° to the principal axes of the fiber) is launched into the fiber with a fixed length L. A polarizer was placed at the output end (polarized at 90° to the transmission axis of the polarizer I), and the wavelength was scanned in small steps. The output light was detected by a photodiode with a Lock-in amplifier used to improve the SNR.

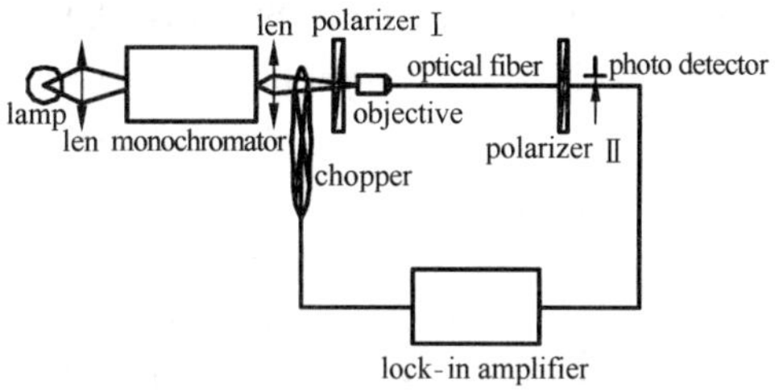

Fig. 3 Experiment setup for measuring the beat length of high birefrigent microstructured fiber

On our theoretical model, the output light intensity is a periodic function of wavelength, which varied in a little range. If we assume that $L_B \propto \lambda^k$, for the beat length given by

$$L_B \approx \frac{\Delta\lambda L k}{\lambda}. \quad (2)$$

Where L is the actual length of the fiber, and λ is the central wavelength of the scan, $\Delta\lambda$ is the beat period. We calculated $k = -2.52$ from 620 nm to 660 nm on theoretical modal.

A fiber of length $L = 12$ mm was measured, primary result shows the beat length is below 1 mm. It is to regretted that the result should be proved by further experimental data. We hope that further results will be reported on the conference.

4 Conclusions

We have described the design and fabrication of a plastic holey fiber with high birefringence. Theoretical model shows the polarization beat length is about 1 mm at wavelength 650 nm. The experimental result proved it.

References

[1] J C Knight, T A Birks, P St J Russell. Properties of photonic crystal fiber and the effective index model[J]. J. Opt. Soc. Am. A, 1998, 15: 748-752.

[2] T M Monro, W Belardi, K Furusawa, J C Baggett, N G R Broderick, D J Richardson. Sensing with microstructured optical fibres [J]. Meas. Sci. Technol., 2001, 12: 854-858.

[3] R P Cregan, B J Mangan, J C Knight, T A Birks, P St J Russell, P J Roberts, D C Allan. Single-mode photonic band gap guidance of light in air [J]. Science, 1999, 285: 1537-1529.

[4] A Ortigoas-Blanch, J C Knigt, W J Wadsworth, et al. High birefringent photonic crystal fibers [J]. Optics Letters, 2000, 25: 1325-1327.

[5] C J Large, M A van Eijkelenborg, A Argyros, J Zagari, S Manos, N A Issa, I M Bassett, S Fleming, R C McPhedran, C M de Sterke, N A P Nicorovici. Microstructured polymer optical fibres: progress and promise [C]//SPIE, 2002, 4616: 33.

Square-structured Photonic Bandgap Fibers

Mingyang Chen Rongjin Yu
(School of Information Science and Engineering,
Yanshan University, 066004 Qinhuangdao, PR China)

Abstract: The three basic configurations of two-dimensional photonic crystals are square, triangular, and honeycomb structures. In the past, triangular and honeycomb structures were used to construct photonic bandgap fibers. In this paper, the possibility of employing a square structure for constructing photonic bandgap fibers is investigated. It is found that square-structured photonic bandgap fibers can also be constructed if proper defects are introduced into the fibers. In particular, the bandgap property and field distribution of the proposed bandgap fibers are calculated with the plane-wave expansion approach and the compact two-dimensional finite-difference time-domain method, respectively. Numerical results demonstrate that square-structured photonic bandgap fibers with bandgaps comparable to those of honeycomb structures can be achieved, which, in turn, confirms the waveguidance ability (in air) of the proposed photonic bandgap fibers.

Key words: Photonic crystal fiber; Photonic bandgap; Plane-wave expansion method; Finite-difference time-domain method

1 Introduction

Photonic crystal is a kind of dielectric structures whose refractive index varies periodically in space, with a period of the order of an optical wave-length. By appropriately choosing the crystal structure, the dimensions of the periodic lattice, as well as the properties of the component materials, propagation of the electromagnetic waves in certain frequency bands (the photonic bandgaps) may be forbidden within this crystal. Among the two-dimensional photonic crystals, triangular lattices of air columns have been proven to support complete photonic bandgaps (PBGs) that cover both TE and TM polarizations; honeycomb lattice photonic crystals also have complete bandgaps and they are much easier to fabricate due to the appearance of PBG effects at small air hole sizes[1]. Regarding the square lattice photonic crystals, however, research[2] shows that the square lattice of circular air holes has small complete PBGs compared to those of triangular and honeycomb lattices.

Recently, photonic crystal fibers (PCFs) have become more attractive due to their special features such as large and

① Optics Communications, 2004, 235(1-3): 63-67.

adjustable dispersion and nonlinearity[3-5] and single-mode operation over a wide range of wavelengths[6]. The fibers are typically composed of silica and air; and the structures are very similar to 2D photonic crystals except the propagation direction is perpendicular to the periodic plane. By omitting one or several capillaries, it is possible to propagate light at hollow core in this kind of fibers. PCFs with out-of-plane photonic bandgaps have opened up a new propagating mechanism in fibers: waveguidance by the photonic bandgap effect in optical fibers, that is, by making a defect (i. e., breaking the periodicity) in this kind of PCFs, light will be guided in the defect if the mode falls inside the bandgap. In particular, if the photonic bandgap overlaps the special case of $k\Lambda = \beta\Lambda$ (where k is the wave vector in air, β is the propagation constant, and Λ is the center-to-center distance of the two nearest air holes), then more interesting phenomenon of guiding light in air will occur. In fact, the above case corresponds to the propagation of plane waves in a homogeneous medium with a refractive index equal to 1, which is a basic requirement for air-guiding PBG fibers.

So far, it has been reported that, even when the air-filling fraction is very small, honeycomb-structured PCFs can have large bandgaps. However, research carried out in[7] indicates that light can not be guided within a hollow core, which implies that they do not have bandgaps for values of β/k less than unity. In addition, it was verified theoretically[8] and experimentally[5] that the bandgaps of the triangular-structured PCFs can support PBG-guiding in air, but their bandgaps are narrower than those of the honeycomb band-gap fibers.

On the other hand, although the feasibility of using square-structured photonic crystal fibers was studied in [9] and [10], the coefficients used in the computations did not give rise to bandgaps. Even though the PBGs in square lattice 2D photonic crystals are small, the constructions of those PBGs in honeycomb- and triangular-structured PCFs with low refraction index contrast (air/silica) make us to believe that PCFs arranged in a square lattice may also have different band structure properties from the corresponding structure in 2D photonic crystals.

In this paper, by selecting proper parameters, a new type of square-constructed PCFs is proposed. In particular, the bandgap properties of the proposed PCFs are calculated with the plane-wave expansion method[11,12], whereas the field profile of the PCFs (with the defect) is obtained by the compact 2D finite-difference time-domain (FDTD) method[13]. Numerical results theoretically prove the existence of bandgaps in square-structured PCFs as well as the air-guiding properties of PCFs with a square lattice.

2 Results

The basic square structure is illustrated in Fig. 1, where d is the diameter of an air hole. First we calculate gaps with $d/\Lambda=0.80$, where Λ is used for the normalization of frequencies and the propagation constant β. In addition, we assume that the background refractive index of the square lattice of air holes is $n=1.45$, which corresponds to the refractive index of silica.

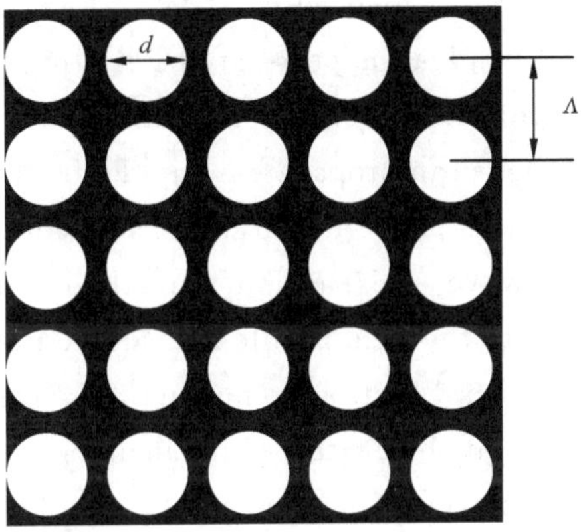

Fig. 1 A square lattice structure, d is the diameter of an air hole, Λ is the center-to-center distance of the nearest air holes.

Fig. 2 illustrates the variation of the primary bandgap as a function of the normalized propagation constant. Note that the higher order PBGs are omitted here as they are founded to be very small. Basically, the width of the PBG increases with increasing air-filling fraction, and PBGs shift downward. PBGs appear if the air-filling fraction is sufficiently large (approximately greater than 20%) and the propagation constant is large enough.

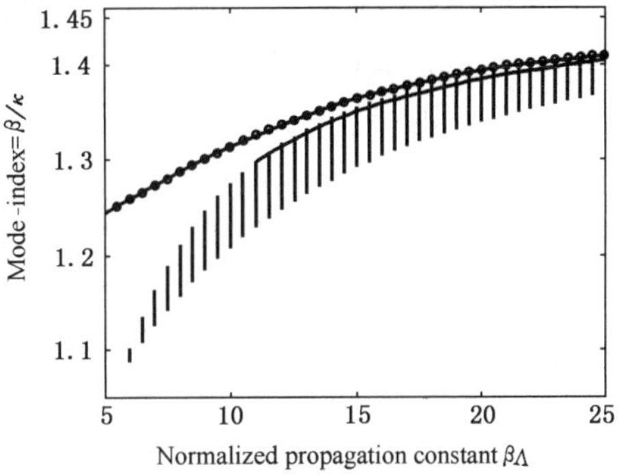

Fig. 2 Variation of the photonic bandgaps with the normalized propagation constant in square-structured PCFs consisting of air rods in a silica background (refractive index $n=1.45$) with $d/\Lambda=0.80$. Solid line is the gap range at fixed $\beta\Lambda$; dotted line is the core mode; open circles indicate the effective index of FSM.

Next, we introduce a defect into the otherwise periodic structure by increasing the diameter of one air hole to 0.96Λ. Fig. 3 depicts the field profile of a defect mode with $\beta\Lambda=20$. The defect mode is very similar to the mode (supported by the large spot between the air holes) of a multi-core fiber. In addition, it can also be seen from Fig. 3 that the field profile is highly confined to the inner ring and most of the light is localized in the high-index region. Therefore, the defect in the squarestructured photonic bandgap fibers has advantages over that in the triangular-and honeycomb-structured PBG fibers, that is, the size of bandgaps of the triangular-structured PBG fibers is generally much smaller than that of the honeycomb-structured

PBG fibers, and although honeycomb structures support guided modes while an air hole is added to the otherwise solid rod[4], they are different from the square-structured PCFs in the following aspects: only the inner ring is a tight ring, and the outer rings are composed of capillaries and rods. The result is that for the honeycomb structures more rings would be needed to confine light in the core.

Fig. 3 *X* component of electric field distribution of the guided mode in the square-structured PBG fiber falls in the first bandgap, with $d/\Lambda=0.80$ and center hole diameter 0.96Λ at $\beta\Lambda=20$. Background circles are air holes.

The solid line with circles in Fig. 2 denotes the effective index of the fundamental space-filling mode (FSM)[6]. The FSM can be considered as the radiation mode with its highest effective index n_{FSM} for a given wavelength. Since the mode index curve of the FSM (effective cladding mode) lies above that of the core mode (dotted line), light guided through total internal reflection is impossible. This proves that the bound core mode is actually guided by the PBG effect.

Perhaps a more exciting phenomenon is the air-guidance of light in the square-structured PBG fibers. Although there is no PBG under the air line when $d/\Lambda=0.80$, our calculation reveals that the PBGs move to smaller β/k values while the value of d/Λ increases. Fig. 4 shows the bandgap of the square-structured PBG fiber with $d/\Lambda=0.96$. A small bandgap appears at the left of the air line, which indicates that in this structure light can propagate in air. To further verify this phenomenon, we first used the plane-wave expansion method to calculate the field profile in a square PBG fiber with defects by removing 3×3 capil-laries at the center. Our calculation reveals that even if a super-cell with 13×13 capillaries is used, no fully confined field profile can be achieved. This just proves the poor confining properties of the square lattice cladding. Because it is difficult to simulate large super-cell with the plane-wave expansion approach, the compact 2D-FDTD method is employed here. Fig. 5 plots the E_x field profile of the air-guided mode (i. e., the fundamental mode) in the square-structured PBG fibers (with the defects) obtained by the compact 2D-FDTD method.

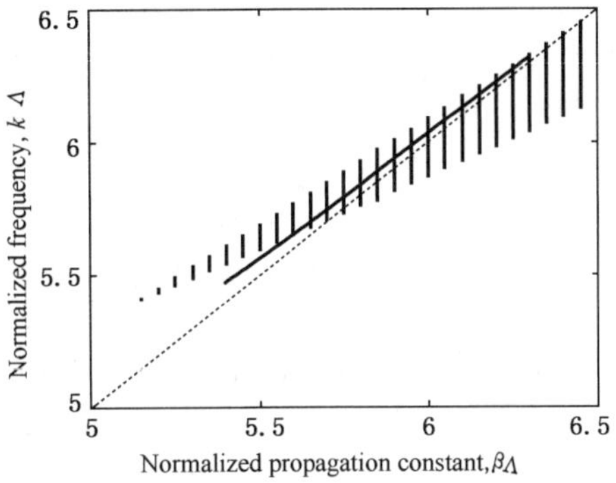

Fig. 4　Variation of the photonic bandgaps with the normalized propagation constant in square-structured PCFs consisting of air rods in a silica background (refractive index $n=1.45$) with $d/\Lambda=0.96$. Solid line is the gap range at fixed $\beta\Lambda$; dotted line is the fundamental mode, dash-dot line is the air line.

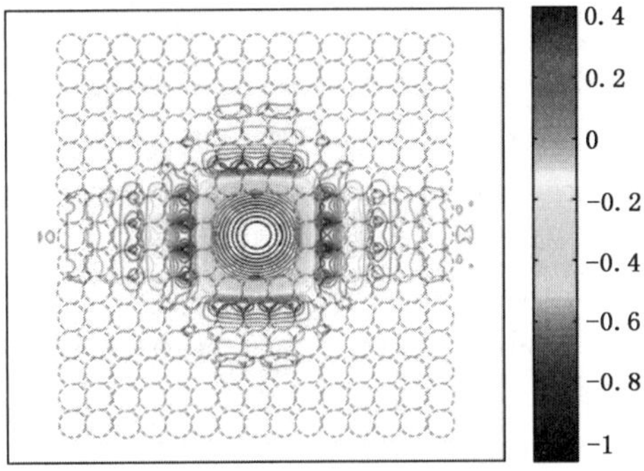

Fig. 5　*X* component electric field distributions of fundamental mode in the air-guiding square-structured PBG fiber. Background circles are air holes.

From Fig. 5, one can see that the light is highly localized in the center of the defect, and the light in the outer cladding is mainly at the cross section. This phenomenon is different from the field profile of the triangular-structured PBG fibers that display a hexagonal symmetry profile and we contribute the phenomenon to the symmetry properties of square structure. Further calculations indicate that more rings (typically 6～8 rings) would be needed if one wants to fully confine light in the defect.

3　Conclusion

In this paper, it is found that although only small PBGs appear in 2D square-structured circular air hole photonic crystals, large complete bandgaps in square-structured photonic crystal fibers can be achieved under the right combination of air-filling fraction and propagation constant. Such new structures can form the basis for fabricating photonic bandgap fibers, which can be applied to the areas that utilize the fiber's PBG effects such as the fabrication of polarization-maintaining optical components. The results of this paper also show the difference in PBGs between 2D photonic crystals and PCFs. Numerical investigations carried out in this paper indicate that when the air-filling fraction is sufficiently large (≥64%), PBG for air-guidance appears. In particular, the maximum air-filling fraction for the honeycomb-, square-, and triangular-structured PCFs is 60.46%, 78.54% and 90.69%, respectively. Therefore, we may conclude that the fraction of high index spots between the low index (air) columns in a PCF structure has some influences on the appearance of the air-guidance PBG in such fibers. Furthermore, in order to achieve even better design and fabrication, further investigations on finding PBG rules in PCFs are certainly needed. In addition, critical criteria for the appearance of photonic bandgap and air-guided bandgap in PCFs also need to be explored.

Acknowledgements

The authors are grateful to Anping Zhao for help in revising this paper. This work is supported by the National Natural Science Foundation of China under Grant No. 69977016.

References

[1] J D Joannopoulos, S G Johnson, J N Winn, et al. Photonic Crystals: Molding the Flow of Light[M]. New Jersey: Princeton University Press Princeton, 1995: 121.

[2] C M Anderson, K P Giapis. Larger Two-Dimensional Photonic Band Gaps[J]. Physical Review Letters, 1996, 77(14): 2949.

[3] D Mogilevtsev, T A Birks, PSJ Russell[J]. Group-velocity dispersion in photonic crystal fibres [J]. Optics Letters, 1998, 23 (21): 1662.

[4] J C Knight, J Broeng, T A Birks, et al. Photonic Band Gap Guidance in Optical Fibers [J]. Science, 1998, 282(5393): 1476.

[5] R F Cregan, B J Mangan, J C Knight, et al. Single-Mode Photonic Band Gap Guidance of Light in Air [J]. Science, 1999, 285 (5433): 1537.

[6] T A Birks, J C Knight, P S J Russell. Endlessly single-mode photonic crystal fiber[J]. Optics Letters, 1997, 22(13): 961.

[7] T A Birks, J C Knight, B J Mangan, et al. Seeing things in a hole new light: photonic crystal fibers[C]//SPIE, 2001, 4532: 206.

[8] J Broeng, S E Barkou, T Sondergaard, et al. Analysis of air-guiding photonic bandgap fibers [J]. Optics Letters, 2000, 25(2): 96.

[9] H Yu, D Yang. Finite difference analysis of 2-D photonic crystals[J]. IEEE Transactions on Microwave Theory Techniques, 1996, 44 (12): 2688.

[10] M Qiu, S He. FDTD algorithm for computing the off-plane band structure in a two-dimensional photonic crystal with dielectric or metallic inclusions[J]. Physics Letters A, 2001, 278 (6): 348.

[11] R D Meade, A M Rappe, K D Brommer, et al. Accurate theoretical analysis of photonic bandgap materials. [J]. Physical Review B Condensed Matter, 1993, 48(11): 8434.

[12] Steven G. Johnson, J. D. Joannopoulos. Block-iterative frequency-domain methods for Maxwell's equations in a planewave basis[J]. Opt. Express, 2001, 8(3): 173.

[13] S Xiao, R Vahldieck, H Jin. Full-Wave Analysis Full-Wave Analysis of Guided Wave Structures Using a Novel 2-D FDTD[J]. IEEE Microwave Guided Wave Lett, 1992, 2(5): 165.

Polarization Properties of Rectangular Lattice Photonic Crystal Fibers①

Mingyang Chen Rongjin Yu Anping Zhao
(School of Information Science and Engineering, Yanshan University, Qinhuangdao 066004, PR China)

Abstract: Polarization properties of rectangular lattice photonic crystal fibers are investigated. The birefringence of the fibers is found to be due to the birefringence of the cladding, which is analyzed by the plane wave expansion method applied to that of a single unit cell. Increased birefringence can be achieved by the reduction of the width and length ratio of rectangular lattice in the fibers. Birefringence in the fibers with a missing air-hole as a defect core is calculated by the compact two-dimensional finite-difierence time-domain method. Based on the analysis of anisotropic properties of the cladding lattices, optimization of fiber core by inserting a center hole is also presented. The achievement of high birefringence and broad single-mode region in the fibers is demonstrated numerically.

Key words: Birefringence; Photonic crystal fiber; Polarization

1 Introduction

In recent years, there has been a significant interest in photonic crystal fibers (PCFs). PCFs are commonly characterized by a series of air-holes that run throughout the length of the fiber. Prior to drawing, the structure is formed by stacking a number of tubes that are generally arranged to form triangular lattices, whereby a preform is fabricated that may be drawn into fiber using conventional drawing techniques[1]. The stacking procedure allows fabrication of close-packed air-hole cladding structures, and the fiber core may be readily realized by replacing a number of tubes with solid rods (index-guiding PCFs)[1,2] or by including a larger air-hole in the center of the preform (photonic bandgap fibers)[3].

It has been confirmed[4] that a perfect hexagonal PCF with circular symmetric air-holes in the cladding does not have birefringence, and the fundamental mode of the fiber consists of two degenerate modes. PCFs can potentially be made highly birefringent: the large index contrast facilitates high birefringence, and the fabricating techniques permit the versatile arrangement of air-holes. Relatively weak birefringence as a result of accidental departures from the theoretical structures has already been reported. The first fabricated example

① Optics Communications, 2004, 241(4-6): 365-370.

of highly birefringent PCFs is created by introducing twofold rotational symmetries into a single-mode fiber structure with a regular array of air-holes (with two difierent sizes) disposed about a pure-silica core[5]. Other methods include the fabrication of PCFs with cladding of a regular triangular lattice air-holes and core formed by omitting of two adjacent air-holes[6] or surrounded by two enlarged cladding holes at a reduced distance[7], or by enlarging two of the central air-holes[8]. The principle of the above methods is to produce birefringence, which is real-ized by breaking the 60° symmetry of the triangular lattice PCFs. Comparing with those of the conventional polarization maintaining fibers (PMFs) such as PANDA[9] and bow-tie fibers[10], for which modal birefringence is about 5×10^{-4}, the introduced birefringence in PCFs is one order of magnitude larger than that of conventional PMFs.

Birefringence in the PCFs mentioned above is a local effect due to isolated variations in the lattice. More potential would be possible for structures with a global effectone class of such fibers is elliptical-hole PCFs[11-15], in which circular air-holes located at triangular lattices are replaced by elliptical holes. Such structures lead to novel behavior of birefringence, group-velocity walk-off, and dispersion parameters, including the possibility of zero walk-off with high birefringence in the single-mode regime. These effects are closely tied to the underlying radiation modes of the pure hexagonal structure. Fabrication issue has already been reported in [15], however, due to the diffculty in obtaining large ellipticity, the obtained birefringence is in the order of 10^{-5}, far from the largest birefringence possible in such fibers, which can be in the order of 10^{-2}.

Very recently, we have reported the first analysis of rectangular lattice PCFs, and the fabrication technique of the fibers by the stack-and-draw procedure has also been proposed[16]. In this paper, we analyze the polarization properties of rectangular lattice PCFs (RLPCFs). In addition, we study the origin and potential of polarization as well as the optimization of the fiber core to achieve large birefringence at high frequencies.

2 Birefringence of the cladding

The general form of the RLPCFs is illustrated in Fig. 1. The fibers are characterized by the air-hole radius r, the length of the lattice Λ, and the width of the lattice b; and the ratio of the length and width of the lattice is defined as $\eta=b/\Lambda$. We only study the case of $\eta<1$; since the $\eta>1$ case can be done by exchanging x- and y-axis, i. e., by rotating the structure with 90°. Numerical results are expressed in terms of the normalized frequency $v=\omega\Lambda/(2\pi c)=\Lambda/\lambda$. In addition, the refractive index of the background silica is set as $n=1.45$.

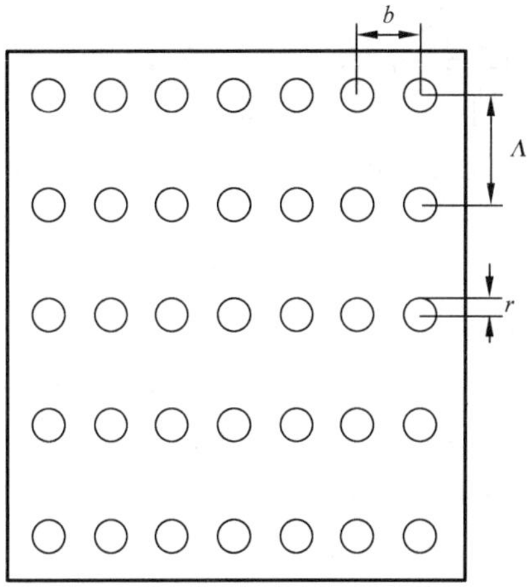

Fig. 1 A sample cross-section of rectangular lattice photonic crystal fiber.

We apply the concept of the fundamental spacefilling mode (FSM) to analyze the origin of anisotropic properties of rectangular lattice PCFs. The concept was first introduced by Birks et al. [2] to analyze hexagonal symmetric PCFs. FSM is the fundamental mode of an infinite photonic crystal cladding when the core is absent. The propagation constant β_{FSM} of the FSM is maximum β allowed in the cladding and the effective cladding index n_{clad} is then identified with the cladding index $n_{clad}=\beta_{FSM}/k$, where k is the wave vector[2]. In the past, people applied the concept of the FSM to analyze the single mode conditions for PCFs since its (wavelength-dependent) effective index plays the role of the cladding index n_{clad} for the PCF and the bound mode lying below the FSM is a leaky mode. For the rectangular lattice PCFs, the spectrum of the FSM can be easily found using the plane-wave expansion method[17,18] applied to a single unit cell. Fig. 2 shows the effective index of the FSM as a function of normalized frequency for RLPCFs with $r/\Lambda=0.20$ and $\eta=0.60$, 0.70, 0.90, 1. Discrepancy of the two polarized states is the strongest for the lowest η, as expected. The effective index of the polarized FSM states deter-mines the lowest effective index of the corresponding bound core mode. At long wavelength, the bound core mode will eventually approach the corresponding FSM. This means that the largest possible birefringence for such a PCF at long wavelength would be the largest birefringence of the FSM $\Delta n_{FSM}=n_{FSMx}-n_{FSMy}$. The birefrin-gence of the FSM reduces monotonously with the increment of frequency, which is in accordance with the statement[12] that at short wavelengths where vector terms in the wave equation become negligible and the accuracy of the scalar approximation improves. In addition, the two polarized states meet if $\eta=1$.

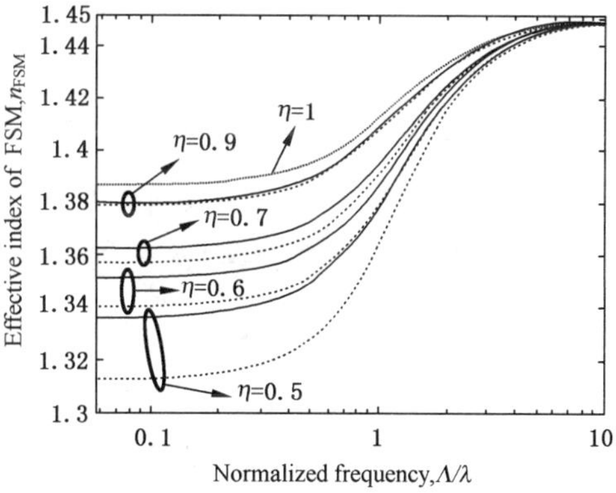

Fig. 2 Effective index of the FSM as a function of normalized frequency for: $r/\Lambda=0.20$, and $\eta=0.5$, 0.60, 0.7, 0.9 and 1.0. Solid lines indecate the effective indices of the x-polarized FSM states and dashed lines indicate those of y-polarized states, while the dotted line corresponding to $\eta=1$.

It should be noted that the maximum air-hole radius size depends strongly on η. Although smaller hole sizes in RLPCFs will also result in smaller η, the reduced air-filing fraction limits the increment of birefringence of the FSM.

3 Birefringence

Having analyzed the birefringence states in the cladding, we turn to the direct calculations of birefringence in RLPCFs. The mode index is diffcult to be analyzed by the plane-wave expansion method due to the large super-cell needed at long wavelength, so we use the two-dimensional compact finite-difference time-domain (FDTD) method[19,20]. To illustrate typical modal fields, we show in Fig. 3 the major components for the two fundamental modes of a fiber with $r/\Lambda=0.20$, and $\eta=0.50$ at frequency $\Lambda/\lambda=1.6$. The effective indices of the y-polarized mode (Fig. 3(a)) and x-polarized mode (Fig. 3(b)) are $n_{\text{eff}}^{x}=1.4137$ and $n_{\text{eff}}^{y}=1.4122$, respectively, which leads to a birefringence of $\Delta n_{\text{eff}}=n_{\text{eff}}^{x}-n_{\text{eff}}^{y}=0.0015$. Both modes exhibit the twofold symmetry of the cladding region. The profile of the field is plotted in Fig. 3. It can be seen from Fig. 3 that the profile of the y-polarized mode displays a more rectangular like shape; whereas the profile of the x-polarized mode extends further into the surrounding area. Reduction of frequency leads to more field extension to cladding, while increment of frequency results in the stronger confinement of core mode.

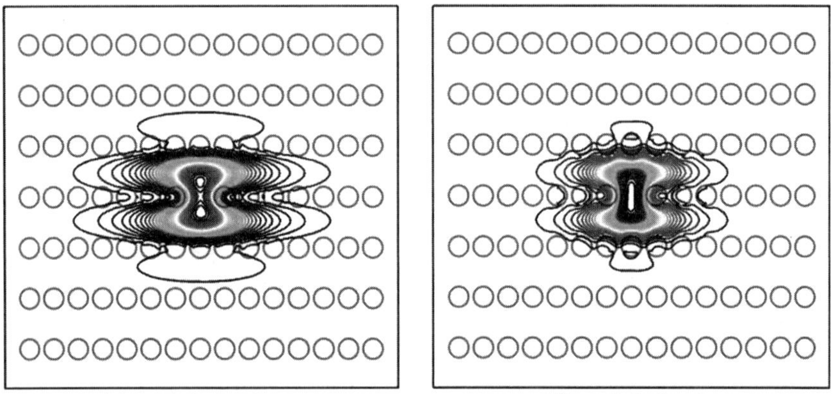

(a) x-polarized mode (b) y-polarized mode

Fig. 3 Field profile of a RLPCF

Fig. 4 depicts the birefringence of RLPCFs with $\Lambda/\lambda=0.20$ and $\eta=0.5$, 0.6, 0.7. As can be seen from this figure, smaller η results in high birefringence. We assign this phenomenon to the increased birefringence of FSM and also the reduction of core area. The reduced splitting of the two polarized modes for higher η can be clearly seen from Fig. 4. In addition, it can also be seen from Fig. 4 that the birefringence of RLPCFs is always smaller than that of FSM, which implies that it is possible to optimize the fibers to achieve higher birefringence.

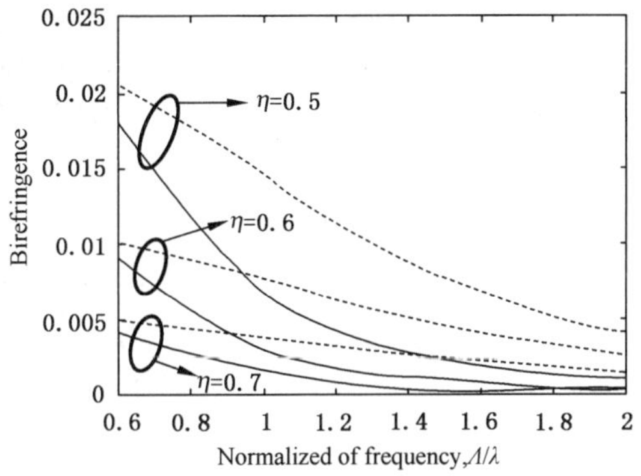

Fig. 4 Birefringence of RLPCFs with $r/\Lambda=0.20$ and $\eta=0.5, 0.6, 0.7$ (solid lines). The dashed lines indicate birefringence of FSM.

4 Optimization of fiber core

Now we consider the optimization of the defect core. As demonstrated in Fig. 4, the slope of curves gets smaller when frequency increases. In general, birefringence at high frequency regime is desired since PCFs are easier to be fabricated with large sizes and at the same time larger core area can be obtained. As shown in Fig. 4, the birefringence of solid core is always smaller than that of FSM, hence it is possible to increase birefringence by reducing the effective index of the bound core mode. A direct method is to insert a small air-hole into the center of the otherwise solid core. Fig. 5 shows the calculated birefringence of rectangular lattice PCFs with $\eta=0.50$, $r/\Lambda=0.20$, and the center air-hole radius $r_c/\Lambda=0.05, 0.10$, and 0.15. From Fig. 5 one can see that the enlargement of center hole leads to a significant increment of birefringence. In particular, the increment at high frequency regime is very large, even when only a small air-hole is introduced. While larger air-hole leads to higher birefringence, the increasing extension of field to the cladding indicates that the center hole should not be too large. Field profiles of the structures, which are similar to Fig. 3 but with center air-hole radius $r_c/\Lambda=0.05$ included, are plotted in Fig. 6. Comparing Fig. 3 with Fig. 6, one can see that the field profiles of Fig. 6 are also similar to those of Fig. 3, but the fields extend far from the core.

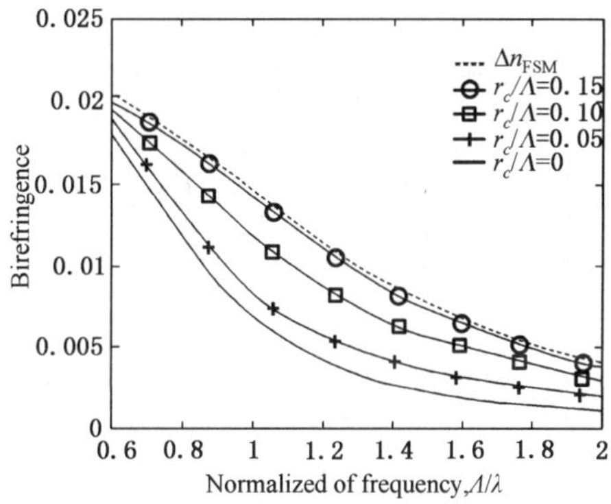

Fig. 5 Birefringence of RLPCFs with $\eta=0.5$, $r/\Lambda=0.20$ $r_c/\Lambda=0, 0.05, 0.10$, and 0.15. The dashed lines indicate the birefringence of FSM.

5 Single mode regime

In the conventional step index fibers, mode numbers are determined by

$$V=\frac{2\pi a}{\lambda}(n_{co}^2-n_{clad}^2)^{1/2},$$

where a is the radius of fiber core, and n_{co} and n_{clad} are the effective index of core and cladding, respectively. In PCFs, similar results also exist[2], in which n_{clad} is replaced by n_{FSM}. As ratio η reduces from 1, the air-filling fraction of RLPCFs increases, hence n_{FSM} at a fixed wavelength decreases, which will lead to the increment of V. However, the reduction of η will also result in the reduction of core area. Although the core shape is not circular, we can look a as square root of fiber core area. Therefore, the reduction of η will lead to approximately the same amount of reduction in core area and the square root times reduction of equivalent a. Hence, although the single mode region for a small η is less wide than that of a large η, the region would not be reduced too much. For example: for a RLPCF with $\eta=0.50$, $r/\Lambda=0.20$, the cladding air-filling fraction of which is as large as 25.1%, the cut-off frequency of the second-order mode can still be as large as $\Lambda/\lambda=1.9$.

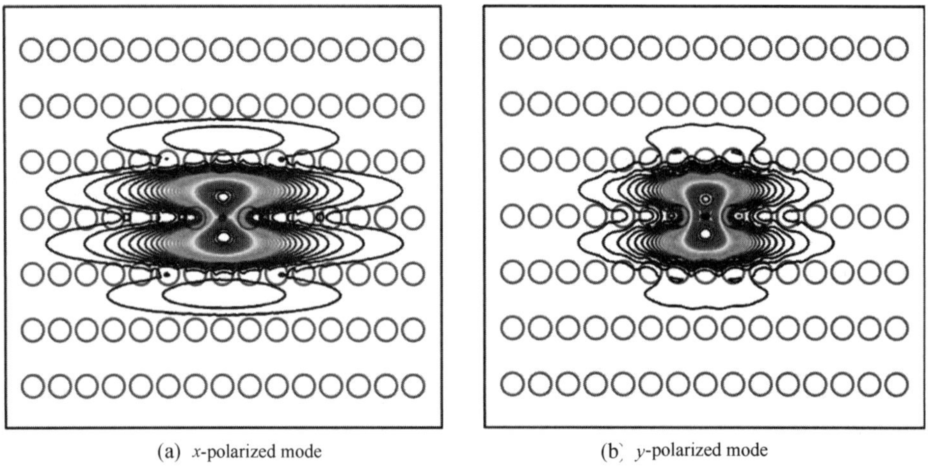

Fig. 6　Field profile of a RLPCF with center hole

The introduction of center air-hole also makes the fibers to have a more extensive region of single mode, because the difference in the effective index of core and cladding becomes smaller. Take the above discussed PCF as an example, even if a center air-hole with $r_c/\Lambda=0.05$ is introduced, then the cut-off frequency will be increased to 2.1. As birefringence effect becomes weak at higher frequencies, the single-mode region should be suffcient for the design of high birefringent PCFs.

6　Conclusion

In conclusion, the polarization properties of rectangular lattice PCFs are investigated and the fiber core is optimized to achieve large birefringence. The available high birefringence at relative high frequency regime in the fibers and also the sufficiently broad single-mode region would make the fabrication of highly birefringent PCFs with novel properties possible.

Acknowledgement

This work is supported by the National Natural Science Foundation of China under Grant No. 60277007.

References

[1] J C Knight, T A Birks, P S Russell, et al. All-silica single-mode optical fiber with photonic crystal cladding[J]. Optics Letters, 1996, 21 (19): 1547.

[2] T A Birks, J C Knight, P S J Russell. Endlessly single-mode photonic crystal fiber[J]. Optics Letters, 1997, 22(13): 961.

[3] R F Cregan, B J Mangan, J C Knight, et al. Single-Mode Photonic Band Gap Guidance of Light in Air [J]. Science, 1999, 285 (5433): 1537.

[4] M J Steel, T P White, C M D Sterke, et al. Symmetry and degeneracy in microstructured optical fibers [J]. Optics Letters, 2001, 26 (26): 488.

[5] A Ortigosablanch, J C Knight, W J Wadsworth, et al. Highly birefringent photonic crystal fibers [J]. Optics Letters, 2000, 25 (18): 1325.

[6] T P Hansen, J Broeng, S E B Libori, et al. Highly Birefringent Index Guiding Photonic Crystal Fibers[J]. IEEE Photonics Technology Letters, 2001, 13(6): 588.

[7] S Libori, J Broeng, E Knudsen, et al. High-birefringent photonic crystal fiber[C]//Optical Fiber Communication Conference and International Conference on Quantum Information. 2001 OSA Technical Digest Series. 2001: TuM2.

[8] K Suzuki, H Kubota, S Kawanishi, et al. Optical properties of a low-loss polarization-maintaining photonic crystal fiber[J]. Optics Express, 2001, 9(13): 676.

[9] T Hosaka, K Okamoto, T Miya, et al. Low-loss single polarisation fibres with asymmetrical strain birefringence[J]. Electronics Letters, 1981, 17(15): 530.

[10] R D Birch, D N Payne, M P Varnham. Fabrication of polarisation-maintaining fibres using gas-phase etching[J]. Electronics Letters, 1982, 18(24): 1036.

[11] M J Steel, R M Osgood Jr. Elliptical-hole photonic crystal fibers[J]. Optics Letters, 2001, 26(4): 229.

[12] M J Steel, R M Osgood Jr. Polarization and dispersive properties of elliptical-hole photonic crystal fibers[J]. Journal of Lightwave Technology, 2001, 19(4): 495-503.

[13] D Mogilevtsev, J Broeng, S E Barkou, et al. Design of polarization-preserving photonic crystal fibres with elliptical pores[J]. Journal of Optics A Pure & Applied Optics, 2001, 3(6): S141.

[14] W Zhi, R Guobin, L Shuqin, et al. Dependence of mode characteristics on the central defect in elliptical hole photonic crystal fibers [J]. Optics Express, 2003, 11 (17): 1966.

[15] M Large, A Argyros, G Barton, et al. Microstructured optical fibres: Why use polymers? [C]//Proceedings of the European Conference on Optical Communication, SEPTEMBER 21-25, 2003, Rimini, Italy. 2003, 1: 1014.

[16] M Y Chen, R J Yu, A P Zhao. J. OPT. A: Pure Appl. Opt. (submitted)

[17] R D Meade, A M Rappe, K D Brommer, et al. Accurate theoretical analysis of photonic band-gap materials[J]. Physical Review B Condensed Matter, 1993, 48(11): 8434.

[18] S G Johnson, J D Joannopoulos. Block-iterative frequency-domain methods for Maxwell's equations in a planewave basis[J]. Optics Letters, 2001, 8(3): 173.

[19] S Xiao, R Vahldieck, H Jin. Full-wave analysis of guided wave structures using a novel 2-D FDTD[J]. IEEE Microwave & Guided Wave Letters, 1992, 2(5): 165.

[20] Min Qiu. Analysis of guided modes in photonic crystal fibers using the finite-difference time-domain method[J]. Microwave & Optical Technology Letters, 2001, 30 (5): 328.

Coupling Characteristics of Dual-Core Rectangular Lattice Photonic Crystal Fibres①

Mingyang Chen Rongjin Yu
(School of Information Science and Engineering, Yanshan University, 066004 Qinhuangdao, People's Republic of China)

Abstract: We analyse the coupling characteristics of polarized lights in highly birefringent dual-core rectangular-lattice photonic crystal fibres (PCFs) by the plane-wave expansion method. The design of polarization independent coupling devices based on the PCFs is investigated. We also propose a new kind of polarization splitter based on the proposed PCFs, the length of which can be optimized by appropriately selecting the radii of the defect centre air holes. The coupling properties of the proposed PCF polarization splitter are verified by the full vectorial beam propagation method.

Key words: Photonic crystal fibre; Coupler; Polarization splitter

1 Introduction

Conventional dual-core optical fibres are fabricated by applying chemical vapour deposition to make two preforms, which are subsequently sliced in half (slightly off centre), polished and fused to form a single preform with two cores [1]. In contrast to the complex fabricating technique for conventional dual-core optical fibres, dual-core photonic crystal fibre (PCF) can be easily realized by introducing two adjacent defects in the PCF. PCFs are commonly characterized by a series of air holes that run throughout the length of the fibre. Prior to drawing, the structure is formed by stacking a number of tubes that are generally arranged to form triangular lattices, whereby a preform is fabricated that may be drawn into fibre using conventional drawing techniques[2,3]. Several groups have reported their studies on dual-core triangular lattice PCFs. Fogli et al [4] analysed the coupling length of dual-core triangular lattice PCFs with the full vectorial beam propagation method and proved that the coupling length is polarization dependent. Mangan et al[5] performed an experiment study of dual-core PCFs. Directional coupling in a dual-core PCF was realized by Kakarantzas et al [6] by using heat treatment. Very recently, coupling characteristics of dual-core PCF couplers were evaluated by using a vector finite element method and showed that it is pos-

① Journal of Optics A: Pure and Applied Optics, 2004, 6(8): 805-808.

sible to realize significantly shorter multiplexer-demultiplexer (MUX-DEMUX) PCFs, compared to conventional optical fibre couplers [7].

A polarization splitter based on dual-core PCFs was proposed with each core exhibiting high birefringence to give rise to an adequate difference in the coupling lengths for the two orthogonal polarizations [8]. High birefringence is realized by adjusting the size of the air holes around the two core regions, which gives rise to an enlarged difference in the coupling lengths for the two polarized modes. However, the three large air holes in the cladding adjacent the cores, especially the large air hole in the middle of the two cores, decreased inevitably the splitting ratio of light at the output ports.

Recently, we reported the analysis and the fabricating technique of rectangular lattice photonic crystal fibres (RLPCFs) [9,10]. RLPCFs are proved to exhibit high birefringence, which is due to the asymmetry of the lattice of the PCFs (the two lattice constants have different values). The fibres are in contrast to elliptical-hole PCFs [11,12], the birefringence of which is due to the elliptical shape of the holes. Based on the highly birefringent PCFs, we expect to fabricate dual-core PCFs with better properties. In this paper, coupling characteristics of dual-core rectangular lattice photonic crystal fibre couplers are evaluated by using a full vectorial planewave expansion method [13,14] and a full vectorial beam propagation method [15]. Designs of polarization sensitive polarization splitter and polarization independent direction coupler based on rectangular lattice PCFs are also investigated.

2 Theory and numerical results

We consider dual-core RLPCFs as shown in Figure 1. The fibres are characterized by the air hole radius r, the length of the lattice Λ, and the width of the lattice b; and the length and width ratio of the lattice is defined as $\eta=b/\Lambda$. Numerical results are expressed in terms of the normalized frequency $v=\omega\Lambda/(2\pi c)=\Lambda/\lambda$. In addition, the refractive index of the background silica is set as $n=1.45$. The separation between the centres of two cores, A and B, shown in Figure 1(a) is 2Λ and we call this PCF type 1. On the other hand, the separation between the centres of A and B shown in Figure 3(b) is $2\eta\Lambda$ and we call this PCF type 2. For the calculated coupling length, the operating wavelength is set as $\lambda=1.55$ μm. The total computational domain size is $11\Lambda\times11\Lambda$.

In this paper, we utilize the plane-wave expansion method to solve the modes of the structures. Since in this method the input variable is the propagation constant β rather than the frequency, we use an interpolation routine to obtain the coupling length and other quantities as a function of frequency. The coupling length L is obtained by using the propagation constants of even mode β_e

and odd mode β_o as [7]

$$L=\frac{\pi}{\beta_e-\beta_o}. \tag{1}$$

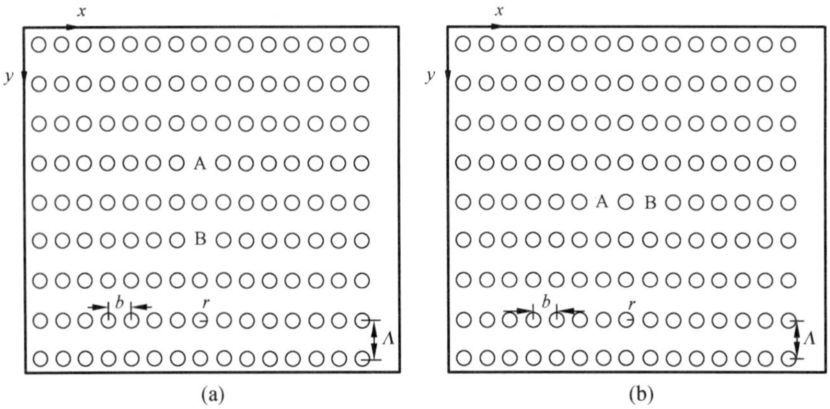

Figure 1　Cross-section of a dual core rectangular lattice PCF of (a) type 1 and (b) type 2.

When used as coupling devices, the polarization independent coupling length in the PCFs is desired, while for the polarization splitter devices the coupling length of the polarized modes should be polarization dependent. Consider a dual-core optical fibre with $L_x > L_y$, then the length of the device should be $L = mL_x$ (m is a positive integer), and the equation $mL_x : (m+n)L_y = 1$ should be satisfied when it is used either as a coupling device or a polarization splitter. For a coupling device, the parity of m and n should be the same (that is m and n should be both odd numbers or even numbers); while for a polarization splitter, the parity should be different.

Figure 2(a) shows the normalized frequency dependence of coupling length L for the PCF couplers of type 1 shown in Figure 1(a), where $\eta = 0.6$, $r/\Lambda = 0.15, 0.20, 0.225$ and 0.25, and the solid and dashed curves denote the coupling lengths for the x-polarized and the y-polarized modes, respectively. To illustrate the difference in L_x and L_y, Figure 2(b) shows the corresponding percent of $\alpha = (L_x - L_y)/L_y$. (This parameter is chosen so that combining with the equation $mL_x : (m+n)L_y = 1$, we reach $\alpha = \frac{n}{m}$.) As the figure illustrates, the coupling length of the polarized x and y modes are not equal generally, however, there is a point for which the two polarized modes have equal coupling length; this phenomenon has not been found in triangular lattice PCFs and, to our knowledge, is the first time the zero coupling length difference of the two polarized lights in dual core PCFs has been reported. In triangular lattice PCFs, the absolute difference of the x- and y-polarized coupling lengths increased monotonically with the increased frequency[7]. This phenomenon should be due to the highly birefringent properties of the single-core RLPCFs. As the mode indexes and also the mode profiles of the two polarized modes are different. Hence the coupling coefficients of the two polarizations are also different generally, which finally lead to the difference in the slope of coupling length in the two polarizations. The absolute zero coupling length difference should be optimal, especially for the design of the polarization independent coupling devices. The coupling length of polarized x modes is less than that of polarized y modes in the long wavelength regime, while the situation is reversed in the short wavelength regime. The percent of α increases monotonically with the normalized frequency. For the design of polarization splitter, a larger absolute percent leads to a shorter device length, hence a large $|\alpha|$ is desired. As can been seen from the figure, for a desired $|\alpha|$, the pitch Λ can be either a small or large value, which depends on the consideration of larger mode area (large Λ) or shorter device length (small Λ).

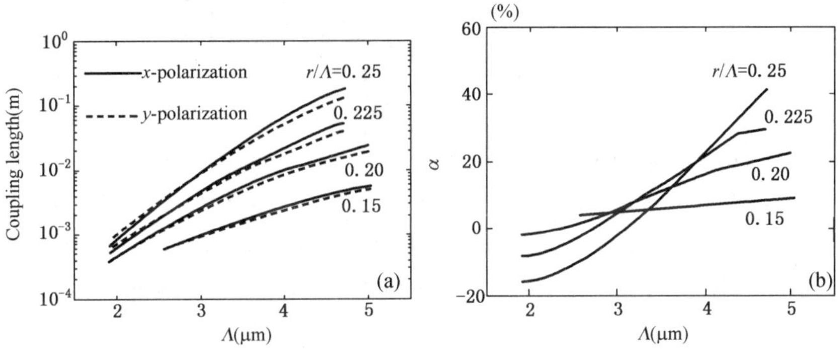

Figure 2 (a) The normalized frequency dependence of coupling length L for the PCF couplers of type 1 shown in Figure 1(a), where $\eta=0.6$, $r/\Lambda=$ 0.15, 0.20, 0.225 and 0.25, and the solid and dashed curves denote the coupling lengths for the x-polarized and the y-polarized modes, respectively. (b) The corresponding percent of $\alpha=(L_x-L_y)/L_y$.

Figure 3 shows the normalized frequency dependence of coupling length L for the PCF couplers of type 2 shown in Figure 1, where $r/\Lambda=0.20$ and $\eta=0.50$, 0.60, and 0.70. Because the distance between the centres of A and B for type 1 is smaller than that for type 2, the coupling length of type 1 is significantly shorter than that of type 2, which is almost always of the order of 10^{-1} mm for the calculated frequencies. The slopes of the lines in Figure 3(b) also flatten out.

The coupling length of the PCF can be tuned by introduction of a centre air hole in the fibre cores. The method has been applied in [12], where the increased birefringence is achieved in the elliptical-hole photonic crystal fibres. Figure 4 shows the normalized frequency dependence of coupling length L for the PCF couplers similar to that of type 1 shown in Figure 1(a), where $\eta=0.6$, $r/\Lambda=$

0.15, 0.20, 0.225 and 0.25, with the exception that an air hole with radius $r_0/\Lambda=0.05$ is added into each of the otherwise solid defect cores; also plotted is the percent of $\alpha=(L_x-L_y)/L_y$ for the PCFs as in Figure 2(a) with $r_0/\Lambda=0$ (solid core). The increment of r_0/Λ from 0 leads to a shorter coupling length for both x and y polarized modes. It is evident that the centre air holes in fibre cores makes the field extend more to the cladding, which leads to a stronger coupling of the two fields. In the meantime, the zero difference coupling length appears at smaller pitch position.

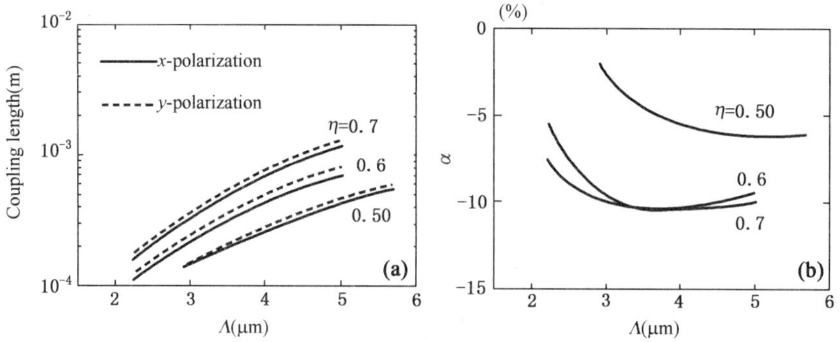

Figure 3　The normalized frequency dependence of coupling length L for the PCF couplers of type 2 shown in Figure 1(b), where $r/\Lambda=0.20$, $\eta=0.5$, 0.60 and 0.70, and the solid and dashed curves denote the coupling lengths for the x-polarized and the y-polarized modes, respectively. (b) The corresponding percent of $\alpha=(L_x-L_y)/L_y$.

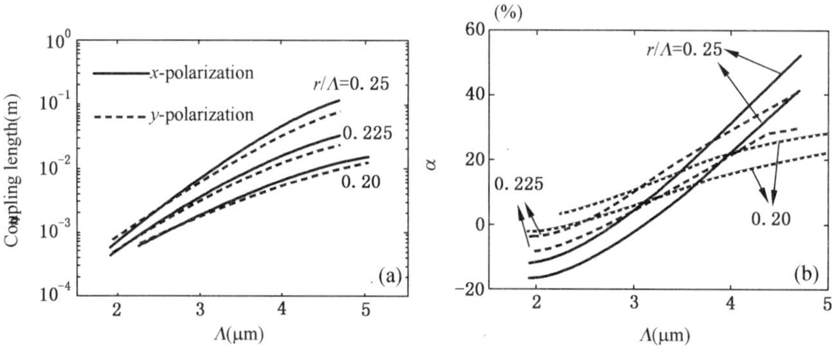

Figure 4　(a) The normalized frequency dependence of coupling length L for the PCF couplers of type 1 shown in Figure 1(a), where $\eta=0.6$, $r/\Lambda=0.20$, 0.225 and 0.25, $r_0/\Lambda=0.05$ and the solid and dashed curves denote the coupling lengths for the x-polarized and the y-polarized modes, respectively. (b) Thicker curves, the percents of $\alpha=(L_x-L_y)/L_y$ in Figure (a); thinner curves, the corresponding percents of α for $r_0/\Lambda=0$.

To confirm the polarization splitter based on the rectangular lattice PCFs, we applied a full vectorial beam propagation method[15]. The accuracy and validation of the method have been demonstrated in [4]. The calculated coupling lengths of a polarization splitter with $r/\Lambda=0.20$ and $\eta=0.60$, $\Lambda/\lambda=1.8929$ are 2.36 mm for the x-polarized mode and 2.246 mm for the y-polarized mode, respectively, which are in good agreement with 2.368 and 2.25 mm calculated by the plane wave expansion method. The output field profiles of a polarization splitter, the length of which is 47.36 mm, are shown in figure 5. The x- and y-polarized fields are decoupled from each other.

Figure 6 presents the normalized power transfers at one core for x- and y-polarized light versus the length of fibre for polarization splitters with $r/\Lambda=0.20$ and $\eta=0.60$, $\Lambda/\lambda=1.8929$ and 2.1886, which corresponds to $\alpha=0.05$ and 0.10, respectively. The power is normalized according to the total amount of power in the fibre. The lines display a smooth and regular sine wave profile, which is in contrast to the previously presented PCF based polarization splitters [8]. The bandwidth of the −20 dB splitting ratio for $r/\Lambda=0.20$ and $\eta=0.60$, $\Lambda/\lambda=1.8929$ and 2.1886, with the centre wavelength $\lambda=1.55$ μm are calculated and found to be 2 and 4.5 nm, respectively. This is in contrast to [8], in which the splitting ratio is always worse than −20 dB.

3 Conclusion

In conclusion, coupling characteristics of dual-core rectangular lattice photonic crystal fibres have been numerically investi-gated. A polarization independent coupler can be designed by appropriately selecting the parameters of the fibre. A new kind of polarization splitter based on the PCFs has been proposed, the length of which can be tuned by modifying the radii of the defect centre air holes, the results are confirmed by applying the full vectorial beam propagation method.

(a)

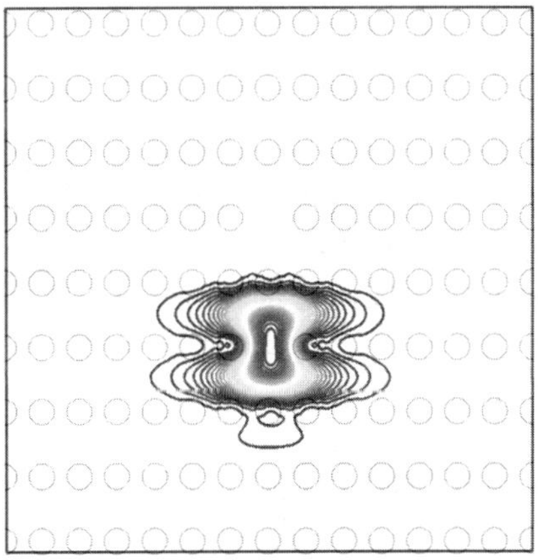

(b)

Figure 5 The output field profiles. (a) x-and (b) y-polarized lights.

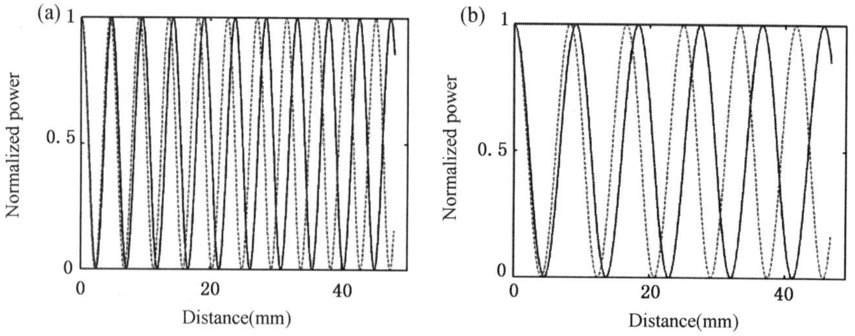

Figure 6　Transfer characteristics of RLPCF polarization splitters for $r/\Lambda=0.20$ and $\eta=0.60$, (a) $\Lambda/\lambda=1.8929$ (b) $\Lambda/\lambda=2.1886$. Solid curve: x-polarization; dotted curve: y-polarization.

Acknowledgment

This work is supported by the National Natural Science Foundation of China under Grant No 60277007.

References

[1] R Vallée, D Drolet. Practical coupling device based on a two-core optical fiber[J]. Applied optics, 1994, 33(24): 5602-5610.

[2] J C Knight, T A Birks, P S Russell, et al. All-silica single-mode optical fiber with photonic crystal cladding[J]. Optics Letters, 1996, 21 (19): 1547-1549.

[3] R F Cregan, B J Mangan, J C Knight, et al. Single-Mode Photonic Band Gap Guidance of Light in Air[J]. Science, 1999, 285(5433): 1537-1539.

[4] F Fogli, L Saccomandi, P Bassi, et al. Full vectorial BPM modeling of Index-Guiding Photonic Crystal Fibers and Couplers[J]. Optics Express, 2002, 10(1): 54-59.

[5] B J Mangan, J C Knight, T A Birks, et al. Experimental study of dual-core photonic crystal fibre[J]. Electronics Letters, 2000, 36 (16): 1358-1359.

[6] G Kakarantzas, B J Mangan, T A Birks, et al. Directional coupling in a twin core photonic crystal fiber using heat treatment[C]// Quantum Electronics and Laser Science Conference. OSA Technical Digest, Optical Society of America, 2001: 599-600.

[7] K Saitoh, Y Sato, M Koshiba. Coupling characteristics of dual-core photonic crystal fiber couplers[J]. Optics Express, 2003, 11(24): 3188-3195.

[8] L Zhang, C Yang. Polarization splitter based on photonic crystal fibers[J]. Optics express, 2003, 11(9): 1015-1020.

[9] M Y Chen, R J Yu. Chin. Opt. Lett. (submitted)

[10] M Y Chen, R J Yu. Polarization properties of elliptical-hole rectangular lattice photonic crystal fibres[J]. Journal of Optics A Pure & Applied Optics, 2004, 6(6): 512-515.

[11] M J Steel, R M Osgood. Elliptical-hole photonic crystal fibers[J]. Optics Letters, 2001, 26(4): 229-231.

[12] D Mogilevtsev, J Broeng, S E Barkou, et al. Design of polarization-preserving photonic crystal fibres with elliptical pores[J]. Journal of Optics A Pure & Applied Optics, 2001, 3(6): S141-143.

[13] R D Meade, A M Rappe, K D Brommer, et al. Accurate theoretical analysis of photonic band-gap materials[J]. Physical Review B Condensed Matter, 1993, 48 (11):

8434-8437.

[14] Steven G Johnson, J D Joannopoulos. Block-iterative frequency-domain methods for Maxwell's equations in a planewave basis [J]. Optics Express, 2001, 8(3): 173-190.

[15] M D Feit, Fleck J A. Computation of mode properties in optical fiber waveguides by a propagating beam method[J]. Applied Optics, 1980, 19(7): 1154-1164.

Polarization Properties of Elliptical-Hole Rectangular Lattice Photonic Crystal Fibres①

Mingyang Chen　Rongjin Yu
(School of Information Science and Engineering, Yanshan University, 066004 Qinhuangdao, People's Republic of China)

Abstract: We explore the polarization properties of elliptical-hole rectangular lattice photonic crystal fibres. Analysis of the cladding fundamental space-filling modes indicates that the anisotropic properties of the cladding are closely tied to the underlying radiation states of the pure lattices, which are determined by the ellipticity of the elliptical hole, the width and height ratio of the rectangular lattice and the air-filling fraction. Furthermore, optimization of the fibre core by inserting a centre hole is also presented. The achievement of high birefringence and a broad single-mode region in the fibres is demonstrated numerically.

Key words: Photonic crystal fibre; Birefringence; Polarization

1 Introduction

In recent years, there has been significant interest in the polarization properties of photonic crystal fibres (PCFs). PCFs can potentially be made highly birefringent: the large index contrast facilitates high birefringence, and the stack-and-draw fabrication process permits the versatile arrangement of air holes. The first fabricated example of highly birefringent PCFs is created by introducing twofold rotational symmetries into a single-mode fibre structure with a regular array of air holes (with two different sizes) disposed about a pure-silica core [1]. Other methods include the fabrication of PCFs with acladding of regular triangular lattice air holes and core formed by the omission of two adjacent air holes [2], or surrounding by two enlarged cladding holes at a reduced distance [3], or by enlarging two of the central air holes [4]. The principle of the above methods is to produce birefringence, which is realized by breaking the 60° symmetry of the triangular lattice PCFs. Comparing with those of the conventional polarization maintaining fibres (PMFs) such as PANDA [5] and bow-tie fibres [6], for which modal birefringence is about 5×10^{-4}, the introduced birefringence in PCFs is one order of magnitude larger than that of conventional PMFs.

Birefringence in the PCFs mentioned above is a local effect due to isolated vari-

① Journal of Optics A: Pure and Applied Optics, 2004, 6(6): 512-515.

ations in the lattice. More potential would be possible for structures with a global effect—one class of such fibres is elliptical-hole PCFs [7-10], in which elliptical air holes instead of circular air holes are applied to triangular or square lattices. Such structures lead to novel behaviour of birefringence, group-velocity walk-off and dispersion parameters, including the possibility of zero walk-off with high birefringence in the single-mode regime. These effects are closely tied to the underlying radiation modes of the pure lattice structure.

Very recently, we have reported the analysis of circular air-hole rectangular lattice PCFs [11]. As the introduction of elliptical-hole and rectangular lattices both lead to highly increased birefringence in PCFs, a direct way of enhancing birefringence in PCFs is the design of elliptical-hole rectangular lattice PCFs. In this paper, we analyse the polarization properties of elliptical-hole rectangular lattice PCFs (RLPCFs). In addition, we study the origin and potential of polarization as well as the optimization of the fibre core to achieve higher birefringence.

2 FSM of elliptical-hole rectangular lattice

The general form of the elliptical-hole RLPCFs is illustrated in Figure 1. The fibres are characterized by the area A', the length of the lattice Λ, and the width of the lattice d and ellipticity ratio $\eta = b/a$, where b and a are the lengths of the major and minor axes, respectively. The width and height ratio of the lattice is defined as $\gamma = d/\Lambda$. Numerical results are expressed in terms of the normalized frequency $v = \omega\Lambda/(2\pi c) = \Lambda/\lambda$ and the dimensionless area $A = A'/\Lambda^2$. In addition, the refractive index of the background silica is set as $n = 1.45$.

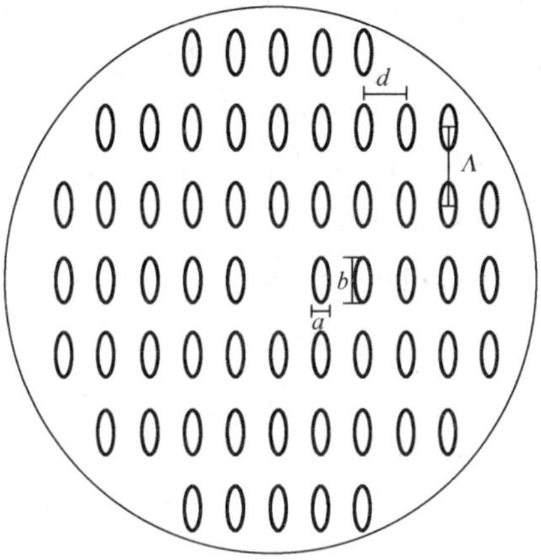

Figure 1 Asample cross section of an elliptical-hole rectangular lattice photonic crystal fibre.

We apply the concept of the fundamental space-filling mode (FSM) to analyse the origin of anisotropic properties of elliptical-hole rectangular lattice PCFs. The concept was first introduced by Birks et al[12] to analyse hexagonal symmetric PCFs. The FSM can be considered as the radiation of the radiation mode with highest effective index n_{FSM} for a given wavelength. In perhaps more familiar language, one can say that it corresponds to the lowest frequency Bloch state at the Γ point ($k_t = 0$) of the photonic band structure of the periodic lattice. The (wavelength-dependent) effective index of FSM plays the role of the cladding index n_{clad} for the PCF, and the bound mode lying below the FSM is a leaky mode. For the rectangular lattice PCFs, the spectrum of the FSM is easily found using the plane-wave expansion method [13,14] applied to a single unit cell. Since the independent variable in this method is the propagation constant β rather than the frequency, we use a rational function interpolation routine to obtain the birefring ence and other quantities as a function of the frequency. The effective index of the polarized FSM in the anisotropic lattice determines the lowest effective index of the corresponding bound core mode. At long wavelength, the bound core mode will eventually approach the corresponding FSM. This means that the maximum possible birefringence for a PCF composed of anisotropic lattice at long wavelength would be the birefringence of the FSM $\Delta n_{FSM} = |\Delta_{FSMx} - \Delta_{FSMy}|$.

For a circular hole with rectangular lattice ($\gamma < 1$), the effective index of the y-polarized FSM is always lower than that of the x-polarized FSM, as the dielectric interfaces are predominantly directed along the x-axis [11]. While for the elliptical hole with square lattice ($\gamma = 1$), the dielectric interfaces are predominantly directed along the direction in which the ellipses are oriented [7-10]. Hence, at first glance, the major axes of the elliptical hole should be parallel to the horizontal axes, so as to increase the difference of the two directions by the reduction of γ and increment of ellipticity ratio η. However, as d is always smaller than Λ, reduced γ will also lead to a lower air-filling fraction in the structure. Hence we set major axes parallel to the vertical axes. Although, γ will counteract some effect of η, the increased air-filling fraction due to the reduction of γ will still lead to higher birefringence for the structure. Figure 2(a) shows the birefringence of the FSM as a function of normalized frequency for RLPCFs with $A = 0.16\pi$ and $\eta = 1, 2, 3$ and 4. The birefringence of the FSM reduces monotonously with the increment of frequency, which is in accordance with the statement [10] that at short wavelengths the vector terms in the wave equation become negligible and the accuracy of the scalar approximation improves. The increment of birefringence due to the increasing ellipticity ratio η is very clear. Interestingly, the curves of $\eta = 1$ and 2 meet at $v = 0.775$. In fact, n_{FSMx} is always larger than n_{FSMy} (that is, $\Delta_{FSMx} - \Delta_{FSMy} > 0$) for the $\eta = 1$ case, while for other curves in Figure 2(a), n_{FSMy} is always larger than n_{FSMx}. Figure 2(b) shows the birefringence of the FSM for RLPCFs with $A = 0.16\pi$, $\eta = 4$ and $\gamma = 0.3, 0.4, 0.6, 0.8$ and 1. The reduction of γ from 1 leads to higher birefringence as the figure depicts at first, which is due to the increment of the air-filling fraction in the lattice. However, it not necessary that smaller γ will result in higher birefringence, just as the curves of $\gamma = 0.3, 0.4$

and 0. 6 display. The reason is the same as that in Figure 2(a): much smaller γ counteracts the introduction of the elliptical holeinthe lattice. Remarkably, the influence of γ at short wavelength is especially evident.

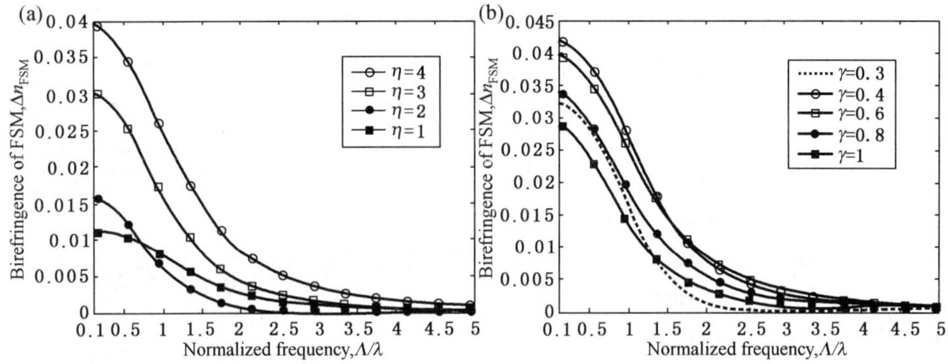

Figure 2 Birefringence of the FSM as a function of normalized frequency for: (a) $A=0.16\pi$, $\eta=1,2,3$ and 4; (b) $A=0.16\pi$, $\eta=4$, $\gamma=0.3, 0.4, 0.6, 0.8$ and 1.

3 Birefringence

Once the birefringence of the FSM is determined, the birefringence of the fibres can be readily tuned by selecting an appropriate defect core[9-11]. The mode index is difficult to analyse by the plane-wave expansion method due to the large super-cell needed at long wavelength, so we use the two-dimensional compact finite-difference time-domain (FDTD) method [15,16]. Figure 3 depicts the birefringence of elliptical-hole RLPCFs with $A=0.16\pi$, $\eta=4$, $\gamma=0.6$ with different cores: solid core, circular-hole core with $r/\Lambda=0.10$, and elliptical-hole core with the area of the air-hole $A=0.04\pi$, ellipticity ratio $\eta=4$ and elliptics oriented along the y-axis. The enlargement of birefringence due to the introduction of a centre air hole is simply the result of a smaller difference between the core and the cladding. The introduction of an elliptical hole in the centre has a better effect than that of a circular hole with the same area, which is due to the fact that in the previous case a symmetry-breaking element is introduced wherethe field is at its most intensive. The influence is stronger at short wavelength regions, at which the vector effect of the cladding is weakened, while the influence of the centre hole still holds.

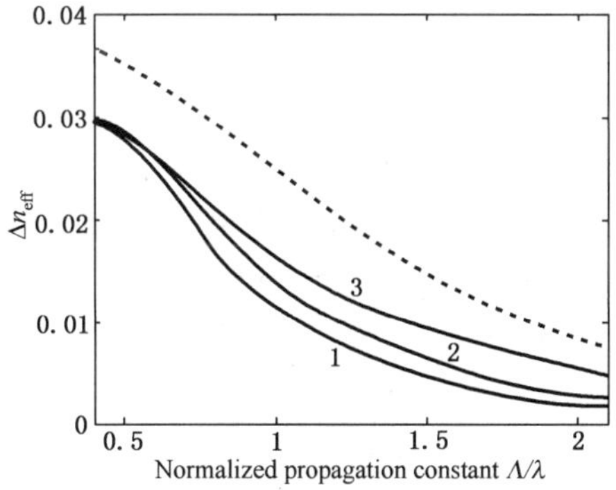

Figure 3 Birefringence of elliptical-hole RLPCFs with $A=0.16\pi$, $\eta=4$, $\gamma=0.6$ and solid core (curve 1), circular-hole core with $r/\Lambda=0.10$ (curve 2), and elliptical-hole core with the area of the air-hole $A=0.04\pi$ (curve 3). The dashed curve is the birefringence of the FSM.

4 Single mode regime

In the conventional step index fibres, mode numbers are determined by $V = \frac{2\pi a}{\lambda}(n_{co}^2 - n_{clad}^2)^{1/2}$, where a is the radius of the fibre core, and n_{co} and n_{clad} are the effective index of core and cladding, respectively. In PCFs, similar results also exist [1], in which n_{clad} is replaced by n_{FSM}. As the ratio η reduces from 1, the air-filling fraction of the RLPCFs increases, hence n_{FSM} at a fixed wavelength decreases, which will lead to the increment of $(n_{co}^2 - n_{clad}^2)^{1/2}$. However, the reduction of γ will also result in the reduction of core area. Hence, although the single mode region for a small η is less wide than that of a large η, the region is not reduced too much. As a is difficult to determine accurately, it is not easy to calculate the cut-off frequency from the above equation. Hence, we apply a more direct method. The cut-off frequency is determined based on the theory from [17]: at the boundary between single- and dual-mode regions, the second mode change rapidly from filling the entire cross section to being tightly confined about the defect, thus exhibiting a distinct cut-off. Based on the criteria, we calculated the cut-off frequency of the second order mode by the plane-wave expansion method with superlattice of very large size ($21\Lambda \times 21\Lambda$). For the structure of interest, we calculated the first few modes of the structure at a wide broad frequency region with normal frequency Λ/λ step of the order of 0.1. The cut-off frequency is taken as the lowest frequency at which the second mode emerges. For example, for a RLPCF with $\gamma = 0.60$, $r/\Lambda = 0.20$, the cladding air-filling fraction, is as large as 25.1%, and the cut-off frequency of the second order mode can still be as large as $\Lambda/\lambda = 1.9$. The introduction of a centre air hole also makes the fibres have a more extensive region of single mode, because the difference in the effective index of core and cladding becomes smaller. Take the above discussed PCF as an example, even if a centre air hole with $A = 0.04\pi$ is introduced, then the cut-off frequency will be increased to 2.1. As the birefringence effect becomes weak at short wavelength, the single-mode region should be sufficient for the design of highly birefringent PCFs.

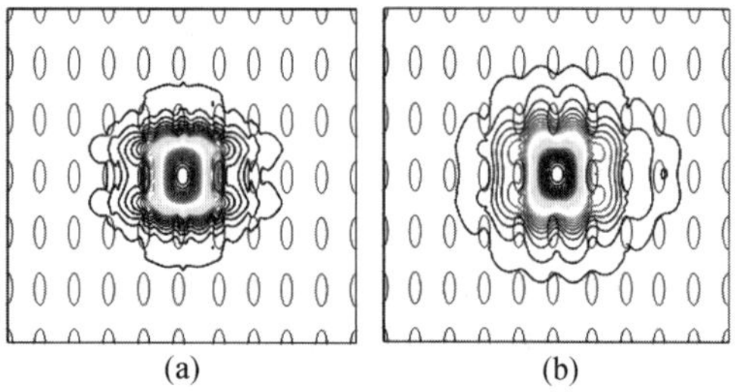

Figure 4　Field profile of an elliptical-hole RLPCF with $A=0.16\pi$, $\eta=4$, $\gamma=0.6$ at $\Lambda/\lambda=1.3$: (a) x-polarized fundamental mode and (b) y-polarized fundamental mode.

5 Conclusion

In conclusion, the polarization properties of elliptical-hole rectangular lattice PCFs are investigated and the fibre core is optimized to achieve higher birefringence. The available high birefringence at relatively high frequency regimes in the fibres and also the sufficiently broad single-mode region should make the fabrication of highly birefringent PCFs with novel properties possible.

Acknowledgment

This work is supported by the National Natural Science Foundation of China under Grant No 60277007.

References

[1] A Ortigosablanch, J C Knight, W J Wadsworth, et al. Highly birefringent photonic crystal fibers[J]. Optics Letters, 2000, 25(18):1325-1327.

[2] T P Hansen, J Broeng, S E B Libori, et al. Highly Birefringent Index Guiding Photonic Crystal Fibers[J]. IEEE Photonics Technology Letters, 2004, 13(6):588-590.

[3] S B Libori, J Broeng, E Knudsen, A Bjarklev, H R Simomsen. High-birefringent photonic crystal fiber[C]. Proc. Optical Fiber Conference(OFC), Vol. 54 of OSA Proceedings Series(Optical Society of America, Washington, D. C.), 2001: TuM2/1-3.

[4] K Suzuki, H Kubota, S Kawanishi , et al. Optical properties of a low-loss polarization-maintaining photonic crystal fiber[J]. Optics Express, 2001, 9(13):676-680.

[5] T Hosaka, K Okamoto, T Miya, et al. Low-Loss Single Polarization Fibers with Asymmetrical Strain Birefringence[J]. Electronics Letters, 1981, 17(15):530-531.

[6] R D Birch, D N Payne, M P Varnham. Fabrication of polarisation-maintaining fibres using gas-phase etching[J]. Electronics Letters, 1982, 18(24):1036-1038.

[7] M J Steel, R M Osgood. Elliptical-hole photonic crystal fibers[J]. Optics Letters, 2001, 26(4):229-231.

[8] M J Steel, R M Osgood. Polarization and dispersive properties of elliptical-hole photonic crystal fibers[J]. Journal of Lightwave Technology, 2001, 19(4):495-503.

[9] D Mogilevtsev, J Broeng, S E Barkou, et al. Design of polarization-preserving photonic crystal fibres with elliptical pores[J]. Journal of Optics A Pure & Applied Optics, 2001, 3(6):S141-143.

[10] W Zhi, R Guobin, L Shuqin, et al. Dependence of mode characteristics on the central defect in elliptical hole photonic crystal fibers[J]. Optics Express, 2003, 11(17): 1966-1979.

[11] M Y Chen, R J Yu, A P Zhao. Opt. commun. 2004. (submitted)

[12] J C Knight, T A Birks, P S Russell, et al. All-silica single-mode optical fiber with photonic crystal cladding[J]. Optics Letters, 1996, 21(19):1547-1549.

[13] R D Meade, A M Rappe, K D Brommer, et al. Accurate theoretical analysis of photonic band-gap materials[J]. Physical Review B Condensed Matter, 1993, 48(11): 8434-8437.

[14] Steven G Johnson, J D Joannopoulos. Block-iterative frequency-domain methods for Maxwell's equations in a planewave basis [J]. Optics Express, 2001, 8(3):173-190.

[15] S Xiao, R Vahldieck, H Jin. Full-wave analysis of guided wave structures using a novel 2-D FDTD[J]. IEEE Microwave & Guided Wave Letters, 1992, 2(5):165-167.

[16] Min Qiu. Analysis of guided modes in photonic crystal fibers using the finite-difference time-domain method[J]. Microwave & Optical Technology Letters, 2001, 30(5):328.

[17] B T Kuhlmey, C M D Sterke, R C Mcphedran. Modal cutoff in microstructured optical fibers[J]. Optics Letters, 2002, 27(19): 1684-1686.

Confinement Losses and Optimization in Rectangular-Lattice Photonic Crystal Fibers①

Mingyang Chen Rongjin Yu Anping Zhao

Abstract: Confinement losses in highly birefringent rectangular-lattice photonic-crystal fibers (RLPCFs) are investigated by the multipole method. The losses are strongly polarization dependent, which is due to the anisotropic properties of the cladding. The feature is applied to construct a new kind of single-polarization single-mode photonic-crystal fibers (PCFs), which is based on large differential loss between the two polarizations of the fundamental mode. Furthermore, it is found that the birefringence of RLPCFs is determined mainly by the air holes near the defect core. Consequently, a sandwiching (between triangular structures) rectangular configuration that has the property of reducing leakage loss while simultaneously retaining the birefringence of RLPCF is proposed.

Key words: Confinement loss; Multipole method; Photonic-crystal fiber (PCF); Polarization-maintaining fiber; Single-polarization single-mode (SPSM) fiber

1 Introduction

There has been significant interest in photonic-crystal fibers (PCFs) in recent years. PCF is commonly characterized by a series of air holes that runs throughout the length of the fiber. Prior to drawing, the structure is formed by stacking a number of tubes that are generally arranged to form triangular lattices; then, the preform is drawn into the fiber using conventional drawing techniques. PCFs guide light with two kinds of effects: one is based on total internal reflection [1]; the other is based on photonic bandgap (PBG) [2].

One of the most fruitful aspects of PCFs is their application as highly birefringent PCFs [3-12]. Highly birefringent PCFs can be easily realized, because the index contrast of PCFs is higher than that of conventional fibers, and the fabrication process permits the formation of the required asymmetric microstructures. High birefringence has been designed in PCFs based on index-guiding PCFs and PBG fibers. Two techniques have been explored: one is the introduction of asymmetry adjacent to the defect core of the PCFs [3-7]; the other is the design of an air-hole lattice with inherent anisotropic properties, such as the elliptical-hole triangular-lattice PCFs [8,9], in which the birefringence is of global origin and all air

① Journal of Light wave Technology, 2005, 23(9): 2707-2712.

holes are elliptical. Birefringence on the order of 10^{-2} is possible in this kind of structure. Birefringence in the fibers is due to the anisotropic properties of the claddings, which result in differences in the effective cladding index. Similar structures have been reported, namely elliptical-hole square-lattice PCFs [10], elliptical-hole rectangular-lattice PCFs (RLPCFs) [11], and squeezed hexagonal-lattice PCFs [12].

Single-polarization single-mode (SPSM) fiber [13-16] is another type of optical fiber, in which one and only one polarization state of the fundamental mode propagates. Two techniques have been used to make these fibers. In the first technique, the fiber is designed such that one polarization of the fundamental modes is unguided [13,14]. The second technique is based on maintaining a large differential loss between the two polarizations of the fundamental mode [15,16]. The first technique has been adopted to achieve SPSM-PCFs [17,18]. Ferrando et al. [19] also reported the design of SPSM intraband guidance in supersquare PCFs. The combination of very strong anisotropy and intraband guidance in the fibers gives rise to a mechanism of polarization discrimination in optical-fiber propagation.

In this paper, we present our numerical investigations on the confinement losses of highly birefringent RLPCFs, a new kind of PCF we proposed recently[20], in which the two lattice constants have different values. The confinement losses are analyzed through the calculation of the complex effective index of the fibers by the multipole method [21,22]. The relationship of loss L and the imaginary part of effective index $\Im(n_{eff})$ is given by the equation [21] $L=[20/\ln(10)]\cdot(2\pi/\lambda)\Im(n_{eff})$. Based on the results, we propose a new kind of SPSM-PCF based on RLPCFs by applying the second technique discussed above. In addition, sandwich structures with rectangular lattice in the center and triangular lattice are presented to reduce RLPCF confinement losses.

2 Confinement Loss

The fibers are characterized by the air-hole radius r, the length of the lattice Λ, the width of the lattice b, and the ratio of the length and width of the lattice being defined as $\eta=b/\Lambda$ (see Fig. 1). In addition, the refractive index of the background silica is set as $n=1.45$. As confinement losses are wavelength dependent, for the convenience of discussion, we set the wavelength at $\lambda_0=1.55$ μm for confinement-loss calculation. Because the effective index and birefringence of PCFs are dependent on the relative structure size in wavelength, to emphasize that the results are general ones, we express numerical results in terms of the normalized frequency $v=\omega\Lambda/(2\pi c)=\Lambda/\lambda$ for the effective index and birefringence, whereas the confinement loss is expressed through the normalized hole pitch Λ/λ_0. All the air holes are arranged in a circular section, the radius of which is defined as r_0, and we designate it as air-cladding radius. Any air hole that has a center inside the air-cladding circle is included in the computation. Such a criterion would be appropriate for the analysis of the influence of air-hole size (with the same number of air holes) on the confinement loss. In Fig. 1, four air-cladding radii are illustrated, from inner to outer, with $r_0/\Lambda=2.4$, 3.5, 4.4, and 5.2. The number of air holes in the air-cladding area are 32, 64, 106, and 146, respectively. In the actual calculation, an infinite large solid cladding with $n=1.45$ (refractive index of background material) is assigned to the outer region of the structure to simulate an actual fiber. As for the multipole method, the truncation order M for Bessels function expansion is set as 7. Generally, this ensures precision on the order of 10^{-12} for the effective index; the detailed instruction on the choice of M and the precision can be found in [22].

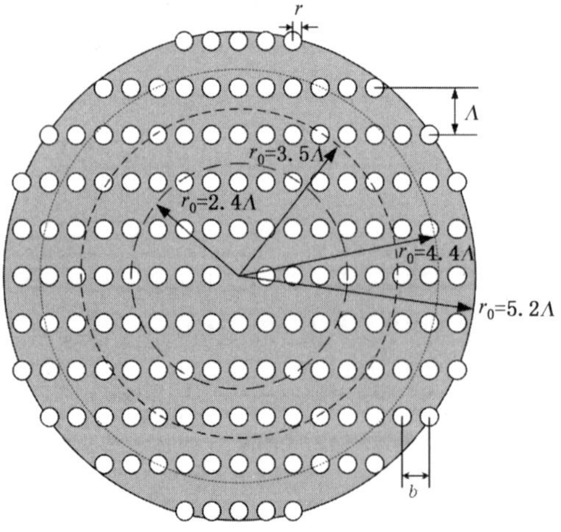

Fig. 1 Illustration of the RLPCF section and the computing air-cladding areas.

Confinement losses of RLPCFs with $r_0/\Lambda=4.4$, $\eta=0.60$ and $r/\Lambda=0.20$ and 0.25 are depicted in Fig. 2. It is not surprising that confinement loss reduces with the increment of the air-hole radius. Also, confinement loss increases very quickly with the decrement of normalized hole pitch Λ/λ_0. As high birefringence appears when Λ/λ_0 is small [20], a large number of air holes are needed to reduce the loss if high birefringence is desired. Perhaps the most interesting phenomenon is very strong polarization-dependent loss (PDL) in the fibers, especially for $r/\Lambda=0.25$. The confinement losses of the x-polarized mode are always at least one order larger than that of the y-polarized mode. Although several research groups have performed analysis and experiments on the PDL of PCFs [17,18,23,24], a very large PDL in PCFs with anisotropic cladding is, to the authors' knowledge, reported for the first time. This would be a drawback in a situation where transmission of the two polarization modes is required.

In another aspect, the phenomenon leads to the possibility of a new kind of SPSM-PCF based on the large confinement-loss difference in the fiber. To compare the confinement losses of the two polarized modes, we designate a parameter $\Gamma=L_x/L_y$, where L_x and L_y are the confinement losses of x- and y-polarized modes, respectively. We also express Γ in terms of normalized frequency Λ/λ, as Γ is dependent on the imaginary part of the two effective indexes, whereas the effective indexes depend only on the relative size of the PCF with the wavelength. A larger Γ gives us more options in designing SPSM-PCF. Fig. 2 (b) shows parameter Γ as a function of normalized hole pitch in RLPCFs. For $r/\Lambda=0.25$, Γ is always very large, and Γ increases with the increment of Λ/λ at first, and then decreases when $\Lambda/\lambda>1.52$.

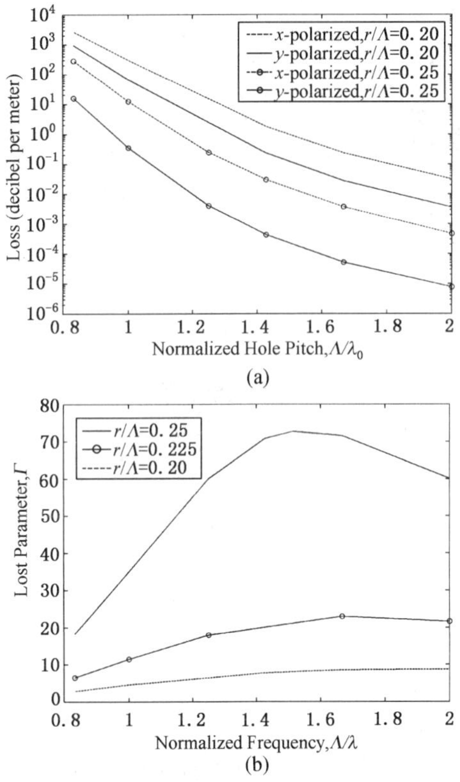

Fig. 2 (a) Confinement loss and (b) parameter Γ as a function of normalized hole pitch in RLPCFs with $\eta=0.60$. The air-cladding radius is set as $r_0=4.4\Lambda$.

To explain the above phenomenon, the effective index of the fundamental modes of the RLPCF is plotted in Fig. 3. The fundamental space-filling mode (FSM) of the fiber is also plotted in Fig. 3. The concept of FSM was first introduced by Birks et al. [1] to analyze hexagonal symmetrical PCFs. FSM is the fundamental mode of an infinite photonic crystal cladding when the core is absent. The propagation constant β_{FSM} of the FSM is the maximum of β allowed in the cladding and the effective cladding index n_{clad} is then identified with the cladding index $n_{clad}=\beta_{FSM}/k$, where k is the wave vector [1]. When Λ/λ is small, the difference of the two polarized effective fundamental indexes is very large, which leads to the high birefringence in the fiber. With larger Λ/λ, the fiber birefringence decreases quickly, whereas the difference between the two cladding indexes is still very large, which leads to different power flow in the core and cladding for the two polarized modes. When Λ/λ becomes even larger, the difference in the two cladding indexes becomes smaller, hence Γ reduces.

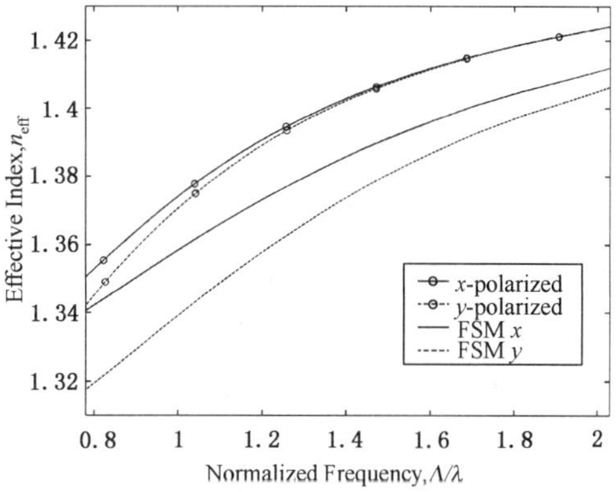

Fig. 3 Effective index of the fundamental mode as a function of normalized frequency for RLPCFs with $r/\Lambda=0.25$, $\eta=0.60$, and $r_0=4.4\Lambda$.

Next, we present examples of SPSM-PCF, the parameters of one such fiber are $\eta=0.60$, $\Lambda/\lambda_0=1.42$, $r/\Lambda=0.25$, and the number of air holes is 106 (corresponding to $r_0/\Lambda=4.4$). The confinement losses of x- and y-polarized modes are $L_x=0.033$ dB/m and $L_y=4.8\times10^{-4}$ dB/m, respectively. In other words, for a transmission length of 1 km, the corresponding losses would be 33.3 and 0.48 dB, respectively. The PDL is 32.8 dB/km. If a larger PDL is desired, we can reduce the value of Λ/λ_0 to 1.2. In this case, the confinement losses of the x- and y-polarized modes are $L_x=530$ dB/km and $L_y=10$ dB/km, respectively. The polarization-dependent loss is as large as 520 dB/km!

Fig. 4 shows the influence of the number of air holes (m) on confinement loss. When the number of air holes is low, both polarized modes tend to have significant loss, and the difference between the modes is relatively small; as m becomes larger, the anisotropic features become more distinct and the value of Γ increases.

Finally, we illustrate the impact of air-hole numbers on the fundamental effective indexes of RLPCFs. Taking the fundamental effective indexes of the RLPCFs with the largest number of air holes ($n_{\text{eff,std}}$) as criterion, the difference in fundamental effective index ($n_{\text{eff},d}=n_{\text{eff},m}-n_{\text{eff,std}}$, where $n_{\text{eff},m}$ is the effective index of RLPCFs where the air-hole number is m) as a function of air-hole numbers in the cladding for RLPCFs with $\eta=0.60$, $r_0=4.4\Lambda$, and $\Lambda/\lambda=1.0$ and 1.67 is depicted in Fig. 5. It can be seen from this figure that the influence of air-hole numbers on the values of fundamental effective index is always less than 10^{-4}, even when m is only a few dozens. Also, $n_{\text{eff},d}$ reduces at larger Λ/λ, which is due to the fact that the modal field is more confined to the defect core, and the influence of outer air holes becomes weaker.

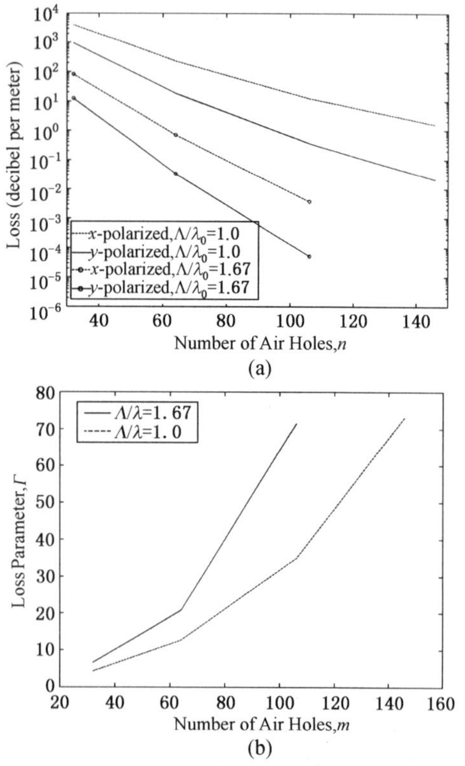

Fig. 4 (a) Confinement loss and (b) parameter Γ as a function of air-hole numbers m in the cladding for RLPCFs with $\eta=0.60$ and $r/\Lambda=0.25$.

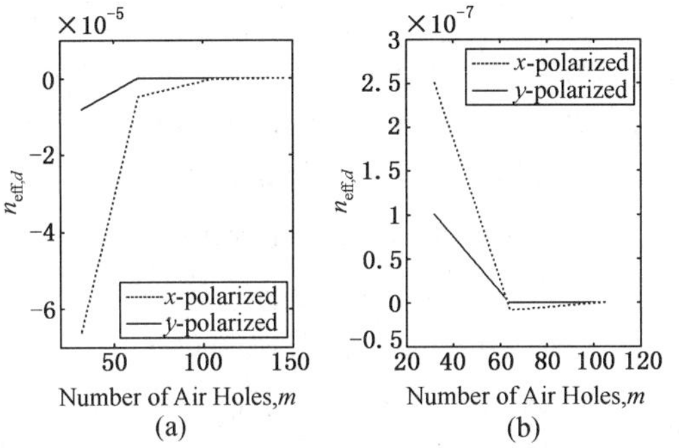

Fig. 5 Difference of fundamental effective index ($n_{eff,d}$) as a function of air-hole numbers m in the cladding for RLPCFs with η=0.60, r_0=4.4Λ, and (a) Λ/λ=1 and (b) Λ/λ=1.67.

3 Sandwich Structure

For the situations where two polarized modes should be transmitted and their amplitudes must be on the same order, we would have to reduce the loss difference of the two modes ($L_x - L_y$) and drop the confinement losses of both polarized modes. Generally, we would have to meet the requirement by increasing the number of air holes in RLPCFs.

In Section 2, we have discussed the influence of the air-hole number on the fundamental effective index of RLPCFs. Since an air hole located far from the defect core has very little influence on effective indexes (or in other words, on birefringence) of the RLPCFs, it would be possible for us to reduce the confinement losses by optimization of the claddings while maintaining the birefringence of the original fiber.

A detailed investigation of Fig. 1 shows that the main leakage of light should be at direction x, where light can "see" more solid material and less air hole. Hence, a remedy is the modification in the arrangement of air holes.

Fig. 6(a) depicts an original RLPCF and the modified structures [Fig. 6(b)~(d)] with many inner rows retained while the other rows are staggered by moving every other row of air holes up by 0.5Λ, forming a triangular lattice. It should be noted that the triangle here is an isosceles triangle, not an equilateral triangle. We designate the modified structures as sandwich structures, as they consist of three parts of microstructure. For convenience, we designate the four structures in Fig. 6(a)~(d) as fibers a, b, c, and d, respectively.

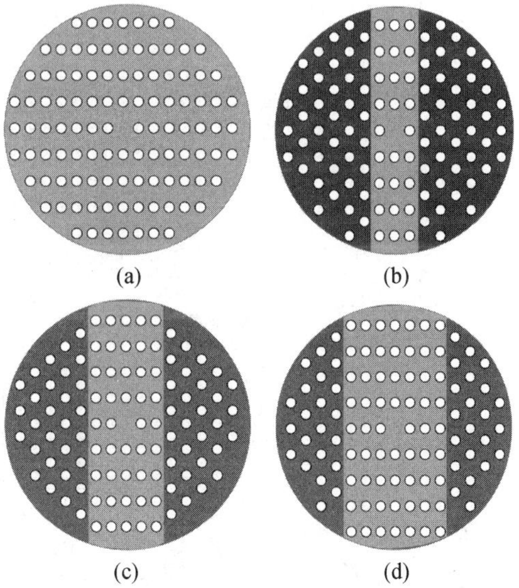

Fig. 6 (a) Nonoptimized and (b)~(d) optimized RLPCFs (η=0.60, r/Λ=0.20) with three, five, and seven rows unchanged, respectively. The light and dark colors denote the region where air holes are arranged in rectangular lattice and triangular lattice, respectively.

If only a small number of rows of rectangular lattice are retained (fiber b), the effective fundamental indexes reduce dramatically [see Fig. 7(a)], especially at short wavelengths, whereas at long wavelengths, the effect of air holes is more likely an average effect (numerical average of the two refractive indexes with air-filling fraction as factor) [1]. Although the vectorial effect should also be taken into account since the number of air holes in the structures is approximately the same (the exception is one or two air holes that cannot be placed in the air-cladding area), the variation is relatively small. However, the asymmetry is not as strong as the original structure, as Fig. 7 (b) depicts. For the structures with more rectangular lattice retained (fibers c and d), the decrease in effective index is very small. And with the increase of normalized frequency, the effective index of fibers c and d will eventually approach that of the original structure (fiber a). Thus, the birefringence of the original structure is retained in the new structures, despite some dropping at long wavelengths. Certainly, if more inner rectangular lattice is left untouched, the birefringence will be closer to that of the original structure.

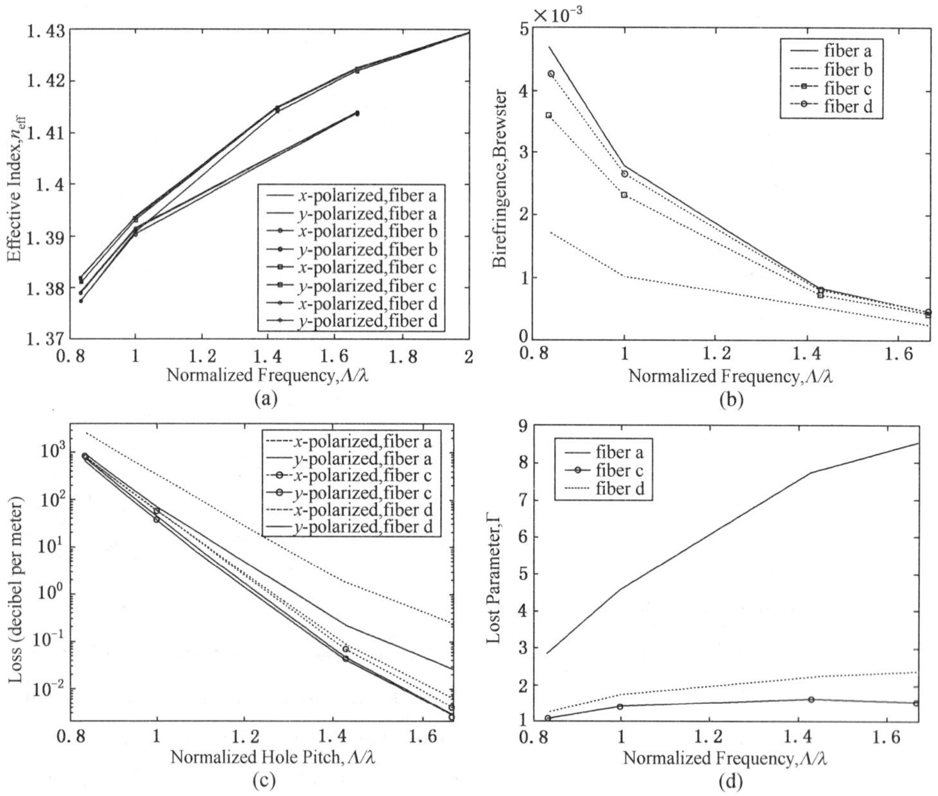

Fig. 7 (a) Fundamental effective index, (b) birefringence, (c) confinement loss, and (d) parameter Γ of the structures illustrated in Fig. 6.

The confinement losses of the structures are plotted in Fig. 7(c). Reductions of confinement losses are remarkable, as the confinement losses of each polarization for fibers c and d are lower than that of the y-polarized state (the state has a confinement loss lower than that of the x-polarized state) for fiber a. Also, the differential loss is diminished [Fig. 7(d)]. For example, the confinement loss of the x-polarized mode (the maximum loss of the two polarized states) for fiber d at $\Lambda/\lambda_0 = 1.6$ is 0.014 dB/m, which is a dramatic reduction from 0.42 dB/m for fiber a.

4 Comparison and Discussion

Although the idea of splitting the fundamental cladding modes by introducing asymmetry in the cladding in RLPCFs is similar to those of applying elliptical holes in PCFs, the fabrication technique of circular-hole PCFs is generally more mature and the ability of preserving the original shape of the air hole is always easier if we consider the better mechanical properties of the circular holes. In fact, the fabrication of RLPCFs does not require a special technique. In particular, specific configurations of RLPCFs can be fabricated by stacking capillaries and rods in order with the common drawing process. Details of this technique can be found in [20]. More general configurations can be realized by other techniques such as drilling and extrusion.

The principle of SPSM-PCF we presented here is quite different from that of the previously reported SPSM-PCFs[17],[18]. For the latter, the effective cladding indexes of the two polarized modes are always the same, whereas the effective indexes of the two polarized states are different. The design principle is to have the cutoff wavelengths of the two polarized fundamental modes longer and shorter than the operating wavelength, respectively. As the cutoff wavelengths always appear at the low wavelength region, where confinement loss is very large, a large number of air holes are needed to obtain low confinement loss for the guided polarized mode. As for RLPCFs, one of the polarized modes is eliminated by leakage, and the largest loss ratio appears at a place far from the cutoff wavelength, so it is easier to obtain low confinement loss with a limited number of air holes.

5 Conclusion

In conclusion, the confinement losses of rectangular-lattice photonic-crystal fibers (RLPCFs) are calculated. Very strong polarization-dependent loss (PDLs) are found in the fibers, which make the fibers applicable as single-polarization single-mode photonic-crystal fibers (SPSM-PCFs). In addition, the losses can be reduced without creating additional air holes by introducing sandwich structures. Because the properties are caused by the global effect of anisotropic cladding, the results should also be applicable to other highly birefringent photonic-crystal fibers (PCFs) with anisotropic claddings.

References

[1] T A Birks, J C Knight, P S J. Russell. Endlessly single-mode photonic-crystal fiber [J]. Opt. Lett., 1997, 22(13): 961-963.

[2] R F Cregan, B J Mangan, J C Knight, et al. Single-mode photonic band gap guidance of light in air [J]. Science, 1999, 285(5433): 1537-1539.

[3] K Suzjki, H Kubota, S Kawanishi. Optical properties of a low-loss polarization-maintaining photonic-crystal fiber [J]. Opt. Express, 2001, 9(13): 676-680.

[4] T P Hansen, J Broeng, S E B Libori, et al. Highly birefringent index-guiding photonic-crystal fibers [J]. IEEE Photon. Technol. Lett., 2001, 13(6): 588-590.

[5] A Oritigosa-Blanch, J C Knight, W J Wadsworth, et al. Highly birefringent photonic-crystal fibers [J]. Opt. Lett., 2000, 25(18): 1325-1327.

[6] A Bjarklev, J Broeng, S E Barkou, et al. Polarization properties of honeycomb-structured photonic bandgap fibers [J]. J. Opt., A Pure Appl. Opt., 2000, 2(6): 584-588.

[7] K Saitoh, M Koshiba. Photonic bandgap fibers with high bire-fringence [J]. IEEE Photon. Technol. Lett., 2002, 14(9): 1291-1293.

[8] M J Steel, R M Osgood. Elliptical-hole photonic-crystal fibers [J]. Opt. Lett., 2001, 26(4): 229-231.

[9] M J Steel, R M Osgood. Polarization and dispersive properties of elliptical-hole photonic-crystal fibers [J]. J. Lightw. Technol., 2001, 19(4): 495-503.

[10] D Mogilevtsev, J Broeng, S E Barkou, et al. Design of polarization-preserving photonic-crystal fibers with elliptical pores [J]. J. Opt., A Pure Appl. Opt., 2001, 3(6): S141-S143.

[11] M Y Chen, R J Yu. Polarization properties of elliptical-hole rectangular lattice photonic-crystal fibres [J]. J. Opt., A Pure Appl. Opt., 2004, 6(6): 512-515.

[12] L Zhang, C X Yang. Photonic-crystal fibers with squeezed hexagonal lattice [J]. Opt. Express, 2004, 12(11): 2371-2376.

[13] J R Simpson, R H Stolen, F M Sears, et al. A single-polarization fiber [J]. J. Lightw. Technol., 1983, LT-1(2): 370-373.

[14] M J Messerly, J R Onstott, R C Mikkelson. A broad-band single polarization optical fiber [J]. J. Lightw. Technol., 1991, 9(7): 817-820.

[15] K Okamoto. Single-polarization operation in highly birefringent op-tical fibers [J]. Appl. Opt., 1984, 23(15): 2638-2642.

[16] K S Chiang. Stress-induced birefringence fibers designed for single-polarization single-mode operation [J]. J. Lightw. Technol., 1989, 7(2): 436-441.

[17] S Saitoh, M Koshiba. Single-polarization single-mode photonic-crystal fibers [J]. IEEE Photon. Technol. Lett., 2003, 15(10): 1384-1386.

[18] H Kubota, S Kawanishi, S Koyanagi, et al. Absolutely single polarization photonic-crystal fiber [J]. IEEE Photon. Technol. Lett., 2004, 16(1): 182-184.

[19] A Ferrando, J J Miret. Single-polarization single-mode intra-band guidance in supersquare photonic-crystal fibers [J]. Appl. Phys. Lett., 2001, 78(21): 3184-3186.

[20] M Y Chen, R J Yu, A P Zhao. Highly birefringence rectangular lattice photonic-crystal fibres [J]. J. Opt., A Pure Appl. Opt., 2004, 6(10): 997-1000.

[21] T P White, B T Kuhlmey, R C McPhedran.

Multipole method for microstructured optical fibers. I. Formulation [J]. J. Opt. Soc. Amer. B,2002,19(10):2322-2330.

[22] B T Kuhlmey,T P White,G Renversez,et al. Multipole method for microstructured optical fibers. II. Implementation and results [J]. J. Opt. Soc. Amer. B,2002,19(10):2331-2340.

[23] M Koshiba,K Saitoh. Polarization-dependent confinement losses in actual holey fibers [J]. IEEE Photon. Technol. Lett.,2003,15(5):691-693.

[24] N A Issa,L Poladian. Vector wave expansion method for leaky modes of microstructured optical fibers [J]. J. Lightw. Technol.,2003,21(4):1005-1012.

Design of Defect-Core in Highly Birefringent Photonic Crystal Fibers with Anisotropic Claddings①

Mingyang Chen[1] Rongjin Yu[2]

(1. School of Science, Tianjin Polytechnic University, 300160 Tianjin, China;
2. School of Information Science and Engineering, Yanshan University, 066004 Qinhuangdao, China)

Abstract: The influence of defect-core on the birefringence and confinement losses of rectangular-lattice photonic crystal fibers are investigated numerically by applying the multipole method. Numerical results illustrate that the birefringence in such fibers is determined not only by the arrangement of air holes in the cladding but also the shape of the core. It is found that asymmetry of the core represented by its rectangular shape implies a higher effective index of the mode that is parallel with the longer side of the rectangle, whereas the anisotropic rectangular-lattice cladding gives rise to just the opposite effect and thus the resulting birefringence can be controlled by a proper combinations of both mechanisms. In particular, effect of the asymmetry of the core on the birefringence is dominant for shorter wavelength. Increased birefringence and reduced confinement loss can be achieved, if we form the core by the omission of several air holes in a row to reduce its negative effect on the birefringence. On the other hand, when asymmetry is increased in the other direction, a negative birefringence at shorter wavelength can be achieved. This occurs due to the fact that asymmetry of the core at higher frequencies overcomes the effect of the asymmetric cladding. As a result, its possible to achieve zero birefringence in anisotropic cladding photonic crystal fiber with an asymmetric core.

Key words: Birefringence; Photonic crystal fiber; Polarization

1 Introduction

In recent years, there has been a growing interest in photonic crystal fibers (PCFs) for their unique optical properties. PCFs are generally characterized by periodic arranged air holes that run throughout the length of the fibers. Generally, they can be divided into two classes according to their guiding mechanisms: one is index-guiding PCF, which guides light by the so called modified total-internal reflection; the other is photonic bandgap (PBG) fiber, periodic distributed air-hole in its cladding produces photonic bandgap and a designed defect

① Optics Communications, 2006, 258(2): 164-169.

in its center forms fiber core. Plenty of features have been explored for index-guiding PCFs, including broadband single-mode, dispersion, and birefringence, etc. Among the features, birefringence is one of the most interesting aspects of PCFs. Higher birefringence than conventional polarization maintaining fibres (PMFs) can be achieved by a deliberately introduced asymmetry in PCFs.

High birefringence in PCF lies in the high index contrast in the fiber, which is achieved by fabricating a PCF with cladding of a regular triangular lattice air holes and core formed by the omission of two adjacent air holes[1] or surrounded by two enlarged cladding holes at a reduced distance [2], or by designing two of the central air holes with different sizes [3,4]. Birefringence in the PCFs mentioned above is a local effect due to isolated variations in the lattice, generally adjacent to the core. Another technique is the introduction of novel design of lattice, such as elliptical-hole PCFs [5,6], rectangular-lattice PCFs[7] and PCFs with squeezed hexagonal lattice [8]. Birefringence in the PCFs is a global effect, due to the anisotropic property of the cladding. Such structures lead to novel behavior of birefringence, group-velocity walk-off, and dispersion parameters, including the possibility of zero walk-off with high birefringence in the single-mode regime [5].

To achieve high birefringence in an anisotropic cladding PCF, the difference of index distribution between the two polarized directions in the cladding must be very large. In other words, the difference between the effective cladding indexes of the two polarized states must be very large. This means that one of the directions should be composed of a denser distribution of air holes than the other one. For such a situation, please see Fig. 1 to get a more direct understanding. Similar situation can also be found in other highly birefringent PCFs with anisotropic claddings, for example, the direction paralleling to the shorter axis of the elliptical hole has higher air-filling fraction than the other direction. This situation arouses the problem of how to reduce the field leakage from the direction, because the space between the adjacent air holes is large. For example, light is easier to be leaked out from the x-direction due to a more sparse arrangement in the direction. Therefore, our main idea is to avoid leakage from the x-direction by deliberately tailoring the mode field in the core to extend in the x-direction; that is, designing a core with the longer side paralleling to x-direction. This is done by omitting several air holes in a row to form the core.

In this paper, the technique of omitting several air holes to form the defect-core for the purpose of reducing confinement losses in highly birefringent PCFs with anisotropic claddings is investigated; its found that the simple technique of forming defect-core by the omission of an air-hole in the center of PCF is not suitable from the idea of reducing confinement losses. Furthermore, its found the core shape not only affects the confinement losses but also the birefringence of PCFs. Reduced confinement loss with approximately the same or even higher birefringence in the fiber is possible by the appropriate selection of the core shape. Its also possible to achieve a kind of asymmetric core PCFs with zero birefringence by tailoring the core.

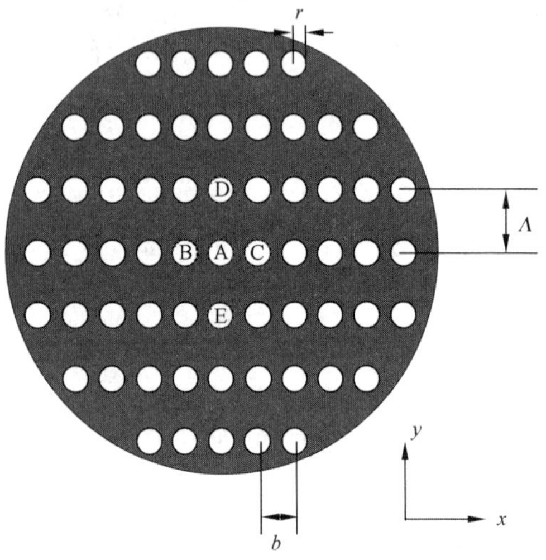

Fig. 1 Illustration of a RLPCF section.

2 Numerical results

Our investigation is based on the rectangular-lattice PCFs (RLPCFs) we put forward recently, general features such as: dispersion, birefringence has been presented in [7]. Fig. 1 illustrates a typical RLPCF, in which air holes are arranged in rectangular-lattice. Birefringence of the fiber is mainly due to the anisotropic properties of the cladding (the two lattice constants have different values). We have also explained the phenomenon through the divergence of the fundamental space filling mode of the periodic cladding [7]. This feature is fully different from the traditional polarization maintaining fibers, where the birefringence is due to the asymmetric or anisotropic properties of fiber core. The fibers are characterized by the air hole radius r, b and Λ which represents x- and y-directional lattice constants, respectively. We also define a coefficient $\eta = b/\Lambda$ to determine the asymmetry in the structure. In addition, the refractive index of the background silica is set as $n=1.45$. We only consider the case of $\eta<1$, since the $\eta>1$ case can be explained by exchanging x- and y-axis, i. e., by rotating the structure with 90°. The birefringence and confinement losses are analyzed through calculating the complex effective index of the fibers by the multipole method [9,10]. The relationship between the confinement loss L and the imaginary part of effective index $\Im(n_{\text{eff}})$ is given by the equation [9] $L = \frac{2\pi}{\ln(10)} \frac{2\pi}{\lambda} \Im(n_{\text{eff}})$, where λ is the operating wavelength. As confinement losses are wavelength dependent, for the convenience of discussion, we set the wavelength as $\lambda_0 = 1.55\ \mu\text{m}$ when we calculate confinement losses. As the effective index and birefringence of PCFs are only dependent on the relative structure size with wavelength, to emphasis that the results are general, we express numerical results in terms of the normalized frequency Λ/λ for birefringence. Whereas the confinement loss is expressed through the normalized hole-pitch Λ/λ_0.

We now consider the influence of the new designed core on the birefringence of the fiber. As can be seen from Fig. 1, if just one single air-hole is omitted, the core shape of the fiber is approximately a rectangle, with its longer side paralleling to the y-axis. We have already known that for a waveguide with a rectangular core, the fundamental mode of which is composed of two polarized modes, with its transverse electric field paralleled to the shorter and longer sides of the rectangle, respectively[12]. High birefringence is possible in a rectangular waveguide with strong asymmetry in the core and an appropriate selected core area (too large or too small core area will both lead to the reduction of birefringence). Furthermore, the y-polarized state has higher effective index than that of the x-polarized ones [11]. On the other hand, the effective cladding index of the x-polarized state is higher than that of the y-polarized state in a RLPCF. Therefore, rectangular shape of the core implies a higher effective index of the mode that is parallel with the longer side of the rectangle, whereas the anisotropic rectangular-lattice cladding gives rise to just the opposite effect and thus the resulting birefringence in the fibers can be controlled by proper combinations of both mechanisms. If the core can be optimized to reduce its birefringence, or even achieve positive birefringence as that of the cladding, increased birefringence in the fiber is possible. This requirement can be fulfilled by adopting the modified core proposed above.

In the following analysis, the parameters of the cladding are set as $\eta=0.60$, $r/\lambda=0.25$. Four kinds of cores, which are formed by the omission of different numbers of air holes in the center, are analyzed for comparison. For the convenience of statement, we name the corresponding fibers as Type 1 (omitting A), Type 2 (omitting A and B), Type 3 (omitting A, B and C).

As Fig. 2 (a) illustrates, Type 1 contains the largest confinement loss, whereas Type 2 leads to at least an order of reduction, and further reduction is achieved by Type 3. Compared with Type 1, Type 3 obtains about one to two order of reduction in confinement losses. This proves the effectiveness of confinement loss reduction in the proposed optical fiber types. The influence of proposed defect cores on the birefringence is also very significant, which is illustrated in Fig. 2(b). The birefringence of Type 2 is generally less than Type 1, this is because although the negative birefringence of the core is reduced at this time, the increased core area makes more field confined to the core, so the birefringence contributed by the cladding is also reduced. However, if stronger asymmetry is introduced to the core, the situation will change. This is demonstrated by the birefringence of Type 3. As Fig. 2(b) shows, mostly, Type 3 has a higher birefringence than Type 2; only at low frequency region, where more fields extend to the cladding, the two curves meet due to the reduced influence of the core. What is very significant is that, at the high frequency region, Type 3 can even contain birefringence higher than that of Type 1! It is obvious that if there are too many air holes omitted in a row, then the birefringence of the fiber is reduced due to an increased core area. Fig. 3 presents the field profile of the two polarized states for a RLPCF with $\Lambda/\lambda = 1$. The birefringence of the fiber is 2.45×10^{-3}, and the confinement losses of the x- and y-polarized modes are 2.6 and 0.72 dB/m, respectively. Obviously, the x-polarized state extends more fields to the cladding. Compared with Type 1, Type 3 has the merits of containing similar or even higher birefringence, about one or even two order of reduction in confinement loss, and enlarged core area, without increased configuration complexity. As the core area for Type 3 become more a square than a rectangle, the coupling of light would also be easier. Hence, the type would be more favorable to be fabricated for practical application.

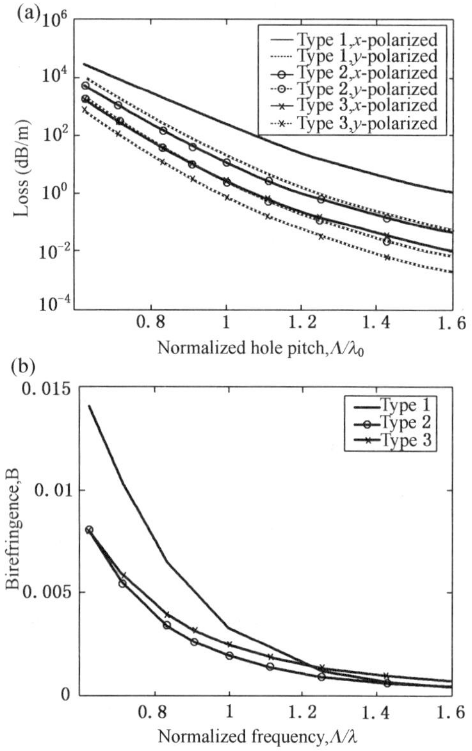

Fig. 2.　Confinement loss (a) and birefringence (b) in RLPCFs.

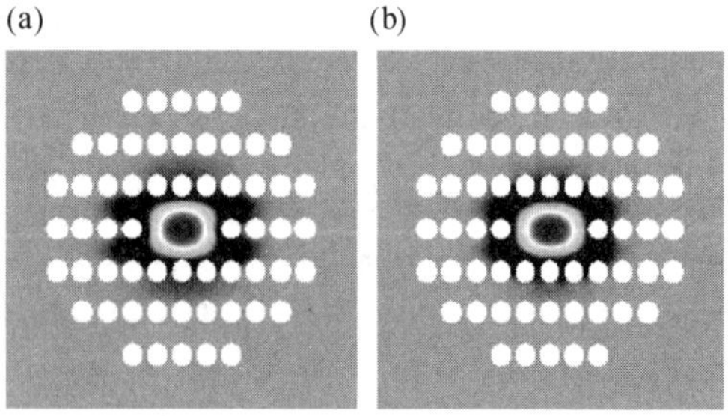

Fig. 3　Field profile of a RLPCF: (a) x-polarized mode and (b) y-polarized mode.

Another interesting phenomenon appears if we increase asymmetry in the core by omission of air holes in the y-direction. Two types of fibers are studied, which is named as Type 4 (omitting A and D) and Type 5 (omitting A, D and E). As the Fig. 4(a) illustrates, the birefringence is positive at first and changes its sign as the normalized frequency increases. To this end, it is interesting to point out that at the frequency at which birefringence vanishes both the cladding and the core of the fiber are asymmetric. This phenomenon can also be explained by the above theory: at longer wavelength, the asymmetric cladding dominates, whereas the asymmetric core dominates at short wavelength. The confinement losses of the two designs have no significant reduction compared with Type 1 as Fig. 4(b) shows, which also demonstrates that most of field leakage comes from the x-direction.

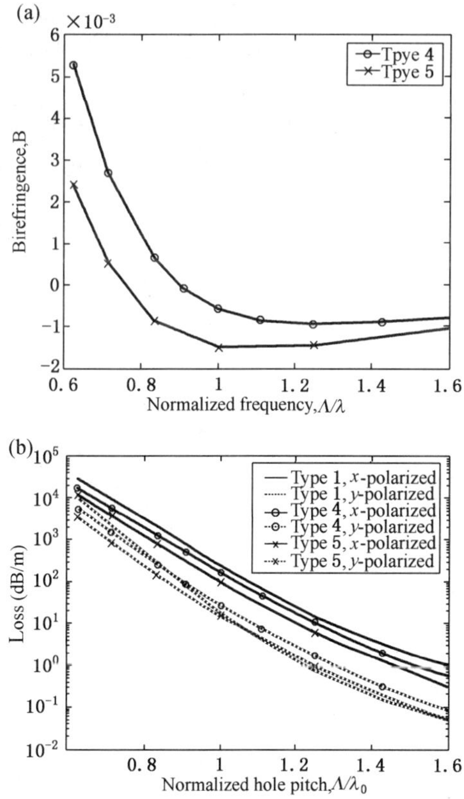

Fig. 4　Birefringence (a) and confinement loss (b) in RLPCFs.

For the simplicity of computation and analysis, the above analysis is based on configurations with relatively small number of air holes in the claddings, and hence, relatively poor confinement is displayed. Obviously, confinement loss in the fibers can be reduced by increasing air holes in the cladding.

3　Conclusion

In conclusion, It is found that asymmetry of the core represented by its rectangular shape implies a higher effective index of the mode that is parallel with the longer side of the rectangle whereas the anisotropic rectangular-lattice cladding gives rise to just the opposite effect. As a result, the technique of forming the defect core by the omission of several of air holes in the x-direction in highly birefringent PCFs with anisotropic claddings is presented to obtain reduced confinement losses and increased birefringence. On the other hand, increasing asymmetry in the y-direction (by omitting one or two holes in the y-direction) one can achieve negative birefringence which occurs due to the fact that asymmetry of the core for higher frequency overcomes the effect of the asymmetric cladding. Although the numerical analysis is performed only to the RLPCFs, the technique can also be applied to other PCFs with anisotropic cladding, such as elliptical-hole PCFs, as similar situation can also be found, due to the intrinsic properties of those fibers.

Acknowledgements

The authors are grateful to the referees for their helpful comments.

References

[1] T P Hansen, J Broeng, S E B Libori, et al. Highly Birefringent Index Guiding Photonic Crystal Fibers[J]. IEEE Photonics Technology Letters, 2004, 13(6): 588.

[2] S B Libori, J Broeng, E Knudsen, A Bjarklev, H R Simomsen. High－birefringent photonic crystal fiber[C]. Proc. Optical Fiber Conference(OFC), Vol. 54 of OSA Proceedings Series (Optical Society of America, Washington, D. C.), 2001: TuM2.

[3] Suzuki, Kazunori, Kubota, et al. Optical properties of a low-loss polarization-maintaining photonic crystal fiber-590[J]. EEE Photonics Technology Letters, 2004, 13(6): 588-590.

[4] A Ortigosa-Blanch, J C Knight, W J Wadsworth, et al. Highly birefringent photonic crystal fibers [J]. Optics Letters, 2000, 25 (18): 1325.

[5] M J Steel, R M Osgood. Polarization and Dispersive Properties of Elliptical-Hole Photonic Crystal Fibers [J]. Journal of Lightwave Technology, 2001, 19(4): 495.

[6] M Y Chen, R J Yu, A P Zhao. Highly birefringent rectangular lattice photonic crystal fibres[J]. Journal of Optics A Pure & Applied Optics, 2004, 6(6): 997.

[7] M Chen, R Yu, A Zhao. Polarization properties of rectangular lattice photonic crystal fibers[J]. Optics Communications, 2004, 241 (4-6): 365.

[8] L Zhang, C X Yang. Photonic crystal fibers with squeezed hexagonal lattice[J]. Optics Express, 2004, 12(11): 2371.

[9] T P White, B T Kuhlmey, R C Mcphedran, et al. Multipole method for microstructured optical fibers. I. Formulation[J]. Journal of the Optical Society of America B, 2003, 19 (10): 2322.

[10] B T Kuhlmey, T PWhite, G Renversez, et al. Multipole method for microstructured optical fibers. II. Implementation and results[J]. Journal of the Optical Society of America B, 2003, 19(10): 2331.

[11] M J Adams, An introduction to optical waveguides[M]. New York: John Wiley & sons, 1981.

[12] D Ferrarini, L Vincetti, M Zoboli, et al. Leakage properties of photonic crystal fibers [J]. Optics Express, 2002, 10 (23): 1314.

Polarization and Leakage Properties of Rectangular Lattice Photonic Crystal Fibres with Doped Cores①

Mingyang Chen[1,2] Rongjin Yu[2] Jun Zhou[1]
(1. Department of Optical Engineering, School of Mechanical Engineering, Jiangsu University, Zhenjiang 212013, Jiangsu Province, People's Republic of China;
2. School of Information Science and Engineering, Yanshan University, Qinhuangdao 066004, Hebei Province, People's Republic of China)

Abstract: Based on the analysis of birefringence and leakage properties in rectangular lattice photonic crystal fibres (RLPCFs), we present a simple technique of improving the optical properties of the fibres by the introduction of a doped core. The advantage of a doped core is firstly investigated by the comparison of the mode profiles of RLPCFs with a pure silica core, an additional air-hole in the core and a down-doped silica core. The influence of doping level on that of birefringence and leakage losses of the fibres is also explored. Our numerical simulation indicates, for PCFs with a anisotropic cladding, increased birefringence and reduced leakage losses can be obtained by a down-doped core. The proposed technique also has the merit of enlarging the mode field without the reduction of birefringence, therefore, coupling light to the fibre will become easier.

Key words: Photonic crystal fibres; Birefringence; Leakage loss

1 Introduction

High birefringence fibres or polarization maintaining fibres have been widely used for polarization control in fibre-optic sensors, precision optical instruments and optical communication systems. Recently, polarization properties of photonic crystal fibres with anisotropic claddings have been investigated [1-5]. Such structures lead to novel behaviour of very high birefringence, group-velocity walk-off, and dispersion parameters, including the possibility of zero walk-off with high birefringence in the single-mode regime [1,2]. These effects are closely tied to the underlying radiation modes of the anisotropic cladding.

Recently, we have reported the first analysis of rectangular lattice PCFs and the fabrication technique of the fibres by the stack-and-draw procedure has also been proposed [2,3]. The birefringence of rectangular lattice photonic crystal fibres (RLPCFs) is found to be due to the anisotropic property of the cladding, and in-

① Journal of Optics A: Pure and Applied Optics, 2007, 9(7): 577-580.

creased birefringence can be achieved by the reduction of the width and length ratio of rectangular lattice in the fibres. The high birefringence and the feasibility of its fabrication makes the configuration promising for practical applications. However, birefringence in the fibres decreases very fast with the normalized frequency Λ/λ, whereas the leakage loss decreases exponentially with the normalized frequency Λ/λ, where Λ is the length of the lattice and λ is the operating wavelength. Therefore, to obtain a high birefringence, we must use a large number of air-holes in the cladding in order to reduce the leakage loss of the fibre to be low enough. In some cases, fabricating a RLPCF with a relatively large Λ/λ should be more preferred, because the leakage losses of RLPCFs decrease very fast with the increase of Λ/λ, which means fewer air-holes in the cladding are needed to confine light in the core of the fibre. In addition, alarge Λ/λ value also has the merit of obtaining an enlarged core area of the fibre.

To increase the birefringence in the high frequency region, we apply therein a technique of doping the centre defect core in the fibre. We numerically investigated the impact of doping levels on the birefringence and leakage losses of RLPCFs.

2 Results and discussion

The fibres considered here are characterized by parameters illustrated in figure 1. The fibres are characterized by the air-hole radius r, the length of the lattice Λ and the width of the lattice b; and the ratio of the length and width of the lattice is defined as $\eta = b/\Lambda$. The η considered here is fixed at 0.6, and the air-hole radius is fixed at $r = 0.25\Lambda$. In addition, the refractive index of the background silica is set as $n_c = 1.45$. The index of the doped core is denoted by n_0. As confinement losses are wavelength-dependent, for the convenience of discussion, we set the wavelength at $\lambda_0 = 1.55\ \mu m$ for leakage loss calculation, and the confinement loss is expressed through the normalized hole pitch Λ/λ_0. Because the effective index and birefringence of PCFs are dependent on the relative structure size in wavelength, to emphasize that the results are general ones, we express numerical results in terms of the normalized frequency $v = \omega\Lambda/(2\pi c) = \Lambda/\lambda$ for the effective index and birefringence. We consider here a fibre with air-hole arrangement as illustrated in Figure 1. The influence of the numbers of air-holes in the cladding on that of birefringence and confinement losses of the fibre has been explored in detail in [3]. We applied the multipole method [6,7] to calculate the birefringence and also the leakage losses of the fibres. The birefringence of the fibre is defined as $B = n_{eff,x} - n_{eff,y}$, where $n_{eff,x}$ and $n_{eff,y}$ are the effective indexes of the x- and y-polarized states, respectively. The leakage losses of the fibre are analysed through the calculation of the complex effective index of the fibres. The relationship of loss L and the imaginary part of the effective index, Im (n_{eff}), is given by the equation [6] $L=\frac{20}{\ln(10)}\frac{2\pi}{\lambda}\mathrm{Im}(n_{eff})$.

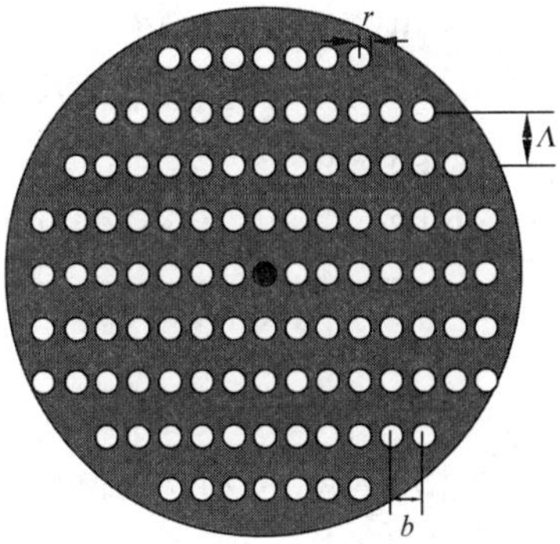

Figure 1　Illustration of a RLPCF section. The grey region represents pure silica and the white region represents an air-hole; the dark area in the centre represents doped core.

We start our analysis from the birefringence and confinement losses of a RLPCF with a pure silica core. Figure 2 illustrates the calculated birefringence and confinement losses of a RLPCF with normalized air-hole radius $r/\Lambda=0.25$. As can be seen from the figure, the birefringence of the fibre decreases very fast with the normalized frequency Λ/λ, and the leakage loss decreases exponentially with the normalized frequency Λ/λ. It should also be noted that, at high frequency, the reduction ratio of confinement loss with the increase of the numbers of air-holes increases [1-3]. That is to say, at high frequency fewer air-holes in the cladding are needed to reduce leakage losses to acceptable values.

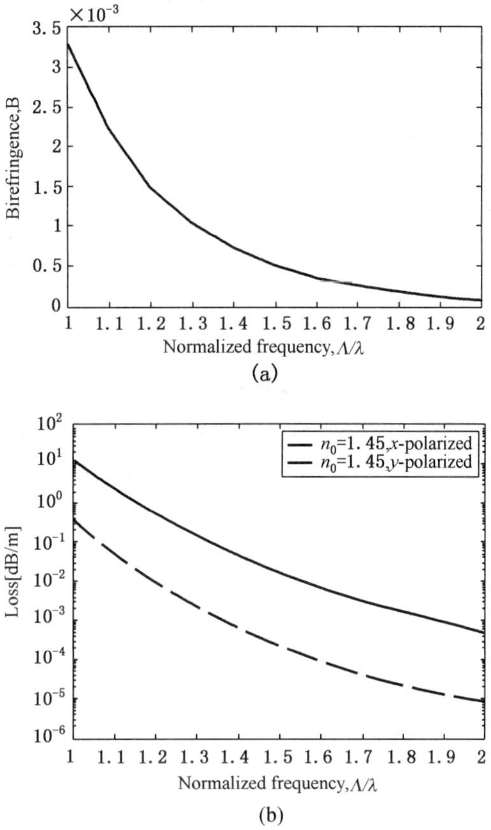

Figure 2　Birefringence (a) and confinement loss (b) of a RLPCF with $r/\Lambda=0.25$, $\eta=0.60$ and a pure silica core.

Based on the above analysis, we found that, for a RLPCF with a selected normalized air-hole radius and air-cladding arrangement, it is more suitable to move the operating frequency to higher frequency to reduce the confinement loss of the fibre. In addition, due to the enlarged core area and mode field, the coupling of light to the fibre will be easier.

There are two main problems accompanying the idea presented above. Firstly, as Figure 2 shows, the birefringence of the fibre reduces very fast with the increase of the normalized frequency. Since birefringence in a fibre is an important parameter for a polarization-maintaining fibre, the optimized configuration should not reduce, or should at least maintain the birefringence of the original fibre. In fact, it seems there is always a contradiction between a high birefringence and a large core area. Secondly, increasing the normalized frequency will increase the core area of the fibre, which, in turn, may lead to the appearance of higher-order modes in the fibre.

Reference [4] has discussed the technique of resolving the problems by introducing a small air-hole in the centre of the core. As the air-hole is introduced where the field of the mode is most strong, the field is pushed from the centre and extends to the cladding, so increased birefringence is obtained. However, the introduction of the air-hole in the centre deforms the field of the polarized mode. Therefore, the splicing loss of the fibre with the other fibres (both conventional optical fibres and PCFs) would be larger, due to the very strong mode mismatch between the two fibres.

Recently, a photonic crystal fibre, the core of which is doped with fluorine, has been designed and fabricated [8]. The fibre is designed such that the effective refractive index of the cladding matches the core index at an anti-guiding wavelength, below which the fibre does not guide light at all. In this paper, we present a similar technique of replacing the original defect core with a doped core. By this method, we realized the idea, while avoiding the problems occurred by the introduction of air-holes in the centre.

Technically, silica can be down-doped (for example, doped with fluorine) with the index variation (Δn) of doped silica reaching about 2%, although a large refractive index variation in the core may be more preferred. Here we consider a doped core with the radius r_0 the same as that of air-holes in the cladding, and the index is set as $n_0=1.44$ and 1.43, respectively.

Figure 3 illustrates the transverse electronic field profiles of several RLPCFs. For simplicity, we draw only the field profiles of x-polarized modes. Figure 3(a) shows the field profiles of a RLPCF with a pure silica core. If a small air-hole is inserted into the centre of the core, the field is deformed, as can be seen from Figure 3(b). In fact, if the size of the centre air-hole is increased further, the mode field will be eventually split to form a high-order mode with two peaks. The mode field is pushed out of the centre of the core to accord with the boundary condition due to the influence of the air-hole in the centre. This will be a drawback when light needs to be coupled to/from the fibre. If a doped core is introduced, the situation is different, as Figure 3(c) illustrates. The mode profiles of the fibre are very similar with those of RLPCFs with a pure silica core. This is because the index contrast of the two materials is small, whereas the index contrast of air and silica is considerably larger ($\Delta n \approx 31\%$).

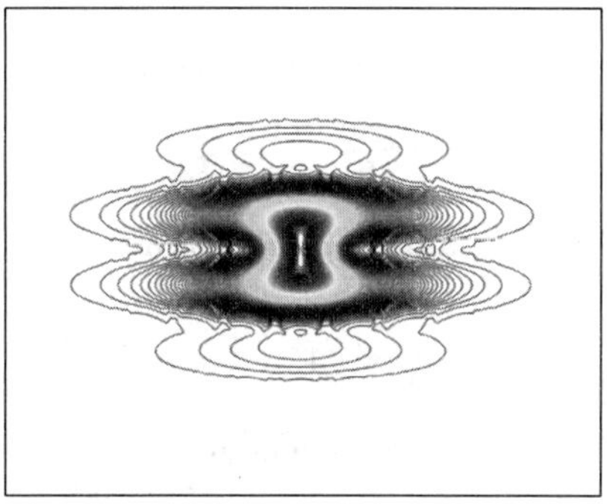

(a)

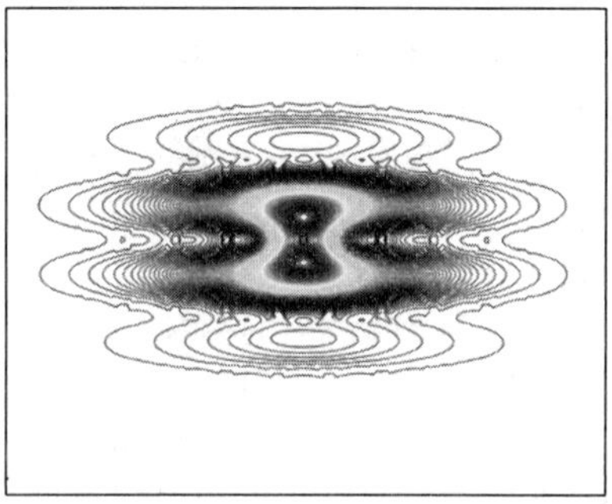

(b)

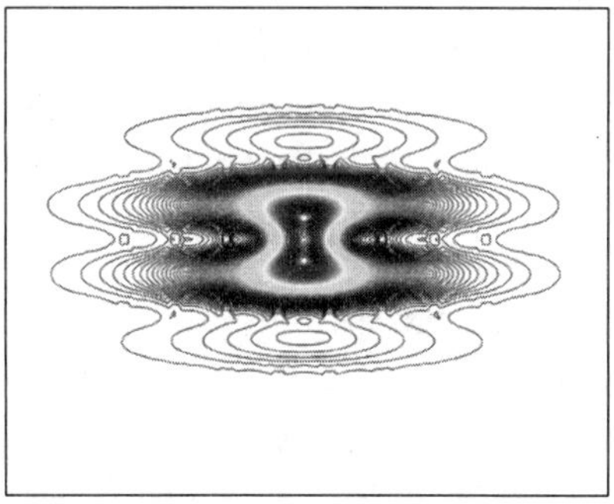

(c)

Figure 3 x-polarized field profiles of RLPCFs with $\Lambda/\lambda = 1.4$ and $\eta = 0.6$ and a pure silica core (a), a small air-core with core size $r_0 = 0.06$ (b) and doped core with $n_0 = 1.43$(c).

The birefringence and confinement losses of the fibres are illustrated in Figure 4. As the figure illustrates, the birefringence of the fibre increases very fast with the increase of the index variation. Increased birefringence in the fibres is due to the fact that more light is extending into the cladding. At short wavelength the increase of the birefringence is very large compared with RLPCF with a pure silica core, which is inconsistent with what we have expected. In fact, even for a RLPCF with a core index $n_d = 1.44$, the birefringence of the fibre is at least doubled compared with the RLPCF with a pure silica core for $\Lambda/\lambda > 1.4$. Next, we take a look at the confinement losses of the fibres. The confinement losses of the fibre increase with the increase of index variation of the doped core, as a result of reduced cladding and core index difference and more field extending into the cladding. However, this increase is not as significant as that of the birefringence. For example, we can take a undoped fibre with $\Lambda/\lambda_0 = 1.28$ and a doped fibre with $n_0 = 1.43$, and $\Lambda/\lambda_0 = 2.0$ for comparison. The birefringence of the two fibres is the same, with $B = 1.1 \times 10^{-3}$, and the confinement losses of the two fibres are $L_x = 0.21$ dB m^{-1}, $L_y = 3.5 \times 10^{-3}$ dB m^{-1}, and $L_x = 0.012$ dB m^{-1}, $L_y = 2.7 \times 10^{-4}$ dB m^{-1}, respectively, where L_x, L_y represent, respectively, the confinement losses of x- and y-polarized states of the fundamental mode. The reduction ratio is about 17 for x-polarized mode. The field areas of x- and y-polarized states are also increased, because the hole pitch is increased.

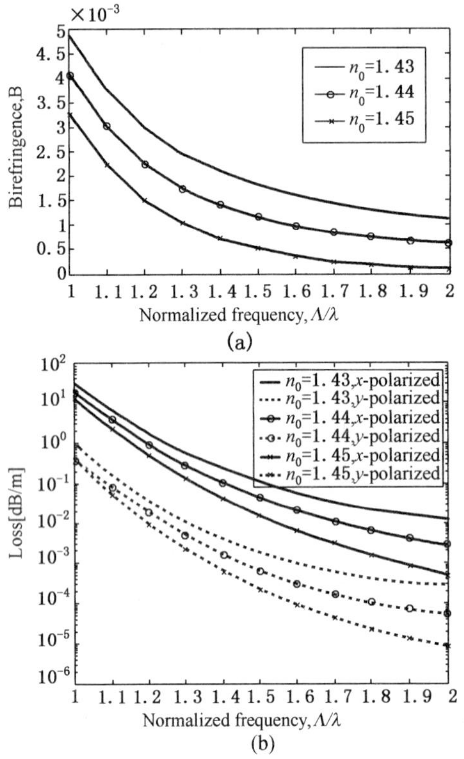

Figure 4　Birefringence (a) and confinement losses of RLPCFs with $\eta=0.6$.

3　Conclusions

In conclusion, our numerical simulation proves that, for PCFs with anisotropic claddings, it is possible to obtain an increased birefringence by doping, while maintaining or even reducing the leakage loss by increasing the hole pitch of the fibre. The technique eliminates the disadvantage of deforming the mode field by the introduction of a small air-hole core. The mode field of the fibre is also increased. All these will make the splicing of the fibre easier. Since the birefringence of the fibre is due to the anisotropic cladding, this technique should not be limited to RLPCFs and applying the technique to other PCFs with anisotropic claddings should also be very straightforward and efficient.

Acknowledgments

This work is supported by the Senior Talent Foundation of Jiangsu University, China, under project grant nos. 06JDG062 and 04JDG041, and the National Natural Science Foundation of China under grant No. 10574058.

References

[1] Steel M J, Osgood R M. Elliptical-hole photonic crystal fibers[J]. Optics Letters, 2001, 26(4): 229.

[2] M Y Chen, R J Yu, A P Zhao. Highly birefringent rectangular lattice photonic crystal fibres[J]. Journal of Optics A Pure & Applied Optics, 2004, 6(6): 997.

[3] M Y Chen, R J Yu, A P Zhao. Confinement Losses and Optimization inRectangular-Lattice Photonic-Crystal Fibers[J]. Journal of Lightwave Technology, 2005, 23(9): 2707.

[4] D Mogilevtsev, J Broeng, S E Barkou, et al. Design of polarization-preserving photonic crystal fibres with elliptical pores[J]. Journal of Optics A Pure & Applied Optics, 2001, 3(6): S141.

[5] L Zhang, C X Yang. Photonic crystal fibers with squeezed hexagonal lattice[J]. Optics Express, 2004, 12(11): 2371.

[6] CUDOS MOF utilities available online: http://www.physics.usyd.edu.au/cudos/mofsoftware/

[7] T P White, B T Kuhlmey, R C Mcphedran, et al. Multipole method for microstructured optical fibers. I. Formulation[J]. Journal of the Optical Society of America B, 2003, 19(10): 2322.

[8] B J Mangan, J Arriaga, T A Birks, et al. Fundamental-mode cutoff in a photonic crystal fiber with a depressed-index core[J]. Optics Letters, 2001, 26(19): 1469.

Numerical Simulation and Analysis of Losses in Air-Core Plastic Photonic Bandgap Fibers①

Tieshan Guan(关铁山) Mingyang Chen(陈明阳) Zhilong Zhang(张志龙)
Rongjin Yu(于荣金)
(School of Information Science and Engineering, Yanshan University,
Qinhuangdao 066004)

Abstract: The loss properties of air-core plastic photonic bandgap fibers are analyzed by multipole method. Despite the relatively large absorption loss of plastics (PMMA), the contribution of material absorption loss can be reduced significantly through appropriate selection of operating wavelength, number of cladding air-hole rings, radius of air-core, and position of photonic band gap. The transmission loss in this type of fiber can be decreased by an order of magnitude in comparison with that of conventional plastic optical fiber.

PMMA (polymethyl methacrylate) plastic optical fiber (POP) is a low-cost, easy-to-use, flexible data transmission medium. It is especially well suited to short distance, high connector-density systems such as LANs[1]. Compared with silica optical fiber, PMMA POF has larger material absorption loss. The loss limit of PMMA POF at 650 nm wavelengh is about 100 dB/km. The total transmission loss of practical PMMA optical fiber is mostly between 150 and 180 dB/km[2].

An effective approach that reduces the loss of optical fiber with PMMA core is substituting the hydrogen in C—H bond with deuterium, i. e., all-deuterated PMMA (PMMA-d8) core fiber. The losses of PMMA-d8-core fibers can be reduced to 20 dB/km at the wavelength of 680 nm, but interest in deuterated polymers is limited due to the prohibitive material costs. Photonic crystal fibers (PCF) provide a new approach to solve the problem. Photonic bandgap fibers guide light by the photonic bandgap effect and confine light to the air-core of the fiber. If the band gap occurs at $\beta/k_0<1$, where β is propagation constant, and k_0 is the free space wave number, it is possible to transmit light in the air-core of the optical fiber. So most of the light energy can propagate in the central air core, and then it is possible to reduce the material absorption loss significantly.

The cross section of an optical fiber analyzed by this paper is shown in Fig. 1. The air-core of the fiber is formed by re-

① Chinese Optics Letters, 2005, 3(6): 313-315.

placing the inner seven air cylinders (type 1) or 19 air cylinders (type 2) in a triangular lattice with a larger air cylinder. The cross section of type 1 and type 2 is the same except the core radius. N is defined as the number of cladding rings ($N=4$ in the Fig. 1). Because the air-core defect in type 2 is bigger, lower transmission loss can be obtained and so type 2 is preferential here. Its basic parameters are: the radius of the central air-core defect $r_c=2.1\Lambda$ and the radius of the air hole in cladding $r_0=0.47\Lambda$, where Λ is the center-to-center distance between the two nearest air holes in the cladding, and normalized frequency $k_0\Lambda=9.95$. The index of PMMA takes the value 1.49. The band gap formed by this structure is shown in Fig. 2, where $k=2\pi/\lambda$.

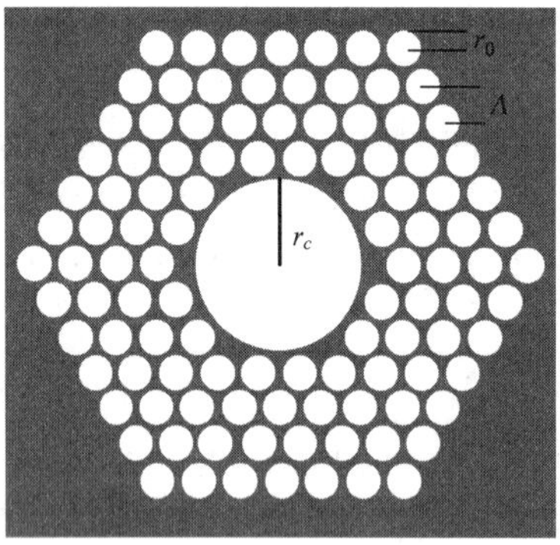

Fig. 1 Cross section of an air-core photonic crystal fibers.

Multipole method used by this paper is a new numerical approach developed by White and Kuhlmey[3,4]. According to group theory[5], the symmetry operation of the PCF forms a C_{6v} point group, as a result, the guided modes can be divided into eight classes. And they have four non-degenerate and four degenerate modes. The relationship between the mode classes and the distribution of z component of Poynting vector is analyzed in Ref. [6]. The results indicate that the degenerate class modes 3 and 4 resemble the fundamental HE_{11} mode of conventional step-index fiber, and the losses of the two class modes are relatively lower than the others. So only these two class modes are discussed in this paper.

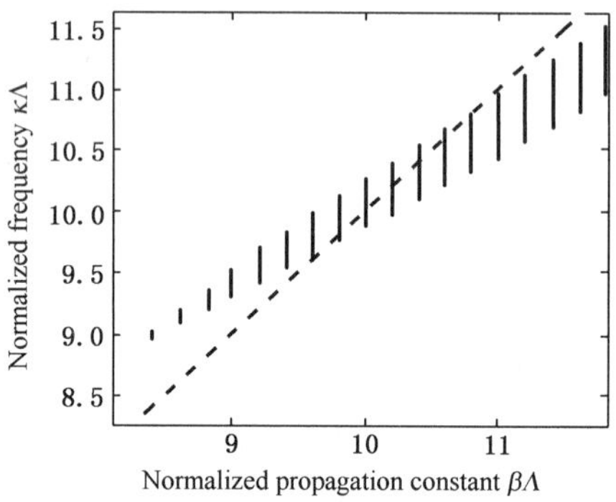

Fig. 2 The band gap diagram of triangular structure with $r_0/\Lambda=0.47$, solid lines show band gaps at a fixed $\beta\Lambda$, dotted line is air line ($n=1$).

Firstly, we ignore the material loss and calculate the influence of number of rings N on the leakage loss. Air-core photonic crystal fiber with N and its leakage loss have following relation[7]

$$L_{\text{leak}}=Ca^{N}, \tag{1}$$

where a is a constant depending on concrete structure and mode, and C is also a constant. According to Fig. 1, after calculating and fitting data, we have $a=0.141033$, $C=4.6093\times10^{7}$. Figure 3 illustrates this relation. The solid circles indicate the actual computation results, and the dashed line is the approximation curve calculated by Eq. (1). We find that the exponential approximation is satisfactory. In the vicinity of wavelengths of 650 and 780 nm for transmission window of PMMA fiber, where we set material loss to be 100 and 800 dB/km[1], respectively, the leakage losses of class 3 and 4 can drop below 1 dB/km for $N \geqslant 9$. Of course, this value is calculated for an ideal PCF, i. e., without any air-hole deformation or fiber nonuniformity, so it can be regarded as a lower limit for the propagation loss in a particular PCF.

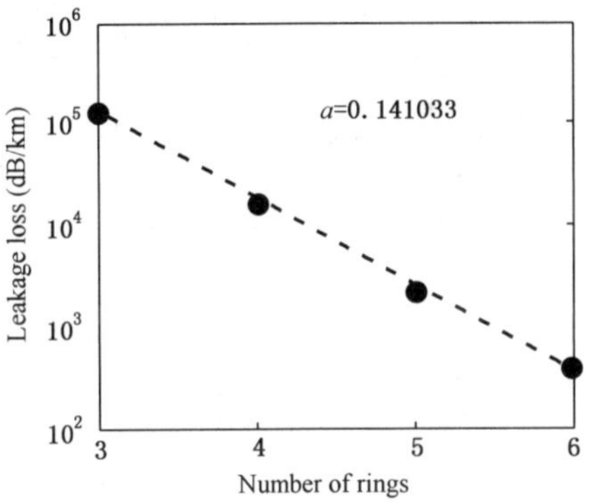

Fig. 3 Variation of leakage loss of an air-core PCF with the number of air hole rings in the cladding.

In air-core PCF, some parts of light propagate directly in the air-core, and some will be absorbed and leaked through transverse cladding. Total loss (L_{total}) depends on the structure of cladding (especially the number of air-hole rings of cladding) and the cladding material. We use the term $L_{leak}\alpha$ to denote the leakage loss related only to the structure of fiber cladding, and $L_{abs}\alpha$ to represent the absorption loss related to material, where L_{abs} denotes the absorption loss of the host bulk material (PMMA), α is the percentage of optical field propagating in the host material. Then we have

$$L_{total} = L_{leak} + L_{abs}\alpha. \qquad (2)$$

Once the structure of fiber (N) is fixed, L_{leak} in Eq. (2) is also determined. So α can be achieved via calculating the variation of L_{total} with different L_{abs}. Figures 4 and 5 depict the curves of the total loss as a function of material loss with $N=4$ and $N=5$. We can know from two figures that once the leakage loss is decided, the total loss has linear dependence with material loss and the linear coefficient α. Of course α is commonly different for different fiber structures and different guided modes. For the type 2 structure, we got the same result: $\alpha \approx 0.0297$ for $N=4$ and $N=5$. In fact, we find the number of tings N has little influence on the value of α for $N \geqslant 2$, that is to say, the increasing N has little influence on the percentage of optical field in the PMMA medium.

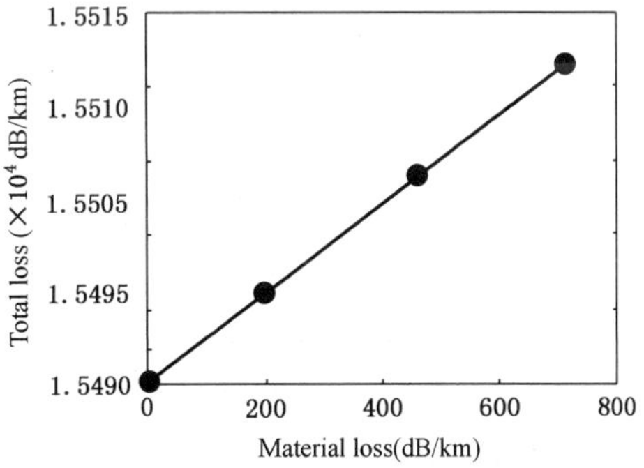

Fig. 4 Variation of total loss in an air-core PCF ($N=4$) with the material loss in PMMA.

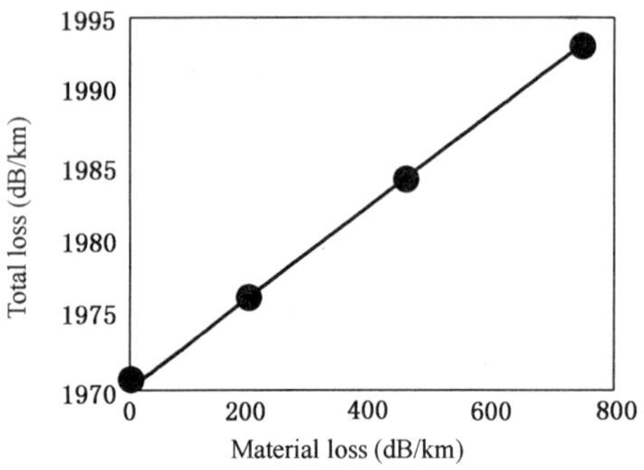

Fig. 5 Variation of total loss in an air-core PCF (N=5) with the material loss in PMMA.

Assuming that the material loss of PMMA is 100 dB/km at the wavelength of 650 nm, the absorption loss of the PCF should be $100\alpha = 2.97$ dB/km. The leakage loss can drop below 1 dB/km for $N \geqslant 9$, hence the total loss should be below 10 dB/km. If the wavelength is 780 nm, and the material loss is set as 800 dB/km, then its absorption loss is 23.8 dB/km. In this way, the request of middle-short distance data transmission can be satisfied at these two wavelengths. Leakage loss is far smaller than the loss brought by the material loss of PMMA for $N \geqslant 9$, so $N=9$ is large enough for this structure. The increase of N only adds additional complexity of the fiber structure and has no contribution on decreasing the transmission loss of this kind of fiber.

In the above calculation, we focus on the result of only one frequency point for type 2. In the following, we will analyze how α for types 1 and 2 varies with frequency (corresponding to different positions in band gap), the core radius of type 1 analyzed here is taken as 1.262Λ, the result can be seen in Fig. 6. It follows that $\alpha_{\text{type 1}}$ is much larger than $\alpha_{\text{type 2}}$. As the core radius of the fiber increases, the part of light propagating in cladding becomes smaller, so α becomes smaller. The value of α of type 2 will also vary with frequency position in band gap (see Fig. 7). Figure 8 shows the variation of L_{leak} and α for type 2 with normalized frequency. From Figs. 6, 7, and 8, it can be concluded that when the frequency point is in the vicinity of the center of the band gap, α is relatively smaller, and the variation of α curve is smoother, L_{leak} is also smaller.

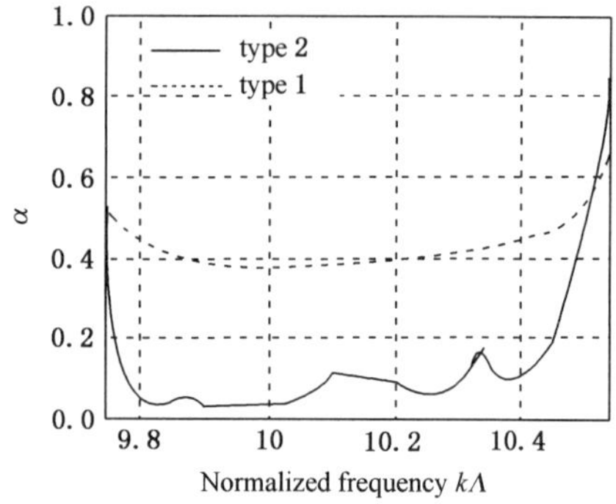

Fig. 6 The variation of α with normalized frequency $k\Lambda$ for air-core PCFs of type 1 and type 2.

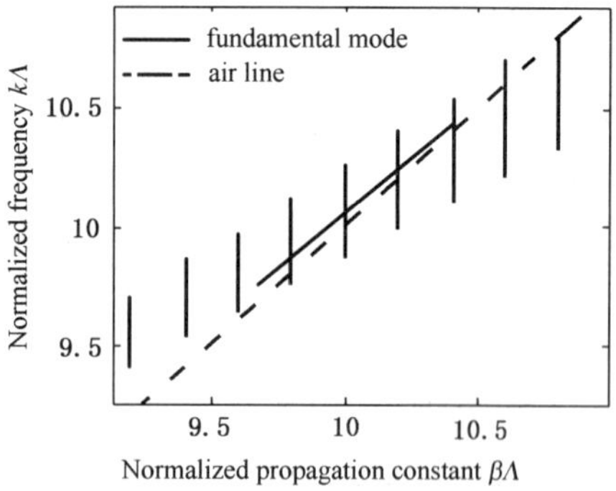

Fig. 7 Illustration of fundamental-mode normalized frequency $k\Lambda$ in band gap of triangular structure with $r_0/\Lambda=0.47$.

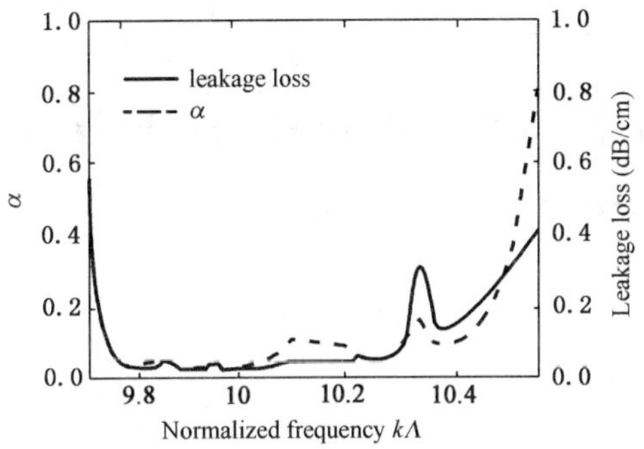

Fig. 8　Variation of leakage loss and α with normalized frequency $k\Lambda$ for air-core PCF of type 2.

As the frequency points of mode approaching the edge of band gap, α increases, and so does L_{leak}. The variational rules of both α and L_{leak} are similar. The reason is that when normalized frequency is in the vicinity of the center in band gap, the capability of a cladding to confine light is much stronger, so the majority of light is confined in the air core. But as the normalized frequency point is approaching the edge of band gap, the confinement becomes weaker. As a result, the percentage of light propagating in cladding increases, and α and L_{leak} also increases.

In conclusion, the loss properties of air-core PMMA photonic bandgap fiber are analyzed by using multipole method. The numerical results show that the leakage loss of the fiber becomes smaller as the number of air-hole rings in cladding increases; its transmission loss mainly depends on the material absorption loss once the leakage loss is small enough; and the material absorption loss has different effects on the transmission loss as the frequency is in different positions in band gap. So reasonable design can not only increase the transmission distance but also make it possible to transmit beam in wider waveband where material loss is larger, which will significantly extend the useful frequency range of PMMA optical fiber.

This work was supported by the National Natural Science Foundation of China under Grant No. 60444003. T. Guan's e-mail address is guanrichy@163. com.

References

[1] 于荣金. 塑料通信光纤[J]. 光电子・激光, 2002, 13(3): 315.

[2] Zheng Shilie, Zhang Xianmin, Chen Kangsheng. Far Field Pattern and Differential Mode Attenuation of POF[J]. Acta Photonica Sinica, 2003, 32(12): 1434.

[3] T P White, B T Kuhlmey, R C Mcphedran, et al. Multipole method for microstructured optical fibers. I. Formulation[J]. Journal of the Optical Society of America B, 2003, 19(10): 2322.

[4] B T Kuhlmey, T PWhite, G Renversez, et al. Multipole method for microstructured optical fibers. II. Implementation and results[J]. Journal of the Optical Society of America B, 2003, 19(10): 2331.

[5] P R Mcisaac. Symmetry-Induced Modal Characteristics of Uniform Waveguides-I: Summary of Results[J]. IEEE Transactions on Microwave Theory & Techniques, 1974, MT23(5): 421.

[6] Y Xu, A Yariv. Loss analysis of air-core photonic crystal fibers[J]. Optics Letters, 2003, 28(20): 1885.

[7] Y Xu, A Yariv, J Fleming, et al. Asymptotic analysis of silicon based Bragg fibers[J]. Optics Express, 2003, 11(9): 1039.

Optical and Mechanical Properties of Hollow-Core Fibers with Cobweb Cladding Structure

Mingyang Chen(陈明阳)[1] Rongjin Yu(于荣金)[1] Zhenguo Tian(田振国)[2]
Xiangzhong Bai(白象忠)[2]
(1. School of Information Science and Engineering,
Yanshan University, Qinhuangdao 066004;
2. School of Architectural Engineering and Mechanics,
Yanshan University, Qinhuangdao 066004)

Abstract: This paper explores the possibility of realizing a hollow-core optical fiber, whose cladding is composed of cylindrical alternating layers of air and high-index material with supporting structure. The optical properties and the design criteria of the proposed fiber are evaluated by the compact two-dimensional (2D) finite-difference time-domain (FDTD) method. In particular, the influence of the number and width of supporting strips on the leakage loss of the fiber is investigated. Furthermore, the mechanical performances of the fiber are estimated by finite-element method, confirming that hollow-core fibers with a reasonable size and number of supporting strips are reliable.

The air-core optical fibers can be generally classified into two types: photonic crystal fibers and Bragg fibers[1]. Recently, there is a novel class of Bragg fiber, "OmniGuide" fiber with a hollow core, which uses a multilayer cladding that exhibits omnidirectional reflection in the planar limit[2-7]. By creating an omnidirectional dielectric mirror from materials with sufficiently different indices of refraction, they open up a full photonic bandgap. This gives dielectric mirrors omnidirectional reflectivity (efficient reflection for all angles of incidence) for a wide band of wavelengths with very low absorption. However, the main difficulty of realizing the structures is the lack of two materials with a larger index contrast, a lower absorption loss, similar thermal and mechanical properties, along with compatible processing technology. In this letter we present a cobweb cladding structure, which uses a single dielectric material and may solve the problem of structural support.

The structure we put forward is illustrated in Fig. 1. The structure parameters are: n_1 ($=1$), n_2, d_1, d_2, Λ, r_{co}, N, m and W_s. N is the number of alternating layers, r_{co} is the radius of the hollow-

① Chinese Optics Letters, 2006, 4(2): 63-65.

core, m and W_s are the number and width of the supporting strips, respectively. The supporting strips are always symmetric in the cross-section and use the same dielectric material as alternating layers. The dielectric material here is selected as a polymer (PMMA), although other materials also can be applied.

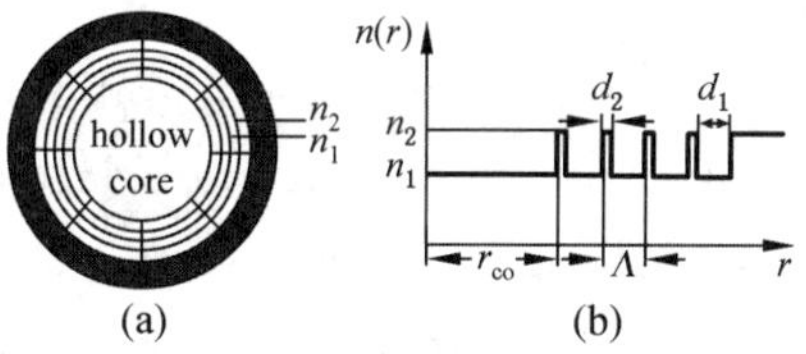

Fig. 1 Hollow-core fiber with cobweb cladding structure.

Firstly, a hollow-core omnidirectional reflection Bragg fiber with and without supporting structure is analyzed with the following parameters: $n_1=1$, $n_2=1.49$ (refractive index of PMMA), $d_1=0.80$ μm, $d_2=0.25$ μm, $\Lambda=d_1+d_2=1.05$ μm, $r_{co}=10$ μm, $N=4$, and operating wavelength $\lambda=0.77$ μm (one of lower loss windows for PMMA). The field profile of transverse electric field for the Bragg fiber without supporting structure, which is obtained by applying the two-dimensional (2D) finite-difference time-domain (FDTD) method[8], is illustrated in Fig. 2(a). As the figure illustrates, the field is well confined. If supporting structures are introduced ($W_s=0.25$ μm, $m=8$ and 12, respectively), the field profiles are slightly deformed, as shown in Figs. 2(b) and (c). However, most of field is still confined in the core of the fiber.

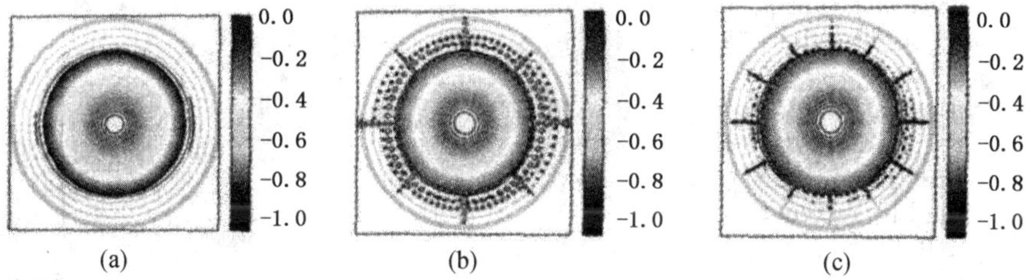

Fig. 2 Transverse field profiles of hollow-core omnidirectional reflection Bragg fibers without supporting structure (a), with supporting structures of $W_s=0.25$ μm, $m=8$ (b) and $W_s=0.25$ μm, $m=12$ (c).

Secondly, cobweb-cladding structure is also suitable for the fiber based on antiresonant reflecting guidance mechanism[9]. The configuration would be more favorable, because the high-index layers can be thicker and the spectral properties are not particularly sensitive to the period of the cladding layers. Thus the fabrication is easier to be realized. Antiresonant reflection for a gevien optical wavelength ($\lambda=0.77$ μm) reaches the maximum value for the possible thicknesses (d_2) of the high-index layer (n_2) that satisfy the following condition[9]

$$d_2=\frac{\lambda(2l+1)}{4n_1\left[\left(\frac{n_2}{n_1}\right)^2-1\right]^{\frac{1}{2}}}, l=0,1,2,\cdots.$$

For $\lambda=0.77$ μm, $n_1=1$, and $n_2=1.49$, $d_2=0.174, 0.523, 0.871, \cdots, 2.266$ μm($l=0,1,2,\cdots,6$).

Thus, the configuration parameters

are selected to be $n_1=1$, $n_2=1.49$, $d_1=1.50\ \mu m$, $d_2=2.266\ \mu m$, $\Lambda=d_1+d_2=3.766\ \mu m$, $r_{co}=10\ \mu m$, and $N=4$. To check whether the parameters above meet the requirement for the validity of the antiresonant reflecting optical waveguide model, we evaluate $\lambda=2d_2(n_2^2-n_1^2)^{\frac{1}{2}}=5\ \mu m$ using our parameters. This result shows that at shorter wavelength (0.77 μm) than 5 μm, the fundamental mode is very well confined by the antiresonant reflecting optical waveguide mechanism. The field profile of transverse electric field for antiresonant reflecting guidance fiber without supporting structure is illustrated in Fig. 3 (a). If supporting structures are introduced ($m=8$, $W_s=0.25$ and 0.567 μm, respectively), the field profiles are illustrated in Figs. 3(b) and (c). As can be seen by comparison between Fig. 3(b) and Fig. 2(b), the field leakage due to the introduction of supporting structure is stronger than that of omniguide Bragg fiber. However, the leakage can be reduced by increasing the number of alternating layers (N) for the antiresonant reflecting configuration, because as a rule, the leakage rate decreases with increasing the number of cladding layers. The leakage of Fig. 3(c), due to width (0.567 μm) of the supporting strips to be larger in comparison with $\lambda=0.77\ \mu m$, is obviously larger.

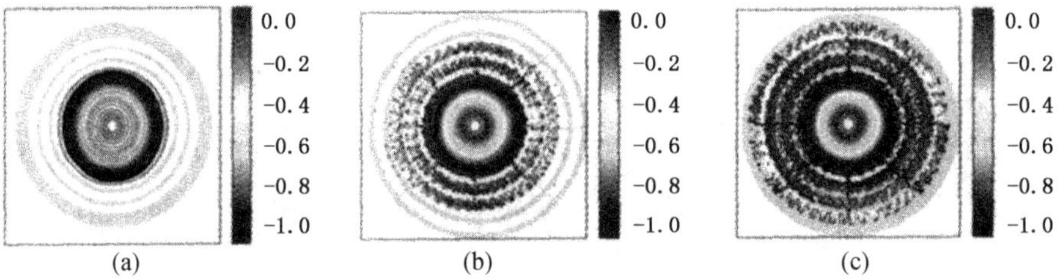

Fig. 3　Transverse field profiles of antiresonant reflecting guidance fibers without supporting structure (a), with supporting structures of $m=8$, $W_s=0.25$ μm(b) and $m=8$, $W_s=0.567$ μm (c).

The number and width of supporting strips should be as small as possible, as long as the structures meet the requirements of mechanical stability. Generally, $m=6\sim12$, and $W_s=\lambda/3\sim\lambda/30$, where λ is operating wavelength of the fibers.

The mechanical properties of hollow-core fibers with cobweb cladding structure are analyzed by the finite-element method. Structural parameters of the hollow-core fibers with cobweb cladding structure are $n_1=1$, $n_2=1.49$, $d_1=2\ \mu m$, $d_2=0.23\ \mu m$, $r_{co}=10\ \mu m$, $N=5$, $m=12$, $W_s=0.23$ or 0.046 μm, and outer cladding diameter $D_0=100\ \mu m$. The material is PMMA, whose elastic modulus, Poisson ratio, and yield limit are 3.1GPa, 0.33, and 61 MPa, respectively. The length of the fiber, $l=2500\ \mu m$, is taken. The displacement load on the fiber is imposed at different radii of curvature. The relationship of maximum principal stress on the cross-section with the radius of curvature after load is illustrated in Fig. 4 (a), for which the simulation is realized using ANSYS 5.7 software. As shown in Fig. 4(a), when the radius of curvature is $\rho=3$ mm, the stress reaches the yield limit of the material (PMMA). If the radius of curvature is fixed, $\rho=20$ mm, under otherwise equal conditions, when outer cladding diameter changes, the relationship of maximum principal stress on the cross-section with the outer diameter is illustrated in Fig. 4(b). When the outer diameter $D_0=600$ μm, the maximum principal stress on the cross-section will reach the yield limit. Flexural rigidity on the cross-section increases as the width of the supporting strips (W_s) decreases. Thus maximum principal stress on the cross-section with the width of the supporting strips decreases. When the number of the supporting strips $m=6$, the calculated results are almost identical with the results shown in Fig. 4 at $m=12$.

The fabrication and characterization of the hollow-core fibers with cobweb cladding structure using PMMA material and extrusion etc. techniques are under way.

In conclusion, we propose a new cladding structure (cobweb structure) of hollow-core Bragg fiber using only a single dielectric material. In principle, fibers with this cobweb structure are suitable for replacing all pervious Bragg fibers and the fibers consisting of alternating layers with two materials. The feasibility of Bragg fibers is greatly improved. And a variety of the fibers in the wave-length range of ultraviolet (UV) to terahertz (THz) radiation for specific applications can be made utilizing this structure. Although a small fraction of power is leaked out due to the introduction of supporting structure, properly selected parameters of supporting structure will keep the loss at a low level and make the mechanical intensity suitable for practical applications.

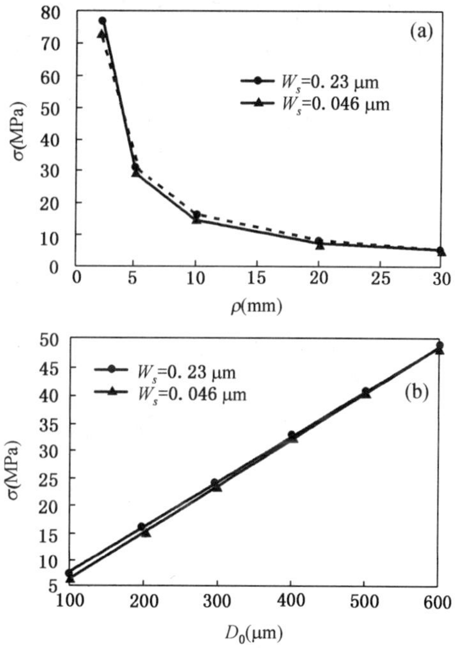

Fig. 4 (a) Relation of maximum principal stress σ with radius of curvature ρ; (b) relation of σ with outer diameter D_0, $\rho=20$ mm.

This work was supported by the National Natural Science Foundation of China under Grant No. 60444003 and 60577009. R. Yu is the author to whom the correspondence should be addressed, his e-mail address is r.j.yu@163.com.

References

[1] Y Xu, A Yariv. Loss analysis of air－core photonic crystal fibers[J]. Optics Letters, 2003,28(20):1885.

[2] Y Fink, J N Winn, S Fan, et al. A dielectric omnidirectional reflector[J]. Science, 1998, 282(5394):1679.

[3] Y Fink, D J Ripin, S Fan, et al. Guiding Optical Light in Air Using an All-Dielectric Structure[J]. Journal of Lightwave Technology, 1999, 17(11):2039.

[4] M Ibanescu, Y Fink, S Fan, et al. An All-Dielectric Coaxial Waveguide[J]. Science, 2000, 289(5478):415.

[5] S G Johnson, M Ibanescu, M Skorobogatiy, et al. Low-loss asymptotically single-mode propagation in large-core OmniGuide fibers [J]. Optics Express, 2001, 9(13):748.

[6] B Temelkuran, S D Hart, G Benoit, et al. Wavelength-scalable hollow optical fibers with large photonic bandgaps for CO laser transmission [J]. Nature, 2002, 420 (6916):650.

[7] S D Hart, G R Maskaly, B Temelkuran, et al. External Reflection from Omnidirectional Dielectric Mirror Fibers[J]. Science, 2002, 296(5567):510.

[8] S Xiao, R Vahldieck, H Jin. Full-wave analysis of guided wave structures using a novel 2-D FDTD[J]. IEEE Microwave & Guided Wave Letters, 1992, 2(5):165.

[9] N M Litchinitser, A K Abeeluck, C Headley, et al. Antiresonant reflecting photonic crystal optical waveguides[J]. Optics Letters, 2002, 27(18):1592.

Design Guideline of Hollow-Core Fibers with Cobweb Cladding Structure①

Huo Liang(霍亮) YU Rong jin(于荣金) Zhang Bing(张冰)
Chen Ming yang(陈明阳) LI Bingxin(李炳新)
(School of Information Science and Engineering,
Yanshan University, Qinhuangdao 066004)

Abstract: By using a plane wave expansion method, some important parameters of designing the hollow-core fibre with cobweb cladding structure are analysed. Taking a dieletric material PMMA, for example, the tolerance of the parameters is discussed. The results show that the parameters of the structure possess oneself of a regularity and limit, and have a larger tolerace for the structural parameters in fabrication.

Hollow-core optical fibres are useful for applications in which the materials of the fibres to be constituted have a large material absorption or nonlinearity, restricting the transmission wavelengths, distances and power of the fibres. So far, there are three classes of hollow-core fibres:[1] (1) Bragg fibre, as shown in Fig. 1 (a), Whose cladding consists of alternating layers of high-and low-index material; "OmniGuide" fibres with a hollow core using a multilayer cladding[2-5] belong in this class; (2) photonic bandgap fibre,[6] as shown in Fig. 1(b), whose cladding contains a nearperfect periodic array of air holes with a high air-filling fraction and a small pitch (the distance between adjacent holes in the lattice); hollow-core silica bandgap fibres have been developed with reported transmission losses as low as 1. 2 dB/km,[7] but the fibres appear to be dominated by the ultimate limit mechanism to the attenuation of such fibres, i. e. surface roughness due to frozen-in capillary waves; (3) ring-structured Bragg fibre, as shown in Fig. 1(c); these fibres consist of a single material; references [8-10] belong to the class. Ring-structured Bragg fibres have been demonstrated by using silica[10] and polymer.[11] Hollow-core ring-structured polymer optical fibre's attenuation lower than the material (PMMA) loss has observed in the infrared ($\lambda > 1\ 120$ nm).

"OmniGuide" fibres are excellent in optical properties by comparison to some other hollow-core fibres, such as very low absorption for a wide band of wavelengths, a large-core to operate in an effectively single-mode fashion, and so on:[3] "Recent data show los-

① Chinese Physics Letters, 2006, 23(8): 2121-2124.

ses of 0.65 dB/m for such a fibre, when made of a material with losses of 30000 dB/m."[5] However, it is difficult to find two materials with a larger index contrast, a lower absorption loss, similar thermal and mechanical properties, along with compatible processing technique in realizing the structure. Therefore, only two material combinations have been demonstrated with Te ($n=4.6$) in combination with a polymer ($n=1.59$),[2] and As_2Se_3 ($n\sim2.8$) in combination with PES ($n\sim1.55$).[4] We propose a modified cladding structure, i.e. a cobweb cladding structure, which uses a single dielectric material and may solve the problem of structural support, and present a range of number and width of supporting strips within the cladding structure. The fibre is also a kind of Bragg fibre in essence: the mode profile is slightly deformed by introducing the supporting strip, but most of the electric field is confined in the hollow-core.[12]

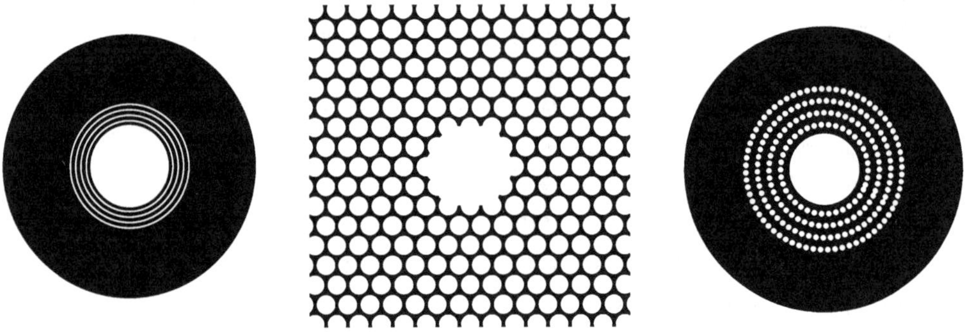

(a)　(b)　(c)

Fig. 1　Schematic diagrams of the cross section of a hollow-core (a) Bragg fibre, (b) photonic bandgap fibre and (c) ring-structured Bragg fibre. White represents air, and black/grey the high/low index solid material.[1]

In this Letter, we report some other important parameters of designing the structure and their varying rule. The cross section of the structure is shown in Fig. 2. The structure parameters are n_1 ($=1$), n_2, d_1, d_2, $\eta(=d_2/d_1)$, $\Lambda=(d_1+d_2)$, r_{co} and W_s, where r_{co} is the radius of the hollow-core, W_s is the width of the supporting strips.

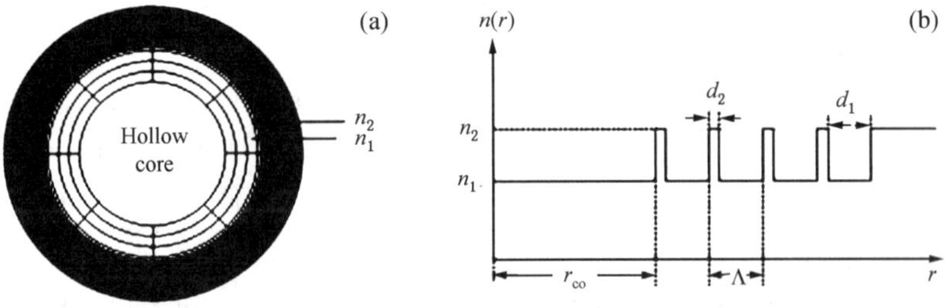

Fig. 2　Hollow-core fibre with a cobweb cladding structure.

In cylindrical waveguides, modes can be labelled by their "angular momentum" integer m; the (z, t, φ) dependence of the modes is given by $e^{j(\beta z-\omega t+mf)}$.[3] In the hollow-core fibre with cobweb cladding structure the modes will be affected by the supporting strip. Because the supporting strip is periodic in φ, the modes can be written as $e^{j(\beta z-\omega t+m\varphi)}\sum_{n}e^{j2\pi n\varphi/\Phi}$, where n is integer, Φ is the periodicity of supporting strip in φ direction. The effective wavevector $k_{\varphi}=m/r$ in the φ direction goes to zero for $r\rightarrow\infty$, so the bandgap of this structure is the same as Bragg fibre in Ref. [3] and purely depends on k_r and β as long as W_s is small enough.

The lowest-loss mode in Bragg fibre is TE_{01}.[3] The simulated results for our structures show that the leakage losses of TM_{02} mode for the fibres with $\eta=0.05$, $d_2=0.25$ μm, $n_2=1.49$, $n=4$ (number of alternating layers) and different core radii ($r_{co}=10$ μm and 50 μm) at $\lambda=0.65$ μm are 5.4×10^6 and 8.7×10^3 times larger than that of TE_{01} mode, respectively. Thus, the permitted frequency range of TE_{01} mode is of especially interest. The most commonly used material in POF is PMMA, its refractive index is 1.49. Using the material as the high index of the Bragg reflection layers, the first two TE modes in the Bragg reflection layers are calculated with the plane wave expansion method.[13] Figure 3 shows the mode index of the first two TE modes in the Bragg reflection layers. TE_{01} mode is the fundamental mode in the hollow core; its mode index must be below 1 and approach to 1. The frequency range formed by two intersecting points (P and Q) of the two TE mode curves and the air line ($n_{eff}=1$) is approximately the permitted frequency range of TE_{01} mode in hollow core.

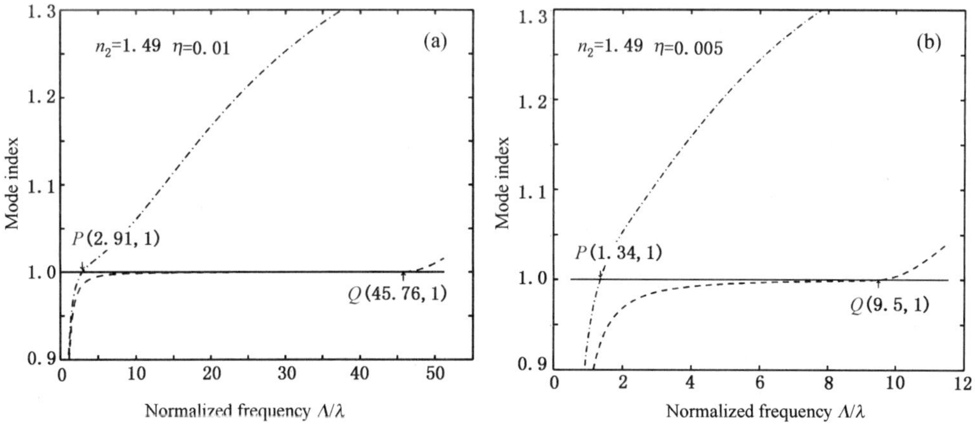

Fig. 3. Permitted normalized frequency range of TE_{01} mode for Bragg fibre with $\eta=0.01, 0.05$. The two curves indicate the first two TE modes in the Bragg reflection layers, and the solid line is the air line ($n=1$).

For $\eta=0.01, 0.05$ and n_1 (air), $n_2=1.49$ (PMMA), we can see from Fig. 3

that this kind of structure can guide light in the hollow core over a wide frequency range. Different η have a strong effect on the permitted normalized frequency range of the TE_{01} mode. For $\eta=0.01$, normalized frequency can achieve the range from 2.91 to 45.76, while for $\eta=0.05$, normalized frequency is within the range 1.34 to 9.5. The permitted normalized frequency range of TE_{01} mode shrinks more than 5 times as η changes from 0.01 to 0.05. In order to figure out the influence of the structure parameter η of Bragg reflection layers on the permitted normalized frequency range of TE_{01} mode, we calculate the permitted normalized frequency range of TE_{01} mode with different η at a fixed n_2 (1.49). The calculated results are listed in Table 1.

Table 1 The permitted normalized frequency range of TE_{01} mode vs η at a fixed n_2(1.49).

η	0.5	0.4	0.3	0.2	0.1	0.08	0.06	0.05	0.04	0.02	0.01
Q point value	1.36	1.59	1.96	2.72	4.98	6.11	8.00	9.5	11.76	23.07	45.76
P point value	0.57	0.60	0.65	0.75	0.99	1.09	1.24	1.34	1.49	2.07	2.91
Λ/λ range(Q—P)	0.79	0.99	1.31	1.97	3.99	5.02	6.76	8.16	10.27	21.00	42.85

Firstly, we consider the range of allowed values of d_2. Here we define $d'_2=d_2/\lambda$ as the normalized high index layer width, where λ is the operating wavelength of the fibre. The upper and lower limit of d'_2 can be obtained by means of the Q and P point values for each η in Table 1. Take $\eta=0.05$ as an example, the upper limit (Q point value) of the permitted normalized frequency range of TE_{01} mode is 9.5, which means $(d_1+d_2)/\lambda=9.5$. Substituting $d_1=d_2/0.05$ into it, we can obtain $d'_2=d_2/\lambda=0.45$. The relation of d'_2 to η is shown in Fig. 4. From Fig. 4 we can see that the values of d'_2 for the upper line are approximately 0.45, indicating that the maximum width of d_2 cannot go beyond 0.45λ. The minimum width of d'_2 decreases with decreasing η.

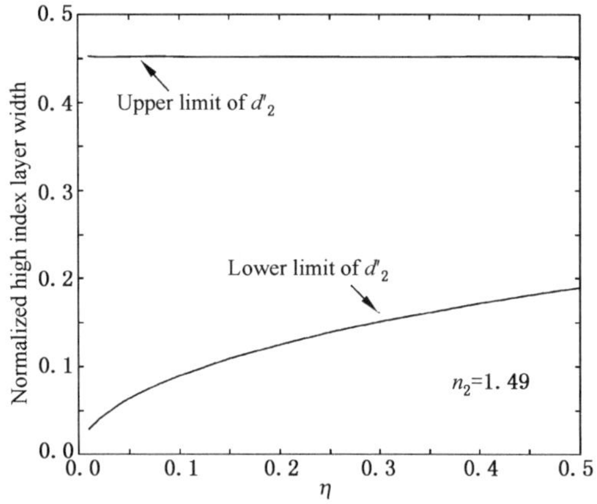

Fig. 4 Range of normalized high index layer width ($d'_2=d_2/\lambda$) vs η.

Secondly, we consider the relationship between the η and permitted normalized frequency range of TE_{01} mode. In order to be easy to survey, the ordinate is represented by the normalized frequency range, but the abscissa is represented by d_1 rather than η. Due to the relation of $\eta=d_2/d_1$, each η value is corresponding to a d_1 value at a fixed d_2. The permitted normalized frequency range of TE_{01} mode with $d_2=0.25$ μm and $n_2=1.49$ at different d_1 is illustrated in Fig. 5. One obvious feature of Fig. 5 is that the permitted normalized frequency ranges of TE_{01} mode and the corresponding width d_1 of air layer are approximately a linear relationship. Thus, so long as the width d_1 of air layer increases at a fixed d_2, the normalized frequency range broadens.

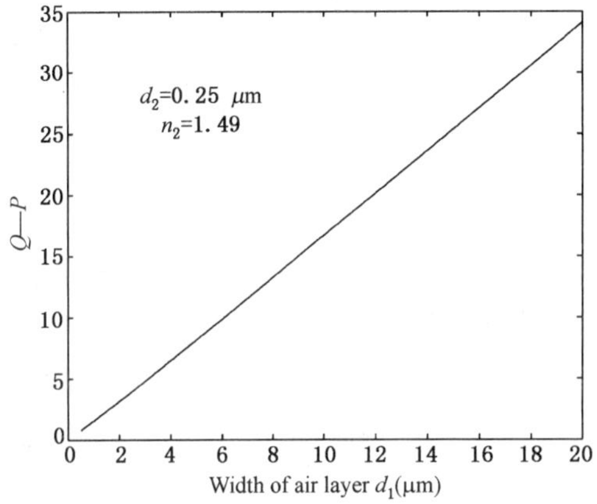

Fig. 5　Permitted normalized frequency range of TE_{01} mode vs d_1.

Thirdly, we research the relationship between n_2 and permitted normalized frequency range of TE_{01} mode. In previous calculations, we used PMMA ($n_2=1.49$) as the high index layer. In the following, influence of the n_2 value on the permitted normalized frequency range of TE_{01} mode is analysed. A series of n_2 ranging from 1.45 to 5.8 at a fixed η(0.05) are calculated. As shown in Fig. 6, the permitted normalized frequency range of TE_{01} mode increases when n_2 decreases. Various plastics and glasses with lower absorption loss suited to fabricate the fibres have the refractive index smaller than 1.8. Therefore, they are advantageous as the materials of the fibre with a large transmission frequency range.

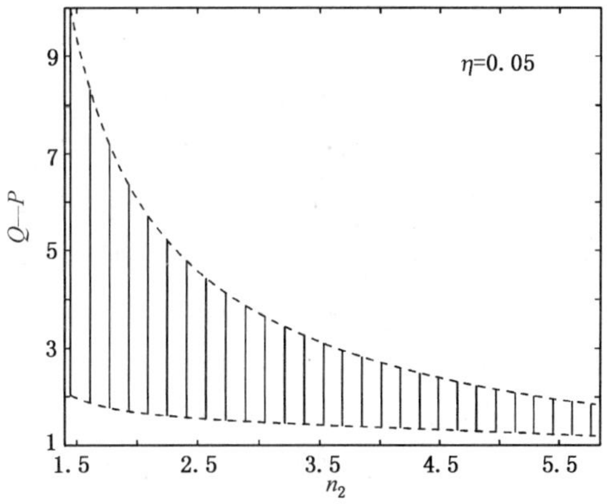

Fig. 6　Permitted normalized frequency range of TE_{01} mode as a function of n_2 for $\eta=0.05$.

Lastly, we consider the tolerance of the parameters, taking a dielectric material PMMA as an example. The design objective is a hollow-core fibre to use as optical fibre communication in the wavelength range from 0.65 μm to 1.65 μm. The design parameters are $\eta=0.05$, $d_2=0.25$ μm and $n_2=1.49$. Its normalized frequency Λ/λ is in the range from $5.25/0.65=8.1$ to $5.25/1.65=3.2$, all within the permitted normalized frequency range of TE_{01} mode (9.5～1.34) as shown in Fig. 3(b). If d_2 has a error of $d_2+20\%$ in the production process, this corresponds to $d_2=0.2$ μm and 0.3 μm. For $d_2=0.2$ μm, the normalized frequency range is from $5.2/0.65=8$ to $5.2/1.65=3.15$. This is within the permitted normalized frequency range of TE_{01} mode (11.76～

1.49) as shown in Table 1 for $\eta=0.04$. For $d_2=0.3$ μm, the normalized frequency range is from 5.3/0.65=8.15 to 5.3/1.65=3.21. This is almost within the permitted normalized frequency range of TE_{01} mode (8.00~1.24) as shown in Table 1 for $\eta=0.06$. If d_1 has a error of $d_1\pm25\%$, this corresponds to $d_1=3.75$ μm and 6.25 μm. For $d_1=3.75$ μm, the normalized frequency range is from 4/0.65=6.15 to 4/1.65=2.42. This is within the permitted the normalized frequency range of TE_{01} mode (7.21~1.18) for $\eta=0.067$. For $d_1=6.25$ μm, the normalized frequency range is from 6.5/0.65=10 to 6.5/1.65=3.94. This is within the permitted normalized frequency range of TE_{01} mode (11.76~1.49) for $\eta=0.04$. Finally, plastics are considered to have different refractive indices for the same material, due to different molecular weight or polymerization condition. If the index of PMMA has a variation of $n_2\pm0.02$, which corresponds to $n_2=1.47$ and 1.51, then the permitted normalized frequency ranges of TE_{01} mode are (9.74~1.38) and (9.27~1.31), respectively. They are essentially consistent with the normalized frequency range (9.5~1.34) as originally designed for $\eta=0.05$.

In conclusion, some parameters of designing the hollow-core fibres with cobweb cladding structure, such as η, d_1, n_2, and their relations to the permitted normalized frequency range of TE_{01} mode are calculated. This shows that η and d_1 are more important and flexible parameters to design the hollow-core fibres in comparison with n_2 and d_2. It is proven that structural parameters d_1, d_2 and n_2 have a relatively large tolerance. These are very useful to design and fabricate the low-loss fibres for any wavelength range of ultraviolet-to-terahertz radiation using an inexpensive material and the established fabrication methods, such as extrusion, drilling, casting and moulding.

References

[1] A Argyros, M A van Eijkelenborg, M C J Large, I M Bassett. Hollow-core microstructured polymer optical fiber[J]. Opt. Lett., 2006, 31, 172-174.

[2] Y Fink, D J Ripin, S Fan, et al. Guiding Optical Light in Air Using an All-Dielectric Structure[J]. Journal of Lightwave Technology, 1999, 17(11): 2039.

[3] S G Johnson, M Ibanescu, M Skorobogatiy, et al. Low-loss asymptotically single-mode propagation in large-core OmniGuide fibers [J]. Optics Express, 2001, 9(13): 748.

[4] B Temelkuran, S D Hart, G Benoit, et al. Wavelength-scalable hollow optical fibers with large photonic bandgaps for CO laser transmission [J]. Nature, 2002, 420 (6916): 650.

[5] G Dellemann, T D Engeness, M Skorobogatiy, et al. Perfect mirrors: Extend hollow-core fiber applications [J]. Photonics Spectra, 2003, 37(6): 60.

[6] R F Cregan, B J Mangan, J C Knight, et al. Single-Mode Photonic Band Gap Guidance of Light in Air [J]. Science, 1999, 285 (5433): 1537.

[7] P J Roberts, F Couny, H Sabert, et al. Ultimate low loss of hollow-core photonic crystal fibres[J]. Optics Express, 2005, 13(1): 236.

[8] A Argyros, I M Bassett, M A V Eijkelenborg, et al. Ring structures in microstructured polymer optical fibres[J]. Optics Express, 2001, 9(13): 813.

[9] A Argyros, N Issa, I Bassett, et al. Microstructured optical fiber for single-polarization air guidance[J]. Optics Letters, 2004, 29(1): 20.

[10] Vienne Guillaume, Xu Yong, Jakobsen Christian, et al. Ultra-large bandwidth hollow-core guiding in all-silica Bragg fibers with nano-supports[J]. Optics Express, 2004, 12(15): 3500.

[11] A Argyros, M A van Eijkelenborg, M C Large, et al. Hollow-core microstructured polymer optical fiber[J]. Optics Letters, 2006, 31(2): 172.

[12] Mingyang Chen, Rongjin Yu, Zhenguo Tian, et al. Optical and mechanical properties of hollow-core fibers with cobweb cladding structure[J]. Chinese Optics Letters, 2006, 4(2): 63.

[13] G Steven, S G Johnson, J D Joannopoulos. Block-iterative frequency-domain methods for Maxwell's equations in a planewave basis[J]. Opt. Express, 2001, 8(3): 173.

A New Solution of Reducing Polymer Optical Fiber Losses①

Rong jinYu[1] Bing Zhang[1] Mingyang Chen[1] Liang Huo[1]
ZhenguoTian[2] Xiangzhong Bai[2]
(1. School of Information Science and Engineering, Yanshan University, Qinhuangdao 066004, PR China;
2. School of Architectural Engineering and Mechanics, Yanshan University, Qinhuangdao 066004, PR China)

Abstract: Polymethyl methacrylate (PMMA) is one of the most commonly used optical materials. However, the application of it in the area of optical communication is strongly limited by the intrinsic absorption loss of carbon-hydrogen stretching vibration. In this paper, we present a method to solve the problem by adopting the hollow-core fibers with cobweb cladding structure. The fibers use a single dielectric material and may solve the problem of structural support. Thus the feasibility of the "OmniGuide" fibers is improved, while a series of advantages of the "OmniGuide" hollow-core fiber are retained. It is promising that a fiber with low transmission loss, high bandwidth, large-core, and low costs can be designed and fabricated using PMMA. At the same time, a very broad range of the wavelengths (from visible to near infrared region, for instance, wavelengths at 0.65~1.12 μm, and even 1.30 μm, 1.54 μm and their neighbors) may be adopted for signal wavelength.

Key words: Polymer optical fiber; Hollow-core fiber; Cobweb cladding structure; Loss

1 Introduction

Today, the capacity of optical fiber communications has expanded gigabits per second into terabits per second, enough to meet the current traffic demand due to the explosive growth of data transfer and internet services. Large-capacity and long-distance optical fiber communication trunk line has been installed in many countries. The next big step would be extending the network from fiber-to-the-curb into every building and home.

In the area of fiber to the home (FTTH) or fiber to the premises (FTTP) application, passive optical networks (PON), especially ethernet passive optical networks (EPON) and gigabit ethernet passive optical networks (GEPON), are generally preferred for home fiber connections. Usually, the transmission bandwidth and transmission distance requiredfor the networks are 100 MHz~10 GHz and 100 m~10 km, respectively. Therefore, the fibers with lower loss, higher bandwidth and cheaper cost are in demand. People have been trying to find

① Optics Communications, 2006, 266, (2): 536-540

materials and methods to meet those requirements and polymer optical fiber (POF) is one of the major approaches being explored.

At present, the most common POF material is PMMA. Due to its intrinsic absorption loss mainly contributed by carbon-hydrogen stretching vibration in PMMA core POF, theoretical attenuation limit of PMMA core POF is about 100 dB/km at 650 nm wavelength. All-deuterated work has brought about the reduction of the losses of PMMA-d8-core fibers to 20 dB/km at 680 nm wavelength [1]. The attenuation of the perfluorinated polymer based GI-POF is 10 dB/km in 0.8～1.3 μm wavelength range[2]. But the deployment of both deuterated and fluorinated POFs is limited by the high cost of the fiber materials.

Another feasible way to solve the problem of absorption loss by PMMA material is transmitting light through a fiber with a hollow-core. So far, there are three classes of hollow-core fibers [3]: (1) Bragg fiber, as shown in Fig. 1(a), whose cladding consists of alternating layers of high- and low-index materials. "OmniGuide" fibers with a hollow-core [4-7] belong to this class. (2) Photonic bandgap fiber [8], as shown in Fig. 1(b), whose cladding contains a near-perfect periodic array of air holes with a high air-filling fraction and a small pitch (the distance between adjacent holes in the lattice). Hollow-core silica bandgap fibers have been developed with reported transmission losses as low as 1.2 dB/km [9], but the fibers appear to be dominated by the ultimate limit mechanism to the attenuation of such fibers—surface roughness due to frozen-in capillary waves. (3) Ring-structured Bragg fiber, as shown in Fig. 1(c), these fibers consist of a single material. Refs. [10-12] belong to this class. Ring-structured Bragg fibers have been demonstrated by using silica [12] and polymer [13]. Hollow-core ring-structured polymer optical fiber's attenuation lower than the material (PMMA) loss has been observed in the infrared (λ >1120 nm).

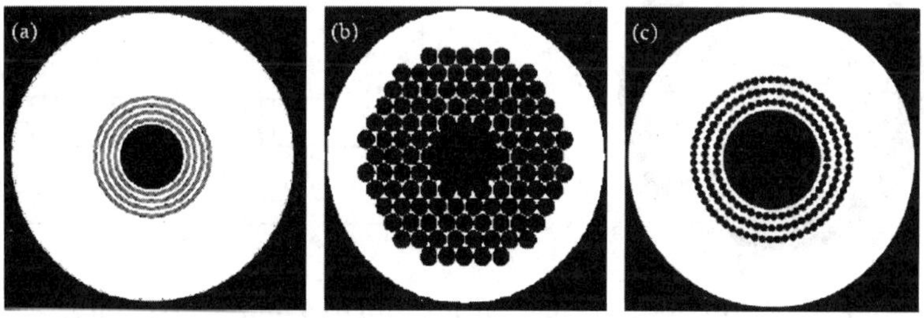

Fig. 1　Schematic diagrams of the cross-section of a hollow-core (a) Bragg fiber, (b) photonic band-gap fiber and (c) ring-structured Bragg fiber. White/grey represents solid material and black represents air[3].

"OmniGuide" fibers are excellent in optical properties when compared with some other hollow-core fibers, such as very low absorption for a wide band of wavelengths, a large-core to operate in an effectively single-mode fashion, and so on [5]. "Recent data show losses of 0.65 dB/m for such fiber, when made of a material with losses of 30000 dB/m" [7]. However, it is difficult to find two materials with larger index contrast, lower absorption loss, similar thermal and mechanical properties, along with a compatible processing technique in realizing the structure. Therefore, only two material combinations have been demonstrated with Te ($n=4.6$) in combination with a polymer ($n=1.59$) [4], and As_2Se_3 ($n\sim2.8$) in combination with PES ($n\sim1.55$) [6]. Thus, we proposed a modified cladding structure—cobweb cladding structure, which uses a single dielectric material and may solve the problem of structural support.

2 Hollow-core fibers with cobweb cladding structure

The structure we put forward is illustrated in Fig. 2. Optical properties of hollow-core fibers with cobweb cladding structure are analyzed by the compact 2-D finite-difference time-domain method and the plane-wave expansion method. As an example, a hollow-core Bragg fiber with and without supporting structure is analyzed with parameters as follows: $n_1=1$(air), $n_2=1.49$(refractive index of PMMA), $d_1=0.80$ μm, $d_2=0.25$ μm, $\Lambda=d_1+d_2=1.05$ μm, r_{co}(radius of the hollow-core) $=10$ μm, N (number of alternating layers) $=4$ and operating wavelength $\lambda=0.77$ μm (one of lower absorption loss windows for PMMA). The field profile of transverse electric field for the fiber without supporting structure is illustrated in Fig. 3(a). As the figure illustrates, the field is well confined. If supporting structures are introduced with W_s(width of supporting strips) $=0.25$ μm and m (number of supporting strips) $=8$ and 12, respectively, the field profiles are slightly deformed, as is shown in Fig. 3(b) and (c). However, most of the field is still confined inside the core of the fiber.

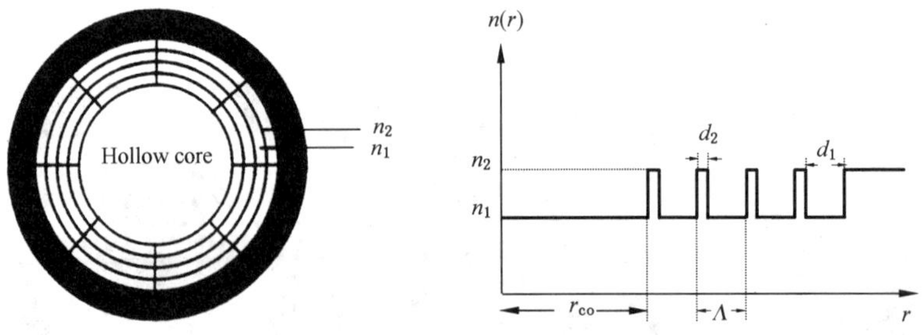

Fig. 2 Hollow-core fiber with cobweb cladding structure.

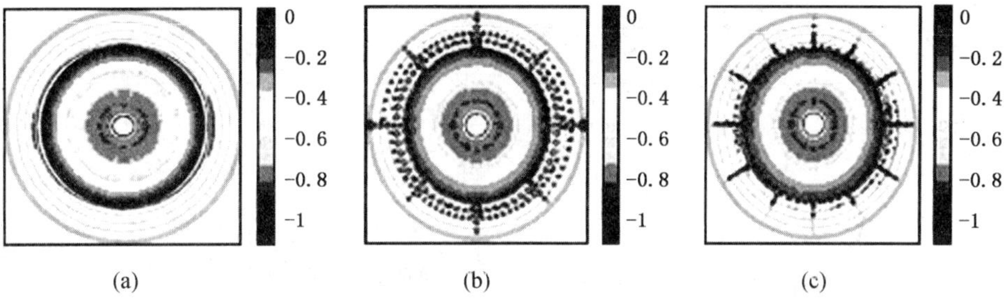

Fig. 3 Transverse field profiles of hollow-core Bragg fibers: (a) without supporting structure, (b) with supporting structures (W_s=0.25 μm, m=8) and (c) (W_s=0.25 μm, m=12).

The mechanical properties of hollow-core fibers with cobweb cladding structure are analyzed by the finite-element method. Structural parameters of the hollow-core fibers with cobweb cladding structure are d_1 = 2 μm, d_2 = 0.23 μm, r_{co} = 60 μm, N = 5, m = 8, W_s = 0.23 μm and outer cladding diameter D_0 = 200 μm. The material is PMMA, whose elastic modulus, Poisson ratio and yield limit are 3.1 GPa, 0.33 and 61 MPa, respectively. Taken the length of the fiber l = 2500 μm, the displacement load on the fiber is imposed at different radii of curvature. The relationship of maximum principal stress on the cross-section with the radius of curvature after load is illustrated in Fig. 4(a), for which the simulation is realized using ANSYS 5.7 software. As shown in Fig. 4(a), when the radius of curvature is ρ = 11 mm, the stress reaches the yield limit of the material (PMMA). If the radius of curvature is fixed, ρ = 20 mm, under otherwise equal conditions, when outer cladding diameter changes, the relationship of maximum principal stress on the cross-section with the outer diameter is illustrated in Fig. 4(b). When the outer diameter D_0 is 581 μm, maximum principal stress on the cross-section will reach the yield limit. Flexural rigidity on the cross-section increases as the width of the supporting strips (W_s) decreases. Thus maximum principal stress on the cross-section with the width of the supporting strips decreases.

To reduce the effect of supporting structure on transverse electric field, the number and width of supporting strips should be as small as possible, as long as the structures meet the requirements of mechanical stability. Generally, m = 6 ~ 12, W_s = λ/3 ~ λ/30, where λ is operating wavelength of the fibers. As an example of these proof-of-concept structures, the field profile of transverse electric field for antiresonant reflecting guidance fiber [14] without supporting structure is illustrated in Fig. 5(a). If supporting structure (m = 8) is introduced with W_s=0.25 μm and 0.567 μm, respectively. As can be seen by comparison between Fig. 5(b) and (c), the field leakage of

Fig. 5(c), due to W_s = 0.567 μm is obviously larger in comparison with λ = 0.77 μm.

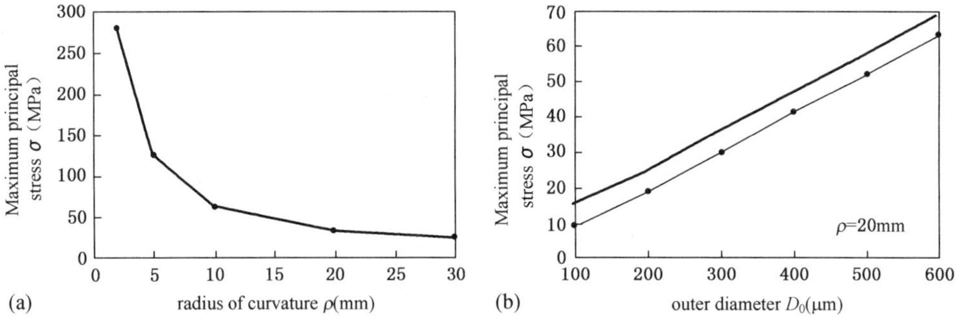

Fig. 4 (a) Relation curve of maximum principal stress (σ) with radius of curvature (ρ) and (b) relation curve of maximum principal stress (σ) with outer diameter (D_0), ρ=20 mm.

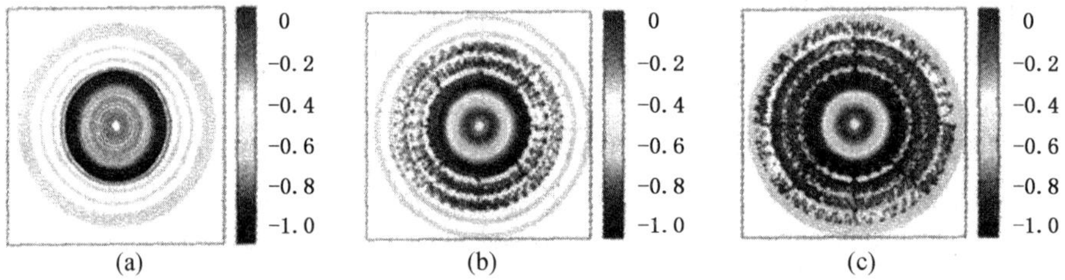

Fig. 5 Transverse field profiles of antiresonant reflecting guidance fibers: (a) without supporting structure, (b) with supporting structures (m=8, W_s=0.25 μm) and (c) (m=8, W_s=0.567 μm).

3 Transmission loss and bandwidth

For "OmniGuide" fibers, only a small number of alternating layers are required to achieve a certain level of leakage rates. Moreover, the radiation leakage strongly differs between modes, inducing a modal-filtering effect that allows a large-core OmniGuide fiber to operate in an effectively single-mode fashion. The lowest-loss mode is TE_{01}[5]. The simulated results for our structures have also proved these points. Fig. 6 shows the leakage losses of the fibers with η ($=d_2/d_1$) = 0.05, d_2 = 0.25 μm and n_2 = 1.49 under different core radii at λ = 0.65 μm. As shown in Fig. 6, to achieve a lower leakage level for TE_{01} mode, the number of alternating layers requires only 3～4. At r_{co} = 10 μm and N = 3 and 4, the leakage loss of TM_{02} mode is 2.4×10^5 and 5.4×10^6 times larger than that of TE_{01} mode, respectively. At a larger core (r_{co} = 50 μm) and N = 3 and 4, the leakage loss of TM_{02} mode is 1.7×10^3 and 8.7×10^3 times larger than that of TE_{01} mode, respectively. Therefore, depending on the modal-filtering effect may realize the transmission of TE_{01} single-mode or a few modes, thus achieving the transmission of higher bandwidth (GHz). The hollow-core fibers with larger core diameter are favourable for reducing both the leakage loss and the connection loss between two fibers.

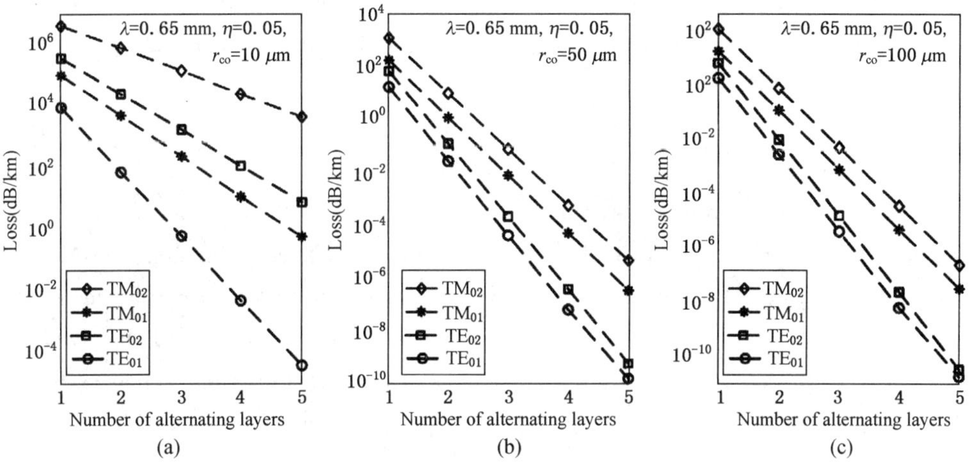

Fig. 6 The leakage losses of the fibers at different core radii (r_{co}) and number of alternating layers (N).

According to absorption loss spectrum of PMMA [15] as shown in Fig. 7, we calculate the transmission losses with η ($=d_2/d_1$) $=0.05$, $r_{co}=62.5$ μm and $N=3$. The absorption losses of PMMA at the wavelengths of 0.65, 0.9, 1.17, 1.3, 1.38 and 1.54 μm are about 100 dB/km, 3.0×10^4 dB/km, 3.4×10^5 dB/km, 2.5×10^4 dB/km, 4.2×10^5 dB/km and 7.1×10^4 dB/km, respectively. The transmission losses of TE_{01} mode at these wavelengths are 6.8×10^4 dB/km, 9.4×10^2 dB/km, 2.1 dB/km, 0.23 dB/km, 4.8 dB/km and 1.23 dB/km, respectively. The results show that after deducting the factors (material purity, imperfection and nonuniformity of fiber structure and effect of supporting structure), a very broad range of the wavelengths may be adopted for signal wavelength except for the wavelengths of 1.17 μm, 1.38 μm and their neighbors.

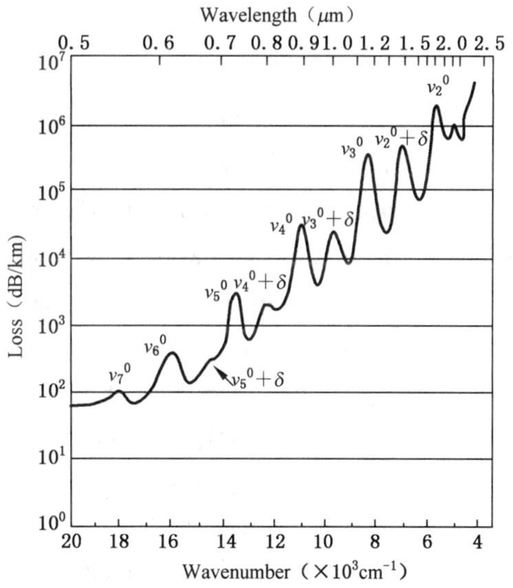

Fig. 7 Absorption loss spectrum of PMMA [15].

We consider a hollow-core fiber to be used for optical fiber communication in wavelength range 0.65～1.65 μm. Design parameters are η ($=d_2/d_1$) $=0.05$, $d_2=0.25$ μm, $d_1=5$ μm, n_1(air) $=1$ and n_2(PMMA) $=1.49$. Simulated with plane-wave expansion method, the results show that permitted normalized frequency range of TE_{01} mode is within the range 1. 34～9. 5 as shown in Fig. 8, and that the light-wave transmission in very wide wavelength range 0. 65～1. 65 μm is within the photonic bandgap when $n_2 = 1.49 \pm 0.02$, or $d_2 = 0.25$ μm ± 20% and or $d_1 = 5$ μm±25%. Therefore, it is possible to achieve the transmission losses lower than the material absorption losses in the wavelength range 0. 65～1. 65 μm using the fiber with the above structural parameters.

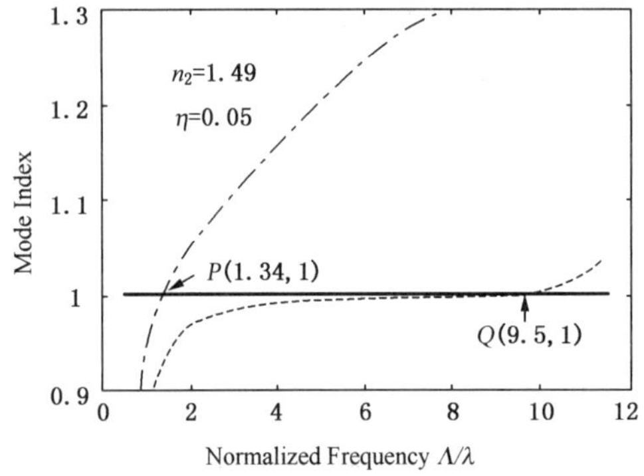

Fig. 8. Permitted normalized frequency range of TE_{01} mode with $\eta=0.05$. The two curves indicate the first two TE modes in the Bragg reflection layers, respectively, and the solid line is air line ($n=1$).

These fibers may be fabricated by extrusion methods or perform methods using PMMA material. Primary performs are extruded from an extruder and are drawn down to a cane of about one centimeter in diameter. The cane is then inserted into a PMMA sleeve tube and drawn down again to fibers of 300～500 μm diameter. The fabrication and characterization of the hollow-core fibers with cobweb cladding structure are under study.

4 Conclusion

In this paper, a hollow-core POF with cobweb cladding structure is investigated. It shows that this kind of the structure can guide light with a low transmission loss similar to "OmniGuide" fibers, but using only a single material, and can support bandgap guiding over a broad frequency range. Thus, using an inexpensive material (PMMA), it allows the fibers to meet the needs of the transmission distance and bandwidth for EPON and GEPON, and to realize the wavelength division multiplexing (WDM).

Acknowledgement

The work is supported by the National Natural Foundation of China under Grant Nos. 60577009, 60444003.

References

[1] T Kaino, K Jinguji, S Nara. Low loss poly (methylmethacrylate - d8) core optical fibers[J]. Applied Physics Letters, 1983, 42 (7): 567.

[2] Y Koike. Giga-island concept realized with high-speed GI plastic optical fiber [C]// Proc. Second Asia-Pacific Polymer Fibre Optics Workshop, 2003.

[3] A Argyros, M A van Eijkelenborg, M C J Large, I M Bassett. Hollow-core microstructured polymer optical fiber[C]//The 14th International Conference on Polymer Optical Fiber, Hong Kong, China, 2005: 19-22.

[4] Y Fink, D J Ripin, S Fan, et al. Guiding Optical Light in Air Using an All-Dielectric Structure[J]. Journal of Lightwave Technology, 1999, 17(11): 2039.

[5] S G Johnson, M Ibanescu, M Skorobogatiy, et

al. Low-loss asymptotically single-mode propagation in large-core OmniGuide fibers [J]. Optics Express,2001,9(13):748.

[6] B Temelkuran, S D Hart, G Benoit, et al. Wavelength-scalable hollow optical fibers with large photonic bandgaps for CO laser transmission [J]. Nature, 2002, 420 (6916):650.

[7] G Dellemann, T D Engeness, M Skorobogatiy, et al. Perfect mirrors: Extend hollow-core fiber applications[J]. Photonics Spectra,2003,37(6):60.

[8] R F Cregan, B J Mangan, J C Knight, et al. Single-Mode Photonic Band Gap Guidance of Light in Air [J]. Science, 1999, 285 (5433):1537.

[9] P J Roberts, F Couny, H Sabert, et al. Ultimate low loss of hollow-core photonic crystal fibres [J]. Optics Express, 2005, 13 (1):236.

[10] A Argyros, I M Bassett, M A V Eijkelenborg, et al. Ring structures in microstructured polymer optical fibres[J]. Optics Express,2001,9(13):813.

[11] A Argyros, N Issa, I Bassett, et al. Microstructured optical fiber for single-polarization air guidance[J]. Optics Letters, 2004, 29(1):20.

[12] Vienne Guillaume, Xu Yong, Jakobsen Christian, et al. Ultra-large bandwidth hollow-core guiding in all-silica Bragg fibers with nano-supports [J]. Optics Express, 2004,12(15):3500.

[13] A Argyros, M A van Eijkelenborg, M C Large, et al. Hollow-core microstructured polymer optical fiber[J]. Optics Letters, 2006,31(2):172.

[14] N M Litchinitser, A K Abeeluck, C Headley, et al. Antiresonant reflecting photonic crystal optical waveguides[J]. Optics Letters,2002,27(18):1592.

[15] T Kaino, M Fujiki, K Jinguji. Preparation of plastic optical fibers [J]. Rev. Electron. Commun. Lab. ,1984,32:478.

A New Generation of Plastic Optical Fibers and Its Functional Exploiting①

Yu RongJin　Zhang Bing
(College of Information Science and Engineering, Yanshan University, Qinhuangdao 066004, China)

Abstract: A major problem of plastic optical fibers (POFs) is large transmission loss in comparison with silica fibers. After adopting a new optical fiber structure, hollow-core Bragg fiber with cobweb-structured cladding, which can suppress the absorption losses of constituent materials by a factor of about $10^4 \sim 10^6$, the problem of POFs with large losses is solved ultimately. With the advantage of flexibility and easy bending, the POFs with this structure can guide light with low transmission loss for information and energy in the wavelength range of visible light to terahertz (THz) wave (0.4～1000 μm). This new generation of POFs will find many applications.

Key words: Plastic optical fiber; Hollow-core Bragg fiber; Cobweb-structured cladding; Visible light; Infrared light; Terahertz wave; Circular-polarization single-mode

At the beginning of the 19th century, transmission light by total internal reflection (TIR) was known[1]. Therefore, transmission light using the refractive index of fiber core material larger than that of cladding material and so forming TIR on boundary surface between fiber core and cladding has a long history and deep physical connotation. All of the solid-core fibers, including solid-core fibers with microstructured cladding, liquid-core fibers, and a part of infrared (IR) hollow-core fibers, transmit light through the mechanism of TIR. In addition, the light can effectively be confined to fiber core by the mechanism. For example, after silica fiber to be made from the purified material, as pointed out by Kao et al. in 1966, the losses of more than 1000 dB/km for silica fiber by TIR are quickly reduced to 20 dB/km, then to about 0.2 dB/km—approaching to the theoretical limit. In fact, another mechanism of transmission light was proposed as early as 1978[2], namely using Bragg reflection in a cylindrical fiber to obtain lossless confined propagation in a core with a lower refractive index than that of the cladding medium. After several years, it was found that the original design of Bragg fibers offered no possibility of low-loss propagation[3]. Then, few

① Science in China Series E: Technological Sciences, 2008, 51(12): 2207-2217.

people attended to it until the late 1990s when the hollow-core Bragg fibers[4] and hollow-core photonic band gap fibers[5] were demonstrated experimentally for the first time.

Superiority of plastics over silica glass is its flexibility. The elasticity of plastics is high which allows the fabrication of flexible POFs with diameters above one millimeter. But for silica glass, the remarkable flexibility may only be observed in the optical fibers of very small diameter, typically 125 μm. The inherent brittleness of silica glass requires that a more elastic plastic coating be applied to the fragile core-cladding structure to protect its surface and prevent the growth of Griffiths cracks and consequent fracture. Therefore, the combination of core, cladding and coating forms a bare fiber.

Research and development of POFs has an about forty-years history which is almost the same as silica fibers. In 1966, Du Pont in the United States invented the first POF named "Crofon" that was of step-index (SI) type composed of polymethylmethacrylate (PMMA) core surrounded by a partially-fluorinated polymer cladding. The losses of the fibers to be produced afterwards have reduced to some extent. The theoretical attenuation limit of PMMA based POF is around 100 dB/km at 0.65 μm wavelength. The practical attenuation of products for the fiber is up to 150～200 dB/km. The attenuations in comparison to those of silica fibers at 1.55 μm wavelength increase by three orders of magnitude, while the attenuation abruptly increases in near infrared. Thus, products of PMMA-core or polystyrene (PS)-core POFs are only suited to ornament, illumination, sensors and short-distance data transmission systems. Internationally, especially Japan tried to solve the prob-lem of high attenuation by spending a wealth of money through several ten years. Most effective methods in it were the losses equal to and lower than 20 dB/km attained by using PMMA-D8-core fibers in the 1980s[6] and using a perfluorinated polymer named CYTOP in the 1990s[7], respectively. However, up to now they have not yet come into market and achieved large-scale applications due to the prohibitive materials costs. Thus, what to effectively solve the problem of large loss for POFs by using a new way is a worldwide knotty problem of long standing.

On account of the transmission losses of a solid-core fiber which are larger than (at least equal to) the losses of the fiber-core materials, it is not possible to achieve low-loss transmission of some wavelengths (such as THz wave range) as well as both low-loss and low-cost fibers fabricated by plastics. The structure of hollow-core fibers must be adopted in the face of the problem, but the cladding of hollow-core fiber should have great ability to confine the transverse leakage of guided wave. We have gained a breakthrough in this respect through years of research efforts[8].

1 Hollow-core fibers

Hollow-core fibers reported to date in the literature can generally be classified into four types:

(1) Those in which the refractive index of the cladding is larger than that of the core. For the hollow-core fiber in which the refractive index of the core is lower than that of the cladding, the propagation of light is achieved by the regime of grazing incidence and is accompanied by radiation losses, and so the fiber is a leaky guide. In fact, this hollow-core fiber is a capillary tube. The coefficient of optical losses in the hollow fibers scales as λ^2/a^3, where λ is the radiation wave-length and a is the core radius of the fiber. Thus, most of applications are performed by using the hollow-core fibers with large inner radii and short length. For example, a 10cm-long and 150μm-diameter hollow-core fiber filled with argon gas is used on extreme ultraviolet (EUV) light generated through the process of high-harmonic up-conversion of femtosecond laser[9].

(2) Those which are constituted of metallic, glass or plastic tubes with inner wall coatings provided with high reflectivity in the wavelength range of interest. Among them, the hollow-core fiber whose inner wall material has a refractive index less than one i. e. the refractive index of the cladding is less than that of the core (air), is referred to as an attenuated total reflectance (ATR) guide. For example, ATR guides are made of sapphire, GeO_2 etc. with the refractive index less than one in 10. 6 μm wavelength. These fibers have losses as low as 0. 1 dB/m at 10. 6 μm[10].

(3) Hollow-core photonic bandgap fiber. It was fabricated with a lot of silica glass (or PMMA etc.) capillaries stacked by means of certain periodic structure arrangements. One, seven or nineteen capillaries were omitted from the center of the stack to form the fiber core (hollow-core) and then drawn down to the fiber dimensions as requested. The periodic cladding forms photonic bandgap. If the light wave of propagation in aircore just fall in the photonic bandgap of the cladding, then it is confined by the cladding, and can only transmit in the axis direction. In the hollow-core photonic bandgap fiber, the cladding is required not only to have strict periodic arrangements for the microstructure but also to have quite a large air filling fraction. The transmission losses of hollow-core plastic (PMMA) photonic bandgap fibers can be decreased by an order of magnitude with nine rings of air holes in comparison with conventional solid-core plastic fibers, according to our numerical analysis by using the multipole method[11]. Experimentally, the lowest loss reported in hollow-core photonic bandgap fibers with fused silica is 1. 2 dB/km at 1620 nm[12]. The ultimate limit to the attenuation of

such fibers is determined by surface roughness due to frozen-in capillary waves. The attenuation of 1.2 dB/km at 1620 nm already appears to be dominated by this mechanism. In the mid-IR region, a single-mode hollow-core photonic bandgap fiber has been fabricated by using silica material[13].

(4) Hollow-core Bragg fiber. "OmniGuide" fiber, ring-structured cladding fiber and cobweb-structured cladding fiber belong to hollow-core Bragg fiber as shown in Figure 1. In Bragg fibers, the hollow-core is surrounded by a 1-dimensional Bragg reflector composed of alternating layers of high- and low-index materials. The cladding of "OmniGuide" hollow-core fiber consists of two solid materials with very large indexes contrast as shown in Figure 2(a), the cladding of ring-structured fiber consists of a single material in which rings of holes are used to define the low-index layers as shown in Figure 2(b), and the cladding of cobweb-structured fiber consists of a single material in which air layers are used as the low-index layers as shown in Figure 2(c). The transmission losses of "OmniGuide" fibers are dramatically lower than the losses of its constituent materials. The losses of such fiber are 0.65 dB/m, when made of a material with losses of 30000 dB/m, i. e. this fiber structure suppresses the losses of constituent materials by a factor of 46000[14]. In addition, only a small number of layers is required to achieve certain leakage rates. The radiation leakage strongly differs between modes, thus inducing a modal-filtering effect that allows a large-core fiber to operate in a single-mode fashion[15]. However, it is practically difficult to find two materials that have larger indices contrast, similar thermal and mechanical properties, as well as compatible processing technique in realizing the structure. Therefore, only two material combinations have been demonstrated: Te ($n=4.6$) in combination with a polymer ($n=1.59$)[16], and As_2Se_3 ($n\sim2.8$) in combination with PES ($n\sim1.55$)[17], the operating wavelengths are all of near 10.6 μm. For ring-structured hollow-core fibers, the attenuation, which is lower than the material (PMMA) loss, has been observed in the IR ($\lambda>1120$ nm), specifically at 1 390 nm wavelength, at which the transmission loss is only 40 dB/m compared with the 420 dB/m material loss[18]. The cladding of ring-structured hollow-core fiber only makes use of a material, but the low-index layers in cladding are composed of a same material together with a lot of small holes, thus its refractive index is between the index of the material (the host material) and the index of air ($n=1$). As a result, the indexes contrast of cladding materials is smaller than that of cobweb-structured cladding materials. As far as the ability to confine the transverse leakage of guided wave is concerned, the ring-structured fibers are smaller compared to the cobweb-structured fibers we put for-

ward.

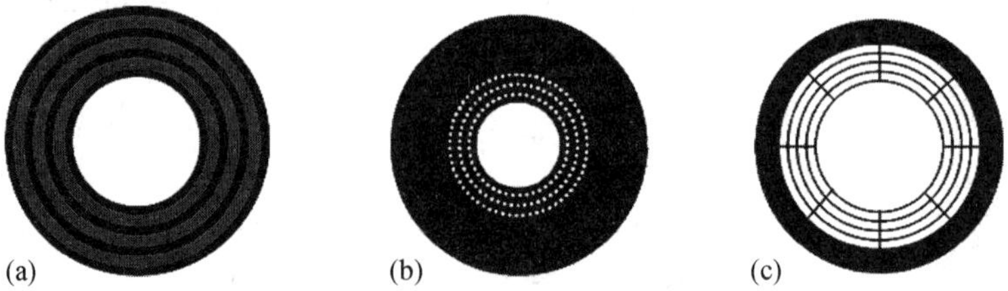

Figure 1　Cross sections of hollow-core Bragg-fibers. (a) "OmniGuide" fiber; (b) ring-structured cladding fiber; (c) cobweb-structured cladding fiber.

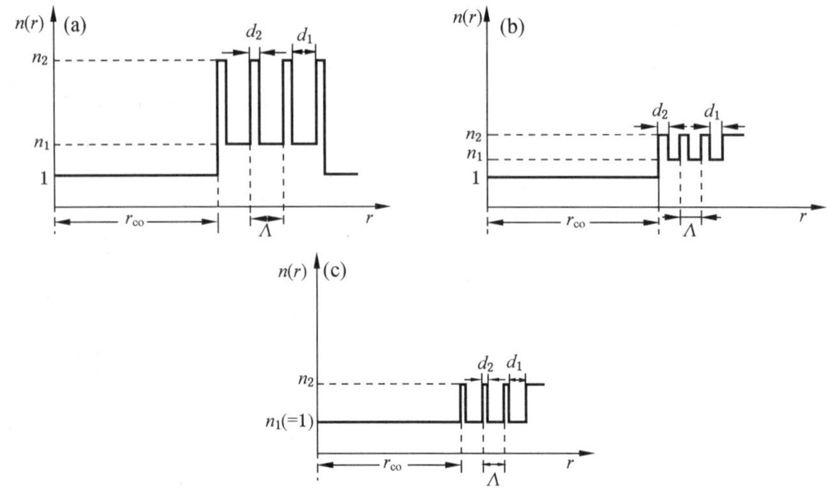

Figure 2　Refractive index profiles for hollow-core Bragg fibers. (a) "OmniGuide" fiber; (b) ring-structured cladding fiber; (c) cobweb-structured cladding fiber.

2　Hollow-core Bragg fiber with cobweb-structured cladding

On the basis of making a thorough investigation and analysis on all hollow-core fibers, especially hollow-core photonic bandgap fibers and two hollow-core Bragg fibers developed over recent 10 years, and getting a clear understanding of the potentialities as well as merits and demerits for transverse confinement of guided wave, we proposed a modified cladding structure, i. e. a hollow-core Bragg fiber with cobweb-structured cladding[19,20]. It may solve the problem of structural support between dielectric layers by using the supporting strips. The supporting strips are always symmetric in the cross section and use the same dielectric material as the alternating layers. Our research shows that the field profiles are slightly deformed due to introduce the supporting structures. Although a small fraction of power leaks out as a result of the introduction of supporting structure, properly selected parameters of supporting structure will keep the loss at a low level, neglecting the presence of the supporting strips. The number and width of supporting strips should be as small as possible, generally, m (number of supporting strips) = 6～12, and w_s (width of supporting strips) = $\lambda/3 \sim \lambda/30$, where λ is the transmission wavelength of the fibers.

For designing the hollow-core Bragg fiber with cobweb-structured cladding, some important structural parameters related to the permitted normalized frequency range of the TE_{01} mode (lowest-loss mode), and their varying rule were analyzed by using a plane wave expansion method[21]. These provide a general rule and fundamental basis for the design of the hollow-core Bragg fiber with cobweb-structured cladding.

3 A new generation of plastic optical fibers and its functional exploiting

The POFs in the past several decades all consisted of a solid-core and transmited light by the mechanism of TIR, and they are puzzled all along by the difficult question of large material losses and so large transmission losses. The new generation of POFs adopts the hollow-core Bragg fiber with cobweb-structured cladding, whose function was exploited recently as follows.

3.1 POFs from visible to near infrared transmission

Near IR wave range at 1.3 and 1.55 μm is a main wave range for optical fiber communications at present. Silica single-mode fibers are used in long-distance and large-capacity optical fiber communication trunk line, as well as submarine optical fiber cable. But in the face of optical fiber communication developing towards access networks, specially fiber to the home (FTTH), various circles have not yet fully reached a unified understanding in regard to using silica single-mode, multi-mode and multi-mode hard plastic cladding fiber (HPCF) or using POFs. Tracing the thing to its source, the losses of POF products at present are large, or expensive otherwise. Emphasis in the past was placed on the large core diameter, easy connection and alignment, and cheap injection molding polymer connectors (the advantage will also lose along with the cost of precision connector components has plummeted). Therefore, POFs in FTTH applications would gain an advantage if the losses are reduced, usable wavelengths (especially, near IR, such as 1.3 and 1.55 μm) are expanded, and the needs of developments at present and in the future as well as low cost can be met[22].

The losses of the hollow-core Bragg fiber with cobweb-structured cladding are calculated by an asymptotic matrix formalism[23]. Structural parameters of the fiber are r_{co} (radius of fiber core) = 90 μm, d_2 (thickness of high-index layers) = 0.25 μm, d_1 (thickness of air layers) = 5 μm, n_2 = 1.49 (PMMA), n_1 = 1 (air) and N (number of alternating layers in the cladding) = 3. The absorption losses of the material (PMMA) at

0.65, 0.85, 1.3 and 1.55 μm are 100, 2.5×10^3, 2.5×10^4 and 7.8×10^4 dB/km, respectively[24]. The transmission losses (confinement loss of the structure together with absorption loss of the material) of TE_{01} mode at those wavelengths are 2.26×10^{-4}, 2.47×10^{-3}, 7.55×10^{-2} and 0.465 dB/km, respectively. After deducting the additional losses resulting from the factors, such as material purity, imperfection and nonuniformity of fiber structure, effect of supporting structure, etc. during producing fibers, the fibers have yet very low losses and very wide wavelength range which can act as signal transmission wavelengths. Besides, the single mode can be achieved in a certain length range of fiber due to the model-filtering effect of Bragg fiber. In the area of FTTH applications, passive optical networks (PON), especially Ethernet passive optical networks (EPON) and gigabit Ethernet passive optical networks (GEPON), are generally preferred for home fiber connections. Usually, the transmission bandwidth and transmission distance re-quired for the networks are 100 MHz ~ 10 GHz and 100 m ~ 10 km, respectively. A new generation of POFs based on the hollow-core Bragg fiber with cobweb-structured cladding can fully meet the needs for future developments, may realize the wavelength division multiplexing (WDM), and has a low cost.

3.2 POFs for IR region

IR optical fibers may be defined as fiber optics transmitting wavelengths greater than approximately 2 μm. The development of IR fiber optics began in 1960. The first IR fibers were fabricated in the mid-1960's using arsenic-sulphur glasses[25]. IR fibers can find extensive applications in medical, industrial, civil and military areas. For example, they are used in surgical applications by transmitting CO_2 laser radiation (10.6 μm) and Er:YAG laser radiation (2.94 μm). When used as fiber sensors, IR fibers are generally used either to transmit blackbody radiation for temperature measurements or as an active or passive link for chemical sensing, achieving non-contact temperature monitoring and remote spectroscopic chemical sensing. The welding and cutting in the industry use IR fibers to transmit high-power laser. Delivery of high-power laser energy through IR fibers allows for anti-aircraft missile defense and so on in military applications. Over 40 years, to meet the needs of low-loss and high-power transmissions in practical use, the fibers of various materials and structures have been developed in succession. So far, the IR fibers reported in the literature can generally be classified into four types:

(1) fluoride, germanate, tellurite or chalcogenide glass based solid-core fibers;

(2) crystalline silver halide solid-core fibers;

(3) hollow-core fibers in which metallic, plastic or glass tubes that have highly reflective metal or dielectric coat-

ings deposited on the inside surface;

(4) solid-core photonic crystal fibers and hollow-core photonic bandgap fibers.

Among them, a material suitable for drawn fiber and to be researched extensively is fluorozirconate glass (ZBLAN glass). For the solid-core fibers fabricated by using the material, their lowest inherent loss at transmission window 2.55 μm wavelength is 0.024 dB/km. The losses of the fibers fabricated practically increase by about an order of magnitude. Mid-IR optical-loss values of chalcogenide glass solid-core fibers at the Naval Research Laboratory have been reduced to only 0.1 to 0.2 dB/m in fiber length of about 500 m by using improved chemical purification and better fiber fabrication techniques[26]. The optical losses of crystalline silver halide solid-core fibers by an extrusion process have been reduced to lower than 1 dB/m in the region from 3 to 20 μm and lower than 50 dB/ km in mid-IR region from 9 to 14 μm[27]. The hollow-core fibers of rectangular metal tubes that have highly reflective coatings deposited on the inside surface are decreased also to 0.1 dB/m at 10.6 μm[28]. Solid-core photonic crystal fibers for mid-IR were fabricated by multiple extrusion of silver halide ($AgCl_xBr_{1-x}$) crystalline materials[29]. A silica based hollow-core photonic bandgap fiber in which fiber-core diameter is 40 μm (nineteen capillaries were omitted from the center of the stack to form the core), the overall outside diameter is 150 μm and the nearest-neighbor hole spacing is around 7 μm, has been fabricated. The peak of the bandgap is at 3.14 μm with a typical attenuation of ~2.6 dB/m. By further optimization of the structure, modeling suggests that a loss below 1 dB/m should be achievable[13]. All of these IR fibers can meet basically the need over a suitable range of use, but not yet achieve people's expected state of affairs as judged by the requirements of the losses, flexibility and ease to bend, or cost for the fibers.

Two IR POFs (A, B) are designed by using hollow-core fiber with cobweb-structured cladding. The structural parameters of fibers are as follows: $r_{co}=1100$ μm, $n_1=1$, $n_2=1.52$ (PE), $d_2=1.2$ μm, $d_1=24$ μm and $N=3$ (fiber A). The absorption coefficient (α) of PE is about 50 cm^{-1} (corresponding to 2.17×10^7 dB/km) at 10 μm wavelength[30]. Numerically simulated results show that the losses of TE_{01} mode for fiber A are below 23.5 dB/km in the wavelength range of 2.9 to 10 μm. The lowest loss is at 4.09 μm wavelength with the attenuation value of 1.31 dB/km. The structural parameters of fibers B are $r_{co}=1400$ μm, $n_1=1$, $n_2=1.55$ (PES), $d_2=2.8$ μm, $d_1=56$ μm and $N=3$. The absorption loss of PES is 3×10^7 dB/km. The calculated results show that the losses of TE_{01} mode for fiber B in the wavelength range of 7.7 to 15 μm are below 29.9 dB/km. The lowest loss is at 9.9 μm wavelength with the attenuation value of 11.29 dB/km. The transmission loss at 10.6 μm wavelength of CO_2 laser is 11.79 dB/km. These results show that despite the strong absorption losses of the plastics in the IR region, the transmission losses of using hollow-core fibers with cobweb-structured cladding are lower than those of other IR fibers reported in the literature.

3.3 POFs for transmitting THz wave

The THz radiation, whose frequency range is about 0.1～10 THz, has important applications in spectroscopy, imaging, space science and information transmission. However, most of the present THz systems rely on free space propagation due to the absence of low loss waveguides and transparent materials in the THz region. Even if for high-resistivity silicon, the most common material for the passive devices in the THz technology, its absorption coefficient is of the order of 0.04 cm^{-1} (corresponding to 17 372 dB/km). The loss coefficients for the photonic crystal fibers using high-density polyethylene (HDPE) and polytetrafluoroethylene (Teflon) are less than 0.5 cm^{-1} (0.1～3 THz)[31] and approximately 0.12 cm^{-1}[32], respectively. For hollow-core polycarbonate waveguides with inner Cu coatings, the lowest loss 3.9 dB/m was obtained from a 3 mm core diameter fiber at 158.51 μm wavelength[33]. For a subwavelength-diameter (200 μm) plastic (polyethylene) wire, similar to an optical fiber for guiding a THz wave, its attenuation constant was less than 0.01 cm^{-1} in the frequency near 0.3 THz[34]. Thus it can be seen that the lowest loss reported in the past literature was 3900 dB/km, the losses of the fibers have to decrease by two or three orders of magnitude[35].

A fiber design for use in THz waveguiding is presented. The structural parameters of fibers (A, B, C) are as follows: $r_{co}=10$ mm, $n_2=1.52$ (HDPE), $n_1=1$, $d_2=25$ μm, $d_1=500$ μm and $N=3$ (fiber A); $r_{co}=13$ mm, $n_2=1.52$, $n_1=1$, $d_2=70$ μm, $d_1=1050$ μm and $N=3$ (fiber B); $r_{co}=17$ mm, $n_2=1.52$, $n_1=1$, $d_2=150$ μm, $d_1=2250$ μm and $N=3$ (fiber C). According to the absorption spectra of HDPE in the THz wave range[36], the transmission losses are calculated, as shown in Figure 3. The data in Figure 3 show that the transmission losses of TE_{01} mode for fiber A in the wavelength range of 65～240 μm are below 5.86 dB/km. The lowest loss is at 90 μm with the attenuation value of 0.46 dB/km. The transmission losses of TE_{01} mode for fiber B in the wavelength range of 200～550 μm are below 5.56 dB/km. The lowest loss is at 280 μm with the attenuation value of 1.58 dB/km. The transmission losses of TE_{01} mode for fiber C in the wavelength range of 420～1000 μm are below 4.65 dB/km. The lowest loss is at 560 μm with the attenuation value of 1.74 dB/km.

It should be noticed that water is probably present in the constituent materials and air-core for the POF. The strong absorption of water may increase the losses of the fiber, even some wavelengths may not be available on account of the absorption peaks of water resulting in excessively high loss.

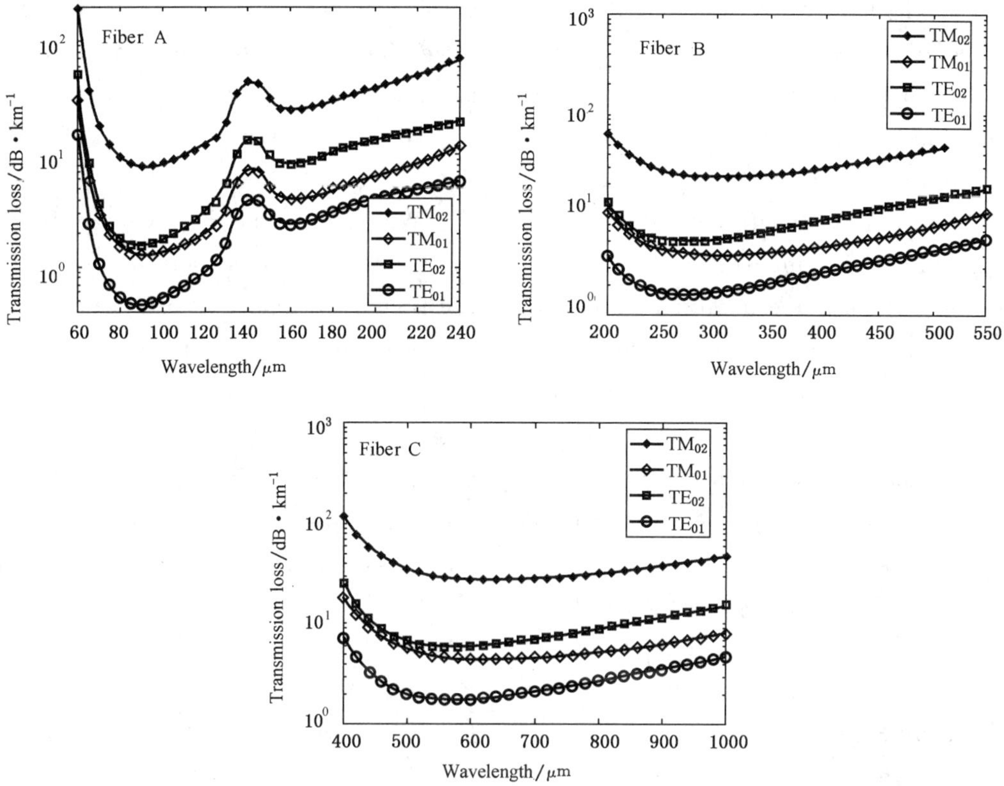

Figure 3　Transmission losses of POFs for THz wave.

3.4　Circular-polarization-maintaining single-mode POFs

Standard single-mode fibers support two degenerate, orthogonally polarized modes (HE_{11} mode). Random imperfections in the fiber structure and external forces on the fibers can create asymmetries that break the polarization degeneracy, resulting in polarization mode dispersion and polarization fading in interferometers. Conventional polarization-maintaining fibers, such as bow-tie and PANDA fibers, as well as highly birefringent photonic crystal fibers developed over the years, make considerable headway, but are all a linear-polarization-maintaining single-mode fiber. The fibers require accurate alignment of the birefringence axes of the two fibers when they connect each other. If major axes of the polarization-maintaining fibers on the two sides stagger slightly, then normal operation of the optical fiber network systems is often affected.

Owing to the advantages of circularly-polarized light transmission over linearly-polarized light transmission, such as circularly-polarized light transmission can be convenient for splicing, coupling and some sensing applications. In 1980, Jeunhomme and Monerie[37] suggested the design of a circular-polarization-maintaining single-mode fiber cable. In the late 1970s to the early 1980s, there was a method of fabricating the circular-polarization-maintaining light. The fiber was turned round hardly at a cold state to produce a certain function of circular-polarization-maintaining state. But due to the limit of glass fiber material strength, to turn round hardly went beyond the limit, and could make the fiber fracture. It is not extremely convenient for the operation, and the state is difficult to maintain, so there are not a lot of practical applications. In the 1990s, Huang[38] at Shanghai University devoted oneself to the study of the fibers for circular-polarization-maintaining. A circular-polarization-maintaining fiber and its fabricating method were proposed. One or more pieces of stress action cylinder which is of departure from centre axis is contained within the preform to be used. During drawing the preform into the fiber, the preform is rotated, i. e. drawing the stress cylinder into the helix, with the result that a desired circular birefringent fiber (i. e. circular-maintaining fiber) is made. In 2004, Argyros et al.[39] presented the design that supported a single-polarization, circularly symmetric mode in an air-core ring-structured Bragg fiber. The confinement losses of TE_{01} mode are about 0. 83 dB/m, and those of TE_{02} mode are about 57 dB/m. But due to the absorption losses (about 4500 dB/km) of material PMMA at the lowest loss wavelength (940 nm) of TE_{01} mode, transmission losses of TE_{01} mode are too large. The length of single-mode transmission is very short, and so without widespread practical value to applications.

We choose the hollow-core Bragg fiber with cobweb structure formed by use of polycarbonate (PC). The structural parameters of the fiber are $r_{co}=15$ μm, $n_1=1$, $n_2=1.585$, $d_2=0.21$ μm, $d_1=2.1$ μm and $N=3$. The results calculated by using an asymptotic matrix formalism are as follows: the confinement losses of TE_{01} mode and TE_{02} mode at 764 nm wavelength are 0. 0136 and 0. 0991 dB/km, respectively. The intrinsic loss of PC at 764 nm is 224 dB/km[40]. Therefore, the transmission losses of TE_{01} mode (lowest loss mode) and TE_{02} mode (second-lowest loss mode) at 764 nm are 0. 0434 and 0. 199 dB/km, respectively. In accordance with the calculation method reported in ref. [41], the fiber is fully single moded for lengths between 201 to 460. 8 km.

This type of single mode fibers with circular-polarization-maintaining state and low-loss can provide important elements for optical fiber sensing systems, especially advanced optical fiber gyroscopes and coherent optical communication system developments in the future.

3.5 Other POFs

The hollow-core waveguides for transmitting the sunlight, which are used for the indoor sunlight illumination, etc. can be designed by using the plastics and the hollow-core Bragg fiber with cobweb structure. Its transmission losses are much lower than those of former solid-core POFs or light pipe, remarkably raising the transmission efficiency. The gas-filled hollow-core Bragg nonlinear fibers which are used for achieving the high-harmonic generation by femtosecond laser, stimulated rotational Raman scattering and optical soliton generation and so on, can also be designed, and can surpass a variety of existing hollow-core photonic bandgap fibers in the performance (such as attenuation, single mode behaviour and transmission wavelength range) respect. The POFs with high-strength, easy bending, resistance to shock, large percentage elongation and long life can play an important role in military communication systems and fiber guidance technique.

4 Fabrication technique

The extrusion methods and preform methods are used mostly as fabrication techniques of POFs. The former is efficient, suitable for batch process. The latter is suitable for fabricating graded-index (GI) POFs, photonic crystal fibers and samples in laboratory. Preform method is not of a continuous process, but is flexible, varied and convenient. For instance, for fabricating a variety of polymer microstructured fiber preforms, drill-mechining, monomer or prepolymer injection moulding and extrusion methods also can be used in addition to using capillary stacking method.

Hollow-core POFs with cobweb-structured cladding can be fabricated by using both extrusion method and preform method. Considering the problem from industrial-scale production, continuous extrusion method should be used, which is ripe because industrial production of SI POFs by using this method has a history over decades. But in using this method to produce hollow-core Bragg fiber, the major difficult point is the thickness of high-index material in cladding to be only one/several of optical wavelength. Minimum thickness of extruded stock in extruder mould at present is generally 0.5 mm. Thus, in short wave range, the size of extruder mould is hundreds up to thousands times the size of the fiber. Only if minimum thickness of mould extruded stock can be reduced to 0.3 mm or even 0.1 mm (there are the products to be made abroad), this difficult point can be eliminated. In addition, one can look for other confinement mechanisms, which allow the thickness of the high-index cladding layers to increase, in low-loss hollow-core POFs with cobweb-structured cladding during fiber design, the problem can also be solved. It is estimated that hollow-core POFs with cobweb-structured cladding by continuous and batch process can unques-tionably be achieved.

Hollow-core POFs with cobweb-structured cladding fabricated by using preform method in our laboratory are going, which will soon be obtained.

5 Conclusion

A new generation of hollow-core POFs is constituted by using various plastics and cobweb-structured cladding, which develop fibers of low-loss, single-mode, wide-transmission frequency range (one to two octave frequency range), large-core diameter, easy bending and low-cost, resulting in the information transmissions of long-distance and high-rate. Energy-delivering fibers needful for laser surgical equipment and laser processing can be constituted by using heat-resistant polymers. Universal lack and regret of IR fibers at present can be dispelled due to possession of POFs of both low-loss and easy bending. POFs may be irreplaceable for some applications such as THz low-loss waveguiding with fiber diameter of a few millimeters and above, as well as bend-ability.

References

[1] Liu D S, Yin Z M, Zhu S L, et al. Fiber Optics[M]. Beijing: Science Press, 1987: 1-3.

[2] Yeh P, Yariv A, Marom E. Theory of Bragg fiber[J]. J Opt Soc Am, 1978, 68 (9): 1196-1201.

[3] Doran N J, Blow K J. Cylindrical Bragg fibers: A design and feasibility study for optical communications[J]. J Lightwave Technol, 1983, 1(4): 588-590.

[4] Yink Y, Ripin D J, Fan S, et al. Guiding optical light in air using an all-dielectric structure[J]. J Lightwave Technol, 1999, 17(11): 2039-2041.

[5] Cregan R F, Mangan B J, Knight J C, et al. Single-mode photonic band gap guidance of light in air [J]. Science, 1999, 285: 1537-1539.

[6] Kaino T, Jinguji K, Nara S. Low loss poly (methylmethacrylate—d8) core optical fibers [J]. Appl Phys Lett, 1983, 42 (7): 567- 569.

[7] Koike Y. Giga-island concept realized with high-speed GI plastic optical fiber[C]// Proc Second Asia-Pacific Polymer Fiber Optics Workshop, 2003.

[8] Yu R J. Overall solving worldwide difficult problem of plastic optical fiber high attenuation[C]// The 2nd China Conference on Research, Production and Application of Plastic Optical Fibers and Polymer Photonic Devices, 2006:1-6.

[9] Bartels R A, Paul A, Green H, et al. Generation of spatially coherent light at extreme ultraviolet wavelengths[J]. Science, 2002, 297: 376-378.

[10] Harrington J A. A review of IR transmitting, hollow waveguides[J]. Fiber Integr Opt, 2000, 19: 211-227.

[11] Guan T S, Chen M Y, Zhang Z L, et al. Numerical smulation and analysis of losses in air-core plastic photonic bandgap fibers [J]. Chin Opt Lett, 2005, 3(6): 313-315.

[12] Roberts P J, Couny F, Sabert H, et al. Ultimate low loss of hollow-core photonic crystal fibres[J]. Opt Express, 2005, 13 (1): 236-244.

[13] Shaphard J D, MacPherson W N, Maier R R J, et al. Single-mode mid-IR guidance in a hollow-core photonic crystal fiber [J]. Opt Express, 2005, 13(18): 7139-7144.

[14] Dellemann G, Engeness T D, Skorobogatiy M, et al. Perfect mirrors extend hollow-core fiber applications[J]. Photon Spectra,

2003, 37(6): 60-64.

[15] Johnson S G, Ibanescu M, Skorobogatiy M, et al. Low-loss asymptotically single-mode propagation in large-core OmniGuide fibers[J]. Opt Express, 2001, 9(13): 748-779.

[16] Yink Y, Ripin D J, Fan S, et al. Guiding optical light in air using an all-dielectric structure[J]. J Lightwave Technol, 1999, 17(11): 2039-2041.

[17] Temelkuran B, Hart S D, Benoit G, et al. Wavelength-scalable hollow optical fibres with large photonic bandgaps for CO_2 laser transmission [J]. Nature, 2002, 420: 650-653.

[18] Argyros A, Eijkelenborg M A van, Large M C J, et al. Hollow-core microstructured polymer optical fiber[J]. Opt Lett, 2006, 31(2): 172-174.

[19] Yu R J, Chen M Y. Hollow-core fibers with cobweb: 200510060031. 7 [P]. 2005-03-25.

[20] Chen M Y, Yu R J, Tian Z G, et al. Optical and mechanical properties of hollow-core fibers with cobweb cladding structure[J]. Chin Opt Lett, 2006, 4(2): 63-65.

[21] Huo L, Yu R J, Zhang B, et al. Design guideline of hollow-core fibres with cobweb cladding structure [J]. Chin Phys Lett, 2006, 23(8): 2121-2124.

[22] Yu R J, Zhang B, Chen M Y, et al. A new solution of reducing polymer optical fiber losses [J]. Opt Commun, 2006, 266: 536-540.

[23] Xu Y, Yariv A, Fleming J G, et al. Asymptotic analysis of silicon based Bragg fibers[J]. Opt Express, 2003, 11(9): 1039-1049.

[24] Kaino T, Fujiki M, Jinguji K. Preparation of plastic optical fibers[J]. Rev Elec Commun Lab, 1984, 32: 478-488.

[25] Kapany N S, Simms R J. Recent developments of infrared fiber optics[J]. Infrared Phys, 1965, 5: 69-80.

[26] Sanghera J S, Aggarwal I D, Busse L E, et al. Chalcogenide optical fibers target mid-IR applications [J]. Laser Focus World, 2005, 41(4): 83-87.

[27] Butvina L N, Dianov E M, Lichkova N V, et al. Crystalline silver halide fibers with optical losses lower than 50dB/km in broad IR region and their applications[J]. Proc SPIE, 2000, 4083: 238-253.

[28] Machida H, Matsuura Y, Ishikawa H, et al. Transmission properties of rectangular hollow waveguides for CO_2 laser light[J]. Appl Opt, 1992, 31(36): 7617-7622.

[29] Rave E, Ephrat P, Goldberg M, et al. Silver halide photonic crystal fibers for the middle infrared[J]. Appl Opt, 2004, 43(11): 2236-2241.

[30] Hidaka T, Morikawa T, Shimada J. Hollow-core oxide-glass cladding optical fibers for middle-infrared region [J]. J Appl Phys, 1981, 52(7): 4467-4471.

[31] Han H, Park H, Cho M, et al. Terahertz pulse propagation in a plastic photonic crystal fiber[J]. Appl Phys Lett, 2002, 80(15): 2634-2636.

[32] Goto M, Quema A, Takahashi H, et al. Teflon photonic crystal fiber as terahertz waveguide[J]. Jpn J Appl Phys, 2004, 43(2B): L317-L319.

[33] Harrington J A, George R, Pedersen P, et al. Hollow polycarbonate waveguides with inner Cu coatings for delivery of terahertz radiation[J]. Opt Express, 2004, 12(21): 5263-5268.

[34] Chen L J, Chen H W, Kao T F, et al. Low-loss subwavelength plastic fiber for terahertz waveguiding[J]. Opt Lett, 2006, 31(3): 308-310.

[35] Yu R J, Zhang B, Zhang Y Q, et al. Proposal for ultra-low loss hollow-core plastic Bragg fiber with cobweb-structured cladding for terahertz waveguiding [J]. IEEE Photon Technol Lett, 2007, 19(12): 910-912.

[36] Chantry G W, Fleming J W, Smith P M, et al. Far infrared and millimetre-wave absorption spectra of some low-loss polymers [J]. Chem Phys Lett, 1971, 10 (4): 473-477.

[37] Jeunhomme L, Monerie M. Polarisation-maintaining single-mode fibre cable design [J]. Electron Lett, 1980, 16 (24): 921-922.

[38] Huang H J. A circular-polarization-maintaining fiber and its fabricating method: 92108598. 2[P]. 1992-10-10. Huang H J. A circular-polarization-maintaining fiber and its fabricating method: 92113821. 0 [P]. 1992-12-16.

[39] Argyros A, Issa N, Bassett I, et al. Microstructured optical fiber for single-polarization air guidance [J]. Opt Lett, 2004, 29(1): 20-22.

[40] Yamashita T, Kamada K. Intrinsic transmission loss of polycarbonate core optical fiber[J]. Jpn J Appl Phys, 1993, 32(6A): 2681-2686.

[41] Bassett I M, Argyros A. Elimination of polarization degeneracy in round waveguides [J]. Opt Express, 2002, 10 (23): 1342-1346.

Realization of Tapered Waveguide by Stretching the Rod Waveguide①

Xia Keyu Yu Rongjin Meng Huamao
(College of Inform. Sci. and Eng. , Yanshan University,
Qinhuangdao 066004, CHN)

Abstract: By stretching the rod waveguide with different velocities in opposite directions, the tapered waveguide can be fabricated. In condition of taking no account of volume expansion caused by heating and under the assumptions of volume conservation, the rod waveguide can be stretched freely in the heated region without being stretched outside of the heated region. A model, which shows the relation of the transition shape and the two factors, that is the ratio of two velocity and the heated region length, is presented for the shape of the taper transition through mathematic deduction. Based on this model, a desired tapered waveguide can be fabricated. The tapered waveguide are widely used for fabricating tapered fiber couplers and sensors. In addition, the conclusion can be used for fabricating fused fiber coupler.

Key words: Optical fiber coupler; Tapered waveguide; Model

1 Introduction

Recently, tapered waveguide is widely used for fabricating the integrated optical devices, especially for fabricating the optical fiber coupler[1] and sensor[2], and nowadays is used in microstructured optical fiber[3]. Moreover, the split power ratio of the optical fiber coupler which is fabricated in the tapered waveguide is weakly dependent on the wavelength. So, this kind of coupler is superior to others in respect of the bandwidth.

2 Model

2.1 Structure after Stretch

The shape of the tapered waveguide showing in Fig. 1 by stretching the rod waveguide was observed in many experiences. In Fig. 1, r_0 stands for the radius before stretching the rod waveguide; r_w the radius of mixing-rod after stretching the rod waveguide; z_1 the position from the point P in z direction; z_2 the position from the point Q in z direction; z_{10} the tapered length in left end; z_{20} the tapered length in right end; l_w the length of the waist; $r_1(z_1)$ the radius in the position z_1

① Semiconductor Photonics and Techonlogy, 2004, 10(2): 82-85.

of the left tapered rod; $r_2(z_2)$ the radius in the position z_2 of the right tapered rod. We can easily obtain from Fig. 1:

$$r_1(0) = r_2(0) = r_0,$$
$$r_1(z_{10}) = r_2(z_{20}) = r_w. \tag{1}$$

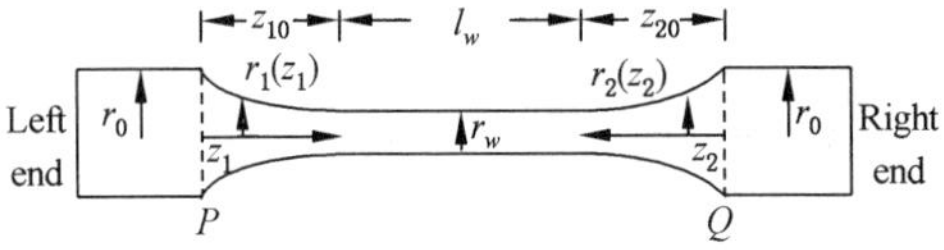

Fig. 1　The shape after stretching

2.2　Model

During being stretched, assume that the waveguide in the condition where the temperature of waveguide in the hot-zone is uniform is fully fused and can be stretched freely without being stretched by self-gravity. Outside the hot-zone, the waveguide can not be stretched completely.

The waveguide shape pulled at time t is shown in Fig. 2. To keep the shape as shown in Fig. 2, the following relation should be met.

$$L(t) > 0, l_w = L(t). \tag{2}$$

At time $t + \delta t$, the tapered waveguide shape is shown in Fig. 3. In Fig. 3, δx_1 stands for the increase in left end including the waist; δx_2 the increase in right end including the waist; δz_1 the increased length of the tapered part in the left end; δz_2 the increased length of the tapered part in the right end; δL the variance of the hot-zone; δr_w the variance of the radius of the waist. Obviously, $\delta x_1 = v_1\delta t, \delta x_2 = v_2\delta t, \delta x_2 = (v_2/v_1)\delta x_1$. When $\delta t \to 0$, the radius of the waist in the section of δx_1 and δx_2 is approximately equal to $r + \delta r_w$. Thus, according to volume conservation law and mass conservation law regardless of the volume expansion, we have

$$\pi(r_w + \delta r_w)^2(L(t) + \delta x_1 + \delta x_2) = \pi r_w^2 L(t). \tag{3}$$

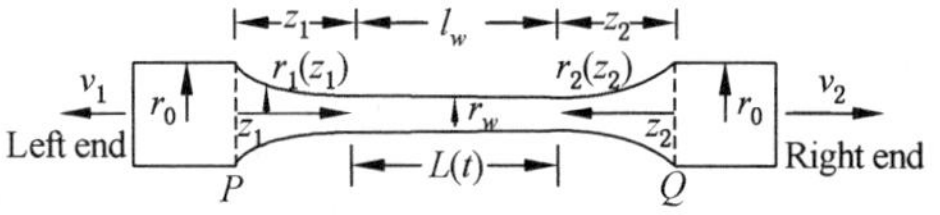

Fig. 2　The shape of the waveguide at time *t*

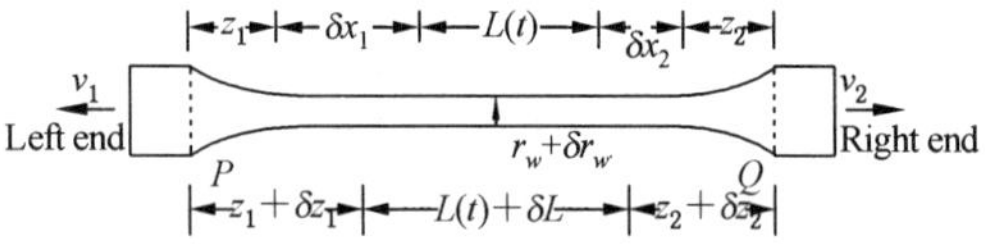

Fig. 3　The tapered waveguide shape at time *t*+δ*t*

Let $\delta x = \delta x_1 + \delta x_2$, we obtain

$$\delta x = (v_1 + v_2)\delta t. \tag{4}$$

Neglecting the higher order infinitesimal, we obtain

$$2Lr_w\delta r_w = -r_w^2\,\delta x. \tag{5}$$

Eq. (5) is rewritten for

$$\mathrm{d}r_w/\mathrm{d}x = -r_w/2L. \tag{6}$$

Substituting Eq. (4) into Eq. (6), we have

$$\mathrm{d}r_w/\mathrm{d}t = -[(v_1 + v_2)/2L]r_w. \tag{7}$$

The variance of the radius r_w of the waist with the time t in the stretching course is shown in Eq. (7).

To keep the waveguide cylindrical, it demands for $\delta L/\delta x \leqslant 1$ or $\delta L/\delta t \leqslant (v_1 + v_2)$. From Fig. 3, we obtain

$$L(t) + \delta L + \delta z_1 + \delta z_2 = L(t) + \delta x_1 + \delta x_2. \tag{8}$$

By simplifying, Eq. (8) is rewritten for

$$\delta z_1 + \delta z_2 = \delta x_1 + \delta x_2 - \delta L. \tag{9}$$

Given $\delta L = \alpha\delta x_2 = \alpha v_2\delta t$, where $\alpha \leqslant (v_1 + v_2)/v_2$, so $\delta z_1 + \delta z_2 = (v_1 + v_2 - \alpha v_2)\delta t$. Let $\delta z_2 = \beta\delta z_1$, we obtain

$$\delta z_1/\delta t = (v_1 + v_2 - \alpha v_2)/(1 + \beta). \tag{10}$$

and

$\delta z_2/\delta t=[(v_1+v_2-\alpha v_2)/(1+\beta)]\beta$. (11)

Using Eqs. (6), (7), (10) and (11), we obtian

$$dr_w/dz_1 = -[(v_1+v_2)(1+\beta)/(v_1+v_2-\alpha v_2)][r_w/2L(t)]. \quad (12)$$

When $\delta t \to 0$, $dL=(dL/dt)\delta t$, we obtain

$$L(t) = L_0 + \alpha v_2 t, \quad (13)$$

where L_0 is the origin length of the hot-zone, and t is the stretched time. Let $K=(v_1+v_2)(1+\beta)/(v_1+v_2-\alpha v_2)$, we have

$$dr_w/dz_1 = -\{K/[2(L_0+\alpha v_2 t)]\}r_w. \quad (14)$$

Using Eqs. (10), (11) and original condition, that is, z_1 and z_2 are zero when t equals to zero, we obtain

$$z_1=[(v_1+v_2-\alpha v_2)/(1+\beta)]t,$$
$$z_2=[(v_1+v_2-\alpha v_2)/(1+\beta)]\beta t. \quad (15)$$

Let $Q_1^{-1}=(v_1+v_2-\alpha v_2)(1+\beta)$, $Q_2^{-1}=[(v_1+v_2-\alpha v_2)/(1+\beta)]\beta$, we have $z_1=Q_1^{-1}t$ and $z_2=Q_2^{-1}t$. By arranging, we have

$$dr_w/r_w=-\{K/[2(L_0+\alpha v_2 Q_1 z_1)]\}dz_1. \quad (16)$$

Integrating over the both sides of Eq. (16), we have

$$r_w(z_1)=r_0\exp\left[-\int_0^{z_1}\frac{K}{2(L_0+\alpha v_2 Q_1 z_1)}dz_1\right]. \quad (17)$$

Similarly,

$$r_w(z_2)=r_0\exp\left[-\int_0^{z_2}\frac{K}{2(\beta L_0+\alpha v_2 Q_1 z_2)}dz_2\right]. \quad (18)$$

When the hot-zone expansion varies with the pulling velocities in the same ratio in two ends, we have $\beta=v_2/v_1$.

When $v_1=v_2=v$, $\beta=1$. Given $Q=Q_1=Q_2$, $Q^{-1}=(2v-\alpha v)/2$, $K=4/(2-\alpha)$, $\delta x_1=\delta x_2=\delta x/2$, $\delta z_1=\delta z_2=\delta z$, using Eqs. (17), (18) and above expressions, we obtain

$$r_w(z)=r_o\{1+2\alpha z/[(2-\alpha)L_0]\}^{-1/\alpha}. \quad (19)$$

In this paper, $\delta L=\alpha\delta x_2=\alpha\delta x/2$, let $\alpha'=\alpha/2$, we obtain

$$r_w(z)=r_o\{1+2\alpha' z/[(1-\alpha')L_0]\}^{-1/2\alpha'}. \quad (20)$$

Obviously, Eq. (20) coincides with Eq. (19) in Ref. [4].

When $\alpha=0$ in Eq. (13), that is, the length of hot-zone remains constant L_0, we obtain

$$K = 1+\beta,$$
$$Q_1^{-1} = (v_1+v_2)/(1+\beta),$$
$$Q_2^{-1} = [(v_1+v_2)/(1+\beta)]\beta. \quad (21)$$

Therefore

$$r_w(z_1) = r_0\exp\{-[(1+\beta)/2L_0]z_1\},$$
$$r_w(z_2) = r_0\exp\{-[(1+\beta)/2\beta L_0]z_2\}. \quad (22)$$

It is observed that, when the length of hot-zone keeps constant, the radii of the two tapered waveguides decrease exponentially. Moreover, the rate of decrease of the radii is only related to the ratio of v_1 to v_2, other than the values of v_1 and v_2. This property can be used for adjusting the taper of the transition. And then we can fabricate the various taper of waveguides by controlling the ratio of the stretching velocities in two ends and the hot-zone length, and further make the various shape of tapered waveguide for $1\times N$ coupler.

When any of v_1 and v_2 equals the

zero, assuming $v_2 = 0$, we obtain

$$r_w(z_1) = r_0 \exp[-(2L_0)^{-1} z_1]. \quad (23)$$

From Eq. (23), we can draw a conclusion that one decreases exponentially when the other is zero. For an ideal case, the rate of the decrease of the radius, which is not pulled, is infinite at $z_1 = 0$.

3 Conclusion

In this paper, a model which shows the shape of the tapered waveguide by stretching the rod waveguide in two pulling velocities in two ends in opposite directions is presented. Based on this model, we can conclude that the shape of the tapered waveguide is up to the ratio of the two pulled velocities in the ends and the hot-zone length. It is a foundation on which we can fabricate the desired tapered waveguide for tapered mixing-rod coupler. Furthermore, it is easier to control the ratio of the pulling velocities than to adjust the hot-zone length presented in Ref. [4].

References

[1] AI Jun, LI Yao. Mixing-rod power coupling for large-core polymer optical fibers [J]. Proc. SPIE, 1999, 38(6): 1024-1028.

[2] YANG Chun, LUO Fei, MA Nai-bing, et al. An optical fiber probe with a wide measurement range [J]. J. Nanjing University of Aeronautics &. Astronauics, 1998, 30(2): 153-157(in Chinese).

[3] Chandadia J K, Eggleton B J, Windeler R S, et al. Adiabatic coupling in tapered air-silica microstructured optical fiber [C]//. Conf. Opt. Fib. Commun., Technical Digest Series. Anaheim, CA: IEEE, 2001. TuC2/1-TuC2/3.

[4] Birks T A, Li Y W. The shape of fiber tapers [J]. J. Lightwave Technology, 1992, 10(4): 432-438.

Analysis and Simulation of a Plastic Optical Fiber Access Network Based on OCDMA Technology①

Ning Zhang[1] Rongjin Yu[2]
(1. College of Information Engineering, Beijing Institute of Petro-Chemical Technology, Beijing, China, 102600;
2 College of Information Science and Engineering, Yanshan University, Qinhuangdao, China, 066004)

Abstract: In this paper a plastic optical fiber (POF) access network based on optical code-division multiple access (OCDMA) technology is proposed. Recently, optical transmission using POF has received much attention due to its low weight, large core diameter, flexibility, and easy installation. Specially, its high bandwidth makes POF a very attractive candidate for a transmission media in an access network based on OCDMA technology. A conventional OCDMA system only allows a finite number of units to transmit and access simultaneously according to the number of channels which is restricted by BER. To resolve this problem a novel protocol is also proposed in this paper. The protocol can efficiently support variable-sized messages, and any new unit can join the network at any time without requiring network initialization. To implement the demonstration, each optical network unit is equipped with a fixed and a tunable optical encoder/decoder. The optical encoder/decoder employing planar holographic optical processors (HOPs) in this system may be of low fabrication cost. The network throughput and average delay using various system parameters has been investigated by numerical analysis and simulation experiments. It is shown that the dynamic control protocol in this POF access network based on OCDMA technology is valid and efficient.

Key words: Plastic optical fiber; OCDMA; Access network; Control protocol; Simulation

1 Introduction

Optical communication systems transmit information very simply. Two optical power levels are launched to represent binary data, and in the standard non-return-to-zero (NRZ) format, the optical power remains constant unless adjacent bits have different values. At the receiver, a photodetector's output is sampled and reclocked. Link bandwidth is often provisioned among many low-bandwidth users via time-division multiplexing (TDM), in which users are assigned distinct repetitive time slots for transmission. TDM is implemented electronically. Although today's 40 Gbit/s optical bit rates seem remarkable, barriers to increased optical-bit

① Photonic Network Communications, 2003, 6(2): 179-185.

rates include the limitations of optical and electronic devices, as well as signal distortion during transport. Wavelength-division multiplexing (WDM) has been introduced to increase fiber bandwidth utilization in the face of limited serial bit rates. The performance of 10 Tbit/s achieved in today's WDM links is indeed impressive from the standpoint of aggregate single-fiber throughput[1]. But WDM access requires precise wavelength control of laser diodes and wavelength multiplexer or demultiplexer, which can be sensitive to a temperature change. On the other hand, the role of optics in the communication system is limited to purely passive transport of data from one electronically network unit to another. Code-division multiplexing (CDM) is achieved by assigning different, minimally interfering code sequences to different user pairs. In this system, network units communicate by imprinting their own unique code upon their data bits, which they transmit asynchronously over a common channel. A matched filter at the receiver end ensures that data are detected only when they are imprinted by the proper code sequence. This approach to multi-access allows transmission without delay and handles multi-access interference as an integral part of the scheme. So, CDMA is very suitable for a multimedia access network, especially to real-time user pairs.

The access network plays a very important role of the telecommunication network. Considering the fast growing of the multimedia communication, the last one kilometer distance becomes a bottleneck. Optical access networks, especially POF access networks can cost-effectively resolve this problem. In comparison with coaxial cable or twisted pair, the POF solution offers numerous well-known advantages such as immunity to electromagnetic interference, transmission reliability, and low weight. In comparison with silica optical fiber, the large core diameter of POF makes handling easy. It enables the use of inexpensive injection molding polymer connectors. All result in low connection cost. Furthermore, POF can offer high bandwidth[2], which can transmit up to 2.5 Gbps (PMMA based GI-POF) and >10 Gbps (perfluorinated polymer based GI-POF) over 100 m distance [3]. As we know, the differential mode attenuation or mode coupling of POF makes the bandwidth much longer than would be expected from their index profiles. In CDMA systems, it must be afforded that the bandwidth of the system is larger than that of the signal being transmitted. So a POF access network combined with CDMA gives us an effective solution to FTTO or FTTH.

In this POF access network, each optical network unit is equipped with a fixed optical encoder and a fixed optical decoder, both of which are tuned to the control channel. Each optical network unit also has a tunable optical encoder and a tunable optical decoder that can operate at any one of the data channels independently. The novel protocol can be employed in this access network with limited channels. The number of data channels does not restrict the number of units in the access network. This protocol can efficiently support variable-sized messages, and any new unit can join the access network at any time without requiring network initialization. The performance of the proposed protocol using various system parameters has been investigated by numerical analysis and simulation experiments. It is shown that the dynamic control protocol is valid and efficient.

The rest of this paper is organized as follows. In Section 2, we present the physical topology of the OCDMA access network. In Section 3, the dynamic control protocol and its performance analysis is presented. In Section 4, some numerical results and a summary are presented. We conclude in Section 5.

2 The Physical Topology of the OCDMA Access Network

An optical access network comprises an optical line terminal (OLT), an optical distributing network (ODN), and an optical network unit (ONU). The double star physical topology of the OCDMA access network is shown in Fig. 1.

In this access network, each ONU not only can exchange information with any one at any time but also can communicate with more than one at the same time. To reach this aim, each ONU is equipped with a fixed optical encoder and a fixed optical decoder, both of which are tuned to the control channel. Each ONU also has a tunable optical encoder and a tunable optical decoder that can operate at any one of data channels independently. A novel control protocol (given in Section 3) that can efficiently support real-time multimedia communication is presented for the encoders and decoders to coordinate message transmission.

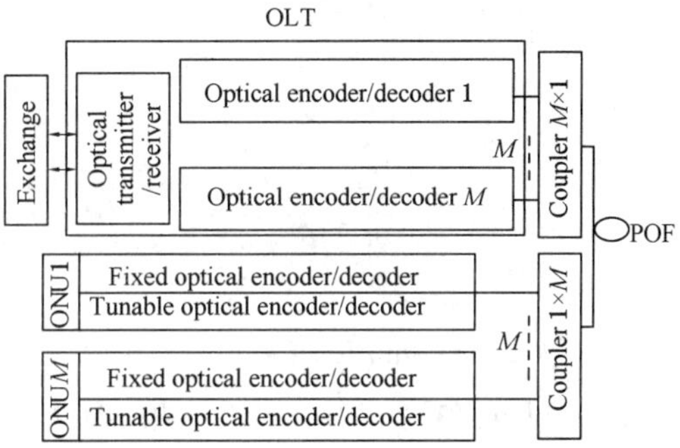

Fig. 1 The physical topology of the OCDMA access network.

The key for realizing OCDMA is the design of the optical codes and the realization of all optical encoder/decoders. A planar HOP has a low fabrication cost and does spatial domain encoding and decoding.

The modulating signal for each ONU can take on any form (digital or analog), any rate, and any shape. So this is very suitable for the multimedia environment[4,5]. The principal operation of the planar HOP consisting of two ports is shown in Fig. 2. An impulsive signal entering the input port and interacting with the index grating at position r produces an output signal shown in Fig. 2(b). Control of the spacing and amplitude of index $n(r)$ variations provides the required temporal response. For example, the delay of $n \cdot \tau$ (τ is the width of an optical pulse, $n=0,1,2,\cdots,n$) time units can be obtained by a modified index. So we can construct the tunable or fixed encoder/decoder by the HOP. An all-optical tunable encoder has been designed in Hongxi et al.[6]. It comprises a $1\times p$ (p is code weight) optical power splitter, p tunable optical delay processors constructed by the HOP, a $p\times 1$ optical power combiner, and a delay controller. Tunable optical delay processors, comprising $[\log_2 p]+1$ stages of 2×2 optical switches which are set either in the cross state by $a_i=0$ or in the bar state by $a_i=1$, are shown in Fig. 3. For example, the pulse delayed by 6τ can be obtained by setting $a_1=0, a_2=1, a_3=0$. Where $[z]$ denotes the smallest integer not less than z.

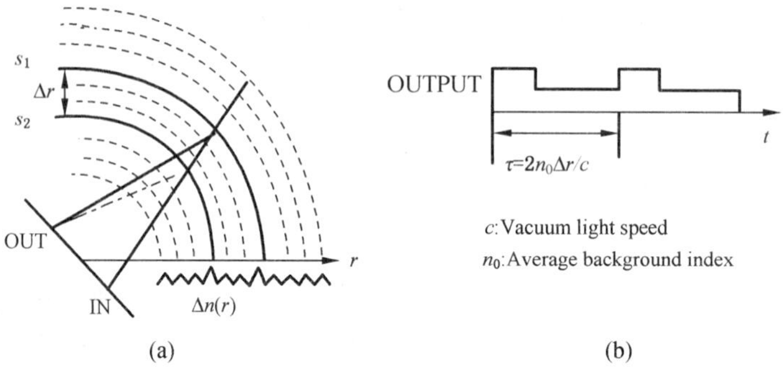

Fig. 2　(a) Schematic of planar HOP consisting of 2D optical waveguide with a pattern of equal-index contours shown by circular arcs. (b) Impulse temporal response of the HOP with the refractive index structure shown at the bottom of (a).

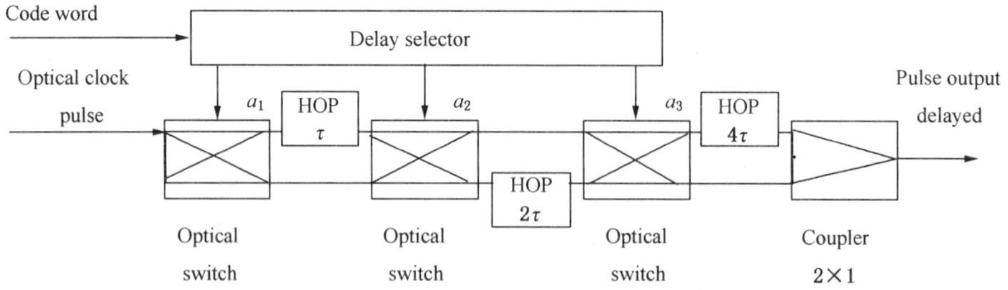

Fig. 3　Block diagram of tunable optical delay processor with three stages.

The wavelength of POF suitable for low-loss transmission is about 650 nm～1300 nm. A laser diode (LD) or a vertical-cavity surface-emitting laser (VCSEL) at this wavelength range may be used as the light source. VCSEL are attractive because they have the potential to be cheaper to fabricate and test than conventional laser diodes, emit a high-quality circular beam that is ideal for launching into optical fibers, and consume little power. An Si, GalnAsP, Ge-PIN photodiode or APD can be employed as detector in this access network.

3　Dynamic Control Protocol and Performance Analysis

OCDMA is a spread spectrum scheme. Data from multiple ONUs are encoded individually, multiplexed on a single transmission medium, demultiplexed, and passed through code-specific detection. Discrimination of unwanted signals is achieved by means of assigning minimally interfering codes to each ONU. So the number of code sequences restrict the number of ONUs in the access network. To resolve this problem, a novel dynamic control protocol is presented for this POF access network. This protocol can efficiently support variable-sized packets, and any new network unit can join the access network at any time without requiring network initialization.

3.1　Dynamic Control Protocol

We assume that this POF access network, as shown in Fig. 1, possess $(N+1)$ codewords and M ONUs $(M>N)$, each codewords operating on a different channel from the set $\{C_0, C_1, C_2, \cdots, C_N\}$. C_0 is used as a control channel for coordination of access among ONUs. $\{C_1, C_2, \cdots, C_N\}$ are used as data channels for actual messages. All channels are slotted with the size of the transmission time of a fixed-length data packet, T_d, as shown in Fig. 4. Slots on the data channels are called data slots. Slots in the control channel are called control slots. One slot of the control channel is further divided into δ (δ is the end-to-end propagation delay) and x mini-slots with the size of the transmission time of a control packet, T_c. Then, all control packets transmitted in one slot can be propagated within this slot. A control packet contains only the destination ONU address.

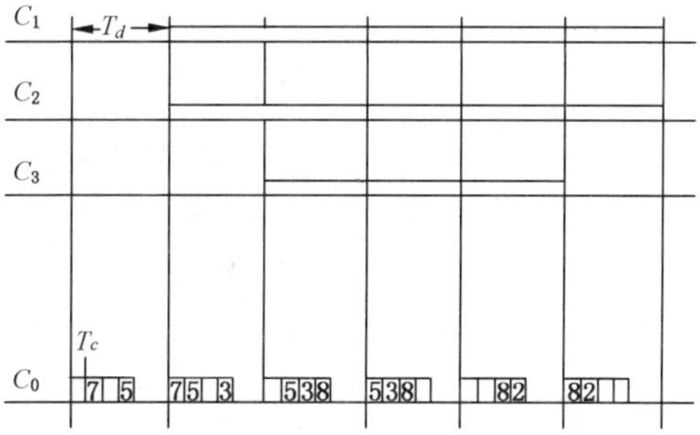

Fig. 4　Dynamic scheduling protocol.

The dynamic scheduling protocol exploits a dynamic assignment scheme for the access of data channels. Each ONU is assumed to be in one of three states: idle, backlogged, or transmitting. An ONU is said to be idle if it has no message. An ONU is in transmitting state if it is currently transmitting its message through a data channel. Otherwise, an ONU is in backlogged state, trying to reserve a data channel in order to transmit its message.

Every ONU acts as the following according to its state. At the beginning of slot t, when a message arrives at an idle ONU, the ONU changes its state to backlogged and monitors the control channel during slot t to check how many successful control packets exist. In this case, a successful control packet means that it does not collide with others and does not have the same destination address among those of earlier successful control packets, and the number of successful control packets within a slot does not exceed that of the data channels, N.

If a backlogged ONU finds a successful control packet, it checks the number of successful control packets transmitted in the previous slot. Assume that there are k successful control packets in slot $(t-1)$, Thereafter, the ONU chooses one of the remaining $(x-k)$ mini-slots randomly, and then, the ONU transmits its control packet, which is called the control packet for signaling (S_CP) in this case, through the chosen mini-slot in slot t. Then the ONU changes its state to transmitting.

At the end of slot $(t-1)$, any transmitting ONU can know the position of its control packet. Assume that it is the l ($l \leqslant N$)-th successful control packet. If the number of data packets remaining in the buffer of the ONU is two or more, the ONU transmits one data packet through the l-th channel and also transmits its control packet in the l-th mini-slot in control slot t. The control packet, which is called the control packet for reserving (R_CP), is always the s($s \leqslant l$)-th successful control packet. If the number of the remaining data packet is only one, the ONU transmits its data packet through the corresponding data channel and changes its state to idle at the beginning of slot $(t+1)$.

3.2 Performance Analysis

In the performance analysis of this plastic optical fiber access network we make the following assumptions:

1. An idle ONU gets a new message with the probability σ (supposing $\sigma = 0.1$).

2. Each message is assumed to have a geometrically distributed number of data packets with mean $1/\mu$.

3. The destination of a S_CP is assigned with equal probability among M destinations. Upon a reservation failure, its destination ONU is reassigned with equal probability among M destinations.

4. The tuning times of the tunable optical encoder/decoder are assumed to be zero.

With the assumptions stated above, we can construct a Markov chain by defining (k_1, k_2) as the system state at the beginning of a slot time, where k_1 and k_2 represent the number of transmitting and backlogged ONUs, respectively. Then, we can calculate the probability that k_3 among k_1 transmitting ONUs continue to transmit their message in the slot as follows:

$$PC(k_3 \backslash k_1, k_2) = C_{k_1}^{k_3}(1-\mu)^{k_3}\mu^{(k_1-k_3)}, \tag{1}$$

where

$$C_{k_1}^{k_3} = \frac{k_1!}{k_3!(k_1-k_3)!}, k_1 \geqslant k_3 \geqslant 0.$$

Similarly, the probability that k_5 among $(M-k_1-k_2)$ idle ONUs get their messages can be calculated by the following:

$$PA(k_5 \backslash k_1, k_2) = C_{M-k_1-k_2}^{k_5}\sigma^{k_5} \cdot (1-\sigma)^{M-k_1-k_2-k_5}. \tag{2}$$

The probability that l among k_2 backlogged ONUs transmit their S_CP's through the control channel can be given by:

$$P_{dr}(l\backslash k_1,k_2) = C_{k_2}^{l}\left(\frac{M-k_1}{M}\right)^{l}\cdot \left(1-\frac{M-k_1}{M}\right)^{k_2-l}. \quad (3)$$

Since k_1 transmitting ONUs transmit their own R_CP's in the slot, each of the l ONUs chooses one of the $(x-k_1)$ available mini-slots. We can get the probability $U(s\backslash l)$ that, among l backlogged ONUs which transmit their S_CPs, s ONUs do not collide with others nor incur a destination conflict with those of earlier control packets. $U(s\backslash l)$ can be obtained by the following:

$$U(s\backslash l) = \begin{cases} \sum_{m=s}^{l} \Pr(M-k_1,s,m)\cdot Q(x-k_1,m,l), & s < N-k_3 \\ 1.0 - \sum_{y=0}^{N-k_1-1} U(y\backslash l), & s = N-k_3, \\ 0, & \text{otherwise} \end{cases} \quad (4)$$

where

$$Q(m,i,j) = \frac{C_m^i C_j^i i!\sum_{v=0}^{\min(m-i,j-i)}(-1)^v C_{m-j}^v C_{j-i}^v v!(m-i-v)^{j-i-v}}{m^j}, \quad (5)$$

$$\Pr(m,i,j) = \frac{C_m^{m-i}\sum_{y=0}^{i}(-1)^y C_i^y (i-y)^j}{m^j}, \quad (6)$$

Now, the probability that each of k_4 among k_2 backlogged ONUs acquires a right to transmit its message can be calculated as follows:

$$PS(k_4\backslash k_1,k_2) = \sum_{l=k_4}^{k_2} U(k_4\backslash l)\cdot P_{dr}(l\backslash k_1,k_2). \quad (7)$$

Define π_{k_1,k_2} as the probability that there are k_1 transmitting ONUs and k_2 backlogged ONUs at the beginning of a slot when the system has reached the steady state, then π_{k_1,k_2} can be obtained by solving the following system of linear equations[7,8]:

$$\begin{cases} \prod = \prod \cdot P \\ \sum_{k_1=0}^{N}\sum_{k_2=0}^{M-k_1}\pi_{k_1,k_2} = 1 \end{cases}, \quad (8)$$

where

$$\prod = \{\pi_{k_1,k_2}\},\ P = \{P_{(u_1,u_2),(k_1,k_2)}\}_{\substack{N\geqslant k_1\geqslant 0 \quad M-k_1\geqslant k_2\geqslant 0 \\ N\geqslant u_1\geqslant 0 \quad M-u_1\geqslant u_2\geqslant 0}},$$

where

$$P_{(u_1,u_2),(k_1,k_2)} = \sum_{k_3=0}^{k_1} PC(k_3\backslash k_1,k_2)PS(u_1-k_3\backslash k_1,k_2)\cdot PA(u_2-k_2+u_1-k_3\backslash k_1,k_2).$$

Now we calculate the performance of the system. The system throughput is given by:

$$S_T = \sum_{k_1=0}^{N} \sum_{k_2=0}^{M-N} k_1 \pi_{k_1,k_2}, \tag{9}$$

The average delay is given by:

$$D_T = \frac{M}{\mu S_T} - \frac{1}{\sigma} + 1. \tag{10}$$

4 Numerical Results

For the proposed dynamic control protocol of the POF access network, a large number of simulation experiments have been accomplished using various system parameters. Now a part of typical results are given below ($x=20$, $\mu=0.1$).

Fig. 5 shows the performance curves of the access network throughput vs. arrival rate. In this figure, we can obtain the fact that network throughput increases as the arrival rate (load) increases. As the load increases, the number of backlogged ONUs as well as S_CP also increases. Therefore, in the high load region, because of collisions of S_CP, network throughput decreases slightly. It is shown in Fig. 5(a), that the increase of channels results in the increase of network throughput when the number of ONUs remains constant. Whereas in Fig. 5(b), when the number of channels is kept constant, network throughput does not necessarily increase as the number of ONUs increases because of the collision of S_CPs.

Fig. 6 shows the performance curves of average delay versus arrival rate. When the number of ONUs remains constant, in Fig. 6(a), the average delay decrease as the number of channels increases. At the same time, when the number of channels is kept constant, in Fig. 6(b), the average delay increases as the number of ONUs increases.

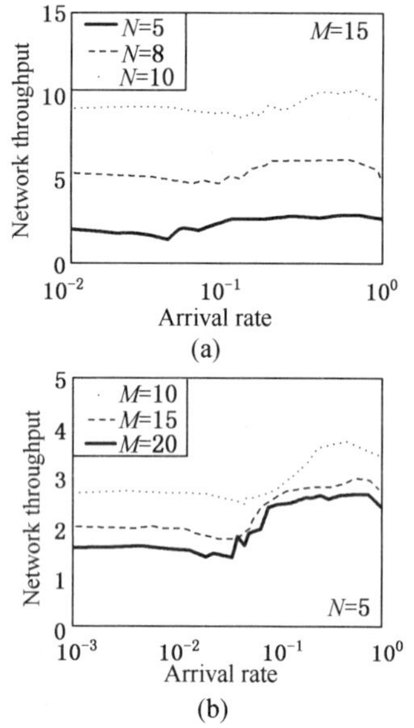

Fig. 5　Network throughput vs. arrival rate.

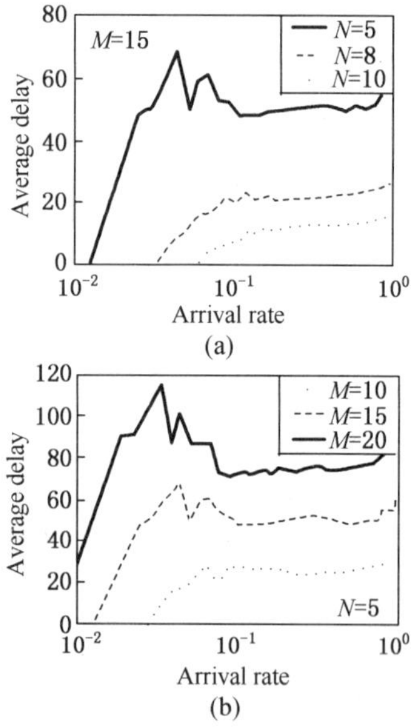

Fig. 6　Average delay versus arrival rate.

5 Conclusions

POF is a very attractive candidate for transmission media in access networks based on OCDMA technology. POF technology exhibits low-cost, huge bandwidth, increased flexibility, highly endurable to repeated bending, easy to install and maintain, large core diameter that makes it far easier to connect critical alignments, and making it possible to adopt injection molding polymer connectors, which can dramatically decrease the total cost of the system. The OCDMA scheme not only efficiently exploit the huge bandwidth potential of POF but also simplify the control logic. It permits multiple users to simultaneously access the channel with zero waiting time and without requiring network synchronization, so can efficiently support real-time multimedia communication. A POF access network combined with CDMA gives us an effective solution to FTTO or FTTH.

More and more new units join the network as it grows. An OCDMA system only allows finite access units to transmit and access simultaneously according the number of channels which be restricted by BER. To resolve the problem, a novel protocol, has also been proposed was also been proposed in this paper. The number of data channels does not restrict the number of access units in the network. The performance of the proposed protocol using various system parameters has been investigated by numerical analysis and simulation experiments. It has been shown that the dynamic control protocol is valid and efficient.

Encoder/decoder in this POF access network can be constructed by HOP which be created by stamping. Replication or lithographic production provides a pathway to low-cost fabrication. Planar holographic methods provide for powerful and uniquely "optical" circuits.

Acknowledgments

This work is supported by the fund of national natural science (69977016) and special fund of science and technology of Hebei province. The author would like to thank professor Tian Naishuo for useful comments and suggestions.

References

[1] T W Mossberg, M G Raymer. Optical code-division multiplexing[J]. Optics & Photonics News, 2001, 12(3): 50-54.

[2] W Li, et al. 2.5 Gbit/s transmission over 200 m PMMA graded index polymer optical fiber using a 645 nm narrow spectrum laser and a silicon APD [J]. Microwave and Optical Technology Letters, 1999, 20(3): 163-166.

[3] G Giaretta, et al. High-speed (11Gbit/s) data transmission using perfluorinated graded-index polymer optical fibers for short interconnects (100 m)[J]. IEEE Photonics Technol. Lett., 2000, 12(3): 347-349.

[4] A S Jawad, G P Eung. Holographic CDMA [J]. IEEE Transactions on Communications, 1995, 43(9): 2434-2438.

[5] T W Mossberg. Planar holographic optical processors [J]. Opt. Lett., 2001, 26 (7): 414-416.

[6] Y Hongxi, Y Shuwen, Z Guangzhao. Synchronous optical code and its alloptical tunable encoder/decoder for synchronous optical code-division multiple access communication

system[J]. Acta Photonica Sinica, 1999, 28(7): 607-612.

[7] J H Lee, C K Un. Dynamic scheduling protocol for variable-sized messages in a WDM-based local network[J]. IEEE J. Lightwave Technol., 1996, 14(7): 1595-1600.

[8] H S Kim, B C Shin. Performance evaluation of multi-priority reservation protocols for single-hop WDM networks[J]. IEEE/ OSA IEICE Trans. Commun., 1997, E80-B(3): 456-465.

后　　记

时光过得真快，不知不觉，已年近八十。回望过去，童年、青年……还像是昨天的事，历历在目。回顾走过的人生道路，借此文集出版之机，以下几点是重要和值得一提的：

(1) 学习、学习再学习，打好基础。小学和中学是学习数理化、文史地、外语等必要的基础知识，大学则是把一些基础课程引向深入，并学习一些专业知识的过程。我在家只读完小学，因家庭条件的限制，连上城里念初中的机会都没有，只能在1947年(12岁)到上海去当学徒。上海解放之后，我听说政府为了提高职工的文化水平，每一个区有一个职工业余中学。学习求知的愿望又迸发了，冒着当时上海满街过人膝盖的大水，艰难地步行到学校去打听报名的消息，并在1951年以高分考取了上海市第十职工业余中学(在虹口中学内)，这让我十分高兴，也是难得的机遇，因为那时广大小学毕业的职工都想学习文化，“劳动人民要知识化”，当时录取率是16个报考的人只录取1个。1956年高中毕业后，许多人觉得有高中文化、又有稳定的工作和收入、良好的生活条件，就止步了，可是我又被“向科学进军”的号召所感动，想读大学，去进一步深造，于是报考并进入了东北人民大学(后改为吉林大学)。系统、正规化的学习对我来说是如鱼得水，利用一切时间抓紧学习，成了一名优秀的大学生。1960年大学毕业后留校任教，深感知识海洋的宽广，自己基础和专业上的相对不足，又产生了读研究生的愿望，终于在1961年成了一名研究生，开始了长达五年的学习生活。在此期间，学习课程和写论文，已不是仅仅为了毕业，而是当作今后从事专业工作的基础和前提，主动学习，除了学校规定的基础和专业课程全部以五分完成之外，还把第二外语(俄语)当作第一外语来学，又额外地把德语当作第三外语参加听课和考试；一些规定课程之外但有助于专业工作更好开展的课程，如固体物理、金属物理、半导体理论等都买来了相关的经典著作进行学习。在后来几十年的科研工作中，除了“文化大革命”期间有1～2年的时间放松了学习外，可以说是从没间断，读书、看文献是每天不可缺少的精神食粮。终身不断学习、重视学习、刻苦学习，把自己从一个小学生变成了高学历、一直向科学进军的前沿战士。童年时小学老师教过的课文《龟兔赛跑的故事》告诉人们不要自满、骄傲，要永不停步，它在我一生中留下难忘的记忆，常常勉励自己不能停步，要勇往直前。

(2) 人生要有奋斗目标、理想和信念。人一生可以任何方式度过，但要做成一点事情就不能随波逐流，我在小时候的想法是工作以后挣些钱养家，让父母安度晚年；青年时期的目标是要知识化，提高自己的文化水平；1955年以后就要向科学进军，读大学以及做研究生；从事科研工作以后，先是在分支领域做铺路和奠基的工作，经过积累、提高过程以后，就想根据国际学术发展动向，去选定一个重大且具开拓性的难题进行攻关。我相信世上无难事，只怕有心人，有志者事竟成。

(3) 奋斗、努力奋斗，才能把目标、理想和信念加以实现。一个人如果只停留在有目标、理想和信念上，而行动上没有去为实现自己的目标而努力，那也仅是空想而已。我为了实现自己的目标和理想，总是加倍努力：读业余中学阶段，那个年代的特点是运动多，会议多，每天下班后的时间几乎都被各种名义的会议占据。我就用“钉子”精神，挤时间学习。有时候只能赶上半堂课，我也要赶往学校亲耳聆听老师讲课。所以现在听说有些大学生逃课，真是不能理解，这么好的学习条件，这么好的教育资源，怎么会不珍惜？研究生期间，正是国家困难时期，伙食营养严重不足，但还是在15瓦的灯泡下，看书学习至半夜1～2点钟，把大学毕业时还是视力正常(1.5)的眼睛搞成近视(0.2)。在20世纪七八十年代的研究工作中，一方面要做实验，及时掌握所从事学科的国际最新动向，同时还要做研究室的组织管理工作，经常参加党委会，研究所内党政科研工作，因此我经常把在图书馆还没有看完的最新杂志，借出来带到会上去，边开会边看，成了其他成员默认的一个例外。

(4) 艰难困苦好像是人生的不幸，实际上往往是一笔宝贵的财富。年幼时，因家庭经济条件限制，不能再继续读书，眼看着有的同学到城里读初中、高中，而我只能到社会上去当学徒，觉得自己不幸。学徒是企业最底层的员工，没有工资，每月只发一点零用钱，而且什么活都要干。最辛苦的要数夏天，高温烈日下拉或者推着载有几百公斤重化学药品的老虎车在柏油马路上走，过苏州河的大桥，更是特艰难。有时路远，晚上很晚才能回来，饿了连一副大饼油条都舍不得买；当把老虎车停在学校门外休息时，看到学生们有说有笑，蹦蹦跳跳，心里十分羡慕；有一段时间，经常接触漂白粉或漂粉精，强烈的氯气熏得胸部不适、咳嗽……这一段艰难的生活我坚持下来了，没有逃跑和选择回家。国家困难时期，粮食供应不足，副食更是匮乏。大家都身体浮肿，饥饿难忍。亲友和同学劝我回南方，江南的供应毕竟好于北方，但我因有以往艰苦生活磨炼的经历，这点困难我挺住了，坚持圆满完成学业。随着年龄的增长，我理解了家庭的困难、无奈；后来觉得经历艰难困苦的阶段，是我一生不断实现人生目标的坚实基础和可靠保证。没有以往的生活磨炼，就没有我以后的经历。艰苦困难是磨刀石，可以磨炼意志，教会我们在人生道路上坚强、执着和勇敢。

(5) 科学技术知识的积累是进行创新发展的基础和前提，有继承才有发展。在整个科学研究的过程中，必须掌握所研究问题古今中外的资料，进行认真分析研究，才能思考，找出不足之处和发现问题，进行创新和探索。没有继承，创新就成为一句空话；但是只有继承，不敢或不能探索创新，科学技术就不能发展和前进。我们团队在进行塑料光纤研究时，就是在继承和分析了古今中外所有各种光纤资料的基础上找出问题，再去探索，用创新办法加以解决的。例如我们在研究塑料光纤的过程中，2003年发现有一本《Photonic Crystal Fibres》专著出版的消息，就立即购进了这方面国际上的第一部专著。团队成员分别承担一章，阅后作报告介绍，使大家比较全面了解了光子晶体光纤的基本原理、数值模拟方法、制作技术和不同结构光纤的性能、应用等，在研究工作中用来借鉴；同时我们用多极法对空芯塑料光子带隙光纤做了数值模拟和分析，发现损耗确实可以比普通塑料光纤降低一个数量级，但实验上获得的光纤往往不会很完善，损耗要比理论计算高一些，因此觉得降低损耗的潜力不大，就放弃了在这种结构和技术途径上的进一步探索，及时避免了走向前途不大的弯路，改为转向Bragg反射型空芯光纤的研究。当时，全世界各大公司和大学，对通过石英光子带隙空芯光纤获得低于现有石英光纤损耗的热情很高，投入了很大的人力、物力。后来的实践证明，尽管理论计算石英空芯光子晶体光纤损耗可以比现有石英光纤降低一个数量级，但最终实验报导的最低损耗为1.2dB/km，始终没有进一步的突破，它的损耗比现有实芯石英光纤还要高一个数量级，根本无法代替现有石英光纤。在对Bragg反射型空芯光纤的研究中，2001年麻省理工学院(MIT)报导的“全方位波导光纤”确实可以大幅度降低光纤损耗(只有材料损耗的万分之一量级)，但找到两种折射率相差很大且在热学和力学性质上以及制作工艺上具有相似性、兼容性和简单可行性的材料十分困难(至今只找到两种组合)。在此基础上，我们探索和创新出了蜘蛛网状空芯光纤，它只用一种材料，材料可以任意选取，介质材料与空气之间的折射率差别也较大，满足高效Bragg反射条件，这样就可用空芯代替实芯，用Bragg反射代替全内反射，全面解决了塑料光纤损耗大的世界性难题。这一事实证明：我们的创新是在及时全面认真继承和积累的基础上，加以观察、分析，找出前人的不足和问题，然后用创新的方式加以解决的。

(6)一个科技工作者，尤其是学术带头人，一定要观察和把握住国际发展的新动向，找到自己所从事科学研究的关键和有开拓性的新问题。在开展研究工作中，力戒浮躁、淡泊名利、甘于寂寞、进入“安(心)、钻(研)、(入)迷”的境界，锲而不舍、全力以赴去解决它。难的大的关键问题，要解决它会碰到许多困难、挫折和失败，并且要用很长的时间，真是十年才能磨一剑。我来到燕大，如果继续搞集成光学研究，则需要很多经费、设备和实验场地，困难会很大。不过由于过去在搞集成光学研究的同时，打好了导波光学的基础，并做过一些研究，且对纤维光学也了解，掌握其发展状态，因此就在纤维光学中选择了塑料光纤。一方面开展塑料光纤研究所需条件容易满足，另一方面不选非常热门、大家都很重视的石英光纤，是因为石英光纤在过去几十年中性能开发和应用方面，已取得重大和决定性的成就；而20世纪60年代塑料光纤尽管与石英光纤在起步的时间和性能上差不多，但后来石英光纤性能(特别是传输损耗)很快就达到了能满足长距离传输的需要。全世界都铺设了用石英光纤的长途通信干线。而塑料光纤的损耗始终较大，只能作为照明、装饰、工业控制、车载机载等短距离通信系统，因此科研社会的主流对它并不重视。但是我认为塑料光纤除了传输损耗大这一致命弱点外，它也有比石英光纤具有明显优势的地方，即力学性能好、柔软、易弯曲，可以做成大芯径等，一旦把塑料光纤的损耗问题解决了，就有很大发展和用武的新天地，就这样我们决心从事塑料光纤的研究。但选择了这一课题，在申请项目(尤其是“863”和“973”等经费较多的大项目)时是很难批准的，只能坐冷板凳；有一次在电话中，一位朋友也是国内的权威人物对我说：“老于，你可不要搞塑料光纤。”我无话以答，不说搞也不说不搞，因为我决心已定，只能等今后的结果出来再说。就在这样的环境下，燕山大学塑料光纤研究团队，坚持了十年之久，终于取得了完全的突破，国际上一个重要的老大难问题得到了解决。回顾我们团队的研究，创新过程，有苦有乐。能吃得下苦，才能享受到乐，而且只有经过艰难奋斗成功后得来的快乐，才是最大的快乐。

我享受这份快乐，我愿意将这份快乐与大家共享！